KB021514

감정의 항해

THE NAVIGATION OF FEELING
: A FRAMEWORK FOR THE HISTORY OF EMOTIONS
by William M. Reddy

감정의 항해

윌리엄 M. 레디 지음

김학이 옮김

감정 이론,
감정사史,
프랑스혁명

현대의 지성 162

문학과지성사
2016

현대의 지성 162
감정의 항해
─감정 이론, 감정사, 프랑스혁명

제1판 제1쇄   2016년 3월 16일
제1판 제2쇄   2021년 8월 17일

지은이   윌리엄 M. 레디
옮긴이   김학이
펴낸이   이광호
펴낸곳   ㈜**문학과지성사**
등록번호   제1993-000098호
주소   04034 서울 마포구 잔다리로 7길 18(서교동 377-20)
전화   02)338-7224
팩스   02)323-4180(편집)   02)338-7221(영업)
전자우편   moonji@moonji.com
홈페이지   www.moonji.com

ⓒ 김학이, 2016. Printed in Seoul, Korea.

ISBN   978-89-320-2851-4

* 이 번역서는 동아대학교 교내 번역과제로 선정되어 동아대학교 번역총서 제140호로 출간
  되었음.

이 도서의 국립중앙도서관 출판예정도서목록(CIP)은 서지정보유통지원시스템 홈페이지
(http://seoji.nl.go.kr)와 국가자료공동목록시스템(http://www.nl.go.kr/kolisnet)에서 이
용하실 수 있습니다. (CIP제어번호: CIP2016006419)

서언

심리학자인 커트 피셔와 프라이스 탱그니는 1995년에 다음과 같이 말했다. "지난 20년 동안 [……] 감정 연구에서 혁명이 발생했다"(Fischer 1995: 3). 이 책을 기획한 직후 나는 그들의 발언이 과장이 아니라는 것을 알게 되었다. 실험 심리학으로 한정하더라도, 1970년대 중반 이후 수백 편의 감정 연구가 발표되었고, 감정에 대한 새로운 패러다임이 제시되었다. 다른 분과 학문들 역시 제각각의 이유에서 감정을 연구했다. 그 새로운 연구들은 감정에 대하여 수많은 긍정적인 발견을 생산해냈다. 그러나 감정이 정확하게 무엇이냐는 질문은 여전히 곤혹스럽다. 의견은 여전히 엇갈리고, 감정이라는 개념은 모호함으로 가득차 있다. 일부 심리학자들은 감정을 각성시키는 뉴런 기판基板을 확인했다고 주장하는 반면에(Panksepp 1992; Drevets & Raichle 1998), "심리학자들은 분노, 공포, 수치심이 민속 지식folk knowledge과 직결되는지 아니면 그와 무관한지 알지 못한다"고 비판하는 심리학자들도 있다

(Shaver, Morgan & Wu 1996: 83).

그렇다면 감정은 "민속 지식"의 구성물에 불과하다는 것인가? 민족지학자인 베네딕트 그리마는 "감정은 문화"라고 말한다(Grima 1992: 6). 인류학자인 니코 베스니어도—그리마보다 좀더 신중한 그의 동료들과 마찬가지로—거의 똑같은 발언을 했다. "나는 모든 감정이 사회적으로 구성된다고, 감정이란 사회적 삶의 모든 맥락에서 사회적으로 구성될 뿐이라고 주장하고 싶지는 않지만," "많은 감정은 집단적으로 구성되며, 감정의 발전은 타인과의 상호작용에 결정적으로 의존한다"(Besnier 1995a: 236).

그러나 그런 주장만이 우리가 가질 수 있는 유일한 선택지일까? 감정은 반드시 문화적이거나, 아니면 정반대로 생물학적이어야만 할까? 문예비평가인 아델라 핀치는 감정에 대한 새로운 접근, "예컨대 워즈워스가 마음은 언어에, [······] 열정passion의 상징으로서의 언어만이 아니라 **사물**로서, 즉 그 자체로 열정의 일부인 적극적이고 효과적인 사물로서의 언어에 붙어 있다고 선언했을 때, 그것이 무엇을 뜻하는지 생각할 수 있는 접근이 필요하다"고 말했다(Pinch 1995: 109).

사실은 다음과 같다. 현재 이루어지고 있는 감정 연구에는 하나의 혁명이 아니라 세 개의 혁명이, 그것도 서로에 대하여 독립적으로 진행되고 있다. 심리학자들은 인지cognition 연구를 위해 고안된 실험실 연구 기법을 감정 문제에 적용함으로써 하나의 혁명을 촉발시켰다. 민족지학자들은 감정의 문화적 차원을 이해하기 위한 새로운 현장연구 기법과 새로운 이론 장치를 고안했고, 그로써 두번째 혁명을 촉발시켰다. 마지막으로 역사가들과 문예비평가들은 감정이 역사를 갖는다는 것(그 역사가 어떤 역사인지는 아직 모호하다)을 발견했다. 특히 18세기와 19세기를 연구하는 역사학자들은 "감상주의sentimentalism" 혹은 "감수성 숭배"로 불리는 감정 혁명의 성쇠를 추적하고 있다. 감상주의는 느슨하게 조직된 일련의 충동들로서 감리교, 노예제 철폐 운동, 소설의 대두, 프랑스혁명, 낭만주의 등의 다양한 문화적 흐름에서 중요한 역할을 수행했다.

심리학과 인류학의 감정 혁명은 부분적이나마 서로 접촉하고 있다. 그리고 두 학문은 이론과 방법에서는 몰라도 적어도 발견의 수준에서만큼은 의견의 접근을 보이고 있다. 두 분야의 학자들은 감정이 대체로 (전적으로는 아니지만) 학습의 산물이라는 데서 일치하고 있다. 그러나 역사가들과 문예비평가들은, 극소수(예를 들어서 Stearns 1994)를 제외하고는 그런 학문적 동향에 무지한 것 같다. 역사가들은 감정에 대한 과거의 관점들을, 각 시대를 구성하는 흥미롭고 심지어 매혹적인 형상들로 간주한다. 그러나 그들은 그 관점들이 감정의 "실제reality"와 어떻게 관련되는지 묻지 않는다.

오늘날 많은 인류학자, 문예비평가, 역사학자 들은 자아의 실제와 경험에 대하여 질문하는 것을 거의 불가능하다고 여긴다. 그러나 그것은 감정이 무엇인지 답하려 할 때 반드시 던져야 하는 질문이다. 그 질문을 불가능하다고 여기는 학자들은, 인간의 실제가 하나가 아니라 여럿이고, 인간의 본성이란 조형적인 것으로서 문화적, 역사적 맥락에 의하여 규정된다는 것을 당연시한다. 많은 인류학자들이 인지 심리학자들(실제로 존재하는 것을 연구하고 있다고 **믿는** 사람들)의 연구를 자신의 작업과 무관한 것으로 간주하는 것은 그 때문이다. 나는 심리학자들이 인간의 본성에 대한 그들의 지식을 과신한다는 비판에는 기꺼이 동의한다. 그러나 그렇다고 해서 그들의 작업에 관심을 쏟을 필요가 없다고 생각하지는 않는다. 더욱이 경험적인 사회과학에 대한 요즘의 비판은 그 자체로 문제점을 안고 있다. 인간의 본성이 전적으로 가변적이고, 그리하여 인간의 본성이란 인간이 스스로 고안해낸 문화에 의하여 재구성되는 것이라고 (그래서 실험실에서 연구될 수 없다고) 예단하는 것은 연구자를 여러 가지 난점에 빠뜨린다. 실은 그 난점들을 인정하는 것 자체가 감정에 대한 새로운 이론을 구축하는 과정의 중요한 예비 단계이다. 이 책에 제시된 감정 이론은 종족 중심적ethnocentric이고 공격적인 보편주의로 후퇴하지 않으면서도, 그 난점들을 극복하려는 시도의 산물이다.

인간 본성이 전적으로 조형적이라는 가정이 안고 있는 명백한 첫번째 난점은, 그 가정이 암묵적으로 역사적 변화에 대한 그 어떤 이해도 차단한다는 데 있다. 어떤 역사적 맥락이 인간의 본성과 경험을 그 안팎부터 세부적인 내용에 이르기까지 모조리 주조할 힘을 갖는다면, 그 맥락은 도대체 어떻게 유의미한 방식으로 변화할 수 있겠는가? 그러나 맥락이 변화한다고 한번 가정해보자. 새롭게 나타난 문화적 맥락은 과거의 맥락과 똑같이 강력할 것이고, 개인의 삶은 그 구조에 의하여 과거와 똑같이 규정되고 제한될 것이다. 그렇다면 그 변화는 도대체 누구에게 유의미한 것일까? 만일 우리가 그 변화를 유의미하게 여긴다면, 그것은 **우리를** 구성한 문화적 맥락이 우리가 변화를 유의미하게 여기도록 짜여 있기 때문일 것이다.

인간 본성 조형성론의 또 다른 난점은, 그것이 권리와 자유에 대한 그 어떤 긍정적인 진술도 어렵게 만든다는 데 있다. 만일 인간의 경험(감정 포함)이 완벽하게 조형적인 것이라면, 즉 우리가 느끼는 것이 순전히 우리가 사는 문화적 맥락의 산물이라면, 우리가 왜 타인의 고통이나 개인의 자유와 존엄성에 관심을 기울여야 할까? 머나먼 시간과 장소에서 발생한 고통은 그 시간과 장소를 지배하는 문화적 맥락의 산물일 뿐이다. 또한 자유는 순전히 근대 서양만의 관심일 것이고, 그렇게 주변적 중요성만을 가질 것이다. 문화적 상대주의가 갖는 그러한 난점을 기꺼워할 사람은 없다. 그러나 긍정적이고 또 설득력 있게 그 난점들을 돌파할 방법을 제시하는 것은 지극히 어려운 과제이다. 오늘날 누가 과연 종족 중심주의에 빠질까 두려워하지 않은 채, 인간 본성이란 무엇이며, 인간의 경험이란 어떻게 작동하는지 설명할 엄두를 내겠는가?

이 책은 위에 언급한 세 가지 혁명의 내역들을 면밀히 검토한 뒤에, 감정을 대체로(그러나 전적으로는 아니다) 학습된 것으로 간주하는 하나의 형식 이론을 세공하려 한다. 내가 감정이 "대체로" 학습된 것이라고 말한 것은, 다양한 문화적 변이에 풍부한 여지를 제공하기 위해서다. "그러나 전적으로는 아니다"라고 말한 것은, 이 책에서 보편적으로 적용 가능한 감정 개념을 제공하기 위해서다. 감정 개념이 보편적이어야만 고통이란 무엇이며, 왜 우리는 모두 자유 속에서 살 자격이 있는지 말할 수 있기 때문이다. 그래야만 역사적 변화도 유의미해지고, 역사가 인간의 감정 구조를 포착하려는 노력의 기록이요, 정치사회적인 질서를 그 감정 성격에 합당하도록 만들기 위한 노력의 기록이 된다.

나는 내 시도가 특별히 독창적이고 우월하다는 환상을 갖고 있진 않다. 내가 이 책에서 제기한 이슈를 포함하여, 자아에 대한 사유의 모든 측면을 연구하는 학자는 수백 명에 이른다. 그들 중에는 이 책에서 논의되는 사람도 있고, 그렇지 않은 사람도 있다. 나는 나의 연구를 통제 가능한 기획으로 만들기 위하여, 그 학자들 중에서 오직 감정을 명시적이고 직접적으로 연구한 학자만을 논의하기로 결정했다.

물론 필자에 앞서 이 책에 제시된 감정 이론과 매우 흡사한 테제를 제시한 학자들(예컨대 "자가구동bootstrapping" 개념을 제시한 드 수사 [De Sousa 1987]와 감정표현을 수행문performative과 비교한 크라판차노 [Crapanzano 1992])도 있고, 다른 주제를 연구하다가 이 책의 핵심적인 문제를 부수적으로 언급한 심리학자도 있다. 예를 들어서 마거릿 클라크는 1989년에 다음과 같이 주장했다. "어떤 감정을 표현하거나 그것을 인지적으로 반복하기로 선택하면, 그 감정이 강화되거나 심지어 새로이 창출된다. 그러나 거꾸로 어떤 감정을 억압하거나 그 감정에 대하여 생각하지 않기로 선택하면, 그 의도와 반대되는 결과가 나타나기도 한다"(Clark 1989: 266). 피비 엘즈워스도 유사한 지적을 했다. "(감정) 과정은 거의 언제나 (그 감정에 대한) 호명 이전에 시작되어, 거의 언제나 호명 이후에도 지속된다. (그 감정) 단어의 실현은 그 단어에 해당하는 느낌을 단순화하고 명료화하는 동시에 변화시킨다"(Ellsworth 1994: 192~193). 그런 연구 성과들이 제출되기는 했지만, 그 통찰들 중 어떤 것도 앞서 언급한 세 가지 혁명에서 새로운 감정 이론과 연구 틀의 구성 요소로 이용되지 않았다.

방금 언급한 감정표현의 기능은 과거에도 주장된 적이 있다. 아델라 핀치가 제시한 인용문을 보면, 워즈워스가 비슷한 통찰에 도달했던 것으로 보인다. 워즈워스의 동시대인인 제르멘 드 스탈도 1800년에 발간한 책에서 대단히 흡사한 발언을 했다. 그녀는 소설이 사람들로 하여금 새롭고 보다 섬세한 감정을 갖도록 해줄 것이라고 주장했다. 나는 클라크, 엘즈워스, 워즈워스, 스탈이 옳았다는 점에서 출발한다. 감정과 감정표현은 역동적으로 상호작용한다. 나는 감정표현의 그러한 측면이 보편적이라는 증거를 제시할 것이며, 그것을 사유할 수 있는 이론 틀을 개발할 것이다. 나는 보편론에 대한 그 작은 양보가 감정에 대한 역사적 설명과 인간의 자유에 대한 옹호를 근거 짓기에 충분하다는 것을 보여줄 것이다.

이 책은 다음과 같이 짜여 있다. 제1부는 기존의 연구를 비판적으로 검토하는 한편 감정을 연구하기 위한 새로운 이론 틀을 제시한다. 1부의 1장과 2장에서 나는 인지 심리학과 인류학의 감정 연구를 비교함으로써, 두 분야의 연구가 수렴되고 있는 정도를 드러낼 것이다. 그와 동시에 나는 새로운 연구 성과로 인하여 불거진 개념적 질곡도 보여줄 것이다. 3장에서 나는 두 분과학문의 감정 연구가 수렴되는 지점에 근거하여 나만의 독자적인 감정 이론을 제시할 것이다. 그 이론은 실험 심리학과 같은 경험 연구에 함축되어 있는 가정들에 대하여 포스트구조주의자들이 품고 있는 의구심을 반영할 것이다. 그러나 동시에 그 이론은 경험주의에 대하여 포스트구조주의자들이 내놓은 대안에 대한 비판들을 반영할 것이다. 4장에서 나는 3장에 제시된 이론이 내가 "감정체제"라고 부르는 것을 어떻게 새로이 이해하게 해주는지, 그리고 감정체제가 감정 경험 및 감정의 자유와 갖는 관계를 어떻게 이해할 수 있는지 설명할 것이다.

제2부는 그 이론을 이용하여 역사적 변화를 실제로 설명한 사례 연구이다. 2부에서 나는 이 책에 제시된 개념으로서의 감정이, 근대로의 이행 과정에서 발생한 가장 중요한 사건인 프랑스혁명의 전개 과정에 직접적인 영향을 주었다고 주장할 것이다. 5장에서 나는 18세기 감상주의에 대한 새로운 역사 연구 성과들을 검토함으로써, 이 책의 감정 이론이 그 시기에 나타난 감정표현의 특이한 강도를 어떻게 설명할 수 있는지 보여줄 것이다. 6장과 7장에서 나는 감정에 대한 일반적인 태도에서 나타난 어떤 변화가 프랑스가 구체제로부터 공화국으로, 나폴레옹

독재로, 보다 안정적인 입헌군주정으로 이행하는 과정을 동반하였는지 추적할 것이다. 나는 감정이 그 이행에 어떤 영향을 주었고, 역으로 감정이 그 이행에 의하여 어떻게 변화되었는지 보여줄 것이다. 8장에서 나는 19세기 초의 민사소송 사료들에 대한 심층적인 분석을 통하여, 여기에 제시된 이론이 프랑스혁명 이후를 특징짓는 감정적 수행과 감정적 고통을 연구하는 데 어떻게 이용될 수 있는지 보여줄 것이다. 결론에서 나는 그 모든 가닥들을 하나로 모을 것이고, 이어서 우리의 연구가 현재를 이해하는 데 어떤 함축을 지니는지 간단하게 논의할 것이다.

이 연구를 진행하면서 나는 여러 모로 도움을 받았다. 미국 인문학 연구소National Humanities Center는 1995~1996년에 진행된 초기 연구를 재정적으로 지원해주었다. 나는 그 프로젝트의 결과물들을 트라이앵글 프랑스연구회Triangle French Studies Group, 트라이앵글 지성사 세미나 Triangle Intellecutal History Seminar, UCLA 유럽사 세미나, 세인트루이스 워싱턴 대학교 사학과, 존스홉킨스 대학교 사학과, 로체스터 대학교 사학과, 노스캐롤라이나 대학교 사학과에서 발표했다. 발표회에 참석하여 철저하게 들어주고 읽어주고 평가해주고 격려해준 수많은 분들께 감사를 표한다. 나는 이 연구를 진행하면서 여러 통찰들을 『현대 인류학 Current Anthropology』 『문화 인류학Cultural Anthropology』 『모던 히스토리 저널Journal of Modern History』 같은 학술지에 발표했다. 지속적으로 수정되어 가던 그 보고 논문들을 끈질기게 검토해준 저널 편집자들과 독자들에게, 그리고 케임브리지에서 최종 판 직전의 원고를 검토해준 프랭크 스미스와 독자들에게 감사를 표한다. 나의 아내인 이사벨 루스 레디 역시 지속적이고 열광적이며 물질적이고 감정적인 지원을 아끼지 않았다.

나는 1975~1976년에 당시 프린스턴의 IAS(Institute for Advanced Study)에서 일롱고트족의 감정에 대한 중요한 민족지 연구를 수행하고 있던 미셸 로살도와 많은 대화를 나누었다. SSRC(Social Science Research Council)의 연구 펠로로서 1년 동안 발달심리학 박사후 과정을 이수하던 1976~1977년에는 제롬 케이건과 많은 대화를 나누었다. 나는 그 대화의 많은 줄기를 이 연구에서 이어갔다. 그 대화가 제기한 문제들은 당시 나에게 충격적이었다. 어떻게 보면, 이 책은 그 대화에 대한 나의 뒤늦은 인정이자, 그 대화를 지속하려는 노력이다. 덧붙이자면, 불어의 영어 번역은 달리 언급하지 않는 한 나 자신이 한 것이다.

제2부
역사 속의 감정
: 1700~1850년의 프랑스

제1부

감정이란 무엇인가

제1장 인지 심리학의 답변

감정이란 무엇일까? 우리는 대부분 이 질문을 제기할 필요조차 없다고 생각한다. 감정은 우리의 삶에 대한 가장 직접적이고, 가장 자명하며, 가장 유관한 준거이기 때문이다. 그러나 그 질문을 진지하게 받아들이는 순간, 감정은 정의하는 것조차 어렵다는 점이 드러난다.

감정은 색깔과 비교되고는 했다.[1] 감정과 색깔은 모두 강한 주관적, 경험적 성격을 갖는다. 지각된 색깔과 경험된 감정의 특질과 성격을 기술하는 것은 당사자에게만 유의미한 일이다. 색깔과 감정에 대한 "자기보고self-report"를 독립적인 관찰자가 점검할 수 있는 방법이란 없기 때문이다. 그렇지만 아무리 자기보고라고 하더라도, 색깔과 감정의 경험이 복수의 사람들에게 대단히 일정하게 나타나는 것 또한 분명하다. 예컨대 우리는 대부분 분홍은 따뜻하지만 파랑은 차갑다는 데 동의하고, 공포는 사람을 격동시키고 머리를 빠르게 회전시킴으로써 행동할 준비를 갖추게 하는 반면에, 슬픔은 사람을 무기력하게 만들고 소통을 어렵게 한다는 데도 동의한다. 그래서 나타난 것이 오래된 상식이다. 색깔의 지각과 감정의 경험에는 생물학적인 토대가 있으며, 그에 따라 색깔과 감정은 어디서나 동일하다는 것이다. 설탕이 언제나 달콤하고 분홍이 언제나 따뜻해 보이는 반면에, 고독은 언제나 차갑게 느껴지듯이, 자기 보고의 고유한 내용 역시 "하드웨어에 내장된" 보편적인 것이라는 이야기다. 그러나 색깔 지각의 보편성은 과학적으로 입증되었지만, 감정은 그렇지 못하다. 이는 우리가 "감정" 개념에서 어떤 어려움에 봉착했는지 알려주는 좋은 출발점이다.

브렌트 벌린과 폴 케이는 1969년에 발표된 연구에서 색깔 지각이 보편적인 언어 외적 범주 체계에 입각한다고 주장했다. 그때까지 수십 년 동안 언어학자들과 인류학자들은 언어에 지각과 경험을 만들어내는 힘이 구비되어 있다고 주장했었다. 그러나 벌린과 케이는 적어도 색깔의 경우에는, 우리의 시각 장치와 그것이 빛과 상호작용하는 방식이 자연적인 언어를 만들어내는 것이지 거꾸로가 아니라고 주장했다. 인간의 망막에 내장된 원뿔 세포와 색소는 빛의 세 가지 파장(영어 사용자들은 그 파장을 빨강, 파랑, 녹색이라는 색色단어와 결합시킨다)에 극히 예민하다. 시각피질은 그 입력을 분석함으로써, 예컨대 영어로 노랑yellow이라 불리는 것을 식별할 수 있다(색깔 지각 전문가들은 그 특정한 파장을 "초점focal" 빨강, "초점" 파랑, "초점" 녹색, "초점" 노랑으로 부르곤 한다). 벌린과 케이는 20개 언어의 사용자들을 인터뷰하고, 이에 더하여 78개 언어의 색단어를 조사했다. 이를 토대로 하여 그들이 내린 결론의 일부는 다음과 같다.

1. 모든 언어에는 하양과 검정이라는 색단어가 있다.

2. 세 개의 색단어가 있는 언어에는 빨강이라는 색단어가 있다.

3. 네 개의 색단어가 있는 언어에는 녹색과 노랑이라는 색단어 중 하나가 있다(두 단어가 모두 있는 경우는 없다).

4. 다섯 개의 색단어가 있는 언어에는 녹색과 노랑이라는 색단어가 모두 있다.

5. 여섯 개의 색단어가 있는 언어에는 파랑이란 색단어가 있다.

6. 일곱 개의 색단어가 있는 언어에는 갈색이란 색단어가 있다.

7. 여덟 개 이상의 색단어가 있는 언어에는 자주, 분홍, 오렌지색, 회색, 혹은 그 색깔들의 혼합에 해당하는 색단어가 있다(Berlin & Kay 1969: 2~3).

벨린과 케이는 이 결과를 생물학적인 것이 언어에 행사하는 영향력의 놀라운 증거로 간주했다. 그 후의 연구에서 케이와 채드 맥다니엘은 퍼지 집합이론과 최근의 신경학 연구 결과를 이용했다. 그 실험에서 모든 피조사자들은 그들의 언어에 색단어가 얼마나 되든 상관없이, 초점 색깔들을 그들 언어의 색단어로 지목했다. 색단어가 여덟 개 미만인 언어의 사용자들은, 그들의 언어에 색단어가 없는 색깔을 색단어가 있는 색깔의 다소 약한 예로 간주했다(예컨대 "자주"라는 색단어가 없는 언어의 사용자는 자주를 "빨강"의 옅은 예로 범주화했다). 한 언어에 색단어가 여섯 개(하양, 검정, 빨강, 녹색, 노랑, 파랑)를 넘어설 경우, 추가되는 색단어는 **갈색, 분홍, 자주, 오렌지색, 회색** 중 일부 혹은 전부였다. 그리하여 벨린과 케이는 **검정, 하양, 빨강, 녹색, 노랑, 파랑, 갈색, 분홍, 자주, 오렌지색, 회색**의 11개 색깔을 "기본 색깔 범주"로 칭했다. 여기서 "기본"이란 그에 해당하는 빛의 파장들이 인간의 시각기관에 두드러지게 지각되며, 인간의 언어가 그 두드러짐을 보편적으로 인지한다는 뜻이다. 다시 말해서 그 색깔들이 "하드웨어에 내장되어" 있고 또 그것이 개념적으로 원형적이라는 의미에서 "기본"이라는 것이다.

벌린과 케이의 연구가 도전을 받지 않았던 것은 아니다. 예컨대 시신경이 색깔을 처리하는 것을 색깔에 대한 인지구조 그 자체로 간주할 수 있느냐를 놓고 논쟁이 벌어졌다. 일부 학자들은 "초점" 색깔을 상정할 것이 아니라 색 공간을 분석해야 한다고 주장했다. 색단어는 초점 파장에 의해 구조화되는 것이 아니라, 어떤 색깔들이 최대한 서로 대조되느냐에 따라 구조화된다는 것이다(Smallman & Boynton 1990; Jameson & D'Andrade 1994). 그러나 그런 반론조차, 그 정확한 성격이 무엇이든 색깔에 대한 지각은 언어 외적이고 보편적인 구조적 특징을 갖는다는 발견에 의문을 제기하지는 않았다(더 최근의 논의는 Hardin & Maffi 1997).

감정어emotion word들 속에서 숨겨진 질서를 발견하려는 노력은 색깔 연구와는 상당히 다른 결과를 가져왔다. 사실 한 언어 속의 한 감정어와 다른 감정어를 구분하는 것조차 어려운 일이다. 색단어는 전자기파 스펙트럼의 특정 부분과 결합될 수 있는 반면, 감정어에는 그런 종류의 척도가 없다. 1991년에 카를 하이더는 감정어의 내적 논리를 밝히려는 지금까지 알려진 가장 철저한 연구 결과를 발표했다. 그는 세 개의 서로 다른 인도네시아 방언 사용자들에게 그들 언어에 있는 감정어들의 유사성과 비유사성을 숫자로 등급화하도록 했다. 하이더는 그 등급을 이용하여 감정어의 의미론적 지도, 구체적으로 두 감정어를 연결하는 선분의 길이가 그 단어들의 유사성likeness과 반비례하도록 한 도형을 작성했다. 두 감정어의 의미가 비슷하면 비슷할수록 가까이에 위치하는

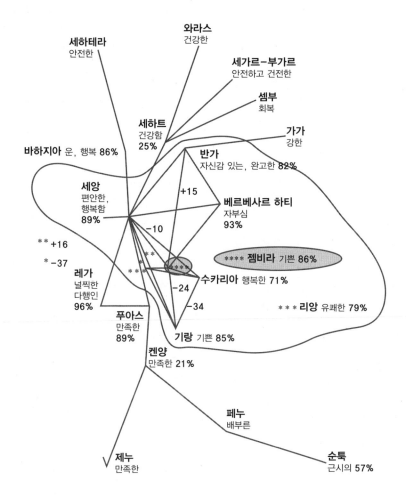

와라스
건강한

세하테라
안전한

세가르-부가르
안전하고 건전한

셈부
회복

세하트
건강함
25%

가가
강한

바하지아 운, 행복 86%

반가
자신감 있는, 완고한 82%

세앙
편안한,
행복함
89%

+15

베르베사르 하티
자부심
93%

−10

** +16

* −37

**** 젬비라 기쁜 86%

레가
널찍한
다행인
96%

**

***

***

−24

수카리아 행복한 71%

*** **리앙** 유쾌한 79%

푸아스
만족한
89%

−34

기랑 기쁜 85%

켄양
만족한 21%

페누
배부른

제누
만족한

순툭
근시의 57%

[도형 1] "행복" 군

출처: 카를 G. 하이더, 『감정의 풍경: 인도네시아의 세 가지 감정문화』, 케임브리지 대학 출판부, 1991, 도형
2.2, p. 147.

종류	기본 색단어 번호	기본적인 색단어에 코드화된 인지적 카테고리										
		하양	검정	빨강	녹색	노랑	파랑	갈색	분홍	자주	오렌지색	회색
1	2	+	+	−	−	−	−	−	−	−	−	−
2	3	+	+	+	−	−	−	−	−	−	−	−
3	4	+	+	+	+	−	−	−	−	−	−	−
4	4	+	+	+	−	+	−	−	−	−	−	−
5	5	+	+	+	+	+	−	−	−	−	−	−
6	6	+	+	+	+	+	+	−	−	−	−	−
7	7	+	+	+	+	+	+	+	−	−	−	−
8	8	+	+	+	+	+	+	+	+	−	−	−
9	8	+	+	+	+	+	+	+	−	+	−	−
10	8	+	+	+	+	+	+	+	−	−	+	−
11	8	+	+	+	+	+	+	+	−	−	−	+
12	9	+	+	+	+	+	+	+	+	+	−	−
13	9	+	+	+	+	+	+	+	+	−	+	−
14	9	+	+	+	+	+	+	+	+	−	−	+
15	9	+	+	+	+	+	+	+	−	+	+	−
16	9	+	+	+	+	+	+	+	−	+	−	+
17	9	+	+	+	+	+	+	+	−	−	+	+
18	10	+	+	+	+	+	+	+	+	+	+	−
19	10	+	+	+	+	+	+	+	+	+	−	+
20	10	+	+	+	+	+	+	+	+	−	+	+
21	10	+	+	+	+	+	+	+	−	+	+	+
22	11	+	+	+	+	+	+	+	+	+	+	+

[도형 2] 실제로 확인된 기본 색단어 22개. 벌린과 케이는 "11개의 기본 색깔 범주는 논리적으로 2,048 개의 색깔을 만들어낼 수 있으나 실제로는 22개의 색깔만이 발견되었다"고 밝혔다.

출처: 브렌트 벌린, 폴 케이, 『기본 색단어들: 보편성과 진화』, 캘리포니아 대학 출판사, p. 169, 도표 1, p. 3.

도형이었다.

하이더의 도형과 벌린과 케이의 색단어 도표와 비교해보면, **행복**에 해당하는 인도네시아 단어들의 관계가 얼마나 종잡을 수 없는지 분명하게 드러난다(도형 1과 도형 2). 벌린과 케이는 색단어 전체를 더하기 빼기로 표시할 수 있었다. 그러나 하이더는 한 언어에서 감정어 몇 개의 관계를 나타내기 위하여 숫자 등급과 2차원 도형을 극단화하여 표현해야 했다. 더욱이 하이더는 그러한 도형화조차 그가 확보한 감정 자료의 복잡성을 제대로 반영하지 못한다고 인정했다. "A가 B에 가깝고, B는 C에 가깝지만, A와 C가 아주 먼 경우가 빈번하다. 〔……〕 인지認知는 평면기하학이 포착하지 못하는 곳에서 벌어진다"(Heider 1991: 26~27).

일부 연구자들은 그 복잡성을 줄여보고자 했다. 그들은 감정의 보편적 특성을 표시하는 두 개 이상의 축으로 이루어진 공간을 만들고, 그 위에 감정어들을 위치시켰다. 그리하여 1983년에 러셀은 쾌-불쾌와 각성-수면의 2차원으로 이루어진 공간에서 감정어는 대부분 원형을 이룬다고 주장했다(도표 3). 1986년에 러츠는 이팔루크 원주민들의 감정어를 조사하여, 쾌-불쾌를 한 축으로 하고 타인에 대한 강-약의 지위를 다른 한 축으로 하는 감정어 도형을 만들었다(도표 4). 1995년에 기타야마 연구팀은 쾌-불쾌를 한 축으로 하고 몰입-이완을 다른 한 축으로 하여, 일본인들의 감정어와 미국인들의 감정어를 도형화했다(도표 5와 도표 6). 러츠와 기타야마는 각각의 두번째 축을 만들 때, 감정이 해당 지역에서 고유하게 범주화되는 양상을 토대로 삼았다.

태평양의 이팔루크 제도諸島에서 감정은 무엇보다도 도덕적, 정치적으로 중요하였고, 따라서 사회적 지위 및 권위와 깊이 관련되어 있었다. 그와 달리 일본에서는 감정이 의존성 대對 독립성의 견지에서 이해되었

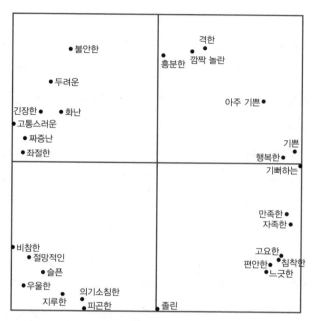

[도형 3] 영어에 있는 감정어 28개의 2차원 등급.

출처: 제임스 A. 러셀, 「감정에 대한 인간의 개념적 조직화의 범凡문화적 측면들」, 『성격 및 사회심리학 저널 45』, 1983, 도형 1, p. 1288. ⓒ 1980, the American Psychological Association.

다. 일본인들은 예를 들어서 분노는 독립적인 감정으로, 사랑은 종속적인 감정으로 여겼다. 그래서 일본인들은 의존성은 귀하게 여기고, 또한 그래서 자부심을 불쾌한 감정으로 간주한 반면, 미국인들은 자부심을 쾌감을 주는 감정으로 간주했다. 이러한 종류의 차이는 흔하다. 중국인들은 이팔루크 원주민들과 마찬가지로 사랑을 슬픈 감정으로 간주한다 (Shaver 1987; Lutz 1988). 그렇다면 쾌-불쾌는 감정이 문화적으로 다양하다는 증거일까? 보다 근본적으로, (감정에 대한 생물학적 접근에서 상정되듯이) 감정 분석에서 각성arousal이 더 유용한 범주라고 말할 수 있

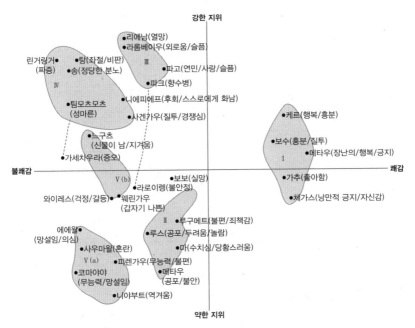

[도형 4] 이팔루크 원주민들의 감정어 31개의 2차원 도형(응력stress=0.0882). 원형은 군 분석에 의해 발견된 감정어들이고, 점선은 그 감정어 군의 바깥에 위치한 단어들을 연결시킨 것이다.

출처: 캐서린 A. 러츠, 「이팔루크 감정어들의 범위」, 『감정의 사회적 구성』, 블랙웰, 1986, 도형 2. ⓒ 1982, the American Anthropological Association.

는가? 이팔루크 원주민과 일본인들에게는 권위와 독립성 문제가 각각 중요하지 않던가? 이 문제를 해결해줄 수단이, 그럴 만한 분광사진기가 우리에게는 없다.

1. 감정과 인지

연구자들은 **감정**이라는 단어가 무엇을 의미하느냐에 대해서조차 합

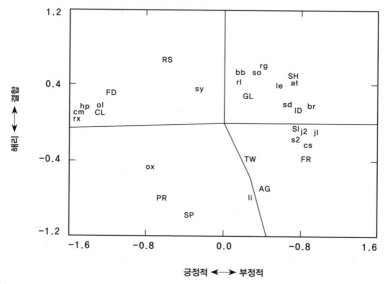

[도형 5] 감정 경험의 구조: 일본의 경우

약어는 다음을 가리킨다.
* 사회와 결합된 긍정적 감정: CL=근접성의 느낌, FD=우호적인 느낌, RS=존중의 느낌.
* 사회로부터 해리된 긍정적 감정: PR = 자부심, SP=우월감, TW=세계 최고인 느낌.
* 사회와 결합된 부정적 감정: GL=죄책감, ID=빚을 진 느낌, SH=수치심.
* 사회로부터 해리된 부정적 감정: AG=분노, FR=좌절, S1=부루퉁한 느낌.
* 기타: at=타인에게 괴로움을 끼칠까 두려워함, bb=아기처럼 돌봄을 받는 느낌, br=지루함, cm=차분한 느낌, cs=긴장감, el=고양된 느낌, ex=흥분, hp=행복, j1=질투僻み, j2=질투嫉妬, le=타인에게 기대는 느낌, li=타인에게 굽신거리기, re=절망감, rl=타인에게 의존하는 느낌, rx=긴장이 풀린 느낌, s2=부루퉁한 느낌(약함), sd=슬픔, so=근거 없이 낙관적인 느낌, sy=졸린 느낌

출처: 시노부 기타야마, 헤이즐 로즈 마커스, 히사야 마쓰모토, 「문화, 자아, 감정: '자의식적인' 감정들에 대한 문화적 전망」, 준 프라이스 태그니, 커트 W. 피셔, 『자의식적인 감정들: 수치심, 죄의식, 당혹감, 자부심의 심리학』, 뉴욕: 길포드 출판사, 1995, 도형 18.1A, p. 449.

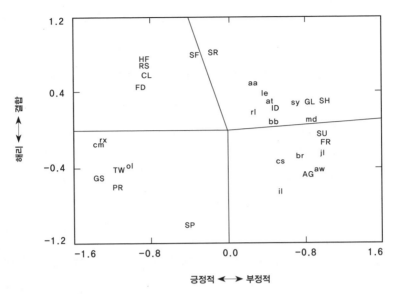

[도형 6] 감정 경험의 구조: 미국의 경우

약어는 다음을 가리킨다.
* 사회와 결합된 긍정적 감정: CL=근접성의 느낌, FD=우호적인 느낌, HF=타인이 잘 되어서 행복한 느낌, RS=존중의 느낌.
* 사회로부터 해리된 긍정적 감정: GS=자기 자신 때문에 좋은 느낌, PR=자부심, SP=우월감, TW=세계 최고인 느낌.
* 사회와 결합된 부정적 감정: GL=죄책감, ID=빚을 진 느낌, SF=타인이 잘못되어서 슬픈 느낌, SH=수치심, SR=타인에게 미안한 느낌.
* 사회로부터 해리된 부정적 감정: AG=분노, FR=좌절, S1=부루퉁한 느낌.
* 기타: aa=타인을 화나게 할까 두려워함, at=타인에게 괴로움을 끼칠까 우려함, aw=어색한 느낌, bb=아기처럼 돌봄을 받는 느낌, br=지루함, cm=차분한 느낌, cs=긴장감, el=고양된 느낌, il=타인 때문에 기분 나쁨, jl=질투, le=타인에게 기대는 느낌, md=울적함, rl=타인에게 의존하는 듯한 느낌, rx=긴장이 풀린 느낌, sy=졸린 느낌

출처: 시노부 기타야마, 헤이즐 로즈 마커스, 히사야 마쓰모토, 「문화, 자아, 감정: '자의식적인' 감정들에 대한 문화적 전망」, 준 프라이스 태그니, 커트 W. 피셔, 『자의식적인 감정들: 수치심, 죄의식, 당혹감, 자부심의 심리학』, 뉴욕: 길포드 출판사, 1995, 도형 18.1B, p. 450.

의하지 못하고 있다. 조지 맨들러는 1984년에, "감정 심리학의 연구 대상이 무엇이냐에 대하여 일반적으로, 심지어 피상적으로조차 합의된 정의는 존재하지 않는다"고 말했다(Mandler 1984: 16; Gergen 1995: 17). 셰이버 역시 1996년에 "심리학자들은 분노, 공포, 수치심이 민속 지식과 직결되는지 아니면 그와 무관한지 알지 못한다. 대부분의 연구자들이 하는 일이라고는 그들 자신이나 다른 이들의 일상적인 관찰이나 통찰에서 도출된 가설들을 점검하는 것에 불과하다"고 주장했다(Shaver 1996: 83).

1970년대에 폴 에크만과 캐럴 아이저드 및 그 동료들은 감정을 얼굴 표정과 결합시킴으로써 문제를 해결하려 했다. 그들은 얼굴 표정을 벌린과 케이의 색깔처럼 이용하기로 했다. 사람들로 하여금 감정을 나타내도록 인위적으로 조절된 표정을 짓도록 하고 사진을 찍은 뒤, 그 사진을 세계 여러 곳 출신의 피험자들에게 보여주었다. 간단한 작업이었다. 연구팀은 피험자들에게 사진 속의 얼굴과 그들 언어의 감정어를 연결시키도록 하거나, "악어로부터 공격받고 있음"과 같은 감정 상황에 대한 간단한 설명과 사진 속의 얼굴을 연결시키도록 했다. 그렇게 모은 증거들은 일련의 기본적인 얼굴 표정들의 의미가 전 세계적으로 일치한다는 것을 증명하는 듯이 보였다. 그로부터 에크만은 보편적으로 식별 가능한 특정한 얼굴 표정과 결합된 생물학적 기초를 갖는 여섯 개의 기본 감정이 존재한다는 결론을 도출했다. 행복, 슬픔, 공포, 분노, 놀람, 역겨움이 그것이었다(Ekman 1972, 1980).

그 접근 방법은 1970년대만 하더라도 아주 새로웠다. 그래서 추종자들이 빠르게 나타났다. 그들은 얼굴 표정을 심장 박동률, 신체 분비물, 피부 전도율, 호르몬 수치 등등의 생물학적 척도와 연결했다. 그로써 아주 단순하게 도형화할 수 있는, 생물학적으로 구조화된 감정 상태가 존재하는 듯이 보였다. 그러나 그런 연구는 1980년대에 심각한 어려움에 봉착했다. 자율신경계와 내분비계의 상태에 대한 데이터들이 보기보다 모호했던 것이다. 예컨대 공포와 분노는 전혀 상이한 감정임에도 불구하고 똑같은 심장 각성, 똑같은 골격근 각성, 똑같은 내외분비 상태와 결합된다. 그런 문제를 접어두더라도, 골치 아픈 두 가지 질문이 제기되었다. 첫째, 각성이 가라앉고 얼굴이 중립 상태로 되돌아간 뒤에 감정은 어떤 상태에 있는가? 둘째, 사랑과 수치심과 향수郷愁처럼 그에 해당하는 명백한 단일한 얼굴 표정이 없는 감정은 도형의 어디에 위치시켜야 하는가(Fischer & Tangney 1995)?

오토니와 터너는 1990년의 연구에서 기본감정 이론을 종합적이고 날카롭고 자세하게 비판했다. 오토니와 터너는 감정은 감정을 이루는 요소들의 조합이며, 그 조합은 거의 무한대로 다양하게 나타날 수 있다고 주장했다. 공격하려는 곰에 대한 공포를 암에 대한 공포와 비교해보라. "공포의 그 두 가지 판본은 모두 [······] 일련의 요소들의 조합으로서, 일부 요소는 두 가지 감정에서 중첩된다. 공포를 구성하는 그 조합의 성격은 개인이 상황을 어떻게 지각하느냐, 그 혹은 그녀가 그 상황을 어떻게 다루느냐의 세부 사항에 의존한다"(Ortony 1990: 327). 게다가 곰에 대한 공포는 아드레날린을 혈관에 내보내지만, 암에 대한 공포는 그렇지 않다. 그리하여 얼굴 표정과 감정을 연결시킨 연구들을 총괄적으로 검토한 러셀의 결론은 다음과 같다. 사람들은 동일한 상황에 대하여 알려진 것보다 훨씬 더 다양하고 불확실하게 반응한다(Russel 1994).

에크만의 가설에 기초한 실험들은 대부분 강제된 선택 시험의 형태로 진행되었다. 피험자들은 사진 속의 얼굴 표정을 자유롭게 선택한 임의의 감정어와 연결한 것이 아니라, 연구팀이 미리 선별해놓은 제한적인 감정어 목록에서 하나를 골라야 했다. 게다가 피험자들 다수는 예비 교육에서 연구팀이 그들로부터 무엇을 기대하는지 숙지했다. 그리고 세계의 많은 지역이 행복한 얼굴 표정의 의미에 대해서는 상당히 일치했지만, 다른 종류의 표정에 대해서는 훨씬 불일치했다. 또한 대학 교육을 받은 사람들이 그렇지 못한 사람들보다 일치했다. 가장 불일치한 사람들은 시골 출신의 무학자들이었다. 교육받은 도시의 피험자들은 영화나 텔레비전(혹은 다른 매체들)에 노출되어 있었기에 연구팀과 동일한 규범을 갖고 있었던 것으로 보인다. 더욱이 예비 교육을 받지 않고 선택이 자유로운 경우에는 행복한 얼굴 외에는 별로 일치하지 않았다. 그리고 만일 즉흥적인 얼굴 사진이 이용되었더라면(즉, 인위적으로 조절된 표정을 짓도록 한 뒤 사진을 찍지 않고 자연적인 얼굴 표정을 찍었더라면), 일치의 정도는 더욱 약했을 것이다. 그리하여 보편적인 (그래서 생물학적인 토대를 갖고 있는) 기본감정 가설은 모호한 것으로 밝혀졌다. 그것이 그 많은 연구자들이 20여 년 동안 연구한 끝에 도달할 결론이라니.

1980년대의 연구자들을 괴롭힌 또 다른 문제는 인지와 감정의 관계였다. R. B. 자이언스는 1980년의 한 논문에서 감정적 반응이 인지와 전적으로 무관하게 발생한다고 주장했다. 그러자 R. S. 라자루스는 1982년에 모든 감정적 판단의 불가결한 출발점은 감정적 판단 이전의 인지적 판단이라고 응수했다. 열띤 공방이 이어졌다. 1992년에 그 논쟁을 정리한 파킨슨과 맨스테드에 따르면, 문제는 감정과 인지라는 두 개념에 대한 정의에 있었다. 자이언스는 감정을 넓게 정의하고 인지는 좁게 정의한 반면, 라자루스는 정반대였다. 만일 인지를 ("의식적이고 합리적이거나 합목적적인 과정"만이 아니라) "식별recognition 과정" 전체로 정의하면, 정의상 인지에 감정이 포함되게 된다. 본스타인 역시 "그 어떤 자극이든 그에 반응하기 위해서는 **분명히** 일정 양의 인지적 처리가 필요하다"고 주장했다(Bornstein 1992: 252). 그러나 인간의 태도와 목표를 순전히 인지적인 차원에서만 설명하기란 불가능하다. 니코 프레이다는 다음과 같이 말했다.

> 나는 감정과 기분이 비非인지적으로 발생할 수도 있다는 데 대해서는 이견이 존재하지 않는다고 생각한다. 〔……〕 감정적 판단이 아닌 인지적 판단만으로는, 사람들이 여러 목표들 중에서 하필이면 그 목표를 선호하는지 설명할 수 없다. 인지적 추론을 통하여 재산이나 건강이나 목숨을 잃게 만든 특정한 사건을 식별할 수는 있다. 그러나 그래서 어쩌겠다는 것인가? 죽음이 왜 문제이며, 다른 것이 아니라 왜 하필이면 죽음을 싫어하는가? 내가 말하고자 하는 것은, 한 자극이 인지 조건에 일으킨 감정적인 효과를 추적해보면 **인지의 중재 없이** 감정을 유발하는 자극을 발견하게 된다는 것이다(Frijda 1994: 199).

블레스, 클로어, 슈워츠 연구팀은 이 문제를 해결하기 위하여 일련의 실험을 수행했다. 그들은 "정보로서의 감정" 가설을 적용했다. 그들은 피험자들에게 행복한 상황이나 슬픈 상황을 보여주거나, 그동안 살면서 겪은 행복한 사건이나 슬픈 에피소드를 쓰도록 했다. 그랬더니 피험자들의 기분이 곧바로 행복한 기분이나 슬픈 기분으로 바뀌었다. 그리고 일단 행복하거나 슬픈 기분이 유도되면, 그 감정은 그 후의 인지 처리에 큰 영향을 끼쳤다. 행복한 사람들은 현재의 환경을 좋은 것으로 간주하면서, 굳이 인지적 노력을 기울여서 환경을 이해해야 할 필요성을 느끼지 못했다. 그와 달리 슬픈 사람들은 무언가를 수정해야 한다고 평하면서, 현재의 환경 속에 비정상적인 것이 있는지 주의했다. 행복한 사람들은 "기존의 일반적인 지식 구조에 의존하는 하향식 처리 방식"을 채택한 반면, 슬픈 사람들은 세부 사항에 훨씬 더 주의를 기울이는 "상향식 처리 방식"을 채택했다(Bless et al. 1996: 665). 1992년에 오틀리 역시 비슷한 접근 방식을 제안했다. 그는 감정을 인지 과정 혹은 주의attention 과정에 개입하는 "비非의미론적인" 통제 신호로 간주하자고 제안했다. 감정이란 긴급한 문제 혹은 어떤 목표와 관련된 문제에 인지와 주의를 정향시키도록 하는 통제 신호라는 것이다.

그러나 그 연구자들은 "비의미론적인" 감정이 인지가 아니면서도 어떻게 인지에 영향을 줄 수 있는지 설명하지 못했다. 만일 행복한 감정이 환경이 좋다는 정보를 전달한다면, 그 감정 자체가 왜 **인지**가 아니란 말인가? 갑자기 공포를 느껴서 어두운 방구석을 주의하게 된다면, 왜 그 공포가 방구석의 잠재적 위험에 대한 **인지**가 아니란 말인가? 현재까지 감정이 인지일 가능성을 배제하게 하는 실험이나 시험은 진행되지 않고 있다. 감정이 인지일 가능성이 거부되는 이유는 오직, 그 단언이 감정은 생각과 분리된 어떤 것이라는, 다시 말해서 "이성"과 반대되는 것이라는 상식적인 믿음과 어긋나기 때문이다.

무언의 그 상식적인 가정은 최근 들어 철학자들로부터 공격을 받기 시작했다(Solomon 1984, 1992; De Sousa 1987; Greenspan 1988; Meyer 1991). 게다가 인지와 감정을 구분할 필요가 없다고 주장하는 심리학자도 많다. 오로크와 오토니는 "감정과 인지는 불가분하게 엮여 있다"고 단언했다(O'Rorke & Ortony 1994: 283). 바네트와 래트너는 그동안의 감정 연구를 검토한 끝에 "cogmotion"이란 조어를 제안했다.

cogmotion이란 우리가 생각하는 동시에 느낄think-feel 때 우리가 행하는 것으로서, 그 단어가 "인지cognition와 감정emotion의 상호작용적이고 불가분의 성격"을 잘 나타낼 수 있다는 것이다.

서양인들의 상식적인 지혜에 따르면 감정은 비非의지적involuntary이다. 감정은 저항할 수 없게 우리에게 닥쳐오고, 가장 기대하지 않은 순간에 우리를 덮친다. 감정은 이성의 도움을 받는 의지에 의하여 다스려야 한다. 그렇지 않으면 의지가 감정에 의하여 지배받게 된다. 심리학자들은 감정이 인지의 "자동적"이고 "하下의식적subliminal"이며 "무의식적unconscious"인 과정에 미치는 영향을 연구했다. 그러나 우선 분명히 해야 할 것은, 그 단어들이 "감정"이라는 단어와 마찬가지로 도대체 무엇을 뜻하는지 아직도 논의 중이라는 점이다. 인간의 주의attention에 한계가 있다는 것에는 이론의 여지가 없다. 우리가 주어진 순간에 주의를 기울일 수 있는 사물들의 범위는 감각기관을 통하여 투입된 것의 작은 파편, 혹은 방대하게 저장된 절차 기억과 서술 기억의 작은 파편에 불과하다. 게다가 주의 속에 있는 것과 그렇지 않은 것, 의지적이고 통제된 것과 비의지적이고 자동적인 것을 선명하게 구분하는 것은 지극히 어렵다. 더욱이 심리학자들은 양자를 구분하려고 시도하면서, 자아에서 감정이 차지하는 자리를 지속적으로 재정의하고 있다. 그 작업은 현재 그 끝이 보이지 않는다. 그럼에도 불구하고 중요한 몇 가지 경향은 분명해졌고, 그것이 ─ 인류학이나 역사학과 같은 ─ 다른 분과학문에 의미하는 바는 결코 무시할 수 없다.

J. S. 울먼과 존 A. 바그는 1989년에 『의도되지 않은 생각: 의식, 의도, 통제』라는 책을 출간했다. 그 책에서 기고자들은 "자동적인" 인지처리 과정을 식별하고 이해하려는 애초의 목표를 달성하지 못했다고 인정

했다. 울먼은 자동적인 인지처리 과정을 "단기기억(STM) 용량에 의해 제한받지도 않고, 주체의 직접적인 통제를 받지도 않으며, 빠르고(0.3 초) 평행적으로 진행되는, 대단히 무노력적인 과정"으로, 따라서 그 과정 자체가 의도될 수도 없고, 그것이 "완성을 향해 치닫는" 경향이 있기에 금지하기도 어려운 과정으로 규정했다(Uleman & Bargh 1989: 430; Shiffrin & Dumais 1981: 121; Schneider, Dumais & Shiffrin 1984: 1). 그러나 그 엄격한 정의에 부합하는 인지 과정이란 거의 없다. "자동적인" 처리를 보여준다고 지목된 과정들은 종종 인지처리 용량을 이용하거나, 의식적인 조작에 종속되거나, 단기기억 내용의 영향을 받는 것들임이 입증되었다.

위 책에서 앨리스 아이슨과 그레고리 다이아몬드는 감정과 자동 처리의 관계에 대한 기존의 연구를 검토하면서 결론을 내렸다. "자동 처리의 영향력은 불가피하고 저항 불가능한 것이라기보다는, 수정과 개입에 종속되는 것으로 간주될 수 있다. 게다가 자동적으로 보이는 것이 실상은, 주의를 다른 곳에 기울이기로 한 그 이전의 결정의 결과인 경우도 종종 있다." 감정은 자동적이기만 한 것이 아니라는 것이다. "왜냐하면 감정이 자동적인 효과를 발휘할 수 있다는 것이, 감정이 언제나 자동적인 효과를 발휘함에 **틀림없다**거나, 혹은 자동적인 것이 곧 감정의 **본성**이라는 것을 뜻하지는 않기 때문이다. 자동적인 감정도 있고, 자동적이지 않은 감정도 있는 것이다. 뿐만 아니라, 자극이 자동적으로 처리되느냐 아니냐, 자동적인 과정이 효과를 발휘하느냐 아니냐는 상황적인 요건에서도 영향 받을 수 있다." 아이슨과 다이아몬드는 자동적으로 보이는 감정이 과잉학습된 습관과 유사하다고 주장한다. 그들은 기존의 연구를 검토한 끝에 다음과 같은 전반적인 평가를 내렸다. 그 평가는 온전히 인용할 만하다.

　감정은 그것이 자동적으로―즉, 주의나 의도 없이, 그리고 저항 불
가능하게―영향력을 가질 수 있을 만큼 깊이 각인되고 과잉학습된 습
관, 혹은 상황을 단위화하고 조직하는 과정으로 이해될 수 있다. 그리하
여 [……] 저항 불가능해 보이는 감정들은 여타의 과잉학습된 과정들을
이해하는 것과 동일한 방식으로, 혹은 여타의 포괄적인 구성들과 개념
들을 정제하는(내적으로 분화시키거나 '풀어놓는 것') 것과 동일한 방식으
로 접근할 수 있을 것이다.
　우리는 어린 소년들이 슬픔을 분노로 대체함으로써 울음을 멈추도록
교육받는 장면을 떠올릴 수 있다. '나쁜 일이 벌어지면 슬퍼하지 말고 화
를 내라.' 사람은 초점을 달리함으로써, 혹은 배운 것을 주어진 상황에
따라 변경시킴으로써 감정을 조절할 수 있는 것 같다. 또한 사람은 생각
의 방향을 돌림으로써 특정 감정의 효과를 변경시킬 수 있는 것 같다. 어
떤 감정이 비록 자동적이고 통제 불가능한 것으로 느껴진다고 하더라도,
그 감정은 이런저런 방식으로 변경될 수 있다. 그렇다고 해서 원치 않는
감정적 반응을 쉽게 변경시킬 수 있다는 것은 아니다(오래된 습관은 잘
없어지지 않는다). 다만, 감정의 변화가 가능하다는 것, 감정의 불가피성
은 오해일지 모른다는 것이다(Isen & Diamond 1989: 144, 147).

　아이슨과 다이아몬드는 감정을 인지와 결합시키고, 감정과 인지 모
두―적어도 장기적으로는 한 개인의 삶의―의식적이고 의도적인 행
동에 의존한다고 주장한 것이다.
　울면 이후의 연구자들은 각각의 연구에서 자동적인 과정과 의도적

인 과정의 복잡한 상호관계를 확인할 수 있었고, 감정을 과잉학습된 인지 습관과 유사한 것으로 파악하는 아이슨과 다이아몬드의 입장을 지지했다. 자동적, 하ᆥ의식적 혹은 무의식적 인지에 대한 최근의 다양한 연구들(Ste-Marie & Jacoby 1993; Strayer & Kramer 1994; Greenwald, Klinger & Schuh 1995; Logan, Taylor & Etherton 1996; Besner, Stoltz & Boutilier 1997; Cohen & Schooler 1997)은 "대부분의 과제가 자동적인 과정들과 전략적인 과정들의 혼합"이라는 점을 보여준다(McNally 1995: 751). 그들의 실험은 "주의"는 "전략"을 따르고, 그 두 가지는 학습과 수행 동안 "기억에서 꺼낼 것"과 "코드화하여 기억 안으로 들어갈 것"을 결정한다는 것을 거듭해서 보여주었다.

카와 다겐바흐는 "중심-주변" 주의 메커니즘이 "찾고자 하는 코드의 활성화를 증가시킬 수 있고 [······] 인근의 의미 네트워크에 저장되어 있는 다른 코드를 금지할 수 있다"는 가설을 제시했다(Carr & Dagenbach 1990: 341).[2] 생마리와 제이코비는 "자발성을 한 개인의 행동 및 의도로부터 완전히 분리된 것으로 정의할 때, 인지는 결코 자발적이지 않은 것 같다"고 주장했다(Ste-Marie & Jacoby 1993: 787). 스트레이어와 크래머에 따르면, "자동 처리과정의 특징적인 면모는 표류율drift rate의 증가를 이용하는 전략적인 반응기준 체제의 구축에 있다(Strayer & Kramer 1994: 339)." 발로타와 폴은 피험자들이 "주어진 과제의 압력에 따라 처리 경로의 영향력을 상당히 통제할 수 있다"고 강조했다(Balota & Paul 1996: 843).

그린월드 연구팀과 어델리는 심리학자들의 연구 보고서들은 개념적인 차이가 별로 없는 용어들인 **무의식적인, 묵시적인, 자동적인, 주의하지 않는**과 그 반대인 **주의하는, 전략적인, 의도적인, 의식적인, 통제된**과 같은 용어들에 대한 정의를 놓고 싸우고 있다면서, 그들이 어휘 불명료성 증후군을 보인다고 지적했다.[3] 그린월드 연구팀은 진정으로 무의식적인 인지를 보여주는, "현재까지 발견할 수 있는 통계적으로 가장 확실한 증거"를 발견했다고 주장했다. 그들의 엄격한 정의에 따르면, 무의식적인 인지란 의식적 인지와 완전하게 분리되어 있으면서, 주체의 의식 바깥에서 주체의 수행에 영향력을 행사한다. 그들은 무의식적 인지의 궤적을 발견하기 위하여 2천 명의 피험자들을 대상으로 하는 스트루프Stroop형 하의식적 인지 간섭 실험을 실시했다. 인지 간섭이 발생하는 경우, 인지의 정확도가 직선적으로 감퇴하는지 검사한 것이다(A. G. Greenwald 1995: 22; Erdelyi 1992: 786).

그린월드 연구팀은 피험자들의 시각 장場에 단어를 (두 가지 정보를 한꺼번에 보여주는 양안교란 방식으로 0.2초간) 비춰준 뒤에 피험자들로 하여금 단어의 위치를 말하도록 했다. 연구팀에 따르면, 그런 조건에서는 의식 수준에서 단어를 식별하는 것이 불가능하다. 연구팀은 피험자들에게 **왼쪽** 혹은 **오른쪽**이라는 단어를 비춰주면서 그 단어의 위치(중앙의 왼쪽 혹은 오른쪽)를 답하도록 했더니, 답변의 정확성은 약간만 교란되었다. 그러나 적어도 일부 피험자들은 **왼쪽**이라는 단어를 오른쪽에 비춰주자, 다시 말해서 **왼쪽**이라는 단어를 하의식적으로 비춰주면서 오른쪽에 놓자, 그 단어가 왼쪽에 있다고 답했다. 연구팀은 다른 실험도 해보았다. 피험자들에게 단어를 양안교란 방식으로 0.2초간 보여준 뒤에, 단어가 유쾌할 경우에는 열쇠를 오른쪽으로 밀고 불쾌할 경우에는 왼쪽으로 밀라고 했다. 이 실험에서는 **오른쪽**이라는 단어와 **왼쪽**이라는 단어를 하의식적으로 비춰주었지만, 아무런 영향을 미치지 않았다.

그린월드 연구팀은 자신들이 발견한 무의식적 인지의 효과가 "작다"는 것을 인정했다(Greenwald 1995: 40). 그들은 또한 이런 종류의 실험에는 최소 900명의 피험자가 시험되어야 한다는 사실을 고려할 때, 자신들의 연구를 검사할 연구자들이 또 있을까 의심한다고 말하기도 했다. 그들은 자기들이 전적으로 독립적인 무의식적 인지 영역의 통로를 발견했다고 역설하지도 않았다. 그러나 그들은 인지처리 과정에 대하여 한때 횡행했던 직선적인 모델, 즉 "지각이 감각 자료의 등록, 전前주의 처리, 주의, 반응선택이라는 연속적인 단계들의 단일한 통로로 진행된다"는 모델에 반反하는 증거들이 갈수록 많아지고 있으며, 자신들의 발견은 이에 하나를 더한 것이라고 주장했다. 그래서 그들은 단일한 통로 모델 대신에 러멜하트와 맥클랜드가 제안한(Rumelhart & McClelland 1986) "평행배분 네트워크," 다시 말해서 "모든 자극은 각각 독립적인 경로를 발전시켜 다양한 반응으로 귀결될 수도 있고, 복수의 경로를 발전시키되 똑같은 반응으로 귀결될 수도 있다"는 등의 대안 모델들을 지지한다고 말했다(Greenwald et al. 1995: 38).

비슷한 결과가 감정과 인지의 관계를 연구하는 다른 학자들에 의해서도 보고되었다. 싱클레어, 호프만, 마크 연구팀은 감정적으로 대단히 부정적이거나 대단히 긍정적인 구句들(예를 들어서 **기쁘게 나는 달렸다 웃으면서**, 혹은 **칼 벴다 그[the] 찔렀다**)의 목록을 제시하고, 피험자들에게 목록에서 단어를 선택하여 문장을 완성하도록 했다. 그들은 피험자들에게 긍정적인 목록만을 주거나 부정적인 목록만을 주었다. 그리고 그들은 피험자들의 절반은 2분 동안 열심히 사전 연습을 한 뒤에 완전히 평온한 상태를 회복할 때까지 기다리도록 했고, 나머지 절반은 (연습이 없는 상태에서) 문장을 완성한 뒤에 3분간 기다리도록 했다. 그런 뒤에 그들 모두에게 감정 상태를 묻는 20개의 질문에 답하도록 했다.

그 결과, 감정에 대한 피험자의 모든 답변에서 문장완성 시험의 영향력이 나타났다. 부정적인 단어를 갖고 작업한 사람들은 부정적인 감정 상태에 있었고, 긍정적인 단어를 갖고 작업한 사람들은 긍정적인 상태에 있었다. 그런데 사전 연습을 했던 피험자들은 연습에서 갖게 된 각성의 잔여물을 감정적 각성으로 오독한 나머지, 연습을 하지 않은 사람들보다 강한 감정을 일관되게 표출했다. 싱클레어 연구팀은 그 착오가 "무의식적인" 혹은 생리적 영향들의 결과라고 결론짓지 않았다. 그들은 피험자들의 감정 보고가 그들의 의식적인 평가 전략을 반영하는 것이라고 주장했다. "사람들은 판단을 내릴 때 저장된 기억을 모조리 뒤지는 것이 아니라 쉽게 접근할 수 있는 정보에 의지한다. 〔……〕 피험자들은 현재의 각성 상태를 설명해줄 쉽게 접근할 수 있는 설명을 찾았고, 그래서 준비되어 있는 개념들(즉, 문장완성 시험에 사용된 긍정적, 부정적 단어들)에 의거하여 그들의 각성을 해석한 것으로 보인다"(Sinclair et al. 1994: 18).

모그, 브래들리, 윌리엄스는 변형된 스트루프 교란 실험을 이용하여 세 개의 집단에게 색깔-단어 실험을 실시했다. 그들은 불안한 피험자와 우울한 피험자 간의 지각의 차이를 식별함으로써 자신들이 이전 연구에서 제시했던 두 가지 가설을 검토하고자 했다. 그 가설은 (1) 불안한 사람은 투입되는 지각 자료를 전前주의 단계에서 점검하여 위험 신호를 찾으려 하고, 그래서 위협적인 지각에 정상인보다 예민하다. (2) 우울한 사람은 "정보가 의식에 들어온 뒤에야 이루어지는 사후적인 통제된 처리 단계에" 인지적 편향을 기입하는 듯이 보인다. 모그 연구팀의 실험 결과는 그 두 가지 가설과 일치했다. 연구팀은 피험자들에게 다섯 개

유형의 단어들을 0.001초 동안 하의식적으로 보여주는 동시에 0.001초 동안 색깔을 비춰주었다. 그들에게 보여준 단어는 (1) 불안을 나타내는 단어(예컨대 **당혹감, 암**), (2) 우울을 나타내는 단어(예컨대 **괴로움, 낙담**), (3) 긍정을 나타내는 단어(예컨대 **경애하는, 행복**), 마지막으로 중립적인 단어 두 개였다.

불안이나 우울과 관련된 단어들(즉, 감정적으로 부정적인 단어들)을 하의식적인 속도로 보여주자, 사후의 인터뷰에서 불안한 사람으로 평가된 피험자들은 우울한 피험자들과 정상적인 피험자들보다 약 0.02초를 더 소비하여 색깔을 맞췄다. 그들을 포함하여 색깔을 정확하게 맞춘 모든 피험자들의 반응 속도는 0.5초를 약간 초과했다. 다시 말해서 감정적으로 부정적인 단어와 색깔을 0.001초 동안 비추어주자, 불안한 사람들은 색깔을 정확히 식별해내는 데 다른 사람들보다 3% 많은 시간을 필요로 했던 것이다. 그리고 0.001초는 단어들을 의식적으로 헤아릴 수 없는 시간임이 확인되었다. 따라서 불안한 피험자들의 답이 0.02초 지체된 것은 진정 하의식적인 인지 교란 때문인 것으로 보인다.

그리하여 모그 연구팀은 우울증을 겪고 있는 사람과 대조적으로, 불안 장애를 겪고 있는 사람은 "환자의 자기보고 방식에 의해서는 알아낼 수 없는, 그가 접근할 수 없는" 인지적 편향을 경험하는 것이며, 따라서 의식적인 생각이나 이미지를 이용한 테라피로는 치료될 수 없다고 결론지었다. 그러나 모그 연구팀은 자신들이 발견한 하의식 효과가 작다는 점을 인정했다. 그들은 "하의식의 증명은 이론이 분분한 어려운 문제"라고 말했다(Mogg et al. 1993: 310). 연구팀은 일반적인 부정적 감정어가 아니라 피험자의 특수한 불안과 관련된 단어들을 이용한 실험도 실시했다. 불안한 사람은 그런 단어에 보다 선택적이고 보다 강하게 반응했다. 모그 연구팀은 그 실험이 피험자에게 "단어 자극의 의미 내용을 보다 정교하게 처리할 수 있는 더 큰 기회"를 제공한 것이라고 추측했다 (Mogg et al. 1993: 309).

의식적 혹은 통제된 것으로 간주되는 것과 무의식적 혹은 하의식적인 것으로 간주되는 것 사이의 경계는 구체적인 실험 절차와 맥락에 따라 크게 달라지는 것으로 보인다. 학계는 "등록" 혹은 "전前주의적 처리"와 같은 분리되고 고정된 구조 내지 절차의 존재를 부인하고, 특정한 반응을 낳는 통로가 여러 개일 수 있다는 가정을 지지하고 있다. 다시 말해서 감정이 인지에 미치는 영향이 포괄적이고 복합적이라는 것은 명백하지만, 감정이 생각에 대하여 일관된 "하의식적" 영향력을 행사하는 특권적인 개입 지점은 발견되지 않고 있는 것이다. 다만, 감정이 과잉학습된 인지 습관과 대단히 흡사하게 작동한다는 아이슨과 다이아몬드의 1989년 가설을 뒷받침하는 증거들은 쌓이고 있다. 현재까지 시도된 그 어떤 실험도 감정이 인지와 전적으로 다른 어떤 것임을 보여주지 않았다. 이는 감정이 언제나 간접적으로, 예컨대 인지 편향, 피부전도 수준, 심장박동률 등을 통하여 실험되기 때문이기도 하다. 그러나 그런 것은 "감정" 그 자체가 아니다(Ortony & Turner 1990: 319).

특히 우울은 점차 인지 장애로 간주되고 있고, 우울증에 대한 인지 치유가 개발되고 성공적으로 적용되고 있다(Moretti & Shaw 1989; Schwarz & Bless 1991; Baker & Channon 1995; Wenzlaff & Bates 1998). 우울증의 공통적인 특징은 환자가 부정적인 자기평가 생각을 통제할 수 없다는 것이다. 우울증 환자들은 그 생각이 편향된 것이고, 그 생각의 정확성을 점검할 방법이 없다는 것을 납득하지 못한다. 그들에게 그 생각은 고조된 감정적 각성과 결합되어 있고, 또한 그 자체로 의식에 대한 "만성적인 접근성"을 갖는다(Moretti & Shaw 1989: 389). 따라서 우울증에 대한 인지 치유는, 그 생각이 의식의 표면에 떠올랐을 때 환자가 그것을 식별하고, 주의를 다른 곳으로 돌리려는 의식적인 노력을 지속적으로 기울이도록 하는 것이다. 슬픔과 스트레스 역시 인지에 강한 영향력을 행사한다는 사실도 드러났다. 가까운 과거에 발생한 트라우마로 고통을 겪는 피험자들의 생각은 덜 넓고, 덜 자기준거적이며, 덜 감정적이다. 이는 트라우마에 대한 회피 전략과 고도의 심리 통제 전략의 결과로 간주된다(Pennebaker 1989; Hughes, Uhlmann & Pennebaker 1994; Matthews & Harley 1996).

2. 감정, 목표, 심리 통제

감정이 과잉확습된 인지 습관처럼 작동하고, 그래서 의식적인 결정에 의하여 학습되고 변경되거나 해소되기도 한다는 아이슨과 다이아몬드의 결론은 두 가지 측면에서 완화되었다. (1) 대부분의 심리학자들은 감정이 목표와 특별한 관계를 맺는다는 데 동의한다. 그리고 감정에는 감정을 내적으로 유쾌하게 만들거나 불쾌하게 만드는 "정서가valence; 情緖價," 즉 "쾌감가hedonic tone"가 구비되어 있고, 감정에는 감정의 무효화를 쉽게 혹은 어렵게 만드는 "강도intensity"가 있다. (2) 심리 통제 mental control에 대한 새로운 연구들은 감정의 학습과 해소에 특수한 제약이 가해진다는 점을 보여주었다.

정서가, 강도, 목표

대부분의 심리학자들은 감정이 정서가와 강도를 갖고 있으며, 감정은 그 두 가지 점에서 일반적인 인지와 날카롭게 구별된다고 생각한다. 니코 프레이다는 아주 간명하게 말한다. "감정적 판단이 아닌 인지적 판단만으로는, 사람들이 여러 목표들 중에서 하필이면 그 목표를 선호하는지 설명할 수 없다. 인지적 추론을 통하여 재산이나 건강이나 목숨을 잃게 만든 특정한 사건을 식별할 수는 있다. 그러나 그래서 어쨌다는 것인가? 죽음이 왜 문제이며, 다른 것이 아니라 왜 하필이면 죽음을 싫어하는가?"(Frijda 1994: 199). 프레이다는 정서가, 즉 사물, 사건, 상황에 대한 감정적 반응의 쾌감과 불쾌감이 모든 목표의 기원이라고 주장한다. 바우어는 이를 가리켜, "감정은 진화가 우리 삶에 의미를 부여하는 방식"이라고 말한다(Bower 1992: 4). 바우어에 따르면, 인간 유기체는 다양한 필요들의 긴급성을 가늠할 수 있어야 하고, 행동 절차의 우선순위를 매기고 계획할 수 있어야 하며, 예기치 못한 사태를 대비하여 내외의 상태를 점검할 수 있어야 한다. "'감정'이란 그런 체제가 관심을 목표에 정향된 행동으로 번역하는 작업의 부산물이라는 것을 드러낼 것이다." 심리학자들은 감정에 쾌감이나 불쾌감이 부여되는 것, 감정에 특정한 강도가 구비되는 것이, 감정이 목표를 세우도록 해주거나 혹은 목표를 반영하기 때문이라고 주장한다. 이러한 견해가 폭넓게 수용되고 있기는 하지만, 중요한 복잡성 몇 개는 따로 고찰해야 한다.

첫째, 감정의 강도는 낮음에서 높음까지의 단순 등급으로 표시될 수 없다(Frijda 1992). 감정에는 최소 두 가지의 서로 다른 종류의 강도가 있고, 각 강도의 배치 형태는 몇 가지에 이른다. 두 가지 강도 중 하나가 생리적 각성이다. 그 생리적 각성에 하나의 구성만이 있는 것은 아니다. 랑은 신경학 연구를 검토한 끝에 "회피aversive" 각성(부정적이거나 불쾌한 각성)과 "접근appetitive" 각성(긍정적이거나 유쾌한 각성)을 구분했다(Lang 1995). 각각의 그 각성은 낮음에서 높음까지 등급화할 수 있다. 그리고 그 두 가지 각성은 상호 배타적이다. 다시 말해서 두 가지 각성 상태가 동시에 발생하지 않는다. 그러나 많은 증거에 따르면, 강한 감정을 억제하면 세번째 생리적 각성 상태가 나타난다. 체계의 일부만이 각성되는 상태가 나타나는 것이다(Gottman & Levenson 1988; Gross & Levenson 1993; Hughes et al. 1994). 사실 각성은 심리학자가 결코 완벽하게 재구성할 수 없는 너무도 복잡한 영역이다.

나는 생리적 각성 다음의 두번째 강도를 "목표 관련성" 강도로 칭하고자 한다. 클로어는 이를 간명하게 정리한 바 있다. "어떤 사건이 특정한 목표에 더 많은 영향을 주는 것으로 보이면 보일수록, 그에 대한 반응은 강해진다. 그 사건이 긴 시간에 걸쳐서 감정적 느낌과 집착에 영향을 미칠 것이기 때문이다." 클로어는 다음과 같은 예를 들었다.

배우자의 죽음에 대한 슬픔과 같은 격렬한 감정 경험을 생각해보자. 두 사람의 결혼생활이 장기간 지속된 긴밀한 관계였다면, 슬퍼하는 사람의 삶에서 변하지 않거나 그 심리적 표현을 재구성하지 않아도 되는 측면이 거의 없을 것이다. 그 감정 경험은 남은 사람이 배우자가 살아 있다는 가정이 틀렸음을 보여주는 수많은 경우에 정신적으로 적응해야 하는 정도만큼 강렬할 것이다(Clore 1994: 391~392).

클로어는 결론짓는다. 이 강도는 감정을 일으킨 "사건의 바람직함의 정도에 따라 정해진다." 그리고 바람직함은 다시금 "관련 목표의 중심성에, 다시 말해서 **목표의 변화가 한 사람의 목표 네트워크의 나머지 부분들을 탈구시키는 정도**"에 따라 정해진다(Clore 1994: 392).

둘째, 정서가는 결코 감정의 직접적인 특징이 아니다. 펠드먼 바렛은 최근 연구에서 다음과 같이 주장했다.

> 첫째, 감정의 바람직함과 감정의 쾌감 특성(정서가)이 서로 관련된 것이기는 하지만 양자가 같은 것은 아니다. 둘째, 감정의 바람직함은 그 감정이 나타내는 각성 수준과도 관련된다. 셋째, 바람직함의 구성요소들은 특정 감정에 대한 자기보고식 평가와 관련되지만, 그 평가 역시 응답자들의 내적 상태를 표시해주는 쾌감가와 각성 수준을 반영한다(Barrett 1996: 47).

바렛의 발견은 다음과 같이 정리할 수 있을 것이다. 감정의 강도에 목표 관련 강도가 있는 것과 똑같이, 감정의 정서가에도 목표 관련 정서가가 있다. 바렛이 "쾌감가"와 대립되는 것으로 "바람직함"이라고 칭한 것이 바로 목표 관련 정서가다. 예컨대 공포는 본질적으로 불쾌한 것이다. 공포가 많은 경우에 다양한 강도의 "회피" 각성을 일으킨다는 의미에서 그렇다(Lang 1995). 그러나 일부 경우에 공포가 의도적으로 추구되고 향유되는 것 또한 분명하다. 번지점프를 하는 사람, 호러물이나 스릴러 영화를 관람하는 사람, 롤러코스터 타는 사람은 선택적 행동을 통하여 유도해낸 공포에서 쾌감을 경험한다. 공포에 대한 그 비슷한 긍정적 경험과 결합된 직업들도 있다. 비행사, 경찰관, 응급구조대 대원, 프로축구 선수, 골프 선수, 테니스 선수 등이 그렇다. 공포를 즐기는 이

모든 특수한 경우들은, 그 누구도 우리의 삶에서 공포를 최소화하지만은 않는다는 사실을 말해준다. 공포는 무조건 피한다는 목표를 완전히 수용하고 나면, 삶은 그 즉시 불가능해질 것이다. 부정적인 다른 감정들 역시 목표와 관련하여 긍정적일 수 있다. 노스탤지어, 멜랑콜리, 비탄, 분노, 심지어 슬픔조차 특정한 상황에서는 만족과 충족의 원천이 될 수 있는 것이다. 그런 감정들을 유발하는 상황을 일부러 찾아 나서는 경우도 있다(Stearns 1994: 16~57).

따라서 정서가와 강도는 잘못 붙여진 명칭 혹은 잘못 포장된 개념으로 보인다. 다양한 형태의 생리적 각성이 존재하는 것은 분명하다. 그런 각성들은, 마치 사탕이 혀에 쾌감을 주고 바늘이 피부를 해치는 것과 똑같은 하드웨어적인 의미에서 쾌감과 불쾌감으로 범주화될 수 있다. 그러나 그런 종류의 각성 패턴은 감정이 아니다. 그러나 또 다른 패턴이 있다. 총체적인 목표 관련성에 따라 강도와 바람직함/비바람직함이 달라지는 생각 활성화 패턴이 그것이다. 그 "깊은 목표 관련성"의 표지가 바로 감정이라고 주장하는 연구자들이 있다(Frank 1988; D'Andrade 1992; Oatley 1992: 162). 내가 "깊은 목표 관련성"이라고 칭한 것은, 어떤 행동이나 사건이나 환경이 더 높은 목표로 가는 중간 단계가 아니라 "그 자체로" 추구되는 목표인 관련성이다. 특정 목표가 그 자체로 추구되는 이유는, 그것이 목표들의 "네트워크" 속에 너무도 깊이 통합되어 있어서 수단으로 간주될 수 없기 때문이다.

예를 들어서 우리는 일반적으로 건강을 그 자체로 추구한다. 그러나 건강은 많고 많은 다른 목표들의 수단이나 조건이다. 그에 따라 수단으로서의 건강 추구와 목표로서의 건강 추구는 구분될 수 없다(관찰자와 당사자 모두에게 그렇다). 그와 유사하게, 건강의 상실은 보통 공포나 불안과 결합된다. 이때 공포와 불안이라는 감정은 건강이라는 깊은 목표 관련성의 "표지"이다. 투옥될 수 있음에도 불구하고 거짓말을 하지 않는 사람은, 그에게 진실성이 깊은 목표 관련성이기 때문이다. 그런 사람에게 진실한 태도는 명예 코드의 일부일 것이다. 그런 사람은 거짓말이 수치심을 낳는다는 것을 알기 때문에 거짓말을 피한다. 여기서 수치심이라는 감정은 진실성이라는 깊은 목표 관련성의 표지이다. 어떤 사람이 작은 일탈 때문에 수치스러워하면, 우리는 그가 진실한 사람이라는 것을 알게 된다(Frank 1988).

로이 댄드레이드도 똑같은 주장을 했다. "목표와 추구의 네트워크는 다자多者 간 매핑을 포함하는 극단적으로 복잡한 구조물이다. 그 관계는 너무도 복잡하여, 경험적으로 거의 밝혀낼 수 없다"(D'Andrade 1992: 31). 댄드레이드와 그의 동료들에 따르면, 인간은 "스키마"들을 식별하고 학습하고 실행함으로써 복잡성을 단순화하는데, 그 스키마에는 "동기력motivational force," 즉 막대한 감정적 의미가 투여되어 있다(Holland 1992; Quinn 1992; Strauss & Quinn 1997). 스키마란 목표/수단의 복잡한 상호 관계들에 의해 통합된 일련의 목표들이다. 그리하여 예컨대 "결혼" 스키마와 "성공" 스키마를 모두 갖고 있는 사람이 대학에 진학하는 것은, 대학이 그 두 가지 목표의 수단이기 때문이다. 그럴 경우 그 사람은 "대학 진학" 스키마에 그 자체로 커다란 동기력, 즉 막대한 감정적 의미를 투여할 것이다.[4]

오틀리의 견해로는 예기치 않게—예컨대 미술관에서 그림을 보거나 혹은 숲속을 산책할 때—감정이 솟아오르는 것은, 특정 순간에 의식이 지나치게 협소하게 집중된 것을 부분적으로 벌충해주는 점검monitoring 과정이다. 오틀리는 주장한다. 감정은 어떤 "이슈들을 의식

안에 삽입"해주는데, 그 이슈들이 "명시적이지 않은 목표들을 함축하고 있기 때문에," 감정은 "우리가 미처 깨닫지 못하고 있던 목표 구조의 일부를 적시해줄 수 있다"(Oatley 1997: 39). 그렇다면 감정은 깊이 관련된 목표들의 표지이기만 한 것이 아니다. 감정이 점검을 해줌에 따라, 우리는 우리의 주의 역량 혹은 의식 역량의 한계를 넘어서 그런 목표들이 현재의 맥락과 어떻게 관련되는지 추적하는 것이다.

결론적으로, 감정의 목표 관련 "정서가"와 목표 관련 "강도"는, 깊이 통합된 목표들이 (개개인이 평가하거나 변경할 수 없는) 과잉학습된 인지 습관에 의하여 적어도 단기적으로 견지되는 과정을 반영하는 것이다. 그리고 우리가 슬픔, 수치심, 만성적인 불안과 같은 격렬한(클로어가 1994년에 말한 지속성이라는 의미에서) 감정들을 뚫고 통과하는 것은 깊이 통합된 목표들을 변화시키는 과정이다.

심리 통제

감정이 깊이 추구되는 목표와 긴밀히 연관된다면, 감정은 지속적으로 "심리 통제"에 연루될 수밖에 없다. 심리 통제는 최근에 왕성하게 연구되고 있는 주제이다. 이 분야의 선도적 연구자인 다니엘 웨그너에 따르면, 심리 통제의 작동에 핵심적인 것은 소위 "재귀 제약reflexivity constraint"이다. 웨그너는 그 개념을 다음과 같이 기술한다. "통제를 가하는 동안 의식에 재현되는 통제의 모든 과정은 통제의 목표와 양립 가능해야 한다"(Wegner 1994: 42). 심리 통제 과제가 긍정적으로 제시될 경우 ─ 예를 들어서 기쁜 생각만 하려고 시도하는 경우 ─ 그 심리 통제는 재귀 제약의 원리를 위반할 가능성이 적다. 긍정적인 수행을 점검하는 과정이 그 수행을 방해하지 않기 때문이다.

부정적인 목표가 설정될 경우 양상은 아주 다르다. 그것은 "아이러니한 과정"으로 귀결된다. 분홍색 코끼리는 생각하지 말라는 지시를 받으면 사람은 즉시, 무언가에 대하여 의도적으로 생각하지 않는 것이 어떻게 가능한가라는 문제에 봉착한다. 피할 것을 알기 위해서는 우선 피해야 하는 그것에 대하여 생각해야 한다. 이 문제를 극복한다고 해도 곧바로 두번째 문제가 닥쳐온다. 금지된 생각을 떠올리지 않고도, 즉 적어도 일시적으로나마 과제의 실행에 실패하지 않고도, 어떻게 그것을 생각하지 않는 일에 성공했다고 확신할 수 있는가? 따라서 심리 통제는 "재귀 제약" 때문에 최선의 경우에도 가끔씩만 성공할 수 있다. 웨그너는 말한다. "우리가 우리의 주의를 단단한 한 지점에 응결시키려고 아무리 노력하여도" "주의는 움직이고 일렁인다. 아이러니한 과정은 집중력의 아킬레스건을 설명해주는 한 방법이다"(Wegner 1994: 42).

실험실에서 이루어진 실험에서도 아이러니한 과정이 나타났다. 심리 통제의 목표가 인지적인 것이든 감정적인 것이든 마찬가지였다. 5라는 숫자이든 실연이든 똑같았다. 강한 감정과 결합된 "만성적으로 접근하게 되는" 생각을 피하는 일이 특별한 도전이기는 했지만, 피하려 할 때 봉착하는 어려움은 똑같았다. 웨그너는 인간이 심리 통제를 가하면 그 "작동 과정"과 그 과정을 점검하는 "점검 과정"이 동시에 발동된다는 가설을 세웠다. "작동 과정은 마음을 소망하는 마음 상태와 관련된 생각과 각성으로 채움으로써 소망하는 변화를 이끌어내는 과정이다. 점검 과정은 통제가 언제 필요한지 지시해주는 심리 내용을 은밀하게 찾아내서, 특정 시점에 작동 과정이 발동할 것인지 아닌지를 규제한다"(Wegner 1994: 34). 점검 과정이 추동시키는 그 탐색 작업은 "의식적이지도 않고, 노력이 별반 소비되는 것도 아니며, 의식적인 선택에 의하여 심리 통제가 끝날 때까지 지속된다." 심리 통제에 반드시 동반되는 점검 과정은 무의식적일 수밖에 없다. 어떤 내용을 의식으로부터 배제하는 문지기 작업이 그 내용을 의식하는 것은 정의상 불가능하기 때문이다. 그러나 그러한 문지기 작업이 있어야 한다는 것 또한 불가피하다. 의식이란 본성상 제한적이고 "초점에 맞춰지며" 선택적이기 때문이다.

웨그너에 따르면, 다른 인지적 요구가 정신 용량을 소모해버려서 작동 과정이 미약해지거나 주변화될 경우, 점검 과정이 "우리의 노력을 무위로 돌아가게 한다." 웨그너와 어버는 한 실험에서 피험자들에게 특정한 단어를 생각하지 말라는 과제를 주는 동시에, 다른 단어들을 제시하면서 그것들과 연관된 단어들을 제한된 시간 내에 말하도록 했다. 시간 제한은 인지 "부하"를 초래했다. 시간 제한 속에서 두번째 과제를 이행하기 위해 투입한 노력이 금지어를 검열하는 작동 과정을 약화시킨 것이다. 피험자들은 "금지어와 관련된 단어들을 제시받자 빈번하게 금지어로 답했다. 그들은 생각하지 말아야 하는 바로 그 단어를 무심결에 말해버린 것이다."(Wegner & Erber 1992).

"더욱 중요하기로는," "억제suppression와 시간 제한이 결합되자 금지어를 말하지 말라는 지시를 받은 피험자들이, 그 단어를 제한된 시간 내에 적극적으로 말하라는 지시를 받은 피험자들보다도 훨씬 자주 금지어를 말했다"(Wegner 1994: 42). 점검 과정이 발동되다보니 억제 노력이 억제되어야 하는 생각에 대한 "접근성을 강화"시킨 것이다. 주의가 약해지면, 억제된 생각이 "리바운드"된다(Wegner & Gold 1995: 783). 웨그너는 리바운드 효과가 공통적으로 나타나는 현상들로 담배를 끊으려는 노력(담배에 대해서 생각하지 않으려는 시도가 담배에 대한 더욱 빈번한 욕구로 귀결된다), 불면증을 치료하려는 노력, 제시된 명제를 무조건 믿으려는 노력, 자아 프레젠테이션에서 거짓말을 하거나 자신에게 유리한 이미지만을 제시하려는 노력 등을 꼽았다.

연구자들은 감정 통제에서도 통제 노력의 아이러니한 효과를 발견했다. 웨그너와 골드는 피험자들을 두 집단으로 나누었다. 첫번째 집단은 과거의 연인에 대한 강한 욕망이나 상실감이 여전히 큰 실연한 사람들이었다. 과거의 불꽃은 여전히 "뜨거운 불꽃"이었다. 두번째 집단은 과거에 연애를 했으나, 지금은 연인에 대한 욕망이나 상실감이 없는 사람들이었다. 과거의 불꽃은 그저 "차가운 불꽃"이었다. 연구팀은 두 집단 모두에게 8분 동안 세 가지 과제를 실행하도록 했다. (1) "당신이 연인에게 붙여주었던 애칭을 '큰 소리로 생각'할 것, (2) 당신이 그 애칭을 누구에게 붙여주었는지 생각하지 않기 위해 노력하고, 그럼에도 불구하고 생각할 경우에는 그것을 말할 것, (3) 당신이 과거에 애칭을 붙여주었던 사람을 다시 '큰 소리로 생각'할 것." 더불어 연구팀은 각 집단에 속하는 일부 사람들에게 2번 대신 "자유의 여신상을 생각하지 않도록 노력하되, 생각할 경우에는 말하라"고 요구했다.

그러자 과거의 연인에 대하여 더 이상 욕망이나 상실감을 갖고 있지 않은 "차가운 불꽃" 집단은, 과거의 연인을 생각하지 말라는 2번 과제를 실행하자 그 사람에 대한 생각이 리바운드되는 경험을 했다. 그들은 3번 과제를 수행하는 동안, 두번째 과제로 자유의 여신상을 생각하지 말라는 요청을 받았던 사람들보다 훨씬 더 그 연인에 대하여 말했다. 역으로, 과거의 연인에 대한 생각을 억압했던 "뜨거운 불꽃" 집단에게는 2번 과제를 실행할 때 리바운드 효과가 나타나지 않았다. 그러나 과제 3번을 수행하는 동안 그 집단의 피부 전도도傳導度가 증가했다. 피부

전도도는 감정을 억압하려는 시도에서 공통적으로 나타나는 현상이다 (Wegner & Gold 1995; Gross & Levenson 1993; Hughes 1994). 웨그너와 골드는 "뜨거운 불꽃" 집단이 고통스러운 주제에 대하여 말하라는 지시에 저항하고 있었으며, 리바운드 효과를 퇴치하기 위한 고조된 통제 노력을 경주하고 있었다고 결론지었다.

웬즈래프와 베이츠는 심리 통제의 아이러니한 효과와 우울증 간의 연결 고리를 찾고자 했다. 그들은 피험자들을 우울하지 않은 집단, 우울증의 위험성이 있는 집단, 우울증이 있는 집단으로 나누었다. 연구팀은 각 집단에게 20개의 뒤죽박죽된 문장들 세트 세 개를 제시하고 제한된 시간 내에 정상적인 문장으로 완성하도록 했다. 또한 그들은 피험자들에게 첫번째 세트를 완성할 때는 "무엇이든 처음으로 생각나는 진술"을 쓰고, 두번째 세트를 완성할 때는 "부정적인 진술"을 쓰며, 세번째 세트를 완성할 때는 "긍정적인 진술"을 쓰도록 지시했다. 마지막으로 그들은 피험자들의 절반에게 과제를 실행하는 동안 여섯 자리 숫자를 기억하라고 요구했다. 이는 인지에 하중을 부과함으로써 억압 시도를 무화 또는 약화시키고, 그렇게 리바운드 효과를 강화하기 위해서였다.

우울하지 않은 집단은 인지 하중이 부과되었든 아니든, 긍정적인 진술을 만들라는 과제에서 단 2%만 실패했을 뿐, 일관되게 성공했다. 우울증 집단의 경우에는 인지 하중을 받지 않은 사람들의 실패율은 14%, 인지 하중을 받은 사람들의 실패율은 19%였다. 우울증 위험 집단은 하중이 부과되지 않은 경우에는 실패율이 우울하지 않은 집단과 같았지만, 하중이 부과된 경우에는 실패율은 17% —— 우울한 집단에 근접한다 —— 에 달했다. 연구팀은 우울증의 위험에 처한 사람들이 고도의 의식적인 억제 작업을 통하여 우울을 피하고 있는 것으로 보인다고 평가했다. 그 평가가 옳다면, 그들이 스트레스나 심한 인지적 하중을 받게 되면 우울증의 위험성이 리바운드될 것이다. 따라서 "그들이 완치될 가능성은 우울한 생각을 피하려는 억제에 의존하지 않아야 높아질 것"이다(Wenzlaff & Bates 1998: 1569).

웨그너와 스마트는 그와 같은 연구들을 일반화하여, 생각의 활성화에 두드러지게 구분되는 세 가지 유형이 있다고 주장했다. 첫번째가 "표면 활성화"이다. 이는 현재 의식 속에 있는 생각들의 상태로서, 기억 속에 유지될 가능성도, 의식을 떠난 뒤에 다시 접근하게 될 가능성도 거의 없는 활성화이다. 예컨대 도로에서 지나친 차의 색깔, 병원 대기실에서 들은 텔레비전 뉴스나 읽은 잡지 기사처럼 흥미도 없고 집중하지도 않은 것들이 그 상태이다. "완전 활성화"는 의식 안에 존재하거나 의식에 접근할 가능성이 아주 높은 생각들이다. 예컨대 가족이나 친구처럼 중요한 타인들, 혹은 골프 스윙이나 좋아하는 요리법처럼 자주 반복되는 습관에 대한 의식적인 생각들이 그것이다. 세번째 유형이 "깊은 활성화"이다. 웨그너와 스마트에 따르면, 심리 통제 시도에 동반되는 무의식적인 점검 과정에 의하여 아이러니하게 활성화된 억제된 생각이 바로 깊은 활성화이다. 우리는 네번째 유형도 상정할 수 있을 것 같다. 활성화되지 않은 생각이 그것으로, 그것은 의식의 외부에 머무르는, 인지 노력을 요구하지 않는 생각과 기억들이다.

웨그너와 스마트에 따르면, 생각을 활성화시키는 동인에는 일반적으로 세 가지 유형이 있다. 첫째가 새로운 지각 정보의 입력이다. 새로운 지각 정보는 "깊은 활성화"를 포함하여 모든 유형의 생각 활성화를 유발할 수 있다. 웨그너와 스마트가 보기에는, 그린월드 연구팀의 하의식 인지 실험에서 나타난 것은, 새로 입력된 지각 정보가 생각을 활성화시켰으되 그 생각이 의식에 전달되지는 않은 상태들이다. 둘째, 많은 생각은 "만성적인 혹은 습관적인 활성화" 상태에 있다. 웨그너와 스마트는 말한다.

사람은 언제라도 접근할 수 있는 활동적인 생각들의 만성적인 배열을 갖고 있는 것 같다. 만성적으로 접근 가능한 그런 생각들은, 그 생각들이 의식에 진입하도록 허용되거나 혹은 정반대로 통제됨에 따라 의식에 떠오를 수도 있고 그렇지 않을 수도 있다. 만성적으로 접근 가능한 생각들이 의식에 떠오를 때는 특별한 경고음이 발동되지 않는다. 다시 말해서 사람들이 갖고 있는 특정한 관심이나 선호란, 의식적인 생각에 대한 무의식적인(자동적인) 접근에서 직접적으로 나온 것들이다. 그것들이 바로 완전히 활성화되어 있는 생각들이다. 만성적으로 접근 가능한 생각들이 의식에서 환영받지 못하면, 그 생각들은 만성적인 깊은 활성화가 되어버린다. 그런 경우 삶은 살아내기 힘들다. 정신병을 앓는 사람들 다수의 상태가 그것일 것이다(Wegner & Smart 1997: 986~987).

생각 활성화의 세번째 동인은 "의도적인 생각 활성화"이다. 웨그너와 스마트는 이를 "심리 통제의 작동"과 똑같은 것으로 간주한다. "적절한 자원만 갖추어져 있으면 심리 통제는 매우 효과적으로 작동한다. 의식이 원하는 마음 상태에 적어도 간헐적으로는 도달한다는 의미에서 그렇다." 그러나 심리 통제에는 항상 비용이 따른다. 심리 통제가 "아이러니한 점검 과정을 발동시키고, 그것이 의식이 가장 원하지 않는 생각들의 접근성을 증가시키기" 때문이다. 웨그너와 스마트는 사람들이 다이어트를 하거나, 마약을 끊거나, 포비아를 극복하거나, 병적인 생각을 피하거나, 잠에 들려 할 때 부딪치는 어려움을 깊은 활성화가 발동시킨 아이러니로 설명할 수 있다고 추정한다. 그런 시도가 실패하는 이유는 심리가 받은 하중이 통제 노력을 좌절시키기 때문이다. 일상생활에서 갖게 되는 심리적 하중에는, "스트레스와 주의 분산만이 아니라 주의력에 영향을 미치는 술과 마약 그리고 성향적으로 주의력이 약한 것"도 포함된다. 실험적으로 아이러니한 효과를 발생시켜보면, "정신병 환자들이 겪는 것과 유사한 경험이 나타난다"(Wegner & Smart 1997: 987, 988).

웨그너와 스마트는 "감정적인 생각들"의 의도적인 억제가 연이어서 "감정의 탈脫억제 — 참가자들이 그 생각을 의식에서 삭제하려고 계속해서 시도할 정도로 당혹스러운 탈억제 — 로 귀결될 수 있다는 증거도 제시했다(Wegner & Smart 1997: 989). 그들은 결론지었다.

아주 간단히 말해서 [……] 우리가 지금 보고 있는 것은 보란 듯이 움직이기 시작한 마음 상태(깊은 활성화)이다. 한 생각이 의식에 입장하려한다. 그러나 어떤 동기적인 혹은 상황적인 이유 때문에 그 생각은 입장이 허락되지 않는다. 그렇게 되면 그와 연관된 통로들이 의식 아래에서 활성화되고, 이는 접근 가능한 생각들이 다른 방식으로 표출되도록 만든다. 깊은 활성화가 간접적인 경로를 따라 생각이나 행위로 분출되는 것인데, 이는 특히 금지된 생각과 명백히 연관되어 있지 않기에 의식적인 점검 과정이 발동되지 않는 영역에서 나타날 수 있다. 깊은 활성화가 생산한 효과가 금지된 생각으로부터 충분히 멀리 떨어져 있기 때문에, 깊은 활성화 상태가 방해받지 않고 존속되도록 허용되는 것이다(Wegner & Smart 1997: 991).

이런 종류의 효과는 프로이트 이론에서 주장하는 신경증(공포증, 강박증, 투사, 승화)의 고전적인 징후 및 메커니즘과 매우 흡사하다. 게다가 깊은 활성화는 그 불안정한 성격에도 불구하고 종종 일종의 불안정한 균형 속에서 영속적으로 작동할 수 있는 길을 찾아낸다. 웨그너와 스마트는 말한다.

깊은 인지적 활성화는 어떻게 그 불안정한 성격에도 불구하고 유지되는 것일까? 많은 경우에는 깊은 활성화가 유지되지 않는다. 예를 들어서 행복한 생각들이 깊이 활성화되면, 보통은 그 상태를 영속화하는 경향이 나타나지 않는다. 또 다른 예를 들자면, 되살리고 싶은 기억이나 창조적인 통찰은 억제 메커니즘이나 회피 메커니즘을 발동시킬 침투나 감정을 낳지 않는다. 그런 생각들은 의식으로부터 환영을 받고, 따라서 완전한 활성화를 발동시킨다. 깊은 인지적 활성화는 주로, 의식이 의식에 입장하도록 허용하기에는 너무도 고통스럽거나 불가해한 생각과 마주쳤을 때 유지되는 것으로 보인다. 다시 말해서 지속적인 심리 통제를 발동시키고, 그래서 깊은 인지적 활성화를 유지시키는 데는 원하지 않는 침투가 적어도 이따금씩은 있어야 하는 것 같다(Wegner & Smart 1997: 991).

생각 재료의 "활성화"가 더 이상 단순한 "켜기/끄기"로 간주될 수 없다고 주장하는 연구자는 웨그너와 스마트만이 아니다. 앞서 언급한 카와 다겐바흐의 "중심-주변" 주의 가설은 웨그너의 (의식적인) 작동 과정과 (무의식적인) 점검 과정이라는 개념 쌍과 대단히 비슷하다. 발로타와 폴은 일종의 "전방확산" 활성화를 가정한다. 그들은 "어휘 수준 활성화"와 "의미 수준 활성화," 즉 단순히 글자와 단어를 인식하는 수준과 의미와 관계를 인식하는 수준을 구분했다. 그 두 가지 유형에는 아주 다른 특징들이 있다. 베스너 연구팀도 비슷한 연구를 했다(Besner 1997). 드레베츠와 라이클은 뇌혈류 심상을 이용하여 활성화의 여러 유형을 구분했다(Drevets & Raichle 1998).

3. 결론

결론적으로, 심리학자들은 직선적인 인지 모델로부터 벗어나서 복수의 경로, 복수의 활성화 수준, 복수의 활성화 유형, 억제와 고조의 복잡한 결합을 포함하는 모델들로 나아갔다. 그 결과 심리학자들은 의식과 무의식, 상의식과 하의식, 통제된 과정과 비의지적 과정을 날카롭게 구분할 수 없게 되었다. 이에 따라 심리학자들은 감정의 성격 역시 완전히 재개념화했다. 피셔와 탱그니가 말한 대로 그것은 "감정 연구의 혁명"이었다. 감정은 전통적으로 비직선적(자유연상적, 시적, 상징적) 사유혹은 생리적 각성(홍조, 아드레날린 분비, 심장박동률의 변화 등)과 연결되었다. 그 모두가 인간 지성의 특징은 합리적, 의지적 행동이며, 감정은 그와 다른 것이라고 상정한다. 상징적 사고는 엄밀하게 합리적이지못하고, 생리적 각성은 의지적 통제하에 엄격하게 놓여 있지 않다는 것이다.

그러나 "비의지적"과 "의식적"의 대립 가설이 무너짐에 따라, 그리고 사고가 점점 더 여러 수준의 활성화, 주의, 일관성을 반영하는 것으로 간주됨에 따라, 생각과 감정의 구분을 유지하는 것이 어려워졌다. 우리가 보았듯이, 많은 연구자들은 그러한 구분을 믿음의 문제로 받아들이고 실험 결과를 조직하기 위한 발견적 수단으로만 사용한다. 다만, 그 누구도 감정을 직접적으로 검사하거나 측정할 방법을 발견하지는 못했다. 홍조는 당혹감의 좋은 표지일 수 있다. 그러나 당혹감은 홍조 없이 나타나기도 한다. 성적 각성은 (낭만적인) 사랑의 표지일 수 있다. 그러나 성적 각성과 낭만적 사랑은 많은 경우에 서로 독립적이다. 주먹을 꽉 쥐는 것과 눈썹을 치켜세우는 것은 분노의 좋은 표지일 수 있다. 그러나 분노는 종종 그 어떤 생리적 신호와 표정 및 행동의 변화 없이 장기간 지속된다.

최근의 연구들은 감정이 과잉학습된 인지라는 아이슨과 다이아몬드의 1989년 테제를 확인해준다. 감정은 여타의 인지 습관처럼 단기적으로는 비의지적(자동적)이지만, 보다 긴 시간 틀에서는 여타의 인지처럼 학습되고 해소된다. 감정의 학습에는 깊은 목표 관련성과 심리 통제가 개입된다. 예를 들자면 이렇다. 유아 훈련에서 어린이가 충동을 통제하는 데 실패하면 어른이 어린이에게 수치심을 불어넣는다. 어린이가 식사 중에 음식을 바닥에 던지거나, 코를 옷소매로 닦거나, 손님들 앞에서 화를 내면, 거듭해서 야단을 맞고 충동을 통제하라는 요구를 받는다. 그런 훈련이 지속되면, 예의나 예절의 위반에 대단히 자동적이고 즉흥적으로 수치심과 당혹감이 동반된다.

그런 학습에는 그러나 심리 통제가 작동한다. 코를 풀거나 버럭 소리를 지르고 싶은 충동을 억제하기 위해서는 우선, 코를 풀거나 소리를 지르려는 충동을 찾아야 한다. 충동을 찾고 억제하는 그 작업은 "재귀 제약"이라는 어려운 조건 속에서 수행된다. 따라서 여러 가지 회피 전략이 동원되어 다양한 결과가 나타난다. 의식은 무의식적인 문지기를 갖고 있고, 또 가져야만 한다. 아주 많은 "활성화된" 생각들은 웨그너와 스마트의 "깊은 활성화"로서 의식의 외부에 있고, 혹은 웨그너의 "점검 과정"이나 카와 다겐바흐의 "중심-주변" 활성화 패턴에서처럼 그 시점의 의식 부분의 외부에 있다. 감각 재료가 입력되었기 때문이든, 점검과정 때문이든, 스트루프 색깔-단어 실험에서 불안이 엄습한 사람들이 부정적인 단어에게 보인 반응이 보여주듯이, 의식에 입장하지 못한 채 활성화된 생각들이 존재하는 것이다.

따라서 사람은 특정한 감정이나 감정 세트를 원하는 대로 만들거나 바꿀 수 없다. 깊이 관련된 목표들의 수단-목적 관계는 물론, 웨그너가 기술한 심리 통제의 "구조"가 감정의 임의적 주조에 한계를 부여하기 때문이다. 따라서 감정 훈련 전략은 부분적으로—생각의 억제에 지나치게 의존하는 사람들의 경우처럼—실패하고 말거나, 반복적 실패의 만성적 패턴으로 귀결되기도 한다.

심리학자들은 그처럼 감정에 대한 기존의 가정을 의문시하고, 감정에 대하여 새로운 총괄적인 모델들을 구축했다. 이제 감정은 인지와 "불가분하게 상호 연관된" 어떤 것이라는 모델에 포함되었다(O'Rorke & Ortony 1994: 283). 감정을 연구하는 인류학자들 역시 같은 시기에 심리학자들과 비슷한 어려움에 봉착했다. 그러나 인류학자들은 인류학이라는 분과학문에 닥친 보다 일반적인 위기 속에서 감정을 연구하고 있었다. 다음 장에서 나는 인류학자들이 감정을 해명하기 위하여 수행한 연구들을 검토하는 동시에, 그들의 노력이 인류학이 대면한 보다 넓은 정치적, 인식론적 문제와 연루되는 모습을 보여줄 것이다. 나는 또한 인류학이 그 위기에서 벗어나 앞으로 나가는 데 인지 심리학의 발견들이 어떻게 이용될 수 있는지 보여줄 것이다.

제2장 인류학의 답변

감정이 생물학적인 기초를 갖는 것이 아니고 유전자에 프로그램된 것도 아니라면, 감정은 문화적인 것, 혹은 적어도 문화에 의해서 영향을 받는 것일 수밖에 없다. 오늘날 심리학자들은 감정이 과잉학습된 인지 습관처럼 작동한다고 하더라도 감정은 상당한 정도로 개인들이 살아가는 생활환경에 의해 형성되는 것이라는 데 상당수가 동의한다. 그러나 문화는 일련의 과잉학습된 인지 습관이 아니고 도대체 무엇이겠는가?

심리학이 감정 연구에서 혁명을 경험하고 있는 동안, 인류학자들 중에서 타 학문의 흐름을 알고 있던 학자들 역시, 감정을 재정의하고 인류학의 특수 재료에 적용할 새로운 연구 방법을 만드는 일에 나섰다(Lutz & White 1986: 405). 그리하여 1970년대까지만 하더라도 사실상 도외시되고 있던 감정이 인류학의 가장 각광받는 연구 분야로 떠올랐다(Levy 1984: 214). 인류학자들은 현장연구를 통하여 지구 곳곳에서 다양한 감정 개념, 다양한 감정어, 다양한 감정 실천들을 발견해냈다. 매혹적이었다. 그러나 감정 인류학은 논쟁에 빠져들었다. 심리학자들이 감정과 인지의 관계에 대하여 서로 다른 견해를 내놓았듯이, 인류학자들은 감정이 정확히 어떻게, 그리고 어느 정도로 문화에 의해서 형성 혹은 "구성"되는지를 놓고 논쟁을 벌였다.

인류학에서 감정에 대한 논의가 더욱 복잡해진 이유는, 감정 연구가 인류학 전체의 주된 연구 흐름과 맞물려서 진행되었기 때문이다. 인류학은 위기에 봉착한 상태였고, 그 위기는 아직도 극복되지 않았다. 그 위기는 "지식 생산에 대한 논의"와 밀접히 연관된 것으로서, 다름 아니라 포스트구조주의적 접근이 인문·사회과학의 대세가 되면서 벌어진 일이다(Marcus 1992: viii). 마커스는 그 논의가 인류학에서 특히 첨예해진 이유를 다음과 같이 설명했다.

첫째, 포스트구조주의의 영향을 받은 다른 분과학문들과 달리 〔……〕 그 논의는 인류학이라는 학문의 정체성이 걸린 문제였다. 둘째, 일부 인류학자들과 실천가들은 인류학 외부의 학자들, 구체적으로 역사학자들 및 문예비평가들과 동맹을 맺고 그 논의를 진행했고, 논의의 초점을 인류학이라는 학문 자체에 맞추었다. 분과학문의 경계를 횡단하며 맺어진 그 동맹 때문에 비판은 대단히 도발적이었고, 그 비판을 거부하거나 주변화시키는 것은 그만큼 어려웠다(Marcus 1992: viii).

문화에 대한 인류학자들의 관점은 그때까지 "지식 생산"에 대한 특수한 한 관점과 결합되어 있었다. 지식 생산에 대한 포스트구조주의적인 접근이 대두하자, 그 특수한 관점이 견지될 수 없게 되었고, 따라서 문화의 존재 자체가 의심을 받기에 이르렀다. 더욱이 그 특수한 관점은 인류학의 학문적 정체성과 대단히 긴밀하게 연관된 것이었다. 인류학이라는 학문의 존립이 문제시된 것은 그 때문이었다. 인류학자들은 그 위기로부터 벗어나기 위하여 새로운 모델의 개발에 박차를 가했다. 작업은 몇 가지 축으로 이루어졌다. 현장연구의 정치적 함축과 젠더 및 종족 ethnic 정체성의 문화적 지위가 바로 그것이었다. 그에 따라 인류학은 개별적 편차, 저항, 역사적 변화에 아주 예민해졌다. 인류학은 불확실성 속에서 자기탐색에 몰두하고 있었던 것인데, 감정 연구는 바로 그 맥락에서 시작되었다. 그리하여 감정 연구는 인류학 내부의 밀고 당기는 거대한 흐름 속에서, 일부 논의는 긍정적으로 수용하고 일부 논의는 거부하면서 성숙해갔다. 그 결과, 사회적 맥락 속에서의 자아의 성격이 감정 연구의 중핵으로 떠올랐고, 감정을 통하여 사회과학의 과제 전체를 다시 생각하는 이례적인 기회가 열렸다.

1. 구성주의적 접근

감정 인류학의 선구자 중의 한 명인 미셸 로살도는 감정에 몇몇 생리적인 측면이 결부되어 있기는 하지만, "개인이 생각하고 **느낄 수** 있는 것은 **압도적으로** 사회적으로 조직된 행위와 발화 양식의 한 산물"이라는 사실을 보여주고자 했다(M. Rosaldo 1984: 147. 강조는 필자). 그녀가 현장연구를 수행하던 1970년대 중반에는 이용할 만한 심리학 연구가 별로 없었다. 그래서 로살도는 샤흐터와 싱거에게 의존했다. 그 두 사람은 1962년의 고전적인 연구에서 피험자들에게 부신호르몬을 주사하고 살펴보았다. 그랬더니 피험자들은 고양감으로부터 불안에 이르는 다양한 감정을, 실험자들이 피험자들에게 기대한다고 말해준 것에 일치하게 경험했다(Laird 1987; Lakoff 1987: 406~408; Hoffman & Mark 1994; Gergen 1995). 로살도는 그 실험이 보여주는 점은, 감정에 생물학적인 요소(각성)가 결부되기는 하지만 생물학적인 요소는 모호하고 그 자체로는 무의미하며, 결정적인 것은 그 각성에 대한 해석이고, 그 해석은 학습되는 것이며, 따라서 중요한 것은 문화적이라는 것이라고 주장했다.[1]

그 실험실 연구는 인류학적인 현장연구로 확인되었다. 로살도는 필리핀의 일롱고트족(숲이 우거진 산악 지방의 사냥꾼이자 화전민 부족)의 감정을 연구했다. 이 연구에서 그녀는 일롱고트족의 내밀한 감정 경험이 부족의 감정어와 그 감정어에서 비롯된 실천에 의하여 형성된다는 점을 발견했다(M. Rosaldo 1980). 일롱고트족의 어휘에서 가장 중요한 단어는 영어에서 분노, 에너지, 질투, 열기 등을 뜻하는 리제트liget였다. 리제트를 보유한 사람은 부족에서 높이 평가되고 깊이 존경받았다. 리제트는 경작을 하게 해주고, 사냥을 하게 해주며, 외부의 공격으로부터 부족을 보호하고, 적에게 복수하게 해주는 것이었다. 그런 리제트를 고조시키는 것은 무엇보다도 죽음에 의해서 초래된 슬픔이었다. 리제트를 보유한 사람이 행하는 결정적인 활동은 또한 인간사냥이었다. 전통적으로 청소년은 인간사냥에 참여한 뒤에야 성인의 지위를 확보할 수 있었다. 청소년이 리제트로 가득 차서 강박에 사로잡히고 혼란에 빠질 지경(청소년 자신과 가족들에게 위험스러울 정도)이 되면, 부족의 장로들이 청소년을 인간사냥에 참여시켰다. 사냥을 성공적으로 마치고 돌아오면, 부족은 열광적인 축제에 빠져들고, 리제트의 실천이 가져다준 기쁨을 춤과 노래로 표현했다.

그 후 로살도는 일롱고트족을 두번째로 방문했다. 그 두번째 현장연구에서 로살도는 일롱고트족이 자아를 생생하게 경험하는 데 리제트가 얼마나 중요한지 뼈저리게 깨달았다. 인간사냥은 그동안 필리핀 당국의 억압에 의해 소멸된 상태였다. 로살도는 부족민들의 간청을 받아들여서 과거 인간사냥 축제를 녹음한 테이프를 틀었다. 그러자 부족민들은 녹음기를 꺼달라고 요청했다. 그런 축제가 중단된 지금, 축제의 소리를 듣는 것이 너무도 고통스럽다는 것이었다. 부족민들 스스로가, 그들이 한때 그토록 열렬하게 듣고자 했던 것이 이제는 견딜 수 없게 되었다는 사실을 놀라워했다. 로살도는 많은 일롱고트 부족민들이 기독교로 개종하는 것을 보았다. 그들은 기독교가 그들로부터 리제트를 없애주고, 그것을 보다 부드럽고 평온한 감정 상태로 교체해주리라 믿고 있었다. 로살도는 한 어린이의 장례식에서 일롱고트 기독교도들이 배구를 하는 것을 보았다. 그들은 이제는 슬퍼할 이유가 없다고 말했다. 일롱고트족의 두번째 방문은 로살도에게, 리제트가 문화적 대본script의 공허한 수행이 아니라 견고한 상징구조의 실천이라는 점을 알게 해주었다. 리제트는 깊은 문화적 참여요, 그 참여는 과거 인류학자들이 인정했던 것보다 훨씬 심층적인 층위에서 작동하는 문화의 산물이었던 것이다.

로살도는 자신의 연구로부터 인간 자아의 조형성 테제를 도출해냈다. 인간의 자아는 거의 무한대로 조형적이라는 것이다. 서양 심리학자들은 보통 자신이 인간 정신의 보편적인 특징들을 연구하고 있다고 생각한다. 그러나 그들이 실제로 수행하는 것은 서양인들의 감정 구조를 기록하는 것일 뿐이다. 서양과 다른 장소와 시간에서 자아와 자아의 감정은 문화에 의하여 전혀 다르게 구성된다.

모든 인류학자들이 로살도만큼 멀리 갔던 것은 아니다. 감정 인류학의 또 다른 선구자인 로버트 레비는 감정에 대한 이해는 문화를 횡단하여 유사하며, 차이는 각 문화가 한 감정을 강조하거나 평가하는 정도에 있다고 주장했다. 감정은 인간에게 공통적이되, 문화에 따라 "과대인지"되거나(강조되고, 되풀이되고, 표현되고, 논의되거나) "과소인지"된다(이름이 부여되지 않고, 부인되고, 은폐된다)는 것이다. 레비는 현장연구를 타이티 부족에서 수행했는데, 그 부족에게는 슬픔 내지 비탄에 해당하는 단어가 존재하지 않았다. 우리가 슬픔이나 비탄으로 간주하는 것을 그들은 사람들 사이의 관계에 아무런 의미가 없는, 단순한 생리적인 교란으로 간주하는 듯이 보였다.

그들은 (그들의 몸의 신호와) 맥락이 "슬픔" 혹은 "우울"을 요구하고 있다고 내가 생각하는 조건을 "혼란스러운 느낌"(*pe'ape'a*, 내외의 교란에 대한 총칭), "내적인 밀침을 느끼지 않는 것"(*ana'anatae*), "무거운 느낌"(*toiaha*), "피곤한 느낌"(*hauman*), 그리고 혼란스럽거나 축 처진 몸 상태를 가리키는 단어들로 칭하곤 했다. 그 단어들은 모두, 예컨대 "분노"가 공격 혹은 불만을 뜻하는 식의 대외적인(사회적인) 관계적 의미를 갖지 않는 것들이었다(Levy 1984: 219).

그러나 다른 한편으로 레비는 상실을 겪은 타이티인들이 그 상실을 질병 혹은 피로의 발산이라고 말했음에도 불구하고, 슬픔의 징후들을 내보이는 것을 목격했다.

감정 인류학이 그 시작부터 현재까지 사로잡혀 있는 딜레마의 뿌리는, 문화의 영향력을 어느 정도까지 인정하고, 그 기저에 있는 보편적인 정신적 요인들의 영향력은 또 어느 정도까지 인정할 것이냐이다. 죽음은 어디에서나 슬픔을 유발하는가, 아니면 개인이 높게 평가되는 문화에서만 그러한가? 낭만적 사랑은 인간의 보편적인 경험인가, 아니면 일부 문화에서는 찬양되고 다른 문화에서는 억압되는 것인가? 사랑은 서양 개인주의의 발명품일 뿐인가? 우울은 어느 곳의 누구에게나 닥칠 수 있는 신경 질환인가, 아니면 근대 의학과 근대인의 사회적 고립의 문화적 산물인가? 인류학이 그런 질문들과 씨름하고 있을 때, 심리학은 "기본" 감정의 존재, 상이한 각성 상태들의 의미와 성격, 인지와 감정의 관계를 논의하고 있었다. 두 학문의 감정 연구는 그처럼 평행선을 그리고 있었지만, 인류학의 논의에는 이례적인 차원이 더해졌고, 고도로 정치적인 의미가 부가되었다.

감정에 대한 심리학의 논의는 지능, 정신분열증, 마약 중독 등에 대한 논의와 마찬가지로, 자연 대 양육이라는 고전적 형태를 띠고 전개되었다. 그와 달리 감정 인류학자들은 문화에 대한 논의를 단순한 이분법으로 진행할 수 없었다. 문화라는 개념 자체가 심각한 도전에 직면했기 때문이었다. 그리하여 로살도의 일부 추종자들, 그러니까 "사회적으로 조직된 행위와 발화의 양식"에 결정적인 역할을 부여하는 학자들이 역설적이게도 문화 개념 자체를 가장 맹렬하게 부인하는 현상이 나타났다. 그들은 감정이 생물학적인 것에서 기원한다는 관점만큼이나, 감정이 문화에서 기원한다는 관점도 역겹게 여겼다. 이 상황은 면밀히 검토될 필요가 있다.

릴라 아부루고드는 이집트 사막의 베두인인 아울라드 알리족에 대한 1986년의 연구서에서, 그곳에서도 부족민 개인의 가장 내밀하고 가장 사적인 감정이 사회적인 실천과 규범에 의하여 형성된다는 점을 보여주었다. 아부루고드는 부족 여성들이 **기나와**ghinnāwa 시구를 사용함으로 써, 연장자들의 요구에 대한 저항감과 그 요구에 따른 결과에 대한 슬픔을 표현하는 양상을 검토했다. 아부루고드는 그 여성들이 읊은 시가 베두인이 깊이 숭상하는 사적인 독립성에 대한 믿음에서 촉발된 것이며, 그 시는 명령에 복종(깊이 숭상되는 또 다른 가치)하는 데 따른 사적인 비용을 강조함으로써 고통당하는 여성 스스로의 명예를 높이는 데 이용되었다고 주장했다. 실상 기나와는 비일상적인 문학어에 통달하고 수많은 범례들을 암기해야만 읊을 수 있는 전통 시이다. 특정 상황에서 기나와를 자발적으로 낭송한다는 것 자체가 특별한 문화적 성취인 것이다.

아부루고드는 흔치 않은 혼인 사건을 검토했다. 신랑은 40대 초반의 라시드였고, 그의 두번째 부인인 신부는 그보다 스무 살 어린 파이가였다. 라시드는 첫 부인을 똑같이 대우해야 함에도 불구하고 파이가와 모든 밤을 보내는 등 새 신부를 편애했다. 마을에 소문이 퍼졌다. 파이가는 도망쳤다. 라시드는 그녀를 되찾기 위해 전력을 기울였고, 이때 그는 그녀의 행동을 모욕으로 간주하던 그녀의 친척들을 분노케 하였다. 그는 그녀와 이혼해야 했으나, 그가 지불했던 신부 값을 돌려달라는 요구조차 하지 않았다. 이는 파이가의 친척들에 대한 모욕으로 받아들여졌다. 베두인족에서 결혼 초의 이혼은 비교적 흔했다. 이혼은 신랑과 신부가 가문의 어른들이 부과한 상황으로부터 빠져나오는 출구였다. 어쨌거나 지켜야 하는 원칙은, 명예가 매력이나 애정보다 앞서야 한다는 것이었다. 부족의 많은 부부들은 서로에게 애정을 깊이 느끼더라도 이를 철저히 비밀에 부쳤다. 애정은 가까운 가족에게조차 알려지면 안 되는 것이었다. 명예의 문제였기 때문이다. 라시드는 애정을 표시하지 말라는 이 금지를 철저히 위반했던 것이다.

파이가는 남편이 아주 싫었고, 가족에게 돌아가고자 했으며, 본 적은 없지만 들은 적은 있는 한 젊은 남자와 결혼하고자 했다. 집으로 돌아온 파이가는 기나와 시를 읊었고, 이를 통하여 시누이들 몇 명은 그녀의 진정한 감정을 알게 되었다. 아부루고드는 수많은 기나와 시구들을 꼼꼼하게 기록했다.

그대, 오 사랑하는 이여 실망하려는가
그리고 운명이 아닌 것에 대하여 싸우려는가……

나의 가슴 위에 나는 올려놓으리
내가 죽지 않았음에도, 비석을, 오 사랑하는 이여……
새로운 사랑의 만남이 허락되지 않는다면
내 마음의 아픔은 지속되리, 오 사랑하는 이여……

(Abu-Lughod 1986: 217~219)

시구의 정교한 구조로 보아, 그 시는 단순히 숨겨왔던 진정한 감성을 드러내주는 것으로 해석될 수 없다. 아부루고드 역시 파이가처럼 기나와를 사용하는 것이 정치적 현 상태, 규범, 공동체의 관습에 대한 저항을 뜻하는 것은 아니라고 파악한다. 기나와를 사용하는 것은, 자신이 언제나처럼 자기 개인의 명예와 자기 가문의 명예에 헌신하고 있으며, 또한 어른들에게 종전처럼 기꺼이 복종한다는 것을 나타내는 행위이다. 사람은 기나와 덕분에 자신을 강력한 일탈적 감정을 창조적으로 지배하는 존재로 내세우게 된다. 일탈적 감정을 지배하는 능력은, 수많은 아울라드 알리족 부족민이 열망하는 명예로운 독립성의 이상에서 핵심이다. 그렇다면 파이가는 기나와를 암송함으로써, 자신이 라시드에게 저항한 것은 수치스럽게도 어른들에 대한 복종의 의무를 위반한 것이 아니라, 어른들에게 제대로 복종하지 못하는 희생을 감수할 정도로 소중한 자신의 독립성에 헌신하고 있다는 것을 공포한 행동이다. 그리하여 아부루고드는 파이가의 행위에서 문화적 자아와 주체적 자아 사이에 간극이 벌어졌다고 파악하지 않았다. 아부루고드는 로살도와 마찬가지로, 사람의 가장 내밀한 감정은 공동체의 세계관 및 가치와 일치한다고, 그 감정은 공동체에 의해 형성된다고 파악한 것이다.

아부루고드의 연구는 베두인에 대한 민족지 연구에서 전례 없는 것이었다. 아랍계 미국인 여성인 그녀는, 인류학자들이 오랫동안 정상적이고 적절하게 여겨온 전통적인 현장조사 방법을 사용하지 않았다. 베두인들이 그녀를 친척으로 대함에 따라, 그녀에게는 다른 베두인 여성들과 똑같은 제약, 사회화, 노동, 복종이 부과되었다. 따라서 그녀는 전통적인 민족지 연구를 수행할 수 없었다. 그러나 아부루고드는 그 상황에 굴하지 않고, 베두인의 친척으로 취급되었기 때문에 비로소 허용되는 것을 연구하기로 작정했다. 베두인 가족에게 완전히 받아들여지고 그렇게 완전히 통합되었기에, 그녀는 기나와 암송 모습을 목격할 수 있었고, 그것을 연구의 초점으로 삼았던 것이다. 아부루고드가 보기에는, 기나와로 표현된 격렬한 감정이 "문화 밖에 있지 않다"는 그녀의 발견은 정통적이지 않은 그녀의 연구 방법을 정당화해주는 동시에, 그동안 (대부분 남성이었던) 인류학자들이 정립해놓은 연구 절차의 정당성에 의문을 제기하는 것이었다. 더욱이 그 발견은 젠더의 차이에 대한 전통적인 서양 이데올로기를 허무는 것이었다(Abu-Lughod 1986: 256).

아부루고드는 종전의 민족지학자들은 감정에 무관심했기 때문에, 그리고 그들이 베두인 가족의 여성적인 영역에 무관심했기 때문에, 감정이 문화적이라기보다 생물학적이며, 여성이 남성보다 감정적(특별히 덜 문화적)이라는 서양의 관점을 무차별적으로 수용했다고 비판했다. 베두인 문화에 대한 민족지학자들의 과거 설명은 왜곡이다. 이는 그들이 제기한 질문과 연구 방법이 모두 서양 남성주의적인 시각에 의해 결정되어 있었기 때문이다. 그들의 설명은 깔끔하지만, 그것은 감정에 대한 민족지학자들의 남성 중심적인 전제들과 베두인 가정(서양인들과는 다르지만 남성 중심이라는 면에서는 마찬가지인) 간의 은밀한 공모의 결과로 얻어진 것이다.

그로부터 2년 뒤에 캐서린 러츠가 태평양 이팔루크 섬 원주민들의 감정을 조사한 중요한 연구서를 발간했다(Lutz 1988). 러츠의 접근 역시 로살도와 아부루고드처럼 (감정이 지역적, 사회적인 "구성물"이라고 주장한다는 점에서) "구성주의적"이었다. 더욱이 러츠는 17세기부터 현재까지의 서양 역사를 고찰하면서 감정에 대한 서양의 관점을 날카롭게 비판했다. 감정이 생물학적이라는 관점은 오류이기만 한 것이 아니다. 그것은 여성의 소위 자연적인 감정성에 대하여 남성의 합리성을 특권화한, 자아에 대한 음험한 서양의 젠더화된 관점의 일부이다. 서양인들은 전문가이든 일반인이든 한결같이 감정을 내적이고, 비의지적이며, 비합리적이고, 잠재적으로 위험하거나 숭고하며, 여성적인 것으로 간주한다. 그와 대조적으로 남자는 합리적이고, 그래서 공적인 영역에서 행동하기에 적합한 존재이다. 그러나 민족지 연구는 감정이 사회적인 상호작용의 산물이라는 것, 그리고 서양 바깥에서는 생각과 감정이 서양인들의 경우만큼 그렇게 특별히 날카롭게 구분되지 않으며, 감정은 내부로부터 어쩔 수 없이 치솟는 것이라기보다 사회적 상호작용의 결과로 간주된다는 점을 보여준다.

이팔루크 섬에는 여성에 대한 폄하도, 감정에 대한 폄하도 존재하지 않았다. 생각과 감정이 구분되지도 않았다. 정치적 권위는 러츠가 "의분義憤"으로 번역한 "송song"이라는 감정의 표출과 결합되어 있었다. 그 권위는 남성만큼 빈번하게 여성도 구비하고 있었다. 그러한 권위를 인정하고 그에 복종하는 것은 "메타구metagu"("공포, 불안")라는 감정과 결합되어 있었는데, 송과 메타구는 모두 고귀한 감정이었다.

그러나 아부루고드와 러츠는 모두, 자신들의 주장을 명료히 하기 위해서는 문화 개념보다 정교한 분석 도구가 필요하다는 점을 인식했다. 다시 말해서 그들은 로살도가 사용한 문화 개념에 의존할 수 없었던 것이다. 사실 로살도는 자신의 문화 개념을 클리포드 기어츠의 영향력 있는 저술로부터 끌어왔다. 기어츠는 문화를 상징체계, 즉 "사회적 수행의 실천을 위한 모델"로 관례적으로 이용되는 "사회생활의 모델"로 간주했다. 그러나 필자가 보기에, 문화가 그처럼 우리의 생각과 우리의 감정을 결정한다면, 그리하여 문화가 동기와 꿈과 욕망 등 우리에 대한 모든 것을 결정한다면, 문화를 비판할 수 있는 정치적 토대란 존재할 수가 없다. 만일 우리가 원하는 모든 것이 우리 문화의 부산물이요 인공적인 결과물이라면, 우리가 그 문화로부터 자유롭기를 원하는 것, 혹은 그 문화를 변화시키기를 원하는 것조차 불가능하다. 이는 기어츠 류의 문화 개념이 날카롭고 일관되게 비판받은 이유 중 하나였다.

로살도가 감정 인류학을 주창하면서 의존한 것은 기어츠의 문화 개념이었지만, 그녀는 다른 한편으로 감정을 주체성의 마지막 보루, 개인성의 마지막 성채, 개인의 가장 내밀한 도메인으로 간주했다. 그러나 만일 문화가 감정을 지배한다면, 개인에게는 아무것도 남지 않을 것이다.[2] 남는 것이 아무것도 없다면, 무엇을 근거로 하여 감정에 대한 서양의 특수한 견해를 비판할 수 있다는 말인가? 서양이 감정을 "자연적인" 것으로 구성하고, 여성을 특별히 감정적인 존재로 구성하였기에 서양의 관점이 "잘못된 것"이라는 주장을 인정한다고 치자. 그렇다고 해서 감정이 서양인들에게 자연적인 것이 **되어버렸다**는 사실이 뒤바뀔 수는 없는 일이다. 일롱고트족이 문화에 의해 구성된 존재이니만큼 로살도가 인간사냥의 종말을 슬퍼하는 일롱고트족을 비판할 수 없었듯이, 감정을 자연적이고 특별히 여성적인 것으로 파악했다고 해서 러츠나 아부루고드가 서양의 사회과학을 비판할 수는 없는 일인 것이다.

그 때문에 아부루고드는 기어츠의 문화 개념으로부터 거리를 두었다. 그 대신 그녀는 "담론"을 선택했다. 푸코의 "담론"이란 정치권력을 행사하기 위한 장소이다. 담론은 그것이 채택하는 범주에 의하여 규율을 만들어내고 지배의 제도적 구조들을 공인한다. 푸코의 담론 개념과 기어츠의 문화 개념은 다르다. 담론은 여러 개일 수 있고, (담론이 어떻게 변화하는지 푸코의 저술에서는 설명되어 있지 않지만) 시간이 가면서 변화하며, (또 하나의 위험한 "담론"을 발생시키지 않은 채 저항이 어떻게 조직될 수 있는지는 설명되지 않았음에도 불구하고) 담론에 대한 저항이 발생할 수 있다.[3] 푸코가 감정에 대해서는 거의 아무 말도 하지 않았던 반면에, 아부루고드와 러츠는 담론 개념을 확대하여 감정의 사회적 구성을 설명하려 했다. 아부루고드는 결론지었다. 담론은 "사람들로 하여금 그들의 경험을 표현할 수 있게 해주는 가운데," "사람들이 그 경험을 느끼도록 해주는 것으로 보인다"(Abu-Lughod 1986: 258). 러츠는 썼다. "푸코처럼" "내가 관심을 기울이는 문제는 어떻게 해서 감정이 — 문화적으로 요구되는 정신의 다른 측면들과 마찬가지로—미시적이고 지역적인 사회적 실천들과 거대한 권력 조직이 결합되는 장소가 되었는가 하는 것이다"(Lutz 1988: 7; Dreyfus & Rainbow 1983: xxvi).

러츠와 아부루고드는 푸코에게 의존한 1990년의 공동 저서에서 보다 강령적인 선언을 했다. 푸코가 식별한 (병원이나 감옥 담론과 같은) "담론들"처럼, 감정에 대한 담론은 그것의 대상인 감정을 창조한다. 그리고 그런 가운데 담론은 지배 구조를 수립한다. 러츠와 아부루고드는 감정에 대한 언표가 자아의 내면을 표현한다는 관점을 버리라고 촉구했다. "우리는 감정에 대한 언표가 내면과 진정으로 관련된 것으로 해석되어서는 안 되며, 그것은 사회적 삶 **안**에 있는 어떤 것, 사회적 삶에 **관한** 어떤 것으로 해석되어야 한다고 주장한다"(Lutz & Abu-Lughod 1990b: 11). 이 관점을 받아들이면, 인류학자는 감정을 포함하여 "문화적이거나 이데올로기적인 것으로 간주될 수 있는 공동체 내부의 모든 생산들"을 "사회적 교류만이 아니라 권력 관계와 연결된 사회적 실천들"로 간주하게 된다(Lutz & Abu-Lughod 1990b: 10). 아부루고드는 서양의 감정적 실천들에 대하여 특히 비판적으로 발언했다. 그녀는 자신이 청취한 라디오 토크쇼를 예로 들었다. 한 청취자가 전문 심리학자로부터 조언을 듣고 있었다.

내가 들은 것 중에서 가장 충격적이었던 것은, 심리학자가 반복하여 '어떻게 느끼셨지요?'라고 묻는 것이었다. 당신은 그런 일이 발생하면 어떻게 느끼시나요? 당신은 그가 그 말을 했을 때 무엇을 느끼셨나요? 당신은 그가 그렇게 행동했을 때 무엇을 느끼셨나요? 그 심리학자는 그런 식으로 진실에 도달하는 것, 감정을 사적인 현실의 시금석으로 간주하는 것을 당연하게 여기고 있었다. 내가 추측하기에, 그 불쌍한 청취자는 추후의 테라피에서 자기 자신과 자신의 관계를 수많은 감정어들로 묘사했을 것이다. 그렇게 그녀는 그녀 자신과 다른 사람들에게, 푸코의 용어로 말하자면(Foucault 1985: 5) 감정의 해석학을 실천했을 것이다(Abu-Lughod 1990: 24).

아부루고드는 토크쇼의 질문을 베두인 여성이 들었더라면 넌센스로 여겼을 것이라고 주장한다.

그 질문이 넌센스인 첫번째 이유는, 그 질문에는 감정을 들여다보면 만족스러운 설명이 발견될 수 있다는 함축이 들어 있기 때문이다. 두번째 이유는, 그 질문에는 공개적으로 방송되는 고백에서 털어놓는 감정과 방송과는 다른 사회적 맥락에서, 혹은 다른 형태의 미디어를 통하여 털어놓는 감정이 동일하다는 전제가 들어 있다. 간단하게 말해서 그 질문은 감정을, 즉 감정의 의미와 결과를 사회생활의 흐름으로부터 분리시키고 있다(1990: 24~25).

아부루고드의 문제점은 즉각 식별된다. 베두인 여성이 선별된 친척들 앞에서 기나와를 읊은 것이 납득되는 감정적 실천이라면, 뉴욕 토크쇼의 심리학자와 청취자의 대화는 도대체 왜 납득되는 감정적 실천이 아니라는 것인가? 서양인의 감정적 실천이 납득되지 않는 것이라면, 베두인의 실천 역시 똑같이 자의적인 것임에 틀림없다. 아부루고드는 베두인의 담론과 실천에 대한 비판적 검토를 조심스럽게 회피했다. 그러한 태도가 칭찬받을 만한 학문적 조심성일 수는 있다. 그러나 아부루고드는 베두인이 아니다. 따라서 그녀는 자신이 베두인의 자아의 깊이와 베두인 여성의 운명에 닿았다고 감히 주장할 수 없다. 베두인 사회가 변하기를 원하는지, 원한다면 언제 변화해야 하는지를 결정하는 사람은 교육받은 서양인 전문가가 아니라 베두인 자신이다. 아부루고드가 베두인 여성의 시적인 수행에서 페미니즘적인 저항을 읽어내지 않은 것은 옳았다. 그러나 아부루고드의 이론적인 문제는 간단하게 도외시할 수 있는 것이 아니다. 담론 이론에 기초하는 한, 아부루고드는 감정적 실천을 비판할 어떤 근거도 갖지 못한다. 그녀는 자유롭고 올바른 담론이 존재한다는 것을 보여줄 수 없다. 우리에게 필요한 것은 담론의 지배로부터 벗어나서 항해하도록 해주는 북극성이다. 아부루고드는 우리의 북극성이 되어줄 감정, 감정 상태, 감정 실천이 담론 "너머에" 존재한다는 것을 보여줄 수 없다.

그런 위험성을 인식하고, 문화 개념에 불편해하며, "구성주의" 관점을 완전히 받아들이지 않은 인류학자는 많다. 그리고 감정이 문화 혹은 실천에 의하여 형성되는 정도로만 감정에 관심을 갖는다는 신중한 입장은 흔하다. 프레드 마이어스는 호주의 핀투피족에 대한 연구에서, 자신은 "문화적 모델과 심리적 조직화의 관계를 미결인 채로 열어놓는" 방식으로 "문화적 주체"를 상정한다고 말했다(Meyers 1986: 104~105). 왓슨-게지오와 게지오는 "사회적 의미와 관계, 그리고 갈등의 해결에서 사회적 의미와 관계가 갖는 의미"와 "주체적 혹은 개인적 의미"를 날카롭게 구분했다(K. A. Watson-Gegeo & Gegeo 1990: 164). 1995년 니코 베스니어는 많은 인류학자들의 입장을 대변하며 선언했다. "나는 모든 감정이 사회적으로 구성된다고, 감정이 사회적 삶의 모든 맥락에서 사회적으로 구성된다고 주장하고 싶지는 않다." 그러나 "많은 감정은 집단적으로 구성되며, 감정의 전개는 타인들과의 상호작용에 결정적으로 의존한다"(Besnier 1995a: 236). 베스니어가 그렇게 정지 경고를 발동했지만, 실제 연구에서 그는 마이어스, 왓슨-게지오와 게지오 등등과 마찬가지로 로살도, 아부루고드, 러츠와 거의 구분되지 않는 민족지적 해석을 내놓았다. 사실 현장연구와 해석의 실천에서 감정 인류학자들에게 가장 공통되는 입장은 구성주의적 방법이다. 구성주의적 교리라고 말할 수는 없겠지만 말이다.

러츠와 아부루고드가 담론의 힘에 대한 강령적 선언을 발표한 해인 1990년에 인도인들의 감정을 구성주의적으로 연구한 또 다른 연구서가 출간되었다(Lynch 1990). 같은 해에 발간된 태평양 지역의 갈등 해결 방식을 분석한 연구서는, 아주 다양한 섬에서 감정 표현이 어떻게 정치적 권위와 위계에 의하여 형성되는지 보여주었다(Watson-Gegeo & White 1990). 베스니어, 파얀스, 콜리어 등의 최근 저서 역시, 로살도의 최초 기획 이후에 구성주의적 접근이 어떻게 점차적으로 민족지 연구에서 지배적이 되었는지 보여준다(Besnier 1995b; Fajans 1997; Collier 1997).

그러나 위 연구들은 사실상 모두 역사적 깊이와 정치적 일관성을 결여하고 있다. 어떤 이론적 명분을 지니고 있든, 구성주의를 실천하는 민족지학자들은 민족지적 현재 속에서 작업한다. 그들은 정치적 권위, 젠더, 갈등에 유의할 때조차, 자신이 연구하는 공동체가 문화적으로 동질적이라고 상정한다. 따라서 역사적 변화를 논의할 때면, 그 변화가 항상 외부로부터, 근대 세계의 침투로부터 발생한다고 파악한다(Lutz 1988; Abu-Lughod 1990; Besnier 1995; Collier 1997). 내적 다양성이 인정되는 경우에도, 다양성은 부차적이거나 보조적인 것으로 취급된다 (Grima 1992).

역사는 감정 인류학이 출발할 때부터 문제였다. 눈에 띄는 것은, 일롱고트족의 감정에 대한 미셸 로살도의 선구적인 연구가 출간된 1980년에 그녀의 남편인 레나토 로살도의 일롱고트족 연구도 출간되었는데, 그 연구는 역사적인 민족지였다는 사실이다. 탁월한 그 인류학자 부부는 현장연구를 함께 진행했고, 원고를 작성한 뒤에는 서로의 초고를 읽었으며, 서로의 연구가 문화 인류학에 대한 결정적인 기여라는 것도 알았다. 그럼에도 불구하고 미셸 로살도의 연구는 역사적 변화에 대하여 아무 말도 하지 않았고, 레나토 로살도의 민족지적 역사도 일롱고트족의 감정이 시간이 가면서 변화했는지 알려고 하지 않았다. 문제는 자료에 있지 않았다. 부부의 원주민 정보 제공자들은 다양한 세대와 경험을 대표하도록 구성되어 있었다. 문제는 두 사람의 관점에 있었다. 감정생활의 보편적 특징을 얼마간이라도 인정하지 않으면 감정의 변화는 설명할 수 없다. 감정의 변화가 무작위적인 표류가 아니라면, 그 변화는 오직 우리의 감정 능력과 역사적 상황 전개 사이의 상호작용에서 비롯된 것일 수밖에 없다.

　로살도 부부의 연구 이후 15년이 지난 뒤, 그동안 뛰어난 민족지 연구를 발표해온 니코 베스니어가 로살도와 똑같은 이론적 문제에 봉착했다. 1995년에 베스니어는 태평양의 누쿨라엘라에 섬 원주민 약 300명의 감정과 문자해독 능력에 대한 단행본 규모의 연구 논문을 발표했다. 논문에서 베스니어는 원주민들의 사회생활을 형성한 역사적 배경을 조심스럽게 검토했다. 그는 1865년 이후 런던선교회 소속의 "원주민 교사들"이 그 섬에 기독교와 문해 능력을 전달해주었으며, 그 후 원주민들이 기독교와 문해 능력에 열광했다는 사실을 기록했다. 그 시점부터 오늘까지 섬의 사회적, 정치적 권위는 종교적 권위와 매우 긴밀하게 연결되어 있다. 그러나 베스니어는 감정에 대해서만큼은 오로지 민족지적 현재 속에서만 발언한다. 베스니어는 감정 수행과 정치적 권위의 관계는 예리하게 바라보지만, 그 권위의 성격 혹은 그 권위의 정당성에 대해서는 정치적 판단을 하지 않는다.

베스니어는 원주민들의 편지쓰기를 면밀히 검토했다. 이를 통하여 원주민들이 섬 바깥에 사는 친척들에게 보내는 편지가 열망과 비탄을 격렬하게 표출하는 매체로 작동한다는 점이 드러났다. 친척들이 섬을 떠난 것은 대부분 돈벌이 때문이었다. 섬 주민들은 편지에서 그들에게 **알로파**alofa(사랑, 공감, 동정심)를 보여달라고, 즉 물건이나 돈을 선물해달라고 간청했다. 그들은 편지에서 친척들에게 연대감을 표현하고 규율을 지키라는 도덕적인 설교도 했고, 섬 소식과 가십을 전달하기도 했다. 묘하게도 편지는 구두 화법과 전혀 다른 소통 장르였다. 편지는 연설과 비슷했고, 섬을 떠난 사람들에게 소속감을 고취한다는 명백히 정치적인 목적을 갖고 있었다.

베스니어는 가십과 목사의 설교를 면밀히 검토했다. 두 가지 모두 고도로 감정적이고 정치적인 소통 형태였다. 베스니어는 가십에서 "누쿨라엘라에 주민들이 명시적이고 투명한 수준에서는 소문을 정확히 문자 그대로 전달하지만, 감정은 인용문의 운율과 직시deixis 부사와 수사적 양식으로 전달한다"는 것을 발견했다(Besnier 1993: 176~177). 섬 주민들은 제3자의 부적절한 감정과 행동을 재연함으로써 묵시적으로 제3자를 검열하고 있었던 것이다. 공공연한 분노와 비판이 극단적으로 거부되는 작은 면대면 공동체에서, 그런 종류의 가십은 사회적 상호작용의 평온한 표면을 헝클어뜨리지 않은 채 엄격한 사회적 통제를 부과하는 수단이다. 베스니어는 설교도 면밀히 검토했다. 회중에서 선별된 사람만이 일요 예배에서 행하던 설교는 "권위와 자격을 배분하는 데서도, 그리고 구두 진술과 진리 사이에 특권화된 관계를 수립하는 데서도 중요한 역할을 수행하고 있었다"(Besnier 1995b: 139).

따라서 베스니어가 감정 표현의 정치적 의미를 첨예하게 의식한 것은 분명하다. 그러나 그는 일관되게 민족지적인 현재에서 발언했고, 누쿨라엘라에 주민들을 하나의 통일적인 단위로 기술했다. 민족지적 현재에서만 발언하기에 그는 정치적 권위, 감정관리, 지위의 협상 등에 내재된 역동성을 식별하지 못했다. 또한 그래서 그는 종속의 과정과 저항의 가능성, 혹은 변화의 궤적을 개념화하지 못했다. 물론 그런 차원에 대한 직접적인 증거는 확보하기 어렵다. 그러나 그의 문제점은 이론적인 오류 때문이기도 하다. 그가 그려내려는 대상이 고도로 규율화된 공동체였음에도 불구하고, 그에게는 누쿨라엘라에 주민들의 감정 행위와 그 정치적 의미를 비판할 이론적 근거가 없었던 것이다. 물론 베스니어만 그런 것은 결코 아니다.

그 약점은 우연이 아니다. 한편으로는 감정을 목표, 동기, 의도와 긴밀히 결합된 것으로 파악하고, 다른 한편으로 감정을 문화의 구성물로 간주하면, 개인은 문화 밖으로부터 유입된 목표, 동기, 의도를 갖는다고 상정할 수 없다. 개인은 문화가 욕망하라고 가르쳐주지 않은 그 어떤 것도 욕망할 수 없다. 문화가 개인에게 갈등하는 방법을 가르쳐주지 않으면, 그에게 갈등은 중요할 수 없다. 따라서 우리 자신의 문화가 아닌 문화에서 행사되는 정치권력과 정치적 억압은 우리에게 유의미할 수 없다. 왜냐하면 그들의 고통과 억압과 자유에 대한 열망은 오로지 우리가 아닌 그들 문화 구성원들의 감정 구조에 입각해서만 정의될 수 있기 때문이다. 구성된 감정의 세계에서는 역사가 그 어떤 유의미한 변화로도 나아가지 않는다. 심지어 문화가 변화할 때조차, 사람들은 그들의 문화가 규정한 방식대로만 고통스러워하거나 행복해할 것이다. 그리고 그 변화가 그들의 상황을 개선시켰는지 악화시켰는지 말할 수 있는 길도 없다.

감정이 문화적으로 구성되지만, 유의미한 행위를 할 수 있고, 유의미한 변화를 이끌어낼 수 있으며, 유의미한 갈등을 벌일 수 있는 개인은 어떻게 이론화될 수 있을까? 우리가 문화나 담론에 부여하는 힘이 크면 클수록, 우리는 개인의 욕망과 선택을 인과적 힘으로 간주할 수 없게 된다. 인간사냥이 소멸되었다고 슬퍼하는 일롱고트족에게 우리는 어떻게 반응해야 하는 것일까? 공감? 역겨움? 실험실적인 민족지적 거리감? 그들의 슬픔에 우리의 무엇이 걸려 있다는 말인가? 러츠, 아부루고드, 그리고 일부 구성주의자들은 그 질문에 긍정적으로 답할 수 있다고 주장한다. 그러나 그들의 답변은 구성주의의 정치적 비일관성과 역사적 변화에 대한 구성주의의 무능력을 강조해줄 뿐이다. 그러나 그 약점을 식별하는 사람은 많지만, 그것을 교정할 방법은 현재까지 제시되고 있지 않다.

2. 심리문화적 접근

감정을 연구하는 인류학자들 중에는 구성주의를 강경하게 거부하는 학자도 꽤 많다. 문제는 구성주의에 대한 대안인데, 홀랜과 웰렌캠프가 "심리문화적 인류학"이라고 칭한 것도 중요한 대안이다(Hollan & Wellenkamp 1994: 2). 홀랜과 웰렌캠프는 전통적인 성격 심리학

personality psychology에 의거하여 감정을 심리역학적으로 이해하되, 성격 심리학의 진단적이고 규범적인 측면은 피하려 했다. 그래서 그들은 민족지적 방법과 임상적 방법 사이의 중간 지점을 탐색했다(Hollan 1992: 48). 그들은 "느슨하게 구조화된 생애사 인터뷰"를 실시했다. 응답자들에게 만족, 기쁨, 불안, 슬픔을 담은 질문을 제시하고 자유롭게 답하도록 한 것이다. 응답자들은 질문을 이해했고, 길게 답했다. 응답자들이 그처럼 흥미를 보여준 것은, 문화가 개개인의 감정적 삶과 감정적 고통을 중요시한다는 것을 드러낸다. 그러나 그것이 보편적인 양상인 것은 아니다. 예를 들어서 파얀스는 최근에 파푸아 뉴기니 바이닝족이 개인의 생애사에 아무런 관심을 갖지 않는다는 것을 발견했다. 그 무관심은 문화적으로 정교하게 훈육된 것이다.

오베이에세케레는 홀랜과 웰렌캠프가 행한 것과 같은 연구는, 연구자가 응답자에게 임상적으로 침투하는 통로가 될 위험성이 있다고 경고했다(Obeyesekere 1985, 1990). 그 경고는 학계에서 널리 인정되었다. 오베이에세케레는 스리랑카에 대한 연구를 통하여, 공동체적인 "문화의 작업"이 개개인의 감정 상태 ── (서양인의 눈에) 임상적 개입이 필요해 보이는 상태 ── 를 유의미한 정신적, 사회적 성장의 출발점으로 변형시킬 수 있다는 것을 보여주었다. 구드는 이란에 대한 연구에서 이란인들의 슬픔 경험이 이란 혁명으로부터 어떤 영향을 받았는지 날카롭게 분석했다. 그는 한때 이란인들의 저항의 표장標章이었던 슬픔이 혁명 이후 국가가 명령하는 감정이 되어버렸다는 결론에 도달했다(Good & Good 1988).

개인의 감정과 국가 권력의 관계의 정치적 의미를 탐구하는 작업에서 가장 멀리 나아간 인류학자는 아서 클라인만과 조앤 클라인만이다

(Kleinman & Kleinman 1991, 1997; A. Kleinman 1995, 1996). 그들은 **고통**과 **경험**이라는 서양의 핵심 개념을 그들이 보기에 문화적으로 중립적인 방식으로 재정의했다. 이어서 그들은 자신들의 정치적 판단을 명시적으로 개입시켰다. 다시 말해서 그들은 신중하게 재정의된 고통 개념을 이용하여 공동체로부터 개인을 분리시키고, 그 개인에게서 정치적으로 유감스러운 **고통** 상태를 식별해낸 것이다. 구체적으로 그들은 중국인들에게서 극심한 정치 테러와 억압이 남긴 개인적인 후유증들, 즉 어지러움, 두통, 우울을 발견했다. 그리고 그 감정들을 이른바 "전全사회적인 탈정당화 위기"와 결합시켰다(Kleinman & Kleinman 1991: 283). 젠킨스는 클라인만을 따라, 권력을 유지하기 위하여 폭력과 고문을 사용하는 억압적인 "정치 에토스"는 "심리사회적 트라우마"라는 감정적 결과를 낳는다고 주장했다(Jenkins 1991). 젠킨스는 엘살바도르를 탈출한 난민들에게서 공통적으로 우울을 발견했다. 그러나 동시에 젠킨스는 고통받는 사람들의 (클라인만의 중국인들의 증상같이) 신체적인 증상이 문화적으로 특수하다는 것, 그리하여 그들이 미국 병원에서 오진을 받기 일쑤였다는 점도 발견했다.

심리문화학파 인류학자들은 구성주의 인류학자들 못지않게 대단히 풍부한 연구 성과를 생산했다. 유감스럽게도 두 학파는 모두 변변치 못한 증거에 기초해서 상반된 주장을 과감하게 펼쳤다. 심리문화학파 인류학자들이 인간의 감정에는 폭넓은 공통점이 있다고 주장하는 반면, 구성주의 인류학자들은 그런 공통점은 존재할 수 없으며, 설령 존재한다고 하더라고 그 공통점은 인류학 연구의 정식화 능력을 벗어난다고 주장한다. 두 학파의 입장에 내포된 정치적 함의의 차이 역시 두드러진다. 구드와 구드, 클라인만과 클라인만, 젠킨스 등은 현장연구의 장소인 **국가 안에서** 정치적 억압과 권위주의가 어떤 감정적 의미를 갖는 지 질문한다. 그와 대조적으로 러츠와 아부루고드와 그 지지자들이 집중하는 것은 우선 **가족과 가구**의 정치다. 그들은 가족에서 권위의 배분이 젠더 및 젠더와 관련된 구별에 의하여 정당화되는 양상에 초점을 맞춘다. 그들이 그다음으로 집중하는 것은 **그들이 그들의 연구를 관련짓는 공적 영역에서** 감정 이데올로기가 갖는 정치적 의미다.

그리고 구성주의적 접근이 주류 서양 문화의 억압적인 정치성에 문제를 제기한 반면, 심리문화적 접근은 자유와 평등이라는 서양의 이상을 존중하지 않는 체제가 어떤 감정적 고통을 유발하는지 분명하게 밝혔다. 이는 심리문화적 접근이 서양 문화의 정치성에 대하여 무사태평하다는 뜻이 결코 아니다. 결정적인 것은, 구성주의와 심리문화론 모두 역사적 변화를 주제화하지 않는다는 것이다. 심리문화론은 심지어 혁명이나 독재의 후유증을 검토할 때조차, 문화적으로 특수한 감정적인 요인들이 역사적 변화의 기원인 것은 아닌지, 감정적인 요인들이 체제의 위기와 억압을 강화하지는 않았는지 묻지 않는다. 그들에게 감정은 역사의 영향을 받지만, 감정이 역사의 일부인 것은 아니다.

구성주의는 종족 중심주의의 부정적인 영향에 보다 견고한 방어막을 제공해주는 것으로 보인다. 구성주의는 그러나 해당 공동체 내부에서 벌어지는 억압과 감정적 고통을 포착하는 데는 상대적으로 무능하다. 심리문화적 접근은 인간의 보편성에 대한 다소 모호한 관념에 입각하고 있고, 그리하여 아부루고드가 대단히 웅변적으로 비판한 유럽 중심적인 오만에 대한 방어벽을 제공해줄 수 없다. 감정 인류학에 가장 뼈아프게 결핍된 것은, 정치적으로 유의미한 제도와 실천의 역사적 전개의 일부로서 감정을 파악하는 통일적인 관점이다.

3. 여타의 접근들

인류학자들의 일부는 그 골치 아픈 문제를 해결하려 하는 대신, 문제를 우회하여 전혀 새로운 방식으로 감정에 접근했다. 그들은 임상적 모델로부터 거리를 두었지만, 구성주의적 접근에 대해서도 강한 불만을 표시했다. 레나토 로살도는 감정이 문화로부터 독립적인 "힘"을 갖는다고 주장하면서, 인류학자는 감정의 연결, 예컨대 슬픔과 분노의 상호 관계와 같은 것에 유의해야 한다고 강조했다. 그런 관계가 문화와 무관하게 보편적으로 존재하는 것같이 보인다는 것이다(R. Rosaldo 1989). 우니 위칸 역시 문화적 간극을 넘어서서 공감적 소통이 이루어지도록 해주는 비언어적인 "공명"이 존재한다고 주장했다. 그녀가 보기에, 공명은 실상 거의 모든 인류학자들이 민족지적인 연구 현실에서 실제로 의존하는 감정이다. 민족지 연구가 언제나 명시적인 상징 재료만을 분석하다보니, 인류학자들이 그것을 인정하지 않고 있을 뿐이다(Wikan 1990, 1992).

마고 리옹 역시 감정이 문화에서 곧장 도출되는 것이 아니라고 주장했다. 감정은 몸들이 하나의 사회적 구조 속에서 서로 연결되는 방식에서 발생한다는 것이다. 리옹은 일종의 세트리스 파리부스ceteris paribus 가정을 통하여 그것을 연구할 수 있다고 가정했다. "다른 모든 것이 동일하다면, 한 개인이나 집단의 행동이 다른 개인이나 집단으로부터 간섭을 받으면 분노가 발생한다"(Lyon 1995). 다만 그는 그 **간섭**이 문화적 해석 없이 어떻게 정의될 수 있는지는 설명하지 않았다. 존 리비트는 "의미"가 마음에 관한 어떤 것이듯이, "느낌feeling"은 몸에 관한 어떤 것이라고 주장했다. 리비트는 인류학자들이 현장연구에서 현지인들과의 공감에 의존하고 있으면서도 그것을 인정하지 않았는데, 이제는 그것을 인정할 때라고 강조했다. 그는 인류학이 느낌의 영역에 유의하면 구성주의의 막다른 골목으로부터 벗어날 수 있다고 주장했다(Leavitt 1996). 실은 나도 한때 "느낌"이 생각으로부터 완전히 독립된 특수한 실체를 가리킨다고 가정했었다(Reddy 1997a). 그러나 심리학 연구가 축적되어 감정과 인지 습관을 구분하기 힘들어진 지금, 그런 주장을 펼치기는 대단히 힘들다.

앞서 언급된 "힘" "공명" "간섭" "느낌," 그리고 클라인만의 고통과 경험 등의 단어들은, 인간이 서로 다른 특수한 문화적 맥락 속에 살아가는 타인과 공유하는 문화 외적인 차원이 존재한다는 것을 가리키는 것으로 보인다. 이 문화 외적인 차원은 우리가 그 타인에게 감정적으로 접근하게 해주고, 어떤 경우(특히 클라인만, 젠킨스, 위칸, 리옹의 경우)에는 정치적 판단을 내릴 수 있는 토대를 제공해준다. 다만 그 모든 개념에는 종족 중심주의의 위험성을 막아줄 이론적 정교함이 결여되어 있다.

감정적 소통의 비언어적 차원을 연구한 학자들 중에는 언어학, 음악학, 문학비평에 의존한 연구자들도 있다(Feld 1982, 1995; Urban 1988; Irvine 1990, 1995; McNeill 1992). 그들은 모두 구성주의와 심리문화론을 갈라놓는 이론적 장벽을 넘게 해줄 감정 신호를 발견하고자 했다. 예컨대 그레그 어번은 브라질 인디언 세 집단의 의례적 호곡號哭에서 "울음의 아이콘"을 식별해냈다. 그 "아이콘"이 한 집단의 슬픔과 비통함을 다른 집단에게 전달해주는 것이다. 그 아이콘에는 "(1) '울음 끊기' (2) 소리를 내면서 숨 들이마시기 (3) 꺽꺽거리는 소리 내기 (4) 가성假聲 모음"이 포함되어 있었다. 어번은 브라질 인디언들이 영접 텍스트나 애도 텍스트를 낭송할 때 그 요소들을 얼마나 정교하게 삽입하는지 보여주었다(Urban 1988: 389).

스티븐 펠드도 파푸아 뉴기니의 카룰리족의 의례적 호곡에서 유사한 요소들을 발견했다. 그곳에서도 "횡격막이 올라가고 부딪치는 소리"가 동반되는 울음 끊기가 "우는 소리의 가장 투명한 지표"였다(Feld 1995: 96). 이런 종류의 비교 연구는 언젠가 특정한 행동이 집단의 내부와 외부 모두의 해석에 투명하게 나타나는 이유를 훨씬 정확하게 설명해줄 개념 도구를 마련해줄 것이다. 해트필드의 또 다른 연구와 마찬가지로, 그런 비교 연구는 우리가 다양한 문화에서 사용되는 비언어적 기호와 "신체언어들"의 공통점과 판본들을 충분히 이해하도록 해줄 것이다(Hatfield 1994). 그러나 문제는 여전히 남는다. 기술적으로 찬란할지는 몰라도, 그런 분석들은 우리에게 정치적 판단을 내릴 수 있는 지점을 제공해주지 않는다.

이 점에서는 "인지" 내지 "마음"의 작동을 해명하기 위해 노력해온 인지 인류학도 마찬가지다. 앞 장에서 소개한 대로, "목표" 문제를 깊이 있게 논의한 댄드레이드의 1992년 연구는 "동기"의 발생 문제도 창조적으로 다루었다. 스트라우스와 퀸은 문화 연구와 인지 연구의 상호 관련성을 적절하게 지적했고(Strauss & Quinn 1997), 그들의 "연결주의 connectionism"는 "활성화"와 "자동적 처리" 같은 인지 심리학 개념들이 문화 연구에 얼마나 유용하게 사용될 수 있는지 보여주었다. 그러나 그들도 그 정치적 의미는 탐구하지 않았다.

클라인만, 비나 다스, 타랄 아사드, 마거릿 로크 등은 최근에 "사회적 고통"을 연구한 중요한 논문집을 출간했다(Kleinman, Das, Lock

1997). 클라인만은 기아와 같은 사건에 대한 발화를 주어진 공적 영역에서—언론, 학계, 의료계—발화하는 것은 그 자체로 그 고통의 사건을 새로운 용도에 전유하는 것이라고 주장하면서, 그러한 고통을 "사회적 고통"으로 개념화했다. 부르디외를 참고하는 클라인만에 따르면, 고통은 우리가 그것에 대하여 듣기 전에 이미 사회적으로 위치가 정해지고, 심지어 우리 자신의 고통조차 우리가 그것을 표현할 수 있기 전에 해석된다. 비나 다스는 그 딜레마의 정치적 의미에 대하여 위 논문집과 몇 편의 다른 논문에서 논의했다. 그 논의는 감정 인류학의 상황에 대하여 많은 것을 말해준다. 그녀는 한편으로 언어의 구성적인 힘을 강조한다. 그러나 언어를 습득했다고 해서 사람이 자신이 경험한 희망과 슬픔에 대하여 말하는 방법을 배운 것은 아니다. 그가 배운 언어의 "문법"은 "희망과 슬픔이 어떤 종류의 대상인지 말해줄 뿐이다"(Das 1998: 188).

다스는 "사회적 고통" 논문집에서 1946~1948년의 인도 파키스탄 분리전쟁 동안 납치되어 강간당한 여성들의 고통을 검토했다(Das 1997). 인도 아대륙의 힌두교와 무슬림의 전통은 성폭력 피해 여성을 죽은 자보다 못한 존재로 간주한다. 힌두 서사시 **라마야나**Rāmājana는 성폭력을 당했다는 것만으로도 라마Rāmā가 그의 완벽한 아내인 시타Sītā를 거부하기에 충분한 사유가 된다는 점을 보여준다(Dimock 1974: 56~71). 인도 파키스탄 분리전쟁 동안 10만 명에 달하는 무슬림과 힌두 여성들이 집에서 끌려나오고 강간당하고 납치당했으며, 때로는 알몸에 정치 슬로건을 붙이고 길거리를 걸어야 했다(Das 1998: 180~181). 그리고 그들 중 일부는 납치범과 함께 살았고, 나머지는 가족에게 돌아왔다. 다스가 그들에게 그 날들에 대하여 물었을 때 "그 사건에 대한 침묵의 지대"

와 마주쳤다.

분리전쟁의 폭력은 공통적으로, 피가 흐르는 강이나 지평선까지 하얀 수의로 뒤덮인 대지 같은 표현으로 묘사되었다. 가끔 도주 이미지를 기억해내는 여성도 있었지만, 그 여성은 내게 기억하는 것은 위험하다고 경고했다. 〔……〕 그 침묵은 군대의 소개疏開 작전에 의해 구조되어 집으로 돌아온 여성들과, 그들의 몸이 훼손되었다는 것이 알려지기 전에 혈족의 강력한 규범이나 애정 때문에 혼인을 한 여성들을 보호해주고 있었다. 그 여성들이 사용하는 은유는 그 사건에 관한 것이 아니라, 독약을 삼켰거나 삼킨 독약을 몸 안에 지니고 있는 여성에 관한 것이었다(Das 1997: 84~85).

다스는 말한다. "숨겨진 사실을 '드러내는' 우리의 능력을 사용하여" 그 여성들의 침묵을 깨뜨리고 과거의 악행을 고발하는 영웅적 행위는 쉽사리 희생자 여성을 해치는 "무기"로 돌변할 수 있다(Das 1997: 88). 그렇다면 우리는 그런 일들에 대하여 어떻게 말할 수 있을까? 다스는 악행이 발생한 문법에 예민한 방식으로 고통을 증언하는 것이 답이라고 말한다.

(타인의 고통에 대한) 나의 길을 발견하는 것은 타인의 고통이 나에게 일어나도록 하는 것과 유사한 일이다. 인류학에 대한 나의 판타지는 쓰는writing 몸으로서의 인류학이다. 쓰는 몸은 그 고통을 받아들일 수 있는 몸이다. 그래서 나는 결코 타인의 고통을 느낀다고 주장하지도 않고, 타인의 고통을 어떤 다른 목적(민족 건설, 혁명, 과학 실험)을 위해 전유

하지도 않는다. 내가 나의 (쓰는) 몸을 그 고통에 줄 수 있다는 것이 바로 문법적인 연구가 드러내주는 것이다(Das 1998: 192).

다스의 답은 영감과 곤란함을 동시에 안겨준다. 다스의 답이 영감을 주는 이유는, 그 속에 한 언어와 다른 언어를 분리시키고 있는 말할 수 없는 거리를 민족지 연구가 어떻게든 뚫고 나갈 수 있다는 믿음이 표현되어 있기 때문이다. 다스의 답이 곤란한 이유는, 인류학이 발견해내는 것이 무엇이든, 그것을 정치적으로 사용할 가능성이 차단되어 있기 때문이다.

그러나 우리는 다스보다 더 나아갈 수 있다. 우리가 이미 검토한 연구들이 그 방법을 제시해주고 있다. 인지 심리학과 인류학의 감정 연구는 공통의 딜레마 외에 중요한 성과를 생산해냈고, 나는 그것이 감정에 대하여 이야기할 보편적 언어의 가능성을 충분히 희망하게 해준다고 믿는다.

4. 감정의 보편적 특징

이제까지의 서술은 다음과 같이 요약될 수 있다. 감정 연구는 1970년대 이후 인지 심리학과 문화 인류학의 새로운 흐름을 선도했고, 두 학문은 감정에 대한 서양의 상식을 약화시켰다. 심리학자들은 감정이 생물학적으로 몸에 내장된 반응이라는 설명을 버리고, 감정이 과잉학습된 인지 습관처럼 작동한다는 데 합의했다. 그들은 무의식적, 자동적, 하의식적 과정과 주의 사이의 경계를 연구하면서, 그 경계가 수많은 통

로가 나 있는 넓은 회색 지대라는 것을 발견했다. 더불어 그들은 감정
적 습관과 기대가 지각의 처리와 과제의 완수에 미묘하지만 중대한 영
향을 끼친다는 점을 증명했다. 감정이 온건과 격렬의 축과 쾌감과 불쾌
감의 축을 따라 전개된다는 과거의 설명 역시 포기되었다. 그 대신 감정
에서 목표 관련성이 차지하는 중요성과 각성의 복잡한 차원이 포착되었
다. 심리 통제에 수반되는 제약이 감정의 학습, 감정의 관리, 감정의 억
제를 규정한다는 주장도 설득력을 얻고 있다.

인류학의 감정 연구를 지배한 것은 감정을 문화적 구성물로 간주하
는 관점이었고, 이는 감정의 세계적 다양성에 대한 새롭고 설득력 있는
다양한 설명을 생산했다. 그러나 그 관점은 이론과 정치성 두 측면에서
문제점에 봉착했다. 감정이 문화적 구성물이라는 관점은, 감정을 생물
학적이고 여성적인 것으로 간주하는 서양의 상식을 정치적으로 비판할
수 있는 토대를 제공했다. 그러나 그 관점은 인류학자들이 연구하는 지
역의 감정적 실천을 정치적으로 비판할 수 있는 토대를 빼앗았다. 구성
주의는 사실 궁극적으로는 서양의 관점과 실천조차 비판할 수 없다. 구
성주의에 충실하면, 서양의 관점이 다른 지역의 관점보다 나을 것도 못
할 것도 없기 때문이다. 그것은 그저 또 하나의 구성물에 불과할 뿐이
다. 최근 들어서 이 문제를 해결하기 위한 대안 이론들이 제시되고 있으
나, 그것들은 너무도 모호하다. 게다가 그것들은 주창자들이 믿고 싶어
하는 정도로 문화적으로 중립적이지도 않다.

인류학이 봉착한 이론적 문제점을 해결하는 데 인지 심리학의 발견
이 이용될 수 있을까? 많은 학자들은 순수히 이론적인 근거에서 그것
이 불가능하다고 답할 것이다. 그러나 그 가능성은 이론적인 반대를 도
외시해버리고 싶은 마음이 들 정도로 매혹적이다. 여기서 나는 그 가

능성을 간단하게 검토하고자 한다. 이어지는 장에서는 심리 실험실에서 이루어진 발견을 민족지 연구에 이용하는 데 따른 이론적 문제점들을 검토할 것이다. 그때 나는 심리학과 인류학의 발견 모두를 포괄하는 동시에, 정치적으로 참여적이고 역사적으로 근거지워진 감정 인류학을 위한 새로운 이론적 접근을 시도할 것이다.

심리학자들의 연구 결과는 감정에 대한 구성주의적 접근을 부분적으로만 확인해준다. 감정이 과잉학습된 인지 습관이라는 아이슨과 다이아몬드의 견해가 옳다면, 감정이 여타의 인지 내용과 다를 수는 없다. 모든 인지는 사회적 상호작용으로부터 깊은 영향을 받고, 따라서 조형적이다. 감정도 조형적이다. 그것은 종교, 우주론, 친족체계, 도덕 원칙, 정치 이데올로기 등, 상징과 명제 들로 이루어진 공동체의 다른 모든 차원들이 조형적인 것과 마찬가지다. 그러나 결정적으로, 감정의 학습에는 심리 통제가 포함된다. 따라서 감정은 "X에 대해서 생각하지 않으려는" 모든 전략에 포함된 수많은 위험성과 가변성에 노출된다. 심리학자들이 주장하듯이 감정이 목표 관련 쾌감가와 강도를 보유한 것이라면, 감정이라는 영역은 각 개인에게 심리 통제가 극도로 중요해지는 영역이다. 또한 감정이 자아에게 (제한적이기는 하지만) 일관성을 부여해주는 목표들의 촘촘한 네트워크들과 긴밀하게 결합된 것이라면, 그리고 감정이 복수의 목표를 추구하는 과정에서 발생하기 마련인 마찰과 모순을 관리하는 데 도움을 주는 것이라면, 감정에 대한 심리 통제는 높은 우선순위 과제이다. 단, 기껏해야 항상 부분적으로만 성공하는 과제이다.

모든 공동체는 감정에 높은 우선순위를 부여할 것이다. 사회적 삶에 어떤 통일적인 목표 혹은 에토스가 존재한다면(언제나 그런 것은 아니지만 분명히 자주 그러하다), 감정이 그것을 유지하기 위한 중심적인 역할을 수행해야 하기 때문이다. 감정이 그 역할을 수행하는 정도는 한 사회에서 성공적으로 세공될 수 있는 감정"문화들"—어쩌면 감정"체제들 regimes"이 더 올바른 표현일지 모르겠다—의 범위를 엄격히 제한한다. 그리하여 우리가 보편적으로 발견할 수 있는 감정의 특징은 두 가지다. 첫째, 공동체는 감정을 중요한 **노력**effort**의 도메인**으로 간주한다. 둘째, 공동체는 구성원들에게 감정 학습을 위한 **최선의 전략**, 그리고 감정 균형이라는 **참된 종점 내지 이상**에 도달하는 데 필요한 처방과 조언을 제공한다. 감정체제는 모든 안정된 정치체제의 필수적인 요소이다.

　인류학의 감정 연구는 위 두 가지 특징에 대한 광범한 증거들을 제시했다. 인류학자 개인의 이론적 입장이 어떠하든, 민족지 자료에는 통상적으로 감정적 노력을 집단적으로 경주한 흔적들, 그리고 감정적 이상을 집단적으로 작업한 흔적들이 풍부하게 담겨 있다. 특히 주목할 만한 것은 미셸 로살도(1980), 아부루고드(1986), 러츠(1988)의 구성주의적인 민족지에도 똑같은 증거들이 발견된다는 점이다. 그들의 혁신적 연구는 위에서 언급한 두 가지 특징이 해당 지역의 감정적 실천에서 중심적이었다는 사실을 잘 보여준다. 일롱고트족, 아울라드 알리족, 이팔루크 원주민들은 모두 성공적인 감정 통제를 가리키는 용어를 갖고 있었다. 일롱고트족에게 **베야**beya(로살도는 "지식"으로 변역했다)는 리제트("분노" "에너지")만큼이나 중요한 개념이다. 청소년들의 끓어오르는 리제트를 성공적으로 관리하는 것이 어른들의 베야다. 베야는 어른들로 하여금 청년들의 충동적인 폭력을 억제하고 그들에게 적절한 목표물을 적시하도록 해준다. 베야는 사냥을 신중하게 계획하게 해주고, 숲속을 통과하는 긴 행군에서 적에게 노출되지 않도록 해주며, 안전할 때에만 타격하고 경우에 따라 공격에서 발생하는 혼란을 극복하고 위험으로부터 무사히 벗어나도록 해준다. 그리고 베야는 여자들의 리제트를 다스려서 여자들이 밭일과 양육에 효과적으로 임하도록 해준다.

아울라드 알리족의 경우에는 감정 통제가 **아글**'agl이라는 단어로 표시되었다. 아부루고드는 그 단어를 "이성"으로 번역했다. 앞서 소개한 라시드와 파이가의 이혼 사건을 보자. 중년의 신랑 라시드는 어린 아내에게 지나친 애정을 표현했다. 그러자 부족민들은 라시드에게 아글이 없다고 판단했다. "라시드는 감정에 대한 통제력을 포기함으로써 자신이 타인에 의하여 통제되도록 허용했다. 〔……〕 라시드는 그 때문에 그 나이에 적합한, 자신과 타인의 주인이라는 명예로운 남자로서의 지위, 그때까지 그가 보유하고 있던 그 지위를 잃어버렸다"(Abu-Lughod 1986: 97). 파이가가 기나와를 읊은 것은 아글과 완벽하게 일치하는 것이었다. 그녀가 전략적으로 선별된 친인척들 앞에서 기나와를 낭송하자, 정교하고 표현적인 기나와 시가 파이가를 자기 통제에 실패한 사람이 아니라, 문제를 "극복한 깊은 통제력"을 갖춘 사람으로 드러냈다. 기나와는 **"창조적으로 관리된 강력한 감정**의 표지"였기에 힘을 발휘했던 것이다(Abu-Lughod 1986: 246). 이팔루크 섬 주민들은 어린아이가 여섯 살이 되면 **레피**repy(러츠는 "사회적 지성"으로 번역했다)를 얻는다고 간주한다. 레피는 사람들을 묶어주는 감정인 **파고**fago("사랑/동정심/비탄")와 도덕적 판단과 정치적 권위의 감정인 **송**song("의분")을 습득하게 해주는 능력이다.

그 세 부족에서 개인의 평판은 과거의 행적 외에 감정에 대한 통제력과 감정 규범에의 순응에 달려 있었다. 그 부족들 모두에서 감정은 노력의 도메인으로 간주되고 있었던 것이다. 그렇다고 해서 세 부족이 감정의 다른 측면에서도 같았던 것은 결코 아니다. 일롱고트족에게 수치심과 죄책감은 중요한 감정이 아니었다. 폭력 충동을 관리하는 데 실패하면 불행한 결과를 맞이할 수도 있었지만, 그것은 모욕감을 일으키지 않았고 나쁜 평판을 불러오지도 않았다(M. Rosaldo 1984). 그와 달리 아울라드 알리족에게 명예는 고귀한 가치였다. 그 부족에게서 공적으로 허용된 유일한 행동 동기는 명예였다. 그와 달리 감정은 위험한 것으로 간주되었다. 이팔루크족의 경우에는 감정이 그 자체로 도덕적 판단의 장소였다. 선한 감정이 선한 행동을 낳는다는 것이었다. 그런 뚜렷한 차이에도 불구하고, 세 부족은 감정을 가장 중요한 노력의 도메인으로 간주했다. 감정의 지배는 어렵기도 하고 고정된 것도 아니었지만, 다른 사람들의 존경심을 가져다주는 고귀한 가치였다.

힌두의 전통적인 감정관은 구성주의적 해석과 정확히 일치하는 듯이 보이기도 한다. 그러나 면밀히 살펴보면 힌두 전통 역시 공동체의 목표 및 표준적 행동에서 감정이 얼마나 중요한지, 감정 통제가 얼마나 어렵고 불확실한 것인지 각별하게 의식하고 있음이 드러난다. 힌두 전통에서 중심적인 개념은 "주스" "수액" "풍미"를 의미하는 산스크리트어 **라사**rasa이다. 라사에 대한 자주 인용되는 라마누잔의 정의는 다음과 같다. "한 개인의 느낌은 사적이고 우연적이며, 소통 불가능한 경험에 기초한다. 질서가 잡히고, 탈개인화되고, 소통 가능해질 때에만 느낌은 라사에 참여한다. 〔……〕 라사는 자아의 탈개인화된 조건이고, 관계에 대한 상상적 체계이다"(Dimock 1974: 128).

라사는 예술 영역에서는 미학적 이상을 구성하고, 종교 영역에서는 정신적 이상을 구성한다. 예컨대 전통적인 산스크리트 연극은 관객들을 **바바**bhāva라는 일상적인 개별적 감정으로부터 끄집어내어 라사의 영역으로 들어가게 한다. 관객들은 자신을 극중 캐릭터들과 동일시하고, 그들의 행위와 플롯에 의하여 감정에 빠져듦으로써 지배적인 라사, 즉 보편성으로 축성된 탈개인화된 감정을 느끼게 된다. **라가**raga로 불리는 힌두의 전통음악 패턴들 역시 각 유형의 라사를 표현하는 것이다 (Goswami 1995; Widdes 1995). 전설에 따르면 힌두 서사시 운율 **슬로카**śloka를 고안한 사람은 발미키라고 한다. 발미키는 왜가리의 죽음에 대한 슬픔을 표현하기 위하여 즉흥적으로 2행시를 읊조렸는데, 그것이 발미키의 바바에 강렬하고 보편적인 형태를 부여하고 또 소통 가능하게 만들었으며, 그로써 발미키의 특수하고 사적인 바바가 라사로 전환되었다는 것이다.

투미의 연구에 따르면, 현재 고바르단 산악 지대의 여러 크리슈나교 종파들도 바바를 라사로 전환하기 위한 복잡한 의례를 수행한다 (Toomey 1990). 각 종파는 크리슈나와의 특수한 관계에 집중한다. 발라바파派는 크리슈나를 키워준 양어머니 야소다의 모성애에 집중한다. 그래서 그들은 아기 크리슈나의 아이콘 앞에 유아에게 맞는 순하고 달콤한 음식을 차려놓고 제사를 지낸다. 제사상은 크리슈나에 대한 신자들의 모성애를 표현한다. 크리슈나는 제사상을 받아들임으로써 신자들의 하찮고 세속적인 사랑(바바)을 라사로 변환시킨다.

차이타니아파는 목장 아줌마 라다가 크리슈나에게 느꼈던 부정不貞한 성애性愛에 집중한다. 그들은 이별 속의 사랑을 뜻하는 **비라**viraha를 가장 순수한 형태의 사랑으로 간주한다. 신자들이 그 아픈 사랑을 명상하는 동안 크리슈나가 제사상을 받아들이면, 그들의 열정은 라사로 변한다. 마글랭이 서술한 바에 따르면, 자가나트 사원의 데바다시 무희들은 춤을 통하여 관객에게 성화되고 보편화되고 탈개인화된 성적 욕망을 일으킨다(Marglin 1990). 크리슈나 신의 정부情婦라고 말해지는 그들이 어쩌다가 남자들과 성교를 하는 경우도 있지만, 그들은 결혼을 한다거나 아이를 갖지 않는다. 그런 지속적이고 특수한 애착은 보편화된 에로티시즘을 느끼고 전달하는 그들의 사명에 해롭기 때문이다.

타밀어 지역의 복합가족에 대한 트라위크의 연구는 라사 개념에 도덕적 의미가 포함되어 있다는 것을 보여준다(Trawick 1990). 그 지역에서는 배우자나 자식에게 사랑과 애정을 공공연하게 표현하는 것이 위험하거나 불명예스러운 것으로 간주되는 데 반하여, 조카나 사촌을 애지중지하는 것은 문제가 되지 않는다. 혈연관계가 멀수록, 애정 표현은 라사를 갖는다. 그래야만 사랑이 덜 특수해지고 보편에 가까워지기 때문이다(크리슈나를 키운 사람이 **양어머니**인 야소다였다는 신화를 기억하라). 그 지역에서 애정을 표시하는 공통적인 방법은 순수의 계율을 깨트리는 것이다. 예를 들어서 사촌들이 식사 중에 서로의·입에 음식물을 넣어준다거나, 여자가 하위 카스트 출신의 하녀와 함께 식사를 하는 것이 바로 순수 계율을 깨뜨리는 모습이다. 이는 사랑이란 탈개인화된 보편성에 가까워지고 성스러운 형태를 띨수록 순수성의 계율을 깨뜨리게 되기 때문이다. 사랑이 보편적으로 되면, 현실의 구체적인 사람을 혼동하기 마련이라는 것이다. 아파두라이의 연구는 라사가 경의와 권위의 관계를 수립시켜준다는 것도 보여준다. 아랫사람이 윗사람에게 복종심을 보여줄 때, "중요한 것은 칭송의 감정적 효과다. 적절하게 '수행된' 칭송은 흠모, 존경, 외경의 보편화된 감정을 만들어내고, 그 감정은 칭송하는 사람과 칭송받는 사람, 그리고 누군가가 지켜보고 있다면 그 사람까지 모두를 하나로 묶어준다"(Appadurai 1990: 109).

이 모든 연구들이 가리키는 것은, 바바가 라사로 바뀌기 위해서는, 연극이든 의례이든 관습이든 집단적인 수행이 요구된다는 점이다. 따라서 힌두 전통에서 진실한 감정은 사회적 구성물일 수밖에 없어 보이는 것이 사실이다. 그러나 정반대로, 특정한 감정에 도달하는 것이 예측 불가능한 일이고, 따라서 힌두의 수행에 개인의 계획과 노력이 포함된다는 것을 알려주는 증거 또한 굉장히 많다. 산스크리트 연극의 전통적인 무대와 그 속에서 펼쳐지는 정교한 몸짓언어, 위대한 희곡들의 캐릭터와 플롯, 배우와 관객 모두에게 요구되는 고도의 기술, 이 모든 것은 라사가 노력의 산물이라는 점을 말해준다. 개인은 각자 자신의 특수한 감정으로부터 벗어나 연극의 보편화된 감정에 돌입하기 위하여 노력해야 한다. 성공은 보장되는 것이 결코 아니다. 연극을 수행하고 감상하는 데 대단한 박식이 요구된다는 사실은 연극에 암묵적으로 경쟁이 포함되어 있다는 것을 가리킨다. 종파의 의례들도 신자가 영혼의 충만함을 위해 가야 하는 여정의 한 걸음일 뿐이다. 그 여정에는 신화의 내용과 신화 속에 함축된 감정에 대한 명상도 필수적이다. 카퍼러는 스리랑카 신할라족의 병치료 의례를 설명하면서, 의례 참가자들은 "그들이 표현하는 것을 **종종 실제로 느낀다**"고 결론지었다. "나는 의례 속의 구조화되고 규제된 감정 표현을 규범과 관례의 표상으로 간주하기보다 문제적인 것으로, 의례 참가자들과 인류학자들 모두에게 문제적인 것으로 간주한다. 〔……〕 수행은 그것이 표상하는 것을 표현하고 또 창조한다"(Kapferer 1979: 153~54).

만일 의례가 정확하게 해석되어야 하는 단순한 문화적 텍스트가 아니라 감정을 조형하기 위한 집단적 노력의 청사진이라면, 힌두의 전통 의례는 인류학의 발견이 감정의 목표 관련성과 심리 통제의 어려움에 대한 심리학의 연구와 상통한다는 것을 분명하게 확인해준다. 브레나이스는 바트가온이라는 피지 인도인 마을에 대한 연구에서, 자신을

"갈수록 괴롭힌 문제는 '말이 그 말을 듣는 사람에게 어떻게 작용하는가'였다"고 밝혔다(Brenneis 1995: 242). 그는 부족민들이 집단적 감정을 "만들어진 것" 또는 "구축된 것"으로 간주하는 것에 주목하고 결론을 내린다. "바트가온에서처럼 우리는 감정에 대하여 말하는 동시에 감정을 수행한다. 우리 연구자와 우리가 연구하는 그들은 대화 상대로서, 듣는 사람으로서, 공동 생산자로서 감정어와 감정어에 함축된 복잡한 상호작용에 대한 적극적이고 포괄적인 해석에 참여하는 것이다"(Brenneis 1995: 245, 249). 그런 과정에는 반드시 노력, 그리고 불확실성에 대한 관리가 수반된다. 노력, 불확실성, 목표 관련성, 이것들은 구성되는 것이 아니다. 그것들은 주어진 것들로서, 전통은 그것들을 구성하는 게 아니라 그것들과 씨름해야 한다.

홍미로운 것은 구성주의에 입각하여 감정에 접근한 연구서, 따라서 이론적으로 노력과 통제에 주의할 필요가 없는 그런 연구서에도 노력과 통제의 중요성이 담겨 있다는 점이다. 그 측면은 인류학자가 유의하면 할수록 뚜렷하게 식별된다. 발리에 대한 위칸의 연구가 이를 잘 보여준다(Wikan 1989, 1990). 미드와 베이트슨으로부터 기어츠에 이르기까지 과거의 인류학자들은 대부분 발리인들에게 감정이 결여되어 있다고 평가했다. 발리인들에게는 사회적 삶의 완벽한 일치와 그에 따른 조용한 명랑함이 지배적이라는 것이었다. 그들이 조사한 74개의 문화에서 발리는 죽음에 애도가 따르지 않는 유일한 장소로 기록되었다.

위칸은 발리에서 아부루고드와 비슷한 방식의 현지조사를 수행했다. 발리 여성 몇 명과 가까운 관계를 맺었던 것이다. 그 덕분에 그녀는 발리인들이 겉으로 드러내는 행동 너머의 것을 볼 수 있었다. 위칸은 약혼자가 갑작스럽게 사망했다는 소식을 들은 젊은 발리 여자의 행동을 가까이에서 접했다. 대부분의 상황에서 그녀는 그저 조금 불편한 듯이 처신했다. 그러나 그녀는 가끔씩 눈물을 흘렸으며 쓰러지기도 했다. 그녀가 혼절할 지경에 이르면, 그녀와 가까운 사람들이 죽음에 대한 농담을 던지거나 치근덕거림으로써 그녀가 명랑한 척을 할 수 있도록 도왔다. 위칸은 그들이 감정을 숨기고 지배하기 위하여 왜 그토록 치열하게 노력하는지 그 이유를 발견했다. 위칸과 함께 일하던 발리인들은 사망 사건의 약 50%를 흑마술 때문으로 여기고 있었다. 그들은 슬픔과 분노가 흑마술에 걸려들기 쉬운 상태라고 믿고 있었다. 부적절하게 표현된 분노와 무례함이야말로 타인으로 하여금 흑마술을 걸도록 할 가능성이 가장 높은 행동이었다. 그리하여 발리인들에게는 무슨 수단을 써서라도 명랑한 기분을 유지하는 것이 "공중보건"의 문제였다(Wikan 1989: 303).

위칸은 발리인들이 "이중의 닻을 지닌" 자아 개념을 보유하고 있다고 해석했다(Wikan 1990: 104~105). 발리인들의 "얼굴"과 "가슴"은 상호작용한다. 숨이 멎을 듯한 슬픔 속에서 "밝은 얼굴mue cedang"을 보여주는 것은 가식이 아니다. 얼굴은 가슴이 변화하도록 도울 수 있다. 따라서 밝은 얼굴은 수단인 동시에 목적이다. 그것은 죽음에 대한 슬픔에 직면해서도 흔들리면 안 되는 피난처이다. 밝은 표정을 유지하려는 노력은, 말 그대로 목숨을 위협하는 슬픔이나 분노로부터 마음을 떼어놓는 방법이었던 것이다.

부정적인 감정이 자주 질병 및 마술과 연결된다는 사실은, 감정이 노력의 대상이라는 점을 한 번 더 강조해준다. 그것이 확인되는 일부만 언급하자면, 말레이 반도의 취옹족(Howell 1981), 인도네시아 토라자족(Hollan & Wellenkamp 1994), 남부 이탈리아의 칼라브리아(Pandolfi

1991), 북아메리카 사이엔족(Strauss 1977), 인도네시아 크와라족(Watson-Gegeo & Gegeo 1990), 카리브해의 과달루페(Bougerol 1997), 남태평양 산타 이사벨 섬의 원주민들(White 1990a, 1990b, 1997)이 모두 그렇다. 이 모든 경우에 인간의 감정(감정 표현뿐만이 아니라 감정 그 자체)을 사회적 규범과 일치시키려는 노력은 다른 요인들 외에 신체적, 마술적 결과에 대한 공포에서 비롯되었다.

가십 역시 사람들이 감정적 불균형을 교정하도록 몰아붙이는 수단이었다. 앞서 언급했듯이, 베스니어가 연구한 누크라엘라 섬에서 제3자에 대한 비판은 흔히 그 3자의 언어 패턴을 모방하는 방식을 취했다. 섬 주민들은 말의 높낮이를 이용하여 제3자의 감정적 미숙함과 비합리성을 암시했다(Besnier 1990a, 1993, 1995b). 베스니어는 말한다. "가십은 근본적으로 감정에 관한 것이고, 가십을 통한 상호작용은 감정에 초점을 맞춘다. 〔……〕 가장 직접적으로, 화자는 특정 감정을 지목하면서 가십의 대상자가 바로 그 감정을 가지고 있다고 암시한다"(Besnier 1995a: 224). 브레나이스는 바트가온 사람들에 대하여 썼다. 수치심과 당혹감에 대한 주민들의 공포는 막대하다. **판차야트**pancayat 마을회의의 주된 목적 중의 하나는 가십을 막는 데 있다. 판차야트가 가십의 대상인 어떤 사건의 여러 판본들을 검토하기만 할 뿐 판단을 내리지 않는 것은 바로 그 때문이다(Brenneis 1990a). 러츠 역시 가십이 **송**(의분)의 대상이 되는 사람들에 내려지는 주된 처벌이었다고 보고했다(Lutz 1988: 162; White 1990a; Bougerol 1997). 많은 곳에서 가십, 질병, 흑마술이 감정을 규율하거나 감정적 일탈을 처벌하는 수단이라는 사실은, 고도의 목표 관련성과 불확실한 심리 통제가 감정의 보편적 특징이라는 점, 그리고 그것들이 각 지역의 이론, 규범, 관습, 신앙, 정치제도의 보편적인 초점이라는 점을 재차 확인해준다.

　이상의 간단한 비평적 검토는, 감정 "체제"가 다양하게 나타날 수 있지만, 그 다양성의 범위는 두 가지에 의하여 제약된다는 점을 알려준다. 감정은 자아에게 일관성을 부여해주는 촘촘한 목표들의 네트워크와 긴밀히 연결되어 있다. 그리하여 첫째, 공동체의 안정성은 공동체가 감정에 대하여 일관된 지침을 제공할 능력을 갖추었느냐에 의존한다. 또한 감정이 인지 습관인 한, 감정은 원칙적으로 조형적이다. 물론 그 노력은 의당 심리 통제에 연루된 문제들에 봉착한다. 감정이 조형적이기에 둘째, 공동체의 감정질서는 개인의 노력이 지향하기도 하고 이끌리기도 하는 이상理想과 전략의 형태를 띠어야 한다. 감정질서의 그 두 가지 측면이 보편적이라면, 그것들은 지극히 중요한 정치적 의미를 갖는다. 그 두 가지 측면과 그 결과 때문에 우리가 감정의 자유라는 이상을 이론화하고 그 이상에 기초하여 개별적인 감정체제들을 평가할 수 있다.

　많은 인류학자들은 실험 심리학과 민족지적 해석 사이에는 철학적, 인식론적 간극이 존재한다고 반론할 것이다. 그들은 그 간극을 근거로 하여, 위에 제시된 증거들이 중요치 않다거나 내가 생각하는 만큼 보편적이지 않다고 주장할 것이다. 위 분석에서 어떤 결론을 도출하든, 그들은 그 결론이 서양 실험과학의 협애한 철학적 전망에 물든 것이고, 그래서 지극히 종족 중심적인 것이라고 비판할 것이다. 이어지는 서술의 첫번째 주제는 바로 그 비판이다.

제3장 이모티브

감정 인류학이 직면한 이론적인 어려움은 기회이기도 하다. 그 어려움은 부분적으로 인류학의 참여적 정치성과 타 학문에 대한 개방적 태도에서 비롯된 것이다. 그래서 그 문제는 여러 분과학문을 결합시킨 새로운 포괄적인 이론에 의해서만 해결될 수 있다. 나는 감정 이론이 직면한 철학적 문제점을 검토하고, 그것을 해결해줄 이론적 전망을 제시하고자 한다.

1. 번역

학자들 중에는 내가 제2장 마지막 절에서 근본적인 오류를 범했으며, 감정체제의 보편적 특징을 제시하려는 나의 시도가 전적으로 그릇된 것이라고 주장하는 사람이 적지 않을 것이다. 그들은 다음과 같이 비판할 것이다. 실험실에서 얻은 결론을 인류학 연구에 적용하는 것은 사과를 오렌지와 비교하는 것과 마찬가지다. 심리학자들이 마음, 의식, 체험에 대한 경험적인 과학 연구를 행하고 있기는 하지만, 그들의 연구에는 인류학에 불필요할 뿐만 아니라 서양 중심주의로 오염된 가정들이 전제되어 있다(Cohen & Schooler 1997; Lutz 1988; Lutz & Abu-Lughod 1990b; Gergen 1995). 인류학 자체의 문제도 있다. 의례, 가십, 흑마술, 이상적 감정에 대한 인류학의 발견들은 의심할 바 없이 매혹적이다. 그러나 인간의 문화와 경험의 특정 측면들이 보편적이라는 점이 이론적으로 견고하게 정립되어 있지 않는 이상, 인류학의 그러한 발견들을 감정의 보편적인 특징에 대한 증거로 간주할 수는 없다. 인류학의 증거만으로는 감정 인류학의 진전에 걸림돌이 되고 있는 이론적인 문제를 해결할 수 없다.

위 주장은 정당하다. 그러나 나는 심리학 연구에 내포되어 있는 전제들을 제거하고도 심리 실험실에서 발견된 결과들이 유의미할 수 있다고 생각한다. 이와 관련하여 나는 심리학이 인지적 "처리processing"라고 부르는 것을 "번역translation"의 한 유형으로 간주하고자 한다. 예를 들어서 어느 사람이 어느 한 소묘를 "새bird"를 그린 것으로 간주했다고 치자. 이때 그가 행한 인지적 "처리"는 소묘의 코드를 일상 영어의 코드로 "번역"한 것이다. 이때의 "번역"은 콰인, 데이비슨, 앨코프 같은 철학자들이 만들어낸 개념이다. 이 번역 개념에 의거하면, 언어와 세계의 관계를 데카르트적(객관과 주관을 날카롭게 구분하는)이지도 않고 포스트구조주의적이지도 않은 방식으로 파악할 수 있다. 언어의 "외부"에 존재하면서도 발화의 작성에 깊이 관여하는 그런 생각이 존재한다고 말할 수 있는 것이다. 감정은 바로 그렇게 존재하는 가장 중요한 생각 중의 하나다. 우리가 우리의 감정에 대하여 말을 하면, 발화된 감정과 그 감정에 대한 발화가 독특하고 역동적인 상호 관계를 맺는다.

나는 감정표현의 그 독특한 역동성을 오스틴의 화행론에 입각하여 이론화하고자 한다. 이 작업은 심리학자들의 실험과 인류학자들의 발견 모두를 감정의 보편적 특징으로 간주하는 데 필요한 이론적 근거를 제공해줄 것이다. 이어서 나는 "감정의 자유"를 개념화하고, 그 개념을 이용하면 서양과 비서양 사회에 대한 정치적 판단이 이론적으로 가능하며, 감정의 변화 역시 설명할 수 있다는 점을 논증할 것이다.

실험 심리학과 데카르트적 주체

실험 심리학자들은 흔히 그들이 조사하는 현상들, 예컨대 각성 상태, 글자 맞추기 실험, 생각과 감정에 대한 자기보고 등등이 경험적인 측면, 즉 "주관적인" 측면을 갖는다고 가정한다. 아이저드, 케이건, 자이언스에 따르면, 대부분의 심리학자들은 감정이 "신경생리적-생화학적 요소, 발동기motor 혹은 행동적behavioral-표현적 요소, 주관적-경험적 요소" 세 가지로 구성된다고 간주한다(Izard, Kagan, Zajonc 1984: 3). 이 관점은 현재에도 여전히 견지되고 있다. 그 세 가지 요소는 긴밀하게 조정되지만, 완벽하게 조정되지는 않는다. 그리고 그 불완전성 때문에 변이, 지체, 오류가 발생한다. 예를 들어서 사진 속의 얼굴에 초고속으로 빛을 비추어주면, 피험자는 그 얼굴이 누구인지 식별하거나 기억해내지 못한다. 그러나 빛을 한 번 더 비추면, 피험자들은 그 얼굴에 조금 긍정적으로 반응한다. 이는 얼굴의 초고속 노출이 "주관적-경험적" 효과를 발휘하지는 못하지만, "신경생리적-생화학적"이거나 "발동기 혹은 행동적-표현적" 효과는 발휘하기 때문이다(Niedenthal & Showers 1991). 실험 심리학자들은 "주관적-경험적" 효과를 얻어내기 위하여 피험자들에게 직접적인 질문을 던진다. 피험자들의 "자기보고"는 주관적 경험에 대한 증거로서 특권적 지위를 갖는 것으로 여겨진다. 이는 주관적 경험이 "의식"의 특별 구역으로 간주되고, 언어 사용은 다시금 의식의 특별한 도구로 간주되기 때문이다.[1]

그로스와 레벤슨은 실험 심리학의 감정억제 실험에 대하여 다음과 같이 보고했다. "일부 연구자들은 [……] 행동적 표현을 억제하면 감정적 반응의 다른 측면들(주관적 경험과 생리적 반응)이 크게 감소하는데, 바로 이것이 표현적 행동이 감정적 반응에서 얼마나 중요한지 드러낸다고 생각한다. [……] 또 다른 연구자들은 정반대로, 표현적 행동을 금지하면 감정적 반응의 다른 측면들이 오히려 증가한다고 주장한다"(Gross & Levenson 1993: 970). 펠드먼 배럿은 이를 종합하여, 감정적 반응은 개인의 전략, 즉 초점을 감정의 정서가에 맞추느냐 아니면 각성 수준에 맞추느냐에 따라 다르게 나타난다고 주장했다.

> 정서가 초점이란 사람이 자신의 **의식적인 감정 경험**에 쾌감 혹은 불쾌감을 결부시키는 것을 가리킨다. 그것은 한 자극이 **쾌감 혹은 불쾌감**을 유발하는가에 유의한다. 각성 초점이란 사람이 자신의 의식적인 감정 경험에 **주관적인 각성 경험**을 결부시키는 것을 가리킨다. 그것은 감정 경험에 의해 촉발된 **내적 각성**에 유의한다(Feldman Barret 1998: 580. 강조는 필자).[2]

사실 실험 심리학은 대부분 데카르트적인 이분법, 즉 정신과 육체가 완전히 다르며, 양자는 서로에 대하여 독립적이라고 여기는 이분법에 준거한다. 그 이분법은 멀리는 헤겔에 의하여, 가깝게는 하이데거, 듀이, 비트겐슈타인, 콰인과 같은 20세기의 거장 철학자들에 의하여 혹독한 비판을 받았다. 그럼에도 불구하고 실험 심리학은 그 이분법에 따라 인간 주체를 관찰했고, 그 이분법에 따르는 연구 방법을 개발했다. 실험 심리학자들은 한편으로 실험자들 자신이 불확실하고 변화하기도 하며 비본질적인 주관적인 경험의 영역에 갇혀 있다고 가정한다. 그래서 그들은 주관적 지각의 결함에 대한 통제 장치를 갖춘 반복 가능한 실험이 필수적이라고 여긴다. 다른 한편으로 그들은 피험자의 경험적이고 인지적인 결함에 초점을 맞추고, 피험자는 자신의 몸을 불완전하게 "통제"한다고 간주한다. 그래서 구체적인 실험의 초점을 그 결함과 불완전성에 맞춘다(Plutchik 1994: 171~184). 그 두 유형의 결함을 신경생리학적이고 생화학적인 메커니즘의 견지에서 설명하려는 것이다.

이러한 유형의 이분법은 사실 가장 널리 퍼져 있는 근대 서양의 "주체" 모델, 즉 고유한 경험의 장소로서의 주체가 준거하는 이분법이다. 감정을 자연스럽게 발생한 비의지적인 생리적 각성 상태와 주관적 "느낌"의 합성물로 파악하는 서양의 상직적인 감정관도 바로 그 주체에 토대를 둔 것이다. 위에서 방금 기술한 것은 실험 심리학이 감정을 몸과 마음의 혼합으로 접근하는 양상이다.[3] 그러나 인류학은 그러한 감정관이 서양의 문화적 구성물에 불과하다는 것을 보여준다. 그렇다면 혹시 나의 이론에도 문제가 있는 것은 아닐까? 내가 2장에서 전개한 구성주의 인류학에 대한 비판은 감정이 무엇이냐에 대한 미증명 사항을 사실로 간주하는 것이 아니냐는 말이다. 나의 주장은 실험 심리학의 발견에 근거한 것인데, 그것이 서양의 이분법적 가정에 기초하고 있기 때문이다. 이 의문에 어떻게 답할 것인가?

서양적 주체에 대한 최근의 가장 영향력 있는 비판은 포스트구조주의에서 왔다. 감정 인류학에서 우리가 이미 검토한 것처럼, 포스트구조주의는 인류학으로 하여금 새로운 방법을 개발하도록 했고, 역사학, 문학비평, 역사사회학, 철학, 페미니즘 이론에도 심대한 영향을 끼쳤다. 그렇다면 혹시 심리학에 대한 포스트구조주의의 비판을 재차 뒤집을 수는 없을까? 혹시 그 비판의 장점을 고려하면서도 심리학 연구의 일부를 유용하게 이용하는 것이 가능할까? 여기서 나는 포스트구조주의의 주요 측면을 명료하게 제시하고, 그것이 심리학에 어떤 질문을 던지는지 보여주려 한다. 더불어 나는 포스트구조주의의 약점을 적시하고, 그 약점에 비추어 심리학 연구가 갖는 의미를 재검토할 것이다.

포스트구조주의의 비판

포스트구조주의에 따르면, 우리에게 지식으로 나타나는 것은 근본적으로 기호론적인 혹은 언어적인 성격의 것이다. 우리가 접근하는 것은 기표이고, 기표는 기의를 표상하며, 그 두 가지는 기호를 구성한다. 기호는 언제나 여러 개이고, 따라서 체계적인 성격을 가져야 한다. 기표는 (한 언어의 사전과 같이) 집단으로 존재하며, 기표가 그것이 지시하는 것과 관계를 갖기 위해서는 그 기표가 기표집단 내의 다른 기표들로부터 구별되어야 한다. 예를 들어 영어에서 mile(마일)이라는 단어는 거리의 한 척도이다. mile은 단수이고, miles는 복수이다. 여기서 s의 있고 없고는 쉽게 구별될 수 있다. s는 언어학에서 "음소"라 칭해진다. 음소라는 그 명료하고 단순한 "변별적 특징"이 의미화의 필수적인 전제조건이다. miles가 5,280피트(=1마일) 이상의 거리와 관계를 가질 수 있기 위해서는, 그에 앞서 miles라는 단어가 mile이라는 단어와 변별적 관계를 가져야 하는 것이다. 그와 마찬가지로 mile이 정의될 수 있기 위해서는, 그에 앞서 그 단어가 다른 단위와 구분될 수 있어야 한다.

이러한 체계적인 성격을 갖추지 않으면 기호는 아무것도 가리킬 수 없다. 체계적인 변별성이야말로 기표를 명료하게 사용하기 위한 필수적인 전제조건인 것이다. 여기서 기표와 그것이 가리키는 것의 관계는 순전히 자의적이다. 우리는 mile이라는 기표의 소리와 표식을 이용하여 원하는 모든 것을 가리킬 수 있지만, 그 기표를 거리의 척도로 사용하도록 해주는 것은 오직 관례 규약뿐이다. 그 규약들 중의 하나인 구문론은 (단어들이 서로 구별되도록 편집된 사전에서 가져온) 기호들을 보다 복잡한 기표(발화)들로 변형시킴으로써 매우 복잡한 기의들을 지시하도록 하는 방법이다. 문제는 이것이다. 우리는 기호 체계를 이용하지만 날 기의raw signified에는 절대로 직접 도달할 수 없다. 기의는 언제나 기호의 앞면인 기표의 뒤에 위치한, 기호의 그림자진 절반이다(Derrida 1973: 140). 기표가 지시하는 것을 명명하는 것 또한, 그 기표를 또 다른 기표로 교체하는 것에 불과하다. 손가락으로 어떤 것을 가리키는 것조차 손가락을 기표로 사용하는 것이다. 따라서 "모든 것은 담론이다"(Derrida 1967b: 411).[4]

기호와 언어에 대한 이러한 설명은 20세기 초의 구조주의 언어학에서 유래했다. 그 언어학 이론을 생각의 작동에 적용한 것이 구조주의와 포스트구조주의다. 구조주의에 따르면, 우리가 사물을 분류할 때 사용하는 범주들은 단어들과 똑같은 체계적인 상호 변별성을 갖는다. 따라서 단어들이 사전을 구성하는 것처럼, 범주들은 "담론"을 구성한다. 예컨대 **주관적**이라는 범주가 담론의 일부로서 무엇인가를 표상할 수 있으려면, 그에 앞서 그 범주가 **객관적인**이라는 범주와 구별되어야 한다. 단어들이 정의될 수 있기 위해서는 그 단어들이 우선 구별되어야 하듯이, 범주어語들 역시 세계에 대한 진술에 이용되기에 앞서 우선 구별되어야 하는 것이다. 그러나 한 범주어의 의미는 그것이 지시하는 세계, 즉 사물에 비추어 그 타당성을 검증할 수 있는 것이 아니다. 우리는 근본적인 범주들을 보유하고 있지 않은 상태에서는 세계에 대하여 아무 말도 할 수 없기 때문이다.

중요한 것은, **주관적인**이라는 범주어의 정의가 단수인 mile이 복수인 miles와 명확하게 구분되는 그 방식으로 **객관적인**이라는 범주어의 정의와 명확하게 구분되어야 한다는 점이다. 오로지 그런 뒤에야 그 용어들이 담론 속에서 적절하고 명확하게 사용될 수 있다. 그리고 mile이라는 소리와 5,280피트의 관계가 자의적이듯이, 범주어의 정의와 세계의 관계 역시 자의적이다. 따라서 담론의 요소들인 범주어들은 세계, 즉 사물에 비추어 검증할 수 없다. 적어도 그 범주어들을 사용하고 있는 한 그렇다. 범주어들을 사용할 때 사람은 그 범주어들이 허용하는 진술만을 할 수 있다. 예컨대 주관적이라는 범주어와 객관적이라는 범주어를 사용하는 동안, 우리는 x라는 현상이 주관적이지도 객관적이지도 않다고 주장할 수 없다. 모든 것이 주관적이거나 객관적이어야 하는 세계에서 주관적이지도 않고 객관적이지도 않은 것은 불가능하기 때문이다.

초감각적인 지각은 주관적인 것과 객관적인 것의 구별을 넘어서는 듯이 보이는 현상의 한 예다. 그러나 바로 그렇기 때문에 그것은 외설적인 것이고, 따라서 의심스러운 것이다. 만일 세계에 대하여 또 다른 세트의 범주들(담론)을 사용하여 말한다면 ─ 예컨대 주관적인 것과 객관적인 것 대신에 성스러운 것과 세속적인 것으로 세계를 설명한다면 ─ 주관적인 것과 객관적인 것의 구별은 부차적이고 무관하며 심지어 터무니없는 것으로 나타날 것이다. 그러나 이는 주관적/객관적 범주에 대한 검토도 아니고 적절한 비판도 아니다. 모든 범주 체계가 주관적/객관적 범주 체계와 똑같은 문제점을 안고 있기 때문이다. 그것들은 검증 불가능하다. 어느 한 담론의 시점에서 보면, 그것들은 모두가 부차적이거나 무관하거나 터무니없다.

범주어들에 대한 정의가 날 단어bare words 및 음소와 똑같은 상호적인 체계적 변별성에 입각한다는 설명은 구조주의와 포스트구조주의 모두에게 근본적이다. 그 설명은 지식을 향한 우리의 첫걸음인 서로 구분되는 개념의 고안이 언제나 자의적이며, 담론 안에서 발화되는 모든 생각과 명제들, 즉 인간의 모든 생각이 그 자의성으로 물들어 있다는 것을 뜻한다. 이 비관적인 관점은 클로드 레비-스트로스를 비롯한 "구조주의 인류학"이 처음으로 확산시킨 것으로서, 그들은 그 접근을 이용하여 비서양 세계를 이해하려 했다. 포스트구조주의는 그 기호론적 분석을 더욱 밀고나가서 서양의 지식 전체를 비판하려 했다.

그 예로서 데리다의 **차연**différance 개념을 살펴보자. 차연은 한 개념 내지 범주가 어떻게 다른 개념 및 범주와 최초로 구분되기 시작하는가를 설명해준다. 우리가 범주적 구조, 즉 담론적 구조에 빠져들게 되는, 혹은 그 구조를 수용하게 되는 첫번째 발걸음을 우리는 어떻게 내딛는 것일까? 데리다는 그 첫걸음이 시간의 효과라고 주장한다. 기표의 흐름 속에서 무엇인가를 구별한다는 것, 즉 차이에 주목한다는 것, 혹은 말과 문자의 흐름 속에서 어떤 기호 체계를 추상해내는 것은, 어떤 주

어진 기호에 대한 이해를 "연기하는defer 것"(프랑스어로 différer하는 것)
이다. **차연**이란 "언어, 혹은 어떤 코드, 혹은 준거 체계 일반이 차이들
의 체계로서 '역사적으로' 구성되도록 해주는 운동"이다(Derrida 1973:
141).

　더불어 데리다는 화자가 발화를 통하여 표현하는 의도를 그 화자가
실제로 갖고 있다고 간주하는 발상도 비판했다. 한 세트의 발화는 한
세트의 음소 혹은 단어들이 작동하는 방식으로 작동한다. 발화는 상호
적인 변별에 의거하지 않고는 어떤 의미도 가질 수 없다. 어떤 한 사람
이 행한 발화, 혹은 어떤 한 저자의 텍스트에서 발견된 발화의 의미가
그 화자 혹은 저자가 의도했거나 소통하고자 했던 것의 "재현"이라고
생각하는 것은 오류다. 그 사람이 행한 발화의 의미는 그 발화가 해당
언어의 발화 전체와 구별되는 방식에서 발생한다. 더욱이 우리는 그 텍
스트의 조각들을 새로운 세트의 상호 구분되는 조각들로 재배열하고,
그 속에서 전혀 상이한 의미를 발견할 수도 있다. 이것이 바로 "해체" 놀
이다.

　데리다는 그런 발상의 직접적인 결과로서 또한, 어떤 사람의 명백해
보이는 실제 현존조차 기표들의 흐름 속에 어떤 통일성을 자의적으로
가정하는 것의 부산물이라고 주장했다(Derrida 1967a). 의미화는 쓰기
와 같은 방식으로 작동한다. 양자는 모두 탈개인적이다. 의미화와 쓰기
는 기표에 접근함으로써만 작동하기 때문이다. 그리하여 사람은 자의
적인 하나 혹은 복수의 담론 구조 **내부**에서만 가시화된다. 다시 말해서
우리는 사람의 현존을 의미화의 원천으로 가정하는 담론 구조를 수용
한 뒤에야 사람을 발견할 수 있다. 데카르트적 이분법은 그런 담론 구조
의 한 예다. 그 이분법은 사람을 모든 기표의 "주체적" 원천으로 간주한

다. 그러나 데리다가 보기에, 기표의 주체적 원천으로서의 인간은 발견된 것이 아니라 그런 존재로 정의된 것이다. 따라서 그런 인간 존재는 철저히 자의적이고, 따라서 검증 불가능하다. 요컨대 우리는 주관적/객관적이라는 담론 구조를 수용한 뒤에야 텍스트와 발화를 저자와 동일시할 수 있는 것이다. 그러나 그 구조가 사실인 듯 깔끔해 보여도, 그 구조를 수용해야 한다는 정당한 근거는 어디에도 없다.

미셸 푸코는 다른 방향으로 갔다. 그는 인류의 역사를 언어에 대한 시대별 관점에 따라 구별할 수 있다고 주장했다. 근대란 기호론적 관점에 의하여, 정확하게 말해서 소쉬르와 레비-스트로스의 구조주의, 즉 단어와 그 정의의 상호적인 체계적 변별성에 의하여 지배되는 시대이다. 근대 이전 사람들은 다른 관점을 갖고 있었다. 르네상스는 단어를 그것이 지시하는 사물의 일부로 간주했다. 18세기는 단어가 사물에 대한 독립적인 표상 능력을 갖고 있다고 보았다. 따라서 인간 정신이 하는 일은, 린네가 식물을 가지고 했듯이, 그 독립적인 표상들을 체계적인 도상 혹은 정확하게 만들어진 문법적 문장으로 만드는 것이었다. 그리하여 푸코가 보기에는, 시대가 바뀌면 과거는 현재에게 이해 불가능해진다. 언어와 사물의 관계를 바라보는 관점이 근본적으로 달라졌기 때문이다.

그러나 언어에 대한 각 시대의 생각들은 사실 "관점들"이 아니다. 인간이 "관점들"을 작성하고 그에 대하여 논의하는 조건이 바로 언어에 대한 생각에 의하여 이미 구성되기 때문이다. 따라서 인간이 관점을 갖는 것은 아예 불가능하다(Foucault 1966). 그러한 관점이 아닌 관점의 역사 — 유일하게 중요한 역사 — 는 푸코가 고고학이라고 칭한 어려운 절차를 통해서만 복원될 수 있다(Foucault 1969). 우리는 과거의 텍스트

속에서 말과 사물의 관계가 어떻게 가정되었는지 찾아내야 하는 것이다. 그런데 그때마다 우리는 터무니없음에 봉착할 것이다. 현재의 우리가 사용하는 담론에서 어긋나는 과거의 담론은 현재의 우리에게 터무니없을 것이기 때문이다. 우리가 현재 사용하고 있는 담론은 검증될 수 없고 따라서 자명한 것으로 보일 것이고, 그 결과 우리의 담론에서 어긋나는 모든 담론은 터무니없는 것으로 나타날 것이기 때문이다.

포스트구조주의의 관점에서 보면, 인지 심리학자들의 연구에서 쉽게 식별되는 데카르트적인 이분법은 자의적인 기호적 구조를 갖춘 담론에 불과하다. 포스트구조주의가 지속적으로 비판한 것은, 현상을 주관적인 것과 객관적인 것으로 나눌 수 있고 또 적절한 방법을 사용하면 현상에 대한 객관적 지식을 확보할 수 있다는 발상이다. 포스트구조주의자들은 우리가 근대 사회의 주체로서의 우리 자신 — 주관적 경험과 감정을 갖는 개별적인 인간, 일련의 깊이 평가되는 목표들을 추구하고 선택하며 계획을 수행하는 개별적인 인간 — 을 경험하는 것도 비판했다. 그것은 아무런 근거도 없는 순전히 담론적인 것일 뿐이라는 것이다. 그 담론이 다른 어떤 담론보다 나을 것도 못할 것도 없음은 물론이다.

푸코는 주체에 대한 근대 담론의 그 근거 없고 자의적인 성격을 공공연하게 공격했다. 린다 앨코프는 최근에 사회과학에 대한 푸코의 비판을 명료하게 설명했다. 사회과학은 "공통적으로 수용된 과학적인 표준에 아주 미약한 근거를 두고 있음"에도 불구하고,

형사 및 사법 문제, 일련의 행위 능력에 대한 법적인 결정, 우리 모두에게 판단의 척도로서 부과되는 '보편적 인간 규범'의 정식화에 과도한 권위를 행사하고 있다. 사회과학은 강제적인 감금으로부터 어린이를 부

모로부터 떼어놓는 일에 이르기까지 모든 것을 정당화하는 데 사용되고 있다. 푸코의 질문은 바로 여기에 있다. 사회과학의 미약한 과학적 지위와 막강한 사회적 권위 사이의 간극을 어떻게 설명할 수 있는가?(Alcoff 1996: 120)

푸코는 그 간극이 한편으로 데카르트적 이분법 덕분에 생산된 자의적인 지식과 다른 한편으로 근대적 제도들의 정치적 정당성 사이에 존재하는 어떤 일관성으로부터 생겨난 것이라고 주장했다. 공장, 백화점, 정신병원, 감옥, 군대와 같은 근대적 제도들은 모두 구조적으로 다음의 가정에 입각한다. 개인은 의도와 욕망과 필요를 가진 주체이며, 그 주체는 그 제도들에 의존하여 자신의 결핍된 주체성과 가혹한 객관적 세계 사이를 중재하고, 자신의 행동에 규율을 부과한다. 일부 주요 페미니스트 학자들이 포함된 푸코의 추종자들에게 근대 심리학은 그 지배기계 속의 톱니바퀴에 불과하다.

실험 심리학자들은 피험자 내부의 인지적, 기억적, 자율적, 주의적, 자동적 "체계들"을 연구한다고, 즉 의식 혹은 주의의 주관적 핵을 둘러싸고 봉사하는 객관적 체계들을 연구한다고 믿는다. 그러나 포스트구조주의자들은 실험 심리학자들의 그 연구 대상이 실은 담론적으로 구성된 것이라고, 다시 말해서 기표 체계의 허구적인 기의로서 주조된 것이며, 그 "과학"의 "발견들"은 실상 이미 내려진 결론의 포장에 불과한 것이라고 주장한다. 예컨대 실험 심리학 담론에서 "주관적"과 "객관적"은 근본적인 성격을 갖는 대립적인 기호들이다. 따라서 그 담론에서 주관적인 동시에 객관적인 기의를 발견하는 것은 불가능하다. 그 두 가지 기표를 구별시켜주는 대립 관계를 없애지 않고서는, 그 담론에서 주관과 객관에 동시에 속하는 기의를 표상할 수 없다. 기실 실험 심리학자들은 양자 사이의 "다리" 현상을 식별해내는 데 굉장한 어려움을 겪는다. 한 실험에서 주관적(의도적, 의식적, 경험적)인 현상들이 종종 다른 실험에서는 객관적("신경생리학적-생화학적, 발동기 혹은 행동적-표현적")인 현상들로 나타난다. 어델리는 사태를 간명하게 정리했다. "실험 심리학자들은 하의식과 의식을 나누는 진정한 경계를 발견하려 할 때마다 어쩔 수 없이 방법론적인 문제의 수렁에 빠지고 만다. 그런데 방법론적인 문제란 실상 개념적인 문제의 표면이다"(Erdelyi 1992: 785).

앞에서 검토했듯이, 실험 심리학자들은 실험실에서 한편으로 "비의미론적인," 즉 "신경생리학적-생화학적인" 현상으로 정의된 감정과 다른 한편으로 의도적으로 정향된 과정으로 정의된 인지를 서로 구별할 수 없었다. 그럼에도 불구하고 그들은 그 두 가지가 분리된 현상이라도 되는 양 연구하고 말해왔다. 바넷과 래트너는 비판한다. 심리학자들은 여전히 아리스토텔레스에게서 가져온 범주들을 사용하고 있다. 그들은 특히 인지와 감정이 "마치 '순수한' 형태로서 서로 분리될 수 있기라도 한 듯이," 그 두 가지 사이에 "인위적인 경계선"을 긋고서는 양자 중에 무엇이 먼저인가를 놓고 쓸데없는 논쟁을 벌이고 있다(Barnett & Ratner 1997: 305~306). 이 상황을 보면, 심리학자들이 그 어려움 속에서도 계속해서 하의식적인(즉, 객관적인, 주관적이지 않은) 생각 과정에 대한 증거를 찾고 또 감정과 인지를 구분하는 것은, 경험적인 문제라기보다 개념적인 문제임을 알 수 있다.

푸코는 그런 종류의 사회과학을 혹독하게 비판했다. "인간과 그의 분신들"이 서로의 꼬리를 쫓고 있다는 것이다(Foucault 1966). 신체 감각을 통하여 근근이 세계에 달라붙어 있는 의식인 근대적 인간 주체가,

세계에 대한 "객관적인" 지식을 얻는다면서 과학적인 방법으로 세계를 연구한다. 그러나 그 약하디 약한 눈을 통하여 그 낯선 세계를 들여다보니, 인간은 어쩔 수 없이 다른 것들을 자신과 똑같은 것으로 보게 되고, 결국은 자신을 과학적 탐구의 대상으로 삼는다. 그러한 탐구에서 과학은 그 대상이 주관적인 특징과 객관적인 특징의 혼합물이라는 것을 "발견"하고는, 그 얄팍한 혼합물에 대하여 더욱 정확한 지식을 추구한다.

많은 인류학자들이 그 비판을 진지하게 받아들였다. 지난 20년 동안 그들은 포스트구조주의자들이 비난한 이분법적 전제로부터 벗어나기 위하여 무던히 애를 썼다(Clifford & Marcus 1986; Clifford 1988; R. Rosaldo 1989; Behar & Gordon 1995). 그들은 이제 더 이상 인간의 문화 역량에 대한 단일한 객관적 이론을 구축하기 위하여 흥미로운 현상을 찾아 지구 곳곳을 돌아다니는 문화의 과학자 행세를 하지 않는다. 그들은 인류학을 담론, 의미, 실천, 관습의 "시학"을 겨냥한 해석(과학이 아니라)의 학문으로 재건했다. 그 결과, 포스트구조주의적인 실험 심리학은 불가능하지만 포스트구조주의적인 인류학은 가능하다는 주장까지 나왔다. 우리가 이미 검토했듯이, 바로 그 때문에 많은 인류학자들이 심리학 연구를 인류학에 유의미하게 접목시킬 가능성을 부인했다.

포스트구조주의에 대한 비판

그러나 포스트구조주의 역시 많은 비판을 받았다. 나는 가장 빈번하게 지적된 비판 두 가지를 간단하게 언급하고, 세번째 약점은 좀더 자세히 논하고자 한다. 그 논점들을 검토하고 나면 실험 심리학이 아주 다르게 보일 것이다.

첫째, "수행적 모순" 비판(Habermas 1987; Matusik 1989). 이는 포스트구조주의자들의 행동이 그들의 주장과 합치되지 않는다는 비판이다. 근대적 서양 주체가 담론 질서의 인공물 외에 아무것도 아니라면, 포스트구조주의자들은 왜 진정한 현존이 없는 주체들을 설득하기 위하여 그렇게나 열심히 책을 쓰고 강연을 하고 논평을 하는가? 사소해 보일지 모르지만 이는 많은 포스트구조주의자들이 진지하게 고려하는 비판이다. 그들의 고민은 그들의 글과 비평에 각인되어 있다. 포스트구조주의자들의 글은 어렵기로 악명 높다. 모호한 그들만의 용어, 과하게 벌려 놓은 은유, 추상적 개념을 사람이나 힘처럼 사용하는 경향, 학자적인 논증에 대한 거리두기, 청중과 독자들에 대한 도착적 태도는 모두, 그들이 서양 주체에 적합하다고 여겨지던 종래의 읽기와 쓰기를 거부하면서 아주 새로운 방식을 모색하고 있다는 점을 반영한다. 그들의 시도가 성공한 것인지는 불확실하다. 분명한 것은, 그들이 그들 스스로도 특정한 견해를 주장하고 설득한다는 것의 아이러니를 탐색했다는 것이다. 아이러니를 그런 식으로 이용하는 것은 분명 지적 활동의 중요한 목적에 기여할 수 있을 것이다.

둘째, 정치적 무기력 비판. 이는 포스트구조주의자들, 특히 푸코와 푸코의 추종자들이 담론의 자의적 지배로부터 해방될 정치적 조건들을 긍정적으로 제시하지 못했다는 비판이다. 담론들 중에서 어떤 담론이 정의롭고 자유로운 것인지 말할 수 없다면, 특정 담론을 억압적이라고 비판하는 것은 무의미한 일이다. 나는 이 문제를 이미 러츠와 아부루고드의 인류학 연구와 관련하여 언급했다. 캐롤린 딘 역시 간결하고 적절하게 지적했다. "많은 이론가들은 배제된 것을 발견하고 폭로하는 과정에서, 의미와 주체성은 희생시키면서 '담론' '문화' '권력' '규율 구성체' '미결정성'은 무분별하게 사용했다." 그 결과 "대부분의 이론가들은 현재 푸코의 이론이 어떻게 이런저런 방식으로 경험을 삭제했느냐는 문제와 씨름하고 있다"(Dean 1994: 274~275; Ferry & Renault 1985; Fraser 1992; Reddy 1997a, 1999).

주체가 없다면 주체에 대한 비판을 읽을 공중도 없다. 주체가 없다면 또한 권리와 자유를 가지고 있고, 그래서 억압되고 착취될 수 있는 것이 무엇인지도 말할 수 없다. 우리는 감정에 대한 구성주의적 접근을 검토하면서 이 문제를 살펴본 바 있다. 만일 내가 루이 14세에 대한 문화적으로 구성된 깊은 충성심을 느낀다면, 그 느낌에 의하여 내가 억압받는다고 말할 수 있는가? 만일 내가 억압받는 것이라면, 나에게는 자유로운(구성되지 않은, 자연적인) 감정이 존재하는 것이 틀림없다. 할 수만 있다면 나는 그것을 느낄 수도 있을 것이다. 거꾸로 그런 진정한 자유로운 감정이 존재하지 않는다면, 절대 군주에게 복종하는 것에는 아무런 억압도 존재하지 않을 것이다.

앨코프는 최근의 인식론 연구에서 푸코를 다음과 같이 변호했다. 푸코는 지식의 영역이자 권력의 영역으로서의 이론에 대하여 전략적인 감각을 갖고 있었다. 푸코는 "억압받는 지식들"의 편에 섰고 그로써 지배적인 규율 담론의 정치적 지배는 물론 그 담론의 (그릇된) 보편성 주장도 거부했다. 푸코는 "헤게모니적 담론을 거부"할 정치적 근거와 "인식론적인 근거"를 갖고 있었다. 억압받는 지식에는 보편적인 지식이 요구하는 것보다 적은 "폭력, 왜곡, 삭제"가 포함된다. "그리고 총체적인 지배에 대한 그 지식의 저항은 모든 미시적인 사회적, 담론적 사건에 대한 지배를 주장하는 헤게모니를 봉쇄하도록 도와준다. 따라서 그 지식은 권력과 **상이한** 관계를 맺는다. 그리고 '지식의 장의 구성'에서 권력의 역할을 부여받으면, 그 상이한 관계가 상이한 장을 구성할 것이다"(Alcoff 1996: 155).

앨코프는 말한다. 푸코는 자신의 인식론이 그가 비판한 것과 똑같은 유형의 헤게모니를 수반할 수도 있다는 위험성을 알고 있었다. "푸코는 계보학을 정의한 강연에서 그 비판을 고려했다. 자신이 발전시킨 계보학 프로젝트가 아직은 지배적인 위치를 차지하지 못했고, 그래서 '우리가 식민화될 위험이 있는 순간은 아직 도래하지 않았다'고 말했다. 그의 프로젝트는 총체적인 이론이 안고 있는 위험성과 문제점을 야기하지 않고 있다"(Alcoff 1996: 157).

앨코프의 설명은 푸코에 대한 주디스 버틀러의 옹호와 비슷하다. 버틀러는 해방의 정치를 근거지우는 이론적 지점이 우발적으로만 확보될 수 있다고 주장한다(Butler 1992). 더불어 버틀러는 자유를 정당화하는 인간 본성의 정확한 측면들이 적시되지 않은 것이 그 자체로 정치적 강점일 수 있다고 강조한다(Butler 1997). 누가 그리고 무엇이 해방되어야 하느냐를 말하지 않음으로써, 우리는 어떤 주장이 들릴 때까지 그 주장을 배제하지 않는다는 것이다. 그러나 필자가 보기에는 그런 절제가 어떻게 실정법과 정책으로 표현될 수 있는지 너무나 모호하다.

포스트구조주의는 그 자체로 이미 기표가 아닌 기의에 접근할 수 없다고, 다시 말해서 제약적인 전제조건들을 구비한 음험한 담론 구조의 일부가 아닌 기의에 "결코" 접근할 수 없다고, 그리하여 "모든 것이 담론이 된다"라고 주장한다. 이것이 내가 집중하고자 하는 포스트구조주의의 세번째 문제점이다. 포스트구조주의자들은 묻는다. 담론 구조에 이미 통합되지 않은 어떤 것에 우리가 어떻게 접근할 수 있겠는가? 우리가 그 어떤 것에 이름을 붙이기만 해도 우리는 우리 스스로를 위반한다. 왜냐하면 우리가 사용한 그 이름이 불가피하게 기호 체계의 한 요소이기 때문이다. 이론의 여지가 없어 보이는 이 주장에 대하여 우리는 다음과 같이 쉽게 반박할 수 있다. "우리는 결코 x를 알 수 없다거나 우리는 결코 x에게 접근할 수 없다"는 형태의 진술은 사소하고 무의미한 진술이다.

모든 커피잔에 작고 파란 그렘린 요정들이 있으나 그 요정들은 "결코" 보이지 않는다는 진술은 사소하고 무의미하다. 당신이 말없이 무언가를 가리킬 때 당신은 날 기의를 가리키는 것이 아니라, 지시되고 있는 그 사물과의 관련성 속에서 당신으로 구성된 기호를 고안해내고 있는 것이라는 진술은, 그보다는 덜하지만 사소하고 무의미하기는 마찬가지다. 언뜻 그 기호는 다른 모든 기호들이 그렇듯 기호론의 제약에 종속되어 있는 듯이 보인다. 그러나 우리가 날 기의(다른 것의 기표이기만 한 것이 아닌 기의)에 **결코** 접근하지 못한다면, 우리가 "원래적인original" 기의에 결코 접근하지 못한다면(Derrida 1967b: 411), "날"과 "원래적인"이라는 개념은 우리를 아무것도 아닌 것nothing에 접근하게 해줄 것이다. 오직 "날"과 "원래적인"이라는 개념이 "우리는 날 기의에 결코 접근하지 못한다"라는 일반 법칙의 예외일 경우에만, 그 법칙은 "우리는 모든 커피잔에 있는 보이지 않는 파란 그렘린에 결코 접근하지 못한다"는 종류의 명제와 다를 수 있다. 그러나 그런 예외가 정당화될 수 있는 근거는 없다. 따라서 "날 기의"가 우리를 어떤 것에도 접근하게 해주지 못한다면, "모든 것은 텍스트다"라는 포스트구조주의자들의 주장은 "우리는 아무것도 아닌 것에 결코 접근하지 못한다"는 주장과 같아진다.

결국 우리는 둘 중 하나를 선택해야 한다. 첫째, 기표와 기의의 구분은 데카르트적인 이분법과 똑같은 형이상학이되 다른 유형일 뿐이라고 판단하는 것이다. 둘째, 경험론자가 객관적인 사실에는 접근할 수 없다고 주장할 때 "객관적인 사실"에 의미가 부여되는 방식과는 다른, 날 기의에 의미가 부여되는 특별한 방식이 있다고 판단하는 것이다. 데카르트적인 이분법은 모든 객관적 사실을, 그것을 알고자 하는 인간의 주관적인(불안정하고 의심의 대상인) 노력들로부터 독립적인 것으로 다룬다. 따라서 우리가 사실로 "아는" 것은 결코 확실하게 객관적이지 않고, 그에 따라 모든 지식, 우리가 접근하는 모든 존재는 주관성으로 물들게 된다. 우리는 포스트구조주의 역시 성격적으로 데카르트적 이분법과 유사하게 형이상학적이라고 비판할 수 있다. 포스트구조주의는 "날 기의"를 "기의" 범주의 도달할 수 없는 순수한 예로 취급하고, 그리하여 모든 알 수 있는 기의는 일련의 기표들일 뿐이라고 주장한다. 따라서 결국 "기표" 개념은 존재하는 모든 것과 같아진다. 기표 개념이 어느덧 어떤 것을 그와 다른 그 어떤 것과도 구분해주지 못하는, 미끄럽기로 악명 높은 존재 개념과 같아진 것이다.

포스트구조주의에 의하여 영향 받은 많은 학자들은 이 어려움을 정면으로 응시하지 않는다. 그러나 데리다와 푸코 등의 포스트구조주의의 고전적인 진술들은 그들이 그 문제를 완벽하게 인식하고 있었다는 점을 보여준다. 그 진술들은 또한 그들이 앞 문단에서 제시된 두번째 대안에 입각했다는 것, 즉 그들은 기호 개념에 그것을 형이상학의 함정에 빠지지 않도록 해주는 특별한 것이 있다고 여겼다는 점을 보여준다. 그들은 그 문제를 회피하지 않았다. 그들은 오히려 텍스트, 언어, 담론, 기호에 대한 특정한 관점이 —그것들은 어떤 방식으로든 소쉬르의 언어학에서 차용된 것들이다 —데카르트, 루소, 칸트, 헤겔, 후설과 같은 형이상학자들이 해결했노라고 허구적으로 선언했던, 사유에 관한 풀 수 없는 수수께끼를 표현하고 그에 대한 의식을 증진시키는 특별한 방법을 제공해준다고 주장했다.

나는 다른 글에서, 그 모든 형이상학자들은 한결같이 자기는 전임 형이상학자들과 다르다고 주장한다는 점을 적시하면서, 그러한 구별의 역사를 좀더 면밀하게 연구할 필요가 있다고 쓴 바 있다(Reddy 1992). 이 글에서 내가 지적하고 싶은 것은, (데카르트의 명석판명한 관념, 칸트의 범주, 헤겔의 절대자, 후설의 의식 형이상학과 반대로) 담론, 텍스트, 언어에 대한 특정한 관점에 특별한 지위를 부여하는 것은 어떤 혼란 가능성을 이용하는 것이며, 그것은 포스트구조주의의 대의 그 자체에도 해롭다는 것이다.

텍스트, 언어, 담론에 대한 특정한 관점이 존재 개념의 질곡에 대하여 사유하는 특권적인 방식을 제공해준다고 주장하는 것은, 칸트의 시공간이나 헤겔의 변증법이 뭔가 열등하다는 주장을 함축한다. 그들은 형이상학의 질곡이 우리의 말하고 읽고 쓰는 능력의 부수적 효과라고 주장하는 것이다. 그러나 내가 보기에, 그런 주장에는 경험주의의 잔재가, 그것도 너무나 안이한 경험주의가 내포되어 있다. 오직 스스로를 극도로 경계하는 포스트구조주의자만이 그런 함축에 저항할 수 있다. 데리다와 푸코에게서 영향을 받은 너무도 많은 학자들이 범하는 오류는, 우리가 발화와 텍스트를 우리의 존재와 사회적 관계의 외부에 있는 자연물을 발견하듯이 발견한다고, 우리가 인간 사회에 대한 세속적인 과학자 내지 해석자로서 그런 발견을 한다고 상상하는 것이다. 그런 뒤에 발화와 텍스트의 내부에서 존재 문제를 기표와 기의를 구분하는 형태로 발견하고, 이어서 그 문제와 그것이 사회적 관계에 미친 영향에 대하여 논할 수 있다고 가정하는 것이다. 마치 연구 보고서를 준비하고 단행본 연구서를 쓰는 전문 사회과학자이기라도 한 듯이 말이다.

그럼에도 불구하고 포스트구조주의 이론은 사회 연구가 허구적인 것이라고 설교한다. 인류라든가 사회 같은 것(그것들은 날 기의가 없는 그저 더 많은 기표들일 뿐이다)은 없고, 따라서 인류의 행동이나 생존 조건을 연구할 이유가 없으며, 사회과학이든 사회적 해석이든 존재할 근거가 없기 때문이라는 것이다. 유일하게 유의미한 "사회적" 해석은, "사회적"과 같은 범주들이 우리의 사유 방식과 상호 행위 방식에 미치는 터무니없는 영향을 조사하는 것이다. 포스트구조주의자가 할 수 있는 유일하게 적절한 해석은 "사회적인" 것을 존재하지 않는 것으로, 부딪친 적이 없는 기의로 비난하는 것이다. 아이러니하게도 포스트구조주의자들의 실제 연구는 그 설교와 정반대로 진행된다. 그들은 사회적인 것에 대한 특정한 비전을 신비스럽도록 전능한 것으로 감싼다. 사회적인 것이 언어와 담론을 발생시키는 맥락 안에 슬쩍 삽입되는 것이다. 이런 식으로 포스트구조주의가 오독되고 실천되는 것을 막기 위해서는, 포스트구조주의를 전적으로 새로운 용어들로 재구성하는 것이 나았을 것이다. 그러나 만일 사회적인 것을 담론이 발생하고 텍스트가 생산되는 맥락에 대하여 생각할 수 있는 은밀하고 편리한 방식으로서 확보할 수 없다면, 포스트구조주의는 오늘날 학문의 너무나 많은 맥락에서 전적으로 무용했을 것이다. 왜냐하면 문학이든 역사이든 문화이든 "사회적" 관계이든, 오늘날 학자는 사회적인 어떤 것을 조사함으로써만 자신의 전문가적인 지위를 정당화할 수 있기 때문이다.

번역과 새로운 실재론

그러나 여기에서 나의 목표는 포스트구조주의에 대한 잠재적인 오독을 교정하는 것이 아니다. 내가 강력하게 암시했듯이 포스트구조주의의 주장은 새로운 것이 아니다. 그리고 포스트구조주의의 주장은 다른 모든 형이상학적 주장과 마찬가지로 좀 접어주는 자세로 받아들여야 한다. 그들은 해결할 수 없는 문제에 대한 해결안이 아니라 접근안案을 개발하고 있는 것이라는 점을 인정해주어야 한다는 것이다. 나의 제안은 포스트구조주의의 "기호" 개념을 "번역" 개념으로 대체하자는 것이다. 나는 번역 개념을 사용하면 날 기의의 문제를 피할 수 있다고 주장할 것이다. 우리는 기의를 의미 체계 내의 또 다른 기표로 생각할 수도 있고, 기의를 기호와는 다른 어떤 것으로 생각할 수도 있다. 둘 중 어떤 것을 선택하든, 즉 우리가 기의를 이해하려 시도하고 있는 것이건, 기의를 기표의 그림자진 보충물로 "발견"하고 있는 것이건, 그것은 기의가 "번역"되고 있는 것이라고 간주하자는 말이다. 여기서 "번역"이란 영어권 철학자들이 지난 30년 동안 논의한 개념이다.

지금 나는 그동안의 논의에 대한 앨코프의 총괄적인 검토와 포스트구조주의자들의 논점과 번역 개념의 유사성에 대한 그녀의 빛나는 비교 연구에 의거하고 있다(Alcoff 1996). 미리 말하자면, 우리가 인지 심리학자들의 연구 역시 번역을 이해하려는 노력으로 해석하면, 인지 심리학이 인류학과 역사학에 어떤 의미를 갖는지 직접적이고 명확하게 드러난다. 그러한 접근의 장점을 보여줄 수 있는 단순한 예로 시작하자. 도형과 일련의 명제(텍스트)에는 차이가 있고, 그 차이 때문에 우리는 도형을 고유하고 완전하게 명기할 수 있다. 우리는 필요하다면 그것을 정확하게 재현할 수도 있다. 다음의 도형과 명제를 살펴보자.

제1항: 그림

　　한 변의 길이가 1인치인 정사각형 안에 지름이 1인치인
원이 담겨 있다. 원의 중심은 정사각형의 윗변으로부터
반 인치 거리와 왼쪽 변으로부터 반 인치 거리에 있다. 사
각형은 흰색이고, 원은 회색이다.

제2항: 그림에 대한 텍스트적인 명기:

　우리가 제2항을 기표로 간주하고 제1항을 기의로 간주하는 동시에
날 기의에는 결코 접근할 수 없다는 포스트구조주의의 주장을 받아들
이면, 제1항은 고유한 또 다른 기표로 간주될 것이다. 기하학 도형에 대
한 해석과 언어에 대한 해석은 모두 자의적인 것이고 관례에 입각한 것
이다. 그리하여 예컨대 아래의 제3항(제1항의 한 부분)을, 하나는 곡선
이고 다른 하나는 직선인 독립적인 선분 두 개가 만나고 분리되는 것으
로 해석하도록 하는 것도 관례일 뿐일 것이다.

제3항: 제1항의 한 부분

다른 한편으로 제3항은 끝이 뾰족한 물체 두 개가 접점에서 만난 도형으로 해석하는 것도 가능하다. 기표란 자의적이고 관례적이기 때문이다. 그러나 우리에게 주어지는 모든 것이 기표라고 하더라도, 제1항과 제2항에는 전혀 다른 두 개의 기표 세트가 작동하고 있다. 아래의 제4항은 제2항에 명기된 도형의 재현일 수 없다. 두 개의 서로 다른 언어혹은 코드를 섞어놓았기 때문이다.

지름이
1인치인
원

제4항: 코드가 뒤섞인 도형

4항에는 텍스트 코드와 기하학 코드만 뒤섞여 있는 것이 아니라, "회색"이라는 명기가 기하학 도형 코드 내부의 "원"이 아니라 텍스트의 글자들에 해당한다.

내가 포스트구조주의의 난문으로부터 벗어나는 길로 제안하는 것은, 제1항과 제2항의 관계를 기표와 기의의 관계가 아니라 번역의 관계로 간주하자는 것이다. 그렇게 접근하면 두 가지가 가능해진다. 첫째, 분석철학의 전통을 이어받은 수많은 철학자들이 수행한 번역에 대한 논의를 끌어들일 수 있다. 둘째, 번역은 언어와 언어, 사람과 사람 사이에서만 이루어지는 것이 아니라, 감각 양상들 사이에서, 처리 습관들사이에서, 언어적 구조들 사이에서 이루어지는 것으로 파악할 수 있다. 이는 데카르트적 유형의 주체성을 재도입하는 것이 아니다. 그것은 개인을 서로 다른 수많은 언어와 코드의 메시지들이 도착하는 장소, 메시지의 일부는 다른 코드로 성공적으로 번역되지만 다른 코드는 번역에 실패하는 장소로 개념화하는 것이다.

여기에 인지 심리학자들의 연구를 삽입하면, 번역이 어떻게 이루어지는지, 상이한 목표를 갖는 메시지들이 상이한 환경에서 어떻게 번역되는지 보다 잘 이해할 수 있다. 인지 심리학의 연구는 또한 번역 작업의 한계, 불완전성, 부정확성을 이해하도록 도와준다. 예를 들어서 심리학자들은 "양상-횡단cross-modality 전달" 작업이 주의를 필요로 한다는 것을 거듭해서 발견했다. "양상-횡단 전달"이란 말해진 단어와 써진 단어를 일치시킬 때처럼, 입력된 복수의 감각 내지 "양상들"을 연결시키는 것을 가리킨다. 감각 양상들을 횡단하는 전달 작업이 자동적으로 이루어지도록 하는 것(그것의 한 특수 유형을 나는 번역으로 칭하는 것이다)은 아주 어려운 일이다. 그것은 주의를 필요로 한다(Ste-Marie & Jacoby 1993: 786; Brooks & Stein 1994: 10; Jacoby, Yonelinas & Jennings 1997: 28; Drevets & Raichle 1998: 357). 나는 이때의 주의를 번역기로 간주하고자 한다. 인지에 이런 식으로 접근하면, 감정과 발화의 관계를 새롭게 이해할 수 있다. 발화는 감정을 말로 번역하는 작업이 되는 것이다.

콰인은 수많은 연구에서 모든 번역은 미결정적이라고 주장했다. 그는 말한다. 한 언어학자가 토속어만을 아는 정보 제공자로부터 그 언어를 배운다고 가정해보자. 그 언어학자가 토끼를 가리키면서 영어로 "토끼"라고 말한다. 그다음에 정보 제공자도 토끼를 가리키면서 자신의 언어로 단어 하나를 말한다. 이때 언어학자는 그 단어가 "토끼"인지, "토끼의 일부"인지, "토끼 연극무대"인지, 심지어 "토끼 종種"인지 알 수 없다. 언어학자가 자신의 정보 제공자가 자신과 똑같이 "토끼"를 의미했다고 믿는 것은, 그 언어학자가 비성찰적으로 지니고 있는 세계에 대한 이론에 근거한 것이다.

따라서 언어학자가 고통스럽게 전개한 모든 번역은 오직 우발적으로만 정확할 뿐이다. 그 정확성은 언어학자와 정보 제공자가 세계에 대한 이론을 공유하는가에 의존한다. 그러나 언어학자는 정보 제공자가 자신과 동일한 이론을 공유하고 있는지 검사할 길이 없다. 언어학자는 정보 제공자가 말한 것을 모두, 자신과 정보 제공자가 같은 이론을 공유하고 있다는 전제하에서 번역하는 것이다. 콰인은 모든 소통을 현장의 언어학자들이 행하는 그런 종류의 "급진적인 번역"과 유사한 것으로 간주한다(Quine 1969: 46; Davidson 1984: 125~139; Alcoff 1996: 87). 콰인은 주장한다. 타인의 발화에 대한 성공적인 해석은 언제나 사실 여부를 검사할 수 없는 이론의 공유에 의존한다. 콰인이 제기한 문제는 비슷한 시기에 프랑스에서 글을 쓰던 구조주의자들을 사로잡고 있던 문제와 비슷하다. 그들 역시 개별적인 단어와 그것이 표상한다고 가정되는 사물의 관계가 지극히 박약하다고 생각했다.

콰인이 문제를 제기하고 20년이 흐른 뒤 도널드 데이비슨이 콰인에 대한 비판적 입장을 제시했다. 첫째, 번역이 아무리 미결정적이라고 해도 절대로 검증될 수 없는 차이는 결코 차이가 아니다. 둘째, 우리는 "호의의 원칙Principle of Charity"에 의거하여 성공적인 소통이 발생하기도 한다고 가정해야 한다(Davidson 1984: 136~137). 언어학자가 정보 제공자의 발화에 자신의 이론을 적용하는 것은 호의의 원칙에 의해 정당화된다는 것이다. 호의의 원칙이란 상대방의 주장은 합리적인 것이라고 일단 인정해주어야 한다는 것이다. 호의의 원칙은 단어와 세계의 관계에도 새로운 논점을 제공해준다. 번역의 기반인 이론에 중대한 결함이 있다면, 그 결함은 호의의 원칙에 따라 조만간 발견될 것이라고 가정하는 것이 합리적이다.

힐러리 퍼트넘은 콰인에 대한 데이비슨의 비판에 기초하여 소위 "내적 실재론internal realism"을 개진했다. 내적으로 일관된 개념 틀(예컨대 데카르트적 이분법)은 매우 강력하지만 전능한 것은 아니다. 우리가 그 구체적인 방식을 적시할 수 없을 뿐이지, 그러한 개념 틀에는 정신과 세계 모두가 기입되고, 그에 내재된 약점은 그 개념 틀이 적절한 시점에 새로운 개념 틀로 대체되도록 이끈다.[5] 앨코프는 퍼트넘의 논의를 "맥락적 실재론immanent realism"으로 발전시켰다. 그녀가 보기에 고려되어야 하는 것은 개념 틀만이 아니다. 개념 틀의 "역사적, 시공간적, 사회적 장소," 즉 그 "맥락"도 고려되어야 한다(Alcoff 1996: 218). 맥락을 고려하면, 우리는 작동 중인 범주 체계 내지 "담론"만이 아니라 그것이 뒷받침해주는 제도들과 정치적 관계도 포착할 수 있다. 그녀는 "맥락적 실재론"에 대하여 다음과 같이 결론지었다.

진리는 이론을 포함하여 맥락에 연루된 모든 요소들의 창발적 결과물이다. 맥락적 실재론은 인식 주체를 인식 과정의 필연적 중심으로 특권화하기보다 언어, 담론, 권력/지식이 진리의 생산에서 행하는 수행적 효과를 기꺼이 인정한다. 여기에 비非권위적 인식론으로 가는 길, 즉 맥락에 기초하여 앎을 설명하고, 제거될 수 없는 당파성까지 통합한 인식론으로 가는 길이 있다. 그런 것이 실질적인 앎에 대한 보다 설득력 있는 기술記述이다(Alcoff 1996: 219~220).

앨코프의 논의는 콰인의 "번역" 개념을 구조주의 및 포스트구조주의의 "기호" 개념과 등치시키자는 나의 제안과 일치한다. 기표가 무언가를 지시할 힘을 갖기에 앞서 체계적인 상호적 변별력을 보유해야 하는 것과 똑같이, 번역이 이루어지기 위해서는 먼저 세계에 대한 특정한 이론이 구비되어 있어야 한다. 기표가 궁극적으로 오직 다른 기표만을 지시할 수 있는 것과 똑같이, 번역은 언제나 미결정적이다. 그러나 콰인에 대한 비판과 함께 제시된 실재론들은 포스트구조주의에 대한 강력한 도전이기도 하다.[6]

번역 개념이 기호 개념보다 나은 것은, 번역이 서로 다른 두 개의 언어 및 코드 들의 존재를 전제하기 때문이다. 다시 말해서 포스트구조주의자의 기호 **내부에** 콰인의 "이론들"이 존재하는 것이다. 번역 개념을 앞서의 원이 들어 있는 정사각형 도형(제1항, 기의)과 그에 대한 텍스트적인 명기(제2항, 기표)에 적용하자면, 내가 제안하는 것은 보는 것을 언어의 숙달과 전혀 다르기는 하지만 유사하기도 한 일종의 기술로 간주하자는 것이다. 다시 말해서 시각 장에 있는 어떤 것, 예컨대 토끼를 가리키는 능력을 번역 기술로 간주하자는 것이다.

혹자는 토끼를 가리키는 능력이 영어를 아는 것에 내재되어 있다고, 혹은 그 능력은 적어도 **토끼**라는 단어를 아는 것에 내재되어 있다고 주장할지 모른다. 그러나 그렇지 않다. 나는 수많은 동식물들을 언급하는 소설을 읽고 또 이해하지만, 나는 그 모든 동식물들이 어떻게 생겼는지 기술할 수 없다. 나는 숲을 산책하다가 자주 아내에게 호랑가시나무, 너도밤나무, 딱따구리 같은 것들을 가리켜달라고 요청한다. 그것들은 하나같이 내가 어린 시절부터 무수히 듣고 이해했지만, 어떻게 생겼는지는 모르는 것들이다. 나는 또한 숲에서 마주친 딱따구리와 텔레비전

만화 캐릭터인 "우디 딱따구리"의 미세하지만 분명한 차이를 발견하고
자 했던 것을 기억한다. 나는 지금 동일시를 독립적인 기술이자 번역 기
술의 하나로 간주하자는 것이다. 프랑스 여행에서 내 아내는 내게 무척
의존적이 된다. 그녀가 불어를 거의 모르기 때문이다. 내가 그녀를 위해
불어로 번역을 하는 것과 그녀가 숲 속에서 나를 도와주는 것은 유사
한 활동이다. 우리는 그런 경우와 자주 마주친다.

무언가를 가리키는 행동과 그것에 이름을 붙이는 행동("지시")에 내
재되어 있는 번역 과제는 콰인이 주장한 바로 그 방식으로 미결정적이
다. 그 미결정성은 반복과 귀납을 통해서만 작동 가능한 수준으로 감소
된다. 그러나 콰인이 주장한 것처럼, 그 미결정성은 감소되어도 언제까
지나 잔재를 남긴다.

그런데 번역 기술은 심리학 실험의 초점이었고, 지금도 여전히 그렇
다. 심리학자들은 단어와 텍스트 파편을 이용한 실험을 자주 행한다.
단어 맞추기와 문장 읽기는 심리 실험에서 매우 선호되는 시험이다. 스
트루프형의 색깔-단어 맞추기가 좋은 예다. 그 실험은 500개가 넘는 실
험실에서 반복되었다(Besner el al. 1997). 1935년에 처음으로 그 실험을
했을 때, 스트루프는 피험자들에게 여러 가지 색깔로 인쇄된 단어들을
주고 색깔을 맞추도록 했다. 그가 피험자들에게 예컨대 **녹색**이라는 단
어가 파랑으로 인쇄된 카드를 내밀자, 색깔의 식별이 지연되는 경우가
왕왕 발생했다. 피험자들이 단어가 인쇄된 색깔을 말하기에 앞서 순간
적으로 주저하였던 것이다.

나는 2장에서 스트루프와 유사한 실험들에 대하여 언급했다. 모그
가 불안한 피험자들에게 불안이나 우울과 관련된 단어를 내밀자, 그
단어가 인쇄된 색깔의 식별이 지연되었다(Mogg 1993). 그린월드는 단어

의 위치 식별(단어가 스크린의 오른쪽, 왼쪽, 중앙 어디에 있는지 말하는) 실험을 실시했고, 그 결과 **왼쪽**이라는 단어를 스크린의 오른쪽에 비추거나 **오른쪽**이라는 단어를 스크린의 왼쪽에 비추면 오류가 증가했다 (Greenwald 1995). 이는 인지 과제의 특정 측면이 "자동적"이라는 것, 즉 주어진 과제와 무관한 인지 작용이 의식의 저편에서 이루어지고, 그것이 의식에 영향력을 행사한다는 것을 보여준다. 스트루프의 실험에서도 일부의 피험자들은 색깔에만 집중하라는 지시에도 불구하고 글자의 뜻에 주목했고, 이때 글자의 뜻이 글자 색깔의 식별을 지연시켰다. 심리학자들은 그런 현상을 "의미론적" 간섭이라고 부른다.

최근에 베스너가 스트루프형 실험 결과에 대한 표준적인 해석을 비판하고 나섰다. 식별에서 발생한 지연과 오류는 저항할 수 없는 "자동적인" 과정의 결과가 아니라, 피험자의 합리적인 선택과 기대를 반영한다는 것이다. 다시 말해서 피험자가 "활성화"를 여러 층위로 확산시키거나 그 확산을 봉쇄하리라고 기대되는 전략을 의도적으로 선택한다는 것이다. 베스너는 스트루프와 마찬가지로 피험자들에게 단어의 뜻과 다른 색깔로 인쇄된 단어를 제시하되, 특정 색깔로 인쇄되어 있는 단어의 글자 하나를 다른 색으로 인쇄했다. 이어서 베스너는 그 글자가 포함된 단어를, 일부는 단어와 색깔이 일치하고 다른 일부는 불일치하는 다른 단어들 속에 삽입했다. 그리고 베스너는 피험자들에게 바뀐 글자의 색깔을 맞추도록 했다. 만일 인지의 일부가 자동적인 것이라면, 스트루프 지연 효과가 글자 하나의 색깔을 바꾼 것과 무관하게 변함없이 나타나야 했다. 그러나 그렇지 않았다. 한 시험에서는 지연 효과가 전혀 발생하지 않았다. 베스너는 피험자들이 색깔이 바뀐 그 **글자**를 찾는 데 노력을 기울이다보니 주의가 **단어**의 인지로부터 벗어난 것이라고 해석했다. 피험자들이 색깔이 바뀐 글자를 찾는 전략을 선택한 결과, 단어를 인지하는 의미론적 처리 과정이 봉쇄되었다는 것이다(Besner et al. 1997).

스트루프 실험 결과에 대한 해석 중에서 어느 것이 정확한 해석이냐는 우리의 관심사가 아니다. 그 지연과 오류를 자동적인("객관적인") 처리와 의도적인("주관적인") 전략의 결합으로 해석해야만 하는 것도 아니다. 카드의 녹색 부분과 **녹색**이라는 단어에는 차이가 있다고 주장할 수도 있다. 카드의 녹색 부분이 "날 감각 재료"도 아니고 "날 기의"도 아니라고, 그것은 단지 담론적 구조 내의 또 다른 기표라고 주장할 수도 있다. 녹색이라는 색깔과 **녹색**이라는 단어가 동일한 기표 세트 혹은 동일한 코드나 언어에 속하지 않는다고 주장할 수도 있다. 녹색이라는 색깔이 기표가 아니라 객관적 사실, 혹은 망막 인광체의 자극 때문에 발생한 언어 외적인 신경 상태라고 주장할 수도 있다. 어떻게 해석하든 분명한 것은, 녹색이라는 색깔과 녹색이라는 단어의 "동일하지 않음"은 번역에게 그 두 가지 사이에 다리를 놓으라고 요구한다는 점이다. 그리고 번역은 미결정성을 포함한다. 그 미결정성이 전혀 중요치 않은 경우도 있을 것이다. 그러나 그것이 중요한 경우에는 그 미결정성이 영향력을 미친다. 그것은 신속히 차이를 만들어낸다. 번역은 때로는 노력을 요구하고, 때로는 습관의 힘에 의하여 스스로 "완성을 향하여 달려간다." 모든 종류의 번역은 학습되어야 하는 과제이고, 번역은 우리가 수행할 수 있을 때에만, 그리고 우리가 환경에 의하여 번역을 수행하도록 이끌릴 때에만 발생할 수 있다.

번역 개념에 의거하여 스트루프의 실험과 그 유사 실험들을 해석하자면 다음과 같다. 피험자들은 잘 발달된 신속하게 작동하는 습관에 기초하여 이미지와 단어를 번역한다. 그러나 그들은 동시에 실험자의 지시를 적절한 수행으로 번역해야 한다. 그러나 그것은 습관화된 것이 아니다. 따라서 그들은 지시의 실행을 연행練行해야 한다. 이 작업은 단어의 의미를 고려하지 못하게 하고, 주의를 오로지 글자의 색깔로 향하게 한다. 사실 실험 심리학의 연구는 각종의 번역이 언제 어떻게 발생하는지 이해하려는 노력으로 간주할 수도 있다. 우리는 실험 결과들을 데카르트적인 틀 속에 강제로 밀어 넣지 않고도 번역, 번역의 제약, 번역의 부수적 효과들을 알아낼 수 있는 것이다(Kosslyn 1994).

번역은 다양한 층위에서 발생한다. 오감五感을 조정하는 것만 해도 상당한 번역 작업이 필요한 일이다. 유아는 자기 손과 발을 가지고 놀거나 물건을 잡을 때, 손과 발을 꽂힌 듯이 응시한다. 사과가 썩기 시작하면, 모양이 변하고 독특한 냄새와 맛을 낸다. 그 사과는 땅에 떨어질 때 신선한 사과와는 다른 소리를 낸다. 이러한 입력들을 조정하여 썩은 사과라는 통일적인 인상을 얻기 위해서는, 그 입력들을 서로 등가화해야 한다. 그 복잡한 번역 과정을 언어적으로 시뮬레이션하면 다음과 같다.

* 입력 a = 줄기에 달린 둥글고 빨간 물체; 몇 개의 둥근 갈색 반점도 있음; 갈색 반점의 표면에는 잔주름과 구김이 보임.
* 입력 b = 딱딱한; 곡선; 부드러운 표면; 부분에 따라 조금 더 부드럽고, 울퉁불퉁하고, 축축함.
* 입력 c = 달면서도 톡 쏘는 향기와 시면서 톡 쏘는 냄새가 겹침.
* 입력 d = 이빨로 물었더니 어떤 부분은 딱딱하고 껄끄럽고, 다른 부분은 부드럽고 아삭아삭함; 혀에 대보니 질감이 섞여 있고, 달고 신 맛.

* 입력 e = 두드리거나 깨물면 뻣뻣하고 깊은 소리가 나다가 이내 부드럽고 느슨한 울림이 일어나는 복잡한 소리.

우리는 위 감각 양상들 중 어떤 것이 "언어" 혹은 "담론"의 외부와 내부에서 발생하는지 결정할 필요는 없다. 다만, 썩은 사과라는 인상에 도달하기 위해서는 그 다양한 코드의 메시지들이 조정되어야 한다. 상호 번역되어야 하는 것이다. 맹인으로 태어난 사람이 갑자기 눈을 뜨면, 처음에는 시각만으로는 썩은 사과를 식별하지 못할 것이다. 마찬가지로 고대 희랍어로 써진 『오디세이아』와 영어 번역본 『오디세이아』는 같지만 동시에 미결정적으로 다르다. 마찬가지로 우리는 감각 입력들을 번역함으로써 "이 사과는 썩었다"는 텍스트에 도착할 수 있지만, 그 문장은 입력된 감각 재료와 같은 동시에 같지 않다. 초대를 받은 손님은 그 상황에서 "이 사과는 썩어가는 것으로 보인다"고 말할 것이다. "보인다"라는 단어는 의심을 암시하고, "썩어간다"라는 단어는 "썩은"보다는 덜 갑작스럽다. 그렇게 표현한 것은 모욕을 주지 않고 배은背恩의 인상을 주지 않기 위해서다. 화자는 사적인 관계, 명예, 상호성, 정치적 권위에 대한 고려를 적절한 표현으로 번역한 것이다. 그 진술은 또한 "이 사과는 썩었다"는 문장을 번역한 것으로, 즉 개인적 관계의 맥락에 통용되는 코드로의 번역으로 간주할 수 있다. 그리하여 모든 발화, 모든 표현 행위는 감각 코드, 언어 코드, 관계 코드, 지위 코드에 의거하여 이루어지는 여러 번역의 수렴이다.

이런 의미의 번역은 인간이 잠에서 깨어나는 즉시 행해야 하는 활동들이다. 번역이란 빵 한 조각을 먹는다거나 산책을 한다거나 하는, 가장 기본적인 목표의 추구가 부과한 활동인 것이다. 삶을 조직하는 장기적인 목표를 설정하는 작업 역시, 단기적인 목표들을 각기 고유한 코드가 구비되어 있는 보다 높은 층위의 준거 틀 속으로 통합시키는 번역이다. "나는 음식을 좋아한다"로부터 "나는 농사를 좋아한다"로 나아가거나 "나는 돈을 좋아한다"로 나아가는 것 역시, 하나의 표적을 상이한 코드로 짜여 있는 두 개의 등가물로 번역하는 것이다. 물론 그렇게 나아가기 위해서는 콰인이 "이론"이라고 칭한 것을 필요로 한다. 또한 번역에는 언제나 미결정성이 수반된다. 예를 들어서 돈을 얻기 위해서는 무언가를 해야 한다는 이론의 내부에서, 돈은 음식, 옷, 집, 사랑, 감탄, 존중의 등가물이고, 돈은 그것들과 교환될 수 있다. 한 이론을 삶에 적용하기 위해서는 다른 코드로부터의 번역이 상시적으로 이루어져야 하고, 심지어 그 이론이 언명조차 될 수 없는 코드로부터도 이루어져야 한다. 물론 그때 행위자는 그 번역이 적절하고 만족스럽다고 생각할 수도 있고, 그릇되고 당혹스럽다고 여길 수도 있다. 번역은 해당 이론의 적절성에 대한 시험이기도 한 것이다.

목표는 행동으로 "번역"되어야 한다. 목표를 명시적인 진술로 표명하는 것은 또 하나의, 상당히 다른 번역 과제이다. 부르디외의 아비투스 개념은 실상 그 마지막 다름을 해명한 것이다(Bourdieu 1977; Strauss & Quinn 1997). 모든 번역에는 미결정성이 남는다. **파랑**blue이라는 단어는 시각이 전달해주는 모든 파란 색깔들blue-ness을 포착할 수 없다. 춤추는 사람은 춤으로 표현하는 것을 그림으로 그릴 수도, 글로 쓸 수도 없다. 물론 시도는 할 수 있고, 그 시도는 우리에게 많은 흥미로운 것들을 알려줄 것이다. 그러나 그것이 그 춤의 모든 것일 수는 없다. 더욱이 우리는 발화의 틀 내부에서조차 때로는 의도치 않게 이론들 사이를 옮겨다닐 수도 있다. 그리고 그때 내리는 해석을 추후 발전시켜야 할 "초안"

으로 간주할 수도 있다(Dennett 1991). 춤과 같은 "예술" 내지 "매체"가 우리에게 제공해주는 중요한 것들 중 하나는, 그것이 흥미로운 번역 작업의 한 경우라는 점이다.

심리학자들은 "번역"(나의 "번역" 개념은 심리학자들의 공학적인 은유인 "처리processing"를 언어학적인 은유로 바꾼 것이기도 하다)될 필요가 있는 것들을 대략 다음과 같이 범주화한다. (1) 쾌감, 통증, 고유수용성proprioceptive 신체 내부 감각과 같은 감각 입력들, (2) 읽고 쓰고 말하는 언어 능력이나 망치로 못을 박는 것과 같은 인지적, 실천적 기술을 포함하는 "절차" 기억 (3) 내러티브 파편이나 명제적인 문자 열列로 저장되어 있는 "서술" 기억(Erdelyi 1990, 1992; Wegner & Smart 1997; Schneider & Pimm-Smith 1997). 물론 이런 범주화는 조심스럽게 다루어야 한다. "목표"는 세 개의 범주 모두에 포함될 수 있다. 예를 들어서 가벼운 음료들이 가득 들어 있는 냉장 박스를 지각하는 감각 입력에는 갈증의 해소라는 목표가 기입되어 있다. 테니스 선수의 백스윙이라는 절차 기억에는 승리라는 목표가 이미 코드화되어 있다. 서술 기억은 흔히 명시적으로 설정된 목표들이다.

잠에서 깨면 우리에게 수많은 번역 과제들이 밀려오고 물러선다. 다시 말해서 "사람," 즉 목표와 의도를 체화하고 있는 수행자가 그것들에게 접근하기 전에, 수많은 것들이 이미 항상 번역되고 있는 것이다. 여기에서 두드러지는 것은, 번역이 작업하는 대상의 방대함과 다양함이다. 번역이 가해지는 그것들을 나는 — 보다 나은 용어가 없기에 — **생각 재료**로 칭하고자 한다. 더불어 강조하자면, 특정 시점에 번역에 제공된 것과 실제로 번역되고 있는 것 사이의 간극은 엄청나다. 그 간극은 구조주의 언어학의 **랑그**와 **파롤**, 즉 기호적 체계로서의 언어(랑그)와 그것이 가능하게 해주는 구체적인 발화(파롤) 사이의 간극과 비슷한 것이다. 주된 차이점은 생각 재료는 언어적인 것이든 비언어적인 것이든, 극단적으로 많은 코드로 존재한다는 데 있다. 구조주의 언어학과 그것을 이어받은 포스트구조주의는 체계의 구조가 발화와 "생각"에 가하는 제약을 강조한다. 포스트구조주의는 그 제약이 발화와 텍스트로부터 일체의 독립적인 의미를 박탈해버릴 정도로 강력하다고 주장한다. 한 "담론"을 지탱하는 개념들의 구조가 "말해질" 수 있고 "써질" 수 있는 모든 것을 결정한다. 그 결정력은 너무도 완벽한 나머지, 무언가를 말하기 위하여 그 구조를 "사용"하는 개인을 진정한 모든 선택, 모든 주체성을 빼앗긴 우발적인 부수 현상으로 전락시킨다.

나는 소쉬르가 기표들의 "연합 관계"라고 칭한 것이 바로 번역의 관계라고 생각한다(Wells 1947: 9). 나의 이 제안을 받아들이고, 더불어 언어 외적 내지 비언어적인 생각 재료(시각, 청각, 제스처 등의 생각 재료)의 존재를 받아들이면, 그리고 발화와 텍스트(파롤)가 그런 재료를 번역해낸 미결정적인 시도라는 해석을 받아들이면, 랑그와 파롤의 관계는 변화한다. 왜냐하면 그것을 받아들이면, 발화가 때로는 오류 내지 나쁜 번역으로 간주될 수 있는 가능성을 인정해야 하기 때문이다. 예들들어서 한 사람의 시각 언어visual language는 데카르트적인 이분법의 제약을 받지 않을 수도 있다. 그는 도저히 콰인의 "이론"이나 푸코의 "담론"의 견지로 번역할 수 없는 것들을 보고 있는 것이다. 그 경우에 발화는 거듭된 실패 끝에 어휘 사전과 담론의 의심과 재구성으로 나아갈 수 있다. 이는 포스트구조주의에 슬프도록 결여되어 있는 인간 주체성의 가능성, 시행착오의 가능성, 역사적 역동성의 가능성을 도입하는 것이다(White 1978). 인지 심리학은 이미 주체와 객체의 이분법을 고집하다보면 실험 결과를 적절히 해석할 수 없다는 점을 인정하기 시작했다. 번역을 수행하는 능력과 번역을 검토하고 거부하는 우리의 능력은 신비스러운 것이 아니다. 혹은, 두 가지 능력에 모두 영원한 무효조항으로서의 미결정성을 지닌 채 작동하는 능력이 구비되어 있기 때문에 신비스러운 것이다. 그 능력이야말로 우리가 새로운 사유를 전개할 가능성의 조건이다.

활성화와 주의

실험 심리학자들은 생각 재료의 방대함과 실제로 번역되는 극미한 일부 사이의 엄청난 간극을 인지하자, 포스트구조주의자들과 전혀 다른 방향으로 움직였다. 그들은 그 두 가지 사이에 발생하는 순간적인 활동에 주목했다. 심리학자들은 천분의 1초 단위의 시간 지평에서 관찰했고, 내가 번역 과제라고 칭한 것의 여러 양상들이 서로 다른 시간 격차를 두고 발생한다는 것을 발견했다. 그들은 그 시간 격차를 조작하면서 실험을 전개했고, 그 격차를 설명하기 위하여 "하의식적" "무의식적" "자동적" "통제된" "전략적" 등등, 제1장에 소개된 여러 개념을 동원했다. 나는 그들이 공통적으로 사용하는 개념들 중에서 "활성화"와 "주의"가 이분법적인 틀에서 벗어난 것이며, 그 개념들은 번역 과제들이 어떻게 조정되는지 알려준다고 생각한다.

"활성화"는 대단히 광범하게 사용되고 있는 아주 중요한 개념이다. 그 개념을 이러저러하게 변형하여 실험 결과에 적용하는 경우도 심심치 않게 있다. 활성화란 "입력" "생각" "기억" 등(나는 이것들을 모두 총괄하여 "생각 재료"로 칭한다)이 "처리"되도록, 즉 번역되도록 제공된 상태를 가리킨다. "주의"(많은 학자들에게는 "의식")도 매우 중요한 개념이다. 주의는 번역이 발생하는 장소의 하나이되, 번역 작업의 강도가 가장 큰 장소이고, 새로운 번역 노력(학습)이 수행되어야 하는 장소이다.

제1장에서 본 것처럼, 웨그너와 스마트는 심리 통제의 아이러니한 효과를 설명하기 위해 활성화를 "표면" 활성화, "전면" 활성화, "심층" 활성화로 나누었다(Wegner & Smart 1997). 표면 활성화란 예컨대 전화를 걸 때 전화번호를 순간적으로 기억해내는 경우처럼, 일시적으로만 주의 안에 들어 있는 것이다. 전면 활성화란 생각이 긴 시간 동안 주의에 제공된 상태이고, 빈번히 주의 안으로 들어가는 상태이다. 심층 활성화란 "의식되지 않도록" 생각을 억제하려는, 즉 생각이 서술적 문장이나 의도적인 행위로 번역되지 않게 하려는 시도에서 비롯된 상태이다. 이 때 생각은 억제되지만 실제로는 강력하게 활성화되어, 인지 "부담"으로 인하여 경계가 느슨해지거나 약화되면 곧바로 주의 안으로 밀고 들어간다. 웨그너의 이 설명은 통제의 대상 내지 목표가 감정이든 기분이든 인지이든 똑같이 적용된다. 웨그너는 또한 전면 활성화된 생각과 심층 활성화된 생각 모두가 "만성적인" 활성화 상태에 있을 수 있다고, 즉 그것들은 진행 중인 번역 과제 안으로 언제라도 뛰어 들어갈 가능성이 매우 높다고 강조한다. 만성적인 활성화 개념은 다양한 실험 결과를 설명하려는 시도에, 특히 불안과 우울이 인지에 미치는 영향을 설명하는 시도에 자주 이용된다(Moretti & Shaw 1989; Hughes 1994; Rudman & Borgida 1995; Joseph 1996).

그러한 중간 상태들에 대한 심리학 연구는 감정의 이론화에 극히 중요하다. 영어권에서 **감정**emotions이란 단어는 활성화되었으나 주의 안에는 들어 있지 않은 것, 주의에 제공되었거나 심지어 주의를 요청했지만

주의에 닿지는 않은 생각 재료를 가리킨다. 이런 종류의 활성화는 번역 과제가 따라야 하는 통로가 여러 개이기 때문에 발생한다(Greenwald 1995). 감정은 활성화되었지만 주의에 닿지 않은 생각이다. 이는 감정이 제1장에서 논의된 대로 "깊은 목표 관련성"과 연관되기 때문이다. 목표 네트워크들은 "다대다多對多" 매핑 속에 존재하는데다가 특수 상황에서는 한꺼번에 활성화되는 것 같다(D'Andrade 1992; Quinn 1992; Strauss & Quinn 1997). 그 목표들의 일부는 똑같은 "이론" 내지 코드로 작성되지만, 다른 일부는 서로 다른 코드로 존재하기 때문에 서로 번역되어야 한다.

예를 들어보자. 여덟 살짜리 소년의 여동생이 그가 가장 좋아하는 장난감을 훔쳤다. 그 사실을 안 순간, 소년의 활성화된 생각은 다음과 같은 형상들을 포함했을 것이다(단, 그중 어느 것도 표명되지는 않는다).

1. 여동생이 다른 것도 훔쳤을지 모른다.
2. 엄마와 아빠는 여동생을 야단치지 않을 것이다.
3. 내가 이른다면 엄마와 아빠는 여동생을 야단칠 것이다.
4. 내가 여동생을 때려주면 동생은 더 이상 훔치지 않을지 모른다.
5. 여동생은 마치 내가 잘못을 저지르기라도 한 듯 나를 비웃고 있다.
6. 내가 여동생의 물건을 훔치면 여동생은 내 물건을 더 이상 훔치지 않을 것이다.
7. 여동생은 자기 물건이 없어지는 것을 정말 좋아하지 않는다.
8. 여동생은 지난주에 나를 아프게 때렸다.
9. 네가 학교에서 뭔가를 훔치면 너는 퇴학당한다.
10. 우리가 그 장난감을 가지고 함께 놀았으면 정말 재미있었을 텐데.

11. 여동생은 자기가 좋아하는 시계를 차고 있다.

12. 여동생의 눈썹은 못생겼다.

13. 내가 여동생을 때리는 대신 무언가를 내던지면 야단맞지 않을 것
이다.

1번에서 4번까지와 13번의 활성화된 생각은 가족적인 상호작용의 코
드 내지 준거 틀 혹은 "이론"을 공유하고 있다고 말할 수 있을 것이다. 5
번에서 8번까지와 11번과 12번은 직접적인 상호작용의 코드 내지 이론
에 뿌리박고 있다. 9번과 10번은 보다 높은 도덕적, 규범적 코드에서 비
롯된 것이다. 물론 위 목록은 필자가 자의적으로 작성한 것이고, 사람
에 따라 얼마든지 다른 것을 추가할 수 있다.

이 유사명제들은 모두 어떤 코드 내지 이론에 기반하고 있다. 그 서
로 다른 이론들이 어떻게 서로 결합하고 갈등하는지 결정할 수 있는 방
법은 없다. 각 이론의 진술들이 다른 이론의 진술들로 어느 정도로 정
확하게 혹은 얼마만큼의 미결정성을 포함한 채 번역될 수 있는지 결정
할 수 있는 방법도 없다. 저런 유사명제들이 목표 네트워크들의 활성화
와 어떻게 연관되는지 확정하는 것조차 쉽지 않다. 위와 같은 일상적 상
황에 대한 지극히 단순한 반응조차 그 내용이 너무나 막대하여, 그 모
두를 언어로 표현할 수 없는 것이다. 언어의 이러한 실패는 앞서 언급한,
언어가 춤의 모든 의미를 포착할 수 없는 것(혹은 춤이 텍스트의 모든 의
미를 포착할 수 없는 것)과 비슷하다.

심리학자들은 이와 같은 상황에 "절차" 기억을 비롯한 수많은 상호
작용 시나리오를 적용했다. 그리고 또 수많은 발화 안案들을 조사했다
(Dennett 1991). 그 모든 것은 번역 작업으로 간주할 수 있다. 그 소년

이 생각 재료들을 작업하는 동안, 그의 자율신경계는 행동을 준비한다. 소년은 화해적인 음성으로 말하기로 결정하지만, 그의 얼굴과 목소리는 그에게 폭력적인 행동이 끓어오르고 있음을 드러낸다. 매우 짧은 시간 동안 굉장히 많은 것이 성취되고, 계획은 행동으로 "번역"된다. 그럼에도 불구하고 여동생의 도둑질에 의하여 활성화된 생각 복합체의 많은 내용이 화해를 모색하기로 한 주의를 벗어난다. 이 상황에서 그 여덟 살배기 소년이 경험하고 있는 것은 영어권에서 "감정"이라고 불리는 것, 즉 "분노"이다. 이때 "넌 지금 무엇을 느끼니?"라는 질문을 받으면, 소년은 "나는 진짜 화가 나요"라고 답할 것이다. 혹은 그는 똑같은 뜻을 분노와 결합된 위협에 대한 관례적인 극단적 언어 표현으로 전달할 것이다. "나는 그녀를 **증오**해요!" "나는 그녀를 죽여버릴 거예요!"(Lakoff 1987; Gottman & Levenson 1988; Gross & Levenson 1993; Hughes et al. 1994; Hess, Philippot & Blairy 1998).

낭만적인 사랑에 대한 서양의 관점을 명제로 표현하자면, 다음과 같은 세 개의 욕망 내지 행동 경향이 포함된다(Averill 1985; Grimal 1988; DeJean 1991; Hatfield & Rapson 1993; Spurlock & Magistro 1994; Daumas 1996; Shaver et al. 1996).

1. 연인의 복지, 안녕, 행복을 촉진하고 싶은 욕망.
2. 연인 가까이에 자주 있고 싶고, 집과 식사와 여가를 연인과 공유하고 싶은 욕망.
3. 연인과의 잦은 신체적 애정과 성교에 대한 욕망.

사실이라기보다는 토론을 위하여 잠시 사랑을 서양에 독특한 감정이라고 가정해보자. 서양인들은 타인과 관련하여 위 세 가지 욕망을 종종 추구하고,[7] 그 "욕망들"은 서양의 제도들이 만들어놓은 사회적 맥락 속에서 삶의 높은 목표이다. 그런 사랑을 수행하기 위해서는 굉장히 많은 학습과 개인적인 노력이 요구된다. 특정인에 대하여 사랑이라는 목표가 수립되면, 너무나 많고 다양한 문제들이 제기되기 때문이다. 사랑의 수행에는 현기증 나게 많은 양의 절차 기억과 서술 기억, 입력 정보의 점검과 조정, 삶의 목적과 목표와 의도가 직접적으로 연루되고, 그 욕망의 추구와 충족은 다시금 그것들을 변화시킨다. 게다가 심리 통제의 대상이 많고도 다양하다. 그리하여 그 모든 것은 주의가 단기간에 처리할 수 있는 능력을 훌쩍 넘어선다.

사랑하는 사람이 다가오면, 위의 복잡한 욕망들이 즉각적인 행동으로 변역되어야 한다. 그러나 선택할 수 있는 대안들은 여러 가지이고, 자기 자신과 연인이 취하는 행동의 의미 미결정성이 고통스럽게 다가온다. 그 사람은 추후에 연인의 현전에서 활성화된 다차원적인 생각들을 사후적으로 되새겨볼 수도 있다. 연인의 출현에 대한 자기 자신의 반응에 대한 놀라움("왜 나는 그토록 두려웠던 것일까?"), 연인의 외모와 성적 매력의 힘, (연인의 안녕에 대한 관심과 그에게 접근하고자 하는 욕망에서 비롯된) 연인의 분위기에 대한 탐색, 목표와 연관된 시나리오의 생생한 상상(함께하는 식사, 성교, 집 구입, 빨래 해주기 등), 연인의 인성과 목소리와 패션과 얼굴과 과거의 고통 및 성취에 대한 감탄이 서로서로 경쟁한다. 그 다양한 욕망의 통로들이 생각을 한꺼번에 여러 방향으로 발진시킴에 따라, 그는 "멍해지거나" "겁"에 질린다. 혹은 두 가지 사이에서 오간다. 또한 연인이 바로 앞에 있기에 부정적인 생각은 회피되어야 하며, 부정적인 생각이 활성화되더라도 연인에게 불쾌감을 주지 않도록 부인되어야 한다.

그 모든 욕망들 간에는 모순이 발생하기 마련이고, 이는 특정 문제를 강박적으로 제기한다. 연인이 직업이나 학업 때문에 멀리 떠나야 할 때, 연인의 안녕에 대한 관심과 연인의 가까이에 있고 싶은 욕망이 갈등한다. 그는 이제 가능한 해결책을 생각해내고 그것을 또 재고할 것이다. 상대방이 사랑에 응답하지 않으면, 그 불쾌한 상황이 해석되어야 한다. 그 사람이 나를 거부하는 것은 그의 긍정적인 면모들과 결합된 것일까? 끝내 질문이 제기된다. "매력적이고 선한 사람은 전부 나를 싫어하는 걸까?" 나의 행동은 그 모든 상황에서의 움직임들, 상호작용들, 장기적인 삶의 목표들, 윤리적·도덕적 제약들에 의해 결정된다. 그 모든 사항은 서로 다른 코드로 구성되어 있고, 따라서 그것들이 행동으로 만족스럽게 연결되기 위해서는 지속적인 번역 작업이 진행되어야 한다. 그 복잡하고 방대한 생각들은 짧은 시간 안에 의도적으로 조종될 수 없다. 주의가 그 상황에 닿는 순간 나는 깨닫는다. "나는 사랑에 빠진 것이 틀림없어." 이제는 사랑을 행동으로 번역해야 한다. 수많은 동시적인 번역 과제들(언어적, 가시적, 신체적, 사회적 코드로의 번역)을 단일한 흐름의 전략적 표현과 행동으로 조정해야 하는 것이다.

사랑과 마찬가지로 연인의 죽음에 대한 슬픔 역시 서양인들의 주의를, 한꺼번에 혹은 짧은 시간 안에 주의가 처리할 수 없는 수많은 차원의 생각들의 미로 속에 밀어 넣는다. 따라서 사랑과 마찬가지로 슬픔에도 수명이 있다. 그 기간이 지난 뒤에는 아침식사 준비나 빨래와 같은 절차적 지식들만이 연인의 상실을 새롭게 기억시킬 것이다(이는 사랑에 빠진 사람이 연인과의 상호작용 시나리오를 상상하면, 연인에 대한 감탄이 새로이 솟아오르는 것과 유사한 일이다)(Clore 1994; Lofland 1985; Abu-

Lughod 1986; Tait & Silver 1989; Stearns 1994: 83; Drevets & Raichle 1998: 370). 이런 예들은 얼마든지 추가할 수 있다. 심지어 곰이 공격해오는 것과 같은 단일한 상황조차 온갖 종류의 효과를 낳는다. 나는 놀라서 나무 위로 올라가면서 열 살배기 딸을 생각할 수도 있고("내가 죽으면 딸은 어떻게 되나?"), 구입하려고 점찍어둔 집을 생각할 수도 있다. 그리하여 한마디로 말해서, 감정이란 복잡하고 다양한 통로의 활성화들로서, 촘촘하게 엮여 있는 다양한 코드 내지 이론의 층들에 자리 잡고 있는 목표 네트워크들을 연결시키는 현상이다.

나의 입장을 총괄적으로 정리하자면, 우리는 감정에 대한 심리학자들의 발견들을 그들의 데이터 분석에 자주 사용되어온 데카르트적 이분법에 의존하지 않고도 서술하고 성찰할 수 있다는 것, 결정적인 것은 번역이라는 점, 그리고 주의에 생각과 기억과 지각을 제공해주는 "활성화들"은 너무나 복잡하게 연결되어 있다는 것이다. 주의가 행하는 번역의 중요성은 포스트구조주의의 약점 두 가지를 생각해보면 즉각 드러난다.

첫째, 담론 내지 언어 혹은 텍스트 바깥에 아무것도 없다고 주장하는 것은 무의미하다. 그 주장을 받아들이는 경우조차 언어 "내부"의 보다 안쪽에 위치한 기표들과 언어 "내부"의 보다 바깥쪽에 위치한 기표들을 구분하는 것, 예컨대 **파랑**이라는 단어와 파랑색을 구분하는 것은 정당하고 또 중요하다. 그렇게 구분하면, 상호 번역되어야 하는 여러 "입력" 유형들이 드러난다. 날 지각들, 절차 기억들, 과거사에 대한 내러티브 등이 그것이다. 둘째, 포스트구조주의의 랑그와 파롤은 거리가 너무 멀다. 중간 지대를 개념화할 필요가 있다. 그중 하나가 바로 심리학자들이 개발하여 다양하게 적용해온 활성화다. 활성화는 어떤 번역 과제는 성공하고 다른 과제는 실패하는 이유를 생각할 수 있는 유용한 개념이다. 주의도 그 중간 개념의 하나다. 주의를 고도의 번역 역량이 발휘되는 제한된 영역으로 정의하면, 파롤이 왜 직선적이어야 하고 구문론에 복종해야 하는지 설명된다. 주의의 역량이 제한되어 있기 때문이다.

여러 차례 강조했듯이, 활성화되는 것은 생각 재료 전체에서 극히 적은 일부분이다. 그럼에도 불구하고 활성화된 것 내부에는 자아가 탐색하고 결정해야 할 대단히 많은 선택들이 존재한다. 게다가 그곳에서 주의의 번역 작업을 기다리고 있는 코드화된 메시지는 수많은 미결정성과 모순을 담고 있다. 그곳에는 또한 생각 재료들이 통과할 수도 있는, 아직 열리지 않은 많은 다른 문들이 존재한다. 따라서 활성화된 것의 안에서 인간의 주체성에 대한 감각을, 그리하여 역사에 대한 감각을 회복시키는 것은 가능한 일이다. 그곳이 바로 "감정의 지대"이다. 따라서 심리학의 발견을 인류학의 현장조사 결과와 직접적으로 연결하는 것은 아주 정당한 일이다. 세계 곳곳에서 감정이 목표와 관련된 것으로, 심리 통제의 대상으로 간주된다는 여러 증거들은, 심리학자들이 추구하고 있는 현재의 연구 노선이 데카르트주의의 고향 바깥에서도 유의미할 수 있다는 것을 강력하게 암시한다.

현재는 **감정**에 대한 새로운 정의가 필요하고 또 가능한 상황이다. 감정 개념의 재정의가 필요한 이유는, 서양의 감정관에 대한 많은 비판이 보여주듯이, 감정이라는 단어에 우리가 피해야 하는 수많은 함축들이 얽혀 있기 때문이다. 감정과 관련되는 인식론적 수수께끼들과 그동안의 연구 성과들을 두루 생각해보면, 다음과 같은 사항을 인정할 수밖에 없다. 감정은 몸과 마음을 연결하는 다리가 아니다. 감정은 인간 하드웨어에 내장된 일련의 각성 체계도 아니다. 감정은 이성 내지 생각과 과격하게 다른 어떤 것이 아니다.

그렇다면 우리가 통상적으로 사용하는 감정이라는 용어는 도대체 무엇에 관한 것인가? 나는 예비적인 답변으로 다음의 정의를 제안한다. 감정은 느슨하게 연결되어 있는 생각 재료들이다. 그 생각 재료들은 다양한 코드로 정식화되어 있고, 목표 관련 정서가와 강도를 갖고 있고, 행동을 위한 "스키마들"(혹은 느슨하게 연결된 일련의 스키마들 내지 스키마의 파편들)을 구성하고 있다. 그 생각 재료들은 대체로 활성화되지만(앞서 서술한 "여동생에게 화가 난" 소년과 "사랑에 빠진" 사람의 경우처럼), 활성화되어도 주의가 즉각 행동이나 말로 번역하기에는 너무나 많다. 감정이 종종 앞뒤가 안 맞고 얼룩덜룩한 이유는, 번역 과제(목표의 설정과 실행도 포함)의 그 복잡성 때문이다. 특별한 복잡성을 지닌 사건은 처음에는 감정적으로 형태지워진 생각 재료를 대두시키고, 사건의 반복은 그러한 생각 재료를 재활성화시킨다.

그렇다면 그렇듯 느슨하게 연결된 생각 활성화들이 모두 "감정"인가? 나의 예비적인 답변은 "그렇다"이다. 너무나 다양한 활성화들이 주의의 번역 역량을 넘어설 때는 영어권에서는 언제나, 자신이 감정 혹은 느낌을 갖고 있다고 말할 것이다. 비록 활성화는 지형학의 정리定理를 입증한다거나 새로운 자동차의 계기판을 디자인하는 것과 같이 구체적인 문제와 관련되는 것이지만, 영어권 사람이라면 그 순간 자신이 "감정적으로" 반응하고 있다고, 혹은 그 문제에 대하여 어떤 느낌을 갖고 있다는 데 동의할 것이다. 그리고 그는 그 활성화들이 주의에 제기한 도전을 기술하기에 적합한 단어, 예컨대 **경이로움, 불안, 만족, 우울, 환희, 차분함** 등을 영어 감정어 사전에서 찾아낼 것이다.

그런 식으로 감정을 정의하면, 자아를 새롭게 개념화할 가능성도 열린다. 우리는 심리학의 연구 결과에 의거하여 데카르트적인 이분법 대신 번역기로서의 주의를 개념화하는 접근법을 선택했다. 주의를 둘러싼 번역 과제들은 다양하고 막대하다. 가장 단순한 목표조차 그것을 조정하여 추구하기 위해서는, 먼저 번역이 이루어져야 한다. 그러나 그 번역은 언제나 미결정적이고, 따라서 번역 과제는 언제나 미완성이다. 그러한 접근에서 상정되는 자아는 "분산된disaggregated" 자아이다. 그 자아가 분산된 자아인 이유는, 기억의 흔적들, 지각의 기술技術들, 서로 다른 높이의 목표들이 다양한 단계의 활성화 상태 속에서 이리저리 흩어져 있고, 그것들은 다양한 패턴에 따라 습관적으로 상호 조정되지만 셀 수 없이 많은 잠재적인 갈등과 모순을 안고 있으며, 맥락에 따라 그 문제점들이 언제라도 전면에 나타날 수 있기 때문이다. 분산된 자아는 데카르트적인 주체와 다르다. 그 자아는 담론 구조의 부산물에 불과한 포스트구조주의적인 허구적 자아와도 다르다. 분산된 자아는 포스트구조주의의 자아와 마찬가지로 내적인 통일성을 갖춘 자아가 아니다. 이는 자아가 수많은 언어적, 비언어적 코드로 움직이는, 지속적으로 번역될 필요가 있는 기표들의 흐름 속에 존재하는 반면에, 번역 작업이 의거하는 이론들은 뭔가 신비스럽게 유지될 수도 있고 수정될 수도 있으며, 따라서 모든 번역이 임시적인 초안에 불과하기 때문이다.[8]

그런 자아가 달성하는 통합은 언제나 임시적이고, 또 사회적인 상호작용과 학습에 의존한다. 그런 한에서 그 자아는 집단적인 구성물이다. 그러나 그 자아는 집단적 구성물이기만 한 것이 아니다. 이를 명확히 하기 위해서는 번역 작업의 어려움과 우발성에 대하여 생각할 방법이 포함되어야 한다. 특히 방금 정의된 감정에 대하여 논의할 방법이 제시되어야 한다. 이제는 그 방법에 대해, 그리고 감정이 공동체에 부과하는 제약에 대하여 살펴볼 차례이다.

2. 화행과 이모티브

우리는 이제 영어를 비롯한 유럽 언어 대부분의 감정어 목록을, 분해된 자아를 특징짓는 생각 활성화들에 대하여 말하기 위한 하나의 코드로 간주할 수 있다. 이런 식으로 바라보면, 서양의 감정 개념도 인간에게 보편적으로 존재하는 복잡하고 다양한 통로의 활성화들에 대하여 말하기 위한 하나의 잘 발달된 방법으로 간주할 수 있다. 그런 활성화들은 주의의 번역 역량을 초과한다. 따라서 활성화된 생각 재료들 중 일부는 불연산 논리Boolean logic나 인과추론의 고리들처럼 조직될 것이고, 다른 일부는 복複감각 입력 및 다차원적인 배열들의 임시적인 조정으로 진행될 것이며, 또 다른 일부는 은유적, 제유적 연결고리, 대수적 관계들, 행동 시나리오의 수립으로 이어질 것이다(나는 지금 기술적인 용어들을 다소 무작위적으로 열거하고 있다. 이는 특정 시점에 활성화된 것에 얼마나 다양한 코드들이 연루될 수 있는지 보여주기 위해서다).

인간이 자신의 행동 환경을 용이하게 파악하기 위해서는 그 다양한 파편들의 최소치는 통합적으로 번역되어야 한다. 수학자의 작업을 상상해보자. 아무리 치밀한 수학자라도 활성화들의 사슬에서 일부의 활성화는 선택하고 일부는 버린다. 물론 그는 수학자답게 엄격한 규칙에 따른다. 그러나 그 순간 그는 그에 대한 "감정"을 갖는다. 다시 말해서 엄청나게 많은 생각 재료들이 주의의 역량을 넘어서서 활성화되면, 수학적 추론 규칙을 준수하는 데 "노력"이 필요하다는, 즉 활성화가 열어놓은 다른 대안적인 길들을 거부하는 노력이 필요하다는 감각이 생긴다. 수학 규칙을 준수하려는 선택이 수학에 대한 **기쁨, 감탄, 경외감, 지루함, 좌절감**을 낳는 것이다.

수학자가 어떤 공식을 사용하는데, 그 공식이 그 공식에 의해 생산된 활성화된 생각 상태를 나타내는 변수들로 이루어져 있다고 상상해보자. 다시 말해서 어떤 공식 내지 명제가 그 명제 자체에 대한 세공과 사유를 동반하거나, 그 세공 및 사유에 의하여 촉발된(그러나 주의에 완전히 포착되지 못한) 생각들에 관한 것이라고 가정해보자. 그럴 경우 그것이 어떻게 엄밀성 내지 규칙에 의해 지배되는 질서를 보유할 수 있을까? 이 딜레마야말로 많은 과학자들과 수학자들이 주체가 주체에 대하여 말하거나 사유하는 것의 비엄밀성을 비웃는 이유이다. 그러나 그 딜레마의 독특한 구조를 보다 정확하게 검토해보면, 최소한의 엄격성 혹은 과거보다는 큰 엄격성을 확보할 수 있을 것이다. 이를 위하여 나는 오스틴의 **수행문**을 유비적으로 이용하려 한다.

J. L. 오스틴은 1962년의 저술 『말로써 행동하는 방식』으로 "화행론speech act theory"이라 불리는 철학의 한 분야를 개척했다. 오스틴의 핵심적인 주장은 모든 진술이 기술記述은 아니라는 것이었다. 기존의 철학사는 오직 기술적인 진술 내지 발화, 오스틴의 말로는 "진위眞僞문"의 진리 조건과 진리 가치에만 집중했다. 그러나 진위문은 발화의 한 유형에 불과할 뿐, 아무것도 기술하지 않는 발화의 유형도 있다. 오스틴은 그것을 "수행문performative"라고 칭했다. 수행문은 무언가를 기술하기 위해서가 아니라 무언가를 수행하거나 실행하기 위하여 사용되는 발화이다. 예컨대 결혼식에서 "네I do"라고 말함으로써 신부는 아내가 되고 신랑은 남편이 된다. 혹은 "나는 네게 문을 닫으라고 명령한다"에서 동

사인 "명령한다"는 그 발화를 명령으로 만든다. 수행문은 진실도 아니고 거짓도 아니다. 그러나 수행문의 발화가 그것이 수행하리라고 여겨지는 바를 실제로 수행하려면, 일정한 조건이 갖추어져야 한다. 결혼식이 연극 속에서 벌어진다면, 배우가 "네"라고 말한다고 해서 그가 남편 혹은 아내가 되는 것은 아니다. "네"는 적절하게 수행된 결혼식이라는 맥락에서만 수행적이다. 마찬가지로 "나는 네게 문을 닫으라고 명령한다"는 문장을 이등병이 병장에게 말하면, 그 문장은 군사적인 의미에서의 명령이 아니다. 오스틴은 수행문이 효과적인 맥락에서 발화되느냐 아니냐를 기준으로 하여, 수행문을 "적절한happy" 수행문과 "부적절한unhappy" 수행문으로 나누었다.

오스틴의 주장은 즉시 호응을 얻었다. 철학자만이 아니라 인류학자들과 문예비평가들이 오스틴의 주장을 받아들였다. 이어서 모든 발화에 수행적 차원이 깃들어 있다는 주장도 제기되었다. "잔디는 녹색이다"와 같이 순전히 기술적인 발화들 역시 수행적인 요소를 함축한다는 것이다. 위 문장은 "나는 잔디가 녹색이라고 주장한다(I assert that)" 혹은 "나는 잔디가 녹색이라고 생각한다(I think that)"라는 문장이라는 것이다. 일부의 학자들은 수행문 개념을 그렇게 확장하면, 판도라의 상자가 열리게 된다고 우려했다. 그 주장을 받아들이면, 화자가 수행적인 요소를 의식하고 있다는 증거가 없는 상태에서도 화자에게 갖가지 수행적 의도를 부여할 수 있기 때문이다.

오스틴 자신은 모든 발화에 "발화수반적인 힘illocutionary force과 "발화효과적인 힘perlocutionary force"이 있다고 주장했다. 전자는 수행문의 지위를 갖고, 후자는 기술문 내지 진위문의 지위를 갖는다. "나는 네게 문을 닫으라고 명령한다"는 문장은, 근처에 열린 문이 있다는 의미를 발생시킬 때는 발화효과적인 힘을 갖고, 그 문을 닫으라고 명령한다는 의미를 발생시킬 때는 발화수반적인 힘을 갖는다. 그러나 오스틴조차 불명료성을 인정했다. 그러한 혼란을 제거하기 위하여 오스틴의 가장 유명한 제자 중의 한 명인 존 설이 이를 다듬었다. "문을 닫아라"는 **수행**performance이지만, 그 앞에 "나는 네게 명령한다" 혹은 "내가 네게 요구한다"가 없으면 그 말은 **수행문**performative은 아니라는 것이다(Searle 1989).

철학자들이 수행문의 성격에 정확성을 기하기 위하여 그 정의를 가다듬고 세분하는 동안, 인류학자, 종교학자, 문예비평가 들은 수행문 개념의 분석적 힘을 받아들였다. 그리하여 의례, 법, 픽션, 온갖 종류의 문화적 생산물들이 발화수반적인 텍스트로 이해되었다. 그러나 곧 그 텍스트들에게 발화수반력을 보장해주는 맥락이 그 자체로 텍스트임이 드러났다. 수행문의 장소와 근거 전체가 발화수반력의 장으로 이해된 것이다. 예를 들어서 기독교도들의 전통 결혼식에서 발화된 "네"라는 말의 적절성은 성직자의 또 다른 수행문, "나는 이제 여러분을 남편과 아내로 선언하노라"에 의존한다. 그 문장의 적절성은 그것대로 목사에게 혼례의 권능을 부여한 목사 서임규정과 법에 의존한다. 그리고 그것은 다시금 또 다른 고위 성직자의 발화 "나는 이제 당신을 목사로 임명하노라"와, 의회와 법원이 법을 통과시키고 유지하는 절차("이로써 우리는 제정한다 [……]" "이의를 인정합니다 [……]")에 의존한다. 수행문들의 연쇄는 먼 지평선까지 뻗어간 뒤 자신에게 돌아온다.

마셜 샬린즈는 수행문과 관련된 영향력 있는 연구를 발표했다(Sahlins 1985). 수행문은 행위자들 상호 간의 사회적 지위와 세계에 대한 행위자의 사회적 지위를 구성해주는 것으로서, 문화란 수행문을 적절히 실행하기 위한 일련의 처방전이라고 주장한 것이다. 그러나 샬린즈의 원래 목적은 지나치게 경직된 공시적 문화 개념을 통시화, 즉 역사화하는 데 있었다. 문화를 수행문 처방전들로 규정하면, 문화는 행위자가 따르려고 노력하는 행위 지침이 된다. 만일 특정한 역사적 환경이 처방전의 수행을 막으면 — 샬린즈에 따르면 1778년 영국 배가 처음으로 하와이에 도착했을 때 그런 일이 발생했다 — 행위자는 즉흥적으로 다른 해법을 모색하고, 처방전을 수정하며, 새로운 처방전의 권위를 주장한다. 역사적 변화란 바로 그 결과이다. 더욱이 역사적 환경은 그 차이가 아무리 미세하다고 하더라도 언제나 각각 다르므로, 각 문화에 대한 설명 속에는 지속적으로 역사가 도입될 수밖에 없다.

문예비평가 샌디 페트리는 프랑스혁명과 관련하여 비슷한 제안을 했다(Petrey 1988). 그녀는 총삼부회를 "국민회의"로 변형시킴으로써 묵시적으로 주권을 주장한 1789년 6월의 결의가 제도적 맥락이 부재한 상황에서 발화된 수행문이라고 주장했다. 그 수행문이 "적절한" 것이냐 "부적절한" 것이냐의 문제는, 그다음 달에 벌어진 바스티유의 함락과 국왕의 항복에서 절정에 달한 갈등에 의해서 결정될 수 있었다(물론 그 사건의 정당성은 삼부회의 결의가 결코 "적절하게" 수행되지 않았다고 주장하는 일부 사람들에 의해 부인되었다. 아직까지도 그런 사람들이 있다).

수행문 이론은 현재 인문학과 사회과학에서 광범하게 수용되고 있다. 그리하여 최근에 역사 방법론을 비평적으로 검토한 사라 마자는 썼다. "문화사의 최근 경향은 문화적 생산물과 실천들이 반영적일 뿐만 아니라 수행적이기도 하다는 점을 보여준다(어떤 소설 혹은 의례는 사회적 경험을 반영할 뿐만 아니라 그것을 구성하기도 한다)"(Maza 1996:

1494). 인류학자들과 페미니즘 이론가들은 수행성 이론을 다듬어서 의례, 섹슈얼리티, 종족적 정체성, 근대성 분석에 도입하고 있다(Butler 1990; Schein 1999).

그러나 화자의 **감정**에 대한 진술은 진위문(기술문)도 아니고 수행문도 아니다. 감정에 대한 진술은 "말로써 뭔가를 행동하는 것"도 아니고, 말을 넘어서는 어떤 것을 기술하거나 재현하는 것도 아니다. 오스틴은 "나는 두려워요" "나는 화가 나요"와 같은 감정적 발화들, 즉 내가 **1인칭 현재시제 감정문**이라고 칭하고자 하는 저 문장들을 "나는 땀을 흘리고 있다"와 비슷한 "단순 보고문report"으로 간주했다(Austin 1962: 78~79). 그러나 오스틴과 그 추종자들의 관심을 끌어당긴 것은 엄밀하게 말해서 발화의 성격과 속성이다. 그들은 발화의 "적절성"이 사회적, 제도적 맥락에 의존한다고 말하면서도, 포스트구조주의자들과 마찬가지로 중간적인 언어 외적 현상들(번역, 활성화, 주의)에 무관심하다. 그러나 1인칭 현재시제 감정문에는 (1) 기술記述적 형태, (2) 관계적 의도, (3) 자아-탐색 및 자아-변경 효과의 세 가지 측면이 있다(다른 유형의 감정문, 예컨대 과거 및 타인과 관련된 감정적 발화는 파생적 효과를 갖는다. 이는 잠시 뒤에 논의될 것이다).

(1) 기술적 형태: 1인칭 현재시제 감정문이 기술적인 형태를 갖는다는 것은, 감정어가 개인의 상태를 기술하는 문장의 술어부에 사용된다는 뜻이다. "나는 슬프다" "나는 마음이 무겁다" "나는 신이 난다" "나는 살짝 겁이 나기도 하지만 들뜬 상태다"와 같은 발화들은 의미론적으로 "내 머리칼은 빨갛다" "나는 깨끗하다"와 같은 기술적인 진위문들과 똑같다. "그는 화가 난다" "그 장군은 두려움을 모른다"와 같이 제3

자에게 감정을 부여하는 진술들도 기술문이다(이는 "그녀는 그에게 문을 닫으라고 명령한다"는 문장이 수행적이 아니라 기술적인 것과 마찬가지다).[9] 문제는 감정문이 기술문의 형태를 취하고 있기는 하지만, 그것이 독립적인 검증을 허용하지 않는다는 데 있다. "나는 화가 난다"는 문장의 "정확성"을 결정할 수 있는 길은, 그 문장이 화자의 다른 감정적인 발화와 제스처 및 행동과 일치하는지 검토하는 수밖에 없다. 그런데 그것들은 그 누구도 볼 수 없고 들을 수 없고 지각할 수 없는 것에 준거한다. 자율신경계(ANS) 상태와 내분비(선과 호르몬) 상태를 측정하는 기구들이 좀더 넓은 스펙트럼의 감정 신호를 제공해줄 수는 있다. 그러나 그것들이 "감정"을 직접적으로 관찰할 수 있게 해주는 것은 아니다(Ortony & Turner 1990: 319).

(2) 관계적 의도: 흔히 지적되는 것은, 감정에 대한 진술이 아주 빈번하게 특정한 시나리오, 관계, 행동 방향의 일부로서 발생한다는 점이다.[10] 그래서 일부 학자들은 감정이 그런 시나리오 이외에 아무것도 아니라고 주장하기까지 한다. 사실 어떻게 느끼고 있다고 말하는 것은 아주 빈번히, 어떤 암묵적인 제안이나 선물을 건네는 것, 어떤 계획을 제시하거나 협상하거나 거부하거나 끝내는 것, 어떤 관계를 수립하거나 변경시키는 것이다. "나는 네가 두렵다"고 말하는 것은, 협동 관계를 거부하거나 관계의 변화를 요청하는 방법이다. "영화 보러 가고 싶다"는 발화는 데이트를 제안하는 것일 수 있다. "나는 너를 사랑해"라는 발화는 장기적인 성적 관계를 제안하거나 확인하는 것일 수 있다.

훅실드는 미국의 많은 직업(항공기 승무원, 웨이터, 교사 등)이 직업의 수행 중에 특정한 감정표현을 요구한다는 점에 주목했다. 그런 감정

을 지속적으로 표현하는 것이 채용의 필요조건이며, 그런 표현의 중단
은 해고로 이어진다. 미국인들의 가족 관계는 대단히 많고 다양한 감정
표현의 장이다. 미국은 물론 많은 다른 나라들도 감정표현에 규범적 기
대를 부여한다. 그러나 예컨대 미소를 짓는 것은 문화에 따라 다양하게
사용된다. 미소가 당혹감의 신호일 수도 있고, 접촉에 대한 정중한 개
방성을 나타낼 수도 있으며, 죽음이나 상실에 대한 반응일 수도 있다
(Ekman 1980: 136; Fridlund 1992; Wikan 1989).

인류학자들은 장례식과 관련된 공적인 슬픔에 대해서도 세계 곳곳에
서 연구했다. 과시적인 슬픔에는 고도로 표준화된 다양한 패턴들이 있
었다. 그리고 슬픔은 망자와 가까운 사람은 물론 먼 친척, 친구, 고객,
낯선 사람들도 표출한다(Feld 1982, 1995; Urban 1988; Good & Good
1988; R. Rosaldo 1989; Grima 1992). 의례적인 감정표현은 많은 방법론
적 문제를 제기하지만, 학자들은 아직도 해법에 합의하지 못하고 있다.
의례화된 감정표현은 진짜 감정과 무관한 것인가? 의례는 감정을 실제
로 만들어내는 것일까? 이런 질문들은 여전히 어렵다. 그러나 그 어려
움은 종종 1인칭 감정문의 세번째 특징을 너무나 자주 무시하기 때문에
초래된다.

(3) 자아-탐색 및 자아-변경 효과: 감정이 어떻게 정의되든, 심리학
자들은 감정이 생각 재료의 활성화라는 데 동의한다. "평가" "인지" "판
단" 등 어떤 이름이 붙여지든, 생각 재료의 활성화는 자동적일 수도,
습관적일 수도, 반半의식적일 수도 있다. 또한 그것들 일부는 웃음, 얼
굴 표정, 홍조, 자율신경계와 내분비계의 각성, 목소리, 제스처, 자세
등으로 번진다.[11] 자동구사능력automaticity에 대한 연구들이 보여주듯

이, 특정 시점에 활성화된 생각 재료의 복잡성과 범위는 너무도 커서 주의의 번역 역량을 완전히 초과하고, 그 때문에 생각 재료의 총괄적인 의미를 요약하거나 특징지으려는 시도는 언제나 실패한다.

그 실패는 무엇보다도 번역의 미결정성 때문이다. 신차를 구입하면서 "나는 행복하다"고 말하는 것은, 엄마를 만나려고 고향으로 가면서 "나는 행복하다"고 말하는 것과 다르다. 숲 속의 호랑가시나무holly 관목을 가리키면서 "홀리"라고 말하는 것은, 성탄절 플라스틱 호랑가시나무 화관을 가리키면서 "홀리"라고 말하는 것과 다르다. 그 말을 적절히 이해하기 위해서는 화자와 이론을 공유해야 한다. 게다가 감정을 번역하는 것은 호랑가시나무 숲을 단어로 번역하는 것보다 훨씬 어렵다. 비에즈비츠카가 주장한 것처럼, 감정은 "자연적인 종류의 것"이 아니다 (Wierzbicka 1994: 448; Griffiths 1997). 복잡하고 특수한 생각 활성화로서의 모든 감정은 각각 그 자체로 독특하다. 제1장에서 상론했듯이, 감정을 자연적인 것으로 간주하는 이론들(기본감정론)은 관철되지 못했다. 감정에 단순한 명칭을 부여하는 것은 지나친 단순화이다.

사람은 때때로 자신의 감정을 한두 개의 간단한 구절로 특징지으려 한다. 그런 시도는 그 사람의 목표, 의도, 관계, 실천이 걸려 있는 노력인 동시에, 활성화된 생각 재료 스스로가 그 안에서 일정한 역할을 하는 노력이다. 결정적인 것은, 그 시도가 불가피하게 **활성화된 그 생각 재료들에게 영향**을 미치고, 더 나아가서 절차 기억들, 서술 기억들, 불활성 상태의 감각 입력들의 광대한 지대에 위치한 여타의 생각 재료까지 활성화시키고 변화시킨다는 것이다. 따라서 활성화된 생각 재료들의 총괄적인 상태를 몇 개의 단어로 요약하는 것은 원칙적으로 가능하지만, 그 시도는 완전한 정식화에 도달하기 전에 이미 생각 재료들을 변화시킨다. 다시 말해서 주의가 감정적 진술을 작성하고 발화하면서 수행하는 감정 코드로의 번역 작업은, 주의가 작동할 때 자극된 다의적인 생각 패턴들에게 심대한 영향을 끼치는 것이다. 예컨대 현재 상태가 혼란스럽기도 한 어떤 사람은 자신의 마음을 확인하기 위하여 "너를 사랑해"라고 말할 수 있다. 그 진술이 "진실"인지 "거짓"인지는, 그 발화가 그 사람에게 행사한 영향에서 확인된다. 데닛은 클라크의 버트런드 러셀 전기에서 다음 구절을 인용했다(Dennett 1991: 246; Clark 1975: 176).

늦은 시각, 손님 두 명이 가고 러셀과 오토라인 단 둘만이 남았다. 그들은 불 앞에 앉아 새벽 4시까지 대화를 나누었다. 며칠 뒤에 러셀은 그녀에게 그날 일을 되새기는 편지를 썼다. '나는 내가 당신에게 사랑한다고 말하는 것을 들을 때까지 내가 당신을 사랑하는지 몰랐어요. 그 말을 하는 순간 나는 생각했지요. 헉, 내가 무슨 말을 한 거지? 그때 나는 그것이 진실이라는 것을 알았습니다.'

감정문은 지극히 다양한 효과를 미칠 수 있다. 우리는 그 효과들을 단순화하여, 발화된 감정의 확인, 부인, 강화, 약화로 분류할 수 있다. 감정문이 **자아-탐색적**으로 작동할 때, 그것은 주장된 상태를 확인하거나 부인해준다. 감정문이 **자아-변경적**으로 작동할 때, 그것은 주장된 상태를 강화하거나 약화시킨다. 러셀은 자아 상태의 확인과 변화가 결합되어 나타난 경우이다. 혹실드와 위칸의 연구를 참조하면 그런 현상이 매우 공통적이라는 것을 알 수 있다(Hochschild 1983; Wikan 1990). 감정표현이 감정의 강화로 귀결되는 현상의 원인은 심리 통제의 아이러니한 효과에 대한 웨그너의 연구에서 찾아볼 수 있다(Wegner 1994;

Wegner & Smart 1997). 그에 따르면, "나는 두렵지 않아"와 같은 부정적인 형태의 감정문은 "헤어진 애인을 생각하지 않으려고 노력하라"와 같은 부정적인 명령문과 동일한 문제에 부딪친다(Wegner & Gold 1995). 정반대로 긍정적인 감정문, 특히 화자에게 받아들일 만한 이유가 있는 긍정적인 감정문은 발화를 확인해주는 생각 재료들을 활성화시킨다.

물론 긍정적 감정문의 효과에 예외가 없는 것은 아니다. 부정적인 감정문 역시 긴 시간(며칠 혹은 몇 주일) 동안 반복되고 유지되면 성공 가능성이 높아진다. 어델리는 피험자들에게 특정한 에피소드나 사건을 잊거나 기억하라고 며칠에 걸쳐서 지시했다. 그랬더니 그 사건과 에피소드가 주의에 접근하는 정도가 실험자의 지시에 맞게 감소하거나 증가했다(Erdelyi 1992, 1994). 물론 그런 시도가 완전하거나 예측 가능한 것은 아니다. 그리고 내가 분석적 편리함 때문에 감정문의 효과를 네 가지(확인, 부인, 강화, 약화)로 분류하기는 했지만, 감정문의 효과는 대단히 복잡하고 다양하다. 감정문이 그 자체로 다의적인 활성화를 "기술"하는 동시에 변화시키기 때문이다. 따라서 예컨대 기분이 상한 항공기 승무원은 어떻게든 명랑한 태도를 취하려 노력하고 볼 일이다. 그것이 작동하는지, 작동한다면 잠시 동안만이라도 기분이 나아지는지 사후적으로 지켜볼 수 있기 때문이다. 실천은 차이를 만드는 법이다.

실상 감정문이 감정에 미치는 강력한 효과에 주목한 학자는 많다. 마거릿 클라크는 다음과 같이 썼다. "한 감정표현을 선택하는 것 혹은 그것을 인지적으로 연행練行하는 것은, 그 감정의 실제 경험을 강화하고 심지어 그 감정을 만들어내는 것으로 보인다. 그 감정을 억제하거나 그 감정에 대하여 생각하지 않으려는 선택은 반대의 효과를 가져오는 것 같다"(Clark 1989: 266). 제롬 케이건은 자주 인용되는 1984년의 논문에서 유사한 주장을 펼쳤다. "내적인 변화에 대한 탐지 작업의 유무는 감정 상태의 전개에서 아주 중요하다. 나는 탐지되지 못한 생물학적인 변화가 중요치 않다고 주장하는 것이 아니다. 내가 강조하고자 하는 바는, 탐지에 뒤따르는 평가가 종종 경험된 감정을 변화시킨다는 점이다"(Kagan 1984: 266). 최근에는 피비 엘즈워스가 똑같은 주장을 반복했다. "(사람이 경험하는 감정의) 이름을 아는 것은 의심할 여지없이 감정을 변화시킨다. 그것이 감정을 단순화하고 명료화하기 때문이다"(Ellsworth 1994: 193).

위칸은 발리 섬 원주민들이 "감정표현이 느낌을 형성하고 표준화하는 것"으로 가정한다고 보고했다(Wikan 1989: 302). 이 책의 제2장에 언급된 의례에 대한 브루스 카퍼러의 설명도 비슷하다. 참고로, 필자의 견해와 철학자인 로널드 드 수사의 "자가구동bootstrapping" 개념의 차이는 오직, 드 수사가 감정문의 감정 효과를 자기 기만적인 것으로, 어느 정도이건 "진정한" 상태와 어긋나는 것으로 간주한다는 것뿐이다(De Sousa 1987; Whisner 1989).[12] 그 누구도, 가장 열렬한 포스트모더니스트조차 빛의 파장이 우리가 그것에 붙이는 명칭에 따라 넓어지거나 좁아진다고 주장하지는 않는다. 그러나 감정어는 그것이 가리키는 것에 직접적인 영향을 미친다. 이 사실이야말로 감정 문제가 지각의 문제와 결정적으로 다른 지점이다. 필자가 이 책에서 의도하는 것은, 감정표현의 가장 중요한 그 측면을 그저 언급하는 데 그치지 않고 이론화하는 것이다.

1인칭 현재시제 감정문의 그 놀라운 특징을 보면, 그런 발화를 일종의 화행으로, 그것도 기술적이지도 않고 수행적이지도 않은 화행으로 지칭하는 것이 옳다. 나는 그러한 발화를 "이모티브emotive"로 칭하고자 한다. 수행적 발화는 스스로를 지시함으로써 세계에 무엇인가를 행하는 발화이다. "나는 여러분의 지명을 받아들인다"는 진술에서 동사인 **받아들인다**accept는 그 진술 자체를 지시하는 것 혹은 그것에 이름붙이는 것이고, 이를 통하여 그 진술을 수용acceptance으로 만든다. 이때 그 수용은 기술적인 진술과 달리 세계를 변화시키는 화자의 행동이다. 그 진술이 화자를 지명자로 변화시키기 때문이다. 이모티브는 수행문과 달리 자기준거적이지 않다. "나는 화가 난다"고 말할 때 "화가 난다"는 단어는, "나는 받아들인다"에서 "받아들인다"가 수용인 것과 같은 방식의 화가 남은 아니다. 따라서 이모티브는 원래적인 화행의 독특한 유형이 아니다. 원래의 화행론은 특정한 발화가 어떻게 작성되기에 이르렀느냐를 문제 삼지 않는다.

이모티브는 언뜻 외부에 준거점을 갖는 것으로, 따라서 기술적인 발화로, 오스틴의 표현을 사용하자면 "진위문"으로 보인다. 그러나 보다 면밀히 살펴보면, 이모티브가 지시하는 것으로 보이는 "그 외부적인 지시 대상"이 이모티브의 작성에서 수동적이지 않다는 점이 드러난다. 이모티브는 변화 중인 상태 속의 발화 행동으로부터 출현한다. 이모티브는 주의에 제공된, 즉 진행 중인 번역 과제를 언어적인 "기술記述"로 옮기는 번역인 동시에, 여타의 대기 중인, 주의의 역량을 넘쳐나는 번역 과제들을 기술로 옮기는 번역이다. 이모티브는 그것이 "지시"하는 것으로부터 영향을 받는 동시에, 그 지시물을 변화시킨다. 따라서 이모티브는 수행문과 유사하다. 세계에 무엇인가를 행하기 때문이다. 이모티브는 감정을 직접적으로 변화시키기 위한 도구요, 감정을 구축하고 숨기고 강화하기 위한 도구이다. 그것은 보다 성공적일 수도 있고, 덜 성공적일 수도 있다. 이모티브는 분산된 자아의 내부에서 주의에 포착되어 다양한 상위의 목표들에게 이용되는 역동적인 도구다. 그러나 그 이모티브는 양날의 검이다. 그것은 그것이 기여하도록 의도된 그 목표에 영향을 미치기 때문이다. 인간에 대한 보편적인 개념화, 그것도 정치적인 관련성을 갖춘 개념화가 구축될 수 있는 지점은, 유전적으로 입력된 "기본"감정이라는 추정적 개념이 아니라 바로 이곳이다.

이모티브들

1인칭 현재시제 감정문과 동일한 특징을 갖는 발화 내지 표현 형태에는 몇 가지 유형이 있다.

(1) 1인칭 과거시제 감정문: "나는 네게 화가 났었어" 혹은 "나는 너를 경멸했었다"는 진술은 그 사람의 과거 상태에 대한 해석이다. 그런 진술은 그 사람의 현재 상태에 대한 주장(과거의 감정이 현재는 없다는 것 등)을 함축한다. 그 함축에 때문에 그 진술은 1인칭 현재시제 감정문의 힘을 보유한다. 따라서 그런 진술문은 완벽한 "이모티브"이다.

(2) 1인칭 장기지속 감정문: "나는 지금까지 언제나 너를 사랑했어" 혹은 "나는 항상 네가 자랑스러울 거야"와 같은 진술도 이모티브이다. 현재에도 지속되는 과거를 지시할 때, 그 진술은 과거의 상태에 대한 해석인 동시에 그 사람의 현재 상태에 대한 명시적인 주장이다. 미래를 지시할 때, 그 진술은 미래에 대한 명시적인 약속인 동시에 현재에 대한 주장이다. 따라서 그런 진술 역시 이모티브의 완전한 힘을 갖는다.

(3) 감정적 제스처, 얼굴 표정, 단어 선택, 어조: 비언어적인 감정 신호를 논의할 때, 우리는 한편으로 진행 중인 주의의 작업으로부터 직접적으로 발생한 신호와 다른 한편으로 주의를 "단락short-circuit"한 활성화된 생각의 효과에서 파생된 신호를 구분해야 한다(Argyle 1991: 167; Niedenthal & Showers 1991: 128~129; Hatfield 1994). 전자는 이모티브와 똑같이 자아를 변경시키는 힘을 갖는다. 후자는 주의의 외부에서 작동하는 것이기에 그런 힘을 갖지 못한다. 그러나 그 힘이 제로인 것은 아니다. 파생적인 감정 신호가 주의에 사후적으로 포착되면 자아를 변경시킬 수 있다. 사람은 눈물이 뺨에 흘러내리는 것을 느낀 뒤에 슬픔을 "발견"할 수도 있는 것이다. 눈물이 그동안 무시되었거나 심리 통제에 의하여 배제되었던 생각 재료들을 뒤늦게 주의에게 보낸 것이다(Besnier 1990b; McNeill 1992).

(4) 화자의 상태에 대한 여타의 표현들: 한 사람의 상태와 관련하여 감정 상태에 대한 진술만이 이모티브의 세 가지 특징, 즉 기술적인 형태, 관계적 의도, 자기-탐색적 힘과 자기-변화적 효과를 갖는 것은 아니다. "나는 그것에 대하여 거듭하여 생각하고 있다" 혹은 "나는 아무런 아이디어가 없다"와 같은 진술들도 이모티브의 그 세 가지 면모를 보유할 수 있다. 그 문장들도 자기 자신의 상태에 대한 외부에서 관찰될 수 없는 진술이기 때문이다. "나는 네가 나를 사랑한다고 생각했어"와 같이 화자의 감정을 기술하는 진술들도 마찬가지다. 그 진술은 화자의 현재 상태에 대한 해석으로서, 이모티브와 똑같이 화자의 상태에 영향을 미치고 그것을 변경시키는 힘을 갖는다. 따라서 위에서 정의된 이모티브는 오스틴의 분류에 들어맞지 않는 보다 큰 발화군群의 두드러진 하

위 유형으로 파악할 수도 있다.

그러나 보다 큰 발화군과 하위 유형을 구분하려고 지나치게 애쓰지 않는 편이 낫다. 그 발화군에 속하는 다른 발화들이 명시적인 감정 주장을 담고 있지 않는 경우에도 대부분 화자의 감정 상태를 암시하는 신호들을 동반하기 때문이다. "나는 네가 나를 사랑한다고 생각했어"라는 문장이 슬프고 풀죽은 태도 속에서 발화되면, 그 문장은 슬프고 풀죽은 태도라는 감정 신호와 결합되어 이모티브가 된다. "감정적" 표현을 생각의 표현, 판단의 표현, 태도의 표현 등으로부터 엄격히 구분하는 것 또한 꽤나 자의적인 것이다. 그런 구분은 보편적이 아닌, 영어에서 관례적으로 이루어지는 구분이기 때문이다.

(5) 2인칭 및 3인칭 감정문: "너는 화가 난 것 같다" 혹은 "그는 겁을 먹었다"와 같은 2인칭, 3인칭 감정문은 발화자에게는 이모티브가 아니다. 그러나 그 말을 청자나 발화 속의 주인공이 1인칭 현재시제로 반복하면 이모티브로 작동한다. 어떤 사람이 나에게 내가 무엇을 느낀다거나 느끼고 있는 듯이 보인다고 말하고, 내가 그 말을 반복하면, 그 순간 그 말이 이모티브의 힘을 갖는 것이다. 다른 한편 그 말은 나 자신의 현재 상태로부터 나온 것도 아니고, 나의 현재 상태를 말로 표현하려는 노력에서 나온 것도 아니다. 따라서 그 말이 발휘하는 자아-탐색 및 자아-변경의 힘은 보다 작을 수 있다. 그러나 또 다른 한편 화자와 상대방의 관계가 그 말의 힘을 강화할 수도 있다. 엄마로부터 "겁먹지 마"라는 말을 들은 아이는, 그 순간 자신이 겁을 먹고 있다는 것을 받아들일 수 있다. 그러나 동년배들 사이에서라면 그 말을 들은 당사자가 "나는 전혀 두렵지 않아"라고 맞받아칠 수 있다. 이는 고도로 자아-변경적인 부

인준認이다.

나는 2인칭, 3인칭 감정문이 당사자에게 미치는 이모티브적인 힘을 "현전 효과"로 칭하고자 한다. 현재 여기에 없는 제3자에 대한 감정문은 이모티브가 아니다. 그 문장은 기술문 내지 진위문이다. 그러나 그 3자가 그 말을 알게 되면 이모티브의 힘을 발휘할 수 있다. 물론 그런 발화의 진실 가치에는 한계가 있다. 발화가 당사자에게 유효한 이모티브일 경우에만 진실로 판명될 수 있기 때문이다. 따라서 그런 발화는 아주 빈번하게 이모티브의 사용을 지배하는 관리 전략 및 목표에 의해 채색된다. 따라서 감정문의 현전 효과와 제한적인 진실 가치는 정치적으로 중요한 문제이다. 더욱이 모든 이모티브는 본성상 그 진실 가치가 제한적이다. 정치성 문제는 제4장에서 논의될 것이다.

진실성과 자기기만

오스틴은 수행문이 진실이거나 거짓인 것이 아니라, 효과적이거나 비효과적(그의 표현으로는 "적절"하거나 "부적절"한)인 것이라고 강조했다. 이모티브 역시 오스틴의 수행문과 마찬가지로 진실이거나 거짓인 것이 아니다. 기술로서의 이모티브는 늘 실패한다. 이는 이모티브가 기술하는 인간의 상태가 너무나 복잡하기 때문이기도 하고, 이모티브가 작성되고 발화될 때 인간의 상태가 그 발화로부터 영향을 받기 때문이기도 하다. 이모티브는 오스틴의 수행문과 마찬가지로 효과적이거나 비효과적이다. 이모티브의 실제 영향이 이모티브의 적절성을 확인해주거나 부인해주기 때문이다. 물론 "나는 네게 너무나 화가 나"라고 말한 뒤에, 그 말 때문에 화가 풀어지는 경우도 얼마든지 상상할 수 있다. 그러나 보다 일반적인 현상은, 그 말이 화를 확인하고 또 강화하는 것이다(이는 그 발화 때문에 화와 관련된 생각이 활성화되고, 이것이 다시금 그와 관련된 생각 재료들을 활성화시키기 때문이다). 그러나 이모티브의 발화와 그 결과 사이에 필연적인 관계는 존재하지 않는다. 우리는 보다 복잡한 결과들을 얼마든지 상상할 수 있다. 예컨대 분노는 여전히 강하지만, 그 대상에 대한 다른 감정들이 나타나고, 그 결과 분노가 모호해지고 불확실해질 수도 있다.

감정 발화가 화자에게 미치는 영향이 그처럼 강력한 동시에 예측 불가능하기 때문에, 진실성은 화자가 추구하는 당연한 최선의 명백한 상태일 수가 없다. 오히려 정반대로, 이모티브의 힘과 관련하여 가장 명백한 지향점은 일시적인 도구화다. 다시 말해서 이모티브라는 중요한 도구를 사용하여 이모티브의 내용과 간접적으로만 관련되는 목표를 달성하는 것이다. 예컨대 자동차를 팔려는 사람은 자동차를 살 가능성이 있는 사람에게 "만나서 반갑습니다"라고 말한다. 혹은 자신의 건강을 염려하는 사람은 "오 하나님, 저는 당신을 사랑하옵고 당신의 의지에 저를 모두 맡기나이다"라고 기도한다. 그 두 가지 발화가 속임수이기만 한 것은 아니다. 그들은 그렇게 말하는 것이 자신이 바라는 결과를 가져오리라고 기대하는 것일 뿐, 그 바람이 성취되는지는 사후적으로만 알 수 있기 때문이다. 위의 예에서 나타나듯, 이모티브의 관계적인 의도와 자아-변경 효과는 종종 맞물려서 작동된다. 무엇인가를 암묵적으로 약속하거나 거부하는 감정문은 빈번히, 그 약속을 실행하고 거부하기에 적절한 감정을 불러일으키는 것이다. 그러나 의도와 효과는 종종 어긋난다.

나는 바로 앞에서 이모티브의 도구적 자기 조절과 관련하여 "일시적"

이라는 표현을 사용했다. 이는 그 자기 조절 발화가 언제나 현재의 생각 재료 안에 들어 있지 않은 우선순위 목표에 기여하도록 수행되기 때문이다. 감정 발화가 생각들을 활성화시키고, 그 활성화들이 목표들의 균형 상태를 파괴하거나 변화시키면, 의당 그 "감정"에 대한 도구적 태도는 더 이상 유지될 수 없다. 예를 들어서 항공기 승무원이 승객으로부터 공격을 받은 뒤에 전직해야겠다는 강렬한 감정을 느끼면, 항공기 승무원에 요구되는 명랑함을 유지하는 것이 그에게 갑자기 훨씬 더 어려워진다. 나는 위칸과 혹실드를 좇아서 그런 일시적 도구화를 감정"관리management"로 칭하고자 한다(Wikan 1989, 1990; Hochschild 1983). 그러나 유의할 점은 그런 도구화가 종종 실패하기도 하며, 활성화된 생각이 감정관리를 요구했던 그 목표들을 돌연 취소해버릴 수도 있다는 점이다. 그래서 나는 감정관리와 관련된 상황 전체를 "항해navigation"라고 칭하고자 한다.

우리는 이모티브의 자아-탐색적 효과와 자아-변경적 효과의 차이를 능수능란하게 무시하는 사람(그 유명한 중고차 딜러와 플레이보이)은 자신의 감정을 속이는 사람으로 간주할 수도 있다. 물론 그 거짓말은 중혼重婚한 남자의 진위문적 거짓말 및 수행문적 거짓말과 같지는 않다. 그리고 관계적 의도와 자아-변경 효과의 차이에 직면했는데도 아무렇지도 않은 사람은 이모티브의 자아-탐색 효과를 백안시할 수 있다. 그런 사람은 더 이상 이모티브를 이용하여 자신의 느낌을 확인하지 않을 것이다. 이모티브의 관계적 의도와 실제 감정이 어긋나는 최악의 상황이 어느덧 너무도 당연해졌기 때문이다. 우리는 그런 경우를 "자기기만" 내지 "부인"으로 간주할 수도 있다. 다만, 자아에 대한 그 어떤 진술도 직선적인 진실 가치를 갖지 않는다는 점에 유의해야 한다. 그리고 "자기기만"이나 "부인"과 같은 표현을 사용하는 것은 그 자체로 이모티브 적인 힘을 발휘하기도 한다. 더욱이 그런 표현은 규범적인 정치성을 함 축한다. 특정 감정을 규정짓는 것이 언제나 그러하지만, 그런 표현 역시 그 때문에 도구화될 가능성이 농후하기 때문이다.

이모티브의 효과가 그토록 강력하기에 이모티브의 효과를 이용하는 "기술技術"이 개발될 가능성도 있다. 따라서 진실성은 오직 특정한 역사 적, 정치적 환경에서만 발전되는 그 자체로 특수화된 기술로 간주해야 한다. 마찬가지로 진실하지 못함 내지 노골적인 기만은 진실성의 유일 한 대안으로 간주될 수 없다. 그것은 이모티브를 사용하는 양식들의 넓 은 장에서 진실성의 정반대 극에 위치한 것일 뿐이다. 우리가 어떤 행동 을 행한 사람에게 그 행동의 특정 측면에 대한 책임을 물어야 하는 것 은 당연하다. 그러나 진행 중인 여러 번역 과제의 본질적인 미결정성에 유의하면, 그 자신에게서 벌어지고 있는 모든 것을 알지 못한다는 이유 에서 그 사람을 비난할 수는 없다. 사회생활은 감정문의 오류와 지속적 교정의 넉넉한 가능성으로 작동한다. 이것이 사회적 원리(공식적으로 해 설된 "문화"의 형식적인 패턴들)와 사회적 실천(관계 구축의 전략과 그 실 패)의 차이, 피에르 부르디외가 그 유명한 "아비투스" 개념으로 이론화 한 그 차이가 언제나 발생하기 마련인 원인(유일한 원인은 아니다)이다. 그 차이는 때로, 감정이건 행동이건 규범 위반을 은폐하도록 허용하거 나 규정해놓은 "명예" 코드에 의하여 보호되기도 한다. 사회는 사람이 자신의 상태에 대한 표현을 통하여 자아를 탐색하거나 변경하도록 허 용해야 한다. 아주 단순하게, 인간이란 너무도 복잡한 존재이다. 우리는 우리에게 할당된 역할을 자동기계처럼 수행할 수 없다. 변화하는 환경 이 활성화시킨 생각들의 지대 전체를 주의가 모조리 감당하기란 너무나 어렵다.

3. 결론

나는 지금까지 인류학과 심리학의 간극을 메울 수 있는 개념 두 가지를 제시했다. "번역"과 "주의"가 그것이다. 나는 그 개념들이 감정을 민족지적으로 연구하는 인류학자들의 어려움을 해결해줄 것이라고 생각한다. "번역"은 철학에서 최근 수십 년 동안 상당한 학문적 관심의 대상으로 떠올랐지만, 대체로 소통에 영향을 주는 문제, 사람들 **사이에서** 작동하는 문제로 간주되어왔다(Quine, Davidson, Alcoff). 그에 반하여 번역이 개인의 내부에서도 작동한다는 것은 별반 인식되지 못했다. 그러나 스트루프 색깔-명칭 실험 등은 지각된 색깔 카드로부터 그 색깔의 정확한 호명에 이르는 길이 멀고먼 에움길이라는 사실을 보여준다. 실험자는 실험 과정을 교묘하게 조절함으로써, 그 여정의 길이와 굽이를 늘릴 수도 줄일 수도 있다. "인지" 그리고 "의식"까지도 번역 과제의 문제로 간주하면, 포스트구조주의적인 언어 개념을 비판할 수 있게 되고, 데카르트적인 이분법 안으로 미끄러져 들어가지 않고도 심리 실험의 결과들을 이용할 수 있다.

인지를 번역으로 간주하기 위해서는 랑그와 파롤 사이의 중간 현상들을 발견해야 한다. 발화는 하나의 랑그에만 근거하지 않는다. 발화는 몸이 발생시키는 코드화된 메시지들의 흐름 중에서 극히 적은 일부를 그 언어로 번역한 것에 불과하다. 그 중간 현상이 바로 "활성화된 생각 재료"와 "주의"이다. 전자는 다양하게 코드화되어 있는 질료이고, 후자는 번역 활동이 가장 활발하게 진행되는 장소이다. 감정이란 동시적으로 (스키마의 형태로) 활성화되지만 짧은 시간 지평 내에서 행동이나 발화로 번역되기에는 너무 다대多大한 서로 느슨하게 연결되어 있는 생각 재료들의 묶음이다. 내가 "여동생에게 화가 난" 소년과 "사랑에 빠진" 사람을 예로 든 것은 이 정의를 구체적으로 그려보도록 하기 위해서였다.

감정표현은 주의의 역량을 초과하는 활성화된 생각 재료들의 현재 상태를 간단하게 특징지으려는 발화이다. 그것은 수행문과 유사하게 (1) 기술적인 형태, (2) 관계적인 의도, (3) 자아-탐색적이고 자아-변경적인 효과를 갖는다. 감정표현들, 즉 이모티브는 그 세번째 특성 때문에 수행문과 마찬가지로 세계에 대하여 무엇인가를 행한다. 이모티브의 그러한 성격이 가장 우선적으로 함축하는 것은, 진실성과 자기기만이 재정의되고 재고되어야 한다는 것이다. 우리는 이와 같은 이론 틀에 입각하여 분산된 자아에게 주체성과 역사적 의미를 회복시켜주고자 했다. 이제는 서양과 비서양의 감정체제를 판단하기 위한 도구로서 "감정의 자유"라는 개념을 제시할 차례이다. 그렇게 되면 감정 인류학이 봉착한 개념적 장애물들도 해결할 수 있을 것이다. 그것이 다음 장의 내용이다.

제4장 감정의 자유

나는 감정 연구자들이 직면한 일련의 문제들에 대한 해법으로 이모
티브 개념을 제시했다. 이모티브는 사회생활과 정치를 이해하는 작업에
도 폭넓게 이용될 수 있다. 여기서는 그 의미를 예비적으로 논하고, 제
2부에서 구체화하기로 한다. 2부의 내용은 프랑스혁명이라는 정치사회
적 격변이 될 것이다.

인류학 이외의 분과학문에서 감정을 연구해온 대부분의 학자들은
감정의 정치적 의미에 별반 관심을 두지 않았다. 심리학자들은 감정
과 정치의 관계에 관하여 할 말이 별로 없는 사람들이다. 철학자들과
역사학자들 역시 그 관계에 대하여 주변적인 관심만을 보였을 뿐이다
(Solomon 1984, 1992; De Sousa 1987). 언어학자들은 화행을 언어와 의
도에 관한 고도로 기술적인 문제로 간주했고, 따라서 정치 문제에 진
입하지 않았다. 예외는 있었다. 젠더 문제에 관심을 가진 철학자, 역사
학자, 문예비평가 들은 서양의 젠더화된 감정론에서 정치성을 보았다

(Greenspan 1988; Jaggar 1989; DeJean 1991; Schiesari 1992; Burack 1994; Roper 1994; Pinch 1996). 그러나 그들은 젠더 불균형을 바로잡는 데 관심을 기울였을 뿐, 감정이라는 정신심리적 차원의 젠더를 넘어서는 보다 넓은 정치적 측면에 집중하지는 않았다.

감정의 정치성에 대한 일반적인 무관심의 중요한 예외가 인류학이다. 그러나 두 가지 문제가 인류학 연구의 발목을 잡았다. 첫째, 그들은 종족 중심주의에 빠질 것에 대한 두려움과 문화의 억압적 기능에 대한 비판적 입장에 의해 제약받았다. 감정 인류학이 학문적 관심을 서양에 대한 정치적 비판에 두는 학자와 비서양 지역에 대한 정치적 비판에 두는 학자로 갈라진 것은 그 때문이다. 둘째, 감정 인류학자들은 역사적 변화를 포착하는 데서 여타의 인류학자들에게 사뭇 뒤쳐져 있다. 이 장에서 나는 이모티브가 개인과 집단의 관계, 즉 자유를 정치적으로 재개념화하는 데 유용하게 이용될 수 있음을 보여주려 한다. 그 자유는 문화적 다양성에 대한 정치적 분석과 역사적 변화에 대한 설명을 가능하게 해줄 것이고, 감정 연구가 환원적이거나 종족 중심적이지 않으면서도 정치적일 수 있다는 것을 보여줄 것이다.

1. 인류학과 감정의 자유

앞서 상론한 것처럼, 인류학이 감정 연구에서 부딪친 어려움 중의 하나는 감정체제에 대한 정치적 판단이다. 인류학자들은 비서양 세계에서 얻은 발견들을 토대로 하여 서양의 감정관을 가차 없이 비판했다. 대부분의 비서양 세계는 감정을 인간 이성을 위협하는 개인적이고 유사생물학적인 반응으로 간주하지 않는다. 그곳에서 감정은 오히려 집단적인 수행으로 평가된다. 감정 실천의 엄청난 다양성 역시 서양의 생물학적 관점에 타격을 가했다. 그러나 다른 한편으로 인류학자들 일부는 이란, 중국, 엘살바도르와 같은 나라의 정치적 억압과 배제가 감정에 어떤 영향을 끼쳤는지 유의했다. 그곳 정부는 국민들에게 그 어떤 서양인도 용납하지 않을 체계적인 폭력과 억압을 가하고 있었다. 그렇다면 서양과 비서양의 실천을 동시에 정치적으로 판단할 개념적 토대는 어떤 것일까? 서양의 압력에 아직 노출되지 않은 지역과 서양의 압박 속에서 정치적 위기를 겪고 있는 지역 모두를 정치적으로 판단할 개념적 토대는 어떤 것일까? 감정 인류학자들은 그 토대를 제시하지 못하고 있다.

그 어려움은 감정 인류학자들이 감정과 감정 수행의 역사적 변화를 논할 개념 장치를 만들어내지 못했기 때문에 가중되었다. 다른 영역의 인류학자들이 어느덧 역사적 변화에 대한 강렬한 감각을 갖게 된 것과 달리, 감정 인류학자들은 여전히 그들의 발견을 "인류학적 현재" 속에서 기술하고 있다. 현재주의와 정치적 판단 불능 현상은 서로 직접적으로 연결된 문제이다. 두 가지 문제 모두 감정적 개인을 개념화하는 데서 발생한 것이기 때문이다.

감정의 정치를 이해한다는 것은 곧 개인이 어떤 방식으로 종속되며 그것이 왜 중요한가를 이해하는 것이다. 감정 인류학자들은 정치제도의 작동, 공경의 기능, 권위 구조의 작동, 젠더의 기능에 대단히 예민하다. 그러나 그들은 개인이 정치제도에 복종하는 것, 개인이 특정한 가족 관계가 규정해놓은 감정을 받아들이고 느끼는 것, 개인이 겸손하고 공경하며 순종하도록 하거나 공격적이고 독립적이며 오만하게 하는 감정양식을 수용하는 것에 무엇이 걸려 있는지 보여주지 못하고 있다. 감정이 학습된 반응이자 사회적 구성물이라면, 어떤 감정을 느끼는 사람이 그 감정에 의하여 정치적으로 억압받고 있다고 말할 수 있을까? 서양에서 사용되는 감정 개념은 개인의 목표와 긴밀히 관련된다. 배우자에 대한 사랑이든 적에 대한 공포이든, 감정은 사람이 진정으로 원하는 것에 의하여 추동된다. 그렇다면 어떻게 사람이 그 개인의 가장 진정한 목표에 의하여 억압받을 수 있다는 말인가.

개인이나 집단이나 공동체가 자신도 알지도 못한 채 억압될 수 있다고 판단하려면, 개인의 본질에 대한 어떤 주장이 전제되어 있어야 한다. 그리고 정의定義상 그 주장은 특정한 개별적인 "문화" 밖에 위치한, 즉 보편적으로 구성된 개인에게 적용될 수 있어야 한다! 그러나 오늘날 누가 정치적으로 부하된 그 물음에 감히 긍정적으로 답하겠는가? 그에 대한 긍정적인 답변은 본질주의적인 답변이다. 본질주의적인 주장에 내포된 종족 중심주의의 위험성은 너무도 자주 강조되었다. 그러다보니 그로 인하여 개념적 공백이 발생하였음에도 불구하고, 대부분의 학자들이 침묵을 선택하고 말았다. 그러나 감정문화에 대한 비판적인 정치적 판단은 오직 모두가 철수해버린 바로 그 지점에서만 작성될 수 있다. 무엇인가가 걸려 있지 않으면, 권력의 행사는 아무런 의미를 갖지 못한다. 어떤 사람이 집단적으로 구성된 감정양식을 아무 생각 없이 수용하고 복종할 때, 도대체 그는 무엇을 잃어버리는 것일까? 잃는 것이 없다면, 감정에 관한 서양의 상식을 비판할 근거는 없게 되고, 서양적 개인에 대한 페미니즘과 포스트구조주의와 문예비평의 비판도 아무런 의미를 갖지 못하게 된다. 만일 잃는 것이 있다면, 세계 모든 곳의 모든 인간이 잃는 것이다.

인류학에서 감정에 대하여 정치적이고 역사적으로 접근한 주요 연구자로 제프리 화이트와 우니 위칸이 있다. 그들의 연구를 검토하면, 정치적 판단과 역사적 설명을 서로 연결해야 한다는 점이 드러날 것이다. 위칸의 "공명resonance"은 무척 모호한 개념이다. 그러나 그녀는 『혼란스런 마음 관리하기: 발리인들의 생활 공식』이라는 1990년의 저서에서 감정표현의 정치적 차원에 대하여 명료하고 풍부하고 고유한 분석을 내놓았다. 제2장에서 언급하였듯이, 기존의 인류학자들은 발리인들을 감정이 거의 삭제된 존재로 규정했다. 그러나 위칸은 발리인들이 감정표현의 공동체적 규범을 놓고 지속적으로 투쟁하고 있다고 주장했다.

위칸은 감정관리와 정치권력이 어떻게 상호작용하는지 보여주기 위하여 한 교사에 얽힌 이야기를 들려준다. 교사는 학생들에게 독립심을 지나치게 고취했다는 이유로 마을회의의 결정에 의하여 해고되었다. 얄궂게도 해고에 관여한 사람 중에는 교사의 막역한 친구가 포함되어 있었다. 그 친구는 마을의 막강한 인물 중 하나였고, 교사의 해고가 임박했다는 사실을 알고도 침묵을 지키다가 최후의 순간에서야 친구에게 그 사실을 알렸다. 해고된 교사는 슬퍼했고 분노했다. 그는 굴욕적이고 끔찍한 상황에서도 웃음을 잃지 않는 아내를 거듭해서 나무랐고, 만나는 사람마다 붙잡고 유력자 친구를 비난했다.

교사의 처신은 그의 고립을 더욱 부채질했다. 교육 내용에서나 해고에 대한 반응에서나, 교사는 마을 공동체의 집단적인 자아통제 규범을 위반한 사람이었다. 그로부터 몇 년 뒤 그는 친구가 해고를 사주하지 않았으며, 단지 영향력의 상실에 대한 두려움 때문에 해고에 동의했다는 사실을 알게 되었다. 그리고 그는 교사의 해고 움직임에 대해서 발설하지 않았지만, 해고를 막으려던 자신의 노력에 대해서도 함구했다는 사실도 알려졌다. 위칸은 그 에피소드가 발리인들은 집단적인 규범에 일치하도록 자기관리를 능숙하게 수행할 때에만 지위와 권력을 얻을 수 있다는 것을 보여준다고 해석했다.

인류학의 감정 연구에는 사실 위반을 면밀하게 분석한 경우가 거의 없다. 이는 감정 인류학자들에게 위반을 자리매김할 개념 장치가 부재하기에 나타난 현상이다. 위칸이 예외적으로 감정표현의 정치적 의미를 검토할 수 있었던 것은, 그녀가 "이중의 닻을 지닌 자아" 이론을 갖고 있었기 때문이다. 그 이론은 감정 구성주의에 대한 도전인 동시에 그에 대한 대안이기도 하다. 이중 닻을 지닌 자아는 감정표현을 조절하여 감정을 수정하고, 감정을 조절하여 행동을 수정함으로써 균형을 유지하는 자아이다. 우리는 그런 추구적인 노력을 "관리"로 칭할 수 있을 것이다.

물론 관리하는 자아와 관리되는 자아의 경계를 긋는 것은 어렵다. 그러나 이중 닻을 지닌 자아는 담론 내부에 갇힌 자아가 아니고, 부르디외적인 사회적 실천에 의하여 정의될 수 있는 자아도 아니다. 그 자아 역시 담론에 의하여 틀 지워지고 실천에 의하여 변화된다. 그러나 그것은 자아의 전부가 아니다. 따라서 그 자아는 예측 가능하지 않다. 게다가 담론과 사회적 실천의 영향력은 사람마다 다르다. 이중 닻의 자아는 내가 제3장에 상론한 분산된 자아와 매우 근접한 자아이다. 분산된 자아에서 활성화된 생각 재료의 방대함은 주의가 처리할 수 있는 재료의 적은 양과 극명하게 대조를 이룬다. 그 차이가 바로 발리인들의 얼굴 표정과 마음의 차이다. 발리인들은 그 차이를 관리하고 있었던 것이다. 그러나 위칸에게도 심각한 문제점이 있다. 위칸은 전적으로 현재에 집중한다. 역사적 변화를 설명하지 못하는 것이다.

제프리 화이트는 1991년에 솔로몬 제도의 산타 이사벨 섬을 연구한

『역사를 통한 정체성』을 출간했다. 그 책에서 화이트가 감정의 역사를 전개했던 것은 아니다. 그러나 다른 연구에서 그는 산타 이사벨 원주민들의 감정 수행을 연구했고, 이때 감정에 집단적이고 규범적인 힘이 부여되는 방식과 사람들이 감정을 실천하는 방식에 유의했다. 그의 역사적 연구는 정치적으로 유의미한 감정의 역사가 어떻게 가능한지 엿보게 해주는 극히 드문 경우이다.

산타 이사벨 섬에서 영국인 선교사들이 기독교를 처음으로 전파한 시점은 1890년대이다. 그 당시 원주민들의 인구는 이미 크게 감소한 상태였다. 외부로부터 지속적인 공격을 받았기 때문이었다. 이는 노예 상인들이 원주민 해적들에게 노예 사냥을 부추겼기 때문이었는데, 해적들 중에는 솔로몬 제도의 다른 섬들 출신들 외에 산타 이사벨 섬 주민들도 포함되어 있었다. 포로로 잡힌 원주민들은 총기류 등과 교환되었고, 이어서 인간 희생제나 인육 의례에 소비되었다. 해적질 재주가 없는 산타 이사벨 원주민들은 고지대로 이동하여, 숲에 숨거나 목재 요새를 지었다. 결국 한때 일반적이었던 해안 촌락들이 거의 모두 소멸되었다. 사냥질에 가담한 원주민들과 고지대에 거주하게 된 원주민들 모두가 습격, 전투, 인간 사냥, 인간 희생제를 권력과 안전을 확보하는 방법으로 승인하고 있었다. 해적 집단의 정치적 중심은 "추장들"이었다. 추장들의 지위는 상속에 의존하기도 하고, 무용武勇에 기초하기도 했다. 추장들은 가문의 사당을 지어 조상들의 뼈를 모셔놓고, 사당의 담에 해골을 줄지어 걸어놓았다. 사당은 의례가 행해지는 성지요, 추장이 비밀스런 지식과 마술적인 힘을 보유한 존재라는 점을 과시하는 장소였다.

오늘날의 산타 이사벨 섬 원주민들은 폭력적이고 고통스러웠던 과거와 평화스러운 기독교적 현재의 차이를 강조한다. 화이트가 그 차이를 액면 그대로 받아들이는 것은 아니다. 그러나 그가 수집한 원주민들의 개종 내러티브에는 공통적인 주제들이 식별된다. 원주민들은 선교사들의 용기와 마술적인 힘을 찬양한다. 심지어 추장들까지도 기독교적인 평화정책이 자신들의 지배력을 높여주었다고 믿는다. 추장들이 기독교를 자신들의 지배 정당성에 강력한 근거를 제공해준 새로운 형태의 비밀스러운 지식으로 간주하는 것이다. 원주민의 기독교 개종에서 결정적인 것은 **나마**nahma라는 감정이었다. "나마"는 위안, 선물, 약속, 해결 등을 지시하는 복잡한 용어이고, 굳이 영어로 표현하자면 "사랑"이다. 원주민들이 보기에 기독교도의 가장 중요한 특징이 바로 나마였다. 나마는 또한 추장들이 그 섬에 선교사들을 파견하여 새로운 지식을 가르치도록 한 더욱 강력한 초지역적 추장들에게 복속하려는 의지와 결합되기도 했다.

화이트는 산타 이사벨 원주민들이 "살아가는 동안 자신들의 에토스가 변했다"고 느낀 것에 주목한다. "마술과 금지의 위반에 대한 일상적인 경계가 뭔가 좀 이완"되었다는 것이다(White 1991: 246). 기독교 개종을 처음으로 경험했던 구세대의 경우에는 변화의 폭이 더 컸을 것이다. 그 변화는 중요했다. 개종 덕분에 공공연한 폭력이 사라졌고, 이교적인 마술과 금지가 효력을 상실했으며, 1930년대에는 식민지 관리들이 마을의 우두머리를 임명함으로써 추장 가문의 권력을 약화시켰고, 전사적인 무력을 대신하여 나마와 협상 기술이 권력의 도구로 등장했다. 원주민들은 섬이 영국의 식민지가 되기 이전에 기독교로 개종했기 때문에, 기독교는 묘하게도 원주민들의 정체성의 증표요, 자치 능력의 증표였다. 물론 변화의 정도를 정확하게 나타내는 것은 어려운 일이다. 오늘날에도 여전히 기독교 이전 시기에 대한 이야기들이 섬 주민들에게

"활기와 성취욕"을 전달해주고 있고, 마술에 대한 공포가 원주민들의 일상적 행동을 규정하고 있기 때문이다(White 1991: 40).

솔로몬 제도가 독립국이 된 이후 산타 이사벨 섬의 정치체제는 혼합적이 되었다. 전통적인 과두제적 요소, 교회의 영향력, 서양식 의회주의가 독특하게 섞였고, 정치권력은 소수의 손에 집중되었다. 과달카날 섬에서 최근에 발생한 소요는 새로운 체제가 여전히 허약하고, 여전히 변동 중이라는 사실을 보여준다. 그럼에도 불구하고 인간 사냥의 극성기(1860~1900년)가 지나가버린 것만은 명백하다. 우리가 그것을 기뻐하는 사람들에게 공감하는 것은 어려운 일이 아니다. 또한 영국인이건 멜라네시아인이건, 우리가 인간 사냥을 끝장내기 위해 죽음을 무릅썼던 선교사 영웅들을 찬양하지 않을 이유는 없다.

화이트에 따르면, 산타 이사벨의 개종기와 그 시절의 영웅들(추장과 선교사)에 대한 주민들의 정서를 특징적으로 보여주는 감정은 **나타니** natahni(슬픔)와 **코코니** kokhoni(공감)이다. 나타니와 코코니는 아들이 아버지의 집과 밭을 상속받을 때 부르는 **타우타루** thautaru 노래에 담겨 있는 감정이기도 하다. 다시 말해서 개종기의 영웅들은 섬 원주민들에게 혈육의 아버지가 그러하듯이 슬프고도 고마운 감정을 불러일으킨다는 것이다. 그들의 용감한 행적은 연극적인 행사를 통하여 반복적으로 이야기되고 있다. 물론 산타 이사벨 섬이 이제는 정의로 충만한 곳이 되었다는 것은 아니다. 그런 평가는 안일하다. 그렇지만 우리는 나마와 나타니와 코코니가 정치적 정당성의 근거로서 폭력과 노예 매매와 악의적인 마술을 대체한 그 역사적 전환을 존중해야 하고 감사해야 한다.

그런 종류의 정치적 판단을 위한, 유럽 중심적이지도 않고 "휴머니즘적"이지도 않은 이론적 기초를 어떻게 작성할 수 있을까(Abu-Lughod

1991)? 앞서 인류학 연구를 비판적으로 검토한 결과, 그 이론화에 필요한 것이 무엇인지 분명해졌다. 우리에게 필요한 것은 (감정의 구성이 아닌) 감정관리의 중요성을 인정하는 개념 틀, 감정의 자유를 기반으로 하여 다양한 감정관리 양식들을 정치적으로 구분하게 해주고, 감정양식에서 일어난 중요한 역사적 변화를 이야기하게 해주는 개념 틀이다. 나는 이모티브를 기초로 하여 그런 틀을 제시하고자 한다.

2. 목표와 감정

나는 이하의 논의에서 "목표" 개념을 심리학자들의 용례를 좇아서 사용하려 한다. 오틀리와 웨그너가 주목하였듯이, 통제에는 언제나 두 가지 기능이 포함된다. 하나는 어떤 작동을 개시하고 끝내는 것이고, 다른 하나는 그 작동의 상태를 점검하는 것이다(Oatley 1992; Wegner 1994). 그 두 가지 기능은 소프트웨어 프로그램의 "만약에…… 그러면 If... then" 명령의 두 부분에 상응하고, 화재 감지기의 화학적 감지 스위치와 그것에 의해 켜지고 꺼지는 경보장치에 상응한다. 사실 동물의 신경계는 그런 통제 기능 수천 가지를 수행하는 체제이다.

인지 심리학은 목표를 하위의 생각과 행동 들을 격발시키고 종결시킬 수 있는 생각으로 정의한다. 바스에 따르면 목표는 한 개인이 지금 추구하고 있는 "목표 이미지"로서, 그것은 수많은 무의식적인 자동행동 automatism들로 하여금 각각의 과제를 개시하고 끝내도록 세부 정보들을 공급하는 일관된 생각이다(Baars el al. 1997). 문장 하나를 말할 때조차 우리는 문법의 다소 자동적인 적용, 어휘의 다소 자동적인 탐색,

얼굴과 목소리 근육에 대한 명령 등을 조정해야 한다. 우리는 그와 동시에 말실수와 출발 오류를 바로잡을 수 있도록 그 작업을 점검해야 한다. 말이 자주 막히고 끊기는 것은, 그 점검 작업에 따라 우리가 말을 중단하거나 새로이 출발하기 때문이다. 우리는 그렇게 말이 궤도를 이탈하는 것을 막는다. 때로는 발화 목표의 정확한 성격이 변했기 때문에 말이 막히기도 한다.

심리학자들이 목표 조정의 의미를 집중적으로 연구했던 것은 아니다. 그러나 그들은 목표들이 서로 중첩되고 연루되며, 위계적으로 조직된다는 것을 밝혀냈다. 그리고 제1장에서 서술했듯이, 바우어, 오틀리, 클로어, 댄드레이드는 한결같이 목표 조정과 감정이 밀접하게 관계된다고 강조한다(Bower 1992; Oatley 1992; Clore 1994; D'Andrade 1992). 기쁨이나 슬픔 같은 강한 감정은 높은 우선순위 목표와 현재 상황의 관련성을 나타낸다. 공포나 분노의 엄습처럼 감정이 갑자기 나타나는 것은, 주변 환경에서 발생한 놀라운 사건 혹은 실망 때문에 그때까지 추구되지 않았던 목표에 이제 높은 우선순위를 부여하기 때문이다. 나는 제1장에서 감정을 그 자체로 즐길 만하거나 불편한 것으로 만드는 것이 바로 감정의 목표 관련 강도와 감정의 목표 관련 정서라고 주장했다. 감정이 정치적으로 유의미해지는 것은 바로 이 지점이다. 감정은 명시적인 위협이나 명시적인 규칙이 잊힌 뒤에도 행동을 이끌 능력을 구비하고 있기 때문이다.

이제는 감정에 대한 이론이 전혀 새로운 토대 위에서 재건되어야 한다는 점이 분명해졌다. 그 이론은 종족 중심주의의 의심을 사지 않도록 정의된 개념들을 갖추어야 한다. 우리는 그 무엇도 당연시하면 안 된다. 우리는 모든 경우에 적용되는 설명 틀을 제시해야 한다. 그리고 그 틀은 구체적인 경우를 통하여 유효성을 증명해야 한다.

목표 조정은 그것을 행하는 사람과 그것을 이해하고자 하는 사람 모두에게 갈피를 못 잡게 하는 복잡성이다. 주변 환경은 인간에게 지속적으로 새로운 과제를 안겨준다. 삶은 특정한 목표에 우선성을 부여하지 않거나 목표들을 조정하지 않으면 지속될 수 없다. 그리고 목표에 따라 행동을 조정하는 것에는 아주 큰 보상이 주어진다. 성공적으로 생존해 낸 개인들의 공동체가 지속되는 곳은, 구성원 대부분이 상호 연관된 목표들의 촘촘한 네트워크를 항상적으로 추구하는 곳이요, 공동체가 그 목표들의 네트워크 구성에 깊은 영향을 행사하는 곳이다.

어떤 사람이 "나는 다음 주에 결혼해. 그러나 나는 더 이상 숨 쉬지 않기를 바라"라고 말한다고 상상해보자. 혹은 "내가 옷을 입는 유일한 원인은 엄마가 입으라고 명령하기 때문이야"라고 말한다고 치자. 그러한 진술은 서양만이 아니라 많은 문화에서 일탈적인 것으로 간주될 것이다. 서양인들은 그런 진술을 감정적 혼란의 증거로 삼는다. **감정**이라는 단어는 영어권에서 종종 목표의 조정과 우선순위 문제에 의해 활성화된 생각 재료를 가리키기 때문에, 그 시각에서 보면 위의 진술들은 정상적인 목표 조정 메커니즘이 붕괴되었다는 것을 나타낸다. 앞서 "여동생에게 화가 난 소년"과 "사랑에 빠진 사람"의 예에서 논의했듯이, 감정이란 오랜 시간에 걸쳐 수백 수천의 행동의 결과로서 형성되어 순간적으로 평가되고 재건축될 수 없는 목표 네트워크들의 포괄적인 방향성이다. 주변 환경에서 어떤 일이 갑작스럽게 발생하면, 주의가 활성화되고, 그 주의 앞에 방향성들이 나타난다. 그 방향성들은 종종 비의지적인 것으로 보이기도 한다. 그러나 방향성이 없으면 무엇인가를 "의지적으로" 행한다고 말하는 것 자체가 터무니없는 일이다. 감정은 방향성을 포함하고, 그래서 감정은 의지와 동기의 전제조건이다. 감정은 과거의 수백 수천의 의지와 동기를 현재로 전달하는 장치이다. 그리고 특정한 행동은 거의 언제나 다수의 목표들 사이의 조합과 타협이다.

예컨대 식사를 준비한다는 것은 사적인 관계, 영양, 시간의 배분, "심미적"인 미각의 기대, 종교적인 의례 내지 금지, 금전 지출, 신선한 제철 식재료의 사용 등과 관련된 수많은 목표들을 고려하는 일이다. 따라서 특수한 결정이란 어떤 목표 혹은 일련의 목표들을 나타내는, 다양하게 범주화될 수 있는 셀 수 없이 많은 속성들의 교차로 이해되어야 한다. 엄격한 논리학이 해명해주지 못하는 지점이 이곳이다. 사람이 무엇을 행할 것인지 결정하는 경우나, 다른 사람들이 어떻게 목표들을 결합시켜 특정한 결정을 내리는지 이해하려는 경우나 마찬가지다. 이 부분은 원래 인간 행동의 "비과학적"이고 "비합리적" 차원을 연구하는 성격심리학 혹은 문화론의 연구 영역이다. 과학 실험은 "원인들"을 하나하나 분리시킴으로써 복합적인 결정을 제거하려는 작업이다. 따라서 인간 행동의 비합리적 차원을 탐구할 때 과학은 벽에 부딪치기 마련이다. 저녁 식사를 준비하거나 정치적 선택을 할 때, 사람은 결코 단일한 "원인"에 의거하지 않는다. 저녁 식사 메뉴를 무엇으로 할지, 어떤 옷을 입을지, 뭐라고 답할지를 결정해주는 단일 차원의 방식은 없다. 인간의 행동이란 언제나 "과잉결정"된다.

앞서 나는 감정을 목표 조정과 관련된 생각 재료의 활성화로 정의했다. 생각 재료가 활성화되었다는 것은, 가장 단순한 경우에서도 목표들 중에서 어느 하나를 제거하지 않고는 해결될 수 없는 목표 갈등이 나타났다는 신호이다. 전투에서 병사가 최초로 적병을 죽여야 할 때, 사람을 마비시키는 듯한 죄책감과 역겨움의 물결이 닥쳐오기 때문에 병사는 갑작스러운 차가운 공포를 느낀다. 이는 비폭력이라는 목표와 군인다움이라는 목표가 충돌했음을 나타낸다. 이런 종류의 갈등은 목표들 중 하나를 제거해야만 해결된다. 비폭력을 배제하기로 하면, 그것을 주의로부터 제외하라는 신호가 심리 통제에 전달된다. 비폭력이라는 목표가 제거되어야만 군인다움이라는 복잡한 활동이 문제없이 작동하기 때문이다. 이런 종류의 심리 통제는 자아의 어떤 감각에서 나온다. 이때의 자아는 "인지"의 대상이 되어야 하는 자아이고, 그 자아는 무엇인가가 걸려 있는 행동 지대가 되어야 하는 자아이다. 활성화된 광대한 범위의 생각 재료들이 갑자기 주의 앞에 위험의 원천으로 나타나, 주의에게 목표 조정을 이끌라고 요구하는 것이다. 이제는 활성화들이 어떻게든 다듬어지고 재배열되어야 한다.

이모티브는 생각 활성화들을 다듬고 재배열하는 수단이다. 다만 이모티브는 자아-탐색적이고 자아-변경적인 힘이다. 따라서 이모티브는 결코 심리 통제의 편리한 수단이기만 한 것이 아니다. 이모티브는 생각 재료를 활성화시킴으로써 의도치 않게 심리 통제의 애초 목표를 전복시킬 수도 있고, 또한 웨그너와 스마트가 "깊은 활성화"라고 칭한 것을 강화할 수도 있다(Wegner & Smart 1997). 그 복잡한 이모티브를 이용하여 심리적인 균형을 유지하기란 무척 어려운 일이고, 또한 많은 경험을 필요로 한다. 이모티브는 너무도 독자적이어서 그 결과를 예측하기가 대단히 힘들지만, 화자의 규범적인 사회적 정체성을 유지하는 데 필수적이다. 이모티브를 통하여 확보하려는 그 "균형"이 어떤 종류의 것이냐를 알기 위해서도 사람은 이용 가능한 모델 내지 규범들 속에서 적절한 것을 찾고 선택해야 한다. 감정 인류학 연구가 세계 곳곳에서 드러내듯이, 감정 통제는 지속적인 노력을 필요로 하고, 그것을 능숙하게 해내는 사람은 아주 드물며, 어디서건 존경과 권위를 획득한다. 규범적인 감정관리 양식은 모든 정치체제, 모든 문화적 헤게모니의 근본적인 구성 요소다. 지도자는 그 양식을 능숙하게 다룰 줄 안다는 것을 과시해야 한다. 그 양식에 따르지 않는 사람은 주변화되거나 가혹하게 처벌된다. 위계화된 대조적인 양식들이 존재하는 경우도 있다. 그런 경우에 그 양식들 중에서 어떤 것도 따르지 않는 사람은 정체성이 모호해지고 배제된다.

규범적인 감정관리 양식의 정치적 의미를 파악하기 위해서는, 감정관리라는 개념의 "관리"가 이모티브에 의해 행해지는 모든 것을 포착하기에는 부적절한 은유라는 점을 알아야 한다. 혹실드와 위칸이 "감정관리"라는 용어를 사용했을 때, 그들은 그 개념으로 감정표현을 감정변경의 수단으로 사용하는 것을 가리켰다. 내가 제안한 이모티브 개념은 그것과 매우 가깝다. 그러나 "관리한다"는 것은 이미 알려진 목표와 관련되기 때문에, 감정관리 양식은 규범적인 목표를 둘러싸고 조직될 수밖에 없다. 그와 달리 이모티브는 자아-탐색적이고 자아-변경적이다. 이모티브가 실제로 어떤 효과를 발휘할지는 예측할 수 없다. 예측할 수 없는 결과는 값비싼 법이다(예를 들어서 에드먼드 머키는 1972년 미국 대통령 선거 후보자 경선에서 사퇴했는데, 이 일은 그가 늦은 밤에 텔레비전 방송에서 자신의 분노를 표현한답시고 울다가 벌어졌다). 감정이라는 복잡한 생각 활성화는 목표와 이상理想의 변화를 향하기도 하고, 그 속의 긴장과 갈등을 드러내기도 한다. 따라서 관리가 파탄으로 치닫기도 하고, 새로운 관리 전략이 투입되기도 한다. 관리하는 자아도 관리의 지향점도 지속적으로 수정될 수 있는 것이다.

따라서 이모티브가 수행하는 것에 대한 은유로는 "관리"보다 "항해"

가 낫다. "항해"는 항로의 급격한 변경 가능성은 물론 선택한 항로를 유지하기 위한 지속적인 수정 가능성도 포함한다. "항해"라는 단어는 합목적적인 행위를 함축하는데, 목표의 변경은 그 변경이 보다 높은 우선순위 목표의 이름으로 수행되는 경우에만 합목적적이다. 그러나 문제는 우선순위의 최상층은 "의도적"으로 변경될 수 없다는 데 있다. 그곳에는 아무런 목표가 존재하지 않기 때문이다. 그곳의 변화는 목표 네트워크들의 다대다多對多 매핑들이 재배열되었음을 나타낼 뿐이다. 그 재배열은 종종 이모티브의 발화 내지 감정적 활성화가 예기치 못한 자기-변경 효과를 발휘하기 때문에 나타난다. "항해"는 높은 수준의 목표 변동을 포함하는 대단히 광범위한 감정적 변화들을 가리킨다. "항해"는 "관리"를 포함하지만, 이때 그 관리는 고정된 목표 세트의 이름으로 이모티브의 자아-변경 효과를 이용하는 관리이다.

3. 감정과 정치체제

감정의 자유, 감정고통, 감정적 노력

앞에서 나는 "항해"를 감정의 보편적이고 중심적인 특징으로 규정했다. "감정의 자유"를 나는 혼란스럽고 모호한 생각 활성화들에 직면하여 목표들을 변화시킬 자유로 규정하고자 한다. 물론 그 활성화들은 주의의 역량을 초과하는 생각 재료들이요, 감정관리를 이끌고 있는 높은 수준의 목표들에게 도전하는 생각 재료들이다. 감정의 자유는 합리적 선택의 자유가 아니다. 그 자유는 서로 다르고 종종 비교 불가능한 수

많은 요인들을 포함하는, 회심回心을 경험하고 삶의 경로를 변경할 수 있는 자유이다.

이모티브가 항해를 가능하게 한다는 입론 — 항해에서 자아는 목표들의 변화를 경험하는 동시에 특정 목표에 대해서는 일관성을 유지하려 노력한다 — 을 받아들이면, "감정고통" 개념 역시 정치적으로 유의미하게 재정의할 수 있다. 폐렴이나 암으로 고통을 받는 것과 고문을 당하면서 정보를 숨기느라 고통을 받는 것은 전혀 다르다.[1] 고문의 고통은 높은 우선순위 목표들의 충돌에서 야기된다. 정보를 캐내거나 자백을 유도하기 위하여 고통을 가할 때 전제되는 것은, 건강과 온전함을 보존하는 것이 높은 우선순위 목표라는 것이다. 나는 나 자신의 건강과 온전함이라는 목표를 갖고 있지만, 동시에 나는 가족의 명예, 가문의 명예, 정당의 명예, 정치적 충성의 도덕적 진실성, 동지의 건강과 온전함이라는 목표도 갖고 있다. 고문을 당하기 전까지 그 두 가지 목표는 양립 가능했지만, 고문은 그 두 가지를 인위적으로 충돌시킨다. 그 결과 나는 고문에 저항하든 항복하든, 결국은 고통을 겪는다.

사랑에서도 목표 충돌에서 비롯된 고통이 발생한다. 사랑하는 사람과 함께 있거나 성교를 하려는 나의 욕망이 사랑하는 사람 자신의 목표와 충돌하는 경우가 그렇다. 그 고통은 사랑하는 사람이 나를 피하거나 관계를 맺지 않겠다는 뜻을 분명히 했을 때 가장 격렬해진다. 그 고통은 내가 사랑받을 가치가 없는 존재라는 생각에서만 비롯되는 것이 아니다. 사랑에서의 감정고통은 목표 충돌에서도 발생한다. 그 사람의 마음을 바꾸기 위해서는 그를 언제 어떤 방식으로 찾아가야 할까? 정반대로, 언제 어떤 방식으로 그의 거부감을 수용해야 할까? 감정고통은 높은 우선순위 목표들이 충돌할 때, 그리고 이용 가능한 선택지들이 서로 엇갈리거나 더 높은 우선순위 목표들과 충돌할 때 발생한다. 사랑하는 사람을 찾아가면 그 사람과 함께 있고자 하는 우선순위 욕망이 실현될 것이다. 그러나 그것은 공공연하게 거부당할 가능성에 ─그리고 또한 내가 그 사람의 목표를 내 자신의 목표로 받아들이지 않았다는 각성에 ─노출시키기도 하고, 내가 나의 사랑에 호응하지 않는 사람을 높이 평가하고 있다는 모순에 노출시키기도 한다. 고문에서 진실을 자백하는 것은 신체적 고통은 끝낼 수 있으나, 도덕적, 정치적 이상은 희생시킨다. 고문에 대한 저항은 고문당하는 사람을 자기 학대 속에 밀어 넣는 것이기도 하다. 고문당한 사람이 고문 이후 오랫동안 감정적으로 고통을 겪는 것은 그 때문이다.

최근 들어서 배우자에 대한 가혹 행위가 국제적인 관심을 모으고 있는데, 그 고통은 때때로 희생자 자신도 어느 정도까지는 소망하는 폭력의 하나다. 이런 역설은 피해자가 배우자의 가학 목표를 자신의 건강 및 온전함보다 높게 평가할 때 발생한다. 그러나 목표 충돌을 그런 식으로 해결하는 것은 악성 고통을 수반한다. 악성 고통은 희생자가 자신이 받는 폭력의 정당성을 믿음에 따라 자기 자신을 경멸하거나, 사랑하는 사람의 목표를 받아들인다는 목표와 자신의 건강과 온전함을 추구하는 목표 사이에서 갈등하는 데서 발생한다. 자기 자신에 대한 경멸은 자동적으로 목표 충동과 고통을 발생시킨다. 자아가 어떤 목표를 찬양하면 할수록, 그 목표가 자아에 대한 경멸감으로 오염되기 때문이다.

고통을 악성의 목표 충돌로 정의하면, 내가 제3장의 "활성화와 주의" 항목에서 제안한 감정적 노력이라는 개념을 정교하게 다듬을 수 있다. 신체적 노력은 골격근의 힘이 감소하고 통증은 증가하는데도 불구하고 그 행동을 유지하거나 강화하는 노력이다. "감정적 노력"이라는 은유는 목표 충돌로 인하여 고통이 증가함에도 불구하고 목표나 행동 계획을 유지하는 노력이다. 운동 노력은 거의 언제나 신체적 노력과 감정적 노력의 조합이다. 이때 감정적 노력이란 여타의 활동을 추구할 자유와 신체적인 안락함 및 향유에 대한 욕망이 솟아오르는 가운데서도 운동을 멋지게 해낸다는 목표를 유지하는 노력이다.

그렇게 정의하면, 감정고통과 감정의 자유는 반대 항이 아니다. 감정의 자유 상태는 고통이 없는 상태가 아니요, 그것을 유지하는 데 아무런 노력도 필요치 않은 상태도 아니다. 목표의 중대한 변동에 감정고통이 수반되기 때문이다. 감정고통은 그 변동이 수용되기 이전의 예비 단계와 변동을 뚫고 나가는 통과 단계 모두에 수반되고, 통과 단계에서 그것은 슬픔으로 나타날 수도 있고, 죄책감이나 수치심의 형태를 띨 수도 있다.

감정체제와 감정의 항해

감정은 개인의 삶에서 중심적인 자리를 차지하는 동시에 사회로부터 강력한 영향을 받는다. 그 때문에 감정은 고도의 정치적 의미를 갖는다. 따라서 어떤 정치체제이든 안정성을 유지하기 위해서는 규범적인 감정질서, 즉 "감정체제"를 갖추어야 한다. 체제는 다양하므로, 감정체제도 다양하다. 우리는 예비적으로 감정체제들을 하나의 스펙트럼 위에 자리매김할 수 있을 것이다. 스펙트럼의 한쪽 극단에는 엄격한 감정체제가 위치한다. 그 체제는 개인들에게 규범적인 감정을 표현하고 일탈적인 감정을 피하도록 강제한다. 그 체제는 공식 의례와 공식 예술을 통하여 제한된 수의 감정을 모델로 제시하고, 사람들은 적절한 기회에 규범적인 이모티브를 발화한다. 체제는 그로써 규범적 감정이 강화되고, 그것이 사람들의 아비투스로 굳어지기를 기대한다. 규범적인 발화를 거부하는 사람들(아버지에 대한 존경심에서건, 신이나 왕에 대한 사랑에서건, 군대에 대한 충성심에서건)에게는 가혹한 처벌이 가해진다. 물론 규범적인 발화와 제스처를 행하기는 하지만, 감정이 강화되지 않거나 아비투스로 굳어지지 않는 사람들도 있다. 그런 사람들은 자신의 은밀한 불충을 숨길 것이다. 그 작업이 실패하면 그들도 처벌에 직면한다.

처벌은 고문일 수도 있고, 단순 폭력과 감금과 박탈과 추방의 형태를 띨 수도 있다. 처벌의 목적은 목표 충돌을 유도함으로써 감정의 변화를 강제하는 데 있다. 처벌의 전망은 희생자만이 아니라, 체제가 요구하는 규범적인 이모티브에 반응하지 않는 모든 사람에게 목표 충돌을 유도한다. 요컨대 목표 충돌이야말로 체제가 규범을 부과하는 주된 수단인 것이다. 목표 충돌이 규범적인 이모티브에게 본연의 효과를 발휘할 가능성을 크게 높여주기 때문이다. 더욱이 일탈적인 감정이 발생할 때마다 목표 충돌이 발생하기 때문에, 처벌의 전망은 순응적인 사람들에게 규범적인 이모티브의 효과를 달콤한 쾌감으로 느끼도록 해준다. 사람들이 체제의 엄격한 감정 규율이 그들을 위하여 작동한다고 여기게 되는 것이다. 체제가 개인에게 일관된 삶을 영위하는 데 필요한 사적인 감정관리 양식을 뒷받침해주기 때문이다.

스펙트럼의 다른 쪽 극단에는 엄격한 감정 규율을 특정 기관(군대, 학교, 성직)과 한 해의 특정 시점과 생애 주기의 특정 국면에서만 부과하는 체제가 위치한다. 그 체제는 그러한 몇몇 영역을 제외하고는 감정의 항해에 제한을 두지 않는다. 사람들은 목표 충돌과 결부된 감정관리 양식을 강요받지 않기에 목표를 조정하고 하나의 노선을 고수하는 데서 어려움을 겪는다. 그 체제는 순응하는 다수와 주변화된 소수를 만들어내기보다는 다양한 감정양식을 위한 우산으로 작동한다. 그 체제에는 일생 동안 두 개 이상의 감정양식을 횡단하는 사람들도 존재하고, 태어나서 죽을 때까지 단 하나의 양식을 고수하는 사람들도 존재한다. 과격 종파宗派나 마피아 같은 하위 집단은 구성원들에게 체제보다 훨씬 강력한 처벌(욕설, 고문, 죽음)을 부과함으로써 구성원들에게 특정한 감정관리 양식을 부과한다. 그런 집단이 체제를 그들의 이미지에 따라 재구성하려 들면 체제가 그 집단을 처벌한다.

매우 거칠게 일반화하자면, 엄격한 체제는 자아-탐색과 자유로운 항해의 가능성 대신에 강력한 감정관리 도구를 제공하는 반면, 느슨한 체제는 지역과 집단과 개인에 따라 다양한 감정관리 도구를 허용하고 감정의 자유로운 항해를 보장한다. 우리는 왜 그중 하나를 선호해야 하는가? 엄격한 체제를 거부해야 하는 이유 두 가지가 있다. 첫째, 엄격한 체제는 규범적인 이모티브에 흔쾌히 반응하지 않는 사람들에게 목표 충돌을 유도하고 감정고통을 부과한다. 둘째, 엄격한 체제는 감정의 일탈을 금지함으로써 인간의 가능성을 부인한다. 그 가능성은 동시에 위험성, 즉 목적 내지 목표를 변경하고 회심과 위기와 의심을 감당해야 하는 위험성이기도 하다. 인간의 가능성과 위험성은 동전의 양면과 같다.

인간의 가능성을 인정한다는 것은, 목표의 변화 가능성을 인정한다는 뜻이다. 변화하는 목표가 위치한 층위가 높으면 높을수록, 의도와 선택은 개입하지 못한다. 의도와 선택이라는 개념에는 이미 개념적으로 특정한 목표가 전제되어 있다. 그 개념은 의도하는 자아와 그 자아의 장기적인 계획을 전제하기 때문이다. 그러나 가장 높은 수준에서의 결정은 정의상 "아무런 이유 없이" 이루어질 수밖에 없다. 그런데 그 최상층은 바로 주의를 둘러싸고 있는 기존의 목표 묶음에 복수의 생각 활성화들이 간섭하는 지점이다. 그곳은 특정한 목표들이 성찰의 대상으로서 주의에 포착되지 않은 채 오랫동안 자리 잡고 있는 곳이다. 그곳에서 변화가 발생하면 사람들은 "선택한다"는 감각을 갖지 못한다.

엄격한 체제는 예기치 못한 혹은 "원치 않는" 변화를 유도하는 그 감정적 활성화의 힘을 무시하거나 비난하는 체제이다. 따라서 엄격한 체제는 인간의 본성과 인간의 가능성에 대한 불완전하고 모순된 비전을 제시하는 체제이다. 체제가 전쟁, 전염병, 기근, 결핍, 기술과 환경의 변화에 대처하는 단기적인 국면에서는, 체제가 감정고통을 유도한다는 것과 체제의 인간에 대한 관점이 불완전하다는 것이 중요치 않을 수도 있다. 그러나 그것은 장기적으로는 지극히 중요하다. 예컨대 정복, 식민화, 팽창 등 새로운 인간 집단에게 규범적인 관리 전략을 부과하는 상황에서 그것은 치명적인 결과를 가져올 수 있다. 감정고통을 유행병으로 만들 수 있는 것이다. 엄격한 체제가 인간에 대하여 갖고 있는 관점이 불완전하고 모순적이라는 것은, 그 체제가 정치적으로 실패했다는 것을 말해준다. 따라서 우리가 무엇을 지지하고 무엇에 반대하는지 말해야 한다면, 우리는 엄격한 체제를 거부하는 수밖에 없다. 엄격한 체제에서는 그 불완전성 때문에 감정고통이 느슨한 체제보다 훨씬 자주 나타난다. 그 체제는 인간에 대한 불완전하고 모순적인 비전을 갖고 있으면서도 사람들에게 그 불완전성과 모순에 충성하도록 강요하기 때문에 부정의하다.

감정이 자유로운 체제에서는 어떤 감정고통이 허용될 수 있을까? 이 물음은 정치적 자유에 대한 정의定義에서 언제나 제기되는 익숙한 질문과 유사한 것이다. 자유를 위하여 어떤 자유를 제한해야 하는가? 가능한 하나의 답은, 감정고통을 감정의 자유 이외의 목적을 위한 수단으로 사용하는 모든 사람에게 감정고통을 가하는 것이 허용될 수 있고 또 필수적이라는 선언이다. 이는 자유주의의 전통 및 법치주의와 합치되는 답변이다. 또 하나의 답은 자유를 강요할 수 없다는 것이다. 다시 말해서 감정고통을 통치와 공동체의 수단으로 사용하는 것을 거부하도록 하기 위하여 감정고통을 사용할 수 없다는 것이다. 단기적으로는 둘 중 하나를 선택할 필요가 없다. 두 가지 답변 모두 감정고통의 유도를 최소화하려는 정치적 입장이고, 기존의 정치체제를 비판적으로 평가하도록 해주는 입장이기 때문이다. 그러나 감정고통을 필요한 최소치로 감소시킨다는 이상은 정치적 행동과 정치적 판단 모두에서 중요하다. 유도된 감정고통을 부당하게 사용하는 것에 대하여 반대하는 정치적 행동이, 그 목표에 순응하도록 하기 위하여 유도된 감정고통을 부당하게 사용하면, 그 정치적 행동은 효과적일 수 없다. 불을 가지고 불과 싸우는 것은 불을 부채질할 뿐이다(이는 프랑스혁명을 다루는 제2부에서 생생하게 논의될 것이다).

물론 이와 같은 도식을 현실의 사회질서에 적용하면 문제에 봉착한다. 예컨대 자본주의적 민주주의는 감정의 항해에 광대한 여지를 제공하는 듯이 보이지만, 그 체제에서는 개인의 능력과 선택이 계약적인 관계들, 즉 돈과 재산에 대한 접근성에 의하여 제한된다. 그 체제에서 단 하나의 계약적 관계에 의존하여 소득과 사회적 정체성을 얻는 사람들(봉급생활자들이나 특정 법질서 치하의 기혼 여성들)은 감정관리 전략을 선택하는 데서 막대한 제약을 받는다. 물론 그 제약의 정도는 소속 기업과 가계에 따라 천차만별이다. 가족이 법의 외부에 놓여 있는 사회에서는 그 전략이 더더욱 달라진다(Reddy 1987, 1997a). 그런저런 사회들은 감정체제 스펙트럼의 중간에 위치한다고 할 것이다. 그런 체제는 순응하는 다수, 다수 속의 다양한 관리 전략, 주변화된 소수, 조직화된 종파와 마피아 등의 온갖 형상들을 만들어낸다.

거대 산업사회는 다양한 사회적 관계만큼이나 다양한 감정관리 양식을 보여준다. 부자와 고등 학력자들은 동일한 감정관리 양식의 주변에 모여드는 반면에, 노동하는 빈자들은 제각각 다양한 양식들을 채택한다. 젠더에 따른 선택과 종족에 따른 다양성도 두드러지며, 그것들은 복잡하고 불평등한 노동분업을 유지하는 데 이용된다. 화폐와 상품의 대규모 교환은 감정양식을 통일시키기보다 차이를 강화하고 경직시킬 수 있다. 성인 남성 광부, 저임금을 받는 여성 피복 노동자, 항공기 승무원 등은 서로에 대하여 아주 다른 사회적 관계 및 아주 다른 감정적 분위기 속에서 살아간다. 반면에 그들에게 명령을 내리는 경영인들은 업종과 무관하게 많은 공통점을 갖는다.

복잡한 사회질서는 사람들로 하여금 감정적 피난처들을 공급해줄 수 있는 사회적, 지역적 관계를 만들어내도록 한다. 감정 피난처는 외부의 규범이 완화되거나 역전되고, 심리 통제의 필요성이 일시적으로나마 소멸되는 곳이다. 외부에서는 불법적인 애정 관계가 그곳에서는 맺어지고 찬양되기까지 한다. 감정 피난처에는 사적인 관계로부터 비공식적인 사회성, 카니발 유형의 의례, 국제적인 형제회에 이르기까지 많은 다양한 형태들이 있다. 감정 피난처는 대부분의 감정체제에서 일정한 역할을 수행한다. 감정 피난처는 다가적多價的이다. 그것은 일부 사람들에게 그리고 일부 시기 동안 기존의 질서를 살 만한 것으로 만들어주기도 하고, 다른 일부의 사람들과 다른 시기에는 기존 질서에 대한 이론異論과 갈등과 변혁을 개시하는 장소가 된다.

나는 지금까지 많은 용어들을 제안하고 정의하거나 재정의했다. 여기서 잠깐 그 용어들을 목록화하는 것이 좋을 것 같다.

(1) 감정: 주의의 짧은 시간 지평 내의 번역 역량을 초과하는 생각 재료들의 목표 관련 활성화들.

(2) 이모티브: 수행문과도 진위문과도 다른 화행. 이모티브는 진위문처럼 세계를 기술하는 동시에 수행문처럼 세계를 변화시킨다. 이는 감정표현이 감정이라는 활성화된 생각 재료들에게 탐색적이고 자아-변경적인 효과를 발휘하기 때문이다.

(3) 감정관리: 특정 목표를 위하여 이모티브의 자아-변경 효과를 도구적으로 사용하는 것. 그것은 이모티브의 탐색 효과에 의해 전복될 수도 있다.

(4) 감정의 항해: 감정생활의 근본 성격. 감정은 "일시적 도구"의 영역으로서, 그곳에서는 이모티브의 탐색적 효과와 자아-변경 효과가 동시에, 협력적으로, 높은 우선순위 목표들이 이끄는 대로 작동하기도 하지만, 때로는 그 두 가지가 서로 어긋나기 때문에 사람이 "자기기만"에 빠지거나 "회심의 경험"을 겪게 되기도 한다.

(5) 감정의 자유: 주의의 역량을 초과하는 생각 활성화들이 현재의 감정관리를 이끌고 있는 높은 수준의 목표들에 도전함에 따라, 그 활성화들이 사람을 모호하고 어쩔 줄 모르게 만들 때, 그에 반응하여 목표를 변경할 수 있는 자유. 그것은 합리적 선택의 자유가 아니라, 서로 다르고 비교 불가능한 수많은 요인들을 포함하는, 회심을 경험하고 삶의 경로를 변경하거나 그것들로부터 이탈할 수 있는 자유이다.

(6) 감정고통: 감정적인 생각 활성화들에 의하여 유발된 악성의 목표

충돌. 서양에서는 고문과 짝사랑이 그 예.

(7) 감정적 노력: 목표 충돌로 인한 고통의 증가에도 불구하고 목표나 행동 계획을 유지하는 것.

(8) 감정체제: 일련의 규범적 감정, 그리고 그 규범적 감정을 표현하도록 하고 주입시키는 일련의 공식적인 의례와 실천과 이모티브들. 모든 안정된 정치체제의 필수적 토대이다.

(9) 유도된 목표 갈등: 감정체제로부터의 이탈에 대한 처벌, 고문, 배제, 투옥의 간접적(즉, 억제 및 그 본보기) 효과.

(10) 감정 피난처: 감정 규범으로부터 벗어나는 안전 지대를 제공해주고, 감정적 노력의 이완을 허용하는 의례, 공식 비공식 조직, 관계. 이데올로기적인 정당화가 개입될 수도 있고 그렇지 않을 수도 있으며, 기존의 감정체제를 뒷받침할 수도 있고 위협할 수도 있다.

이 개념들은 역사적 분석, 다시 말해서 인류학적으로 풍부하고, 위반과 다양성에 민감하며, 정치적으로 참여적인 역사적 분석을 가능하게 해준다. 나는 그 용어들을 특정한 사실들의 묶음에 기계적으로 적용하기보다 오히려 배경으로 삼을 것이다. 그 개념들은 우리의 해석 작업을 상대주의를 넘어 자유에 대한 정당한 헌신으로 이끌어줄 준거를 제공해줄 것이다.

사례

위 개념들은 근래 들어 학자들을 대단히 괴롭힌 과제, 다시 말해서 인종, 계급, 젠더, 종족과 같은 문화, 권력, 정체성의 문제를 이론화할 필요성을 면제시켜준다. 던져야 할 질문은 하나뿐이다. 누가 고통 받는 가? 그의 고통은 감정 항해의 불가피한 결과인가, 아니면 기존의 억압적인 감정체제를 강화하는가? 돌려 말하자면, 그 고통은 비극인가, 아니면 부정의인가? 그 질문에 답하다보면 정체성, 문화적 장, 정치 기관이 문제로 제기된다. 다만, 독립적인 이론적 실체로서가 아니라 역사적 현상으로서 제기된다. 물론 우리는 감정고통을 포착할 수 있도록 그것들을 적절하게 개념화해야 한다. 나는 이 책의 제2부에서 1700년부터 1850년까지의 프랑스 사료를 검토할 것이다. 그때 구체적인 감정사적 사건들이 우리가 탐색해온 이론적 언어에 숨결을 불어넣게 될 것이다. 그러나 이 장의 결론을 대신하여, 여기서 미리 그 이론적 틀이 역사 속의 개별적인 갈등과 일탈에 어떻게 적용될 수 있는지 간단하게 보여주려 한다. 나는 중매결혼 사건 두 가지를 검토한다. 하나는 19세기 프랑스에서 벌어진 사건이고, 다른 하나는 제2장에서 언급한 라시드와 파이가의 결혼 사건이다.

1840년 파리에서 남서쪽으로 약 2마일 떨어진 마을 뫼동에서 신랑 니콜라 고그와 신부 팔미르 데지레 피카르가 결혼식을 올렸다.[2] 신부의 어머니는 작은 포도밭을 소유하고 있었고, 그곳에 도매상인과 개별 소비자들에게 포도주을 판매하는 매장도 갖추고 있었다. 신랑의 가족 역시 인근의 클라마르 마을에 포도밭을 소유하고 있었다. 결혼식 다음 날 신랑은 만나는 사람마다 붙잡고 불평하기 시작했다. 신부가 다른 남자의 아이를 두 달째 임신하고 있다는 것이었다. 그는 처갓집 식구 최소 두 명에게 반복해서 말했다. "나는 내가 꽃으로 가득한 정원에 들어가는 것이라고 믿었어요. 그러나 나는 사막에 간 것이더라고요."

신랑 아버지의 증언에 따르면, 사건은 고그가 결혼식 파티에서 신부가 기욤이라는 사내를 대하는 모습을 보았을 때 시작되었다. 그는 신부 어머니의 포도밭에 고용되어 노동일도 했고, 포도밭에 딸린 가게에서 포도주를 구입하기도 한 남자였다. 고그가 무슨 이유에서 그랬건, 그가 신부에 대해서 한 말은 공공연한 모욕이었고, 그것은 당시 프랑스에서 몇 안 되는 합법적 별거 사유의 하나였다(잔인함과 폭력도 별거 사유였다. 당시 이혼은 불가능했다). 고그는 신부에게 욕설도 했다. 얼마 지나지 않아 "부부가 잘 지내지 못한다"는 소문이 마을 전체에 퍼졌다. 부부는 각방을 쓰기 시작했다. 3개월 뒤 어느 날 고그가 신부의 머리채를 붙잡아 침대에서 끌어내렸고, 때렸으며, 목을 졸랐다. 신부의 울음소리를 듣고 이웃들이 달려왔고, 경찰관도 도착했다. 증인들은 신부의 목과 다리에서 구타의 흔적을 발견했다. 이튿날 팔미르 피카르는 친정으로 돌아갔고, 별거 소송을 냈다. 이웃들이 목격한 대로 고그가 목을 조른 것과 공공연하게 모욕한 것이 고소의 이유였다. 법원은 해가 가기 전에 별거를 승인했다.

경찰관은 임신한 신부가 눈에 띌 만큼 배가 부른 상태였다는 사실이 신랑의 폭력을 더욱 큰 문제로 만들었다고 조서에 기록했다. 신부의 어머니와 신랑의 아버지를 포함하여 13명의 증인 중에서 임신을 언급한 사람은 없었다. 그러나 경찰관의 기록은 결혼할 때 신부가 이미 임신 중이었다는 고그의 말이 옳았음을 보여준다. 신부 오빠의 증언에 따르면, 신혼부부는 결혼식 날 밤부터 싸우기 시작했다. 따라서 부부는 성교할 시간을 아예 갖지 못했을 것이다. 그렇지만 고그의 아버지는 결혼식 3일 뒤부터, 고그의 비난이 옳건 그르건 아들을 격렬하게 비난하기 시작했다. 그는 고그가 "입을 봉하고" 신부와 장모에게 사과해야 한다고 다그쳤다. 결국 고그는 무릎 꿇고 울면서 신부에게 용서를 빌었다. 신부는 사과를 받아들였다. 그러나 고그의 인내심은 오래가지 못했다. 며칠 지나지 않아서 그는 다시 신부를 비난하기 시작했다. 고그의 아버지는 결혼식 후에도 기음이 포도주 가게에 출입하도록 한 데 대하여 신부의 어머니를 비난했다. 그것이 고그의 화를 돋우었다는 것이다. 고그의 아버지는 말했다. "걔는 더 이상 자신의 모든 능력을 소유하고 있지 못한 상태입니다." "신부와 장모가 조금만 주의를 했어도, 우리는 걔가 정신을 차리도록 만들었을 겁니다."

법정에서는 경찰관을 포함한 14명의 증인 중 그 누구도 신부가 무슨 잘못을 저질렀는지 말하지 않았다(선서 상태에서 그런 말을 하는 것은 그 자체로 공공연한 모욕이었다). 그리고 증인들의 증언에는 신부의 순결에 대한 이야기가 거의 없었다. 간혹 있어도 아주 모호했다. 고그의 아버지와 삼촌을 포함하여 그 사건에 연루된 모든 사람은 암묵적으로 다음과 같이 전제하고 있었다. 사태의 진실은 중요치 않다. 신부가 그럴 가치가 없는 여자라고 하더라도, 고그는 신부의 명성을 보호해야 하고, 그렇게 자신의 명성도 보호해야 한다. 고그는 고약한 상황에서도 최선을 다하여 처신해야 한다. 고그의 아버지와 삼촌은 신부가 별거 소송을 취하하지 않는 데 대하여 분노했다. 그들은 신부 역시 손실을 최소화해야 하고, 신랑에게 기회를 주어야 한다고 생각했다. 그들이 보기에는 신부의 어머니가 신부에게 그릇된 충고를 하는 것 같았다.

내가 보기에 이 사건의 핵심은, 고그가 특정 이모티브를 지속적으로 발화함으로써 극도의 질투와 슬픔과 분노의 상태로 스스로 들어가버린 데 있었다. 고그가 발화한 이모티브는 증인들이 반복하여 증언할 만큼 두드러진 것이었다. "나는 내가 꽃으로 가득한 정원에 들어가는 것이라고 믿었어요. 그러나 나는 사막에 간 것이더라고요." 고그가 신부에게 다음과 같이 말한 적도 있었다. "네가 임신 상태가 아니었더라면 나는 너를 죽여버렸을 거야." 문제는 그런 발화와 전략이 공동체의 규범과 정면으로 어긋난다는 데 있었다. 고그의 가족조차 그가 잘못했다고 판단했다.

이 사건에 역사주의적으로 혹은 구성주의적으로 접근하면, 마을 공동체를 지배하던 명예 코드의 독특한 성격과 힘이 강조될 것이다. 그 코드는 가족의 연대를 가장 중요한 명예로 간주하고, 비밀리에 이루어지는 한 일탈적 행위에 대하여 대단히 폭넓은 여지를 부여하는 코드이다. 구성주의는 말할 것이다. 현재 우리는 그 코드에 따라 살지 않는다. 따라서 우리는 그 사람들의 선택에 대하여 도덕적, 정치적 판단을 할 수가 없다.

이모티브 이론에 입각하면 사태를 다르게 바라볼 수 있다. 명예 코드는 사람들의 행동과 침묵을 결정하고, 그 행동과 침묵은 감정에 구성적 힘을 행사한다. 그 코드는 문화나 담론의 단순한 문화적 구성물이 아니다. 그것은 감정체제의 필수적인 요소로서 특정한 감정관리 양식을 산출한다. 이렇게 바라보면, 고그의 아버지와 삼촌의 행동에 전혀 새로운 흥미진진한 의미가 부여된다. 그들은 고그에게 임신한 신부에게는 만족감과 애정을 표현하고, 그녀의 아이에게도 헌신하겠다는 의지를 표현하라고 다그쳤다. 그들은 고그에게 적절한 이모티브를 처방해준 것이다.

그들은 고그가 그 이모티브를 정성스럽게 발화하면 질투와 실망감을 다스릴 수 있고, 따라서 결혼생활을 구해낼 수 있으며, 법적인 별거로 인하여 결국 배제되어버린 다른 많은 가능성들을 누릴 수 있으리라고 믿었다. 그들은 고그가 너그러운 마음으로 신부와 친밀한 관계를 구축하거나, 그게 안 되면 사실상의 별거를 하더라도 가십과 가족의 불명예를 최소화할 수 있을 것이고, 합법적인 자식도 얻을 수 있을 것으로 생각했다. 고그의 아버지는 또한 신부의 어머니가 기욤의 출입을 막았더라면, 고그가 감정적 균형을 회복하는 데 도움이 되었을 것이라고 판단했다. 이상이 그들의 감정관리 전략이었다. 고그 사건에 대한 어떤 해석도 그 전략의 중요성을 인정하지 않는 한 부적절하다.

고그가 복종해야 했던 감정체제는 어떤 면에서는 엄격했고 어떤 면에서는 느슨했다(이 감정체제는 제7장과 제8장에서 상세하게 검토될 것이다). 그 체제는 한편으로 특정한 공적 행동과 비언어적 신호에 대하여 엄격한 자기통제를 부과했다. 그 체제는 어떤 계기에 눈썹을 잘못 치켜올리기만 해도 결투가 벌어지는 체제였다(Nye 1993; Reddy 1997b). 그러나 다른 한편으로, 명예 코드가 요구하는 행동 게임을 능숙하게 이용하고 자신을 다스릴 줄 아는 사람은 실제 삶에서 광범한 선택을 향유하는 체제였다. 고그를 질책한 아버지와 삼촌은 결혼생활의 바깥에서 "꽃밭"을 가질 수 있는 방법이 아주 많다는 사실을 알고 있었다. 결혼생활에 대한 관점이 고정되어 있지 않는 사람에게는 그럴 여지가 심지어 결혼 내부에도 있었다. 그러나 명예 코드가 부과한 침묵은 특히 젊은이들에게 잘못된 기대를 품게 했다. 그들 중 일부는 겉치레를 현실로 착각했고, 어떤 이유에서건 타협을 용납하지 못했다.

명예가 침묵을 명령하였기에 사람들은 공적 규범을 명명백백하게 말할 수 없었다. 젊은 고그는 결혼식 직후에 아버지와 삼촌과 장모가 긴급히 전해주는 생각을 받아들일 수 없었던 것 같다. 그때까지 고그가 아내가 부정을 저지른 남편들에 관한 이야기를 들었다고 하더라도, 그것은 가십이나 신문, 소설이나 연극을 통해서였을 것이다. 그런 매체들은 독자들로 하여금 사건으로부터 거리를 두고 판단하도록 하는 매체였다.[3] 당시 프랑스에서 남편이 아내의 일탈을 어느 정도까지 침묵 속에서 관용해야 하느냐는 지극히 사적인 문제였다. 그 규범이 공공연하게 발화될 수 없었기 때문에, 모든 사람은 자기 나름의 방법을 발견해야 했다.

고그는 신부의 임신을 알아챈 뒤 오랫동안 고통 속에서 헤맸던 것 같다. 그리고 그는 최초로 분노를 폭발시킨 뒤에 신부와 화해하려 했던 것으로 보인다. 그러나 그는 수치심과 분노를 억제할 수 없었다. 행복한 결혼은 그에게 높은 우선순위 목표였던 것이다. 그러나 이혼이 불가능한 사회에서 고그가 발을 한번 잘못 디디자, 그 목표는 도달할 수 없게 되었다. 처음에 그는 아버지의 충고에 따라 사태를 수습하려 했다. 그러나 아버지가 그에게 발화하라고 충고한 이모티브(신부와 장모에게 사과하는 것)는 원하는 효과를 낳지 않았다. 그렇듯 관리 노력이 실패하자, 고그는 결국 다른 길을 선택하고 말았다. 신부에 대한 고그의 폭행은 그녀에게 새로운 행동 노선을 강요하기 위해서가 아니었던 것 같다. 그것은 단순히 고그가 그녀가 자신에게 알면서도 부과했다고 믿은 감정고통에 상당하는 감정고통을 그녀에게 부과하는 방법이었던 것 같다. 고그는 그 일이 스캔들이 된다 해도, 그녀는 당할 만하다고 생각했을 것이다.

그런 종류의 명예 코드는 엄격성과 유연성을 결합시킨다. 금지를 공공연하게 위반한 사람에게는 가혹한 처벌이 기다린다. 공개적인 비난, 가십, 그리고 고그와 그의 신부(그녀도 규범으로부터 이탈했다)와 같은 일탈자들의 망신은 많은 삼자들에게 강력한 목표 충돌을 유도한다. 그러나 겉치레를 능숙하게 유지하는 사람은 개별적인 타협의 수많은 길을 항해할 수 있다. 당시의 사법 기록은 그 다양한 양상을 드러내준다. 수년 동안 떨어져 사는 부부도 있었고, 한 달에 며칠 동안만 함께 지내는 부부도 있었으며, 섹슈얼리티와 무관하게 결혼한 부부도 있었다. 다만 그들 절대 다수는 침묵했다. 그래서 아는 사람도 적었다. 절대 다수는 또한 법원 기록에 아무런 흔적을 남기지 않았다. 법원까지 간 부부들은 무언가 잘못된 경우였다. 부부 중 한 명이 묵시적인 합의를 위반했거나, 마음이 변한 경우가 그렇다(Reddy 1993, 1997b). 그 모든 경우에서 결정적인 것은 남편의 선택이었다. 남편은 아내에게 자신과 함께 살도록 법적으로 강요할 수도 있었고, 부정을 저지른 아내를 고소하여 감방에 보낼 수도 있었다. 그러나 남편이 집 바깥에서 행하는 부정은 불법이 아니었고, 심지어 용납되기도 했다.

이미 언급하였듯이, 아부루고드는 아울라드 알리족에 대한 중요한 감정 연구에서 40대 초반의 라시드와 그의 둘째 부인인 20대 초반의 파이가의 어려운 혼인생활을 검토했다. 라시드는 파이가에 대한 과한 선호를 숨기지 못했다. 그러나 파이가는 중년의 남편에게서 역겨움만을 느꼈다. 파이가는 도망쳤고, 라시드는 그녀를 되찾기 위하여 할 수 있는 모든 것을 다했다. 이 과정에서 그는 파이가의 도주를 모욕으로 받아들였던 그녀의 친척들을 분노케 했다.

파이가가 그녀의 내밀한 감정을 표현하기 위하여 암송한 기나와는 사실 이모티브의 형태를 띠고 있다(이는 아부루고드의 연구에 인용된 다른 기나와도 대부분 마찬가지다).

그대, 오 사랑하는 이여 실망하려는가
그리고 운명이 아닌 것에 대하여 싸우려는가……

나의 가슴 위에 나는 올려놓으리

내가 죽지 않았음에도, 비석을, 오 사랑하는 이여……

새로운 사랑의 만남이 허락되지 않는다면

내 마음의 아픔은 지속되리, 오 사랑하는 이여……

(Abu-Lughod 1986: 217~219)

아부루고드는 기나와를 강력한 일탈적 감정들을 창조적으로 지배하는 존재로 자아를 내세우는 수단으로 해석했다. 감정을 다스리는 능력은 명예로운 독립성이라는 이상에 핵심적인 요소로서, 수많은 아울라드 알리족이 갖기를 열망하는 가치였다. 이모티브 개념에 준거하면 기나와를 다르게 해석할 수 있다. 그것을 아울라드 알리족 감정체제의 결정적 규범인 강인하고 명예로운 독립성으로부터 이탈하는 감정 상태를 개개인이 스스로 규율하는 강력한 수단으로 파악할 수 있는 것이다. 중요한 것은 그 이모티브가 언제나 계획대로 작동하는 것은 아니라는 점이다. 아울라드 알리족의 많은 여성들은 기나와를 자신이 숙달하려는 감정을 표현하기 위하여 사용했는 데 반하여, 파이가는 결국 자신의 일탈적인 감정에 충실하게 행동했다. 그녀는 남편으로부터 도망쳤고, 추후에는 그녀가 원하는 남자와 여러 날 밤을 함께 보냈다.

이모티브 개념을 채택함으로써 우리는 첫째, 기나와가 "진정한" "실제" 감정을 표현해주지 않는다는 아부루고드의 주장을 받아들일 수 있다. 둘째, 그러나 우리는 기나와가 단순한 자기규율을 넘어서는 것이라는 점도 알 수 있다. 기나와가 험난한 바다를 항해하는 데 중요한 역할을 수행하기 때문이다. 기나와는 숙달 능력을 보장하거나 과시하는 데 기여할 수도 있지만, 그것이 발휘하는 자아-탐색 효과는 비순응적인 감성을 강화시킬 수도 있다.

위에서 제시한 이모티브 이론과 항해 개념은, 어떤 감정체제이든 성공적이기 위해서는 개인적인 변이에 광범한 여지를 제공해야 한다는 점을 말해준다. 고그의 결혼 이야기는, 변이를 숨겨야 하는 일탈로 만들고 남자보다 여자에게 더욱 엄격한 기대를 부과하는 체제가 사람들에게 얼마나 높은 대가를 요구하는지 보여준다. 항해의 어려움은 공공연하게 인정되고 허용되어야 하며, 모든 사람들을 동등하게 대우해야 한다. 대안과 결과에 대한 표현적인 세공細工 가능성 — 높은 우선순위 목표들의 변동에 열어놓을 자유 — 은 목표 충돌과 감정고통을 완화하고 감정의 항해를 돕는다.

명예 코드가 은폐를 통한 규범 이탈만을 허용하는 곳에서 사람들은 흔히 비공식적인 감정 피난처를 만들어낸다. 감정 피난처는 사람이 최소한 그곳에서만은 일탈적인 감정을 공개적으로 표출하고, 때로는 일탈적인 욕망을 실현할 수 있는 관계이다. 그런 종류의 장치는 19세기 초 프랑스의 남녀 관계에서 아주 흔했다. 그 관계는 남매 사이 같기도 하고 막역한 친구 사이 같기도 했다(Vincent-Buffault 1995; Houbre 1997; 이 책의 제7장, 제8장). 그리하여 우리는 고그의 아버지가 아들에게 취한 행동을, 신부가 침묵을 지키는 한 그녀의 혼외관계를 눈감아주라고 충고한 것으로 해석할 수 있다. 당시 프랑스에서 사랑에 기초한 결혼은 널리 인정되고 있었지만, 아직은 보편적인 규범이 아니었다. 고그가 꽃으로 가득한 정원에 들어간다고 말한 것은, 그가 연애결혼의 규범을 수용했음을 보여준다. 그러나 중매결혼은 여전히 생생한 규범이었고, 그 규범 안에서 사람들은 혼외관계를 다양한 방식으로 만들어갈 수 있었다(이는 18세기 귀족의 결혼생활과 유사한 것이다). 고그가 그런 행동 방식을 받아들였더라면, 그의 결혼생활은 감정 피난처가 되었을 것이다.

다만, 그것은 부부 모두 사랑의 부재를 받아들이는 피난처였을 것이다. 더욱이 두 사람 모두 각자의 혼외관계에서 추가적인 피난처를 찾았을 것이다. 내가 강조했다시피, 당시 프랑스에서 그런 선택들 중 어느 것도 쉽거나 직선적이거나 표준적이지 않았다. 모든 관계는 그 자체로 고유했다.

아부루고드의 연구를 보면, 아울라드 알리족에게는 19세기 초의 프랑스와는 매우 다른 감정 피난처가 존재했던 것으로 보인다. 서로에게 거리를 두고, 감정적으로 독립적이며, 각자의 분리된 역할에 충실한 배우자 사이의, 심지어 낭만적으로 보이기까지 하는 애정 관계가 그것이다. 물론 그곳에서도 관계는 부부의 합의에 따라 다르고, 부부마다 독특했다. 따라서 라시드의 문제는 파이가에 대한 애정을 숨기지 못했다는 것뿐만이 아니라, 젊은 아내에게서 그에 대한 동의를 얻어내지 못한 것에 있었다고 할 것이다. 아부루고드의 연구를 보면, 걱정해주는 친구들 앞에서 전남편에 대한 그리움을 공개적으로 토로한 이혼한 아내도 있었다. 그녀는 추후 전남편이 돌아왔을 때에도 그녀의 기쁨을 결코 숨기지 않았다. 그렇게 그녀는 두 가지를 위반했다. 그녀는 자신의 감정에 저항해야 했지만 자기감정에 굴복했고, 그것을 숨기지도 못했던 것이다. 명예 코드가 지배하는 곳에서 은폐는 온갖 종류의 타협, 즉 수많은 흥미로운 해안과 안전한 항구로 항해하기 위한 즉흥성의 풍부한 장을 허용한다(사실 이것이야말로 영어의 명예와 그에 해당하는 프랑스어가 실제로 의미하는 바이다). 동시에 각 개인은 나름의 해법을 만들어낼 여지를 갖는다.

세상 경험이 거의 없던 젊은 여성인 피카르와 파이가는 부모의 권위에 의하여 잘 알지도 못하는 남자에 대한 장기적인 성적 예속 관계 속에 밀어 넣어졌다. 두 사람 모두에게 결혼의 규범은 충성스러운 협력, 고된 노동, 자녀의 생산, 남편의 권위에 대한 종속을 의미했다. 19세기 초 프랑스의 경우 기독교의 가르침, 감성적인 소설의 유통, 셀 수 없이 많은 멜로드라마와 노래의 인기 때문에, 중매결혼의 규범과 첨예하게 대립되는 낭만적 사랑의 이상이 혼인에 틈입했다. 아울라드 알리족의 경우에는 결혼에 대한 불법적인 대안으로서의 낭만적 사랑이 19세기 초의 프랑스만큼 두드러지지 않았다. 그러나 그들에게도 낭만적 사랑은 전통적인 시가의 플롯을 통하여 잘 알려져 있었다. 두 지역 모두에서 그 결과는 중매결혼과 연애결혼의 혼합이었다. 그리하여 대단히 어려운 상황이 전개되었고, 신혼부부들은 심각한 목표 충돌과 감정고통에 직면할 가능성이 높았다. 그리하여 정치적 억압이란, 명예 코드를 공공연하게 위반하면 의당 치욕을 겪게 되는 상황에서 자기-관리 도구들을 사용하느냐 아니면 전혀 모르는 성격의 남성 파트너를 모 아니면 도의 심정으로 받아들이느냐, 그 두 가지 중에서 하나를 선택해야 하는 냉혹한 상황 그 자체다.

나는 인간 사회가 시간이 지나가면 점진적으로 그리고 불가피하게 개인에게 보다 우호적이고 보다 신사적인 사회조직으로 나아간다는 단순한 진보 사관을 옹호하고 있는 것이 아니다. 또한 나는 비서양 사회들이 그러지 않아도 모욕과 모욕의 공포에 짓눌린 채 살아가고 있는 사람들에게 또 하나의 모욕을 추가했다고 비난하려는 것도 아니다. 나는 단지 두 가지를 인정하자고 주장하는 것이다. 첫째, 위 사건의 주인공들은 명시적인 정치적 불만을 발화하지 않았음에도 불구하고 보다 나은 삶의 방식을 발견하기 위하여, 그리고 지배적인 규범을 개인적으로 변형시키기 위하여 투쟁하고 있었다. 둘째, 그 투쟁과 그 항해가 바로 우리 자신의 투쟁이고 항해이다.

그 두 가지를 인정하면 감정의 정치적 의미를 충분히 고려한 감정의 역사를 서술할 수 있다. 그 역사는 근대 서양이 가장 늦었지만 완벽에 가장 가까운 역할을 수행한 역사가 아니다. 그 역사는 서양의 역사가 세계사적 차원의 파란만장하지만 전도유망한 실패, 그 가능성이 그 실패의 광대함에 근거한 실패를 기록하는 역사이다. 일부 대안들보다는 나은 문명, 집단적인 노력의 결실이기는 하지만 궤도로부터 일탈한 한 문명이 항해의 변화를 기다리고 있다.

제2부

역사 속의 감정
: 1700~1850년의 프랑스

제5장 감상주의의 만개 1700~1789

1692년 루이 14세는 사촌인 사르트르 공작에게 자신의 사생아 중의 한 명인 드 블루아 양과 결혼하라고 요구했다. 이는 공작과 그의 부모에게 심각한 타격이었었다. 결혼이 발표되기로 예정된 날 공작의 어머니는 왕의 침실 밖 복도에서 분노에 겨워 흐느꼈다. 사람들이 그 모습을 목격했다. 그날 저녁 만찬에서 그녀와 공작은 힘을 되찾고 겨우겨우 예의 있는 모습을 보였다.

왕은 완전히 정상적인 모습이었다. 사르트르 공작의 어머니는 아들 곁에 앉아 있었지만, 그녀는 아들을 보지도 않고 남편을 보지도 않았다. 그녀의 두 눈에는 눈물이 가득했다. 가끔씩 눈물이 얼굴 위로 흘러내리면, 그녀는 눈물을 훔치면서 사람들 얼굴을 하나하나 바라보았다. 그들이 어떤 표정을 짓고 있는지 보려는 듯했다. 아들의 눈도 벌겋게 충혈되어 있었다. [……] 왕은 자기 앞에 놓인 음식을 거의 모두 부인에게 권했지만, 그녀는 거칠게 거절했다. 그러나 그녀의 그런 태도는 왕의 계획을 연기시키지도 못했고, 왕의 평온한 마음을 흔들어놓지도 못했다.

만찬이 끝날 무렵 모든 사람이 일어나서 루이 14세를 둘러쌌다. 원의 한가운데서 왕이 사르트르 부인에게 머리를 깊숙이 숙였다. 왕이 몸을 숙이는 순간, 부인은 몸을 돌려 문을 향하면서 발을 빠르게 내디뎠다. 왕이 고개를 들었을 때 자신의 뒷모습만 볼 수 있게 하려는 듯했다 (Saint-Simon 1947~1961: I, 35). 그녀의 태도는 왕을 당황하게 만들기는커녕 왕의 계획에 완벽하게 들어맞았던 것 같다. 왕은 그녀의 감정을 지배하려 하지 않았다. 루이 14세에게는 그녀가 예의를 갖추고 최소한의 동의를 표현함으로써 왕에게 복종하는 것만으로도 충분했다. 내면의 복잡성에 관심이 없기로는 당대의 문학들도 루이 14세 못지않았다. 예컨대 몰리에르의 『돈 주앙』(1665)은 악명 높은 그 바람둥이 귀족이 수많은 여성을 유혹하던 그의 매력이 무엇인지 말해주지 않는다. 여자들이 그에게 끌린 것은 사실로서 주어져 있을 뿐이다. 여자들의 감정역시 격정적인 것으로 묘사되지만 탐구되지는 않는다. 플롯도 돈 주앙의 매력이 야기한 갈등에 집중한다. 라파예트의 선구적인 작품 『클레브공작부인』(1678)에서조차 주인공들은 갑작스럽게 사랑에 빠진다. 그에 대한 설명도 없고, 이해도 없다.

그로부터 백 년 뒤 문학과 정치는 상전벽해를 보여준다. 쇼데를로 드 라클로의 『위험한 관계』(1792)는 성격상 감정적인 것인 유혹의 수단을 묘사하는 데 수백 페이지를 할애한다. 위선적인 발몽은 그의 먹잇감인 아름답고 독실한 투르벨이 그가 가난한 사람들을 얼마나 이타애적 benevolent으로 대하는지 목격하도록 고의로 일을 꾸민다. 더 나아가서 그는 그녀가 그의 감수성, 즉 그의 감정적 예민함, 그녀를 사랑하는 능력, 그녀에 의해 변화될 가능성을 확신할 수 있도록 일을 꾸민다.

1789년 여름 프랑스 삼부회가 왕국의 헌정체제를 영구히 변혁하기 위해 움직이고 있을 때, 제르멘 드 스탈 부인은 프랑스인들이 인위적으로 행동하지 않는 것에 크게 기뻐했다. "**진지하고 사심 없는 열광**이 모든 프랑스인을 움직이고 있다. 모든 곳에 공적인 정신이 자리 잡았다. 상층도 그렇다. 그 모든 사람들 중 최고는 나랏일을 결정하는 데 국민의 의지가 중요하게 작용하기를 **가장 열렬하게 소망하는** 사람들이다"(Staël 1818: 114~115).[1] 그녀의 어머니 네케르 부인은 사람들이 감정에 대하여 계속해서, 그것도 진지하지 않게 말하는 것에서 깊은 불안감을 느꼈다. "조국에 대한 사랑, 인간애, 기타 무의미한 말들은, 사람들이 자신의 둔감함을 감정의 베일로 가리기 위해 만들어낸 것이다"(Diesbach 1983: 90). 모녀의 의견은 엇갈리지만, 두 사람은 진지한 감정이 정치적으로 극히 중요하다는 신념을 공유하고 있었던 것이다.

그러나 감정의 정치적 역할은 로베스피에르가 몰락한 뒤에 의문에 붙여졌다. 그의 몰락 이후 몇 년이 지나지 않아서 감정에 대한 지배적 견해가 근본적으로 변했고, 감정이 한때 수행했던 역할이 은폐되고 부인되었다. 감정의 삭제는 최근까지 이어졌다. 로베스피에르가 실각한 1794년부터 현재에 이르기까지 계몽주의는 과학, 합리성, 사회계약론, 자연권에 대한 논의로 제시되었고, 프랑스혁명은 그 새로운 이념을 적용하려던 잘못되어버린 시도로 파악되었다. 혁명의 발발과 "공포정치"로 불린 혁명의 과격한 국면은 사회적인 틀로 설명되었다. 1793~1794년의 자코뱅 공화국은 노동하는 빈자들이 참여 민주주의를 강요하고 폭력과 약탈에 의하여 사회적 위계를 평균화하려던 실패한 시도로 해석되었다. 사실 자코뱅은 빈민들 그 자체에 별 관심이 없었다. 그들에게 중요 했던 것은 자연적인 도덕적 감성이었다. 다만, 자연적 감성에 보다 가까 운 계층은 빈민이라고 여겨졌다. 영화산업 역시 18~19세기 유럽의 분 위기를 호도했다. 당대에 발표된 교훈적인 이야기와 패러디물만이 영화 화된 것이다. 예를 들어서 헨리 필딩의 『톰 존스』, 라클로의 『위험한 관 계』, 제인 오스틴의 『분별과 감수성』은 영화화되었지만, 새뮤얼 리처 드슨의 『파멜라』, 피에르 마리보의 『마리안의 생애』, 베르나르댕 드 생 피에르의 『폴과 비르지니』, 스탈 부인의 『델핀』은 도외시되었다.

최근의 연구에서도 프랑스혁명은 서양사의 이례적인 순간으로 나타 난다. 그러나 혁명에 이르기까지 수십 년 동안 감정은 국가의 창건과 정 치 행위에서 이성만큼이나 중요시되었다. 1794년 이후 감정의 정치성 이라는 이념이 거부되고 그에 대한 기억마저 삭제되었던 것인데, 그 여 파가 오늘에까지 이어지고 있는 것이다. 사실이지 프랑스혁명은 이모티 브 이론의 유효성을 검증하기에 아주 적절한 사건이다. 이는 혁명이 그 자체로 너무나 중요하기 때문이기도 하고, 그동안 이루어진 새로운 연 구들이 혁명의 당황스러울 정도로 새로운 면모들을 부각시켰기 때문이 기도 하다. 혁명의 그 놀라온 새로운 면모들을 적절히 해석하기 위해서 는, 감정 관련 텍스트들을 정밀하게 읽는 것, 혹은 감정에 대한 상식이 1650년부터 1789년에 이르는 시기에 점진적이면서도 철저히 변화하고 1794년 이후에 다시 빠르고 과격하게 변화한 과정을 십 년 단위로 추적 하는 것만으로는 충분치 않다. 그 새로움을 적절히 해석하기 위해서는 역사적 설명에 적절하게 이용될 수 있는 감정 이론이 필수적이다. 감정 의 변화 과정을 선구적으로 연구한 역사가 중의 한 명인 조앤 드장은 우 리가 직면한 어려움을 다음과 같이 표현했다.

근대의 주체성 위기는 우리를 말과 사물의 관계에서 중심적인 그 영원히 곤혹스러운 질문으로 돌려보낸다. 현상은 그것을 기술하는 말에 앞서 존재할 수 있는가? 이 경우에 우리가 질문해야 하는 것은, 프랑스인들이 **감정, 감성, 감수성**(새로운 감정 어휘 목록의 핵심어들)과 같은 단어를 사용하면서 스스로 과거와 다르게 **느꼈느냐**는 것이다. 의학, 문학, 신학 등 다양한 개별 영역에서 발견된 증거들은 프랑스인들이 실제로 과거와 다르게 느꼈다는 것, 혹은 오늘에 와서 말하자면, 적어도 프랑스인들이 그때까지 기록되지 않았던 새로운 감정적 가능성들에 접근할 수 있게 되었다는 것을 보여준다(DeJean 1997: 93).

드장은 그 문제를 더 이상 추적하지 않았지만, 우리는 그런 종류의 질문에 대하여 이제는 전혀 새로운 각도에서 접근할 수 있다. 이모티브 이론에 따르면, 단어의 의미가 바뀌면 그 단어의 이모티브 효과도 변화한다. 이 명제는 우리가 특정 인물이 무엇을 느꼈는지 정확하게 적시할 수 없다고 하더라도 성립된다. 게다가 우리가 이미 설명하였듯이, 이모티브 이론은 우리로 하여금 그 변화의 정치적 의미를 검토하고 새로운 감정관과 결합된 정치에 대하여 찬성하거나 반대하는 판단을 내리도록 해준다.

200년 전에 제르멘 드 스탈은 드장의 질문을 완벽하게 이해했을 것이다. 그리고 말과 사상은 감정을 교육시키고 풍부하게 만들어준다고 쉽게 대답했을 것이다. 실제 그녀는 『사회제도와의 관계에서 고찰한 문학』(1800)에서 유럽 감정사를 개관했다. 그 장대한 서사에서 그녀는 기독교가 처음으로, 그다음에는 북방 민족들의 정신이 고대인들의 오도된 금욕주의를 개혁했으며, 궁극적으로 근대 소설이 남녀 간의 "사랑 속의 우정"이라는 "인간 최고의 감성"을 주입하기 시작했다고 썼다(Staël 1800: 100, 176). 그녀는 기독교의 도입을 논하는 문장에서 언어와 감정 간의 긴밀한 내적인 관계를 다음과 같이 밝혔다.

인간의 행복은 그가 사랑하는 대상의 독립성과 함께 커진다. 그 대상이 전적으로 독립적인 존재이어야만, 인간은 자유로운 존재가 그를 선택했다고, 자유로운 존재가 그의 욕망에 복종한다고, 자신이 진정한 사랑을 받고 있다고 믿을 수 있다. **정신의 지각, 가슴이 느끼는 뉘앙스는 그 새로운 영혼들의 이념 및 인상들과 함께 몇 배로 증폭된다.** 너무나 오랫동안 시들어가던 영혼이 새로운 도덕적 삶을 시험하는 것이다(Staël 1800: 171 강조는 필자).

스탈 부인은 "새로운 영혼들"이 새로운 이념으로부터 자라나는바, 그 이념은 여느 이념이 아니라 자유롭게 선택되고 자유롭게 표현되는 사랑에게만 열리는 이념이라고 주장한 것이다. 스탈의 주장은 스퀴데리로부터 라파예트, 리코보니, 울스턴크래프트에 이르는 여성 작가들이 150년 동안 경주했던 노력과 성찰의 열매였다. 스탈의 『사회제도와의 관계에서 고찰한 문학』은 그 흐름의 마지막 표현 중 하나였다. 그러나 그녀가 망명지 스위스에서 그 글을 쓰고 있을 때, 프랑스 파리는 그 기억을 이미 삭제하고 있었다. 스탈의 목적론적인 전망을 논외로 한다면, 그녀의 의제는 모방할 가치가 있는 야심찬 것이다. 그것은 감정의 역사와 그 정치적 의미를 탐구하도록 우리를 자극한다.

1660년에서 1789년에 이르는 시기의 감정사에는 네 가지 특징이 있었다. 첫째, 귀족적인 명예 코드가 루이 14세의 빛나는 베르사유 궁전에 부과된 새로운 예절 및 처신 규범에 의하여 공고화되고 정교해졌다. 모든 명예 코드에 내장된, 위반을 숨기기만 하면 묵인해주는 경향은 그 시기에 극단으로 치달았다. 가시적인 행동을 지배하는 형식적 규칙이 전례 없이 정교해지는 가운데, 은폐된 위반을 묵인해주는 경향이 몇 가지의 전형적인 행동 유형으로 표출되었던 것이다. 수 세기 동안 귀족 정체성의 핵심이었던 명예 코드는 어느덧 절대 군주의 통치 수단으로 변질되어 있었다. 루이 14세는 귀족들의 일부는 후원하고 다른 일부는 배제하는 전략적인 변덕을 이용하여 귀족들을 지배했다. 그리고 루이는 감정고통을 유도함으로써 자신의 권력을 극적으로 강화할 수 있었다. 왕은 자의적인 힘을 지극히 계산적으로 과시함으로써 관료제적인 통치를 뒷받침했고, 그에 따라 프랑스는 역사상 최초로 법과 질서를 알게 되었다. 그러나 그 법과 질서는 강제력의 변덕스런 과시에 의해 유도된 감정고통에 기초했다.

둘째, 힘에 의해 평화화된 왕국에 새로운 형태의 사회성이 나타났고, 그것은 갈수록 정교해지는 명예 코드에 대한 감정 피난처를 제공했다. 그 사회성은 위반을 은폐하는 것(명예 코드 체제의 승인된 감정 피난처)으로 더 이상 만족할 수 없던 사람들에게 호소력을 발휘했다. 그곳에 나타난 사람 중에는 루이 14세에 의해 유도된 감정고통에 시달리던 사람이 많았다. **프레시외즈**précieuses라 불리던 세련된 귀부인들은 살롱을 열었고, 살롱에 모여든 소집단은 외부의 엄격한 사교 규칙과는 아주 다른 친밀성을 추구했다. 처음에 그들은 미학적인 쾌락을 추구했지만, 곧 지적인 쾌락으로 넘어갔다. 그곳에서 귀족과 평민, 부유한 후견인들과 무일푼의 작가들이 뒤섞여서 우애의 평등을 나누었다. "취향"에 따른

성적 만남이 예찬되는 살롱도 있었다. 또한 18세기 초에 프리메이슨이 확산되기 시작했다. 프리메이슨은 엄격한 사회적 구분을 횡단하는 남자들만의 따스한 동료애 모델을 제공했다. 살롱과 살롱, 프리메이슨과 프리메이슨은 통신을 통하여 연결되었고, 편지는 새롭고 따스하고 친밀한 음조를 띠었다.

셋째, 인간 본성에 대한 새로운 낙관주의가 확산되었다. 그 낙관주의는 부분적으로는 인간 이성에 대한 새로운 신뢰에 기초했다. 그러나 만인이 보편적으로 느낄 수 있는 자연적인 감성이야말로 덕성의 진정한 토대라는 믿음, 그 감성이 정치 개혁의 기반이 되어야 한다는 믿음 역시 그 낙관주의를 뒷받침했다. 낙관주의자들은 그 믿음을 살롱, 프리메이슨, 인쇄물, 아카데미, 예술을 통하여 확산시켰다. 기실 그 새로운 친밀한 모임들 자체가 긍정적인 자연적 감정의 힘을 생생하게 증명하는 것으로, 미래의 보다 행복한 사회질서의 모델로 간주되었다. 넷째, 새로운 매력적인 감정 피난처 모델들이 소설, 연극, 회화, 오페라를 통하여 확산되었다. 그 모델들은 새롭고 중요한 형태로 나타났던바, 연애결혼, 자애로운 아버지, 열대의 섬이나 신대륙의 광야에 존재한다고 상상되던 자연적인 공동체도 그에 속했다. 그리고 문학과 예술은 감정 피난처가 부서지기 쉽다는 점과 감정 피난처를 찾는 데 실패할 경우 끔찍한 결과가 초래된다는 점을 거듭해서 강조했다.

앞서 언급한 대로, 이 시기는 통상 "이성의 시대," 즉 새로운 자연과학이 확산되고 사회계약론과 수요와 공급의 법칙과 같은 새로운 정치경제 이론이 높은 지위를 획득한 시대로 해석되어왔다. 최근 들어 역사가들은 출판 산업에 의해 열성적으로 뒷받침되던 새로운 독서하는 공중, 그림 전시회, 도서관, 카페 등의 새로운 공적 기관에 집중하고 있다.

하버마스에 따르면 살롱, 프리메이슨, 사적인 통신 네트워크 등은 "새로운 공적 영역"의 핵심 기관이다. 그런 시각에서 보면, 혁명은 새로운 정치 이념을 현실화하려는 일치된 시도라기보다 그 공적 영역이 낳은 새로운 정치적 실천(새로운 "정치문화")의 귀결이다.

내가 강조하고 싶은 것은, 그 새로운 실천들(전부는 아니다)이 입각하고 있던 특수한 감정적 성격, 감정을 선한 힘으로 바라보는 새로운 관점, 감정표현과 친밀성에 대한 열광 등이 당대를 지배하던 명예 코드에 대한 감정적 피난처였으며, 그 피난처가 혁명으로 이어지거나 혁명에 뒤이어 나타난 사건들에서 핵심적이었다는 점이다. 나는 그 모든 현상들을 "감상주의sentimentalism"로 통칭하고자 한다. 나는 이제 이모티브 이론과 관련 개념들을 이용하여 그 감상주의의 역사적 전개를 간결하게 정리하려 한다. 그렇게 하면 그동안 이해되지 않았던 그 시대의 몇몇 측면을 새로이 설명할 수 있을 것이다.

결정적인 것은, 이모티브 이론이 옳다면 인간 본성에 대한 감상주의의 견해는 그릇된 것이라는 점이다(지금 나는 감상주의의 관점이 "그릇된 것"이라고 말함으로써, 감정 문제에 대한 상대주의적인 관점과 의도적으로 결별하고 있다). 이모티브 이론에 의거하면 또한 감상주의가 그릇된 것임에도 불구하고 어떻게 그토록 광범하고 열렬한 지지를 얻을 수 있었는지, 어떻게 감상주의가 감정관리에 대한 감상주의의 그릇된 주장을 더더욱 폭발적으로 만들었는지 파악할 수 있다. 대부분의 역사가들이 인식하지 못하지만, 사실 프랑스혁명은 이타애적인 개혁 제스처를 수단으로 하여 프랑스 전체를 일종의 감정 피난처로 변모시키려던 노력으로 시작되었다. 감정이 무엇인지 오해하는 동시에 국가의 물리력을 투입하여 이타애benevolence와 박애generosity를 확산시키려는 역설적인 시도가 전개되자, 1789년에 설계되었던 감정 피난처들은 4년 만에 공포정치라는 악성의 감정고통으로 귀결되고 말았다.

제6장 마지막 절에서 나는 감정에 대한 18세기의 긍정적인 견해와 감정에 부여된 유토피아적인 정치적 희망이 공포정치의 종말 이후 어떻게 단호하게 거부되는지 보여줄 것이다. 인간의 삶에서 감정이 수행하는 역할에 대한 새로운 비관주의는 그렇게 시작되었다. 그 양상이 제7장의 주제이다. 그러나 부인된 것은 감정만이 아니었다. 감정이 역사에서 수행한 역할 역시 간과되고 부인되었다. 지적 프로그램 및 정치적 프로그램으로서의 감상주의도 거부되고 망각되었다. 감상주의는 역사가들이 최근에 재발견하기(그 작업의 대부분은 젠더에 대한 새로운 관심에 의해 촉발되었다) 시작할 때까지 역사책에 삭제되어 있었다.

1. 절대주의 군주정의 명예 코드와 감정 피난처

18세기 프랑스인들은 정부, 종교, 가족의 권위 체계가 새롭게 정제된 감정표현 규범에 의해 뒷받침되는 사회에서 살았다. 그 새로운 규범은 당시에 "예절civility"로 불렸다. 역사가 로베르 뮈샹블레는 루이 14세의 치세가 끝난 시점(1715년)의 프랑스를 "경찰사회"로 칭했다 (Muchembled 1998). 당시의 프랑스가 관료제적으로 통제되던 효율적인 관리들과 효율적인 개인 규율에 의하여 관리되고 있었다는 뜻이다. 그 맥락에서 감상주의 이념이 권장하는 감정표현들은 체제에 의하여 엄격하게 금지된 어떤 것으로 제시되었다.

1450년부터 1650년까지 200년 동안 프랑스의 왕들은 막강한 귀족들을 무릎 꿇리기 위하여 그야말로 투쟁해야 했다. 광대한 재산과 후견인 집단을 보유하고 있던 대귀족들은 거듭하여 나라를 파괴적인 내전 속으로 밀어 넣었다. 그 마지막이 루이 14세가 미성년이던 시절 대귀족들이 왕의 섭정에 대하여 일으켰던 1648~1652년의 프롱드난이었다. 성년이 된 루이 14세는 대귀족의 봉기를 두려워하였고, 그래서 고위 귀족들을 베르사유 궁전에 항구적으로 거주하도록 했다. 직접 눈으로 감시하기 위해서였다. 궁전에서 루이는 귀족들에게 정교한 의례와 예절 코드를 부과했다. 루이가 권위를 중앙화하는 데 성공하고 이어서 베르사유에서 시혜와 처벌을 변덕스럽게 배분하자, 예절 코드가 정치사회적인 상승의 주요 수단이 되었다. 궁정생활에 참여하지 못하는 사람들에게는 대중적인 예절 교본이 예절 코드를 전달해주었다. 그리하여 궁전 밖 사람들도 빠르게, 철저하든 그렇지 않든 결국 궁정 예절에 따르게 되었다.

그 새로운 예절의 출처는 다양했다. 일부는 르네상스 휴머니스트들의 저술이었고, 다른 일부는 귀족 전사 엘리트의 세계였다(Elias 1978; Revel 1986; Muchembled 1998). 그 코드에서 가장 중요한 것은 모욕을 피하는 것이었다. 이는 두 가지 관심과 결합되어 있었다. 하나는 존중의 표식을 통하여 대화 상대를 명예로운 사람으로 인정해주는 것이었고, 다른 하나는 위계의 정교한 구분을 인식시키는 것이었다. 전자는 독립적인 전사 귀족의 성마름과 공격성을 완화하기 위한 것이었다. 후자는 군주가 부과한 통일성의 한계를 반영하는 것이기도 했다(Neuschel 1989). 왕국의 통일성은 각자에게 제 몫을 인정해줌으로써만 확보될 수 있었기 때문이다. 힘 있는 자들이 군주에게 복종한 것은, 그들이 승자로 떠올랐기 때문이었다(Beik 1985). 그들은 한편으로 군주가 하사하는 관직과 연금과 권위에서 가장 큰 몫을 챙겼고, 다른 한편으로 그들을 둘러싼 매너는 혼동의 여지가 없이 분명하면서도 정치精緻한 위계적인 존중의 표식이었다. 위계적인 그 새로운 예법은 나라 전체를 일련의 경멸감의 폭포수들로 조직했다. 루이 14세가 프랑스에 평화를 부여했다면, 그것은 귀족의 휴전이 연장된 형태의 평화였고, 새로운 예법은 그 휴전에 대한 잠정적인 충성을 확인하는 장치였다. 귀족들에게 결투를 종식시키려는 노력의 실패는 군주정의 한계를 지속적으로 상기시키고 있었다(Billacois 1986).

18세기의 군주와 사회는 오늘날의 우리로서는 비상상태에서의 권위로 간주할 수밖에 없는 것을 개개인에게 행사했다. 결혼은 도시든 농촌이든 어느 계층이든 부모에 의해서 맺어졌다. 루이 14세는 가족의 명예와 아버지의 권력을 보호하기 위한 수단을 개발했다. 그는 정상적인 사법 절차를 우회하여 자식을 투옥시킬 수 있는 명령인 **봉인장** 제도를 고안해냈다. 아버지는 이 제도를 이용하여 하녀와 도망쳐서 결혼한 아들을 무기한 투옥시킬 수 있었고, 교회 법정에서 혼인을 무효화시킬 수도 있었다(Daumas 1988, 1996). 봉인장을 이용하면 또한 범죄를 저질렀거나 광기를 보이는 어린아이를 숨기거나 감금할 수도 있었다. 고위 귀족들은 봉인장을 왕의 궁정에서 직접 얻어냈다. 국왕은 관리들에게 보다 낮은 신분에게도 봉인장을 발급해주라고 지시했다. 18세기에 발급된 봉인장은 수천 개에 달했다(Farge & Foucault 1982). 가족의 명예를 보호해주는 그 강력한 무기는 루이 14세에 대한 예속의 대가로 얻은 부수적인 이득이었다.

사회적 지위의 다른 여러 측면들도 제도적으로 고정되고 법에 의해 보호되었다. 도제와 직인은 한편으로는 계약 당사자로 인정받았지만,

다른 한편으로는 장인匠人의 가부장적 권위에 종속된 미성년자 취급을 받았다(Sonenscher 1989). 그리하여 도제가 근무 시간에 작업장 바깥을 돌아다니다가는 체포될 수도 있었다. 직인은 또한 일자리를 구할 때 품행 증명서를 제시해야 했다. 그리고 직인들의 형제회는 불법이었다. 그리고 수도사와 수녀가 행한 선서는 그들의 민사상의 지위를 변경시켰고, 그 지위가 법원으로부터 인정받았다.

이러한 배경을 감안해야 살롱, 문학 통신, 프리메이슨, 형제회, 연애결혼이 감정 피난처로 작동한 것이 납득된다. 그 속에서 사람들은 교류의 상대를 자유롭게 선택했다. 그 관계는 가족, 직책, 지위가 아니라 개인의 능력과 취향에 근거했다. 그곳에서는 완고한 예절이 보란 듯이 무시되었고, 보다 개방적이고 보다 평등한 매너가 지배했다. 그리고 그곳의 매너는 18세기가 흘러가는 동안 점점 감상적으로 되었다(Revel 1986; Vincent-Buffault 1986).

그 새로운 실천들의 일부는 그것을 해설하고 확산시킨 사상에 앞서 출현했다. 프롱드난이 진압된 뒤, 봉기와의 관련 때문에 베르사유로부터 배제된 귀족 여성들 일부가 최초로 살롱을 조직했다. 살롱은 문인들과 친구들이 만나는 정기적인 사교 모임이었다. 그 모임이 낳은 전형적인 성과물이 마들렌 드 스퀴데리의 저술이다. 프롱드난이 끝난 1652년 이후 스퀴데리는 고귀한 영혼의 자연적인 부드러움을 강조하고, "취향"에 따른 남녀 교제를 찬양했다(DeJean 1991, 1997).

18세기 절대주의 체제와 사회에서 지적인 토론은 대단히 힘들었다. 역사학자 굿맨이 지적하였듯이, 그 시절의 상급 학교는 학생들에게 논쟁술을 가르쳤다. 논쟁은 대결적이면서도 개인적인 일이었다(Goodman 1994). 사람들은 논쟁에서 자신의 입장을 방어하는 데 자신의 명예를 걸었고, 그래서 가능한 모든 수단을 동원했다. 논쟁의 모델은 법정에서 벌어지던 쟁송爭訟이었다. 따라서 지위가 서로 다른 남녀가 포함된 모임에서는 중요한 문제에 대하여 논쟁을 피하는 것이 상책이었다. 멜시오르 그림의 촌평을 인용하자면, 팔레 루아얄의 카페나 도로와 같은 공적인 장소에서의 지적인 토론은 "목숨을 건 싸움"이었다. 그곳에서 "가장 존중받는 사람은 가장 목소리 큰 사람이었고, 세련된 정신과 문예의 인물이 짐꾼의 어투와 버릇을 내보였다"(Craveri 1982: 411).

그런 질곡을 피할 수 있는 장소가 18세기의 유명한 문학 살롱들 — 그중 가장 유명한 것은 랑베르 후작 부인, 탕생 부인, 조프랭 부인, 뒤데팡 부인, 쥘리 드 레스피나스, 쉬잔 네케르의 살롱 — 이었다. 살롱에 들어서는 순간 신분의 차이는 잊혀졌다. 살롱에서는 모욕 걱정을 하지 않고도 자기 의견을 제시할 수 있었다. 살롱의 여주인은 각자 고유한 의견을 부추기고 토론이 즐겁게 진행되도록 보장했고, 참석자들은 자신의 견해를 표현할 기회를 얻었다(참석자들은 대부분 남자였다). 여주인들에게도 살롱은 막대한 이점을 제공했다. 살롱은 그들에게 시대의 명예 코드가 여성에게 할당해준 가정 영역으로부터 벗어나지 않으면서도 유사 공적인 역할을 할 수 있도록 해주었다. 여주인들의 살롱 활동은 참여적이고 강렬했다(Goodman 1994).

각 살롱에는 제각각 특징이 있었다. 전기 작가에 따르면, 데팡 부인은 시대의 예절이 요구하던 교묘한 위선에 질려버린 사람으로서 "해가 갈수록 더욱 병적으로 되어간 의심에 고통 받고 있었다." 그래서 그녀의 살롱에서 가장 중요시된 것은 솔직함이었다. 부인의 살롱에 자주 출입하던 사람의 전언에 따르면, 그녀는 "인물이든 작품이든 그녀가 평가하게 된 모든 것에 대하여 가차 없는 솔직함"을 내보였다. 그리하여 데팡 부인은 달랑베르의 "때로는 난폭하기까지 한 정직성"을 높이 평가했다. 그녀가 달랑베르의 협력 속에 정착시킨 솔직함은 젊은 지식인들을 살롱으로 끌어들였다(Craveri 1982: 88). 그녀는 맹목성이 가져오는 "따분함" 및 슬픔과 싸웠다. 그녀의 주된 무기는 편지와 건조한 위트였다.

사람들은 말하기 위해서만큼이나 듣고 경탄하기 위해서 데팡 부인의 살롱을 찾았다. 그들은 조프랭 부인에게는 대화를 자극하는 특별한 능력을 발견할 수 있었다. 장-프랑수아 마르몽텔은 그녀를 다음과 같이 평했다. "그녀는 자신이 아주 잘 아는 것에 대해서만 말했다. 그 외의 모든 것에 대해서 그녀는 무대를 식자들에게 넘겨주었다. 그녀는 다른 이들의 발언에 주의를 기울였고, 심지어 듣고 있지 않은 동안에도 지루해 보이지 않았다." 일주일에 두 번씩 이루어지던 모임에서 "그녀는 대화를 주재하고, 참석자들을 다독이고 관리하는 데 더 큰 재능을 발휘했다."[2] 시인인 앙투안-레오나르 토마는 조프랭 부인을 다음과 같이 찬양했다.

이런 종류의 모임은 억제되지 않아야 살아남을 수 있다. 그러나 그 모임은 민주정적 자유로 인하여 그곳을 물들이고 있는 선동과 운동을 다스릴 힘을 필요로 한다. 내가 보기에, 그런 힘은 여성이 갖는 것이 최선이다. 여성들은 그런 권리를 타고난다. 느껴지기 위해서는 그저 보여주기만 하면 되고, 그래서 아무도 시비를 걸지 않는 그런 권리. 조프랭 부인은 자신이 갖고 있는 그 강점을 이용했다. 그녀의 살롱에는 모든 신분과 모든 종류의 정신들이 다시 만났고, 따라서 어느 한 경향이 지배할 수 없었다(Goodman 1994: 100~101).

그러나 자기를 내세우지 않는 살롱 여주인의 정신을 완벽하게 구현한 인물은 데팡의 제자인 쥘리 드 레스피나스였다. 귀베르 공작은 그녀에 대하여 다음과 같이 평했다.

나는 그 누구도 흉내 낼 수 없는 그녀만의 매력을 이해하려 했다. 내가 발견한 것은 그녀에게는 언제나 자아가 없고, 그녀는 언제나 자연스럽다는 점이다. 〔……〕 그녀는 다른 이들을 기쁘게 해주는 기술의 위대한 비밀이 자기 자신을 잊은 채 다른 사람에게 집중하는 데 있다는 것을 알고 있었다. 그래서 그녀는 실제로 언제나 자기 자신을 잊었다. 그녀는 대화의 영혼이었다. 그녀는 자신을 대화의 주제로 삼지 않았다. 그녀의 위대한 기술은 다른 사람을 돋보이도록 하는 것이었다. 그녀는 그것을 자신을 드러내는 것보다 훨씬 즐거워했다(Goodman 1994: 103).

장-프랑수아 드 라르프 역시 레스피나스에 대하여 경탄조로 말했다. "나는 그녀만큼 자연스러운 지성, 자신의 지성을 과시하지 않으려는 자세, 타인의 지성을 부각시키는 재능을 가진 사람을 본 적이 없다. 그녀보다 손님을 환영하는 방법을 잘 아는 사람은 없다. 그녀는 모든 친구들이 자기 자리에 있도록 하면서도 모두를 만족시킨다"(Craveri 1982: 150). 레스피나스는 1764년에 자신의 살롱을 열고, 달랑베르, 콩도르세, 콩도르세 부인, 쉬아르, 쉬아르 부인이 포함된 모임을 이끌었다. 그들은 깊은 우정을 환영했고, 서로에 대한 애정을 열렬하게 표현했다.

프리메이슨은 1720년 이후 영국과 프랑스에서 빠르게 확산되었다. 그 남자들만의 비밀 모임은 1789년경에 회원 수가 프랑스에서만 3만 명 내지 5만 명이나 되었다(Halévi 1984: 16). 역사가인 모리스 아귈롱은

1789년까지 프로방스의 남성 엘리트 거의 전부가 사회성의 장으로서 종교 단체를 버리고 프리메이슨을 선택했다고 주장했다. 프리메이슨은 고대 그리스 신화 등의 여러 출처에서 가져온 비기독교적인 상징과 의례에 기초했다. 그 단체에 가입하려면 신을 믿어야 했고, 높은 도덕적 기준을 보유해야 했으며, "자기 자신의 주인이어야 했다"(Agulhon 1968: 181).

프리메이슨에는 귀족과 평민이 섞여 있었다. 평민들은 대부분 부유한 사람들이었지만, 그들 중 약 15%는 수공업 장인이었다. 물론 그 장인들이 종사하는 업종은 꽤 괜찮은 업종(예를 들어서 시계 제조업과 가발 제조업)이었다. 프리메이슨 지회에서 수공업자들은 강력한 지방 귀족, 부유한 상인, 변호사들과 평등하게 교류했다. 프리메이슨 지회의 회의와 예식과 연회를 지배하는 것은 흥겨움, 서로에 대한 애정, 상호적인 연대였다. 그것들이야말로 프리메이슨의 존재 이유였다. 회원들은 동료들의 장례식에 필히 참석해야 했다. 회원이 여행을 떠나면 여행지의 지회가 두 팔을 벌려 환영했다. 회원들은 선행을 통하여 인류에 대한 깊은 이타애를 표현해야 했다. 지회는 자선 활동을 펼치기 위해 회원들에게 지속적으로 분담금을 부과했다. 그들은 프리메이슨이 술 먹는 모임에 불과하다는 세간의 비판에 대응하기 위하여 노력했고, 음주를 과하게 좋아하는 지회들을 억압하거나 탈퇴시켰다. 흥겨움은 결코 "점잖음의 한계를 넘어서지 말아야" 했다(Agulhon 1968: 181).

18세기의 살롱과 프리메이슨은 최근 들어서 새롭게 집중적으로 연구되었다(Halévi 1984; Jacob 1991a, 1991b). 역사가들은 그 두 가지가 혁명기의 의회들은 물론 19세기의 공공 영역에서 나타난 숙고 민주주의적 실천들과 평등주의를 예고하는 것이었다고 평가한다. 그러나 유의할 것은, 18세기의 살롱과 프리메이슨은 특별한 감정적 뉘앙스, 다시 말해서 훗날의 숙고 민주주의 기관에 전적으로 결여되어 있던 것이 지배하는 장소였다는 점이다. 1785년에 메쟁에 프리메이슨 지회가 설립되었을 때, 수도 성직자 드 라로슈 부스카는 회원들에게 다음과 같이 말했다.

> 우리는 이곳에서 인간의 모든 욕망과 질투와 열정의 부드러운 조화와 완벽한 평등이 지배하는 것을 보게 될 것입니다. 모든 것을 부패시키는 이기심은 우리의 사랑하는 가슴을 해치지 못할 것입니다. 〔……〕 우리는 한편에는 오만을 낳고 다른 한편에는 증오를 낳을 뿐인 모욕적인 구분법을 만들어내는 대신, 만인을 결합시켜주는 자연의 원초적인 힘이 다시 태어나는 것을 목격하게 될 것입니다(Halévi 1984: 34).[3]

18세기의 프리메이슨에서 평등 이념이 짝을 이룬 것은 자연적이고 부드러운 조화였던 것이다. 프리메이슨 운동 내부에도 물론 위계가 번성했다. 그것은 사실이었고, 의전이 정교하게 다듬어진 곳도 종종 있었다. 그러나 1773년 이후에는 프리메이슨의 모든 직책이 선출직이었다. 프리메이슨의 장점은 "그 단체에 독특한," 필설로 담을 수 없는 특질에 있었다(Halévi 1984: 26, 27).

그 특별한 감정적 색조야말로 프리메이슨을 다른 통로들과 날카롭게 구분시켜주었다. 권력과 영향력과 지위가 과시되던 다른 곳들에서 요구되던 것은 자기통제였다. 흔히 파리의 왕립 아카데미, 지방 아카데미, 루브르의 연례 미술전시회, 대도시의 새로운 카페와 독서실은 살롱, 프리메이슨, 추후에 나타난 실천들의 전례로 거론된다. 그러나 그것들 중 어느 것도 살롱과 프리메이슨에 특징적이었던 피난처의 느낌, 경계심을 늦춰도 되는 그 느낌을 제공해주지는 않았다.

우리는 오히려 연애결혼과 새로운 우정을 18세기에 확산된 감정 피난처의 목록에 포함시켜야 한다. 모리스 도마가 지적하였듯이, 사랑의 이상은 16세기부터 18세기까지 거의 변하지 않았다. 르네상스로부터 18세기 말까지 사랑에는 다섯 개의 특징이 부여되었다. (1) 사랑하는 사람에게 자기보다 높은 지위를 부여하는 경향 (2) 지조 (3) 연인 간의 평등 (4) 상호성 (5) 배타성. 도마가 보기에 16세기부터 18세기에 이르는 기간 동안 변한 것은 사랑의 이상과 현실 맥락 간의 관계였다. 18세기 이전에 연인들은 신의 보호를 불러내거나 자신의 취약성을 한탄하는 방식으로 사랑을 설명했다(Daumas 1996; Febvre 1944).

1700년경이 되자 사랑은 자체적인 도덕성을 구비하게 되었고, 오히려 여타의 관습적인 도덕 규범을 무력화시키는 근거로 호명되었다. 과거에 사랑, 특히 열정적인 사랑은 결혼과 양립적인 것으로 파악되지 않았다. 결혼은 경제적, 정치적, 가족적 고려에 의하여 결정되는 제도였다. 1700년이 되면 사랑은 결혼에서 이상의 지위를 획득했다. 사랑은 우정과 섹슈얼리티가 결합된 것이 되었고, 가족애로 연결되었다. 과거에는 여성들이 연애편지를 쓰면서 여자는 일관성이 부족한 존재라는 주장에 동의했지만, 이제 여성들은 자기만은 예외라고 주장했다. 1700년경에 여성적인 부드러움이 사랑의 이상적인 형태가 되었고, 남자는 자기 여자를 사랑함으로써 여성성 그 자체를 사랑하게 되었다.

이런 변화들은 감상주의와 완벽하게 일치한다. 모리스 도마가 제시한 증거는 물론 일화적인 것들뿐이다. 그가 제시한 증거는, 소중하기는 하지만 몇 통 안 되는 은닉되었던 연애편지와 잘 알려진 연애 사건들이 거의 전부다. 우정에 대한 뱅상-뷔포의 분석 역시 그 범위가 제한적이다.

그가 제시한 증거는 잘 알려진 엘리트들의 저술이 거의 전부다. 그렇지만 제한적이나마 그 증거들은 18세기에 많은 사람들이 그런 관계에서 감정적 피난처를 찾기 시작했다는 것을 확인해준다(Vincent-Buffault 1995; Darnton 1985: 215~256).

나는 감정적 피난처가 새로운 것이라고 주장하는 것이 아니다. 어떤 사회이건 사회가 사람들에게 엄격한 감정 규율을 부과하면, 그 감정체제가 규정해놓은 심리 통제 노력을 일시적으로 정지시키는 다양한 실천, 관계, 통로가 사회 내에서 나타나게 마련이다. 사실 감정 피난처로 시작된 역사적인 실천과 제도 들도 많다. 4세기와 5세기 초 로마에 나타난 기독교도들의 금욕주의, 11세기 서유럽에서 부활한 금욕주의, 13세기 베긴회들의 공동체, 궁정 연애의 일부 부정한 관계들, 종교개혁기의 지하 비밀 집회와 신성한 도시들(취리히, 스트라스부르, 제네바), 이 모든 현상이 그곳에 출입한 사람들의 감정 피난처였다.

1700년 이후의 프리메이슨, 살롱, 연애결혼, 새로운 우정을 특별하게 해준 것은, 그곳의 실천들이 그 정당성을 감성에 대한 새로운 관점에서 이끌어냈다는 점이다. 그 관점은 감정에 대한 현재 우리 자신의 관념과 매우 가까운 것으로, 감성에 대한 세속적이고, 자연주의적이고, 정치적인 이념들의 묶음이다. 감성에 대한 그 관점은 점차 강력한 이데올로기적인 힘을 소유하게 되었다.

2. 감상주의에 대한 최근의 연구들

감상주의는 원래 문학 장르의 명칭이었는데, 최근 연구에서 그 지시

범위가 확대되었다. 예를 들어서 데이비드 덴비는 "프랑스 계몽주의 기획의 핵심은 감상적 서사였다"는 결론을 내렸다. "18세기 문화구성체에서 이성과 감성은 더 이상 모순적 대극으로 설정될 수 없다." 18세기 사람들은 "역사적 범주로서의 이성 체제가 감상적인 내러티브와 전적으로 공명하는 텍스트적 절차를 사용하는 것처럼, 합리성 역시 경험과 감정을 통하여 접근할 수 있다"고 생각했다. 프랑스혁명 역시 계몽주의를 좇아서 "궁극의 감상적 사건"으로 발생하고 전개되었다(Denby 1994: 20, 96). 간단하게 말해서, 18세기에 정치적 신조와 정책을 작성할 때 감정은 이성과 동급으로 간주되었다. 프랑스혁명기가 정치사상과 실천의 전체 역사에서 지극히 이례적인 것은 그 때문이다. 고대와 근대의 다른 어느 시점에도 감정은 결코 정치적 통찰과 방향성의 소중한 원천으로 간주되지 않았다.[4]

린 헌트의 유명한 연구는 프랑스혁명이 가족과 가부장적 권위에 대한 새로운 관념들로 물들어 있었다는 점을 보여준다(Hunt 1992). 그 새로운 관념은 바로 감상주의 물결의 산물이다. 헌트가 보여준 것처럼, 혁명 전 수십 년 동안 수많은 소설, 연극, 회화, 정치 팸플릿, 포르노그래피가 감상주의의 물결을 이끌었다. 사라 마자에 따르면, 1770년대와 1780년대에 벌어진 전시展示 재판에서 야심적인 변호사들은 법정 변론을 멜로드라마처럼 구성했다. 그들은 자신의 의뢰인은 죄 없는 평민 희생자(그리고 감상적인 가족 구성원들)로 형상화하고, 상대방은 위선적이고 오만하고 교활한 귀족으로 형상화했다(Maza 1993). 제임스 존슨은 파리의 음악회와 오페라가 1770년경 이후 열망에 가득 찬 새로운 관객 대중들로부터 눈물과 공감과 연민을 이끌어내기에 이르는 과정을 추적했다(Johnson 1995). 니콜 퍼몬은 루소가 "감정을 인간 결사의 토대이자 이해관계 개념의 선행 개념"으로 간주했다는 해석을 제시하면서, 루소의 정치학을 재평가하자고 촉구했다(Fermon 1997: 180).[5]

감상주의의 영향은 영국에서도 프랑스만큼이나 강력했다. 그러나 영국은 감상주의를 이미 수용한 상태였다(Langford 1989). 바커-벤필드, 리처드 타이히그래버, 프랭크 바스너, 데이비드 덴비의 연구에 따르면, 영국의 감상주의는 섀프츠베리 백작이 로크를 공격한 1711년의 저술『인간의 특징, 매너, 의견, 시간』에서 추동력을 얻었다. 섀프츠베리는 인간 본성에 대한 로크의 견해가 임의적인 것이며, 로크가 수많은 인간 행위들, 특히 가족을 하나로 결속시키는 것이 무엇인지 설명해주지 못한다고 생각했다. 그에 따르면, 인간에게는 로크가 열거한 여러 가지 감각 외에 도덕적인 선을 지각하는 "내적인 눈"이 구비되어 있다. 인간은 생득적인 감성을 통하여 마음에 도덕적 지각을 갖게 된다. 감성은 도덕적 판단을 형성시켜주고, 도덕적 행동을 기쁜 것으로 만들어준다. 자애, 연민, 사랑, 감사가 바로 그런 감정들이다(Barker-Benfield 1992; Teichgraeber 1986; Baasner 1988; Denby 1994).

미덕에 관한 섀프츠베리의 성찰에서 관련 부분을 인용해보자. 첫째는 동물과 인간을 비교하면서 미덕에 긍정적으로 접근한 부분이다.

지각을 갖춘 어떤 미미한 피조물이 처음으로 지각을 갖춘 대상을 만나는 순간, 그 피조물이 그 동족에 대하여 그 어떤 선한 열정도, 연민과 사랑과 친절과 애정을 위한 그 어떤 기초도 갖고 있지 않다고, 그렇게 원천적으로 잘못 만들어진 비자연적인 존재라고 상정하는 것은 불가능하다. 어떤 합리적인 피조물이 합리적인 대상을 처음으로 만나는 순간 마음속에 정의, 관대함, 감사함 등의 미덕에 대한 이미지 혹은 표상을 받

아들였다면, 그 피조물이 그 미덕들을 좋아하지 않고, 그 미덕들과 반대
되는 것들을 싫어하지 않으며, 그것들에게 절대적으로 무관심하다고 상
정하는 것 또한 완전히 불가능하다. [……] [영혼은] 형태와 소리와 색깔
에서와 마찬가지로 행동과 마음과 기분에서도 아름다움과 추악함을 발
견하는 것이 틀림없다. 설혹 도덕적인 행위들 속에 좋아하는 것과 역겨
운 것이 실제로 존재하는 것이 아니라고 하더라도, 적어도 그것들에 대
한 상상은 존재하고, 그 경우에 그것은 완전한 힘을 갖는다. 그런 것이
자연 속에 반드시 존재하지 않는 것일 수는 있다. 그렇다고 하더라도 그
런 것에 대한 상상이나 환상이 존재하도록 자연으로부터 허용된 것이 틀
림없다. 인위성과 강고한 시도, 그리고 오랫동안의 실천 및 그에 대한 궁
리를 제외하고는 그 어떤 것도, 마음이 자연적으로 무엇인가를 싫어하고
좋아하여 도덕적 분별로 나아가는 것을 막을 수는 없다.

따라서 **옳고 그른 것에 대한 감각**은 자연적인 애정만큼이나 자연적인
것이고, 우리의 본질과 만듦새의 제1원리이다. 그 어떤 추정적인 의견,
주장, 신념도 그것을 즉각적이고 직접적으로 배제하거나 파괴할 수 없다
(Shaftesbury 1711: 178~179).

둘째는 미덕에 부정적으로 접근한 부분이다.

따라서 신의 의지를 내세우거나 인류의 현재나 미래에 선을 가져다준
다고 주장함으로써 인간에게 배신, 배은망덕, 잔인함을 가르쳐주는 것
이 있다면, 그리고 만일 사랑을 통하여 친구들을 억압하라고 가르치거
나, 전쟁 포로를 장난삼아 괴롭히라고 가르치거나, 인간을 희생물로 바
치라고 가르치거나, 신에 대한 종교적인 열광 속에서 자기 자신을 괴롭히

거나 물속에 들어가거나 스스로를 난도질하라고 가르치거나, 어떤 형태로든 야만성과 난폭성을 자행하면서도 쾌감을 느끼도록 가르치는 것이 있다면, 그리고 관습이든 종교이든 그런 것을 찬양하고 고무하는 것이라면, 그런 것은 그 어떤 의미에서도 그 어떤 종류의 미덕일 수가 없으며, 끔찍한 부패일 수밖에 없다. 그럼에도 불구하고 그 자체로 병들거나 사악한 유행과 법과 관습이나 종교는 **가치와 미덕의 영원한 척도들과 그 불변의 독립적인 본질**을 바꿔놓을 수 없다(Shaftesbury 1711: 175).

타이히그래버는 새프츠베리의 사상이 스코틀랜드 철학자 프랜시스 허치슨에게, 그리고 허치슨을 통하여 데이비드 흄과 애덤 스미스의 사상에 끼친 강력한 영향을 검토했다. "허치슨이 주장한 도덕 감각론의 골자"는 "도덕적 판단이 이성과 구분되는, 오감五感과 유사한 인간 능력의 산물"이라는 것이다. "미덕을 향한 실천적 성향"은 인간의 본성 속에 심어져 있다. "인간 속에 보편적으로 발견되는 이타애에 대한 결정"을 만들어내는 것이 바로 그것이다(Teichgraeber 1986: 36, 42). 동시에 허치슨은 인간 본성 속에 위험한 열정들도 작동한다고 파악했다. 따라서 정부는 이타애적인 행동이 자연적으로 승리할 것이라는 기대를 토대로 해서가 아니라, 합리적인 이기적 행동들을 선한 목표로 이끌어가는 노력을 토대로 해서 건설되어야 한다는 것이다.

데이비드 흄은 자연적인 이타애가 통상적으로 가족이라는 한계까지만 뻗을 수 있다고 생각했다. 그가 보기에는 가족의 존재는 그렇게 설명될 수 있다. 로크는 그 문제를 전적으로 건너뛰었는데, 어쨌거나 흄은 그래서 가족을 넘어서서는 이타애에 의존할 수 없다고 생각했다. 그는 정의의 이념을 자연적인 것이 아니라 인간 경쟁의 역사적 산물로 파악했다. 경쟁의 와중에 인간은 경쟁을 제한하고 관리해야 할 필요성을 배우게 된다는 것이다. 애덤 스미스 역시 허치슨 및 흄과 마찬가지로 국가를 오로지 자연적인 이타애에만 기초할 수 없다고 생각했다. 그러나 스미스는 재산의 기원에는 이타애가 작동한다고 파악했다. 이성이 아니라 타인에게 공감할 수 있는 자연적인 능력만이 자기 자신의 노동의 과실에 대한 권리 주장을 정당화할 수 있다는 것이다. 스미스가 보기에, 국가는 인간의 자연적인 이타애에 기초하기보다 인간이 하지 말아야 할 "부정적인 의무들"을 적시하는 선에서 멈추는 것이 낫다(Teichgraeber 1986: 139). 따라서 교환의 자유에 대한 스미스의 헌신은 소유가 이타애적인 감성과 이기적인 열정 사이의 좋은 균형점이라는 신념에서 비롯된 것이다.

바커-벤필드는 섀프츠베리의 생각들이 어떻게 새뮤얼 리처드슨으로 이어지는지 보여주었다. 리처드슨의 『파멜라』는 18세기의 베스트셀러 소설로서, 1740년에 출간된 즉시 센세이션을 일으켰다. 18세기 초의 유럽에는 여자들을 위하여 여자들이 서술한 새로운 종류의 소설이 나타나서 선풍적인 인기를 끌고 있었는데, 리처드슨은 직업이 인쇄공이어서 그에 익숙한 사람이었다. 『파멜라』에서 그는 도덕성의 기원이 자연에 있다는 새로운 이념을 소설적 구조에 통합시켰다. 젊고 소박하며 순결한 하녀인 주인공은 고압적인 주인 남자의 공세를 계속해서 거부한다. 그녀는 글을 알고 책 읽는 것을 좋아하는 사람으로서, 자신의 순결에 대한 주인의 공세를 자세히 기록한 보고서를 어머니와 아버지(파산한 학교 선생)에게 보낸다.

파멜라의 주인 남자는 때로 그녀를 납치하기도 하지만, 그녀를 범하려는 순간마다 풀어준다. 그녀의 매력 중의 하나는 순결에 대한 그녀의 헌신이었다. 이는 주인의 욕망을 타오르게 하면서도 주인으로 하여금 그녀를 존중하게 해주었다. 그런 그의 양면성은 갈수록 강화되더니, 부모에게 보내는 그녀의 편지를 압수하여 읽은 순간 편지 속의 정직성과 깊은 감정에 의하여 무장 해제된다. 초보 교육만을 받은 그녀가 쓴 엄청난 양의 편지는 그녀의 순수성을 증언하고 있었다. 그녀는 부모에게 아무것도 숨기지 않고 아이처럼 모든 것을 말했다. 심지어 주인에 대한 최초의 사랑의 떨림에 대해서도 진지하고 솔직했다. 그녀를 슬프게 하는 것은 주인에 대한 그 사랑이었다. 마침내 그는 회심한다. 자존심을 버리고 그녀에게 청혼한 것이다.

『파멜라』는 다음과 같은 감상주의의 주요 교의를 강렬하면서도 읽기 좋은 형태로 제시했다. (1) 우월한 덕성은 단순성 및 개방성과 결합되는 것으로서, 사회적으로 낮은 지위의 사람들에게서 나타난다. 미덕은 인간 모두가 공유하는 자연적 감성의 결과물이다. (2) 덕성을 계발할 가능성이 높은 사람은 여자이다. (3) 남자는 강렬한 열정의 노예가 될 가능성이 높다. (4) 진정한 아름다움은 순진함과 진지함에 있다. (5) 읽기(특히 소설)와 쓰기는 감수성과 덕성을 계발하는 중요한 수단이다. (6) 낭만적 애착이야말로 결혼의 진정한 토대이다. (7) 그렇게 맺어진 결혼은 피난처이자 미덕의 학교다.

『파멜라』에 개진되어 있는 생각은 미덕에 대한 과거의 상식과 뚜렷하게 대비된다. 수백 년 동안 미덕은 이성을 위하여 열정을 거부하는 데서 찾아졌다. 미덕을 획득할 가능성은 남자가 훨씬 많았다. 덕성과 우월한 사회적 지위는 일치했다. 결혼은 지위와 합리성과 덕성이 일치되도록 인위적으로 맺어져야 했다. 그와 달리 리처드슨은 젠트리를 방탕하고 부패한 존재로 그렸다. 리처드슨은 그 관점의 정치적 의미를 적시하는 것을 참았다. 그러나 독자들은 참지 않았을 것이다. 리처드슨의 관점은 곧 관례가 되었고, 필딩, 매켄지, 버니, 울스턴크래프트 등등의 소설에서 성찰되고 발전되었다. 어떤 소설에는 여자들이 주체로 등장하여, 남자들을 돕거나 가르쳐서 덕에 의해 교화되도록 한다. 이때 남자들은 그저 성적 매력에 이끌릴 뿐이다. 어떤 소설에서는 여자의 덕성이 수난을 당하다가 "감정의 남자"에 의하여 구출된다(Barker-Benfield 1992: 247~253; Maza 1993: 303). 또 다른 소설에서는 예민한 감수성을 보유한 사람들이 무감동한 사회에 의해 짓밟힌다. 리처드슨의 두번째 소설 『클러리사』(1747~1748)가 바로 그렇다.[6]

조앤 드장의 연구에 따르면, 프랑스의 경우 여성 소설가들에 의해 발전된 감성에 대한 새로운 발상은 이미 1680년대에 심장과 혈액 순환에 대한 새로운 의학 이론과 결합되었다. 1705년에 가마슈의 『심장 체제』가 발간되면서 "의학과 소설 사이에 예외적으로 강력한 공모 관계"가 수립되었다. 감성은 자연적이고 선한 것으로 간주되었다(DeJean 1997: 88~91). 몽테스키외도 『페르시아인의 편지』에서 도덕적 감성 문제를 고찰했다. 선사 시대 트로글로디트인들에 대한 우화에서 그는 사회의 태동을 서술했다. "인간애"를 소유하고 있는, 그래서 동료 인간에게 오직 연민만을 느끼던 두 명의 트로글로디트인이 은퇴하여 떨어져 살기 시작하자 사회가 조직되기 시작한다. 그들은 각자의 아내를 사랑했고, 그에 대한 보답으로 아내들로부터 "부드럽게 존중받았다." 그들은 자녀들이 자신의 의사대로 짝을 선택하도록 했고, 자녀들은 번영하고 번성했다. 그들은 공동의 축제에서 "건강한 아버지들, 결속된 형제들, 부드러운 어머니들, 사랑스럽고 순종적인 아이들"을 위하여 기도했다(Montesquieu 1721: 41).[7] 그러나 그들이 왕을 선택하기로 결정하였을 때 덕성으로부터의 쇠퇴가 시작되었다. 이는 몽테스키외의 양가성을 나타내주는 결론이다.

『페르시아인의 편지』에서 발견되는 감정에 대한 성찰의 흔적은 그 것만이 아니다. 우스베크의 아내 록산느는 파멜라를 예고하는 방식으로, 즉 우스베크의 구애를 뻣뻣하게 뿌리침으로써 그의 사랑을 얻어낸 다.[8] 장 에라르는 『법의 정신』(1748)이 몽테스키외가 자연적인 도덕 감성을 고수했음을 보여주는 증거들을 담고 있다고 주장한다. 노예제에 대한 몽테스키외의 반대가 기존의 자연권 이론가들을 넘어선 것은 바로 도덕 감성에 대한 신념 때문이었다는 것이다. 몽테스키외는 "노예제가 감성적인 영혼에게 역겨움을 줄 수밖에 없으며," 이성 역시 노예제가 자연법에 대한 위반임을 쉽게 식별할 수 있다고 생각했다는 것이다 (Ehrard 1970: 287~295).

볼테르 역시 도덕 감성이 자연적이라고 주장했다. 볼테르는 원시인 조차 아기가 동물에게 잡아먹히려는 것을 보면 동정과 공포를 느낄 것이라고 썼다(Baasner 1988: 103). 제르멘 드 스탈이 볼테르의 초기 비극 『탕크레드』에 깊이 경탄한 것은, 그 작품이 한 남자와 한 여자의 "사랑 속의 우정"을 아주 강렬하게 그려냈기 때문이었다. 스탈은 그 볼테르 연극의 마지막 부분에서 탕크레드의 죽음이 객석을 울음바다로 만든 이유가, 탕크레드가 자신이 선을 소유하고 있다는 사실을 발견한 그 순간에 사망하면서 그 비교할 수 없는 선이 상실되었기 때문이라고 설명했다(Staël 1800: 280). 바스너는 볼테르가 스스로를 "감정인"으로 보았으며, 종교적 불관용에 대한 그의 공격은 자연적인 이타애의 이름으로 행해졌다고 주장한다. 예컨대 볼테르가 칼라스 사건에서 종교 박해를 비난한 것은, 칼라스 가족이 서로에 대한 깊고 자연적인 사랑의 감성으로 결합되었다고 파악하였기 때문이라는 것이다(Baasner 1988: 135~136, 143~145; Maza 1993: 31~33; Gordon 1994: 187).

볼테르의 저널리스트적인 글들은 사회 사상가들이 정치 논쟁에 감상주의적인 요소를 투입하는 경향이 영국에서보다 프랑스에서 훨씬 강했음을 보여준다. 그러나 온건한 사람들도 감상주의 이념에 경의를 표하기는 영국이든 프랑스든 마찬가지였다. 달랑베르는 『백과전서』 서문에서 "마음이 추상적 진리에 부여하는 증거"만큼이나 저항할 수 없는 일종의 "가슴의 증거"가 존재한다고 주장했다(Baasner 1988: 161). 콩도르세는 "오성과 자유의 부드러운 영향력이 발휘되기만 하면, 자연이 만인의 가슴에 씨를 뿌려놓은 적극적이고 계몽된 이타애와 섬세한 감수성의 습관적인 운동이 발전할 것"이라고 썼다(Baasner 1988: 150). 그렇듯 많은 사상가들이 감성의 중요성에 합의하고 있었다. 그들 간의 차이점은 자연적인 감수성이 그 자체로 얼마나 강력한가, 그것이 어느 정도까지 만들어지고 보존되고 교육될 수 있는가에 있었다.

루소와 루소의 추종자들은 덕성의 자연적 기원을 훨씬 더 강조하였고, 문명의 발전에서 위선과 거짓과 방탕의 원인을 보았다. 물론 루소에 반대하는 사람들도 있었다. 그러나 그들도 덕성의 토대가 자연적이라는 점에는 의문을 제기하지 않았다.[9] 장-밥티스트 쉬아르는 프랑스 아카데미 가입 연설에서 자연적 감정을 계발할 필요성을 다음과 같이 강조했다. "지식의 유일한 열매인 미덕들이 있습니다. 인간애라는 단어는 무지의 시대에는 결코 알려지지 않았습니다. 그것은 교육받은 사람들의 미덕이고, 그 미덕은 자연적인 감수성이 성찰에 의해 정화될 때에만 나타날 수 있습니다"(Gordon 1994: 149).

루소도 자연적인 감수성이 적절하게 인도될 경우에만 미덕이 생산될 수 있다는 데 동의했다. 그러나 그는 미덕의 형성에 요구되는 훈련이 쉬아르가 제안한 것과 전혀 다르다고 생각했다. 루소는 미덕을 훈련할 수 있는 두 가지 모델을 제시했다. 그중 하나는 그 예를 제네바, 스파르타, 로마에서 찾아볼 수 있는 공화주의적인 것이었다. 다른 모델은 가족적인 것으로서, 그 예는 『신엘로이즈』(1762)에서 부모의 권위에 마지못해 복종한 쥘리에게서 찾아볼 수 있다. 루소는 고대의 공화적인 시민적 덕성과 근대의 자연적인 도덕적 감성 사이의 괴리를 메우고자 했다. 처음에는 그런 루소를 추종하는 사람이 많지 않았다. 그러나 루소의 독창성은 "감수성"의 중요성이 널리 수용되었다는 사실을 배경으로 해서만 제대로 인식할 수 있다.[10]

감상주의에 대한 최근의 연구들은 당대의 교육받은 엘리트들이 덕성에서 자연적 감성이 점하는 핵심적인 지위에 대하여 광범하게 합의하였음을 보여준다. 사람마다 강조점이 다르기는 하였지만, 그 합의는 궁정의 최고위 피후견인으로부터 사회적으로 가장 낮은 멜로드라마 작가에 이르기까지 뻗어 있었고, 그 속에는 화가, 작곡가, 팸플릿 작가 등등이 포함되어 있었다.

3. 감성의 과잉과 이모티브 이론

프랑스에서 1770년대와 1780년대는 루소를 숭배하는 시기이기도 했고, 대단한 전시展示 재판일 벌어지던 시기이기도 했다. 바스너는 루소가 계몽주의로부터 이탈한 인물도 아니고, 한때 믿어졌듯이 19세기 낭만주의의 비조도 아니라고 주장한다. 바스너는 또한 1770년대와 1780

년대에 감상주의가 "평범해졌다"고 진단한다(Baasner 1988: 332~333). 사실 그 20년 동안 감정적 표현이 과격화된 것은, 18세기 프랑스사를 전공하는 역사가들에게 오랫동안 수수께끼였다. 최근의 감상주의 연구자들 역시 한 세대 전의 선배 역사가들 못지않게 그 문제를 불편해한다. 다니엘 모르네는 1929년의 연구에서 "평범해진" 감상주의 지지자들을 "부르주아 울보들"이라고 불렀다(Denby 1994: 6). 로버트 단턴은 1985년의 연구에서 루소의 『신엘로이즈』를 "읽을 수 없는" 책으로 선언했다. 18세기 프랑스의 그 베스트셀러 소설은 현대의 독자들을 차갑게 만든다는 것이다. "폭력이나 섹스 등 그 어떤 것에 의해서도 중단되지도 않은 채 여섯 권 내내 감성이 펼쳐지기" 때문이다(Darnton 1985: 242).

최근의 연구에도 그런 불평의 잔영이 남아 있다. 사라 마자는 최근에 발표된 한 논문에서 그 시기의 새로운 "진지한" 희곡들이 오늘날에는 무대에 거의 올려지지 않는다고 지적했다. "현대의 관객들"은 "당시의 과장된 감상주의 — 울고 쓰러지고 소리치고 거들먹거리는 사람들 — 를 기껏해야 코믹하다고, 보통은 지루하고 당혹스럽게 여길 것이다"(Maza 1997: 227). 린 헌트는 그 "혼란스럽고 희한한" 현상에 프로이트적으로 접근하자고 제안했다. 그때 프랑스인들은 "집단적인 정치적 무의식"에 사로잡혀서 감정을 만들어냈고, 상징과 은유의 선택을 결정했으며, 그들 스스로도 이해하지 못하는 경로로 나아갔다는 것이다(Hunt 1992: xiv, 13).

마자, 덴비, 뱅상-뷔포는 모두 구체제 말기의 문서에서 "눈물 속에 쓰러졌다"는 표현이 놀랍도록 많은 것을 발견했다(Vincent-Buffault 1986; Maza 1993; Denby 1994). 뱅상-뷔포는 그 "무절제한 감상"이 1730년대의 사적인 편지들 속에 나타나기 시작했고, 우정에 대한 논의에서도 "미친 듯한 환희"가 나타났다고 주장한다(Vincent-Buffault 1995: 28, 46). 제임스 존슨은 크리스토프 글루크의 오페라 작품이 1770년대의 파리에서 공연되었을 때 폭발했던 감상주의적인 광기를 검토했다. 존슨은 당시 파리의 관객들이 흘린 눈물이 모두 진짜라는 것을 믿기 힘들어 한다. 그는 회의적으로 적었다. "비록 관객들이 때맞춰서 우는 것 같기는 했지만," 그러나 어쨌거나 "사적인 감정의 겉모습은 그로부터 30년 전보다 훨씬 더 주관적이었던 것으로 보인다"(Johnson 1995: 68). 마자는 당대의 유명 변호사들의 변론에 나타난 극단적인 감정 표현들의 진정성과 정확성을 드러내놓고 의심한다. 물론 우리는 야심만만한 변호사의 눈물을 액면 그대로 받아들일 수는 없다. 그러나 우리에게 매우 당연한 그런 의심을 당시 사람들은 왜 하지 않았던 것일까?

덴비는 그 시대가 인간의 내면과 외면의 간극을 메우는 문제에 집착하고 있었으며, 사람들은 눈물과 과장된 감정 분출—떨고, 한숨짓고, 무릎 꿇고, 극단적인 감정문을 끝도 없이 반복하는 등—을 내적 감정의 확실한 외적 표식으로 내세웠다고 주장한다(Denby 1994). 그러나 그 해석은 당시의 작품들에 대한 오늘날 우리의 첫번째 반응이 어째서 그와 정반대인지, 다시 말해서 우리는 왜 그 당시와 달리 그런 과장을 거짓으로 간주하는지 설명해주지 못한다. 마자는 당시의 사회적 결속과 사회적 정체성이 상업 팽창과 소비주의에 의하여 위협받게 되자, 사람들이 감성에서 새로운 토대를 찾았다고 해석한다(Maza 1997).

그 해석들에는 각기 상당한 장점이 있다. 그러나 그것들은 그 시대의 문서들, 소설과 연극만이 아니라 사적인 편지, 회고록, 신문, 정부 법령을 채우고 있던 극단적 표현들을 충분히 설명해주는 것일까? 게다가

246

그 표현 양식은 당시 새로운 지지자를 얻는 동시에 사람들을 분리시켰다. 쥘리 드 레스피나스, 젊은 제르멘 네케르(스탈 부인), 잔-마리 플리퐁과 그녀의 약혼자인 장-마리 롤랑 등은 과장된 표현 양식을 수용했다. 그들은 언어, 특히 써진 언어가 감정을 전달하기에 불충분하다고 불평했고, 그들의 글에 독자들이 감동해야 할 지점과 눈물을 흘려야 할 지점을 표시해놓기도 하고 설명을 양념처럼 곁들이기도 했다(Vincent-Buffault 1995: 195-206; Daumas 1996; Baasner 1998: 194~198).

그러나 잔-마리 리코보니, 세나크 드 메이앙, 바퀼라르, 장리와 같은 사람들은 세나크의 표현을 빌리자면, "거짓된 따스함으로 전달되는 아름다운 감성의 지배"를 비판하기 시작했다(Baasner 1988: 335).[11] 1773년에 그림이 항의했다(Grimm 1773). "오늘날의 소설가들은 모두 울적하고 애잔하고 감상적인 철학을 갖고 있는 척한다. 우리가 과연 보다 철학적으로 된 것일까, 아니면 보다 예민해진 것일까? 두 가지 모두 아니다. 보다 약해지고, 보다 의기소침해지고, 보다 한심해진 것이다" (Baasner 1988: 345). 그 차이는 개인 취향의 문제이기도 했지만, 세대의 문제이기도 했다. 53세의 샤리에르 부인이 1793년에 23세의 제르멘 드 스탈 부인을 만났을 때 스탈 부인의 감성 과잉을 애써 용서했다. "내가 완벽한 선한 믿음으로 스탈 부인을 용서한 것은 그녀의 나이 때문이다. 〔……〕 그러나 내가 나를 현재보다 더 젊게 만들지 못하는 것과 마찬가지로, 내가 그녀처럼 행동할 수는 없다. 나는 그런 류의 애착을 혐오한다"(Diesbach 1983: 157). 따라서 가식에 대한 불편함이 증가한 것은 감상주의가 거둔 승리의 한 부분인 것이다.

그렇다면 과연 이모티브 이론과 감정의 자유 개념은 18세기에 감상주의가 그토록 괄목할 만한 승리를 거둔 것과, 감상주의에 대한 신념이

1780년대에 동요하고 의심받기 시작한 것을 어떻게 설명할 수 있을까? 18세기에 감정 피난처를 환영하고 사용한 사람들은 그 피난처를 감상주의적인 언어로 이해했다. 감상주의에 대해 전혀 모르던 사람들이 감상주의를 알게 되는 곳도 감정 피난처였다. 프리메이슨이 비기독교적 형태의 상징주의를 선호한 것도 실상 상호적인 애정, 기쁨, 이타애를 보편적인 것으로 상상하려는 노력을 반영했다. 그들은 암묵적으로 원죄론도 거부했고, 가톨릭 대항 종교개혁의 사회성에 지배적이던 고해 양식도 거부했다. 몽테스키외, 볼테르, 디드로, 달랑베르, 루소 등의 주요 인물들, 그리고 마리보에서 쉬아르에 이르는 덜 중요한 인물들이 자주 찾던 살롱과 그들의 편지는 감상주의를 논하였고, 그들은 우정도 감상주의적인 용어로 표현하고 이해했다.

감상주의는 강력한 이모티브의 작성에 필요한 처방전들을 다량으로 제공했다. 감상주의의 주창자들은 연민, 이타애, 사랑, 감사는 모두 똑같이 자연적인 감성들이고, 그것들이야말로 도덕과 사회적 결속의 뿌리이자 토대라고 주장했다. 그런 감정을 자극하는 것은 무분별한 열정에 대한 최선의 방어 장치요, 미덕을 훈련하는 데 필수적인 요소였다. 그런 생각을 수용하고 "나는 사랑하고 있어요" "나는 연민을 느껴요"라고 말한 사람은, 자신의 내면에서 감정이 솟구쳐서 그 문장을 확인해주면, 그것이 의식 내지 합리적 지도의 피안에 위치한 타고난 감각에서 비롯된 것으로 간주했을 것이고, 이어서 선과 아름다움의 원천인 그 감정이 자극되어야 한다고 믿었을 것이다. 그 이모티브를 발화하고 이어서 그 작동을 체험한 사람은, 그 성공이 그가 진실로 자연적인 감정의 샘물을 마셨다는 것을 확인해주었다. 그때 그 사람을 압도한 것이 자연이었으니만큼, 그 느낌의 강도와 진정성은 함께하는 것이었다. 디드로는 연극에 대하여 말했다. "우리가 (관객들을) 어떤 지점 이상으로 감동시키지 말아야 한다고 말하는 것은, 미덕을 지나치게 찬양하거나 악에 대하여 지나치게 차가운 연극으로부터 관객들이 떠나가지 않도록 하기 위해서다"(Fried 1980: 80).[12] 그 말은 예술의 교육적 성격은 물론, 미덕의 학습에서 감정의 극단적 표현이 수행하는 역할을 잘 나타내준다.

이모티브 이론은 자기 자신으로부터 격렬한 감정을 이끌어내는 능력이 실천에 의하여 계발된다고 가정한다. 물론 그 감정은 감상주의가 주장하는 것처럼 "진정하고" "자연적인" 것이 아니다. 감정이란 무릇 학습되고 계발되는 것이기 때문에, 이모티브로 이끌어낸 감정 역시 학습되고 계발된 것이다.

감정이 자연적인 것이라고 믿어지던 18세기의 현실에서는, 감정은 사람들을 고립시키기보다 결합시켰다. 사람들은 감정을 공유하였고, 그래서 감정은 공적 자원이었다. 사람들은 격렬한 감정을 드러내놓고 표현하는 것을 보면, 당황하기보다 넉넉한 진정성과 사회적 결속의 표지로 받아들였다. 물론 그 수용 능력 역시 실천에 의하여 계발될 수 있는 것이었다. 소설에 의해 생성된 것이건, 삶에 의해 자극된 것이건, 감정은 동일한 것이었고, 감정을 낳는 원천보다 중요한 것은 감정 그 자체였다. 그 결과, 예술과 삶의 경계가 흐려졌다. 사람들은 감정의 인지와 감정의 표현이 예술에서든 정치에서든 사생활에서든 올바른 행동을 낳는다고 믿었다. 그 때문에 당대의 소설과 연극과 예술은 교육적 경향을 노골화했다. 그리하여 아름다움과 도덕 교육은 동일한 것이었다.

작가들이 소설과 희곡을 설교조의 긴 연설, 사회학적·정치적 성찰, 철학적 사변으로 치장하던 것 역시 작품의 도덕적 효용과 아름다움을 모두 증가시키기 위해서였다. 젊은 여자 주인공의 자연적인 아름다움과 순결함, 그녀의 감정과 지각을 표현하는 문장의 아름다움, 그녀를 이끌어주는 도덕의 아름다움은 모두 하나였다. 연극은 그러한 감성을 이끌어내고 형성해주는 데 특히 적합한 장르로 간주되었다. 연극이 여타의 예술과 달리 관객들로 하여금 이야기의 현실성을 직접적으로 느끼도록 해준다는 것이 그 이유였다. 디드로는 미술도 연극과 똑같은 효과를 내기 위하여 노력해야 한다고 주장했다. 그림은 관찰자를 매혹시키고 장악하고 격동시켜야 한다. 그래야 그림이 관객에게 위대한 교훈을 줄 수 있다. 연극은 캐릭터와 플롯을 고대나 신화적인 이야기가 아니라, 현재 중간층의 실제 삶에서 가져와야 한다. 중간층의 소박함은 그들이 연극의 내용과 자신을 쉽게 동일시하도록 해줄 것이다. 디드로는 심리학자인 일레인 해트필드와 그 추종자들이 만들어낸 "감정의 전염" 이론을 선취하기라도 하는 듯이, 연극은 관객이 극의 내용에 몰입하여 무대 위로 뛰어올라가서 배우들에게 가담할 마음이 들도록 해야 한다고 강조했다(Fried 1980: 90, 92; Baasner 1988: 190; Hatfield 1994; Maza 1997: 227).

최근 연구에서 디드로는 감상주의를 선전하고 기여한 사람으로 자주 등장한다. 디드로의 첫번째 책은 섀프츠베리가 저술한 도덕 감성론의 불어 번역이었다. 그는 「리처드슨 찬사」라는 에세이도 썼다. 그 에세이에서 디드로는 리처드슨을 황홀한 언어로 찬양한다. 리처드슨의 소설은 독자를 사로잡을 수 있고, 실제 삶과 똑같이 격렬한 감정적 반응에 불을 붙일 수 있는 새로운 종류의 경전이다(Chartier 1999). 디드로가 편집한 『백과전서』는 감상주의 이념에 대한 많은 해설을 담았다. 디드로는 18세기 중반의 가장 중요한 예술 평론가였고, 새로운 "진지한 장르" 연극의 가장 영향력 있는 이론가였다(Maza 1997: 224~225). 프라이드가 강조하듯이, 오늘날의 우리가 디드로가 높이 평가하던 예술 중에서 가장 역겹게 여기는 것—선과 악을 대립시키는 단순한 서사, 싸구려 교화론—이야말로 실상 디드로와 그 시대의 비평가들이 가장 고귀하게 여기던 바로 그것이었다(Fried 1980: 55).

그뢰즈, 프라고나르, 다비드와 같은 화가들은 도덕적 경탄을 이끌어 내기에 적합한, 일상생활의 단순하지만 압도적인 일화들을 화폭에 담았다. 약혼식, 새로 출생한 아기, 충성 서약 등이 그것이었는데, 그중에는 감상적인 소설을 읽고 있는 젊은 여자들도 포함되어 있었다. 18세기 말의 희곡들도 똑같은 기대에 의존하고 또 그것을 전달하고 있었다. 보마르셰는 연극의 캐릭터와 사건에 대한 관객들의 자연적이고 비非의지적인 감정적 반응이 그들에게 자아에 대한 질문을 촉발시킬 것이라고 주장했다. 관객의 일부는 연극에서 개혁의 필요성을 인식할 것이고, 다른 일부는 연극에서 자신의 선한 본질을 발견한 뒤에 그것을 확인시켜준 연극을 기쁘고 소중하게 여길 것이다(Baasner 1988: 192~193). 메르시에는 극작가로 활동하기 시작한 때인 1769년에, 관객들이 "그의 연극에서 감동을 받고 울기"를 기대한다는 것을 발견했다(Baasner 1988: 205). 그렇듯 극작가, 배우, 관객 사이에 공모 관계가 맺어졌다. 그 공모는 오늘날 우리가 보기에는 아주 낯선 방식으로 감정을 훈련할 것을 요구하고 있었다. 독일의 음악가 글루크는 1770년대에 파리에 도착해서 오페라에 비슷한 방식을 적용하여 관객들로부터 열광적인 반응을 얻어냈다(Johnson 1995). 존슨의 연구에 따르면, 혁명기 공포정치 치하에서 배우들은 무대에서 왕당파를 연기하다가 체포되고는 했다. 이는 감상주의가 논리적 종점에 도달하여, 극중 인물과 현실의 인물이 혼동되었기 때문에 발생한 일이다(Johnson 1995: 121).

그처럼 예술이 교육의 수단이 되자, 예술이 호소하는 대상이 바뀌었다. 예술이 예술의 미학적 규칙과 목적을 이해하는 식자층 관객이 아니라, 가장 단순하고 가장 무식하며 가장 비천한 파멜라들을 겨냥하여 만들어졌다. 예술의 영향력이 생산하는 방식에 대한 이해도 바뀌었다. 예술은 작품에 묘사된 감정이 관객의 내면에서 반복됨에 따라 영향력을 발휘하는 것으로 이해되었다. 이모티브가 감정관리의 힘을 발휘하는 수단이라는 이론적 입장에서 당시의 논의 및 실천을 평하자면, 예술이 이모티브로서 설계되었던 것이다. 게다가 그 예술은 세계를 선과 악의 선명한 이분법으로 그려내고 있었다.

구체적인 예를 보자. 잔-마리 플리퐁과 그녀의 미래 남편인 장-마리 롤랑이 교제 초반인 1777년에 교환한 두 통의 연애편지는, 18세기 말의 자아 표현에서 현실과 허구, 공적 영역과 사적 영역의 경계가 흐려지고 있음을 보여준다. 그 편지의 편집자에 따르면, "이 미간행 편지들은 플리퐁이 마치 전문 작가인 양 롤랑과 관계를 맺었으며, 교제와 결혼을 소설로서 구성했다는 것을 드러낸다"(Join-Lambert 1896: iii). 두 연인은 그들이 사랑하던 장-자크 루소 소설의 주인공처럼 특수한 감정표현과 보편적인 촌평을 지속적으로 뒤섞었고, 감상주의 이데올로기의 금언과 원칙에 입각하여 감정의 강도를 설명했다. 그들의 양식은 이론적인 동시에 사적이었고, 추상적인 동시에 감정적이었다. 그들의 편지는 그 시대의 수많은 글과 마찬가지로 우아한 이모티브들로 가득 차 있었다. 역사가가 유의해야 하는 것은, 그 이모티브를 쓰고 말한 사람들이 그로부터 받은 영향이다.

두 사람의 남아 있는 연애편지 중에서 가장 빠른 것인 1777년 9월 17일의 편지를 보자. 롤랑은 플리퐁에게 왜 그의 편지가 오랫동안 지연된

끝에 쓰여지게 되었는지 설명한다. 그는 이탈리아와 남프랑스를 장기간 여행하면서 그 지역의 제조업과 교역을 조사했다. 그 여행에서 그는 무언가를 잃어버렸고, 그것이 너무나 큰 고통과 슬픔을 야기했다.

나는 슬픔에 대한 두 가지 치유법만을 알고 있다오. 우정과 격렬한 충격이 그것이오. 나는 (여행을 통하여) 충격 요법을 많이 사용했답니다. 이제 나는 또 하나의 치료제를 찾아서 그대의 우정에 조금 호소하려 하니, 혹여 내가 병에 걸렸다고 오해하지는 마시오. 그대는 그토록 많은 매력을 퍼뜨리고, 그 매력은 사람의 마음을 기쁘게 하고 안심시켜주는 그 순간에도 감정을 버리기도 하고 지탱해주기도 하지요. 그래서 내가 올바른 처방전을 가진 것이라면, 나는 내가 지금 올바른 원천에 호소하고 있는 것이라는 점도 의심하지 않습니다(Join-Lambert 1896: 2).[13]

이어서 롤랑은 삶을 포기하는 것에 대해서 쓴다. "내가 파괴의 감정에 동의하는 것을 막을 수 있는 것은 오직 친구들, 내 친구들뿐이라오" (Join-Lambert 1896: 3).[14] 그는 플리퐁도 고통스러워했다는 것을 알고 있었고, 그리하여 그녀가 그의 불평을 이해하리라고 기대한다. "그대는 아팠고, 그대는 친구를 잃었으며, 그대는 어두움을 보았지요. 우리는 공통점이 많아요. 그래서 나는 나의 우울이 내 편지에 흔적을 남겼을지라도 걱정하지 않는다오"(Join-Lambert 1896: 3).[15] 이 편지에서 롤랑은 플리퐁이 그가 여행에서 조사한 방대한 양의 자료를 살펴볼 의향이 있느냐고 묻는다(그녀는 그가 그 자료에 기초하여 보고서를 작성하는 일을 돕겠다고 이미 약속한 터였다). 플리퐁은 1777년 10월 2일의 편지에서 열광적으로 반응했다. 그 편지는 다음과 같이 시작된다.

나는 충격을 받았고, 기뻤으며, 슬펐어요. 나는 그대에게 연민을 느껴요. 나는 그대를 꾸짖어요. 나는 [……] 나는 내가 몇 개의 외국어를 알아서 그것들을 동시에 사용할 수 있다면 얼마나 좋을까 생각합니다. 당신이 나에 대한 그 얼마 되지 않는 기억을 높이 평가하면서도, 그것을 떠올리는 데 그토록 오랜 시간이 필요했다는 것이 가능한 일인가요? 그것은 망각인가요, 믿음인가요? 망각이라면 나는 절망할 거예요. 어쨌거나 그대는 내가 망각이라고 믿지 않도록 했어요. 내가 외람되다는 단어를 사용해도 된다면, 그대가 외람되게도 나를 그토록 신뢰하기에 나는 그대를 용서하기로 했어요. 그대가 그토록 가련한 처지에 있다니, 그대는 엄청난 행운아예요! 만일 내가 그대를 그리 높이 평가하지 않는다면, 나는 아마 당신을 두려워할 겁니다. 만일 그랬다면, 나는 그대에게 아무 말도 하지 않았을 거예요. 그대의 편지는 나를 울게 만들었어요. 그러나 나는 그 편지를 받은 뒤 더욱 행복해요(Join-Lambert 1896: 5).[16]

이 이례적인 문장들은 만남의 기다림과 사랑의 맹세에 대한 암시로 가득 차 있다. 그 맹세는 어떤 면에서는 그리 놀라운 것이 아니라고도 할 수 있다. 그러나 당시는 미혼의 남녀가 편지를 주고받는 것이 지극히 부적절한 것으로 여겨지던 때였다. 더욱이 플리퐁처럼 여자가 먼저 편지를 쓰는 것(그녀의 첫번째 편지는 소실되었다)은 더더욱 부적절한 일이었다. 따라서 롤랑이 우정을 "조금"이라고 한 것은 모르는 척하는 표현이다. 플리퐁의 첫번째 편지가 이미 사랑의 맹세를 전달한 것이기 때문이다. 느리기는 했지만 롤랑이 답장한 것은 그녀가 희망할 수 있던 모든 것이었다.

두 편지 속의 모든 문장은 감상주의에 의해 관통되어 있다. 롤랑은 자신의 편지를 충격과 우정이 슬픔을 치유한다는 감상주의의 원칙이 적용된 것으로 설명한다. 그리고 플리퐁의 우정이 치유제 역할을 하는 이유는, 그녀의 매력이 지적인 동시에 감정적이기 때문이기도 하고, 플리퐁 또한 고통을 겪었기 때문이기도 하다. 그것들은 당시 여자가 소유한 것으로 여겨지던 특별한 감상주의적 미덕이었다. 플리퐁은 답장에서 롤랑의 편지가 내면에 일으킨 감정의 극단들을 적시한다. 미덕은 감정에서 자라나는 것이기 때문에, 감정의 극단들, 특히 사랑 내지 "우정"의 극단은 유덕한 것이다. 플리퐁은 자신이 롤랑을 높이 평가하기 때문에 그녀가 그에게 진실될 수 있으며, 그의 편지가 일으킨 감정들을 말할 수 있는 것이라고 설명한다("만일 내가 그대를 그리 높이 평가하지 않는다면, 나는 아마 당신을 두려워할 겁니다. 만일 그랬다면, 나는 그대에게 아무 말도 하지 않았을 거예요"). 그것은 감상주의의 또 다른 원칙이었다. 미덕은 진실한 것이고, 진실성은 미덕이다. 플리퐁은 롤랑이 유덕한 것을 알기 때문에 그에게 진실하게 대했다는 것이다. 또한 진실성이 미덕의 핵심이기 때문에, 미덕은 전통적인 계율을 무시할 수 있고 무시해야 하는 것이었다. 따라서 부적절하게도 미혼 남녀가 편지를 주고받는다는 것 그 자체가 감상주의적 제스처다. 또한 그래서 편지 교환이 감정적 피난처이다.

롤랑과 플리퐁의 편지가 마치 그것이 수많은 독자들에게 보내는 것이기도 한 양 고급 문체로 우아하게 작성된 것은, 진실성의 또 다른 증거이다(그것은 오늘날 우리가 상상하듯이 허위적인 자의식이 아니다). 편지가 조심스럽게 보존된 것도 진정성에서 비롯된 것이다. 그들의 편지는 전제하고 있었다. 인간의 자연적인 감정은 모두 똑같다. 감정을 숨기는 것이 미덕이 아니라 감정을 완전하게 느끼는 것, 그 감정에 따라 행동하는 것이 미덕이다. 그들은 숨길 것이 없다. 그들의 덕은 다른 사람들까지 고양시킬 것이다. 그들의 언어가 매력적이고 표현적인 것은, 유덕한 개방성에 대한 또 하나의 인장이라고 할 것이다.

플리퐁과 롤랑은 정말 진실을 말한 것일까? 아니면 우리는 역사가로서 그 답할 수 없는 질문은 접어두고, 두 사람이 그 시대의 사회문화적인 전제를 어떻게 표현하였는지 적시하는 선에서 멈춰야 하는 것일까? 이모티브 이론은 제3의 답을 제시한다. 이모티브 이론을 적용하면, 두 사람의 편지 속에 담긴 이모티브가 효과를 발휘하여 감정을 확인하거나 이미 존재하던 감정을 강화시켰다고 가정할 수 있다. 더욱이 탁월한 감상주의자라면, 감정을 확인하면서 그 감정을 자연적인 감정으로 믿을 것이다. 그리고 감정이 격렬하면 격렬할수록, 그 감정은 자연적이고 선한 것으로 여겨질 것이다. 일종의 악순환이다. 자연적인 감정을 찾아서 이모티브를 사용하면 감정의 강도가 강화되고, 그 감정은 선한 것으로 여겨지는 것이다.

인류학의 연구들은 승인된 감정을 강화하기 위하여 어떤 실천들이 행해졌는지 잘 보여준다. 인도 북부의 차이타니아 종파는 혹독한 금욕적인 삶을 통하여 크리슈나에 대한 **비라하**viraha(분리 속의 사랑)를 계발하는 데 집중한다(Toomey 1990). 파키스탄과 아프가니스탄 국경에 거주하는 팍스툰족의 여성들은 **감**gham(슬픔)에 대하여 말하고 표현하려고 항상 노력한다. 그들에게는 죽음이나 이별과 같은 상실이 삶을 정의하는 핵심적인 사건이다. 그런 사건은 발생하는 순간에 사람을 압도하지만, 그 사건은 그 후에도 지속적으로 시연된다(Grima 1992). 유럽의 후기 감상주의자들의 편지 속의 감정 과잉은 그러한 인류학적인 발견의 맥락에서 훨씬 더 용이하게 이해될 수 있다.

예를 들어서 제르멘 드 스탈의 과장된 문체는 오늘날에도 그녀의 전기 작가들을 당황시키지만, 그녀의 독특한 매너는 그녀의 어머니와 샤리에르 부인을 비롯하여 당대인들조차 당혹시킬 정도였다. 스탈 부인의 편지에는 롤랑 부부의 초기 편지에 들어 있던 우아함조차 발견되지 않는다. 스탈 부인이 1792년 10월에 연인인 루이 드 나르본 공작에게 쓴 편지의 일부를 보자.

> 내가 당신이 내게 가하는 극악무도한 죽음을 당해야 마땅한 사람인가요? 당신은 내게 편지를 쓰지 않은 채 우체부가 지나가도록 방치했어요. 당신에 대한 나의 열정은 나의 전 존재를 흡수했습니다. 당신이 나를 버리지 않는다면, 나는 당신에게 모든 것을 줄 겁니다. 당신이 나를 뉴질랜드로 데려가면, 그곳에서 당신은 나의 보호자요 나의 신이 될 겁니다. 당신이 우주의 왕좌에 나를 버려놓고 간다면, 당신은 나의 살인자가 될 겁니다. 이 말에 과장된 것은 전혀 없습니다(Diesbach 1983: 129).

추후 그녀의 새로운 연인 아돌프 리빙도 수년 동안 똑같이 지독한 문장을 받는다. "나는 당신을 사랑합니다. 나는 당신을 위해서라면 무엇에든 나를 내놓을 겁니다. 나는 오로지 당신의 행복에 대해서만 생각합니다"(Diesbach 1983: 181). 그녀는 리빙에게 나르본이 그녀에게 결단코 중요하지 않았다고 단언한다. "사랑이라고 불리는 것, 눈과 가슴의 그 저항할 수 없는 끌림, 그것을 나는 나르본에게서 느껴본 적이 없습니다"(Diesbach 1983: 182). 스탈 부인의 전기를 쓴 디스바크는 그녀를 "정적들 일부가 비난한 것과 같은, 『위험한 관계』라는 소설 속 캐릭터"

로 간주하지 않는다. 그러나 그는 그녀를 "양심 불량"이라고 판단한다 (Diesbach 1983: 102, 182). 스탈 부인의 삶과 작품에 관한 최고 전문가 중의 하나인 발레예는, 비록 스탈 부인이 하나의 강력한 감정으로부터 다른 강력한 감정으로 쉬지 않고 지속적으로 옮겨간 것은 사실이지만, 그녀가 감정을 위장한 것은 아니었다고 설명한다(Balayé 1979).

우리가 살펴본 것처럼, 샤리에르 부인과 네케르 부인을 포함하여 당대의 많은 사람들은 새로운 양식의 감정표현을 인위적이고 진실하지 않다고 여겼다. 그러나 "양심 불량" 혹은 "거짓" 같은 판단은 스탈 부인의 자기인식에 깔려 있던 일관성을 포착하지 못한다. 스탈 부인은 감정표현을 자연적이고, 강력하며, 도덕적으로 순수하고, 긴박한 어떤 것을 기술하는 수단으로 간주했던 것뿐이다. 그녀에게 자연적인 감정과 진리는 동일한 것이었다.[17] 그녀는 자연적인 진리의 내적인 흐름의 수원水源에서 진실을 한 모금 마시려 할 때마다, 자신의 감정을 강화시킬 이모티브를 사용하였고, 그렇게 함으로써 사실적이고 진실한 자신의 감성을 "발견"하여 "기술"하려던 자신의 희망을 충족시켰던 것이다.

그와 달리 이모티브가 효력을 발휘하지 못하는 경우에 그녀는 그녀가 행한 진술을 결핍된 것으로, 그리하여 진실하지도, 그녀에게 구속력 있는 것으로도 간주하지 않았을 것이다. 이는 스탈 부인이 진실성에 관심이 없었다는 뜻이 아니다. 그녀는 그녀가 자신의 내부에서 "발견" 했다고 믿은 감정만을 진실한 것으로 간주했다는 뜻이다. 물론 현실에서 그녀는 감상주의적 신념에 일치하도록 자신의 감정을 관리하고 있었던 것뿐이다. 젊은 시절의 뱅자맹 콩스탕은 "자연적" 감정을 열정적으로 관리하는 데서 스탈 부인에 못지않았다. 그는 1795년에 몇 달 동안 헛되이 스탈 부인에게 구애하던 어느 날 밤 미친 듯이 날뛰었다. 그리고 그의 난동으로 시골 저택을 가득 채웠던 손님들이 깨고 말았다. 그는 자신이 사랑으로 죽어가고 있다고, 스탈 부인을 당장 데려오라고 길길이 날뛰었다. 손님들 일부는 그 일을 스캔들로 받아들였고, 다른 일부는 그의 뻔뻔함에 혀를 찼다. 그러나 스탈 부인은 그 순간 확신을 갖게 되었고, 그에 대하여 드디어 부드러워지기 시작했다(Diesbach 1983: 165~166).

바커-벤필드는 감리교의 창시자 존 웨슬리가 표방한 감정관의 기원을 감상주의 이념에서 발견한다. 그는 감정에 대한 감리교의 강조와 감상주의자들의 실천에서도 유사성을 발견한다. 여기서 감상주의가 "컬트"인지 "종교"인지는 중요치 않다. 중요한 것은, 감상주의가 자연적 감정론을 통하여 이모티브를 체계적으로 이용하도록 자극하였다는 점이다. 그 결과는 팍스툰족 여자들의 슬픔이 그러했듯이, 과잉으로 치닫는 감정양식의 탄생이었다. 이모티브가 효과를 발휘하지 않는 사람들, 혹은 이모티브가 한시적으로만 작동하는 사람들은 물론 다른 동료들을 당혹스러운 마음으로 바라보았다. 이는 팍스툰족 남자들이 여자들을 바라볼 때의 심정과 동일한 것이었다. 그러나 어쨌거나 이모티브가 다른 사람에게 발휘하는 놀라운 효과를 목격한 사람들도 그것을 "진실성"의 문제로 바라보기는 마찬가지였다. 감상주의가 감정은 자연적이거나 가식적인 것, 둘 중의 하나라고 가르쳤기 때문이었다.

감상주의적인 소설, 연극, 오페라는 마니교적이었다. 그것들은 절대선에 절대악을 대립시키고 있었다. 그들은 그로써 공감을 불러일으키고 올바른 도덕적 판단을 유도하고자 했다. 마자의 연구는 18세기 변호사들이 변론문을 작성할 때 감상주의 문학의 플롯 구조와 강렬한 감성을 어떻게 이용하였는지 보여준다. 그런 변론문은 혁명 전야의 프랑스에 수만 건이나 돌아다니고 있었다(Maza 1993). 그들의 변론문에는 정치, 사회, 감성, 도덕이 융합되어 매력적인 개혁주의 비전으로 제시되었다. 일부 변론문은 마치 소설처럼 읽혔다(현실과 허구의 경계는 여기서도 무너진 것이다). 이는 오늘날의 우리에게는 괴상하게 보인다. 그러나 당대인들은 소설의 비할 수 없는 사실주의와 교육적인 힘을 찬양했다(Chartier 1999). 변호사들도 변론문의 그 양식을 진실성의 표지로 간주했다.

일부 변론문은 구체제 궁정의 비밀을 담고 있었다. 변론은 인쇄되었고, 여론은 법정으로 작동했다. 그리고 소송에 대한 여론의 판단은 법정의 판결보다 더 큰 무게를 지녔다. 여론은 자연적 감정으로서의 공감애와 연민에 예민했다. 여론은 당한 쪽의 진실성과 고통을 식별해낼 능력이 있다고 믿었다. 당한 쪽은 통상적으로 평민(여론이 전체적으로 그러했던 것처럼)으로, 반대자는 귀족(외모, 예절, 사치, 방탕, 인위)으로 그려졌다. 궁정과 궁정의 매너와 궁정의 유행은 부도덕과 부패의 완벽한 전형이었다. 당한 쪽이 여론에게 호소하려 한다는 것 자체가 이미 그에게 죄가 없다는 증거로 간주되었다. 귀족의 명예에는 비난이 쏟아졌다. 귀족적인 명예는 은폐하려 한다. 죄지은 자는 원래 거짓을 말할 수밖에 없는 법이다. 그러나 그들의 거짓말은 자연적인 감정을 결여하고 있고, 그래서 쉽게 간파된다. 또한 그래서 그들은 침묵하려 한다.

감상주의를 그런 방식으로 실천하자, 문학 장르의 마니교적 플롯 구조가 불길한 정치적 의미를 갖게 되었다(Maza 1993: 14). 그 전략은 어떤 추상적인 이론보다도 대중의 정치 참여에 대한 지지를 함축했고, 따라서 불가피하게 진실성(자기 자신의 진실성과 상대방의 진실성 모두)에 대한 관심을 고조시켰다. 1780년대가 되자 양측 모두 감상주의 전략을 채택했다. 그러자 질문이 제기되었다. 속이는 자는 누구인가? 공개적으로 표출된 감성이 더 이상 명료한 판단의 근거가 되지 못하자, 진실성에 대한 의구심이 대두할 수밖에 없었다. 그러자 진실성의 결여는 또다시 악한 의도의 신호로 간주되었다. 마자가 주목한 것처럼, 공포정치를 특징짓는 사고방식이 이미 1789년에 가시화되고 있었다.

4. 다가오는 위기

1780년대 말 왕정의 장관들은 지난 60년 동안의 최악의 재정 위기와 씨름하고 있었다. 그리고 신분적 특권 체제를 철저하게 개혁해야만 문제가 해결될 수 있다는 일반적인 합의가 형성되었다. 바로 그 시기에 후기 감상주의 — 마니교적 이분법, 그리고 그동안 실천 속에서 자기연민을 배우게 된 관객들에게 그 이분법이 발휘하는 호소력 — 가 정치 논의에서 갈수록 중요한 역할을 수행하였다. 1788년의 여름과 가을에 18세기 최악의 흉작이 닥쳤다. 이듬해 봄에 빵 가격이 폭발적으로 오르고, 수많은 거지 떼가 나타났으며, 지역에 따라 기근도 발생했다. 그러한 상황의 연속 끝에 혁명이 왔다. 다음 장에서 나는 유럽사의 그 이례적인 사건에 대한 새로운 내러티브를 제시하지는 않을 것이다. 나는 오히려 후기 감상주의자들의 상상력이 공급한 이모티브의 힘이 반영된 혁명의 특징을 적시하고자 한다. 이모티브와 감정의 상호작용은 혁명에서 결정적이었다. 그로부터 연원한 유토피아적인 희망들이 혁명 초기에 대세를 장악했기 때문이다. 혁명가들은 한동안 프랑스 사회 전체를 감정 피난처로, 즉 막역한 친구들이 모이던 살롱 혹은 글루크의 「오르페오와 에 우리디체」의 공연과 같은 것으로 변화시킬 수 있다는 생각에 사로잡혔다. 그 기대가 근거 없는 것으로 드러나자, 감상주의는 붕괴하였고, 빠르게 사라졌다.

제6장 프랑스혁명과 감상주의 1789~1815

1780년 제판공의 딸 잔-마리 플리퐁이 부유한 산업 감찰관 장-마리 롤랑과 결혼했다. 우리는 이미 그들이 감상주의 소설 속의 캐릭터로서 교제하는 것을 보았다. 그들이 혼인하고 9년이 지난 뒤에 혁명이 발생했다. 잔-마리 플리퐁은 혁명이 열어놓은 새로운 정치의 세계에 남편보다 더 열성적이었고 더 참여적이었으며 더 영리하게 활동했다(May 1970). 그녀는 자크-피에르 브리소가 창간한 신문『프랑스의 애국자들』에 기고했고, 남편을 정치에 참여하도록 이끌었으며, 남편의 정치적 입장과 동맹자 선택에서 중요한 역할을 했다. 1793년 1월 15일 장-마리 롤랑이 내무장관직에서 물러났다. 그날 국민공회에서 그는 자신의 직무 수행을 강력하게 변호하고 철저한 정부 개혁을 촉구하는 연설을 했다. 그러나 루이 16세의 처형 문제에 집중하던 국민공회는 롤랑의 제안을 무시했다. 현재에도 남아 있는 롤랑의 연설문을 쓴 사람은 롤랑의 부인이었다.

당시 롤랑 부부는 온건파인 지롱드파에 속해 있었다. 지롱드는 루이 16세의 처형에 반대했으나, 왕은 결국 사형 선고를 받고 1월 21일에 단두대에 올랐다. 그 후 지롱드와 자코뱅의 관계는 더욱 악화되었다. 양파의 경쟁은 지방으로 확대되었고, 일부 지역에서는 공공연한 폭력으로 번졌다. 이 혼란스러운 시기에 롤랑 부부는 조용히 있었다. 1793년 5월 31일 파리코뮌과 국민방위군이 봉기하여 지롱드파를 국민공회에서 축출했다. 새로운 권력자들은 특정하지 않은 이유로 롤랑 부부의 체포를 지시했다. 롤랑은 숨었다. 잔-마리 플리퐁은 그 불법 행위를 성토하기 위하여 영업용 마차를 불러서 국민공회로 달려갔다.

그녀가 튀일리 궁전에 도착했을 때 의회 문은 닫혀 있었고, 수비대가 지키고 있었다. 그녀는 의장석에 메시지를 들여보내려 했다. 그녀는 자신의 메시지가 의회 연단에서 낭독되기를 원했다. 그러나 실패했다. 그러자 그녀는 얼굴을 아는 안내원을 통하여 오랜 동료인 피에르 베르니오를 불러냈다. 그녀는 국민공회에서 연설을 하겠다고 간절하게 말했다. 그에 대한 그녀 자신의 진술은 다음과 같다.

만일 나를 들여보내준다면, 나는 의회에서 당신조차 체포를 두려워하지 않고는 말할 수 없는 것을 말할 겁니다. 나는 두려운 것이 없습니다. 남편인 롤랑을 구하지 못한다고 하더라도 나는 적어도 공화국에 도움이 될 진실만은 강력하게 말할 겁니다. 베르니오, 당신 주변의 들을 만한 주요 인물들에게 용기는 위대한 결과를 가져올 수 있고, 최소한 위대한 모범은 될 수 있다고 호소하십시오(Roland 1905: I, 13).

그녀는 자신이 국민공회 의원들에게 큰 인상을 줄 것이고, 심지어 지롱드파의 생명을 연장시킬 수 있다고 믿었다.

　내 몸에서 말이 저절로 나오려는 듯했다. 나는 두려움을 넘어서 분노로 충만했고, 조국을 위해 불타오르고 있었다. 조국이 파괴되면, 내가 사랑하는 모든 것이 극도의 위험에 처하리라는 것을 나는 알고 있었다. 나는 나 자신을 고결하게만 발언할 능력을 지닌 자신만만한 사람으로 표현할 수 있을 듯이 느꼈다. 나는 위대한 문제들을 말하고자 했고, 내 입장을 방어해줄 수많은 논거를 갖고 있었다. 그리고 나는 그런 주장을 효과적으로 펼칠 수 있는 독특한 상태에 있었다(Roland 1905: I, 13)[1]

　그러나 베르니오는 그녀가 국민공회에서 연설할 방법은 없다고 말했다. 국민공회는 지롱드파 의원들을 축출하라는 파리코뮌의 요구를 논의 중이며, 다른 연사들이 연단에 오르는 동안 최소한 1시간 반을 기다려야 한다는 것이었다. 그날 저녁 롤랑 부인이 다시 한 번 영업용 마차를 타고 튀일리 궁전으로 갔다. 그녀는 국민공회가 휴회된 것을 보고 깜짝 놀랐다. 그녀는 그것이 나쁜 소식일 수밖에 없다고 생각했다. 국민공회가 자코뱅과, 파리코뮌과 국민방위군의 자코뱅 동맹 세력의 손에 넘어가지 않았다면 의회가 휴회될 리 없었다. 그녀가 마차로 돌아왔을 때, 마부가 주변에서 개 한 마리를 발견했다. 마부는 개를 아들에게 가져다주고자 했다. 카루젤 광장을 빠져나오는 순간 마차가 갑자기 멈췄다. 그러자 개가 뛰어내렸다. 마부가 개를 불렀다. "꼬마야! 꼬마야! 돌아온!" 잠깐 동안 롤랑 부인은 사태를 이해하지 못했다. 롤랑 부인의 설명은 이어진다.

나는 그 개를 기억한다. 그 개는 귀여웠고, 나는 개가 마부를 잘 따른다고 생각했다. 마부는 좋은 사람이었고, 아버지였으며, 예민한 감성을 갖고 있었다. 나는 마부에게 말했다. "개를 붙잡으세요. 개를 마차 안에 둬도 돼요. 내가 지킬게요." 사람 좋은 마부는 기뻐하면서 개를 붙잡은 뒤, 마차 문을 열고 그 동료를 내게 붙여주었다. 그 약한 동물은 자신에게 보호자와 피난처가 생겼다는 것을 알아차린 듯했다. 개가 나를 핥았다. 나는 『사디』라는 소설 내용을 기억한다. 주인공 노인은 사람들과의 교류에 지치고, 특히 인간의 열정에 정이 떨어진 사람이었다. 그는 사회에서 물러나 숲으로 갔다. 그곳에 그는 오두막을 짓고, 동물들 몇 마리를 데려왔다. 동물들은 그의 친절에 애정과 감사로 답했고, 그는 대단히 만족했다. 그것들은 그가 사람에게서는 발견할 수 없는 것들이었다 (Roland 1905: I, 17).

다음날 롤랑 부인이 체포되었다. 그녀는 3주일 뒤에 풀려나기는 했지만, 8월에 다시 체포되었고, 1793년 11월 8일에 기요틴에서 처형되었다. 그녀의 남편은 루앙에서 숨어 지내다가 그녀의 처형 소식을 듣고 자살했다.

잔-마리 플리퐁은 마지막 순간까지 감정의 언어를 말했다. 그 언어는 오늘날의 우리에게는 낯설다. 우리가 그것을 이해하려면 의식적으로 노력을 해야 할 정도이다. 물론 그녀가 남편을 방어하기를 원했다는 사실이 우리에게 낯선 것은 아니다. 그녀가 주인 잃은 개에 대하여 공감을 느끼고, 그 개를 돌보고 있다가 집으로 데려가려 하는 남자에 대하여 애정을 느낀 것도 낯선 것이 아니다. 우리가 납득하기 힘든 것은, 위기 속에서 국민공회에서 발언하겠다고 생각한 순간에 롤랑 부인이 자신을 압도하는 감정의 극단에 기꺼이 몰입했다는 점이다. 오늘날의 우리와는 달리 그녀는 그 감정을 공적 연설의 효과를 가로막는 방해물로 간주하지 않았다. 그녀는 그 감정을 억제되어야 하는 위험성이 아니라 웅변의 원천으로 여겼다. 중요한 것은, 이때 그녀가 모든 국민공회 의원들이 생각하던 방식으로 생각하였다는 점이다. 그녀가 연단에 설 수 있었더라면, 그녀는 남편과 조국의 운명을 걱정하는 충성스러운 아내이자 애국자로서 눈물이 뒤범벅이 된 얼굴로 국민공회에게 용기를 가지라고, 외부로부터 의회에 가해진 압력에 저항하라고 촉구했을 것이고, 그렇게 그녀는 다비드가 화폭에 담을 만한 주인공이 되었을 것이다. 그녀는 디드로가 극작가와 화가에게 충고했던 그대로, 의원들을 빨아들였을 것이고 공감을 얻었을 것이다.

우리에게 낯선 것이 또 있다. 그녀가 마차 안에서 길 잃은 개를 쓰다듬어주었을 때, 그녀가 생각해낸 것은 개가 어린아이들에게 줄 수 있는 기쁨과 우정도 아니었고, 그녀와 그녀 가족 혹은 친구들이 개에게 쏟게 될 애정도 아니었으며, 하필이면 세상을 떠나 원시적인 숲으로 들어가버린 노인에 대한 이야기였다. 그 노인은 사람들이 거부한 애정을 동물과의 우정에서 발견했던 사람이다. 이는 전형적인 감상주의 언설이다. 문명은 자연적인 감정을 부패시키고 메마르게 하는 반면, 자연은 그 감정을 회복시켜준다는 것이다.

그 일이 발생하기 하루 전인 1793년 5월 30일, 젊은 자코뱅 의원 앙투안-루이 생쥐스트가 막강한 국민공회 공안위원회 위원으로 선출되었다. 공안위원회는 추후 공포정치를 조직하게 된다. 생쥐스트는 1793년 7월에 지롱드 의원들을 비판하고 그들에 대한 체포를 정당화하는 보고서를 국민공회에 제출했다. 아이러니하게도 그는 동물에 대하여 롤랑 부인과 똑같은 감정을 느끼던 인물이었다. 그가 1794년 7월 28일에 로베스피에르와 함께 기요틴에서 처형된 뒤 남긴 문서에는, 그의 미완성 에세이 「자연론」이 포함되어 있다. 생쥐스트는 그 글에서 동물의 사회성을 찬양했다. 그는 썼다. 숨을 쉬는 모든 종은, 그 독립성과 사회적 관계와 다른 종들에 대한 방어력을 지배하는 법칙을 알고 있다.

그 법칙은 그 종의 자연적 관계이고, 그 관계는 그들의 욕구 및 애정이며, 그 동물들은 그 지성의 본성 혹은 그 **감수성**에 의거하여 강하든 약하든 서로 결합한다. 일부 동물들은 봄에 모이고, 나머지 동물들은 다른 계절에 모인다. 모인 그들은 서로를 학대하지도 서로로부터 도망치지도 않는다(Saint-Just 1976: 141).

생쥐스트에 따르면, 문제가 있는 것은 인간뿐이다. 인간은 원래 동물과 마찬가지로 ("사회적인") 애정에 따라서 집단을 형성했고, 그의 ("정치적") 독립성에 따라서 다른 집단들로부터 자기 집단을 방어했다. 사회적인 영역은 감수성의 영역이고, 정치적인 영역은 힘의 영역이다. 그러나 집단과 집단 사이에서만 행사되던 힘이, 역사가 진행되면서 점차 집단 내부에서 사용되기에 이르렀다. 그러자 인간을 묶어주었던 자연적인 사회적 애정이 사회 내부에 자리 잡은 힘의 정치체제에 의하여 부패되었다. 생쥐스트는 사람들이 원래는 스스로를 보호하기 위하여 결합했다고 썼다. 그러나 무엇으로부터 보호한다는 것인가? 사회의 원래 형태는 "정치의 먹잇감이 아니었다. 사회는 자연법에 의해 지배되었다. 인간은 민족들nations을 지배해야 하는 법을 인간들을 지배해야 하는 법으로 착각하였을 때 야만인이 되었다"(Saint-Just 1976: 143~144).

생쥐스트는 롤랑 부인과 마찬가지로, 혁명의 목적이 그 자연 상태를 회복하는 데 있다고 믿었다. 롤랑 부인에게 길 잃은 개가 궤를 일탈한 정치체의 노숙자 신세가 된 자신과 비슷하게 다가왔던 것처럼, 생쥐스트는 그의 정치 투쟁을 부패한 정치적 힘에 대항하는 자연적인 인간의 투쟁으로 간주했다. 두 사람 모두 공화국이 창건되기 위해서는, 힘에 대항하여 힘으로 맞서야 한다고 믿었다. 그 사태 자체는 불행한 것이었지만, 생쥐스트에게 자연법의 함의는 유리처럼 투명한 것이었다. 힘을 사용하는 사람은 그 순간 자신을 집단의 외부에 놓은 사람이요, 집단에 대한 전쟁 상태에 돌입한 사람이었다. 그가 루이 16세에 대한 재판에서 그 유명한 말은 한 것은 그 때문이었다. "아무도 죄를 짓지 않고 통치할 수는 없다." "루이는 〔······〕 우리 한가운데 있는 낯선 자이다"(Blum 1986: 175). 구체제에서 힘의 과도한 행사가 너무나도 광범한 부패를 낳았기 때문에, 공포의 지배만이, 일종의 "혁명 정부"만이 사회 속에서 낯선 자로 행동하는 자들, 힘이 정당하다고 믿는 자들을 사회로부터 제거할 수 있다.

롤랑 부인과 마찬가지로 생쥐스트에게도 정치는 전적으로 감정적인 것이었다. 생쥐스트는 경고했다. "우리는 〔······〕 영혼의 감성과 열정을 혼동하지 말아야 한다. 영혼의 감성은 자연의 선물이자 사회생활의 원리인 반면, 열정은 약탈의 결실이자 야만적인 삶의 원리이다"(Saint-Just 1976: 140). "공포Terror"는 자연적인 사회에 거주하는 영혼들의 감성이 마음껏 작동하도록, 공화파가 부패한 자들에게 가해야 하는 열정이었다. 1793년의 척박한 상황에서 진정한 애국자는 "차가운 정신과 순수하고 뜨거운 가슴의 불"을 결합시켰다(Higonnet 1998: 89).[2]

나는 세 가지를 주장하고자 한다. (1) 앞서 서술한 1789년에 이르기까지의 감정사는 1789년 5/6월 혁명의 발발로부터 1794년 7월 대공포의 종식에 이르기까지의 사건 전개에서도 핵심적인 역할을 수행했다. (2) 그 후 그 감정의 교의는 그것을 언급하는 것조차 어려울 만큼 빠르게 억압되었다. 그 결과, 감정의 교의가 영향력을 발휘했었다는 사실조차 잊혀졌다. (3) 이모티브 이론은 혁명이 1794년까지 그토록 신속하게 과격해진 것, 그리고 1794년 7월 로베스피에르의 몰락 이후 혁명이 온건 공화주의로 신속히 이동한 것 모두를 설명해준다.

1. 감상주의라는 연결고리

최근의 프랑스혁명 연구는 혁명기에 벌어진 극단주의와 폭력을 설명하는 데 초점을 두고 있다. 계급 갈등이 설명력을 잃고 문화적, 포스트구조주의적 방법이 영향력을 얻으면서, 혁명이 급진적 민주주의를 향하여 "지속적"으로 과격화된 것 — 이는 법과 질서의 붕괴, 내전, 사법살인의 확대를 동반하고 있었다 — 이 수수께끼로 다가왔던 것이다. 프랑수아 퓌레는 군주정 정부의 붕괴로 시작된 혁명이 권력의 진공 상태를 낳았으며, 그 공백은 "인민" "자유" "민족"과 같은 추상적인 핵심어들을 조작할 줄 아는 개인들에 의해 메워졌다고 주장했다(Furet 1981). 캐럴 블룸은 공안위원회 자코뱅 위원들의 언설과 루소 사상의 일부 특징 사이에서 긴밀한 친화성을 발견했다. 루소는 자신의 내면에서 순결과 덕성을 발견했다고 믿었고, 또한 그것이 자신을 타인과 결합시켜준다고 믿었다. 유덕한 인간은 모든 유덕한 타인과 융합될 수 있는 것이었다. 그러한 덕의 결합을 거부하는 자에게 적절한 형벌은 죽음뿐이다

(Blum 1986). 그러한 사상과 공안위원회의 로베스피에르와 생쥐스트 등이 보유하고 있던 이념 간의 유사성은 실로 각별하다. 린 헌트는 자코뱅이 폭력, 특히 왕의 죽음에 관하여 말하던 방식과 프로이트가 『토템과 터부』에서 국가의 창건에 부여한 친부살해론 사이에서 외설적인 유사성을 발견했다(Hunt 1992).

파트리스 이고네는 자코뱅의 이데올로기가 마지막 순간까지 낙관적이고 인간적이었다고 주장했다. 다만, 자코뱅의 이상은 공동체적인 동시에 개인주의적이었다. 그 두 가지 극단 중에서 하나를 선택하도록 강요받자, 자코뱅 지도자들은 역설적이게도 구체제의 태도들, 즉 국가에 대한 "유사 신화적인 충성심," 이견에 대한 가톨릭적인 불관용, 국가의 "장엄한 공적 목적"에 대한 생생한 감각으로 되돌아갔다는 것이다(Higonnet 1998: 70~73). 파트리스 게니페 역시 혁명가들이 "치명적인 모방 정신"에 이끌렸으며, 혁명 군중은 오래된 "처벌 문화"를 갖고 있었다고 강조했다(Gueniffey 2000: 95, 99). 그와 달리 티모시 태킷는 혁명가들을 괴롭혔던 음모에 대한 공포는 대부분의 지역에서 빈발하던 진짜 음모에 기반한 것으로서, 그것들이 "1792년 봄과 여름에 정치 엘리트들 사이에 나타난 공포 심리의 태동에 막대한 영향을 주었다"고 주장했다(Tackett 2000: 713).

일부 역사가들은 감상주의 이념의 전반적인 영향력에 주목하기 시작했다. 덴비와 뱅상-뷔포는 혁명 초기에 감상주의 사상과 표현이 무수히 사용되었다는 점을 부각시켰다(Denby 1994; Vincent-Buffault 1986). 그렇지만 그것의 보다 깊은 의미를 탐구한 역사가는 아직 없다. 그 문제를 깊이 파고들기 위해서는 섀프츠베리의 주장, 즉 우리 각자는 도덕적 감각을 타고났으며, 그 감각은 사랑, 연민, 박애, 감사함과 같은 감성으로 우리에게 나타난다는 주장을 단단히 유념해야 한다. 이 책의 제5장에 인용된 진술을 보면, 섀프츠베리가 롤랑 부인과 생쥐스트와 마찬가지로 동물과 인간을 우호적으로 비교하면서, 인간과 동물 모두가 동족에 대하여 "연민과 사랑과 친절과 애정"을 얼마간은 소유하고 있다고 주장했던 것을 알 수 있다. 동시에 섀프츠베리는 인간이 오류를 범할 수 있다고 강조했다. 동료 인간을 향한 자연적인 애정으로부터 이탈하라고 "사람들에게 가르치는 모든 것"은 "결단코 그 어떤 의미에서도 그 어떤 종류의 미덕일 수가 없으며, 끔찍한 부패일 수밖에 없다"(Shaftesbury 1711: 178~179). 선을 자연적인 것으로 보는 것은 물론 낙관적인 것이다. 그러나 유의할 점은, 그 관점이 선으로부터 일탈하는 것이라면 무엇이든 반자연적인 것으로 만들어버린다는 것이다.

당시 프랑스에서 문필 영역에 출입하던 남자와 여자 들(그리고 그들 외에 연극, 그림, 판화, 가요를 통하여 그런 사상을 알게 된 문맹인들)은, 비록 상당한 편차가 있기는 했지만 섀프츠베리와 비슷하게 생각했다. 이는 그들이 섀프츠베리를 읽었다는 뜻이 아니다. 당시 섀프츠베리의 사상과 비슷한 이념은 수많은 에세이와 예술 작품을 통하여 유포되고 있었다. 사람들은 그것들을 읽었고 보았다. 1789년이 되면 도덕적 감수성의 존재는 아예 상식이었다. 따라서 모든 프랑스인에게 일일이 물어보지 않고도 한 사람이 그들 모두를 대신하여 말하는 것이 가능했다. 한 프랑스 사람이 자신의 가슴을 들여다보기만 하면(그곳에서 그가 발견하는 것과 똑같은 것을 모든 프랑스인이 자신의 가슴에서 발견했을 것이다), 그리고 가슴이 명령하는 대로 행동했다고 확신하기만 하면, 그는 자신이 애국적으로 행동했고 만인의 의지를 실천했다고 확신할 수 있었다.

사실 캐럴 블룸이 루소와 루소의 동시대인들 사이의 차이를 과장한

면도 있다. 블룸은 루소가 한 일이 당시 이미 광범하게 자리 잡고 있던 도덕적 상식에 초점을 부여하고 그것을 고조시킨 것이라는 점을 보지 못했다. 물론 루소의 영향력은 막대했다. 그러나 모든 것을 루소 탓으로 돌려서는 안 된다. 루소가 동료 철학자들과 벌인 갈등, 그의 외롭고 어쩌면 편집증적인 행동 방식은 고립된 사람의 행동이 아니라 감상주의자의 행동이었다. 그리고 자기 자신의 도덕적 감각의 필연적인 무오류성을 강조한 것은 루소만이 아니었다. 루소는 그 이념을 확산시키는 데 커다란 공헌을 했던 것뿐이다. 그가 그 일을 했을 때, 수천 명의 교육받은 독자들은 이미 루소의 생각을 이해하고 찬양할 자세가 되어 있었다. 그리고 루소만이 편집증적이었던 것도 아니다. 이 책의 제5장에 인용된 섀프츠베리의 글은 사람들에게 타인을 선 혹은 악, 자연 혹은 타락이라는 이분법적 범주에 의거하여 냉정한 도덕적 판단을 내리라고 촉구했다. 디드로와 볼테르 같이 루소를 극렬하게 비판한 사람들도 악한 인간을 식별하고 비난하는 데서는 누구보다도 빨랐다. 디드로, 볼테르, 쉬아르, (좀 덜한 정도로) 몽테스키외, 콩도르세의 경우처럼 —그리고 마리보, 바퀼라르, 리코보니, 스탈, (좀 덜한 정도로) 보마르셰의 경우처럼 — 루소도 섀프츠베리의 사상과 같은 이념이 당연시되는 분위기에 흠뻑 젖어 있었다.

역사가인 퓌레가 인지하지 못한 것은, 정치적 주장과 정책의 정당화에 투입된 "인민" "자유" "민족"과 같은 추상들이 감상주의적 신념에 의해 동원되었다는 점이다. 그 추상적인 빈 단어들이 공포정치 기간 동안 발휘한 정치적 힘은 제도와 정치에서만 유래했던 것이 아니다. 그것은 감상주의에서도 발원했다. 역사가인 이고네가 포착하지 못한 것은, 자코뱅이든 감상주의자이든 혁명가들은 개인주의적인 가치와 공동체적인 가치가 서로 상충된다고 파악하지 않았다는 점이다. 그들이 보기에는, 각 개인이 타고난 도덕적 감각의 명령에 자진해서 따르기만 하면 공동체의 승리는 의당 보장되는 것이었다. 그들은 의견이 서로 엇갈릴 경우에는 우선 협상을 해야 한다고 생각하지 않았다. 그보다는 각자가 자신의 가슴을 다시 한 번 들여다보아야 했다. 이때 자신의 감정이 자연적이라는 확신이 들 경우, 자신의 의견에 동의하지 않는 상대방이야말로 도덕이 결여된 존재였다(롤랑 부인에게 국민공회가 자신의 연설을 들어야 한다는 것을 입증하는 방법으로, 길 잃은 개를 안아주는 것보다 나은 것이 있었을까?).

역사가 이고네는 혁명이 일단 시작되자 새로운 지도자들이 "자아비판에 중독되었다"고 주장했다. 새로운 혁명 지도자들은 "그들의 행동이 출발부터 흠 잡을 게 없었다는 것을 입증하기 위하여 자신의 삶에 대한 보고서를 제출"할 준비가 되어 있는 사람들이었다는 것이다(Higonnet 1998: 81). 다시 생각해보면, 그들이 정치를 하는 방식이 바로 그런 것이었다. 흠 잡을 게 없는 사람이 되는 방법은 아주 단순하게, 자연적인 도덕 감각 속에서 사는 것이었다. 흠 잡을 게 없는 것은 또한 올바른 것이었다. 오늘날의 우리는 정치가들이 타협하기를 기대한다. 우리는 정치가들이 자신의 가치와 신념에 대하여 냉소적이지 않은가 의심이 들 정도까지 정치를 가능성의 예술로서 수행하기를 기대한다. 1790년대의 프랑스인들은 우리와 정반대였다. 그들은 일단 자신의 가슴을 들여다본 뒤에는 비타협으로 일관했다.

역사가인 헌트가 간과한 것은 혁명가들이 고유한 심리학 이론을 갖고 있었다는 점이다. 이고네는 썼다.

자코뱅은 외적으로 가시적인 행동만이 아니라 내적인 감정과 성격도 강조했다. 자코뱅은 "왕이 죽었다는 소식을 들었을 때 당신은 무엇을 했습니까?"라고 묻지 않았다. 자코뱅은 "그 소식을 들었을 때 당신은 무엇을 느꼈습니까?" "성직자들의 재산이 몰수되었을 때 국민의 권리가 회복된 것을 보고 기뻤습니까?"라고 물었다(Higonnet 1998: 81).

이고네는 혁명가들의 그러한 모습과 충동이 "혁명 전 가톨릭의 고백성사를 떠올린다"고 말한다. 그러나 내가 보기에, 그것들은 마자가 연구한 당대의 서간체 소설이나 사법 회고록에 훨씬 더 가깝다(Maza 1993). 혁명가들의 행동은 감상주의 교의를 직접적으로 적용한 것이었다. 헌트는 폭력, 특히 왕의 처형에 대한 자코뱅들의 양가적인 태도에 주목했다. 그러나 혁명가들은 그 양가성을 완벽하게 알고 있었다. 이고네가 주목했듯이, 혁명가들은 심지어 양가성을 찬양했다. 그들은 불에 대하여 불로 싸우는 것의 아이러니를 이해하고 있었다. 그들은 난폭하게 행동하라고 요구받았다. 그러나 동시에 그 난폭한 행동은 일종의 희생일 수 있었다. 당통은 말했다. "인민이 끔찍해지지 않아도 되도록 우리가 끔찍해집시다"(Gueniffey 2000: 85).[3] 당통은 군중이 가하는 모든 폭력 행위가 인간의 가슴에서 나올 수 있다는 것을 받아들였다. 헌트는 그 시기에 가족과 가족 이미지에 대한 관심이 팽배했다고 강조한다. 그러나 그런 태도의 근저에는, 자연적인 감성은 인간을 공감적인 사랑의 결합으로 이끌어준다는, 다만 그 감성은 우선적으로 자연이 우리에게 가족으로 선물해준 사람들을 향한다는 믿음이 깔려 있었다. 왕은 인민의 "선한 아버지"여야 했다. 그러나 왕은 그 자연적인 역할을 배신했다. 사람들은 그래서 그 왕이 죽어야 한다고 여겼다. 그러나 그렇다고 해서 그것이 선한 자코뱅이 왕의 죽음을 유감스럽게 생각하지 않았다는 것, 다른 결과를 바라지 않았다는 것을 뜻하지는 않았다.

역사가 태킷은 혁명기 급진 좌파가 "민주적 평등주의에 대한 그들의 판본이 심원하게 진실하고 옳은 것이라는 깊은 감성"을 발전시켰으며, "그로부터 한 걸음만 더 나아가면, 자코뱅의 입장에 동의하지 않는 모든 사람이 필연적으로 바보거나 사기당한 사람이거나 음모꾼일 수밖에 없다고 생각하게 되었다"고 지적한다(Tackett 2000: 705). 그러나 자코뱅의 그런 발상은 느닷없이 지어낸 것이 아니었다. 그것은 주고받기 식의 정치에서 기회주의적으로 작성된 것도 아니었다. 그것은 감상주의 이데올로기의 산물이었다. 자코뱅의 감상주의는 주장했다. 사람은 자기 자신의 도덕적 감성에 진솔하게 귀를 기울임으로써 인민의 의지를 들을 수 있다. 그 듣는 능력은 모든 사람이 갖추고 있는 것이 아니다. 그 능력은 단순한 사람, 자존심과 귀족적 거드름과 오만함이 없는 사람, 문자 그대로 자신의 본성에 맞게 동물을 좋아하는 사람만이 갖는다. 그런 사람은 자신의 내면에서 인민과 토론할 수 있는 존재이기 때문에, 자코뱅은 투표나 여론 조사를 행할 필요도 적과 타협을 할 이유도 없었다. "많은 급진파들의 글에서 '선한 인민'이 라이트모티프가 되었다"(Tackett 2000: 705).

게니페는 자코뱅이 "인민"이라는 추상에 혁명 이전에 왕이 보유하고 있던 존엄성과 자의적인 권력을 부여했다고 주장한다(Gueniffey 2000: 81~110). 그러나 그것은 구체제의 정치적 관행을 비성찰적으로 고수한 데 따른 결과가 아니었다. 자코뱅은 인간의 가슴이 한 목소리를 낸다고 굳게 믿고 있었다. 최고의 존엄과 완벽한 권력을 부여받아야 하는 것은 그 가슴이었다. 게다가 감정을 구성하는 이모티브의 힘은 감상주의 교의를 더욱 설득력 있게 만들었을 것이다. 이모티브가 사람들의 가슴 속의 감정을 증폭시켰을 것이고, 사람들은 그것을 진정 자연의 목소리로 느꼈을 것이기 때문이다.

프랑스혁명을 이해하려는 최근의 연구 경향들을 하나로 모아주는 것은 망실된 연결고리다. 그것은 오늘날의 우리와는 다른 당대인들의 감정적 상식, 즉 무언의 감상주의적 전제들이다. 그것의 중요성을 인식하는 데 그토록 오래 걸린 이유는, 1794년 이후의 반동이 그 기억을 삭제했기 때문이다.

2. 혁명 초기

1789년의 사건들은 낙관주의와 이분법적 감상주의에 의해 만들어졌다. 국민의회가 "인간과 시민의 권리"를 정식화하는 첫걸음을 내디뎠던 그 유명한 '8월 4일 밤'은 온통 감상주의적 발화와 제스처로 치장된, 국민 자체를 감정의 피난처로 전환하려던 시도였다. 그날 의회는 저녁 6시에서 새벽 2시까지 열렸다. 그때 그곳에서 의원들은 그들 말로 "봉건제를 폐지했다." 그들은 프랑스 시민들을 분할하고 있던 방대하고 복잡다단한 특권들, 귀족, 교회, 도시, 지역, 길드, 영주의 특권들 전체를 쓸어버렸다. 마르크스주의 역사학은 그 과감한 개혁 조치들을 추동한 힘이 부르주아지의 계급적 이해관계였다고 주장한다. 농민들이 봉기를 일으켰고, 성城이 불타고 있으며, 세금과 봉건 부과조에 대한 수동적 저항도 발생했다는 소식이 파리에 도착하자, 그에 자극을 받은 의원들은 선제적인 개혁을 통하여 인민의 폭력을 차단하고자 했다는 것이다.

근자에 들어서 수정주의 역사가들은 국민의회가 특권을 폐지한 것을 독특한 문제로 간주한다. 역사 연구가 진행되면서, 구체제에서 중간 신분, 심지어 하위 신분까지도 특권을 보유하고 있었다는 것이 드러났기 때문이다. 수공업 장인의 권리도 특권이었고, 보르도의 상인과 리옹의 제조업자가 사업에서 행사하는 권리도 특권이었다. 게다가 혁명 발발 직전의 진정서들이 요구한 것은 특권의 폐지가 아니라 특권의 개혁이었다. 따라서 특권의 폐지는 야심적인 사회공학적 기획이었던 것이고, 이는 혁명을 단순한 정치적 위기로 해석하려는 역사가들을 당혹스럽게 한다.

감상주의의 맥락에서 볼 때 두드러지는 것은, 국민의회의 공식 의사록이 개혁을 의원들의 자연적인 감수성에서 대두한 감상적인 이타애 행위로 간주했다는 점이다(Hirsch 1978). 예를 들어서 의사록은 "애국적인 희생"을 강조하지만, 이때 "애국적" 행위란 마자가 주목했듯이 협소하게 "민족주의적인" 것이 아니라 "이기적이지 않은" 그리고 "인간애적인" 것을 의미했다(Maza 1997: 223). 그날 밤 회의는 폐지할 특권을 거명할 특권을 보유한 의원들의 개혁 제안을 우선시하는 방식으로 진행되었다. 그리하여 귀족 의원은 귀족 면세 특권의 폐지를, 성직자 의원은 십일조세 특권의 폐지를, 도의 대표는 지역적 특권의 폐지를 제안했다. 감상적인 개혁의 홍수가 일어났고, 감정표현이 계산적인 생각을 마비시켰다. 의사록에는 십일조세를 폐지하자는 제안이 언급된 바로 뒤에 다음과 같이 쓰여 있다. "국민의회를 휩쓴 황홀감의 표시들과 공감애의 솟구침이 시간이 갈수록 강렬해지다보니, 그 유익한 조치들의 실천에 필요한 신중한 규정들을 적시할 시간이 거의 남지 않았다"(Hirsch 1978: 165).[4] 의사록은 의원들이 지역적 특권의 폐지를 발의하는 장면을 다음과 같이 서술했다.

그것(십일조세의 폐지)으로 많고 많은 개혁 주제들이 모두 처리된 듯이 보이던 순간, 국민회의의 **주의와 감수성이 다시 깨어나서** 전적으로 새로운 종류의 제안에 집중되었다. **지방삼부회 지역**으로 불리던 도의 의원들이 **박애의 충동에 승복하여, 혹은 출신 도의 진정서에 표현되어 있던 선거구민들의 박애에 의지하여, 혹은 선거구민들의 박애를 가정하고 자기 자신을 그에 대한 보증인으로 내세우면서** 도의 특권을 포기하고 왕의 정의와 국민의회의 정의가 프랑스 전체를 위하여 준비하고 있는 새로운 체제와 연합하겠다고 제안했다(Hirsch 1978: 167).[5]

의사록은 즉흥적인 이타애 행위에 대하여 열화 같은 갈채가 쏟아지는 동시에 그 행동이 숭고함에 가까운 이타애 감정들을 동반하거나 그런 감정들을 자극하였다는 것을 보여준다. 입법의 정확한 내용보다 중요했던 것은 ―그 자체로 쾌감을 안겨주던 ― 행동과 감정의 물결이었다. 가장 중요했던 그 개혁의 밤에 이성은 감정으로 보충되었던 것이 아니라, 감정으로 완전히 대체되었다. 게다가 의사록의 단어 선택은 의원들의 동기에 대한 설명에 어떤 언짢음을 함축하고 있다. 의원들은 대표들이었다. 그들에게는 유권자들의 소망에 구속되어 행동할 의무가 있었고, 따라서 그들은 조심하고 배려하며 유보적이어야 했다. 그러나 다른 한편 그때의 분위기는 특권의 폐지와 같은 행동이 감정의 자연적인 샘으로부터 솟아오를 것을 기대했다. 의사록 작성자들의 고통스런 문장은 그 두 가지 요건을 화해시키려던 시도로 해석할 수 있다.[6] 국민의회는 18세기 말의 연극과 오페라의 관객들과 무척 비슷하게 행동했다.

이는 역사가 존슨이 강조한 것이지만, 당대에 이미 메르시에를 놀라게 했던 것이기도 하다(Johnson 1995; Baasner 1988: 205). 국민의회는 극장의 관객들처럼 깊이 느끼고자 했고 때맞추어 울 줄 알았으며, 감성에 승복하는 것이 자연적인 미덕을 실천하는 것이라고 믿었다. 그들은 그러한 정당성을 소유하기만 하면, 자기가 맡은 직책의 세부 사항은 간과해도 된다고 생각했다. 이타애를 발생시킨 이모티브가 그들을 선한 입법가로 만들었던 것이다.

7월 14일의 바스티유 몰락, 그리고 7월 말과 8월 초에 프랑스 농촌 전역을 강타한 대공포의 성격은 의회보다도 이분법적이었다. 역사가들은 감상주의적 발상이 도시와 시골의 노동 빈민들에게 영향을 미칠 정도로까지 확산되어 있었는지 정확히 알지 못한다. 그러나 감상주의 토포스가 사회 하층에게도 친숙했음을 나타내주는 증거들이 존재한다. 마자의 연구는 적어도 파리에서는 낮은 직급의 서기와 상점주 수천 명이 유명한 감상주의적 사건들을 열렬히 지지했음을 보여준다. 마자는 또한 시골 사람들의 감정의 순수성과 진실성에 대한 엘리트의 믿음이 다양한 방식으로 농민들에게 전달되고 있었다는 점도 보여준다.

다니엘 로슈는 1789년경 파리의 빈민들에게 문자해득이 얼마나 넓게 확산되었는지 강조한 바 있다. 로슈는 파리 빈민들 가운데서 "감상적인, 심지어 에로틱한 연애편지가 빈번히 교환되는 것"에 주목했다(Roche 1981: 213). 아를레트 파르주는 "임신 선언"이라 불리던 18세기 말의 문서를 분석했다. 당시 미혼모들은 자신이 상대방 남자가 오늘날의 우리도 쉽게 식별할 수 있는 감상주의 어법과 제스처를 너무나도 능숙하게 사용하였기 때문에 유혹당한 것이라고 주장했다. 예컨대 요리사인 마들렌 쿠지는 한 남자로부터 뜨거운 구애를 받았다고 말했다.

"그는 그녀를 위해 만돌린을 연주했고, 그녀 앞에 무릎을 꿇었으며, 그녀의 손에 키스했고, 눈물을 흘렸다." 마들렌 다비드라는 또 다른 젊은 여성의 진술에 따르면, 그녀를 유혹하려던 남자가 보낸 소설책 속에 연애편지가 끼워져 있었는데, 그것은 그녀에게 『신엘로이즈』의 주인공 생 프뢰를 떠올리게 했다(Farge 1986: 44~45; Vincent-Buffault 1986: 31).

조르주 르페브르는 1789년 7월 말과 8월 초에 있지도 않은 도적과 귀족의 무리가 농민들에게 복수하러 오고 있다는 소문 때문에, 프랑스의 수천 개 마을 농민들이 평화를 지키겠다고 자위대를 만들어내는 모습을 보여준다. 그 소문에 대한 소식이 파리에 도착했을 때, 그것은 귀족들이 음모적으로 꾸며낸 것으로 간주되었다. 르페브르는 그 기회주의적인 부인 행위가 아이러니하게도 대공포에 불을 붙였다는 점을 주목했다(Lefebvre 1932). 그러나 그보다 더 중요한 것은, 소문을 믿은 사람이든 소문을 음모로 간주한 사람이든 모두 부도덕한 귀족 악인이라는 감상주의적 상투어에 의존하고 있었다는 점이다. 그 생각은 당시의 사회적 현실과 전혀 일치하지 않았지만, 그것은 몰리에르의 『돈 주앙』으로부터 보마르셰의 『피가로의 결혼』에 이르기까지 소설과 연극 수백 편에서 반복되어온 생각이었다.

1789년 혁명과 같이 전례 없고 또 심대한 혁명의 참가자들이 격렬한 감정을 느꼈으리라는 것은 납득할 수 있는 일이다. 여기서는 다만 세 가지를 강조하고자 한다. (1) 당시 사람들이 가질 수 있는 지배적인 감정 언어는 후기 감상주의의 언어였다. (2) 이모티브 이론의 관점에서 바라보면, 그 언어는 격렬한 감정을 불러일으키기에 최적의 언어였다. 그 감정은 당대의 소설 독자들, 연애편지 필자들, 연극 관람자들이 느낄 수 있도록 훈련된 감정이었다. (3) 그 언어는 동시에 그 감정의 진실성에 대하여 의심을 유발하기에도 최적이었다. 그 감정들은 "자연적인" 것으로 상정되었으나, 자연적일 수 없는 감정이었기 때문이다. 그 언어는 수십 년 동안 소설과 연극을 통하여 미덕을 교육하고 주입하도록 자극했다. 소설과 희곡의 플롯 구조는 선과 악이 항상적으로 투쟁하고 있다고 묘사했고, 인간의 사회적 지각을 오늘날의 우리의 눈에 만화로 보이는 수준으로까지 단순화시켰다.

다만 그 플롯의 내용은 전통적인 문학 원칙과 달리 일상의 캐릭터와 상황들로 채워져 있었고, 따라서 당대인의 눈에 대단히 현실적으로 보였다. 그 언어가 확산된 정도와 그 플롯 구조가 당시 제3신분이 특권적인 성직자와 귀족 신분에 대하여 느꼈다는 그 엄청난 적대감을 어느 정도 형성했는지는 정확하게 말할 수 없다. 지난 한 세대 동안 축적된 혁명사 연구는 당시에 신분이 사회적 실천과 갈수록 무관해지고 있었다는 것을 보여준다. 그럼에도 불구하고 신분이 왜 그토록 갑작스럽고 그토록 격렬하게 중요한 문제가 되었는지는 오늘도 역사가들을 괴롭히고 있다.

혁명 초기(1789~1791)에 파리의 자코뱅 클럽과 결합된 새로운 정치 클럽들의 네트워크가 프랑스 전체에 확산되었다. 클럽의 지도자들은 혁명 이전 살롱의 여주인들과 똑같이, 클럽의 모임이 모든 사람에게 환영받도록 하기 위하여, 그리고 모임이 감정의 피난처이자 민주적인 공적 공간으로 작동하도록 하기 위하여 심혈을 기울였다. 이고네의 서술을 보자.

많은 클럽이 발언의 기회가 모든 회원에게 돌아가도록 회칙을 정했다. 파리에서 멀지 않은 모레의 클럽은 이를 위하여 특별 위원회까지 설치했다. 대중 앞에서 연설하는 것을 두려워하는 회원들도 그 회의에서만큼은 발언할 용기를 발휘할 수 있도록 하기 위해서였다. "이 위원회의 유일한 목적은, [……] 많은 청중 앞에 섰을 때의 소심함 때문이든 무기력 때문이든, 시민들이 다른 곳에서는 하지 않았을 진술을 여기서는 할 수 있도록 하는 데 있다." 그 클럽에서는 할 말이 있는 모든 회원이 발언할 때까지는 누구도 두 번 발언할 수 없었다. 더불어 다른 사람의 발언을 끊는 것이 금지되었고, 모두가 다른 사람의 발언을 경청하라는 지시를 받았다. 발언하는 사람은 핵심만을 예의 바르게 말할 의무와, 너무 자주 발언하지 않아야 할 의무를 부여받았다. 오주아 라페리에르의 클럽 역시 발언 기회를 보장해주는 절차를 채택했다. "그렇지 않으면 우리가 서로를 이해하고 협회가 세운 목표에 도달하는 것이 불가능할 것이기 때문이다." 자코뱅 클럽의 의장들은 연단으로의 접근이 끊어지지 않도록 하기 위하여 의장직을 단 한 달 동안만 맡았고, 대부분의 클럽은 의장직의 연임을 금지했다. 자코뱅 클럽이 1792년 8월 이후에 보여준 불관용은 혁명 초기의 그 박애적 태도로부터의 결정적인 단절이다(Higonnet 1998: 78).

유의할 것은, 이고네가 "불관용"이라고 칭한 태도에 그 이전과 마찬가지로 감상주의적인 편견이 깔려 있었다는 점이다. "불관용" 역시 음모꾼들의 부도덕에 대한 이분법적 공포에 기초하고 있었던 것이다(Tackett 2000).

감정적으로 온건해야 한다는 목소리도 계속해서 제기되고 있었다. 그러나 그런 주장은 갈수록 의심을 받았다. 콩도르세는 의원들에게 열정이 아니라 이성에 입각하여 행동하라고 촉구하면서, 사람들을 "움직이는 것보다 계몽하는 것"이 더 낫다고 주장했다. 1792년 10월 31일이라는 늦은 시점에 발표된 신문 논설에서 그는 연설에 열정을 이용하는 것을 비난했다(Aulard 1906: I, 265~266). 그러나 정치적으로 그와 가장 가까운 사람들조차 콩도르세를 따르지 않았다. 콩도르세를 변호할 때조차 그러했다. 브리소는 1792년 4월 25일에 입법의회에서 비판자들에 대하여 콩도르세를 변호했다. 그는 콩도르세가 볼테르와 달랑베르 같은 사람들과 협력하여 구체제하의 광신에 대항하여 투쟁했던 오랜 노력을 되돌아보면서 말했다. "여러분, 만일 그 위대한 인물들의 불타는 정신이 우리의 영혼에 불을 붙여주고 우리 영혼에 그 정신의 위대함과 힘을 보여주지 않았더라면, 여러분이 자유에 대하여 행하는 연설이 오늘과 같은 호응을 얻었겠습니까?"(Aulard 1906: I, 252)[7] 브리소는 콩도르세의 위대함을 감상주의의 전진 속에 통합시켜서 제시했던 것이다.

브리소가 보기에 18세기 지성 혁명의 핵심은 자연적인 감정의 발견이었다. 이는 그가 1782년에 한 일종의 신앙 고백에서 잘 드러난다.

도덕 감각이 나를 밝혀주고 이끌어주는 곳에서, 이성은 나에게 얕음만을 보여준다. 그리하여 나는 이성을 버리고 오직 나의 도덕적 본능만을, 행복의 목소리만을 따른다. 내가 행복한 때는 내가 동료 인간들의 선을 위하여 일을 할 때, 내가 그들을 위하여 선한 일을 할 때이다. 최고 존재가 나를 내려다보고 있다고 믿어질 때, 최고 존재가 나의 작은 노력에 미소를 짓고 있고 나의 노력을 북돋아준다고 생각될 때, 나는 행복하다. 내가 최고 존재에게 무언가를 요청할 때, 내가 그에게 기도할 때, 내가 억제할 수 없는 욕구에 이끌리고 기쁨에 이끌려 오직 그에게만 기도할 때, 나는 행복하다. 그는 나의 주인이고, 나는 그것을 안다. 우리는 대화를 나눈다. 나는 그 대화에서, 그리고 그 대화가 주는 희망에서 새로운 힘과 더 큰 에너지를 얻는다(Aulard 1906: I, 230~231).

브리소의 혁명기 활동은 자연적인 감정에 대한 그의 믿음에서 나왔다. 특히 1791년 말과 1792년 초에 그가 전쟁에 찬성하여 행한 연설이 그랬다. 브리소와 같은 감상주의자들이 보기에, 1791년 여름과 가을의 정치 현실은 충분히 이분법적이지 못했다. 왕이 프랑스로부터 도망치려다가 1791년 6월 20일에 바렌에서 극적으로 붙잡혀 강제로 파리로 돌아온 뒤, 정치적 분위기는 극적으로 악화되었다(Tackett 2000). 왕은 튀일리 궁에 있으면서도 여전히 왕이었지만, 실제로는 가택연금을 당한 처지였다. 그로부터 세 달 뒤인 9월 14일, 1789년 가을부터 준비해온 헌법이 효력을 발생하기 시작했다. 헌법은 왕을 국가 수반이자 행정부의 수장으로 만들었다. 왕의 배신의 도주는 공식적으로 납치로 불렸지만, 그것을 믿는 사람은 거의 없었다. 그로 인한 모호성은 왕을 가장 신뢰하는 사람들에게서조차 의심을 낳기에 충분했다. 필요한 것은 그 안개를 걷어줄 궁극적이고 교훈적인 멜로드라마적 플롯이었다. 브리소가 설파했듯이, 허구와 현실 간의 그 모호함을 궁극의 교육적인 멜로드라마로 전환시켜줄 것은 전쟁이었다. 그 발상을 최초로 밝힌 1791년 10월의 연설에서 브리소는, 자유의 병사들은 용기와 박애에 의하여 움직일 것이고, 그 어떤 폭군의 군대도 그에 저항할 수 없다고 천명했다.

자유의 병사는 피로도 위험도 배고픔도 돈의 부족도 두려워하지 않습니다. 자유의 병사는 그가 가진 얼마 안 되는 돈을 기쁜 마음으로 조국을 위하여 투척합니다. [……] 병사는 자유의 외침을 좇아서 달리고 날

아갑니다. [……] 애국의 군대가 파괴된다면, 그 잿더미에서 또 다른 군대가 태어날 것입니다. 자유 아래서는 만인이, 남자, 여자, 아이, 성직자, 도시 정무관 모두가 병사이기 때문입니다(Aulard 1906, I, 240).

개인에게 자유가 제공되기만 하면 전면적인 공동체적 연대連帶가 자연적으로 출현한다는 것이다. 1791년 12월에 브리소는 혁명에 전쟁이 필수적이라고 선언했다. "혁명을 공고히 하기 위하여 우리는 전쟁을 필요로 합니다. 전제정의 악을 숙청하기 위하여 우리는 전쟁을 필요로 합니다. 혁명의 가슴에서 혁명을 부패시키는 자들을 축출하기 위하여 우리는 전쟁을 필요로 합니다"(Aulard 1906: I, 247).[8] 혁명의회를 전쟁으로 이끈 길고도 성공적인 노력에서 브리소는 제르멘 드 스탈과 잔-마리 플리퐁 롤랑의 지지를 받았다. 스탈 부인은 그녀의 살롱을 통하여 브리소의 관점을 열렬하게 지원했고, 롤랑 부인은 남편 주변의 정치가들에게 브리소의 계획을 옹호했다(Gwynn 1969, May 1970). 두 사람 모두 루소 이후 세대의 열렬한 감상주의자들이었다.

브리소와 그의 일파, 즉 롤랑과 스탈을 포함하는 소위 "지롱드"는 혁명의 역사에서 온건파로 알려져 있다. 그러나 그들보다 과격했던 그들의 정적 자코뱅도 올바른 정치적 행동은 오로지 이타애와 연민의 감정에서 나올 수 있다고 믿었다는 점에서 그들과 전혀 다르지 않았다. 그들은 모두 자연적 감정이 시민 개개인을 폭정과 부정의에 대한 분노로 이끌어주고, 자기희생에 대한 의지로 이끌어준다고 믿었다. 마라가 그의 신문인 『인민의 친구』에서 매일매일 적들을 공격했던 무기도 똑같았다. 1791년 7월에 벌어진 샹드마르스 광장 학살 사건 직후 마라는 정부에 대항하도록 인민을 부추기려 했다. 마라는 국민방위군이 평화로운 시위대에 총격을 가한 직후의 모습을 다음과 같이 서술했다.

조국의 제단 주위에서 학살된 노인들의 피, 여자들의 피, 아이들의 피가 아직도 흐르고 있다. 그 피들은 복수를 외치고 있다. 그런데도 불구하고 파렴치한 입법자는 그 잔인한 도부수들, 그 비겁한 암살자들에게 찬사를 보내고 공공연한 감사를 표하고 있다. 〔……〕 비겁한 시민들이여, 이 말을 듣고도 몸서리가 쳐지지 않는가? 그자들은, 폭정을 막기 위하여 절망을 무기로 바꾸고 억압자를 죽이라고 외치는 모든 억압받는 사람들을 공적 평화의 교란자로 선언하고 있다(Simond n.d.: 101~102).

여기서 마라는 무고한 사람들에게 폭력을 가한 자들이 자유의 수호자들을 위선적이게도 범죄자로 낙인찍었다고 성토하고 있다. 그는 진정한 시민이라면 이에 "몸서리칠" 것이고, "절망을 무기로 바꾸는" 사람들을 높이 평가할 것이라고 주장한다. 감정이 정치 행위로 직행하였던 것이다. 마라는 사람들의 감정에 호소하는 동시에, 자기 자신의 감정의 심오함을 선언하면서 논설을 마무리한다.

인민의 친구(마라)는 〔……〕 조국을 구하기 위하여 인민의 앞에 서서, 셀 수 없이 많은 노예 대대로 둘러싸여 있는 지옥의 모티에(라파예트)의 심장을 도려내려고 한다. 그(인민의 친구)는 달려가 궁전에 있는 군주를 그의 모든 종들과 함께 불태울 것이다. 하늘! 오직 하늘만이 그의 영혼을 삼킨 불꽃을 동료 시민들의 영혼에 가져다줄 수 있으리! 〔……〕 오 나의 조국이여! 내 고통과 내 절망의 신호를 받으라!(Simond n.d.: 101~102)[9]

도덕 감성과 행동 간의 관계에 대한 마라의 생각은, 온건한 마리보가 18세기 초에 그의 저널 『프랑스의 목격자』에서 행한 감성에 대한 논의와 다르지 않다. 감성은 "부드럽게 해주는 고통"이고 "우리를 이끌어주는 본능이되, 우리에게 감동적인 것을 공급함으로써 우리가 계산하지 않고 행동하도록 해주는 본능"이다(Baasner 1988: 160). 마리보는 내면에 그런 감성을 발전시키는 사람과 그렇지 않은 사람 사이에는 메울 수 없는 간극이 존재한다고 믿었다.

브리소와 마라의 말은 혁명 초기의 낙관적인 음조가 특히 바렌 사건 이후 갈수록 이분법적으로 변했음을 보여준다. 이제 과제는 이타애적인 박애를 통하여 민족을 감정의 피난처로 전환하는 것이 아니었다. 문제는 어느덧 박애적인 애국자 행세를 하는 위선자들과 난봉꾼들과 유혹자들의 계략으로부터 이미 성취된 이타애적 행위들을 구해내고 살려내고 정화하는 것이었다. 박애는 이제 군인에게 특징적인 자기희생의 의지라는 형태를 띠었다.[10]

1792년 4월 20일에 시작된 혁명전쟁은 처음에는 프랑스에게 불리하게 흘러갔다. 그러나 전쟁 찬성파의 감상주의적 신조는 흔들리지 않았다. 그들은 전쟁의 문제가 과거로부터 전승된 군대의 낡은 구조와 귀족 장교단에 있다고 결론지었다. 적군이 파리에 접근하던 와중인 1792년 7월 9일, 브리소는 입법의회에게 군대의 충원과 승진에 대한 통상적인 규정을 폐지하고 군대를 자원병들에게 개방하라고 촉구했다. 그는 애국적인 시민들이 홍수처럼 밀려올 것이라고 선언했다. 그는 의원들에게 외쳤다. "여러분은 우리의 영혼을 감전시켜야 합니다!"(Aulard 1906: I, 251) 의용군의 창설은 실제로 인민의 힘을 결집시켰다. 그 힘은 1792년

8월 10일에 군주정을 종식시켰다. 그 힘은 9월에 발미 전투에서 프로이센 침략군을 물리쳤다. 브리소의 조치는 프랑스에서 혁명의 적을 쓸어내고 나폴레옹으로 하여금 유럽을 지배하도록 한 새로운 군대 창설의 결정적인 첫걸음이었다.

새로 선출된 국민공회가 1792년 9월 22일에 프랑스를 공화국으로 선언했다. 새로운 체제는 의용군 부대가 좋아하던 노래 중의 하나인 「라 마르세예즈」에 표현된 열렬한 애국주의의 산물이었다. 공화국은 그러한 감정을 지속적으로 불러일으킬 능력에 따라 흥하기도 하고 망하기도 할 것이었다.

3. 공포정치

1793년 6월 브리소를 비롯한 다수의 지롱드파 의원들이 국민공회에서 쫓겨나고 체포되었다. 그해 7월 13일에 마라가 그의 지지자 중의 한 명에 의해 암살당했다. 이제 정국은 "산악파," 즉 "자코뱅"이 지배했다. 그들은 지롱드와 똑같이 자연적 감정에 입각하여 국내 봉기의 진압과 외세와의 전쟁을 정당화했다.

1793년 여름과 가을에 발행된 공안위원회 문서들 속에는 특임위원들의 보고서가 다량으로 포함되어 있다. 보고서들은 자코뱅이 특히 선호하던 감상주의 양식으로 물들어 있다. 특임위원은 국민공회나 공안위원회의 특별 지시에 따라 지방이나 군부대로 파견된 국민공회 의원이었다. 그들의 임무는 주권적인 의회의 구성원으로서 현장에서 각종의 조치들을 직접 조정하고 중앙화하는 것이었다. 현장에서는 실상 특임위원의 바람이 곧 법이었다. 사람들은 특임위원의 결정에 대하여 국민공회나 공안위원회에 진정서를 제출할 수 있었으나, 그것은 느리고 대단히 불확실한 억제 수단이었다. 공안위원회는 특임위원의 보고서가 불만족스러울 경우 특임위원을 소환할 수 있었다. 그렇지 않은 경우 특임위원은 임무를 마친 뒤에 파리로 귀환했다. 특임위원은 1792년 3월 초에 처음으로 파견되었고, 1793년 여름에 그 수는 100여 명을 헤아렸다. 공포정치 동안에 시행된 최악의 조치들의 일부는 바로 특임위원들이 수행한 조치였다. 리옹, 마르세유, 툴롱과 같은 봉기 도시들에 대한 공격과 점령 직후의 학살을 지휘한 사람들도 특임위원이었다. 방데의 봉기에 대한 유혈 진압도 마찬가지였다.

특임위원들의 보고서는 그들의 업무가 지극히 감정적인 성격의 것이었음을 보여준다. 특임위원들은 거듭해서, 자신이 시민들에게 열정을 보여줌으로써 시민들 사이에 애국적인 박애를 불러일으켰고, 미덕의 적들, 즉 공화국의 적들에게 공포를 안겨주었다고 주장했다. 클람시에서 푸세가 1793년 8월 17일에 공안위원회에 보낸 편지는 자코뱅적 감상주의의 보석과도 같은 글이다.

시민들이여, 동료들이여,

질서와 자유, 철학과 형제애, 이성과 자연이 클람시 시벽 안에서 승리하였습니다. 내가 클람시 시민들에게 여러분의 이름으로 몇 마디 말을 하자 기대했던 모든 효과가 나타났습니다. 지옥에서 온 악마가 공화국의 일부인 이 도시를 뚫고 들어와 시민과 친구와 형제와 배우자들과 자식들을 갈라놓았고, 유황이 도시를 둘러쌌지만, 그것들은 자유의 불길에 의하여 한순간에 소멸되었습니다. 모든 시민이 함께 모여 서로를 끌어안았습니다. 환희의 노래, 춤, 애국의 행진곡, 축포, "산악파 만세! 헌법 만세!"라는 긴 환호성이 자유의 나무 주위에서 만인이 형제로 다시 만난 행복의 축제를 이웃한 모든 도시와 마을 들에 알렸습니다. 모두가 증오를 돌이키고 사악한 열정과 분열과 음흉한 모략의 불을 다시 지필 수도 있을 기념물들을 모조리 파괴하고 밟고 재로 만들었으며, 모두가 평등의 컵으로 재탄생의 물을 마셨습니다. 조국에 대한 사랑이 모두의 가슴에서 살아 있기에, 모두의 눈에서 달콤한 눈물이 흘러내렸습니다. 클람시의 시민들에게 무기를 보내주십시오. 그들은 도시 방어에 피를 쏟을 준비가 되어 있습니다. 푸셰(Aulard 1889~1923: VI, 17).[11]

추후 나폴레옹의 무서운 경찰장관이 되는 푸셰는 이 편지에서 브리소 및 마라와 마찬가지로 서로에 대한 헌신이라는, 쾌감을 주는 감정 ─ "환희의" 노래, "행복의" 축제, "조국에 대한 사랑"을 표현하는 "달콤한 눈물" ─ 을 분명하고도 단단하게 폭력적 행동과 결합시키고 있다. 혁명의 반대자들에게 적용될 최선의 단어는 그 자체로 감정어 혹은 감정적 상황에 대한 단어들이었다. "증오" "사악한 열정" "분열" "음흉한 모략"이 그것이다. 며칠 뒤에 공포된 그 유명한 총동원 선언문은 그보다 덜 화려하기는 하지만 똑같은 종류의 열광적이고 자연적인 조국(인류의 대의와 동의어)에 대한 사랑을 담았다.

서부 프랑스에서 반혁명 진압 군사 작전을 지휘하던 특임위원 필리포는 1793년 9월 3일에 공안위원회에 편지를 보냈다. 그 편지는 그 이전 편지에 대한 사과를 담고 있었다. 이전 편지에서 그는 공안위원회가 자신이 계획한 특별 공격 작전을 멈추려 한다는 것에 대하여 항의했었다. 그러나 그것은 롱생의 편지에서 얻은 잘못된 정보였다.

시민 동료 여러분,

나는 지난 번 편지에서 굉장히 많은 불만을 토로한 바 있습니다. 그 편지를 조용히 다시 읽어보니, 그 편지가 여러분의 박애적인 가슴에 상처를 주었을 것이 틀림없군요. 그 생각이 나를 아프게 합니다. 그러나 그때의 내 입장이 되어보십시오. 나는 열렬한 공화주의자라면 분노할 수밖에 없는 온갖 시험에 직면하고 있었습니다(Aulard 1889~1923: VI, 263).[12]

사실 공안위원회가 필리포에게 요구한 것은, 그 지역의 다른 대표자들 및 장군들로 구성된 전쟁평의회에서 공격 작전을 한 번 더 검토하라는 것뿐이었다. 필리포는 전쟁평의회에서 주저하던 장군들의 마음을 돌려놓을 수 있었다. 필리포는 공안위원회에 보낸 보고서에서 어떤 대표와 어떤 장군이 자신의 계획에 반대했고, 그가 어떻게 그들을 설득했는지 자세히 설명했다. 그의 보고서는 다음과 같이 끝난다.

만일 여러분이 나처럼 불타는 성격을 갖고 있다면, 공화국이 승리하는 것을 목격하는 순간 롱생의 편지 같은 것을 받고 어떻게 행동했겠습니까? 어쨌거나 이제는 구름이 모두 사라졌고, 일시적으로 잘못 멈추었던 기계는 오늘 아침부터 다시 가동하기 시작했습니다. 나를 짜증나게 했고 여러분을 경악케 했던 사람들도, 지금부터 정직하게 나와 같은 길을 가기만 한다면 나의 사랑하는 형제일 것입니다. 시민 동료 여러분께서는 내가 시민적인 분노 속에서조차 여러분 가슴의 순수성과 여러분의 박애적인 미덕에 경의를 표할 수 있다는 것을 믿어주십시오. 필리포(Aulard 1889~1923: VI, 264).[13]

순수한 가슴, 박애적인 미덕, 불타는 성격, 공화주의적인 열정, 시민
적인 분노, 이 모든 것은 정책도 아니고, 전략도 아니고, 보급에 대한
고려도 아니고, 특정 파당의 힘도 아니고, 표결의 결과물도 아니다. 동
맹과 작전과 타협은 언급조차 되지 않았다. 필리포는 1789년 8월 4일의
밤부터 수많은 사람들을 이끌었던 지혜를 따르고 있었던 것뿐이다. 그
지혜란 정치가 감정이라는 것이었다. 그것은 올바른 정책이란 자유를
위하는 불타는 열정이 권고하는 정책이라는 지혜였다.

공안위원회 문서에서 발견된 또 하나의 각별한 예는 쿠통이 1793년
9월 5일에 클레르몽페랑에서 보낸 보고서이다. 그 자신이 공안위원회
위원이기도 했던 쿠통은 8월 말에 다른 두 명의 대표와 함께 남프랑스
로 파견되었다. 그의 임무는 리옹 봉기를 진압할 군대를 조직하는 것이
었다. 첫번째 보고서에서 그는 자신을 기다리고 있던 애국주의의 물결
에 경이감을 표현한다.

도(퓌드돔) 전체가 들고일어났습니다. 남자, 여자, 노인, 아이, 모두가
함께하고자 했습니다. 우리의 유일한 고민은 이 용감한 산악 지방 사람
들의 열정을 가라앉히는 것, 그들의 끓어오르는 열기에도 불구하고 우
리가 필요로 하는 숫자만큼만 받아들이는 것이었습니다. 우리가 마음만
먹었더라면 **20만 명**을 조직할 수도 있었을 것입니다. 그러나 우리는 **2만
명 내지 2만 5천 명**만을 전투에 투입할 것입니다(Aulard 1889~1923: VI,
290).

쿠통은 모병과 병참의 세부 사항을 검토한 뒤에 다음과 같이 결론지

었다.

시민 동료 여러분, 이 편지에서 용감한 공화국 인민이 보여준 열정과
열광과 에너지를 묘사하는 것은 불가능할 것입니다. 그들이 보여준 모범
은 가장 어리석은 가슴도 깨우치고 가장 차가운 마음도 전율시킬 것입
니다. 자유의 친구들은 확신해도 됩니다. 인민은 자유를 사랑합니다. 그
들은 자유를 원합니다. 그들은 자유를 갖게 될 것입니다. 감히 인민의
전능을 방해하는 자들은 모두 절멸될 것입니다(Aulard 1889~1923: VI,
291).[14]

쿠통은 지역 시민들이 "애정과 신뢰의 표식으로 나를 압도했다"고 썼
다. 자코뱅은 박애, 애정, 열렬한 분노, 끓어오르는 용기와 같은 갑작스
럽고 격렬한 감정들로 현실의 실제 정부 체제를 만들어내려 하고 있었
다. 그런 감정을 이끌어낼 수 있는 사람은 "단순한 산악 지방 사람들,"
용감한 "상퀼로트들"(즉, 육체노동자들), "본성적으로 선하고 정의로운"
(1793년 9월 3일에 티리옹이 공안위원회에게 보낸 편지 속의 표현) "인민들"
이었다. 여기에서 기억해야 할 것은, 자코뱅이 그 기이한 목표를 추구한
것이 실은 1789년 8월 4일 밤이 자극해준 영감, 브리소의 전쟁 옹호 연
설의 예가 준 교훈, 감상주의 감정양식의 전체 유산에 충실한 것뿐이라
는 점이다.
자코뱅이 공화국에 대한 엄중한 위협에 직면하여 도입한 입법들의 강
조점 역시, 적의 위선적인 가면을 벗기고 맨얼굴을 드러내는 것에 찍혀
있었다. 자코뱅이 가혹한 조치를 취하기는 했지만, 그것은 만인을 강제
로 복종시키기 위한 것이 아니었다. 그 조치들은 진실하지 못한 사람들

이 존재한다고 믿었기 때문에 취해졌다. 자코뱅의 법이 요구한 것은 단순한 복종이 아니라 진실한 헌신이었다. 아미앵에 특임대표로 파견된 앙드레 뒤몽과 르봉은 1793년 8월 19일에 보고했다. "아미앵의 인민들은 다른 곳의 인민들과 똑같습니다. 그들 역시 자유를 진실하게 갈망합니다. 다만 아미앵의 정무관이 약해빠져서 시민들을 불행과 치열한 내분 속에 밀어 넣었던 것뿐입니다"(Aulard 1889~1923: VI, 30~31).

따라서 자코뱅의 공포정치 입법은 지롱드의 전쟁 정책과 다를 바 없고, 역사가인 마자가 분석한 변론문과도 다를 바 없다. 공포정치 역시 진실한 감정은 강하다고 가정했다. 진실하지 못한 사람의 본색은, 진실한 감정이 있으면 저지르지 않았을 잘못으로 인하여 혹은 진실한 감정에 내장된 그 강력함의 부재로 인하여 드러나기 마련이라는 것이었다. 그리하여 1793년 9월 17일의 혐의자법에 의하여 체포 대상으로 지목된 사람들은, "행동과 관계와 말과 글에 의하여 스스로가 폭정의 파당〔……〕 자유의 적이라는 것을 드러낸 사람들"이었다. 조국으로부터 도망친 망명자의 친인척들에게 훨씬 높고 엄격한 기준이 적용된 것도 그 때문이었다. "혁명에 대한 애정을 지속적으로 보여주지 않으면" 그들은 체포되었다.

산악파가 통과시킨 다른 법들도 실상 감정에 관한 법이었다. 로베스피에르가 몰락한 1794년 여름에 이르기까지, 국민공회의 연단에 오른 자코뱅 웅변가들은 표현의 강도를 통하여 그들 성격의 진실성과 덕성을 과시했다. 자코뱅 지도부가 "최고 존재에 대한 예배"와 같은 웅대한 의례를 고안해낸 것 역시, 교육받지 못한 단순한 사람들에게 이타애적인 애국주의를 자극하기 위해서였다. 생쥐스트와 로베스피에르는 동료 혁명가들에게 "그릇된 연민"을 갖지 말라고 경고하기까지 했다. 죄지은 귀족들, 공화국에 대한 충성 맹세를 거부한 성직자들, 반혁명 농민들의 목숨을 그들에 대한 연민 때문에 살려주는 것은, 구체제를 무너뜨리고 인민들에게 잃어버린 것을 되찾아주도록 한 무기였던 더 큰 이타애적 행위들을 위협하는 것이었다.[15]

그릇된 연민은 그 자체로 의심을 받았고, 사형으로 처벌되었다. 혁명 광장에서 매일같이 목이 잘렸던 것은 예방 효과 때문이 아니었다. 그것은 위기로부터 미덕을 구해내는 연속적 과정이었다. 브리소와 당통은 의심을 받자 혁명재판소에서 자신의 무죄를 열정적으로 주장했다. 표현의 강도가 그 자체로 무죄의 증거이기 때문이었다. 혁명력 2년 프레리알 22일(1794년 6월 10일)의 법은 혐의자들로부터 변호, 증언, 증거 제출의 권리를 박탈해버렸고, 여러 행위를 하나로 "묶어서"(Aulard 1901: 363) 기소할 수 있도록 했다. 중요한 것은 행위의 사실이 아니라 감정이었던 것이다.

공포정치가 봉착한 감정적 딜레마는 최근에 발견된 회고록 속에 더할 나위 없이 분명하게 표현되어 있다. 파리의 유리공 자크-루이 메네트라는 공포정치 치하에서 구의회 의원이자 감시위원회 위원으로 일했다. 그는 직책을 연속적으로 맡고 또 빈번히 국민방위군에 참여하였던 터여서 업무 부담도 컸고, 은밀한 공포와 친구의 처형에 대한 슬픔으로 마음이 찢어져 있었다(Ménétra 1982). 그는 처음부터 혁명에 열광했고, 진심으로 혁명을 지지했다.[16] 그러나 1793년 5월 이후 그는 불길한 예감에 사로잡히기 시작했다. 겉으로는 태평한 태도를 유지했다. 그렇지 않을 경우 기요틴으로 보내진다는 것을 잘 알기 때문이었다. 그는 의심받는 상황에 두 번이나 빠졌다가 벗어났고, 할 수 있는 한 많은 친구들의 목숨을 구해냈다.

공포정치에서 사람들은 사적인 대화에서 무심코 던진 말 때문에 처형되기도 했다. 그때 희생된 메네트라의 친구 중에는 반란의 도시 리옹 출신의 모자 제조 수련장인 바르베 마티유가 포함되어 있었다. 메네트라는 죽은 친구의 영혼에게 썼다. "나는 네게 경고했었어. 너는 리옹 사람이고, 그것은 치명적인 죄악이라고. 그들은 네가 술 마시는 것을 보았고, 네가 말하는 것을 들었어. 그리고 그들은 너를 체포했어." 메네트라처럼 활동적인 혁명가로 남은 사람들도, 의심을 막고 태평한 태도를 유지하기 위하여 엄청난 감정적 노력을 기울여야 했다. 메네트라처럼 이 모티브가 체포를 피하기에 충분하도록 잘 작동한 사람들은 살아남을 수 있었다. 바르베 마티유처럼 이모티브의 사용이 서툰 사람들은 기요틴으로 보내졌다. 그러나 메네트라의 노력 자체가 가식의 증거였고, 그 노력은 그의 내면에서 갈수록 강하게 끓어오르는 의심의 원인이었다. 공포정치가 감정고통을 유발하고 있었던 것이다. 공포정치는 유도된 감정고통을 광범하게 생산함으로써 사람들을 정부 정책에 순응시켰다. 그러나 메네트라의 경우는 애초에 감상주의를 그토록 강력하게 작동시켰던 이모티브의 힘이 유도된 감정고통에 의하여 어느덧 소진되기 시작했다는 점을 보여준다.

심지어 로베스피에르가 몰락한 뒤에도, 메네트라는 내면에서 느끼는 양가성 내지 혼란을 표현할 단어를 찾지 못했다. 그러나 그는 혁명에서 무엇이 잘못되었는지는 완벽히 명료하게 말할 수 있었다. 혁명의 지도자들은 "비길 수 없이 무책임한 직무유기"를 범한 사람들로서, "인간애를 신음하게 만든 사악한 괴물들"의 지원을 받았다. "정직한 사람들"은 무서워서 그들에게 반대하지 못했다(Ménétra 1982: 259, 262, 266). "나는 골상과 매너가 그 내면의 인간을 말해주는 수많은 사람들이 식인종들에게 가담하는 것을 보았다"(Ménétra 1982: 264). 그는 브리소, 롤랑부인, 베르니오, 당통, 데물랭 등도 자신과 똑같이 뒤섞인 느낌을 가졌는지 묻지 않았다. 그에게는 자유의 이상의 원칙적 수용에 기반한 정치적 헌신과 용기, 무차별적인 정치폭력에 대한 공포와 혐오감, 친구와 사랑하는 사람들의 사망에 대한 슬픔, 내면과 외면이 분열되는 한이 있더라도 살아남아야겠다는 의지가 섞여 있었다.

메네트라가 공포정치의 과잉을 설명하고 **비난**한 그 환원론은 실상, 공포정치의 지지자들이 공포정치를 조국으로부터 괴물들을 제거하기 위한 작전으로 **정당화**하기 위해 사용한 것과 똑같은 환원론이다.

자코뱅은 새로운 체제를 자연적이고 보편적이며 쾌감을 주는 이타애 위에 건설하고자 했다. 만일 그런 감정이 실제로 있었더라면, 자코뱅의 정책은 보다 효과적이었을 것이고, 보다 오래 지속되었을 것이다. 만약 이모티브 이론이 인간의 감정에 대한 사실에 보다 근접한 이론이라면, 우리는 자코뱅의 입법이 체제의 적만큼이나 큰 고통을 체제의 지지자들에게도 주었으리라고 가정할 수 있다. 메네트라의 회고록은 이 가설을 분명하게 확인해준다. 우리는 누구도 자신의 감정을 정확히 알지 못한다. 그리고 감정을 표현하려는 시도는 때로는 감정을 기대한 대로 만들어주고, 때로는 기대와 달리 변화시킨다. 따라서 "자연적인" 감정을 갖거나, 그러지 못하면 처형되어야 하는 상황은, 사람들의 마음속에 자신의 감정에 대한 은밀한 의심을 발동시킬 가능성이 높다. 나는 진실한가? 그 질문에 답하는 것은 언제나 어렵다.

이 책의 제4장에 제시된 이론을 이용하여 판단하자면, 공화국을 정화하려던 공포정치는 불가피하게 대단히 많은 사람들에게 유도된 감정고통을 야기했다. 그 고통은 정작 체제의 활동가들에게서 가장 강력하게 느껴졌다. 이는 공화국을 드러내놓고 반대한 사람들만큼이나 많은 수의 공화국 활동가들(연맹주의자들 포함)이 처형된 것에서 입증된다. 공포정치하에서 내적인 의심과 외적인 의혹은 서로를 강화했다. 모두가 스스로 위선자로 느꼈기 때문이었다. 따라서 감상주의 이모티브가 발휘하던 확인해주는 힘은 약화되었고, 사람들은 타인을 겨냥함으로써 외적인 의혹을 피하려 했다. 정확히 누구를 겨냥하느냐는 중요치 않았다. 어차피 모두가 유죄였기 때문이다. 영국의 역사가 파머는 1794년 초 자코뱅 클럽의 회의 분위기를 다음과 같이 묘사했다.

그다음의 격렬한 충돌은 1월 초 자코뱅 클럽에서 발생했다. 콜로 데르부아가 1월 5일에 당통파를 공격했다. 그것은 에베르파의 강력한 역공이었다. 데르부아는 필리포에게 방데에서 장군들을 비난함으로써 분열의 씨앗을 뿌렸다고 비난했고, 데물랭에게는 자코뱅의 원칙이 아닌 원칙을 갖고 있다고 비난했다. 그러자 데물랭이 종이 몇 장을 쥐고 자리에서 벌떡 일어났다. 그는 그 종이들이 에베르가 그의 신문 『페르 뒤샹스』를 군대에 팔면서 정부 돈 4만 3천 리브르를 해먹었다는 것을 증명한다고 소리쳤다. 에베르가 답하려 했다. 그러나 로베스피에르의 동생이 가로막으면서 사소한 사적인 말다툼을 하지 말라고 소리쳤다. 에베르는 발을 구르고 눈을 부라리며 울면서 외쳤다. "나를 암살하려는 것인가? 〔……〕 오 하나님 맙소사." 어느 누군가 외쳤다. "폭정!" 그러자 막시밀리앙(로베스피에르)이 일어나서 자기 동생을 꾸짖고, 콜로 데르부아를 옹호했다. 그는 말했다. 질문의 방향을 왜곡하지 말아야 한다. 지금 물으려는 대상은 에베르가 아니라 필리포와 카미유 데물랭이다.

1월 7일 저녁에 열린 그다음 회의에서 로베스피에르는 격앙된 형제들을 화해시키려 했다. 그는 감연히 선언했다. 더 이상 파당은 존재하지 않는다. 존재하는 것은 적에 대항하여 싸우는 프랑스 인민뿐이다. 토론의 수준을 높이기 위하여 그는 그날의 논의 안건으로 새로운 주제를 제안했다. "영국 정부의 범죄와 영국 헌법의 악." [······] 로베스피에르의 제안이 승인되려는 순간, 카미유 데물랭이 회의실로 들어왔다. 그는 연단으로 달려가서, 이틀 전에 콜로가 가한 비난에 답했다. 그는 흔들리고 있었고, 혼란스러운 상태였다. 그는 더듬거리면서 후회했다. 필리포를 지지한 것이 잘못이었던 것 같다고 그는 인정했다. 그렇게 그는 필리포를 버리고 있었다. 파당들 내부에는 더 이상 상호적인 충성이 없었다(Palmer 1941: 266~267).

위에 서술된 장면 외에도, 자코뱅 지도자들 스스로가 자신의 지위에 대한 불안에 사로잡혀 있었지만 그 불안을 시인하거나 표현할 수 없었으며, 의혹을 다른 사람에게 돌리는 것을 종종 가장 안전한 대응으로 간주했다는 증거는 굉장히 많다. 혁명은 이제 감정의 피난처를 제공해주기는커녕 감정의 전쟁터로 변했던 것이다. 모든 사람이 진실성을 의심받았다. 생존하기 위해서는 의혹을 다른 사람에게 돌려야 했고, 또 실제로 그렇게 했다. 그러나 그 행동은 그 자체로 가식의 증거였다.

이는 지당해 보일지 모르겠다. 그러나 그러한 판단에는 견고한 이론적인 근거가 있어야 한다. 새로운 사회사의 계급 분석도, 수정주의자들의 정교한 사회적 유명론도 그러한 통찰에 대한 이론적 근거를 제공해주지 못한다. 리처드 콥은 이미 오래전에 계급 개념은 공포정치의 경험에 더 이상 팔 것이 없다는 달변의 비판을 가한 바 있다(Cobb 1970). 신문화사 역시 공포정치 앞에서는 무기력하다. 그것은 기껏해야 자코뱅의 포괄적인 문화적 야심과 상징적 관심에 대한 — 꽤 유용한 — 탐구 결과를 제공할 수 있을 따름이다. 린 헌트가 그것을 넘어서려 했던 것은 옳았다.[17] 1970년대 초에 그 자체로 일종의 정치권력이던 퓌레의 "담론" 개념도 어느 정도까지는 괜찮았다(Furet 1981). 그러나 그것은 현실의 사람들이 담론이라는 추상물을 어떻게 살아갈 수 있었는가라는 질문에 답할 수 없다. 프랑스혁명사는 감정에 대한 적절한 이론 없이는 이해될 수 없다.

4. 감상주의의 삭제 1794~1814

자코뱅의 프로젝트는 1789년 국민의회의 프로젝트를 지속하고 있었다. 목표는 본질적으로 특정 이모티브 양식을 끊임없이 반복함으로써 정치적 유토피아를 창출하는 것이었다. 물론 자코뱅도, 자신의 에너지를 공화국에 쏟아부은 다른 사람들도 강렬한 실천적 활동을 전개했다. 그리고 그들은 행정과 물류와 군사 작전에서 기적을 성취해냈다. 그들은 그 기적을 중앙의 계획이 최소한에 머물고 중앙집권적인 자원 배분도 거의 이루어지지 않은 상태에서 거의 전적으로 지역의 힘에 의존하여 만들어냈다. 그들은 애국적 감정이 다양한 활동을 조정해주고, 필요한 곳에 자원을 공급해주며, 사상과 정책과 심지어 군사적인 전술상의 이견까지 해결해줄 수 있다고 믿었다. 그 믿음은 맹목적인 것이었다. 탈중앙화는 무질서를 의미했다. 탈중앙화의 의미는 특임위원이 작은 폭군이 되어 자신만의 정책을 추구하고, 적들에게 보복하며, 죄 없는 사람들을 학살하고, 기념물들을 파괴하며, 지역의 관습을 억압하고, 재산을 강탈하는 것이었다. 그러나 애국적 감정에 대한 그 맹목적인 믿음은 괄목할 만한 발견들을 가져왔다. 가장 두드러진 것은 감상주의의 군사적 함축이었다. 군인들의 개인적인 주도권과 충성심("불타는 용기")에 의존할 수밖에 없던 공화국 군대가 전쟁터에서 불패의 군대가 되었던 것이다. 게다가 사병이 장교로 승진할 수 있게 되자, 비상하게 많은 재능 있는 장군들이 새로이 나타났다.

그 군사적 기적의 완전한 의미는 1794년 봄에야 가시화된다. 그 시점까지 혁명은 사투르누스처럼 계속 제 자식을 잡아먹어야 했다. 자코뱅은 지롱드를 제거했고, 그 이후에는 자파를 숙청했다. 가장 유명한 희생자는 에베르와 그의 지지자들(1794년 3월 13일에서 24일까지)과 데물랭과 필리포를 포함하는 당통의 지지자들과 당통 자신(1794년 3월 30일에서 4월 6일까지)이었다. 그러던 터에 전쟁의 적과 내부의 적들에 대한 승리가 줄을 잇자, 비상사태에 대한 감각이 엷어졌다. 드디어 공포정치의 지속에 대한 의문이 제기되었다(당통은 그 의문을 제기했다가 처형되었다). 정치 클럽과 구 의회의 회의 참석률도 극적으로 감소했다.

역사가인 이고네의 서술을 보자. 로베스피에르는 "1794년 6월과 7월에 몇 주일 동안 공안위원회 회의에 참석하지 않았다. 그는 더 많은 공포정치로 나아가는 것도, 법의 지배로 되돌아가는 것도 원하지 않는 듯했다. 많은 자코뱅들이 똑같이 머뭇거렸다는 데 돈을 걸어도 좋다"(Higonnet 1998: 59). 7월 26일 로베스피에르가 드디어 더 많은 공포정치가 필요하다는 위협적인 연설을 했다. 그러나 그는 부메랑을 맞았다. 그는 48시간 이내에 체포되었고, 독재자가 되려고 했다는 이유로 기요틴에서 처형되었다. 메네트라는 그때까지 로베스피에르를 지지해왔지만, 이번에는 그를 구하기 위해 손가락 하나 까딱하지 않았다. 뒤이어

생쥐스트와 쿠통이 기요틴으로 갔다.

그 후의 날日들과 달月들 동안 혁명가들은 집단적으로 긴 안도의 한숨을 쉬는 듯했다. 처형이 멈추었고, 감방 문이 열렸으며, 다양한 의견과 종교가 다시 (한동안) 용인되었다. 일부 지방에서는 반혁명 폭도들이 과거의 자코뱅들에게 복수하기 시작했다. 탈중앙화는 이제 나라가 거의 통치 불능의 상태가 되었다는 것을 의미했다. 그러나 프랑스 군대가 외국 땅을 정복하고 군대의 문제를 전리품과 징발로 해결하는 한, 중앙 정부가 세금을 걷을 수 없고 지방 행정관을 통제하지 못하며, 심지어 현縣의 서기가 중앙의 문의에 답을 하지 않는다고 해도 문제될 것은 없었다.

당시에는 아무도 로베스피에르의 죽음이 공포정치의 종식을 뜻한다는 것을 알지 못했다. 그것은 우리가 사후적으로 아는 것일 뿐이다. 그때는 아무도 로베스피에르의 죽음이 자코뱅적인 판본의 감상주의의 종식을 의미한다는 것, 심지어 정치에 감정을 긍정적으로 개입시키려는 거의 모든 시도의 종식을 의미한다는 것을 알지 못했다. 그렇듯 아무도 모르고 있었지만, 공식적인 이모티브에 대한 염증은 빠르게 확산되었다. 남용되지 않은 새로운 어조가 공식적, 비공식적 맥락을 주름잡기 시작했다. 자코뱅의 청교도적인 감시위원회가 폐지되고 부패가 공공연해지자, 파리에 냉소적인 파티 분위기가 느껴지기 시작했다. 목에 빨간 리본을 맨 여자들이 극장과 무도장에 나타났다. 그것은 기요틴에서 처형된 사람들에 대한 유희적 기억 행위였다.

로베스피에르 실각 이후의 혁명사는 덜 연구된 상태이다. 그러나 우리가 가지고 있는 증거들은 그 시기가 힘겨운 정신적 노력 뒤에 오는 달뜬 쾌락의 시기였음을 보여준다. 마치 대학입학 자격시험을 치른 직후의 젊은 프랑스 학생들과 비슷했다. 나는 한 걸음 더 나아갈 수 있다. 나는 그 시기가 망상으로부터 벗어난 시기였다고, 자코뱅주의뿐만이 아니라 감상주의가 부추긴 모든 종류의 감정적 자기훈련에 대한 망상으로부터 깨어난 시기였다고 주장한다. 망상이 깨지는 동시에 정치적 논의의 축이 빠르게 이동했다. 로베스피에르가 죽고 1년이 지난 뒤인 1795년 6월 23일 프랑수아-앙투안 부아시 당글레는 보수적인 총재정 체제를 출범시킨 헌법을 국민공회에 제안하면서 다음과 같이 선언했다.

절대적 평등은 키메라입니다. 절대적 평등이 존재하려면, 지성과 덕성과 신체적 힘과 교육과 행운에서 만인이 완전히 평등하다고 가정해야 합니다. [……] 우리는 최고의 시민들에 의해 통치되어야 합니다. 최고의 시민이란 학식이 가장 많은 시민이자 법과 질서의 유지에 가장 관심이 많은 시민입니다. 몇몇 예외를 제외하고, 현재 그런 시민은 재산을 어느 정도 소유한 사람들 가운데서 발견됩니다. 그런 사람은 자기 재산이 놓여 있는 나라, 그 재산을 보호해주는 법, 그 재산을 유지해주는 공공질서와 결합됩니다. [……] 따라서 여러분은 부유한 사람들의 정치적 권리를 보장해주어야 합니다. [……] 재산이 없는 사람들에게는 무제한적인 정치적 권리를 부여하지 말아야 합니다. 가난한 사람들이 입법자에 포함되면 그들은 선동의 결과를 두려워하지 않은 채 선동을 할 것이고, [……] 결국 우리가 겨우 빠져나온 그 끔찍했던 소용돌이 속에 우리를 다시 처넣을 것입니다(Hibbert 1981: 282).

정부의 목적과 수단에 대한 당글레의 이 짤막한 설명에는 감상주의적 사고의 조짐조차 없다. 당글레는 감상주의 대신 고전적인 공화주의로 회귀했다(Pocock 1975).[18] 당글레는 만인의 민주적 참정권을 자연적인 도덕 감성에 입각하여 주장하기는커녕, 교육과 재산과 재산이 부추기는 이해관계를 국가 질서에 대한 유일한 보장 장치로 곧추세웠다. 그는 공포정치가 행한 악의 원천은 가난한 사람들에게 정치적 권리를 부여한 것이었다고 주장했다. 단순성은 이제 광채를 잃어버렸다.

총재정 지도자들이 취약한 정당성을 채우기 위하여 헛되이 시도하는 가운데, 그들과 긴밀히 결합되어 있던 지식인들이 프랑스 학사원Institut de France을 장악했다. 학사원은 1793년에 폐지된 왕립 아카데미 대신 들어선 기관이었다. 곧 학사원의 한 분과인 "제2부"가 "이데올로그"로 불리던 사상가들의 보루가 되었다. 데스튀트 드 트라시와 조르주 카바니가 이끌던 그 지식인 집단은 로크와 콩디야크의 감각론을 인간 본성에 대한 최종적인 명제로 간주했다. 그들은 인간의 마음에 담긴 모든 것이 궁극적으로 감각 인상에서 비롯된 것이라고 생각했다. 카바니에게 "삶은 우리의 다양한 기관이 받아들인 인상들의 결과로 집행되는 일련의 운동들이다. 영혼 혹은 마음의 작동 역시 뇌 기관에 의해 집행되는 운동들이다"(Cabanis 1802: 34). 감각 인상이 신경계 안으로 들어오면, 신경계는 그에 대한 반응으로 패턴을 구분해낸다. "우리의 감각기관에 작용을 가할 수 있는 것들 외에 외부의 원인이란 존재하지 않는다. 따라서 우리의 감각 능력을 적용할 수 없는 대상은 모두 우리의 연구에서 배제되어야 한다"(Cabanis 1802: 35).

이데올로그들은 개별적인 유기체는 쾌감은 극대화하고 고통은 극소화하기 위하여 행동한다고 가르쳤다. 그들은 또한 애덤 스미스의 정치경제학이 사회생활을 이해하기 위한 열쇠를 제공한다고 믿었다. 쾌감과 고통은 모든 동기의 원천이고, 자기이익은 모든 사회 조직이 조직되는

실이며, 계몽된 자기이익은 도덕성의 유일한 근거다. 데스튀트 트라시는 말했다. "이데올로기는 동물학의 한 분과이다"(Goldstein 1987: 246).

그들의 단호한 환원론은 총재정 정치가들의 귀에 음악이 되어주었다. 총재정 지도자들은 아첨과 협박을 결합시킴으로써 선거구민들이 과거 지배층에게 충성했던 것처럼 자신들을 지지하도록 하기 위해 애쓰고 있었다. 이데올로그들은 정치에서 미덕 내지 의무의 역할을 축소하고 싶어 하던 모든 사람에게 준비된 논거를 공급했다. 그러나 총재정은 오래 지속되지 못했다. 총재정이 지지층으로 결집시키고자 했던 유산자들은 투표할 기회가 주어지자 총재정 정치가들이 아니라 왕당파를 선택했다. 1793년에 왕의 처형에 찬성했던 국민공회파들 역시 총재정을 받아들이지 않았다. 총재정은 별 수 없이 위기에서 위기로 비틀거리며 나아갔다. 총재정은 선거를 취소하는 등등의 법 외적인 임기응변으로 버티다가 1799년에 나폴레옹의 쿠데타로 무너졌다. 그리하여 남성 유산자 엘리트들을 결집시킬 보다 정교한 계획을 마련하고, 그것을 수용하도록 마음을 단련시키는 작업은 나폴레옹 정부에게 맡겨졌다.

권좌에 오른 나폴레옹이 "이데올로그"들에게 보여준 것은 경멸이었다. 1803년에 그는 프랑스 학사원 제2부를 철폐했다. 그러나 나폴레옹이 그들을 위험시하지는 않았기에, 그들은 자리와 소득을 유지했고, 지적 문제에 대한 특권적인 발언권도 보존했다. 실상 나폴레옹의 통치 전략은 이데올로그들의 사상과 쉽게 양립할 수 있었다. 나폴레옹은 과거를 불문에 부치고 파당과 무관하게 지지를 구했다. 그는 과거의 군주론자, 혁명을 피해 망명했던 귀족, 국왕 살해자, 상퀼로트 등 모두를 환영했다. 표면적으로 복종하는 것으로 충분했다. 자기이익에 대한 계산도 장려되었다. 교회와의 화해도 순전히 실용적으로 추진되었다. 음모꾼들은 처형되었지만, 그것은 부패한 지도자들의 추종자들을 "순수하게 만들기" 위해서가 아니라, 체제에 대한 피상적인 지지자들을 그 위선 속에 묶어두기 위해서였다. 나폴레옹의 통치도 억압이기는 마찬가지였지만, 그것은 순수를 위한 자코뱅의 기요틴 테러와는 개념이 다른 것이었다. 나폴레옹은 그 미적지근하고 기회주의적인 지지를 공고히 하기 위해서는 지속적인 군사적 승리가 필수적이라고 생각했다. 그리고 나폴레옹은 교묘한 억압 장치, 엄격한 관료제적 통제, 호화로운 궁정을 결합시킴으로써 감정고통을 유도했다. 이 점에서 그는 루이 14세와 같았다. 그리고 적어도 당분간만은 루이 14세보다 훨씬 성공적이었다. 진실성을 추구한 자코뱅과 비교하면, 나폴레옹의 전략은 이모티브 이론이 주장하는 감정생활의 상수들에 훨씬 잘 부합된다.

군대에서 새로운 전술이 관례화되고 위계질서가 자리 잡음에 따라, (자코뱅이 귀족적 가치라고 비난하던) 명예의 중요성이 커졌다. 혁명과 더불어 멈추었던 결투가 장교단에서 다시 유행했다(Higonnet 1998: 131). 다만 로버트 나이의 연구가 보여주는 것처럼, 결투는 민주화되어 더 이상 귀족의 전유물이 아니었다(Nye 1993). 나폴레옹의 권력이 공고화되면서 명예 이념이 다시금 광채를 얻었다. 레종 도뇌르 훈장과 신귀족 제도가 도입되면서 명예가 체제의 핵심으로 복귀한 것이다. 그러나 다른 한편 나폴레옹 민법전은 1804년에서 1807년 사이에 혁명 입법의 유산을 정교화하고 공고화했으며, 새로운 질서가 계약의 자유와 자유 경쟁에 기초한다는 점을 분명히 했다. 더불어 민법전의 작성자들은 나폴레옹의 명시적인 지시에 따라 아내와 자식들에 대한 남편과 아버지의 가부장적 권위를 재활성화했다. 법전은 이혼을 제한했고, 기혼 여성을 남자의 후견 아래 두었다. 그 세 가지 경향이 결합되면서, 공적 영역(군대,

행정, 정치)과 가족적인 사적 영역에서는 미덕이 아니라 명예가 규범적인 동인으로 작동하는 반면, 상업과 계약의 세계는 이해관계가 지배하는 새로운 질서가 대두했다. 그에 따라 감성은 주변화되었다. 감성은 사적인 문제였고, 순전히 소비자적인 개인적 성향과 선호의 문제였으며, 여성성을 함축했다.

그러나 감상주의를 삭제하는 작업은 간단치만은 않았다. 베르나르댕 드 생피에르, 그레구아르, 시이예스 등은 이데올로그들의 관점을 거부했다(Denby 1994: 190-192). 스탈 부인은 나폴레옹과 이데올로그 그룹에게 영향력을 행사하려고 거듭해서 시도했다. 그러나 그녀는 거부되었다(Balayé 1979; Isbell 1994; Diesbach 1983). 스탈 부인은 1800년에 발표한 주목할 만한 책 『사회제도와의 관계에서 고찰한 문학』에 그녀의 자유주의를 담았지만, 그 저술은 감상주의적 신념이 각인된 책이다. 그녀의 주장은 다음과 같았다. (1) 소설은 교육의 수단이다(그 책은 문학이 감정 경험에 미친 영향력을 역사적으로 추적했다). (2) 감정은 정치적 고려와 결정의 필수적인 안내자이다. (3) 여성에게는 정치 논의와 민족 교육에서 수행할 특별한 공적인 역할이 있다. (4) "사랑 속의 우정"은 사회적 결속의 최고 형태이자 역사적 변화의 목적이다. 스탈은 자코뱅주의를 대중의 등장이라는 재앙의 부산물로 설명했다. 대중은 빈곤과 가혹한 삶 때문에 자연적 감정의 충동에 무감각해진 존재라는 것이다.

자기이익은 여기서 최초로 그녀가 혐오하는 대상이 되었다. "창조적인 힘은 가슴에 피를 펌프질해주지만, 다른 한편으로 용기와 감수성도 고무한다. 그 두 가지 권리, 그 두 가지 도덕 감각을 자기이익에게 내어주면, 그 지도력이 파괴된다. 이는 미인을 해부학자처럼 분석하면 그녀의 매력이 파괴되는 것과 같은 이치다."[19] 스탈 부인은 인간의 내면에는 계산에 앞서 연민, 용기, 인간애가 작동한다고 주장했다(Staël 1800: 378). 스탈의 그 글은 때를 잘못 만난 글이다. 1795년 이후에는 공화파 중에도 자연적인 감정이 체제의 근본 원리여야 한다는 주장을 받아들이는 사람이 거의 없었다. 스탈은 그것을 정확하게 알고 있었고, 그래서 재고하라고 호소했던 것인데, 효과는 없었다. 그녀는 불평했다. 오늘날 "사람들은 달변을 비난한다." 이는 1789년 이래 감정에 대한 잘못된 생각이 설파된 탓이다. "감정 자체는 오류를 범하지 않는다. 오류일 수 있는 것은 감정으로부터 잘못 도출해낸 결과들뿐이다"(Staël 1800: 404~405). 스탈의 말에 귀를 기울이는 사람은 없었다. 찬양해 마땅한 감성의 잘못된 "결과들"이 초래한 파괴들이 최근의 과거를 수놓았기 때문이었다.

왕당파 이론가들 역시 1790년대 말에 자기이익이 지배적인 지위를 점하게 된 것에 적대적이었다. 잘 알려져 있다시피, 르네 드 샤토브리앙은 『혁명론』(1797년)과 『기독교의 정령』(1802년)에서 과거의 명예와 이타심을 찬양하고 새로운 시대의 자기이익을 비난했다. 그러나 샤토브리앙이 이데올로그들의 사상에 반대한 방식은 그들을 돕는 결과만을 가져왔다. 1789년 혁명 이전 시기에는 위선적인 귀족의 감상주의가 반박되지 않은 채 유통될 수 있었다. 공포정치가 끝나고 감상주의의 과잉에 대한 혐오감이 팽만한 시기에는 귀족을 잃어버린 보다 단순했던 과거로 간주하는 것이 가능했다.

샤토브리앙은 『혁명론』에서 계몽주의 "철학자들"이 합리주의를 수용한 것을 비난했고, 그들이 현실 정치를 이해하지 못했다고 비난했다. 그러나 그는 계몽주의의 발전을 검토하면서도 감상주의적 신조에 대해서는 아무런 말도 하지 않았다. 그는 철학자들을 오히려 무정부주의적인 자유주의자로 묘사했고, 그들의 혼외 교제(우드토 부인에 대한 루소의 열렬한 사랑도 포함되었다)를 도덕적 무관심의 증거로 비난했다. 그것은 달랑베르와 디드로와 루소의 진지한 독자라면 받아들일 수 없는 주장이었다. 샤토브리앙이 루소에 대하여 얼마나 극단적으로 모호한 태도를 지녔는지는 그 글에 담긴 몇몇 촌평에서 드러난다. 5년 뒤에 발표된 『기독교의 정령』은 그가 감상주의에 대하여 침묵했던 이유를 드러냈다. 그 침묵 덕분에 샤토브리앙은 자신이 18세기의 대가들에게 얼마나 빚지고 있는지 인정하지 않은 채, 감수성을 계몽주의가 아니라 귀족과 군주정의 것으로 배치할 수 있었던 것이다. 그는 절대주의 이전 시기의 프랑스 귀족 전사가 명예로운 용기, 종교성, 애국주의를 갖고 있었다고 미화했다. 샤토브리앙의 저술들은 감정이 점차 부차적인 역할로 재배치되는 과정, 다시 말해서 감정이 그저 좋았던 과거나 유토피아적인 미래 혹은 여성적인 가정 영역의 안전한 안식처로 옮겨지는 재배치 과정의 중요한 단계를 나타낸다.

보다 중요한 감상주의의 변형태는 철학자 멘드비랑의 내밀한 일기에서 나타난다. 비랑의 일기는 자코뱅 지배의 말기인 1794년 5월, 즉 로베스피에르가 집에 머물면서 다음 일을 고민하고 있던 시점에 시작된다. 그 일기에서 괄목할 만한 것은 감상주의 이모티브가 전적으로 부재하다는 단순한 사실이다. 그 부재는 비랑의 자기인식에 구멍을 냈던 것으로 보인다. 적어도 루소, 롤랑 부인, 스탈 부인 같은 사람들과 비교해 보면 그렇다. 비랑은 자신의 내면을 들여다보지만, 그 내적 성찰에는 닻이 없다. 비랑은 감수성의 새로운 원천을 찾지만, 그는 자신의 가치에 대한 새로운 불확실성을 고통스럽게 인식한다.

비랑의 일기는 행복을 경험했던 작은 사건으로 시작된다. 파리로부터 멀리 떨어진 도르도뉴의 숲을 혼자 걷던 비랑은 봄날의 찬란한 일몰을 목격했다.

나의 감각기관에 와 닿는 모든 것이 나의 가슴에 달콤함과 슬픔을 주었다. 눈 아래로 눈물이 흘러내렸다. 얼마나 많은 감정이 이어졌는지. 이를 묘사하기 위해 앉으려는 순간 닥쳐온 그 차가움이란! [……] 그 상태가 영원할 수 있다면 나의 행복은 완전할 텐데. 지상에서 천국의 기쁨을 발견한 것이었는데. 그러나 1시간 뒤에 그 달콤한 고요가 일상적인 번다함으로 바뀌어버렸다. 일상은 일련의 불안정하고 이질적인 순간들이다. 순간들은 출렁이다가 빠르게 달아나버리고, 우리는 그것을 멈출 힘이 없다. 우리를 둘러싼 모든 것은 우리에게 영향을 주고, 우리는 환경과 함께 끊임없이 변해간다. 나는 때때로 내 영혼의 다양한 상태들이 흘러가는 모습을 가만히 지켜보기도 한다. 내 영혼은 강물처럼, 때로는 고요히 있기도 하고 때로는 흔들리기도 하지만, 항상 물결에 물결이 이어지면서 그 어떤 항구성도 없이 흘러간다(Maine de Biran 1954~1957: III, 3).[20]

멘드비랑은 일몰을 바라보며 행복하기 그지없는 달콤한 슬픔에 젖는다. 그곳에는 비랑 외에 아무도 없다. 비랑은 롤랑 부인과 다르다. 롤랑 부인은 길 잃은 개를 아들에게 선물하려던 선한 아버지를 성찰했었다. 비랑은 쿠통과도 다르다. 쿠통은 용감한 산악 지방 사람들의 불타는 용기에 감격했었다. 세 사람은 모두 그들이 자연적인 것으로 간주하던 것, 즉 부자지간의 애정, 애국주의, 일몰로부터 영감을 얻었다. 그러나 1794년이 되자, 롤랑과 쿠통 식의 영감은 그것이 낳았던 극히 모호한 결과들로 인하여 불신의 대상이 되었다. 그 결과들 속에는 롤랑과 쿠통의 처형도 포함되어 있었고, 그와 같은 죽음들이 자의적이었다는 일반적인 인식 때문에 감상주의의 모호성은 더욱 두드러졌다. 공안위원회 위원이었던 쿠통은 롤랑 부인의 사형을 묵인했을 뿐만 아니라, 그 자신과 똑같아 보이던 신념과 표현 방식을 갖고 있는 다른 많은 사람들의 죽음에 동의했었다.

멘드비랑은 혁명 정치에 참여한 적이 없다. 그는 온건한 귀족으로서, 지방에 파묻혀서 험난했던 혁명의 시기를 넘길 수 있었다. 그러나 문화적으로 그는 18세기 문학과 감상주의 언어에 깊이 물든 인물이었다. 그 언어의 자코뱅적 판본이 부과했던 감정적 노력과 그 판본이 정당화해준 행위들이 역겨워지고, 그 때문에 그 이모티브들이 모조리 삭제되었을 때, 무엇이 남았을까? 행복한 슬픔이 남았고, 눈물에 대한 기쁨이 남았으며, 자연에 대한 매혹이 남았다. 그것들은 남았지만, 이타애를 표현하는 이모티브와 인간의 미덕을 입증해주던 이모티브들은 소멸되었다. 그 이모티브들은 살롱과 오페라하우스와 극장에서 학습되고 사적인 편지와 연애에서 완성되던 것들로서, 1789년과 1792년 사이의 기간에 통치의 양식이자 감정체제로 변모했었다. 감상주의의 이모티브들은 그토록 비상하게 성공적이었지만, 비상하게 기만적이었다. 그 이모티브들이 폐기되고 진공상태만이 남자, 사람들은 상업적인 일상에 참여하면서도 삶의 방향을 잡을 수 없었다. 그러자 행복은 이제 격렬함이 아니라 고요에서 얻을 수 있는 듯이 보였다. 그리고 행복은 동종의 사람들에 대한 참여적 관심이 아니라 사회로부터의 도피에서 비롯되는 듯이 보였다. 영혼은 미덕의 따스한 샘이 아니라 사람이 관찰하는 것, 변화하는 것, 예측할 수 없는 것, 강물처럼 흘러가는 것이 되었다. 멘드비랑의 일기는 추후 프랑스에서 나타날 사태의 주요한 면모를 미리 보여준다. 그 전개에서 비랑이 수행한 역할은 적지 않았다.

1810~1814년 제르멘 드 스탈은 그 새로운 전개로부터 프랑스를 떼어놓으려 했다. 그러나 1794년 이후 나타난 변화는 역전 불가능했다. 나폴레옹 치하의 프랑스에 17세기 베르사유의 예술과 문학과 연극이 귀환했다. 미적 취향의 새로운 중개자들은 18세기 말에 대한 기억, 18세기의 감상적인 소설들에 대한 기억, 눈물을 자아내는 그때의 오페라들, 회화와 조각 속의 열정적인 장면들을 삭제해갔다. 나폴레옹이 몰락한 뒤에도 그 경향은 지속되었다. 복고왕정이 루이 14세의 예술을 선호했던 것은 놀랍지 않다. 스탈 부인의 새로운 저서인 『독일에 대하여』는 1810년에 완성되었으나, 나폴레옹에 의해 금지되었다가 1814년에야 파리에 나타났다. 그러나 그 이전에도 그 책의 해외 판본들이 프랑스로 유입되었고, 17세기 고전주의의 부활에 대한 그 책의 과감한 공격은 파문을 일으켰다. 또한 프랑스에서 고전주의와 낭만주의 간의 논쟁을 유발했다. 그 논쟁은 밀도 높게 전개되었고, 빅토르 위고의 1830년 작품 『에르나니』를 거쳐 그 이후의 시기까지 계속된다. 근자에 그 책을 검토한 존 이스벨은 스탈 부인이 감상주의 신념을 고수하고 있었다고 강조한다 (Isbell 1994).

스탈 부인의 글에서 강조할 만한 주장은 두 가지다. 첫째, 스탈 부인은 독일의 형이상학적 관념론을 감상주의적인 틀에 꿰맞추려 했다. 그 와중에 그녀는 지식의 한계에 대한 독일 관념론의 숭고성 사변을 자연적인 감정의 힘에 대한 감상주의적인 믿음으로 오인했다. 예를 들어서 그녀는 칸트의 이율배반 ― 자유와 필연성, 유한과 무한 간의 해결 불가능한 이분법은 이성의 한계를 가리킨다 ― 에 대하여 썼다. "그는 감성에게 균형을 깨뜨리라고 요구한다"(Isbell 1994: 140). 칸트는 그때까지만 해도 프랑스에 잘 알려지지 않은 인물이었는데, 어쨌거나 스탈의 그 책은 프랑스에서 주로 미학 논의에 대한 개입으로 간주되었다. 스탈이 다룬 주제의 광대한 범위에 주목하거나 그것을 진지하게 여기는 사람은 없었다(스탈이 여자였기 때문이다). 자기이익의 원칙에 대한 스탈의 혹독한 비난은 황제정 프랑스를 겨냥한 것(이는 옳다)으로 간주되었고, 그녀를 샤토브리앙과 같은 부류와 한 묶음으로 보이도록 했다.

둘째, 스탈은 독일에 초점을 맞춤으로써 의도치 않게, 프랑스가 독일과 달리 엄격한 고전주의(즉, 17세기) 미학 취향을 지지하고 있다는 인상을 강화했다. 이는 물론 나폴레옹 치하에서는 사실이었다. 그러나 그런 평가는 독일이 1794년 이전의 영국과 프랑스의 감상주의에 진 막대한 빚을 포착하지 못한다. 그리하여 스탈의 책은 새롭고 이국적인 것의 찬양으로 읽혔다. 1820년이 되면 스탈 부인과 샤토브리앙은 사상과 예술에서 나타난 새로운 폭넓은 운동, 스탈 부인의 호명을 따라 "낭만주의"로 불린 운동의 대표자로 간주될 수 있었다. 그러나 아이러니하게도 낭만주의가 프랑스 감상주의에 진 빚은 감상주의의 마지막 대가의 그 책 때문에 흐려졌다.

대략 테르미도르의 반동 직후에 시작된 감상주의적 원천과 감상주의적 어법의 삭제 작업은 1814년경이면 사실상 완성된다. 이데올로그들과 샤토브리앙만이 아니라 쿠쟁과 기조 그리고 토크빌까지 포함하는 새로운 세대의 자유주의 사상가들은 과거의 지평에 실제 역사와는 달랐던, 오로지 남성적인 계몽주의만을 그려놓았다. 그들이 그려놓은 계몽주의는 오로지 이성의 산물이었고, 그 결과물이 1789년의 혁명이었으며, 그 혁명은 능력 있는 남성들의 공적인 고려와 토론과 투표에 의한 이성의 지배를 보장해주는 입헌군주정을 수립했다. 8월 4일 밤은 평등의 원칙이 적용된 것으로 이해되었고, 그것과 감상주의가 혼융되어 있던 현실은 망각되거나 삭제되었다. 공포정치는 일탈로 치부되었고, 그 일탈은 사슬에서 풀려난 훈육되지 못한 아랫것들의 정치적 열정의 부산물로 간주되었다. 나폴레옹조차 죽은 뒤에 점점 위대한 자유주의자로 복권되었다.

5. 이모티브와 감상주의

감상주의는 궁정 에토스를 인위적이고 위선적이라고 공격했다. 감상주의는 예의와 궁정예절을 편견과 과장 속에서 바라보았다. 감상주의는 궁정예절을 감정관리 체제로 간주하지 않았다. 그들은 그것을 체계적인 거짓과 위선으로 간주했다. 그러나 감상주의는 감상주의 자체가 감정관리 체계라는 것도 부인했다. 감상주의는 오히려 자신들이 어떤 (궁정적인) 자연적인 감정의 진정한 표현의 문을 열었다고 자신했다. 그러나 감상주의의 교의는 사실 이모티브를 작성하도록 해주는 처방전이었을 뿐이다. 그 이모티브는 감정을 고조시키기 위한 것이었고, 많은 경우 실제로 감정을 극단까지 고조시켰다.

자코뱅은 그들의 공포정치가 반대 의견을 억압하기 위한 것이 아니라 공화국을 정화하기 위한 것이라고 말했고, 그에 따라 행동했다. 그 혁명가들은 배신자나 범죄자 들이 느끼고 생각하는 것에는 관심이 없었다. 그들에 대한 이상적인 해법은 그들을 인간적인 방법으로 제거하는 것이었다. 기요틴은 고통 없는 죽음을 위해 고안된 장치였다. 자코뱅의 가장 중요한 숙제는, 어떤 사람이 선한 시민이고 어떤 사람이 제거되어야 하는지를 결정하는 방법이었다. 제4장에 상술한 모델에 입각해서 말하자면, 반혁명 봉기에 대한 전쟁, 약식 처형, 망명자 재산의 압수, 적대적인 신문의 폐간, 죄수와 혐의자에 대한 학살 등의 모든 조치 ─ 혁명정부와 그 외골수 집행자들이 발동시킨 그 모든 폭력 기계 ─ 는 유도된 감정고통을 일으키기 위한 강력한 장치였다. 자코뱅이 거둔 괄목할 만한 성공은 진정한 애국주의 덕분이었을 뿐만 아니라, 유도된 감정고통의 효과가 발휘한 힘 덕분이기도 했다.

그러나 기요틴으로 배가된 죽음에 대한 공포는 애국자가 느끼리라고 가정되던 감정이 아니었다. 정반대로 애국자는 잔-마리 플리퐁 롤랑의 말로는 "공포를 넘어 분노로 충만"한 사람이요, 쿠통의 말로는 "타오르는 용기"로 움직이는 사람이었다. 그 결과 폭력이 사용되면 될수록, 그리고 자신의 내부에서 공포의 사악한 증거가 발견되면 될수록, 그 공포는 자신을 위험에 빠뜨리는 것이었고, 따라서 결사적으로 숨겨야 하는 감정이었다. 그리고 유도된 감정고통은 1789년 이전에 많은 사람들로 하여금 감상주의 이념이 정당하다는 증거를 자신의 가슴 속에서 발견하도록 했던 이모티브들의 효율성을 약화시켰다. 그것은 우연이 아니었다. 감정체제로서의 감상주의는 그런 결과를 낳을 수밖에 없다. 감상주의가 1789년 이전에 대항 언어로서 거둔 성공이 크면 클수록, 그 후의 실패는 그만큼 가혹할 수밖에 없었다. 자유에 대한 감상주의의 관점은 실제의 감정적 자유와 너무도 거리가 멀었다. 사람들은 그 거리를 말로 표현할 수 없었지만, 두 가지 사이의 차이는 모두에게 명백했다. 감상주의는 그릇된 것이었다. 1794년이 되면 사람들 대부분이 감상주의가 그릇된 것임을 알았다.

예의와 궁정예절에 대한 감상주의의 비판이 비록 오인에서 비롯된 것이었다고 해도, 저항의 도구로서는 설득력이 있었고 매력적이었다. 그러나 통치의 도구로서의 감상주의는, 그것이 제거해버린 체제보다 더하지는 않았을지언정 그것만큼이나 경직된 것이었다. 자연적인 감정의 표현을 고집하였기 때문이다. 그래서 감정관리가 겉으로는 부인되면서 속으로는 강요되었고, 모든 사람이 그 감정관리가 얼마나 공통적이고 필수적인지 알고 있었다. 따라서 만인이 배신자가 되었다.

　이 설명은 감상주의가 공포정치의 모든 것에 책임이 있다는 뜻이 아니다. 자코뱅 체제는 식량 부족, 투기, 인플레이션, 외국군의 침입, 군사적 취약성, 국내의 반혁명 봉기 등 다른 많은 요인들을 도외시하고는 이해될 수 없다. 제헌의회와 파리 시청에서 나타났던 파당들의 특수한 형세도 자코뱅 체제의 형성에 결정적인 영향을 끼쳤다. 그러나 감상주의를 잘못 이해된 감정표현으로 간주하면, 다음 사항들을 설명하는 데 도움이 된다. 감정의 극단들이 빈번하게 표현되었던 것, 정치적 결정을 감정언어(예컨대 "테러")로 포장하는 경향, 공포정치가 의도와 무관하게 생산한 격렬한 유도된 감정고통에서 비롯된 극단적인 동요와 불안이 그것이다. 그 때문에 자연적이고 자발적인 것으로 가정되는 감정들을 유지하려는 감정적인 노력들이 만인을 배신자로 만들었다. 강제적인 수단을 통해서라도 진실성을 토대로 하여, 그리고 진실성을 생산해내는 방식으로 통치하려던 시도, 즉 덕의 공화국이라는 이념을 실현하려던 시도는 감상주의적인 것이었다. 따라서 그것은 자기모순적인 동시에 작동 불가능한 것이었다. 재차 말하지만, 이 해석은 유별난 것이 아닐지 모른다. 그러나 그것은 계급 분석으로도 문화적 해석으로도 포착할 수 없는 지점이다.

제7장 자유로운 이성과 낭만적인 열정 1815~1848

1816년 7월 파리의 명사 두 명이 멘드비랑을 방문했다. 비랑의 친구였던 카스텔 바자크와 로한 공작부인이 비랑을 찾아와서, 성 소뵈르를 기리는 전통에 따라 가난한 사람들을 돕고자 하니 기부를 해달라고 요청했다. 비랑은 6프랑을 내놓았다.

나는 그 돈이 부자가 내놓는 평균적인 액수라고 믿었다. 공작부인은 20프랑이나 30프랑을 내는 사람들도 있다고 말했다. 나는 당황했다. 가장 사악하고 가장 불명예스러운 행동을 저지르기라도 한 양, 가슴이 울렁거리고 아픈 후회가 밀려왔다.[1]

멘드비랑은 마음이 아파 마비가 될 지경이었건만, 공작부인은 더 이상 대화를 하지 않고 떠났다. 그 후 비랑은 그 상황을 강박적으로 설명했다.

그 순간부터 나는 다른 아무것도 생각할 수 없었다. 로한 공작부인이 나를 뭐라고 생각할까? 그녀에 대하여 지극한 이타애만을 갖고 있는 나의 동료(카스텔 바자크)는 또한 어떻게 생각할까? [……] 내가 그 사람들의 웃음거리가 된 것은 아닐까? 그 돈이 나의 지위와 전혀 맞지 않는다면서, 사람들이 나를 찌질하고 이기적인 사람으로 보지는 않을까? 그 몸짓 하나가 좁고 소심한 성격을 드러낸 것은 아닐까?(Maine de Biran 1954~1957: I, 186~187)

비랑은 그 일을 마음에서 떨쳐내고자 말을 타고 달리기까지 했다. 그러나 소용없었다. 결국 그는 공작부인의 집으로 갔다. 돈을 더 주려 했던 것인데, 비랑은 망신만 한 번 더 당하는 것은 아닌지 두려웠다. 굴욕에 대한 공포가 비랑을 다른 사람이 없는데도 손짓을 하고 말을 하는 "정신착란에 가까운 상태"로 몰아넣었다. 역사가인 피에르 파셰는 비랑의 상태를 기술했다. "그가 자신의 내부에서 발견한 것은 영혼의 순수성도 부도덕도 아니다. 그것은 평범성이다. 그리고 그가 상황을 묘사하는 데 자신을 얽어맨 방식은 이상한 종류의 솔직함을 드러낸다." 파셰는 결론짓는다. "그런 구절을 읽다보면, 그 글이 부지불식간에 '신이 없는 영혼의 고통'을 묘사하기 위해서 쓰여진 것은 아닌지 묻게 된다" (Pachet 1990: 43). 분명한 것은, 멘드비랑이 전형적으로 19세기적인 유형의 인간 내면을 꿰뚫었다는 것이다. 그 내적 공간은, 감상주의의 열렬한 명확성이 도덕적 불확실성과 모호성으로 대체된 공간이요, 수치심이 한때 베르사유 궁전에서 발휘했던 것보다 더욱 강력한 새로운 힘을 갖게 된 공간이었다. 파셰가 주장하듯이, 기독교의 원죄론은 바로 그 공간에서 새로운 설득력을 얻었고, 그것은 사실 포스트혁명기 종교의 부활에 적지 않은 역할을 했다.

그러나 모호성과 함께 풍부함과 신비함도 증가했다. 멘드비랑은 일기의 한 지점에서 외쳤다. "내적 성찰에의 집중이 어떤 힘을 발휘할지 누가 알겠는가? 어느 날 **형이상학의 콜럼버스**가 발견해낼 새로운 **내적인** 세계가 존재하는지 누가 알겠는가?"(Maine de Biran 1954~1957: I, 176; Pachet 1990: 43) 인간의 영혼이 본래적으로 선한 것이라고 생각했던 18세기의 수많은 사상가들과 달리, 비랑은 말년에 인간의 영혼이 "설명할 수 없는 것"이라고 결론지었다. "내면 속의 인간은 본질에서 **설명할 수 없다**. 인간 내면의 얼마나 많은 깊이들이, 내면의 인간에 대한 얼마나 많은 관점들이 아직 드러나지 않고 있는지"(Maine de Biran 1954~1957: I, 244; Pachet 1990: 44). 우리는 인간 내면의 신비에 대한 비랑의 소박한 열광을, 낭만주의 세대가 감상주의 선배들과 얼마나 달랐는지 특징적으로 요약해주는 것으로 간주할 수 있다. 실상 비랑은 애초에 "물리적이고 도덕적인" 의식 현상들을 순수하게 관찰하기 위하여 과학적인 성찰을 시도했었다. 그러나 그가 발견한 것은 감정적인 허약함, 그리고 영혼은 필수적이지만 그 본성과 범위는 불명료하다는 것이었다.

복고왕정기에 비랑은 일급 지식인들의 모임에 참여하였고, 그에 따라 복고왕정의 정치에도 연루되었다. 그의 일기가 정치 활동과 정치가들에 대하여 전형적으로 19세기적인 태도를 표현한 것은 그 때문에 중요하다. 워털루에서 나폴레옹이 최종적으로 패배함으로써 부르봉 왕가가 복귀했다. 루이 18세는 꽤 자유주의적인 헌법을 수여함으로써 자신의 권력을 공고히 하고자 했다. 특허장으로 불린 그 헌법은 제한 선거권에 입각하여 의회를 구성하도록 했다. 복고왕정은 1816년과 1817년에 새로운 의회에서 다수를 차지한 거칠기 짝이 없는 과격 왕당파들을 규율하고자 했다. 그 시기에 비랑은 일기에 의회의 논의와 의회를 지배하던 인물들에 대한 실망을 일관되게 표현했다. 비랑 스스로가 도르도뉴를 대표하는 의원으로 활동했다. 그는 1817년 선거에서 과격 왕당파 후보에게 패배했지만, 국가자문위원에 임명되었다. 의회는 시대의 문제, 즉 순종적이지 않은 인민에게 군주의 권위를 강요할 것이냐, 아니면 느리고 온건한 조치들을 통하여 군주정을 지지하도록 유도할 것이냐를 다룰 역량이 없었다.

의회에서 그런 문제들을 조용히 검토하는 것은 불가능하다. 의원들은 모두 자신의 성격과 특수한 애착에 따라 편을 만든다. 우리에게는 전체를 포괄할 줄 아는 국가적인 정치인이 없다. 이곳의 작은 영혼들은 자신의 선거구에 맞는 것만을 생각하고, 자신의 출신 도의 활동가들이 지지할 의견에만 손을 든다. 열정과 열정이 충돌하지만, 그것들은 전체적인 혹은 규제적인 이념이 아니라 언제나 작은 생각들과 결합되어 있다 (Maine de Biran 1954~1957: I, 101).[2]

멘드비랑은 선거 정치가 합리적인 논의와 정치가다운 행동을 촉진하기는커녕, 특수주의와 열정을 부추기기만 한다고 비판했다. 그가 보기에 감정은 정치에 오로지 해악만을 끼칠 뿐이었다. 그는 여론의 목소리가 되어줄 의회가 필요하다는 점만을 인정했을 뿐, 의회가 현명하게 행동할 가능성에 대해서는 깊이 비관적이었다. 비랑의 일기는 감정이 정치에서 표현되는 것에서 민족적 구원의 길을 보았던 후기 감상주의의 실패와 삭제를 재차 기록한 것이다.

복고왕정기 의회에 대한 비랑의 비관적인 평가는 자신의 마음 상태에 대한 낙담스러운 관찰과 지속적으로 교차한다. 그 두 가지 생각의 결 사이에 친화성이 존재한다는 것은 어렵지 않게 식별할 수 있다. 비랑 자신의 마음은 의회와 마찬가지로 취약했고, 자극과 열정의 영향력에 노출되어 있었다. 비랑은 물리적 환경, 생리적 징후, 감정적 상태가 서로 긴밀하게 연결되어 있다고 생각했다. 비랑은 날씨가 자신의 기분에 미치는 영향을 항상 주목했다. 이 책의 제1장에 언급된 클로어와 패롯의 연구(1991)가 생각날 정도이다. 1816년 2월 29일의 일기에 기록된 전형적인 문장에서 그는, 이데올로그인 카바니를 좇아 그가 존재의 신체적, 도덕적 차원이라고 칭한 것들의 상호 연관된 변동을 근심스럽게 진단한다.

나는 나의 특수 상태를 신체적이고도 도덕적으로 느낀다. 나는 단 하루, 아니 단 한 시간도 고통 없이 보내지 못한다. 나의 동요하는 병든 신경은 위 주변에 가장 큰 통증을 유발한다. 그 통증이 불편의 원천이고, 내가 습관적으로 집중하는 곳이다. 위염이 조금만 느껴져도, 나는 더욱 곤두서고 더욱 두려워하며, 나 자신에 더욱 불만족스러워진다. 나의 본능은 나를 외로움으로 몰아가고 있다. 나는 나에게 아무런 이타애도 느끼지 않는 듯이 보이는 사람들 속에서 살아야 하는 것이 잔인하다고 생각한다(Maine de Biran 1954~1957: I, 108).[3]

비랑의 날카로운 자기 관찰이 항상 위염이나 날씨가 감정에 미친 영향에만 집중되었던 것은 아니다. 그는 자신의 생각이 움직이는 것을 불만스러워하는 동시에 그에 매료된다.

내 생각을 고정된 지점에 붙들어 매고 단단히 묶어둘 필요가 있다. 그 선을 잡고 있지 않으면, 나는 카오스 속에 빠져버리고, 내 자신의 생각에 아무런 확신도 느끼지 못한다. 이런 상황에는 장점도 있고 단점도 있다. 나에게는 단점이 더 크게 느껴진다. 나는 굉장한 수고를 기울이고 고통스러워하지 않고는 아주 짧은 글조차 쓰지 못하는 사람이기 때문이다. **최근에 끝낸 꽤 긴 글에서 나는 나 자신에 대하여 몇 가지 새로운 실험을 했다.** 진리는 우리의 내면 조직이 그 주위에 풀어놓은 안개 속에 있고, 그 진리는 우리의 기능들이 내적으로 균형을 이룰 경우에만 안개 밖으로 나온다(Maine de Biran 1954~1957: I, 118. 강조는 필자).[4]

다만 비랑의 경우에도 진리를 안개 밖으로 나오게 하는 그 행복한 균형은 너무나 드물게 찾아왔다.

모든 맹목적이고 비의지적인 열정 내지 감정은 그 자리를 우리의 유기체적인 삶 안에 갖는다. 의지적이고 지적인 모든 것은 다른 자리를 갖는다. 의지는 열정에 직접적인 영향을 주지 못한다. 의지는 단 한 개의 감정도 생산해내지 못한다. 열정 역시 의지에 아무런 직접적인 영향을 주지 못한다. 몇몇 극단적인 경우를 제외하고는, 의지는 항상 접근할 수 없는 높이에 자리 잡는다. 인간의 우월한 부분과 열등한 부분인 삶의 그 두 가지 측면이 더욱 분리되어, 그 부분들이 각각 별개의 역할을 수행하도록 조직되어 있는 사람들도 있다. 그런 사람의 경우에는 열등한 부분이 혼란에 빠져 있는 동안에도, 우월한 부분은 해야 할 모든 활동을 수행한다. 보나파르트를 눈여겨본 사람들을 믿어준다면, 그는 그런 조직을 갖춘 축복받은 사람이다. 삶이 그렇다. 모든 완성품 중에서 가장 신성한 모델이 인류에게 최악의 재앙을 안긴 사람에게 해당된다. 사람은 가능한 한 가장 완벽하고 가장 행복한 존재가 되기 위해서는 자신을 단순화시켜야 한다. 나의 불행은 나 자신이 너무나 복잡하고 너무 많다는 것이다 (Maine de Biran 1954~1957: I, 111).

샤르코나 프로이트의 심리학 이론과 비교해보면 취향과 감정과 의지에 대한 비랑의 관점은 물론 미숙하다. 그러나 비랑의 이론 역시 그들 못지않게 생리학에 굳게 뿌리박고 있고, 그들 못지않은 진단 형식을 갖추고 있으며, 결론 역시 그들 못지않게 음울하다.[5] 나는 비랑의 음울한 전망과 그것과 긴밀히 연관된 모욕에 대한 그의 감수성이, 19세기 프랑스 사회질서가 감상주의 시기(1760~1800)에 비해 훨씬 더 안정적이 된 것을 이해하게 해주는 열쇠라고 주장한다.

19세기 정치가 소란스러웠으며, 1830년, 1848년, 1871년의 혁명적 폭발로 구멍 났음은 사실이다. 그러나 민법전, 사법체제, 행정관료제로 대표되는 나폴레옹의 거대한 공고화 노력은 겉 표면의 소란 속에서도 온전하게 살아남았다. 나폴레옹 법전은 시민사회를 계약의 자유와 표현의 (상대적) 자유의 영역으로 견고하게 구축했다. 가부장적인 가족법과 분할상속 제도는 성인 남자들에게 재산과 직책을 향하여 상대적으로 자유롭게 경쟁하도록 했다. 그 원칙과 실천 들은 한 세기 동안의 가파른 성장, 기술 변화, 도시화, 사회적 관계의 변동 속에서도 거의 흔들리지 않았다. 그 안정성의 원천은 무엇이었을까? 과거의 역사학(자유주의 역사학과 마르크스주의 역사학)은 19세기가 상공업 계급의 이해관계가 정부와 사회와 예술과 사상을 지배하던 "부르주아의 세기"였다고 결론지었다. 그러나 계급 분석이 보다 정교해짐에 따라 계급의 정확한 식별조차 불가능하다는 것이 입증되었고, 그에 따라 계급론적인 해석은 설득력을 잃었다. 최근의 포스트구조주의적 설명과 문화론적 설명은 혁명기의 상대적인 소란이 1815년에 상대적인 안정으로 갑작스럽게 이동한 것을 설명하지 못한다. 이 책의 제1부에서 설명하였듯이, 포스트구조주의적이고 문화적 해석 방법은 변화의 설명에 부적합하다. 이는 19세기 프랑스를 연구하는 역사학자이든 태평양 섬 주민들의 감정을 연구하는 인류학자이든 마찬가지다.

그렇다면 이모티브 이론은 19세기 프랑스의 안정성에 대한 우리의 이해를 향상시킬 수 있을까? 다음 장에서 나는 그 시기의 전반적인 모습을 개괄하면서, 당대인들이 감상주의에 대한 기억과의 대면을 지속적으로 거부했다는 것을 강조하는 한편, 감정에 대한 자유주의적인 관점과 낭만주의적 관점이 전개되는 모습을 그려낼 것이다. 그다음 장에서는 1차 사료에서 발견한 민사소송들을 검토하여 새로운 체제의 감정에 대한 감각을 클로즈업시킬 것이다. 그러면 그 감정체제가 감정을 항해하는 개인들에게 유발했던 고통과 협상의 모습이 가시화될 것이다. 그두 장은 계몽주의와 혁명에 대한 장의 대위법이 될 것이다. 우리는 새로운 감정 규범들이 감상주의의 규범들과 마찬가지로 그 자체로 그릇된 것이었음에도 불구하고 어떻게 감정의 항해를 보다 용이하게 해주고 보다 덜한 감정고통을 유발하였으며, 규범적 이모티브에 대한 훨씬 다양한 반응을 허용해주었는지, 그리하여 보다 약한 정치적 저항에 직면하게 되는지 보게 될 것이다.

1. 자유주의와 감정

18세기 말에 이성과 감정은 반대되는 힘으로 이해되지 않았다. 19세기 초에 이성과 감정은 반대되는 힘으로 이해되었다. 18세기 말에 미덕은 자연적인 감성을 토대로 자라난다고 생각되었다. 19세기 초에 미덕은 의지가 이성의 안내를 받아 열정을 규율함으로써 성취하는 결과물로 생각되었다. 사실 고대부터 17세기까지 미덕은 그렇게 함양된다고 생각되었다. 18세기 말에 사람들은 이타애와 박애라는 자연적 감정에 의해 인도되어야만 최선의 정치 개혁이 가능하다고 여겼다. 일부 사람들은 19세기에도 여전히 이타애와 박애에 일정한 정치적 역할을 부여했지만, 이제 그보다 훨씬 더 중요시된 것은 개인적인 특성들이었다. 그 특성에는 원칙에 대한 헌신, 군인 같은 용기, 필요한 경우 폭력까지 투입할 각오, 그리고 특히 정의와 권리에 대한 적절한 이해가 포함되었다.

19세기 초의 프랑스인들은 18세기와의 차이를 듣는 것만으로도 경악했을 것이다. 이는 1815년 이후 일반 독자들에게 계몽주의를 해설해준 가장 권위 있는 사람들 — 프랑수아 기조, 빅토르 쿠쟁, 테오도르 주프루아, 장-필리베르 다미롱 — 이 18세기의 감정론에 하등의 중요성도 부여하지 않았기 때문이다. 그들은 18세기를 합리성과 과학이 움트던 때로 그려냈고, 그 합리성과 과학이 잘못된 혁명에 의해 배반당했다고 주장했다. 따라서 감상주의는 19세기 초에 이르러 그 이념만이 거부되었던 것이 아니라, 그 이념이 18세기에 점하던 중요성 자체가 아예 시야에서 사라졌던 것이다.

어떤 이는 다음과 같이 반박할 것이다. 19세기 초는 18세기 말만큼이나 많은 뜨거운 연애 사건이 벌어지고 우정도 강렬했던 시기였으며, 정치에도 18세기 말만큼이나 많은 열정과 유토피아적인 열의가 투입되었다. 19세기의 낭만주의 문학과 예술은 18세기 말의 감상주의만큼이나 감정이 사생활에서 점하는 지위를 이해하고자 했다(Houbre 1997: 146). 19세기에도 극장을 채운 것은 멜로드라마와 격정적인 오페라였다. 1848년 2월 혁명도 1789년 혁명과 마찬가지로 낙관적인 열광의 물결로 시작하여, 파당 간의 불신과 억압으로 직진했으며, 그 과정은 1848년에 오히려 더 빠르게 진행되었다. 사태가 그러했는데, 어찌하여 1794년에서 1814년에 이르는 시기가 그 무엇을 "삭제했다"고 주장할 수 있다는 것인가? 어찌하여 그때 단절된 사유와 실천의 중요한 가능성들과 통로들이 그 후에도 그토록 오랫동안 차단되었다고 주장할 수 있다는 것인가?

그런 반박은 어느 정도까지는 옳다. 나는 19세기 초의 프랑스인들에게 감정이 없었다고 주장하는 것도 아니고, 과거가 없었다고 주장하는 것도 아니다. 감상주의 시대의 지적인 유산을 완전히 제거하는 것은 불가능했을 것이고, 사적이고 공적인 실천들을 감상주의적 특징이 전적으로 부재한 형태로 재주조하는 것도 불가능했을 것이다. 그러나 중요한 것은, 그 유산과 특징들이 지적으로 전혀 새로운 틀 속에 놓였고, 전적으로 새로운 용도로 사용되었다는 점이다. 그러나 우리가 19세기 초의 새로운 생각과 실천 들을 하나의 규범적인 감정체제 —나는 그것을 "낭만적인" 관리 체제로 칭하고자 한다—로 파악하면, 1815년 이후의 입헌군주정이 자코뱅의 덕의 공화국보다 안정적일 수 있었던 것을 이해할 수 있을 것이다.

빅토르 쿠쟁의 새로운 성찰

마리 프랑수아 피에르 멘드비랑(1766~1824)이 우리가 위에서 검토한 그 새로운 방식으로 자신의 감정적 삶을 항해한 최초의 인물은 아니었을 수도 있다. 그것이 사실이라고 해도, 그는 감정을 항해한 최초의 인물 중의 한 명이기는 했다. 그가 1794년과 1824년 사이의 다양한 시점에 작성한 사적인 일기는 오늘날에는 평범하게 실천되고 있는 근대적 일기 장르의 효시로 간주된다(Pachet 1990). 파셰에 따르면 비랑은 루소가 표현한 소망에서 일기를 시작할 단서를 얻었다. 루소는 일상의 환경이 "우리의 기계, 우리의 영혼"에 미치는 영향을 추적하는 "도덕적 감수성, 즉 현자의 유물론"을 작성하고 싶어 했다(Pachet 1990: 36). 루소는 "환경"에 물, 색깔, 빛과 어둠, 음식, 소음, 움직임, 휴식 등 일상생활의 소소한 인상들 모두를 포함시켰다. 비랑의 일기가 그로부터 영감을 얻어서 시작되었으니만큼, 그의 일기는 환경이 감정에 미치는 영향을 추적한 자연주의자의 공책이었다고 할 것이다. 그의 일기가 날씨, 건강, 자기가 한 말의 설득력, 개인적인 기분 등으로 가득 찼던 것은 그 때문이다.

나폴레옹 시대에 비랑은 의식의 본질에 관하여 몇 개의 영향력 있는 논문을 작성했다. 『습관이 사유 능력에 미치는 영향』(1802), 『생각의 해체에 대하여』(1805), 『모호한 지각에 대하여』(1807)가 그것이다.[6] 그곳에서 비랑은 이데올로그들과 마찬가지로 인간의 행동에 대한 진정으로 과학적인 접근법을 제시하고자 했다. 비랑은 그 논문들 덕분에 이데올로그들의 아성이었던 프랑스 학사원 위원으로 선출되었다.

제6장에서 설명한 바처럼, 카바니와 트라시가 이끌던 이데올로그 그

룹은 인간 본성에 대하여 지극히 환원론적 관점을 옹호했다. 그러나 비랑은 1805년 이후에 이데올로그들의 단순한 접근법에 만족하지 않게 되었다. 섀프츠베리와 디드로 등의 감상주의자들이 로크의 감각론을 비판했던 것처럼, 비랑은 이데올로그들의 설명보다 많은 것들이 자신의 내면에서 움직이고 있다고 생각했다. 그러나 비랑은 감각 인상을 넘어서는 그 의식 내용들이 감상주의자들의 주장처럼 내적인 도덕 감각으로 간주될 수 있다고는 믿지 않았다. 비랑은 감상주의자들이 그토록 열렬하게 신봉했던 도덕적 선의 자연적인 원천, 즉 **감수성**의 증거를 발견하지 못했다. 1807년에 비랑은 의식이 한편으로는 합리적인, 그리하여 자유로운 의지를 소유하고 있고, 다른 한편으로는 몸과 매우 복잡하고 민감한 결합 관계를 맺고 있다고 주장했다.

비랑의 관점이 변화한 시점이 의미심장하다. 필리프 피넬, 피에르-폴 루아예르 콜라르, 피에르 라로미귀에르와 같은 많은 지식인들은 1805년 이후에 이데올로그들의 주장으로부터 등을 돌리기 시작했다. 이는 이데올로그들에 대한 과거의 동의가 신념보다는 정치적 분위기에 의해 추동되었던 것임을 암시한다. 역사가 골드스타인은 프랑스 정신의학의 출발점이 된 광기에 대한 피넬의 "도덕적 치료"가 어떻게 전개되었는지 추적한 바 있다(Goldstein 1987). 피넬은 그의 『정신의 소외에 대한 의료·철학적 논고』 초판(1801)까지만 해도 감상주의 이념에 크게 의존하고 있었던 것으로 보인다. 그때 피넬은 감상주의의 영향을 인정하지 않았는데, 이는 의도적이었던 것 같다. 어쨌거나 그 책에서 피넬의 도덕적 치료는 우선 환자에게 친절하게 대하는 것이었다. 그다음으로 그것은 환자의 망상을 깨뜨리기 위하여 "연극적 도구"를 이용하는 것이었다. 피넬은 "연극"을 디드로와 정확히 똑같은 의미로 이해했다. 그는 연극이 관객의 상상력에 직접적으로 작용함으로써 이성을 우회하게 해주는 모방적 환상이라고 생각했다. 피넬은 1809년에 출간된 그 책의 두번째 판본에 자신의 임상 사례들에서 추출해낸 감정적 특징들에 대한 새로운 논의를 추가했다. 피넬은 환자에게 **감수성**이 귀환한 것 — 가족과 친구들에 대한 존중심과 박애 — 이 환자가 치유되고 있다는 확실한 신호라고 주장했다(Goldstein 1987: 117~119).

그렇듯 피넬과 같은 사람들은 여전히 감상주의에 의거하고 있었다. 그러나 주의할 것은, 인간 본성에 대한 그들의 관점에 과거의 낙관주의와 확신이 전무했다는 점이다. 피넬은 공포정치 이전인 1790년에만 하더라도 혁명이 광기, 즉 정신병을 크게 감소시킬 것이라고 예측했다. 그러나 1795년이 되자 그는 1789년 이후 프랑스를 강타한 정치적 불안정이 광기에 대한 프랑스인들의 취약성을 크게 증가시켰다는 정반대의 주장을 펼쳤다(Goldstein 1987: 101). 혁명기의 정치사회적인 소용돌이가 비랑에게 불확실성과 취약성에 대한 감각을 강화했던 것과 똑같이, 공포정치와 그 실패는 피넬에게 광기의 치료를 절박한 문제로 만들었던 것이다.

1818년 젊은 빅토르 쿠쟁(1792년생)이 에콜 노르말에서, 이데올로그들에 대한 비판을 중심으로 구축된 철학 논설을 우레와 같은 박수 속에서 발표했다. 이데올로그들의 감각론에 대한 쿠쟁의 비판적인 입장은 비랑에 근거했다. 사실 쿠쟁은 그의 멘토들인 루아예르 콜라르와 라로미귀에르만큼이나 비랑과 자주 접촉했다. 쿠쟁의 작업은 비랑에 의존하여 고안한 논지를 철학사적 설명으로 보충하는 것이었다. 쿠쟁의 철학은 당대와 후세대에게 비상하게 강력한 영향을 끼쳤다. 그가 에콜 노르말에서 진행한 수업도 중요했지만, 그는 1833년에 공공교육부의 수

장이 되었고, 이때 자신의 철학 체계를 프랑스 교육의 커리큘럼에 통합시켰다(Spitzer 1987: 71~96; Billard 1998; Brooks 1998). 여기서 잠깐 쿠쟁이 인간의 감정적 취약성에 대하여 조심스럽게 구축한 관점을 고찰할 필요가 있겠다.

쿠쟁이 공격의 불길을 이데올로그들에게 집중시킨 것은 납득할 만하다. 이데올로그들은 나폴레옹 치세 내내 국가기관을 장악하였고, 그들 중 일부는 복고왕정이 들어선 뒤에도 직책을 유지했다. 그들은 쿠쟁의 세대에게 계몽주의와 혁명의 좋은 것과 나쁜 것 모두를 요약하는 존재로 비쳐졌다. 쿠쟁은 그들을 비판하느라, 감상주의는 이따금 스치면서 언급하는 정도로 다루었다.

쿠쟁은 1818년의 시점에서 계몽주의가 철학에 남긴 유산을 바라보았다. 그가 주목한 것은 오직 감각론자들 ─ 로크, 콩디야크, 카바니, 이데올로그들 ─ 과 그 비판자들, 특히 이성을 감각 인상으로부터 독립시킨 토머스 리드와 칸트였다.[7] 그는 섀프츠베리에 대해서는 한마디도 하지 않았다. 쿠쟁은 허치슨과 애덤 스미스가 자연적 감성을 중요시했다는 것을 알았지만, 그에 대해서는 미학과 관련해서만 언급했다. 쿠쟁은 그 모든 사상가들을 부족하다고 여겼다. 그는 인간 의식을 감각 인상의 패턴들로 환원한 감각론자들에게 반대하면서 리드와 칸트 편을 들었다. 그러나 그는 인간 이성의 한계를 강조한 칸트를 완전히 받아들이지 않았다. 그는 비랑을 따랐다. 그리하여 쿠쟁의 방법은 일종의 과학적인 내부 성찰, 즉 "심리학적인" 것이었다.

쿠쟁은 자신과 다른 사람들의 내면을 들여다보았다. 그곳에서 그는 진리, 자유, 정의, 미, 선과 같은 관념들 ─ 보편적으로 발생하는 것들 ─ 이 추론하는 능력, 판단하는 능력, 선택하는 능력 등, 우리 모두가 보유하고 있는 능력을 가리킨다는 것을 발견했다. 우리가 가진 모든 능력의 근본인 추론 능력은 우리를 감각 인상이라는 경험 세계를 훌쩍 넘어서는 영역과 연결시킨다. 쿠쟁은 이성을 찬양했고, 이성의 힘을 강조했다. 그 힘은 칸트의 주장처럼 감각 인상에게 선험적 구조(우리가 결코 입증할 수 없는 것)를 제공하는 힘일 뿐만 아니라, 우리를 (데카르트가 열어젖힌 길과 비슷한 길을 따라) 신의 존재와 같은 진리들에게 접근시킨다. 쿠쟁의 철학은 "합리적 유심론rational spiritualism"이라고 이름붙일 만하다. 혹은 그가 철학사 전체에 의존하였다고 주장한 것을 고려하면, 그 자신이 때때로 자임한 것처럼 "절충론"이라고 부를 수도 있겠다.

인간 의식에 대한 쿠쟁의 견해에서 감정은 중요하지만 부차적인 역할을 담당한다. 쿠쟁은 다양한 형태의 신비주의를 논박하는 강의에서, 감성이 우리를 정신적인 영역과 직접적으로 연결시켜줄 가능성을 부인했다. 그런 능력은 오직 이성만 보유하고 있다는 것이다. 쿠쟁은 감정을 다음과 같이 아주 간명하게 정의한다.

우리는 내부에 감정이라는 풍부한 원천을 보유하고 있다. 감정은 신체적인 동시에 도덕적이고, 그래서 우리의 그 두 가지 자연을 결합시킨다. 동물은 감각을 넘어서지 못하고, 순수한 사유는 천사의 본성에만 속한다. 감각과 사유를 혼합하는 감성은 인간의 생득권이다. 감성은 분명 이성의 메아리다. 다만 그 메아리는 때로는 이성 자체보다 잘 들린다. 감성은 영혼의 가장 내밀하고 가장 섬세한 부분에서 공명하고 인간 전체를 뒤흔들기 때문이다(Cousin 1836: 106~107).

이 발언 속에는 전통적인 내용이 많다. "합리적인 동물"인 인간은 이중적 자연을 갖고 있으며, 그리하여 순수 사유에만 종속되는 것도 취향에만 종속되는 것도 아니다. 인간은 낮은 형태의 의식적 사건, 즉 감정 내지 열정으로 불리는 일종의 혼합에도 종속된다는 것이다. 동물은 감상주의자들로부터 높은 지위를 부여받았었지만 이제는 강등되었다. 쿠쟁에게 고유한 것은, 그가 한편으로 이성과 다른 한편으로 그 이성에 "메아리"로 답하는(쿠쟁은 다른 곳에서 감성들이 이성을 "감싸고 있다"고 표현하거나, 감성을 이성의 "충직한 동료"로 부른다) "감성들" 사이에서 밀접한 파트너 관계를 본다는 것이다(Cousin 1836: 265, 318).

쿠쟁이 도덕과 선을 논한 다른 부분을 보면, 그가 감정이 부차적인 역할을 수행한다는 설명에 어떻게 도달하였는지 쉽게 알 수 있다. 쿠쟁은 우선 이데올로그들의 주장과 달리, 쾌감도 계몽된 자기이익도 선의 등가물로 기능할 수 없다고 길게 설명한다. 이어서 "여타의 그릇된 원칙들"이라는 제목을 붙인 장에서, 그는 두 페이지를 할애하여 감상주의의 핵심 주장을 논박한다. 이것은 쿠쟁이 1818년의 강의에서 감상주의의 유산과 대결한 유일한 장면이다. 쿠쟁은 시인한다. 우리가 존경스러운 행동, 즉 이타애와 박애적 실천에서 쾌감을 얻는 것은 분명 진실이다. 타인이 고통스러워하는 것을 보고 우리가 "연민" 혹은 "공감"을 느끼는 것도 진실이다. 그 감정은 우리 자신의 고통이 되어 우리로 하여금 타인을 돕도록 만든다. 그러나 만일 우리가 오직 선행이 쾌감을 주기 때문에 선을 행한다면, 혹은 만일 우리가 오직 연민이라는 고통을 피하기 위해서 선을 행한다면, 우리는 우리 자신의 이익을 추구할 뿐인 것이요, 우리 자신의 쾌감을 극대화하는 것일 뿐이다. 쿠쟁은 앞서 도덕적인 선은 이익과 무관한 동기에 근거해야 한다고 길게 설명한 터였다. 이제 그는 말한다. 우리의 내면을 면밀히 들여다보면, 우리 자신의 행동이나 타인의 행동에 대한 존중감이나 경멸감이 곧 판단이라는 것을 알 수 있다. 판단과 동반하여 나타나는 "존경심"이나 "분노"는 "지성으로부터 비롯된" 감정이요, 지성을 둘러싼 감정이다.

쿠쟁의 논지는 오늘날의 감정 심리학자들의 주장, 특히 1980년대에 로버트 자이언스와 리처드 라자루스 간의 유명한 논쟁 내용과 비슷하다. 자이언스와 라자루스의 논쟁은 인지(판단)가 그에 동반되는 감정에 앞서느냐, 아니면 정반대로 인지가 감정을 따르느냐를 놓고 벌어졌다(Parkinson & Manstead 1992). 나는 그 문제를 이 책의 제1장에서 면밀하게 검토하면서, 감정과 인지를 구분하는 것 자체가 오류라고 주장했다. 이는 내가 주의에 동시에 포착되기에는 너무 광범한 활성화된 생각 재료들이 바로 감정이라는 결론에 도달하게 된 아주 중요한 단계였다.

쿠쟁이 해낸 것은, 모든 "도덕적 감성"의 중핵에 인지가 자리 잡고 있을 수밖에 없다는 점을 인식한 것이었다. 그는 그렇게 하여 감상주의자들이 감수성에게 부여했던 기능을 이성에게 돌려주었다. 그래서 그는 감상주의자들이 감각론자들보다 진리에 근접했다고 칭찬하는 동시에, 감상을 주변화하고 이성을 찬양했던 것이다. 그리하여 쿠쟁은 또한 연민이나 박애 능력을 훈련시키는 것이 우리를 도덕적으로 교육시키는 유용한 작업이라고 인정한다. 그는 도덕 감성이 "선의 현존에 대한 일종의 신호이며 선을 보다 용이하게 행하도록 만든다"고 결론짓는다(Cousin 1836: 265, 318). 도덕의 중핵에는 일종의 "자연적이고 본능적인 판단"이 자리 잡고 있다는 것이다. "우리의 **감수성**이 각성되는 것은 그러한 판단이 내려진 뒤이다"(Cousin 1836: 319).

그러나 쿠쟁은 주장한다. 감성은 도덕성의 유일한 토대가 될 수 없다. 감성이 너무나 변화무쌍하기 때문이다. 프랑스가 혁명기의 소란과 제국의 영광과 고통을 겪은 터였기에, 쿠쟁은 그 주장을 용이하게 펼칠 수 있었다.

모든 사람이 마음의 쾌감을 똑같이 섬세하게 느낄 수 있도록 만들어져 있는 것은 결코 아니다. 사람들 중에는 거친 부류도 있고, 고귀한 부류도 있다. 욕망이 제멋대로이고 격렬한 사람의 경우에는, 자연이 평온한 기질을 부여한 사람의 경우보다 미덕의 쾌감에 대한 이념이 열정의 힘에 의해 보다 쉽게 제압되지 않을까? 게다가 우리의 도덕적 감수성은 날씨와 건강과 질병 때문에 흐트러지기도 하고 회복되기도 한다. 고독은 사람을 자기 자신에게 돌려주고, 지난날의 모든 수고를 후회하게 만든다. 이는 죽음의 현존에 의해 배가된다. 세상사, 소음, 참여, 버릇은 사람을 질식시켜 죽이지는 않지만 사람을 혼란에 빠뜨리기는 한다. 마음은 원하는 때마다 숨을 쉬어야 한다. 사람이 매일 열광할 수는 없는 법이다. 용기가 발휘될 때도 있지만, 그렇지 못한 때도 있다. 우리는 그 유명한 격언을 알지 않는가. 그는 하루 동안만은 용감했다! 기분은 부침하기 마련이고, 우리의 가장 내밀한 감성은 그로부터 영향을 받는다. 그리고 가장 순수하고 가장 이상적인 감성조차 부분적으로는 우리의 신체 조직에 의존한다. 시인의 영감, 연인의 열정, 순교자의 열광, 그 모든 것은 느슨해질 때도 있고 실패할 때도 있는데, 그것은 종종 너무나 사소한 것에서 비롯된다. 그러하니 만인에게 평등한 입법을 영원히 파동하는 감성에 입각하도록 할 수 있겠는가?(Cousin 1836: 321~322)

흥미롭게도 쿠쟁의 서술은 비랑이 같은 해에 쓴 일기를 떠오르게 하는데, 어쨌거나 쿠쟁은 감성이라는 불안정한 것이 "만인에게 평등한 입법"의 토대가 될 수 있겠냐고 되묻는다. 그로부터 30년 전에 국민의회는 구체제를 쓸어버리고 평등의 원칙을 법으로 수립했었다. 모든 증인이 동의하듯이, 그때 국민의회는 박애라는 단일한 감성에 사로잡혀 있었다. 쿠쟁의 강의는 악대의 나팔소리 하나 없이, 그리고 논증할 필요도 없이, 그 어리석음에 문을 닫아버렸다.

쿠쟁의 사상 체계에서 진선미는 서로 다른 유형의 판단에 의하여 식별되고, 각각의 판단은 각각의 고유한 감성과 결합된다. 진리는 사랑을 고취하고, 더 많은 진리에 대한 욕망을 고취한다. 선은 존경심을 고취한다. 아름다움은 "맛있는 감정"을 고취한다. "당신은 공감과 사랑의 감성에 의하여 상대방에게 끌린다." 그때 당신은 "미려한 내적 향락"을 느끼는데, 그 향락은 "열정적이지 않은 채 심원하다." 쿠쟁은 아름다움에 대한 향락을 "쾌감" 일반과 등치시킨 이데올로그들을 비판한다. 만일 쾌감이 아름다움의 유일한 척도라면, 그렇다면 아프리카의 "호텐토트 비너스와 메디치의 비너스는 같을 것이다. 그런 결론의 터무니없음은 그 원칙의 터무니없음을 입증한다." 더불어 진정으로 아름다운 여성 앞에 서면 성적 쾌감에 대한 욕망은 "섬세하고 미려한 감성에 의하여 감소되며, 심지어 사심 없는 숭배로 바뀌기도 한다"(Cousin 1836: 139, 141, 143).

쿠쟁은 감상주의자들이 이데올로그들과 전혀 다르게 예술에 접근하였고 예술에 얼마나 큰 의미를 부여했는지 말하지 않았다. 그러나 그는 인간이 감성에 의하여 아름다움을 인지한다고 주장하는 감상주의자들이 쾌감이라는 좁은 개념에 의존하는 감각론자들보다 낫다고 믿었다. 그럼에도 불구하고 쿠쟁은 디드로를 천재성이 번뜩이기는 하지만 원칙이 결여된 혼란스러운 사람이라고 비판했다. "디드로는 순간의 인상에 스스로를 맡겨버렸다.""그에게는 이상理想이라는 개념이 없었다. 그래서 그는 자연스러운 것에 만족해버렸다. 그러나 그 자연스러운 것은 실상은 천박한 것인 동시에 인위적인 것이다." 디드로에 대한 쿠쟁의 평가는 부당하다. 프라이드의 연구가 보여주듯이, 디드로는 일관되고 강력한 사상을 보유했던 인물이다. 디드로는 예술 앞에 선 사람은 미술품이나 연극이나 음악이 그에게 주는 인상에 스스로를 맡김으로써, 예술이 우리의 타고난 순수한 도덕적 감각에 직접적으로 작용하도록 해야 한다고 주장했다. 그에게 예술의 목적은 인간에게 미덕을 훈련시켜주는 데 있었다. 디드로에게서 미와 선은 융합되고, 예술과 삶은 융합된다(Fried 1980).

쿠쟁은 디드로의 융합이 논리적으로 일관되지 못하다고 생각했다. 쿠쟁에게 아름다움에 대한 판단은 이성의 독특한 활동이었고, 아름다움은 고유의 논의와 성찰을 위한 독립적인 영역을 필요로 하는 것이었다. 따라서 쿠쟁의 체계는 "예술을 위한 예술"이라는 낭만주의의 신념을 강력하게 지지하는 것이기도 했다. 19세기 사람들은 그 이전 세기의 예술이 결점투성이에다가, 천박하고 참을 수 없이 교훈적이고 과장스러웠다고 여겼다. 디드로에 대한 쿠쟁의 비판적 태도는 그러한 일반적인 평가를 강화했다.

쿠쟁의 종합이 1815년 이후의 교육받은 프랑스 남녀에게 얼마나 매력적으로 다가왔을지는 쉽게 납득할 수 있다. 한편으로 그는 인간의 본성을 전통적인 아리스토텔레스적이고 기독교적인 관점에 매우 가깝게 그려냈다. 다만 그것은 완전히 세속적이고 과학적이었다. 사람들은 쿠쟁을 읽으면서 혁명이라는 재앙이 어떻게 발생하게 되었는지 어렵지 않게 이해할 수 있었을 것이다. 그 재앙에 대한 처방이 이성적으로 사유할 수 있는 소수 엘리트의 제도적 힘을 강화하는 것이라는 점도 마찬가지였을 것이다. 그들은 책에서 신을 다시금 믿어야 할 근거마저 발견할 수 있었을 것이다. 다른 한편으로 쿠쟁은 자기 자신의 내적인 감정 상태를 생생하게 느끼는 사람들에게, 그 감성을 믿지 말라고 강력하게 경고한다. 감정은 안전한 안내자가 아니라는 것이다. 쿠쟁은 그들에게 감정을 이성의 신호이자 조력자이자 지지자로 평가하도록 초대한다. 적절하게 훈련되기만 하면 감정은 올바른 생각과 선한 행동과 적절한 미적 판단으로 이끌어줄 수 있다는 것이다. 그는 말한다. 내면에 존재하는 것을 관찰하는 것은 진리에 대한 탐색의 중요한 부분이다. 그것은 광대한 탐험의 영역을 열어준다.

감정에 대한 무기력과 감정의 무기력

쿠쟁과 비랑은 인간의 극히 소중한 희망과 열광에 불이 켜졌을 때, 이성의 차가운 빛이 그것에 미치는 효과를 두려워했다. 쿠쟁은 19세기적 관심의 탄생을 알리는 언어로 이성의 힘과 그 불가피성을 경고한다.

애착을 성찰의 시험에 부치기에 앞서 그 애착을 믿으라. 오 프시케! 프시케! 당신의 행복을 존중하라. 신비에 너무 깊이 빠지지 말라. 너의 가슴이 선택한 연인에게 무서운 빛을 쏘지 마라. 사랑은 그 치명적인 빛의 첫번째 광선에 닿자마자 흔들리고 날아가버린다. 이는 자기 감성에 대한 평안하고 고요한 믿음이 성찰로 교체될 때 영혼에서 발생하는 일이다. 성찰은 슬픈 꼬리를 갖고 있다. 성경에 나오는 지식의 나무 이야기가 말해주는 것이 바로 그것이다. 그런 일은 순수와 믿음이 과학과 성찰의

심사를 받을 때 발생한다. 과학과 성찰은 의심, 동요, 가진 것에 대한 혐오, 알지 못하는 것에 대한 혼란스런 추구, 마음과 영혼의 고통, 생각의 노고를 유발한다. 소박함이 영원히 상실되고 미덕으로 교체될 때까지, 순진한 믿음이 진정한 지식으로 교체될 때까지, 삶은 실수로 얼룩진다. 수많은 허상이 사라진 뒤에야 사랑은 마침내 현실의 대상에 도착한다(Cousin 1836: 110).

1836년에 쓰인 저 구절을 비랑이 1817년 1월 1일의 일기에 쓴 것과 비교해보자. 비랑은 그날의 일기에서 1816년을 요약하고 있었다.

온갖 문제에서 나는 나의 장점들을 잃어버렸으면서도, 그것을 지혜의 형태나 이성의 힘으로 대체하지 못했다. 나는 명성의 허상으로부터 벗어나기는 했지만, 내가 보다 차갑게 판단하게 된 지금, 나는 내 존재를 감싸주던 달콤하고 행복한 인상을 더 이상 느끼지 못한다. 나는 그것들의 진정한 가치를 검토할 의욕도 느끼지 못하고, 나를 끌어당기던 대상 모두에 대하여 무관심해지고 있다. 나는 탐구하거나 생각할 자극도 느끼지 못한다. 나는 어떤 일에도 나의 능동적이고 지적인 능력을 투입하지 않는다. 나는 나의 도덕적인 삶을 사소한 염려와 사소한 일들로 낭비하고 있다. 그리고 그것들 하나하나가 매 순간을 소비해버리지만, 그 순간들은 하나로 묶이지도 않고 지속성 있는 흔적을 남기지도 않는다(Maine de Biran 1954~1957: II, 3).[8]

프랑스 사상에서 근대적인 유형의 데카르트적인 이분법이 이론의 여지가 없는 우위를 차지한 때는 그 이전이 아니라 바로 이 시기였다. 이 책의 제3장에서 상론한 대로, 그 이분법은 우리 시대에도 익숙하다. 19세기에 그 이분법은 자아에 대한 진단적 태도, 때로는 타인의 "이타애"에 대한 갈구와 결합되던 모욕에 대한 날카로운 예민함, 정치에 대한 희망의 부재를 포함했다. 이는 삶을 지배해야 하는 숙의熟議적 이성이 열정에 의해 손쉽게 제압당하기 때문이었다.[9] 쿠쟁에 따르면, 합리적 유심론의 핵심적인 방법으로 작동한 심리학적 성찰은 데카르트와 감각론자들 및 그 반대자들의 노력이 낳은 결실이었다. 그 세 부류가 공통적으로 갖고 있던 것은 바로 심리학적 성찰이었다. 근대 철학의 독특한 특징은 바로 그것이었고, 철학에게 근대 과학과 동일한 권력과 존엄성을 부여한 것도 심리학적 성찰이라는 바로 그 절차였다.

쿠쟁이 추후 설명하듯이, 심리적 성찰 방법이란 다른 게 아니라 "분석을 영혼에 적용하는 작업," 즉 "인간 본성의 뿌리에 숨겨져 있는 사실들에 대한 느리고 끈질기고 꼼꼼한 관찰"이었다. "우리는 우리가 영혼에서 발견한 진정한 사실들을 단 하나도 빠뜨리거나 전제하지 않은 채, 관찰하고 기술하고 계산했다. 이어서 우리는 그것들 간의 관계들, 즉 유사성의 관계와 차이의 관계들을 관찰했고, 마지막으로 그 관계들을 분류했다."[10] 그는 계속한다. "그것(관찰)을 수행하는 의식은 극히 정교한 도구다. 그것은 무한히 작은 것을 들여다보는 현미경이다"(Cousin 1928: Lesson II, 5~6)."[11] 인간이 내적 성찰을 통하여 "사실"을 발견할 수 있다는 믿음이 인간이 이원적이라는 "사실"의 발견을 낳는 것은 당연하다. 그런 관점에서 인간을 바라보면, 사실을 발견하고 분류할 수 있는 부분(이성 혹은 의식)과 그 부분의 잉여이거나 혹은 그 부분을 뒷받침해주는 또 다른 부분(신체)이 발견되기 마련이다. 그런 체계에서 감정을 위치시키는 것은 의당 어렵다. 그래서 감정은 의지가 미치지 못하는 곳에 존재하는 것으로 파악되기도 했고(멘드비랑), "합리적인 동물"의 특수한 소유물인 혼합적 현상으로 파악되기도 했던 것(쿠쟁)이다.

비랑의 일기는 그러한 이원적인 체계가 발생시킬 수 있는 이모티브와, 그 이모티브가 감정에 가하는 자기변경 효과를 보여주는 값진 예이다. 비랑에게 기분과 감성과 감정은 자연주의자가 꽃의 형태를 관찰하거나, 화학자가 튜브 속의 공기 압력을 관찰하는 것과 똑같은 방식으로 관찰될 수 있는 것이었다. 그러나 그러한 관찰, 사실상 이모티브인 그 관찰은 감정에 대한 비랑의 무기력을 강화하지 않았을까? 무기력이야말로 그의 일기를 읽을 때 떠오르는 가장 강한 인상이다.

1월 6일, 비가 계속해서 내렸다. 폭풍이었다. 나는 아침 내내 조용히 집에 있었다. 시간이 허락하는 한, 나는 책을 읽고 생각을 했다. 나는 몇 차례 형이상학 안으로 들어갔다. 그러나 열광도 없었고 성과도 없었다. 유일한 장점은 지루하지 않게 시간을 보냈다는 것뿐이었다. 오후 4시, 빗속에서 집을 나섰다. 의회로 가서 선거법 논의를 흥미롭게 지켜보았다. 가장 훌륭한 연설조차 사기질의 기색이 역력했다. 그것은 이성에 반하는 것이다. 나는 구역질을 느꼈다. 법의 원칙을 제시할 때 필요한 것은 달변이 아니다. 나는 자연이 내게 연설의 기술로부터 거리를 두고, 생각하고 성찰하라고 명령했다고 느낀다.

오후 5시 반에 집으로 돌아왔다. 암페어 씨가 함께 저녁을 먹기 위해 나를 기다리고 있었다. 나는 다른 사람들을 기대했지만 그들은 오지 않았다. 나는 울적하고 슬펐다. 그 느낌은 내가 내키지 않으면서도 함께했던 형이상학에 관한 토론으로도 사라지지 않았다. 저녁 시간은 쉬아르 집에서.

6일(2월). 비와 바람. 아무 일도 하지 않고 오전 내내 조용히 있었다. 몇 사람이 나를 방문했고, 무니에 씨와는 (외채) 처리 (위원회) 업무에 대하여 이야기를 나누었다. 오후 4시 30분, 마차를 타고 저녁 식사를 위해 모를레 수도원장에게 갔다. 그곳에서 슈롱 부인과 오제 부인을 만났는데, 두 사람 모두 피곤한 상태였다. 저녁 시간은 조용히 흘러갔다. 9시가 지난 시각에 나는 스탈 부인의 집으로 갔다. 바보 같은 행동이었다. 손님은 많았고, 나는 침울했다. 나는 피곤하고 멍한 상태로 귀가했다. 밤 사이 땀과 기침이 덜해졌다(Maine de Biran 1954~1957: II, 8, 16).

이 책의 제1장에서 강조한 것처럼, 심리학자 다니엘 웨그너의 연구는 감정표현이 자주 심리 통제의 아이러니에 사로잡힌다는 것을 보여준다. 나는 이모티브, 즉 모든 감정표현이 자기설명 효과와 자기변경 효과를 발휘한다고, 그래서 이모티브는 한편으로 감정을 형성하고 훈련시키는 일종의 임시 도구로 이용될 수 있지만 다른 한편으로는 그러한 노력을 거스르기도 하고 심지어 무위로 돌려놓을 수도 있다고 주장했다. 그러나 비랑의 경우처럼 이모티브가 순전히 관찰로서 작성될 때는 무슨 일이 벌어질까? 그런 이모티브는 감정을 만들거나 변경시키기 위한 것도 아니고, 표현된 감정이 진정으로 느껴지고 있는지 알기 위한 것도 아니다. 만약 그 이모티브가 그것으로 표현된 감정을 확인하고 강화하는 효과를 발휘한다면(즉, 현대 인지 심리학의 언어로 말해서 그 이모티브가 그저 묘사하려 했을 뿐인 생각 재료가 그 이모티브에 의하여 활성화된다면), 그러면 "관찰자"는 자신이 자신의 감정들로부터 상당히 떨어져 있다고 느끼고, 그 감정들을 거의 통제할 수 없다고 느낄 것이다. 그 결과, 그는 슬픔이나 공포를 느낄 것이다. 이것은 오류이다.

감정에 대한 우리의 "통제"는 결코 완전하지 못하다. 그러나 감정은 비랑이 믿는 것처럼 의지적인 조절로부터 완전히 벗어나 있는 것도 아니다. 따라서 우리는 비랑의 일기가 무기력을 훈련시켰다고 해석할 수도 있다. 비랑이 행한 것과 같은 "관찰"에는 자기 자신의 미묘함과 연약함, 자신의 변덕스러움과 예측 불가능성에 대한 첨예한 감각이 작동할 수밖에 없다. 쿠쟁은 비랑 못지않은 명민함으로, 자신의 "관찰" 방법이 낳은 필연적인 결과를 통찰했다. 두 사람 모두 심리적인 연약함을, 자신의 방법이 초래한 부산물이 아니라 진정한 발견으로 간주했다. 비랑과 쿠쟁만이 아니었다. 다른 많은 사람들에게서도 연약함에 대한 자의식은 명예에 대한 관심을 고조시켰다. 내적으로 부서지기 쉬운 인간이 과연 공적 생활에 부수되는 그 모든 일상적인 사회적 상호작용에서 실수, 굴욕적인 몸짓, 의도치 않은 모욕에 빠지지 않을 수 있을까? 비랑은 그 위험을 늘 의식했다.

그러나 동시에 비랑과 쿠쟁은 감정을 도덕적, 정치적 판단의 기초로 삼기에는 그것이 지나치게 변덕스럽고 연약하다고 간주했다. 그 결과, 그들이 감정에 부여한 기대치가 낮아졌다. 그리고 기대치가 낮아지다 보니 비랑과 쿠쟁은 감정 활성화에 보다 많은 자유를 부여했고, 이는 심리 통제에 요구되는 경계의 수준을 낮추었다. 그들은 감정에 대한 거리감, 무기력감, 부서지기 쉬움, 우울을 대가로 하여 더 많은 감정적 자유를 구입한 것이다. 다시 말해서 오류인 이모티브가 자코뱅 공화국은 물론 나폴레옹 치하의 위선의 제국보다 개개인에게 더 적은 것을 요구하는 정치를 만들어냈고, 그에 따라 체제는 더 큰 동의 혹은 묵인을 얻을 수 있었던 것이다.

드니 베르톨레는 그 시기에 작성된 여러 자서전에 대한 최근 연구에서, 자신의 마음이 약하고 변덕스럽다고 여기던 사람이 비랑 외에도 많았으며, 비랑처럼 낙담하지 않기 위하여 책을 읽고 글을 쓴 사람도 많았다는 것을 보여주었다(Bertholet 1991). 베르톨레는 그것이 1790년대와 나폴레옹 시대에 인생 행로가 우연찮게 갑작스럽게 바뀌는 경우가 많았기 때문이었다고 해석한다. 그러나 인생 행로의 갑작스러운 변화는 감상주의의 실패와 분리될 수 없다. 실제로 베르톨레는 당시의 프랑스인들에게서 우울과 향수鄕愁를 발견했고, 그들이 자신의 내적 자아를 예측 불가능성과 기만과 실망으로 가득 찬 미답의 영역으로 인지하였다는 점도 발견했다. 사실 비랑만이 아니라 다른 많은 사람들에게도 일기를 쓰고 회고록을 집필하는 것은, 자아의 연속성을 부분적이나마 회복하고 자아를 통합시켜주는 끈을 움켜쥐려는 시도였다. 베르톨레가 보여주듯이, 샤토브리앙은 『무덤 너머로부터의 회고, 1849~1850』에서 자신이 최소한 두 개의 자아로 분열되어 있다고 여겼다.

내면의 이론적인 삶에서 나는 꿈의 인간이고, 외면의 실천적인 삶에서 나는 현실의 인간이다. 내 어머니와 내 아버지의 다양한 피를 물려받은 나는 모험적인 동시에 질서정연하고, 열정적인 동시에 체계적이다. 나보다 공상적이고 긍정적이며, 나보다 뜨겁고 차갑고 기묘하고 남녀혼성적인 존재는 없었다(Bertholet 1991: 46).

그 꿈의 인간과 현실의 인간은 가끔씩 비관에 의해 압도당한다. "궁극적으로는, 침대에서 기어나가야 할 만큼 가치 있는 일이 과연 있을까? 매일 아침 우리 집 문 앞에서 그들이, 우리가 전날 밤에 잠들면서 들었던 왕국이 무너져내리는 소음 소리를 쓸어 담고 있는데도?"

(Bertholet 1991: 47). 어떤 때에 그는 절망감을 자신의 가장 큰 약점으로 간주하고, 그에 대한 위안을 찾고, 목적의 견고함을 찾는다. "추호의 거짓 없이 말해서, 가볍기 짝이 없고 찰나적인 이 삶에서 진실한 것은 두 가지뿐이다. 지성을 가진 종교와 청춘을 가진 사랑, 즉 미래와 현재. 나머지는 마음 쓸 가치가 없다"(Bertholet 1991: 47). 샤토브리앙은 결국 그가 1803년에 시작하여 1848년 죽기까지 계속해서 작업한 자신의 회고록 그 자체를 자신의 "또 다른 자아"로 간주한다.

베르톨레는 샤를 도세(1778~1854)의 회고록도 검토했다. 열정적인 왕당파였던 도세는 1790년대에 총재정부로부터 억압을 받다가 나폴레옹에게 가담하였고, 그보다 더 큰 확신 속에서 다시금 복고왕정을 지지한 인물이다. 그는 의원, 주지사, 국왕 자문위원으로 일했고, 해군 장관으로 봉직하던 1830년에 7월혁명이 발발하자, 국외로 망명하여 1839년에야 귀국했다. 그는 말년에 회고록을 쓰면서, 그것을 최악의 자아 상실과 고통으로부터 자신을 보호해주는 활동으로 간주했다. 그는 회고록 작성이 과거와 미래, 가상과 실제의 간극을 메워줄 수 없다는 것을 알면서도 그 글을 썼다.

나는 내가 생각하는 것을 나 자신에게 설명해주기 위하여, 그리고 내가 나와 분리된 세상과 사상적으로 소통하고 있다는 것을 나 자신에게 설득하기 위하여 글을 쓴다. 〔……〕 나는 단어들을 바람에 던진다. 바람이 그것들을 내가 물러나 잊힌 채 살고 있는 이곳 너머의 세상으로 실어나를 수도 있기라도 한 듯이. 그것은 영원히 닫혀버린 과거로의 무의미한 귀환이며, 지속 기간이 결정되어 있지 않은, 미래라고 부를 수조차 없는 시간에 대한 무기력한 열망이다. 〔……〕 (글 쓰는 습관은) 노년의 휴식을 방해하는 번뇌를 중화시키기도 한다. 글쓰기가 나를 찔러오는 깊은 슬픔을 내 가슴에서 지워줄 수는 없지만, 적어도 슬픔이 내 가슴에 뿌리를 내리는 것을 막아주기는 한다. 그것은 깊은 상처에 바르는 국소 치료제로, 시간으로 하여금 그 상처를 보살펴주도록 한다(Bertholet 1991: 52).

이런 종류의 예들은 쉽게 발견할 수 있다. 에드몽 드 리네르 달통셰 백작은 그가 샤를 10세 궁정의 시동으로서 1826년부터 1828년까지 어떻게 금서를 궁전에 반입했는지 회고한다. 그가 반입한 금서 중에는 『르 주르날 데 데바』지紙, 『르 글로브』지, 기조와 쿠쟁의 대학 강의록이 포함되어 있었다. 삶과 인간의 성격에 대한 그의 관점은 그 시대 특유의 냉담한 신중함과 비관주의로 물들어 있었다. 예를 들어서 그는 자신의 사생활에 대하여 침묵하는 것을 다음과 같이 사과한다.

사람들은 사회도덕과 남으로부터 받은 사상과 사회적 허구의 두터운 성채 뒤에 숨어서 자신을 진실로부터 방어한다. 과연 생각의 비밀 속에 잠겨 있는 사람들 중에 진실을 정면으로 바라볼 수 있는 사람이 얼마나 될까? 진실을 말할 용기를 가진 사람은 더더욱 적다. 진실을 감히 글로 쓸 경우에는 그것을 화려하게 장식된 인위적인 양식으로 숨긴다. 어쨌든 타인에 대하여 진실하지 않으면서 자신에게 진실하기란 어려운 법이다. 그러나 나는 정치 문제를 제외하고는 그럴 권리가 내게 없다고 생각한다 (Alton-Shée 1869: I, 84).[12]

구절 역시 비랑에게서 확인했던바, 스스로를 연약하다고 느끼면서도

굴욕은 피하고자 하는 마음을 보여준다. 다른 사람들에 대한 달통셰의
서술에도 취약성에 대한 첨예한 감각과 명예에 대한 관심이 담겨 있다.
달통셰는 1831년까지 상원의원을 지냈지만 공화주의로 넘어갔고, 카리
스마적인 공화파 지도자 아르망 카렐을 지원했다. 달통셰는 카렐이 도
와달라고 부탁하면서 공화파에 대한 분노를 터트리는 것을 보고 깜짝
놀랐다. "질투심만 가득한 멍청이들, 무능한 바보들." 달통셰는 카렐이
구체적으로 누구를 뭐라고 욕했는지 말하지 않은 채, 욕하는 카렐을
용서한다. 이때 그 언어는 쿠쟁과 비랑을 떠올리게 한다. 카렐은 "순간
적인 실망감과 역겨움 때문에 부당한 비난을 쏟아냈던 것뿐이다." "아
무리 강한 성격이라고 해도 순간적인 퇴행에서 안전한 사람은 없다." 그
러나 카렐의 경고는 그에게 결정적인 영향을 미쳤다. 정치에서 완전히
물러난 것이다(Alton-Shée 1869: I, 76). 카렐은 1836년에 에밀 드 지라
르댕과의 결투에서 죽고 마는데, 그날 밤 결투가 벌어지기 직전 달통셰
는 카렐을 보았다. 달통셰가 보기에 결투는 카렐이 분노를 배출할 핑계
에 불과했다. 카렐은 자신의 마지막 날이 흘러가는 동안 친구들에게 공
화파의 상태를 한 번 더 비난했다.

내가 지휘하는 듯이 보이는 그 사람들은 공화국에 헌신하지도 않고,
정치를 이해하지도 않으며, 규율도 없다. 우리는 잘못에 잘못을 연이어
범하고 있다. 사실 나는 망치로 줄어든 상태이다. 사람들은 나를 이용하
여 다른 사람을 때린다. 망치는 무언가를 부수는 것이다. 고로 나는 아
무것도 건설할 수 없다. 미래는 내가 도달하기에는 너무나 멀리 떨어져있
다(Alton-Shée 1869: I, 162~163).

달통셰는 설명한다. 카렐은 나폴레옹 치하에서 장교 교육을 받아서 그런지, 정치도 군사적인 관점에서 바라보는 사람이다. 그의 열정과 정신은 공화파를 격동시키지만, 그는 심원한 사상가는 아니다. 다른 당대인들의 회고록에도 결투는 명예로운 자긍심의 귀중한 증거로 나타나지 않는다. 그들은 결투를 심리적 취약성이 개인에게 부과한 재앙으로 회고한다(Musset 1836: 46~50; Pontmartin 1885~1886: I, 111~118).

알프레드 드 비니는 1836년에 일기를 쓰기 시작했다. 샤토브리앙과 마찬가지로 그 역시 거리를 두고 자기 자신을 관찰하였고, 자신이 두 개의 자아로 분열되어 있다고 여겼다. "내 안에는 서로 다른 두 개의 존재가 있다. 난폭하게 움직이는 극적인 자아, 다른 사람들로부터 언제나 거리를 두고 그들을 경멸하고 평가하는 철학적 자아"(Pachet 1990: 105). 그는 자신의 자기 관찰력이 강력하다고 믿는다. "내 마음의 무적의 내적 주의력이 내가 행하는 것, 내게 행해진 것, 내게 일어난 것, 내게 말해진 것을 듣고 심문하고 분석하고 연구하는 것을 내 안의 그 무엇도 유예하거나 멈추거나 방해할 수 없다"(Pachet 1990: 103). 그러나 그 무적의 자기 관찰 능력이 발견한 것은 취약하면서도 그 취약성을 숨겨야 하는 자아였다. "나는 태어날 때부터 나의 내면이 믿을 수 없을 정도로 친절한 감성으로 충만하다는 것을 느꼈다. 그러나 그 열렬한 신호들, 너무도 생생한 그 감정들을 알리는 것은 언제나 빗나갔다. 나는 열여섯의 나이에 사회의 차가운 가면을 써야 했다. 나는 나를 사랑한 여인(M 부인)으로부터 가면 사용법을 배웠다"(Pachet 1990: 104).[13]

마음이라는 공포스러운 대양에 펜을 노(櫓)처럼 담그는 것과도 같았던 그 새로운 고독한 글쓰기는, 과거 잔-마리 플리퐁이 약혼자에게 보낸 편지에 들어 있던 자신만만한 감상주의로부터, 그리고 제르멘 드 스탈의 연애편지를 채우고 있던 고통에 대한 압도적인 표현들로부터 얼마나 먼가.

글로브 그룹의 자유주의와 감정

『르 글로브』는 1824년에 창간된 신문이다. 그 신문은 1830년에 매각 될 때까지 새로운 "자유주의"를 일관되게 옹호했다. 『르 글로브』는 나 폴레옹 시대 이후의 모든 중요한 사상가에게 의존하는 동시에, 그들의 사상을 확산시켰고, 그렇게 그들의 지향이 새로운 상식으로 자리 잡도 록 지원하였다. 최근에 장-자크 고블로는 『르 글로브』를 창간한 젊은 지식인들에 대한 주목할 만한 집단 전기를 서술했다(Goblot 1995). 그 연구 덕분에 우리는 그 지식인들이 복고 시기에 파리에서 수행했던 핵 심적인 역할을 이해할 수 있게 되었다. **자유주의**라는 용어가 1815년 이 후 처음으로 널리 사용되었을 때, 그것은 의회 과격왕당파의 반대자들 을 지칭했다. 자유주의자들은 입헌 정부와 법 앞에서의 평등을 받아들 인 사람들이었는데, 그들 중에는 민주적인 공화국을 희망하는 사람도 있었고, 그렇지 않은 사람도 있었다. 『르 글로브』가 표방한 자유주의는 그 새로운 이데올로기의 랜드마크가 되었다.

그 신문이 발간되기 시작하고 얼마 지나지 않아서, 테오도르 주프 루아가 「도그마는 어떻게 종말을 맞게 되는가」라는 논설을 발표했다. 1825년 5월 24일자 『르 글로브』의 부록에 실린 그 논설은 주목을 받았 고, 널리 회자되었다. 그 글은 『르 글로브』가 대변하던 젊은 세대의 선 언서로 받아들여졌다(Spitzer 1987: 113~115; Goblot 1995: 291~293). 주프루아는 그 글에서 전적으로 기조의 관점에 의거하여 최근의 역사에 대한 젊은 세대의 판단을 작성했다. 기조와 주프루아는 혁명이 혁명을 추동했던 사상의 부정적 성격 때문에 실패했다고 평가했다. 그 평가에는 감상주의가 아예 탈각되어 있었다. 기조는 18세기의 진보 세력이 두 가지 문제점 때문에 실패했다고 파악했다. 첫째, 18세기의 사상은 "적을 제거하기"만을 원했다. 둘째, 18세기의 철학은 "인간을 물질적 차원에서만 바라보았다"(두번째는 분명 주프루아가 이데올로그들을 염두에 두고 한 발언이었을 것이다). 그 결과 이성은 "그 논리적 정점에 도달하지 못했다"(Billard 1998: 32~33).

주프루아에 따르면, 18세기는 회의적 합리주의를 발전시켰다. 그 합리주의는 순수한 "검사檢査 정신"을 내용으로 하고 있어서, 썩어 무너져가던 왕정과 종교의 교조적 구조들을 허물기에 적합했다. 문제는 그러다보니 혁명 세대의 믿음에 아무런 긍정적인 내용이 없었다는 것이다.

(그들에게는) 낡은 신앙이 부패한 것이라는 믿음밖에 없었다. 그러나 그 믿음은 그것이 예기치 못한 것이었기 때문에 울려 퍼졌고, 그것이 수백 년 동안의 마비 상태 이후 다시 각성된 인간의 지성이었기 때문에 울려 퍼졌으며, 언제나 그 자체로 아름다운 진리가 진리를 처음으로 느낀 사람들을 격동시켰기 때문에 울려 퍼졌고, 마지막으로 사람들이 그것이 하나의 혁명이라는 것을 알아차렸기 때문에 울려 퍼졌다(Jouffroy 1825: 60).

주프루아가 보기에, 혁명 초기의 감정주의와 과격한 국면에 나타난 격렬함은 새로이 발견된 그 부정적 신념의 울림을 반영하는 것일 따름이다. 따라서 혁명이 파괴를 건설로 대체해야 하는 국면으로 이동하자,

혁명가들은 내부 투쟁에 빠져들었고, 그것을 바라보는 사람들은 혁명가들에 대한 믿음을 잃어버렸다. 결국 구체제 세력이 지배권을 탈환했다. 동시에 주프루아는 독자들을 안심시켰다. 복고된 구체제는 오래갈 수 없다.

주프루아의 논설은 동시대인들의 실망과 희망을 대변했다. 그러나 그 논설은 실상 혁명에 대한 근시안적인 관점만을 제공했다. 논설에는 후기 감상주의의 그 특별한 열기와 낙관과 이분법적인 공포가 완전히 탈각되었고, 덕의 공화국을 향한 자코뱅의 고통스러운 질주도 도외시되었다. 주프루아가 적시하지는 않았음에도 불구하고 그의 생각을 지배하던 것은 나폴레옹 치세를 특징짓던 타협과 수용의 분위기, 나폴레옹 제정 말기의 위기, 복고왕정에 대한 실망이었다. 1820년대에 성년에 도달한 청년들에게 구세대는 어떤 주인이라도 섬기는 독실한 척하는 바리새인들이었다. 구세대는 주프루아가 "거짓과 사기," "공포"와 "이익"에 기초한 체제, 지도자들의 "부패"와 "간계"로 간주한 체제의 버팀목이었다. 1789년 8월 4일 밤의 그 특별한 분위기는, 주프루아가 알고 있었다고 해도 그의 마음에서 아주 멀리 떨어져 있었다.

『르 글로브』는 철학에서 멘드비랑과 쿠쟁의 이원론을 받아들였다. 『르 글로브』는 철학도 다른 학문과 마찬가지로 하나의 과학이라고 주장했다. 철학의 진리는 물리학이나 화학의 진리와 똑같이 관찰에 의거해야 한다. 과학자가 자연을 관찰하면서 "감각적인 사실들"을 발견하듯이, 개인은 자기 내부를 관찰하면서 "합리적인 사실들"을 발견한다. 그 합리적인 사실들에는 실체, 지속, 원인이라는 기초적인 범주들도 포함되고, 진선미의 관념들도 포함된다. 우리가 그 관찰들로부터 연역적으로 추론할 수 있는 것은, 인간이 느낄 능력과 생각할 능력과 의지할 능력이라는 세 가지 자연을 소유하고 있다는 사실이다. 감각적인 존재로서의 인간은 "물질세계의 법칙에 완전히 종속된 전적으로 수동적인" 존재이다. 생각하는 존재로서의 인간은 "이성의 법칙"에 종속된다. 의지를 보유한 존재로서의 인간은 "하나의 개인, 하나의 도덕적인 행위자"가 되고, 그로써 그 자체로 자유롭다(Goblot 1995: 220).

『르 글로브』 그룹의 입장은 머뭇거리면서도 독일의 신조류를 존중하던 쿠쟁의 태도와 정확히 일치한다. 그들은 칸트처럼 이성의 한계를 강조하거나 헤겔처럼 변증법의 초월적 성격을 강조하기보다, 고유한 자기 영역에서 발휘되는 이성의 힘을 찬양했다. 『르 글로브』는 그들이 "감상적 학파"요 18세기의 "꿈꾸던 학파"라고 칭하던 감상주의와 자신들의 차이를 분명히 하기 위하여, 쿠쟁을 좇아서 자신들의 철학을 "합리적 유심론"으로 명명했다(Goblot 1995: 217). 인간에게는 영혼이 있다. 인간은 단순한 기계가 아니다. 그러나 정신적 실체로서의 인간은 감정의 존재이거나 숭고한 사변의 존재가 아니라 이성의 존재다.

인간의 본질을 그렇듯 직선적으로 추론함으로써, 『르 글로브』 그룹은 자유에 대한 그들의 신념을 용이하게 정당화할 수 있었다. 개인이 이성의 법칙에 종속된 존재이고, 의지의 자유를 소유한 도덕적 행위자라면, 개인은 마땅히 추론의 자유와 자기 결정의 자유를 최대한 향유해야 한다. 그들의 모토는 "진리는 경연競演이다"였다. 그것은 그들이 삶의 모든 영역에 적용하던 상식을 요약한 것이다. 인간의 자연은 종교의 자유, 언론과 출판의 자유, 상업과 산업에서의 자유로운 경쟁, 문학과 예술의 자유를 요구한다. 그러므로 그 요구를 존중하는 사회질서는 그 자체로 자연적이다. 기조와 주프루아에 따르면 유럽의 역사에서 자유가 느리게 전진한 이유는, 볼테르나 쉬아르가 주장한 것처럼 관습을 순화시키고 사람들을 (감정적으로) 보다 예민하고 이타애를 지향하는 존재로 만드는 문명의 효과 때문이 아니다(Baasner 1988: 149). 그것은 쿠쟁이 주장한 것처럼, 인류의 최고 권위인 이성이 자유롭게 행사될 때에만 제 기능을 발휘할 수 있기 때문이다(Rosanvallon 1985: 67, 87~94; Billard 1998: 66~70).

『르 글로브』 그룹은 당대의 정부와 프랑스의 법을 그러한 자연적 질서에 상당히 근접한 체제로 간주했다. 그들이 보기에 가장 큰 문제는, 장관들과 교회와 의회의 과격왕당파들이 그 자연적인 정치질서에 반대하고 그 질서를 파괴하려는 데 있었다. 그래서 그들은 상식적인 자유주의 철학을 해설하는 것을 자신들의 절박한 의무로 간주했다. 지적 논의의 자유와 정치적 숙의의 자유는 『르 글로브』 그룹에게 진리 출현의 필수 조건이었다. 경제에서도 자유는 혁신과 효율성 진작의 필수 조건이었다. 그 모든 영역에서 위대함이란 유일하고 진정한 진보의 길을 명확하게 보는 것이었다. 그리고 그 영역들 중에서 오직 예술만이, 이성과 이익과 과학에게 복종하기보다 자기 자신에게 진실해야 하는 영역이었다. 자신에게 진실하다는 것은 감정에 충실하다는 것이다. 『르 글로브』 그룹은 도덕적 진리가 "감성처럼 불확실한 토대" 위에서 수립될 수 없다는 쿠쟁의 견해에 동의했다. 감정이 토대가 될 수 있는 진리는 예술적 진리뿐이다. 샤를 드 레뮈사는 『르 글로브』에 실린 논설에서, 시인은 "그 자신"이어야 한다고, 즉 "진정한 움직임과 실제 느끼는 감정을 번역하고 장식해야 한다"고 썼다(Goblot 1995: 396).[14]

『르 글로브』 그룹은 예술은 무엇보다도 가식을 피해야 한다는 감상주의의 금언을 받아들였다(가식에 대한 18세기의 혐오에 대해서는 Fried 1980). 생트뵈브는 "특정 문예 이론의 승리를 위하여" 생산된 작품만큼 나쁜 것은 없다고 주장했다(Goblot 1995: 408). 그러나 『르 글로브』 그룹은 감상주의자들과 달리, 자연스러움에 도달하는 것과 자기 자신에게 정직한 것이 극히 어려운 일임을 인정했다. 레뮈사는 "진정한 시인은 본능적으로 숭고한 (사람이고), 이성이 없는 자식"이라고 주장하면서도, 시인이 실제 그런 식으로 시를 쓸 수 있던 시대는 설령 있었다고 하더라도 이미 "지나갔다"고 주장했다(Goblot 1995: 399).[15] 그 상태에 접근하기 위해서는 힘든 길을 가야 한다. 지난 세대의 작품에 유의해야 하고, 위대한 모범을 모방해야 한다. 그러나 그것만으로는 불충분하다. 모범에 의해 지배되는 것은 예술의 죽음이다. 『르 글로브』 그룹에게 예술은 멘드비랑이 일기를 쓰면서 발견하였던, 그 매혹적인 내면의 탐구에 형태를 부여하는 특별한 노력, 혹은 쿠쟁이 말한, 미적 판단에 동반되는 정교하고 섬세한 감성에 형태를 부여하는 특별한 노력이었다.

　문학에서 『르 글로브』는 소설이 전통적인 비극과 시 못지않은 존엄한 지위에 올라섰다고 주장했다. 그러나 그들은 그것이 18세기의 두서없는 감상주의 작품들(『파멜라』 『클러리사』 『마리안의 생애』 『신엘로이즈』) 덕분이 아니라, 월터 스콧의 눈부신 역사 소설 덕분이라고 주장했다. 그들은 18세기의 소설과 그 모방작들이 "인위적인 멜로드라마적 음모"와 정치사회적인 문제에 대한 "끝나지 않는 논설"을 섞어놓는다고 비판했다(Goblot 1995: 458). 시에 대한 그들의 태도는 복잡했다. 그들은 한편으로 바이런과 라마르틴의 새로운 낭만주의 양식을 존중했다. 레뮈사는 근대 문명이 시인으로부터 경이로움의 근거를 빼앗아버렸지만, "인간의 가슴에는 여전히 열정과 감성의 마르지 않는 기금基金과 열광과 꿈의 영원한 연료가 남아 있다. 현대 시의 지배적인 특징이 내적이고 반성적이고 성찰적인 것은 그 때문이다"라고 썼다(Goblot 1995: 442).[16] 다른 한편으로『르 글로브』그룹은 시의 그 새로운 사명에 실망했다. 그들은 역사와 민족과 도덕과 같은 주제가 탈각되어 있는 시를 참을 수 없었다. 그래서 그들은 라마르틴의 "우울하고 몽롱한" 서정성보다 베랑제의 애국적인 노래를 훨씬 높이 평가했다(Goblot 1995: 443). 프랑스의 역사가 고블로는 그것이 자신들의 철학이 갖는 의미에 당황했던 탓이라고 해석한다. 근대의 사회제도들은 그 철학에 입각하여 "인간을 사적인 관계 속에 재위치시키고 인간을 고유한 개별성으로 돌려보냈다." "인간과 시민의 통일성이 붕괴된, 총체적으로 내적인 새로운 시"는 그 때문에 나타났다(Goblot 1995: 449).

『르 글로브』그룹의 자유주의에 본질적이었던 것은, 이성과 감성을 날카롭게 구분하고, 감성을 개인적인 성찰과 예술적인 노력과 비非시민적인 공간으로 구성된 사적인 영역에 배치한 것이다. 이성과 감성을 날카롭게 구분한 것은, 인간을 시민적 행동을 행할 능력이 있는 사람과 그렇지 못한 사람으로 똑같이 날카롭게 구분하도록 만들었다. 프랑스 성인 남자는 전자였고(논자에 따라 독일과 영국의 성인 남자도 포함되었다), 나머지 모든 인간, 즉 여자, 어린이, 비유럽인 남자는 후자였다(여기서도 그들은 기조를 따랐다. Rosanvallon 1985: 95~104). 이성과 감정의 구분은 미학, 종교, 정치, 가족, 세계의 역사에 대한 시각에서 핵심적이었다. 예술이라는 안전한 영역을 제외하고는 공적인 영역에 감정의 자리가 없던 것은 그 때문이었다.

『르 글로브』그룹은 그렇듯 충직하게 기조와 쿠쟁의 가르침을 따랐다. 그리하여 두 사람은 1820~1822년의 반동기에 공직에서 해임되었지만,『르 글로브』초기의 모험적이고 부정不淨하고 지적인 아방가르드의 일부가 되었다. 그리고 두 사람은 1828년의 해빙기에 승자로서 대학에 복귀했다. 그리고 두 사람은 7월왕정과 그 후에 정부의 고위직을 맡았고, 프랑스의 근대적인 교육제도를 수립하는 데서 중요한 역할을 수행했다. 프랑스의 모든 마을에 공립학교를 설치하도록 한 1833년의 교육법은 그 두 사람의 작품이다(그 학교는 당시 아직 무료가 아니었고, 의무적이지도 않았다). 쿠쟁은 1840년 기조 정부에서 공교육 장관으로 일했고, 쿠쟁의 사상 체계는 오랫동안 프랑스 학교에서 공식 이론으로 교육되었다(Billaird 1998; Brooks 1998). 『르 글로브』의 자유주의는 두 사람의 사상을 증류한 것이었으므로, 『르 글로브』의 자유주의는 그 시대의 지배적인 경향을 대표했다고 할 것이다.

감상주의와 초기 사회주의

1815년 이후 수십 년에 걸쳐서 대두한 사회주의에 대해서도 간단하나마 몇 마디 해야 할 것 같다. 프랑스의 초기 사회주의자들은 혁명 이후 세대의 다른 사람들과 마찬가지로 중요한 역사적 사명의 담지자라는 자의식을 갖고 있었다. 그들은 혁명기의 파괴 행위에 연루되지 않았고, 타협과 배신으로 얼룩진 과거도 없었다. 그래서 그들은 주프루아와 『르 글로브』 그룹과 마찬가지로 자신을 역사를 다음 단계로 밀고나갈 과제를 짊어진 사람이며 이례적인 창조적 역량을 보유한 존재로 인식했다(Spitzer 1987: 171~205; Prochasson 1997). 사회주의자들은 혁명기를 특별한 상실이나 후퇴의 시기로 바라보지 않았다. 그러나 그들은 감상주의가 혁명에 최초의 영감을 주었다고 파악하지도 않았고, 감상주의를 1794년 이전의 낙관주의와 공포정치의 비밀스런 원천으로 간주하지도 않았다. 감상주의는 자유주의자들과 마찬가지로 그들에게도 철저히 삭제되어 있었다.

그들은 시민사회의 계약의 자유를 사회자원의 합리적 이용과 등치시키는 믿음이 비정상적인 논리적 비약이라는 것을 알아보았고 또한 거부했다. 그들은 이익 개념에 기초한 사회적 건축 자체를 거부했다. 이에 대하여 빅토르 쿠쟁과 그의 사도들이 거의 아무 말도 하지 않았다는 것은 놀라운 일이다. 쿠쟁은 자기이익이 합리적, 도덕적, 미학적 판단을 자극한다는 관점에 대해서는 대단히 비판적이었지만, 자기이익을 시민사회의 구성 원리로 수용했다.『르 글로브』그룹은 탄기 뒤샤텔로 하여금 정치경제학의 핵심을 요약하고 맬더스와 리카도의 이론과 그들이 야기한 논쟁을 정리하도록 했다. 그들은 합리적 유심론이라는 새로운 복음과 자유방임 경제학이 양립할 수 있다고 편리하게 생각했다. 그러나 그에 따른 문제점은 수많은 예술가들과 소설가들, 예컨대 빅토르 위고와 외젠 쉬에게는 명백했다. 그들은 숭고한 것은 포장 판매될 수 없는 것이라고 강조하면서, 새로운 생산방식과 기술이 개인을 노예화하고 대량 생산된 조잡한 상품으로 판매하고 있다고 비판했다.

그 암울한 인식은 1830년대에 들어와서 확산되기 시작한다. 그러나 그 이전에 이미 많은 젊은 지식인들이 "이익"을 대체할 수 있는 대안의 조직 원리를 모색하기 시작했다. 그들은 자유주의자들과 마찬가지로 이전 세대의 인물 중에서 지도자를 발견하고 그 주위로 몰려들었다. 지도자로 선택된 사람은 청년들로부터 거의 종교적인 권위를 누렸다. 그들 한 집단은 연로한 앙리 드 생시몽에게 끌렸다. 생시몽이 1825년에 사망하자, 그들은 그의 역사관을 열렬히 확산시켰다. 생시몽은 새로운 시대에는 산업가와 지식인과 예술가가 함께해야 하며, 그들이 협력하여 정치를 일련의 기술적인 역능으로 전환시켜야 한다고 믿었다. 그 새로운 엘리트들은 기독교 윤리를 재정의함으로써 변혁을 이끌어낼 것인바, 이익의 사소한 명령 따위는 사회 다수의 이름으로 무시해버릴 것이다. 그러면 자기이익과 무관한 의무감이 사회 전체를 고무하게 될 것이었다.

또 다른 젊은 지식인 집단은 독학한 은둔자였던 샤를 푸리에로부터 영감을 얻었다. 푸리에는 다양한 글에서 이익 대신 경제행위를 추동할 구체적인 대안의 원리들을 제시했다. 그는 특히 나비의 열정—두 시간에 한 번씩 업무를 바꾸려는 욕망—과 카발의 열정—다른 사람들과 공모하고자 하는 욕망—에서 대안을 발견했다고 주장했다. 푸리에는 자유방임 시장에 대한 일종의 대응 장치로 "팔랑스테르phalanstère"를 설립하자고 주장했다. 그것은 인간 본성에 뿌리를 내리고 있는, 이미 알려져 있거나 아직 알려지지 않은 열정들을 동원한 이상적인 공동체였다. 팔랑스테르는 잦은 업무 전환을 허용할 것이고, 공모로 구성된 소그룹을 자극하여 생산을 증가시킬 것이다. 그러면 더 적은 노동으로 더 큰 행복을 얻게 되리라. 감상주의자들이 박애를 쾌감의 원천으로 만들어주는 도덕적 감성이 존재한다고 믿었던 것과 똑같이, 푸리에는 생산을 쾌감의 원천으로 만들어주는 열정이 존재한다고 가르쳤다. 푸리에는 이전 시기의 감상주의자들이 자신과 동일한 종에 속하는 사고방식을 가졌다는 사실을 몰랐던 것 같다.

생시몽과 푸리에는 진정한 선지자였다. 그들의 저술은 종종 모호하고 파편적이었지만, 그들의 생각은 강력했다. 푸리에는 자신의 사회사상에 부합하는 특이한 우주론까지 세공했다. 그 놀라운 우주론은 제자들조차 액면 그대로 받아들이지 않았던 것 같다. 푸리에는 성적 욕망이 선한 사회라면 마땅히 존중해야 하는 정당한 욕구라고 생각했고, 이상적인 팔랑스테르의 거주자는 그 보편적인 욕구에 호응할 의무를 인정하리라고 믿었다. 제자들은 푸리에 체계의 그 차원에 대해서는 말을 거의 하지 않았다.

생시몽 그룹과 푸리에 그룹은 서로에게 영향을 주기도 하고, 질투하기도 하고, 악감정을 품기도 했다. 1830년이 되자 프로스페르 앙팡탱이 이끄는 일군의 생시몽주의자들이 사적 소유와 가족의 폐지를 주장했다. 1832년에 그들은 경찰에 의해 해산되고 일간지의 비웃음 속에서 침묵했다. 그 직전에 그들은 여성의 특이한 우월성과 여성해방의 필요성을 선언하는 데까지 나아갔다. 그러나 그것이 페미니즘의 한 형태였던 것은 아니다. 앙팡탱과 그의 추종자들은 여성에게 특별한 영적인 기능을 부여하였기에 보다 느슨한 성 관습을 옹호했던 것뿐이다. 앙팡탱은 심지어 동방에서 "어머니"가 도착하여 새로운 공동체의 정신적 초점이 될 것이라고 예언했다. 일종의 종말론으로 기울었던 것이다. 젠더 개혁에 대한 앙팡탱의 초기 언설은 대중을 흥분시켰고, 많은 여성들을 끌어들였다. 그러나 사상적 논란이 불거지고 개인적인 알력이 나타났으며, 입신자들은 빠르게 실망했다. 경찰이 타격을 가하지 않았어도 그들은 해체되었을 것이다. 푸리에주의자들은 그들보다 오래 버틸 수 있었다. 그러나 팔랑스테르를 설립하려는 시도들은 모조리 실패했다. 다양한 원인이 있었지만, 그들은 푸리에의 가르침을 공동체의 실제 조직과 운영으로 실천하는 방법에 합의할 수 없었다.

직접적인 계통이 있었던 것은 아니지만, 우리는 초기 사회주의자들이 사실상 감상주의자들이 그들의 시대에 갖고 있던 것과 똑같은 개념 공간을 혁명 이후의 시기에 갖고 있었다고 평가할 수 있다. 모든 초기 사회주의자들의 공통분모는 엄격한 기계론적 감각론 철학에 대한 비판적 자세, 그리고 자기이익이 마음 기계의 보편적 추동력이라는 감각론 철학의 논리적 귀결에 대한 비판적 자세였다. 당시에 적나라한 형태의 이익론을 옹호하는 사람은 거의 없었다. 우리가 보았듯이, 기조와 쿠쟁과 『르 글로브』 그룹의 자유주의는 고귀한 동기가 이성, 정의, 아름다움의 보편적 원리에서 비롯된다고 주장했다. 그러나 사회주의자들은 새로운 질서의 더러운 비밀을 꿰뚫어보았다. 그들의 눈에는 혁명이 토해내고 법으로 체계화된 사회질서가 실제 작동하는 모습과 그 원리가 명명백백했다. 자기이익이 매일매일의 삶을 지배하고 있으며 또한 마땅히 그래야 한다는 것이었다. 사회주의자들이 보기에, 사회는 마치 인간 본성에 대한 기계적인 관점이 올바르기도 한 듯이 운영되고 있었다.

사회주의자들만이 그에 대한 실천적인 대안을 제시하고자 했다. 그들은 종종 일관되지도 못했고 망상적인 과잉으로 치닫기도 했지만, 기존 사회에 대한 그들의 핵심적인 인식은 그들의 존재를 비상하게 부각시켰고 그들에게 영향력을 부여했다. 7월왕정이 몰락한 뒤에 그들 중 예리한 두뇌들 — 루이 블랑, 피에르 조제프 프루동, 마르크스, 엥겔스 — 은 정치적으로 가능한 것에 대한 감각을 발전시켰다. 그들은 사회주의를 좌파의 지배적인 주의主義로 전환시키기 위해 노력했고, 그것은 세기 후반에 현실이 되었다. 그러나 그들은 막대한 대가를 치렀다. 추후의 사회주의는 종종 인간 본성과 인간의 동기를 사유하는 대신에 냉소적으로 권력 정치에 몰두했다. 그들의 보다 현실적인 꿈들조차, 감상주의가 삭제됨으로써 공백으로 남은 개념 공간을 채우지 못했고, 결국 좌초하게 된다(Beecher 1986, 2000; Carlisle 1987; Spitzer 1987: 145~170; Grogan 1992; Prochasson 1997).

2. 문학과 예술의 새로운 경향

낭만주의 시대의 예술이 감상주의 예술과 다른 점은, 예술의 교육적
역할을 거부한다는 것, 장르의 경계가 흐려지는 것을 거부한다는 것이
다. 1815년 이후의 새로운 세대에게 예술은 독립을 선언했다. 예술은 삶
이 아니다. 예술이 사람에게 미치는 효과도 비예술적인 실제적인 것이
미치는 효과와 다르다. 정확히 이 지점에 예술의 힘이, 즉 피난처로서의
예술, 숭고한 것과 상상적인 것의 우월한 영역으로서의 예술의 힘이 자
리한다. 예술가는 예술이 가진 표상의 힘을 이용하여 환상적인 것, 이
국적인 것, 불가능한 것을 묘사함으로써 예술의 독립을 구현한다. 신화,
전설, 이교적인 상징주의, 동양, 중세, 머나먼 곳, 잊힌 것, 그런 주제들
을 통하여 아름다움은 스스로를 인간에게 각인시킨다. 아름다움은 예
기치 못한 것, 낯선 것에서 튀어나오는 법이다.

그처럼 독립을 선언함에 따라, 예술은 새로운 질서와 모호한 관계
를 맺게 되었다. 한편으로 표현의 자유와 계약의 자유 ── 비난의 대상
인 "부르주아" 질서의 근간 ── 는 예술가의 새로운 사명을 법적으로 보
장하는 장치였다. 다른 한편으로 새로운 경쟁적 시장은 예술에게 위협
이자 기회였다. 예술이 다른 상품들처럼 사고 팔린다는 것은 속물성
의 가능성을 함축했다. 예술가는 외적인 성공의 표식을 비난해야 하는
존재였기 때문이다. 예술가는 미지의 취향에 대해서조차 영합하는 듯
한 외양을 보란 듯이 피해야 했다. 관습적인 도덕성에 대해서도 예술
가는 독립적이어야 했다. 예술가가 영감을 따르고 아름다움을 구현하
는 순수한 형태를 추구하기 위해서는 주제의 선택에 벽이 없어야 했다

(Cassagne 1906; Seigel 1986; Hemmings 1987; Spitzer 1987; Bénichou 1992).

예술의 "독립"에 내포된 예술관은 혁명 이후 수립된 사회질서를 고려하지 않고서는 생각될 수 없는, 전적으로 새로운 것이었다. 새로운 시대의 예술가는 인간의 감성과 열정에 매료되었다고 말할 수 없을지는 몰라도, 그에 대해 지대한 관심을 가진 것은 분명했다. 감성과 열정은 흔히 (상상력과 함께) 독립된 영역을 구성한다고 여겨지거나, 아니면 오직 고귀한 목표(쿠쟁이 권고했던 것과 같은 것)에 투입되어야 한다고 생각되었다. 쿠쟁이 소르본에서 못질을 하는 듯한 강의를 한 1818년에 이미, 샤를 노디에는 낭만주의를 인간 감정의 헤아릴 수 없는 깊이와 미묘함을 탐색하는 운동으로 정의했다. 그것은 자아 속의 광대한 미답의 내면에 대한 멘드비랑의 신념을 떠올리게 하는 정의이다. 노디에는 1818년에 『르 주르날 데 데바』지에 스탈 부인의 『독일에 대하여』에 대한 일련의 논설을 게재했다. 그 첫번째 논설에서 그는 새로운 종류의 글쓰기가 독자들에게 행사하는 "마술"을 해설했다. 그는 묻는다. 그것은

그 자체로 설명될 수 없는 수단을 통해서만 설명될 수 있는 모호한 특질의 결과인가? 종전까지 보이지 않던 것들의 면모들, 너무도 새로워서 기괴하게 보이기까지 하는 지각의 질서. 사람들이 경험해왔지만 결코 다른 사람에게 전달하지 않았던 인간의 감정에 어떤 비밀이 숨어 있는지 나는 모른다. 그러나 그것과 마주친 독자들은 자신이 오래된 친구를 만나고 있다는 것을 알 것이다. 나는 작가를 통하여 — 우리로부터 벗어나지 않았지만, 우리가 결코 분석하지는 않았던 — 어떤 자연의 신비가 우리에게 닥쳐온 것인지 알지 못한다. 작가는 그저 행복한 우연 덕분에

그 신비를 우리의 기억 및 느낌과 조화롭게 해준다. 그것은 무엇보다도 상상력에 호소하는 기술, 즉 어린 시절의 최초의 감정들을 곱씹어보도록 초대함으로써 그리고 선진 사회들이 바보의 영역으로 넘겨버렸지만 새로운 학파의 시 속에서만큼은 시적일 수 있는 그 무서운 옛날의 미신을 불러냄으로써 호소하는 기술이다. 그런 것들이 낭만주의의 특징이다 (Oliver 1964: 99).

낭만주의자들은 그처럼 예술을 나머지 사회생활로부터 단호하게 분리시킴으로써 감정의 피난처를 만들어낼 수 있었다. 예술 살롱과 예술가들의 "소모임cénacle"이 그들의 새로운 삶을 구성했고, 노디에, 위고, 고티에, 플로베르, 보들레르 등은 그런 모임에 가끔씩 격렬한 에너지를 쏟아붓고 헌신했다. 그러나 그렇게 해서 열린 광대한 예술의 전망은 빈번히 예술가들을 시민사회의 중심으로부터 분리시켰다. 감상주의는 그 반대였었다. 예술 작품 몇 가지를 검토해보면, 정치와 사회사상에서처럼 예술의 영역에서도 감상주의가 철저히 망각되었다는 점이 드러난다. 새로운 세기의 소설, 희곡, 시, 회화는 명예에 대한 집착과 특정 유형의 내적 탐구가 새로운 시대의 대세가 되었음을 보여준다.

월터 스콧의 작품은 1820년대 프랑스에서 굉장한 인기를 누렸다. 그의 소설은 빠르게 번역되었고, 으레 매진되었으며,[17] 젊은 프랑스 작가들에게 심대한 영향을 미쳤다. 우리는 이미 『르 글로브』 그룹이 스콧을 소설을 위대한 예술의 존엄한 지위로 끌어올린 인물로 얼마나 찬양했는지 보았다. 스콧이 프랑스에서 누리던 인기는 전례 없는 것이었다. 스콧의 소설 『퀜틴 더워드』(1823)는 면밀히 살펴볼 필요가 있다. 소설의 무대가 프랑스이고, 프랑스혁명에 대한 가혹한 평가를 은연중에 드러내고 있으며, 그 책이 1820년대 말에 프랑스에서 극단적으로 많이 팔렸기 때문이다(Rosanvallon 1985: 200; Lyons 1987: 86).

『퀜틴 더워드』는 명예로운 일을 찾아 프랑스에 온 한 스코틀랜드 기사에 관한 이야기다. 그는 프랑스 궁전으로 가는 길에 루이 11세(치세 1461~1483)를 위해 일하던 스코틀랜드 출신의 엘리트 용병들과 조우한다. 루이는 귀족의 명예보다는 이익에 의해서 지배되는 인물로 묘사된다. 그는 상인처럼 생각하는 사람이다. 그는 대귀족 봉신封臣들의 조언과 지원에 의존하는 대신, 자신의 주위를 미천하고 소견이 좁은 평민들로 채웠다. 그에 반하여 루이의 경쟁자인 부르고뉴 공작 샤를 대머리왕은 진정한 기사이고, 그의 궁전은 진정 기사도적인 곳이다. 명예에 대한 루이의 무관심은 퀜틴 더워드에 대한 경고에 요약된다. "나는 그대의 몸과 영혼을 구입했소"(Scott 1823: 167).

더워드는 루이와 다르게 생각한다. 자신은 아무리 많은 돈을 준다고 해도 불명예스럽게 행동하지 않을 것이다. 그가 결국 루이의 명령에 불복하는 것은 바로 명예 때문이다. 어쨌거나 그는 그가 경호하라고 명령받은 이자벨 공주를 사랑하고, 그녀도 그를 사랑한다. 그러나 두 사람은 명예가 허락할 때까지 그 사랑이 표현될 수 없다는 것을 깨닫는다. 감상주의 신념과 가장 첨예하게 갈라지는 지점은 이곳이다. 18세기의 수많은 소설 및 희곡과 달리 『퀜틴 더워드』는 사랑을 명예에 대립시키지 않는다. 사랑은 명예에 대한 헌신의 부산물로 나타난다. 소설 속의 긴장 역시 가족이나 신분에 대하여 감행하는 봉기에서 발생하지 않는다. 긴장은 느낌을 표현할 명예로운 수단을 발견하는 문제에서 비롯된다.

스콧은 리에주 백성들이 그들의 주교에 맞서 봉기한 것을 길게 논한다. 백성들은 돈 때문에 머리가 돌아버린 "불결한 장인들"이다(Scott 1823: 261). 봉기의 지도자들은 힘 하나 안 들이고 "다중들"을 속이는 선동가들로서, 그들이 원하는 "일의 절반 이상은 이미 백성들의 강력한 편견이 대신 수행해주었다"(Scott 1823: 266). 속아 넘어간 군중들은 루이 11세를 사랑하고, 루이는 그 덕분에 부르고뉴를 패배시킨다. 그러나 그것은 세계가 절대주의로, 절대주의에서 다시 혁명으로, 그리하여 자기이익과 폭도들의 맹목적인 지배가 명예와 공경과 의무에 대한 헌신과 사랑을 분쇄해버린 뒤죽박죽의 세계로 가는 치명적 단계이다.

그 세계는 볼테르의 『에코세즈』(1760)와 너무나 먼 세계이다. 볼테르의 그 희곡에서는 서인도의 상인인 주인공이 자기 없는 박애적인 행동을 통하여 사랑하는 스코틀랜드 여성을 얻는다. 볼테르는 다른 작품에서와 마찬가지로 그 작품에서도, 상업적인 자기이익의 무해하고 심지어 유익하기까지 한 성격을 베르사유의 비굴한 궁중예절과 대비시켰다. 스콧은 그 두 가지 요소를 볼테르와 아주 다른 역사적 의제 및 관점에 따라 융합시킨 것이다.[18] 스콧의 세계는 또한 제르멘 드 스탈의 대단히 성공적이었던 소설 『코린나, 이탈리아 이야기』(1807)의 세계로부터도 너무나 멀다. 스탈의 소설에서 스코틀랜드의 젊은 영주 오즈월드는 코린나를 깊이 사랑함에도 불구하고 그녀와의 결혼을 거부한다. 그의 (죽은) 아버지가 그 혼인을 불명예로 간주했기 때문이었다. 오즈월드의 내적인 고뇌, 가문 때문에 떠밀려 들어간 다른 여자와의 재앙과도 같은 결혼생활의 고통, 코린나의 마멸과 때 이른 죽음, 그 모든 것은 명예에 대한 그릇된 헌신에서 비롯된다. 소설에서 코린나를 결혼 부적합자로 만든 것은 다름 아니라 시인과 연기자로서의 그녀의 재능이었다. 그녀는 대중의 눈에 너무도 많이 노출된 여자였던 것이다. 그녀는 오즈월드를 위하여 자신의 명성을 기꺼이 희생한다. 그녀는 묻는다. 사랑을 잃는 다면 명성이란 대체 무엇이란 말이냐? 그러나 그녀는 끝내 명예와 사랑 모두를 잃는다.

프랑스 역사에 대한 스콧의 관점은 오히려 샤토브리앙과 유사하다. 두 사람 모두 사랑과 박애를 절대주의 이전의 귀족적인 명예 코드 속에 배치했다. 두 사람 모두 18세기의 감상주의의 막간을 (부인했다기보다) 망각했다. 『퀜틴 더워드』에서 스콧은 사랑과 명예가 합치될 수 있다고 파악했다. 그 점에서 스콧과 대단히 닮았던 극작가가 프랑스에 있었다. 복고왕정과 7월왕정 시기에 가장 생산적이고 성공적이었던 외젠 스크리 브가 바로 그다.

스크리브의 1827년 희곡 『계산적인 결혼』은 사랑과 명예 간의 긴장 에서 발생하는 복잡다단한 플롯의 전형을 보여준다. 그 긴장은 그러 나 명예롭게 행동하는 사람이 진정으로 사랑하는 사람을 선택하는(혹 은 선택되는) 경우에만 두드러진다. 명예와 사랑이 합치되는 것이다. 한 젊은 처녀가 애인이 군대에서 돌아오기만을 기다린다. 그들은 돌아오 는 대로 곧장 결혼할 작정이다. 그러나 여자의 아버지가 파산에 직면한 다. 그는 부채 청산을 위해서 딸에게 부유한 브리엔과 결혼하라고 부탁 한다. 딸은 고뇌 끝에 가족의 명예를 위하여 사랑을 희생한다. 군대에 서 돌아온 폴리니는 자기대로 부유한 상속녀에게서 구애를 받는다. 그 러는 사이 부유한 브리엔과 결혼하여 브리엔 부인이 되어버린 옛 애인 이 갑작스럽게 남편과 사별한다. 그러나 그녀는 한 번 더 자신의 행복을 희생하기로 결정한다. 이번에는 친구의 명예를 구하기 위해서였다. 기혼 인 그 친구는 다른 남자와 불법적 관계를 맺고 있었는데, 브리엔 부인 이 그 친구의 집을 방문하고 있는 중에 친구의 남편이 낯 뜨거운 편지를 발견한다. 브리엔 부인은 그 편지의 수신인이 친구가 아니라 자신이라고 주장한다. 브리엔 부인은 그렇게 친구의 외도가 발각되는 것을 막았다. 폴리니는 그 소문을 듣고 격분한다. 브리엔 부인은 자기대로 폴리니가 자신을 믿지 못한 것에 상처를 받는다. 폴리니는 소문을 들은 직후에 결국 돈을 위한 결혼을 결심한다. 그리고 그는 브리엔 부인에게 더 이상 사랑하지 않는다고 (거짓으로) 말한다. 이때 브리엔 부인을 몇 년 동안 남몰래 사랑하던 젊은 화가 올리비에가 나선다. 그는 폴리니의 사랑이 변치 않았다는 것을 알고 있었고, 이를 브리엔 부인에게 설명해주면서 폴리니가 약혼을 파기하고 돌아오도록 유도하라고 충고한다. 그 순간 브리엔 부인은 그녀에 대한 올리비에의 진실한 사랑을 알아본다. 그녀는 또한 폴리니에게 돈이 중요하다는 것, 아니 사실상 너무도 중요하다는 것을 인정한다. 그녀의 가슴이 올리비에를 향하여 따스해진다. 결국 타인을 향하여 희생할 의지를 입증한 두 사람은 행복하고 유복한 결혼 속에서 하나가 된다. 폴리니에게 남은 것은 돈의 광채에 대한 욕망과 믿음의 결핍이 낳은 쓰라린 대가였다.

스콧의 『퀜틴 더워드』와 마찬가지로, 스크리브의 얽히고설킨 사랑 이야기에서도 사랑과 우정 그 어느 것도 명예와 합치될 수 없는 것이 아니다. 타인에 대한 관심은 자기 자신의 명예와 타인의 명예에 대한 관심을 포함하지 않으면 진실할 수 없기 때문이다. 스크리브의 사랑관은 감상주의의 유산에 많은 빚을 지고 있다. 그러나 스크리브는 감상주의의 유산을 예상치 못하게 비틀었다. 브리엔 부인의 박애가 그녀의 (성적인) 사랑인 폴리니를 희생시키는 형태를 띤 것이다. 브리엔 부인은 처음에는 아버지의 명예를 위하여 희생했고, 그다음에는 그녀의 친구의 명예를 위하여 희생했다. 감상주의 소설에서는 아버지의 명예가 연인에 대한 아들과 딸의 박애적인 헌신의 방해물이 될 수 없었다.

감상주의 예술의 주인공들은 자연적 감수성의 명령에 합치되도록 행동해야 한다는 신념에 복종하여 의무, 가족의 명예를 희생했었다. 그것이 바로『파멜라』에서 미스터 B가 마침내 동의했던 것이고, 스탈 부인의『코린나, 이탈리아 이야기』에서 오즈월드가 행하지 못했던 것이다. 참고로, 스크리브의 비틀기는『신엘로이즈』에서 루소가 전통적인 시나리오를 비튼 것에 비견될 수는 없다. 루소가 독자들의 기대를 저버린 것은, 그렇게 함으로써 한편으로 미덕의 기초로서의 자연적 감정과 다른 한편으로 그러한 감정 교육의 결과로서 발달하게 되는 성숙한 유덕한 행동 사이에 차이가 있다는 것을 보여주기 위해서였다. 그와 대조적으로 스크리브는 단순하게 구식의 가족 명예를 의심할 여지없이 좋은 것으로 만들어버렸다.

스크리브의 기회주의는 비평가들이 그를 폄하한 이유이기도 했고, 그가 당대의 독자들에게서 높은 인기를 누린 이유이기도 했다. 스크리브의 연극은 안전했다. 남자들은 아무 두려움 없이 아내와 아들과 딸을 그의 연극에 데려갈 수 있었고, 모두 함께 희망 속에서 연극을 즐길 수 있었다. 더욱이 스크리브는 전설적인 스코틀랜드 기사들을 묘사하지 않았다. 그는 당시의 평범한 사람들을 옛날 옛적의 영웅들과 똑같이 명예와 자기희생의 능력을 가진 사람으로 묘사했다. 사실『계산적인 결혼』은 돈과 자기이익이 지배하는 새로운 시대에 대한 촌평들로 가득 차 있는 작품이다. 희곡의 첫머리에서 올리비에는 폴리니에게 말한다. "지금은 꼭대기 재정가들이 상류사회에서 대단한 역할을 수행하고 있지. 부자들의 권력은 커. 그들의 광채가 너를 유혹하지 않을 수 없을 거야. 너는 그들과 똑같지는 않지만, 적어도 그들에게 근접하려고 노력하고 있잖아." 폴리니는 답한다. "이 돈의 세기에는 거대한 부를 소유한 사람이 바로 행복한 사람이지"(Scribe 1827: I, 303). 올리비에는 그 세계에 오염되지 않는다. 그는 가난하지만 장학금으로 미술 공부를 하고, 노력과 창조성에 의존하여 화가의 길을 간다.

사랑과 명예가 반드시 어긋나는 것은 아니라는 새로운 규칙은 다른 유명한 희곡에서도 표명되었다. 빅토르 위고는 1830년에 공연되어 격찬(과 격렬한 비난)을 받은 희곡 『에르나니』에서 바로 그 규칙을 받아들였다. 새로운 형태의 운문 비극이었던 그 작품에서 위고는 당시 프랑스 아카데미, 대학, 언론의 유명 인사들이 고수하고 있던 고전적인 형태의 비극을 비웃었다. 고전적 형태의 비극은 감상주의를 삭제하는 작업의 일부로서 나폴레옹 치세에 다시 부활했었다. 그에 따르면, 비극은 시간과 공간과 행동의 통일성을 유지해야 하고, 고상한 주제와 고상한 인물을 다루어야 하며, 알렉상드랭 시 형식(12음절의 행)으로 작성되어야 했다. 위고의 새로운 비극은 1년 전체에 걸쳐져 있었고, 유럽 전체를 횡단했으며, 주인공이 강도强盜였다. 그리고 모든 장면에 숭고한 것, 평범한 것, 그로테스크한 것이 뒤섞여 있었다. 1막 1장에서 스페인의 왕 샤를은 창피스럽게도 장롱 속에 숨어서 여자를 엿본다. 연극의 몇몇 지점에서 조연들은 여주인공의 성적 매력에 대하여 쑥덕댄다. 모든 행에 비극적인 인물의 특징인 존엄성 및 침착성과 정면으로 어긋나는 강렬한 감정들이 표출된다. 그리고 위고는 인물과 행동이 가장 직접적이 되도록 알렉상드랭을 파열 지점까지 밀어붙였다.

그 작품은 위고가 낭만주의자들이 드높인 셰익스피어에게 경의를 표하는 것처럼 보이기도 한다. 플롯은 『로미오와 줄리엣』처럼 사랑과 명예를 대립시키고, 명예로운 결혼의 길이 봉쇄되자 주인공들이 자살해버린다. 그러나 보다 면밀히 살펴보면, 셰익스피어의 로미오가 줄리엣에 대한 사랑에 가문과 이름이 방해가 되자 그것들을 무시해버리는 반면에, 사랑에 빠진 강도 에르나니는 지배적인 명예 코드로부터 결코 벗어나지 않는다. 마지막에 가서 에르나니도 독약을 먹는다. 그러나 그것은 도냐 솔에 대한 사랑의 경쟁자 중의 한 명에게 과거에 했던 서약을 명예롭게 지키기 위해서였다. 에르나니가 죽자, 그만을 사랑하던 도냐 솔은 약병의 독을 마심으로써 그를 따른다. 에르나니의 행동은 (로미오의 행동과 달리) 실수가 아니었다. 그것은 오히려 에르나니의 존경할 만한 남성성의 필연적인 결과였다.

에르나니가 강도가 된 사연도 마찬가지다. 감상주의 소설에서 주인공의 지위가 낮은 것은, 미덕이 명예 및 지위와 어긋난다는 것을 현시하는 장치이다. 그러나 에르나니는 명예 때문에 강도가 된 인물이다. 그의 아버지는 왕에 의하여 처형되었다. 에르나니가 물려받은 이름은 그에게 가족의 이름으로 왕의 권위에 도전하도록 요구하는 것이었다. 에르나니가 강도가 된 것은 바로 그 때문이다. 그리고 에르나니는 사랑하는 여자와 왕의 고위 영주의 결혼식이 임박함에도 불구하고 그녀를 훔치지 않는다. 아버지가 (부당하게) 처형되지 않았더라면, 오히려 자신이 백작의 딸인 그녀와 어울리는 짝이었을 것이다. 그가 과거의 서약을 지키기 위하여 죽었을 때에도, 연극은 관객들에게 그 행동을 비판하도록 유도하지 않는다. 또한 연극은 관객들에게 명예는 황폐한 삶을 낳는다는 교훈을 주지도 않는다. 연극에서 명예는 진정한 사랑을 가로막지만, 명예는 여전히 진정한 사랑이 완성되기 위한 필수적인 조건이다. 스콧의 역사소설, 스크리브의 부르주아적 멜로드라마, 위고의 낭만적인 비극에는 공통적인 입장이 있다. 그것은 감상주의가 사랑과 명예의 갈등에 대하여 취하던 입장과 180도 다른 입장이다.

1830년대에 발자크의 위대한 소설들이 쏟아지기 시작했다. 19세기 말까지 소설 작법에 엄청난 영향을 미친 발자크의 사실주의는 사랑과 명예의 갈등에 관심을 쏟지 않았다. 발자크의 관심은 사랑과 이익 간의 갈등이었다. 두 가지 예만 간단하게 살펴보자.『잃어버린 환상』(1837~1843)은 순수하지만 맹렬하게 야심적인 뤼시앵 뤼방프레가 명성을 얻기 위하여 시골에서 파리로 왔다가 몰락하는 이야기다. 그는 시인이나 소설가로 출세하려 하지만, 파리 문학 세계의 치열한 경쟁 때문에 실패한다. 그러자 그는 보다 쉬워 보이는 저널리즘으로 눈을 돌린다. 그가 몰랐던 것은, 저널리스트로 일하는 것이 보수는 좋지만 편집자에게 펜은 물론 신념까지 팔아야 한다는 사실이었다. 젊은 뤼방프레는 성공가도를 달린다. 글 쓰는 능력이 출중했을 뿐만 아니라, 자신을 고용하기만 하면 어떤 정치적 대의든 상관없이 대변했기 때문이었다. 그러나 그는 너무 멀리 갔다. 그는 수입을 극대화하기 위하여 편을 자주 바꾸다가 자신의 명예를 실추시켰고, 결국 파리에서 쫓겨난다.

『고리오 영감』(1834)은 딸들에게 많은 재산을 물려주고도, 상속 재산을 더 불려주기 위하여 스스로 빈곤하게 살아가던 은퇴한 곡물 도매상인 이야기다. 자기이익에 눈이 먼 딸들은 아버지가 사는 모습에 전혀 주의하지 않고, 아버지는 딸들의 금전 요구에 응하다가 끝내 걸레 같은 노인으로 추락한다. 그러자 딸들은 불명예를 피하기 위하여 그를 모르는 척한다. 귀족 사위들은 그가 챙겨준 지참금으로 재산이 불어났지만, 그들은 어차피 곡물 상인 따위는 친족으로 인정하지 않는 사람들이다. 시골 출신의 젊은 외젠 드 라스티냐크는 고리오의 박애와 딸들의 패악을 알게 된다. 그리고 외젠은 결혼한 고리오 영감의 딸들 중 한 명과 사랑에 빠진다. 그녀도 그를 사랑한다. 외젠의 사랑은 자기이익에 물든 사랑이었다. 그는 빨리 부자가 되기 위하여 법학 공부를 포기하고 파리의 부유한 여자들을 정복하기로 결심한 터였다. 발자크는 우리에게 말해준다. 외젠은 델핀에 대한 그의 사랑이 자기이익에 얼마나 물들어 있는지 깨닫지 못한다. 그러나 외젠은 델핀과 아버지 고리오의 관계를 회복시키고, 고리오는 죽기 직전에 두 사람의 혼외관계를 축복한다. 혼외관계가 모든 갈등의 냉소적이지만 성공적인 해결책으로 묘사된 것이다. 외젠에게는 돈이 생겼고, 델핀은 권모술수에 능한 대영지 소유자인 남편의 적대감으로부터 안전해졌다. 명예 역시 보존되었다. 공공연하게 알려지지 않는 한, 파리의 상류사회가 혼외관계를 용인했기 때문이다.

소설 속 인물들에 대한 발자크의 태도는 낭만주의 예술가들의 태도와 다르다. 그러나 그것은 19세기 풍조 속에 어렵지 않게 위치시킬 수 있는 입장이기도 하다. 그것은 이성의 말려 죽이는 빛에 감정을 종속시키지 말라는 쿠쟁의 경고를 잘 아는 각성한 철학자의 입장이다. 물론 발자크의 소설은 삶의 어두운 구석구석에 가차없이 이성의 빛을 쏘아댄다. 주인공들도 가혹한 평가를 면치 못한다. 순진하다고 해서, 자기이익과 야심 때문에 환상을 수용한 것은 용서받지 못한다. 중매결혼이 행복을 보장해주는 경우는 별로 없지만, 연애결혼도 그에 못지않게 연약하다. 돈은 보편적인 용해제로 등장하지만, 손에 들어오자마자 손가락 사이로 빠져나간다. 겸손은 공기만큼이나 흔하지만, 성공을 보장해주지는 않는다. 19세기 후반에 플로베르와 모파상에 의하여 한층 더 고조되는 새로운 "사실주의" 문학은 기실, 그 시대의 예술과 지성이 자신과 타인의 감정에 대한 기대를 감소시킨 또 하나의 방식이었다. 기대의 감소는 더 큰 감정의 자유를 의미한다. 발자크의 경우, 그것은 인간의 "합리적인"(그리고 그래서 도덕적이고 아름다운) 행동 역량에 대한 그릇된 erroneous 냉소주의와 결합되어 있었다.

3. 조르주 상드의 감상주의

감정과 자아에 대한 포스트혁명기의 태도를 개괄적으로만 다루는 이 글은 그 시대가 생산한 다양한 실천들 모두를 공평하게 평가할 여유가 없다. 그래서 기존 규범에 대한 유의미하기는 하지만 불철저한 비판들은 도외시될 수밖에 없다. 포스트혁명기 문학에서 감상주의 전통이 완전히 소멸되었던 것은 아니다. 감상주의 용법들이 덜 진지한 장르에 국한되어 사용되었던 것뿐이다. 그러나 예외는 있었다. 언급할 만한 가치가 충분한 그 예외는 조르주 상드의 작품이다. 상드는 1832년에 『앵디아나』라는 현기증 날 정도로 놀라운 처녀작으로 프랑스 문단에 등장했다. 그 대작은 구상 자체가 전복적으로 감상주의적인 작품이다. 상드의 펜은 그녀가 낭만주의 자원을 통달하고 있다는 것을 보여주지만, 그녀는 그 솜씨를 포스트혁명 세대가 바쁘게 구축하고 있던 새로운 남성적 세계를 비난할 때만 사용했다.

『앵디아나』라는 소설의 텍스트는 베르나르댕 생피에르의 1789년 베스트셀러 『폴과 비르지니』에 대한 준거로 가득 차 있다. 『앵디아나』의 플롯부터가 이미 감상주의의 최고 수위水位를 나타냈던 생피에르의 『폴과 비르지니』에 대한 오마주이다. 상드의 주인공들은 생피에르의 주인공들과 마찬가지로, 머나먼 아프리카 마다가스카르의 해안에 위치한 섬인 부르봉 섬(오늘날의 이름은 레이뇽) 출신이다. 그래서 상드의 주인공들은 생피에르의 주인공들과 마찬가지로 "문명에 대한 자연의 장엄하고 격렬한 투쟁"에 참여할 수밖에 없다(Sand 1832: 272). 또한 생피에르의 주인공들처럼 상드 소설의 연인인 랄프와 앵디아나도 섬에서 유년 시절을 함께 보냈다. 그들은 떨어질 수 없는 친구였다. 그러나 가족의 명예와 우연이 그들에게 계산적인 결혼을 명령한다. 랄프는 부유한 영국 여자와 결혼했다. 랄프에게 경멸감만을 보이던 그녀는 소설의 내용이 본격화되기 직전에 죽는다. 앵디아나의 남편은 나폴레옹 군대의 거칠기 짝이 없는 퇴역군인으로, 제조업에 종사하고 있었다. 그러나 상드의 커플은 폴과 비르지니와 달리 내면에서 힘과 용기를 끌어올린다. 그들은 서로에 대한 사랑을 확인하고, 재결합할 자유를 찾아내며, 섬으로 돌아간다. 섬에서 그들은 그들의 돈으로 노예들을 구입하여 해방시킨다.

두 사람의 행복에 가장 큰 장애물은 앵디아나의 난폭한 남편이 아니라 파리의 젊고 호리호리한 귀족 신사이다. 그는 앵디아나가 아끼는 하녀 누온을 유혹하고, 이어서 앵디아나에게 성공적으로 접근한다. 상드는 유혹하는 젊은 레몽 드 라미에르를 통하여 파리의 교육받은 엘리트들을 비난한다. 레몽은 잘생기고, 말 잘하고, 재미있는데다가, "절충적인 살롱"에 출입하는 젊은 층에 속한다(Sand 1832: 78). (상드는 소설 261쪽에서 레몽을 "절충적인 젊은이"로 칭한다). "절충주의"는 빅토르 쿠쟁의 철학에 대한 명칭의 하나였다. 레몽은 또한 자유주의적인 왕당파로서 1827~1828년의 마르티냐크 정부 시기에 입헌파와 정통파의 화해를 주장한다. 달리 말하자면 레몽은 『르 글로브』 그룹, 즉 젊은 샤를 드 레뮈사와 뒤베르지에 드 오란과 같이 재능 있고 부유하고 좋은 교육을 받은, 찬란한 정치 경력을 앞두고 있는 새 세대의 일원이었던 것이다.

상드는 레몽이 사기꾼도 아니고, 리처드슨의 『클러리사』에 나오는 "난봉꾼" 악당도 아니라는 점을 명확히 한다. 레몽은 오히려 우리가 비랑의 일기에서 살펴본 것과 똑같은 약점에 고통스러워한다. 상드는 그렇게 자아에 대한 새로운 감각의 아킬레스건, 즉 내면의 광대함에 대한 의식과 내적 통합의 어려움에 대한 감각을 추적한다. 레몽은 할 수 있는 한 앵디아나와 누온 모두를 진심으로 사랑한다. 그러나 그가 쫓는 의도의 가변성과 심층적인 감정의 불안정성은 그 자신을 배신하고, 이어서 순진한 섬 처녀들을 배신하도록 이끈다. 상드는 다음과 같이 묘사한다.

마리에르 씨는 그러나 겉멋 들린 사람도 아니었고 리베르탱libertin도 아니었다. 〔……〕 그는 자기 자신을 심문하기 위하여 멈출 줄 아는 원칙의 인간이었다. 그러나 방랑의 열정은 빈번히 그를 체계 바깥으로 내동댕이쳤다. 그럴 때면 그는 성찰할 수 없었고, 양심의 법정에 가지 않으려 했다. 그는 자신도 모르게 악행을 저질렀고, 그렇게 전날 밤의 인간이 다음날 아침의 그 인간을 기만했다(Sand 1832: 72).[19]

의미심장하게도 상드는 반복하여 그를 소송 변호사, 설교사, 배우에 비유한다.

그는 열정을 능란하게 표현했고, 또한 뜨겁게 느꼈다. 열정이 그를 달변으로 만든 것이 아니라, 달변이 그를 열정적으로 만들었다. 어떤 여자가 그의 취향을 만족시키면 그는 달변이 되어 그녀를 유혹하려 했고, 유혹하는 가운데 그녀를 사랑하게 되었다. 변호사들과 설교사들이 감성을 만들어내는 것과 똑같았다. 그들은 땀이 나기 시작하는 순간 뜨거운 눈물을 흘리는 사람들이다(Sand 1832: 72).

혹은,

유혹 작전을 구상하면서 그는 소설 속의 주인공을 생각할 때의 작가와 의뢰인을 생각할 때의 변호사처럼 열정적이 되었다. 앵디아나를 볼 때 그가 느끼는 감정은, 배우가 연극 속의 주인공 역할에 빠져든 나머지 무대의 허구적 장치와 현실을 더 이상 구분하지 못할 때 느끼는 감정과 비교될 수 있었다(Sand 1832: 143).

레몽과 대조적으로 누온과 앵디아나는 자연적이다. 두 사람은 레몽에게 순수하고 강렬한 첫사랑을 준다. 그들의 사랑은 "박애의 도약이었고 자연의 요구"였다(Sand 1832: 275). 누온은 말이 어눌한, 알파벳도 제대로 쓸 줄 모르는 하녀였다. 그러나 레몽에게 자신을 떠나지 말라고 애원할 때, 그녀는 "달변의 비밀"을 발견한다. 달변은 "진정한 열정과 깊은 슬픔의 위기의 순간에 무식하고 원시적인 마음에서 터져 나오는 것"이었다(Sand 1832: 103).[20] 그 달변은 롤랑 부인이 1793년 5월 31일에 국민공회에서 남편을 변호할 수 있다고 자신하던 그 달변이다.

랄프 역시 말하기를 주저하는 어눌한 인물이다. 그는 지능이 낮은 인물로 평가되기도 한다. 그러나 그는 흔들리지 않은 충직함으로 앵디아나를 보살핀다. 우리는 점차 그것이 앵디아나를 레몽에게 이끌었던 순수한 첫사랑과 똑같은 것이라는 점을 알게 된다. 랄프의 정치는 레몽의 정치와 정반대다. 랄프는 1815년에 독재자로부터 해방된 프랑스가 루이

18세의 특허장 헌법을, 자유의 그 가련한 폐지 조각을 수용하도록 강제되었을 때, 그 약한 프랑스에게 연민을 느낀다. 랄프는 공화국의 재탄생을 소망한다. 그는 사회의 악들을 혐오하고, 박애적인 새로운 체제를 꿈꾸며, 새로운 법과 새로운 관례가 지배하게 될 날을 애타게 기다린다(Sand 1832: 168, 170, 174). 자코뱅이라는 단어를 사용하지는 않았지만, 상드가 우리에게 보여주는 것은 자코뱅의 초상이다. 그것은 자코뱅과 똑같은 박애와 낙관주의, 자코뱅과 똑같은 엄격한 그 무엇을 지닌 한 남자의 초상이다. 그리고 자연은 상드의 초상을 알아본다. 랄프와 앵디아나가 섬에서 아이들처럼 귀신놀이를 하자, 물새들이 그들을 알아본다. "물새들은 (그 어린아이들의) 접근에 전혀 놀라지 않기 때문이었다"(Sand 1832: 257).

앵디아나가 그녀의 남편에게 능숙한 아이러니로 프랑스의 혼인법을 비난할 때, 그것은 물론 상드의 말이다.

나는 노예이고 당신은 주군이라는 것을 나는 알아요. 이 나라의 법은 당신을 나의 주인으로 만들었지요. 당신은 나의 몸을 결박할 수 있고, 나의 손을 묶을 수 있으며, 나의 행동을 다스릴 수 있어요. 당신은 더 많은 힘의 권리를 갖고 있고, 사회는 그것을 확인해줍니다. 그러나 나의 의지에 대해서만큼은 당신은 아무것도 할 수 없습니다. 나의 의지는 오직 신만이 억제하거나 줄일 수 있습니다. 그러니 법이든 감방이든 고문 도구이든, 나를 잡아놓을 수 있는 것을 찾아보세요! 그것은 공기를 향해 손을 뻗었지만, 허공만을 움켜쥐는 것과 같을 겁니다(Sand 1832: 232).

그러한 부당한 권위에 저항하기 위하여 앵디아나는 연인에게 평등한 헌신을 요구한다. 그녀는 레몽에게 말한다. "당신은 나를 위하여 모든 것을 희생할 각오를 해야 해요." "재산, 명성, 의무, 정치, 원칙, 가족, 모든 것을 말입니다. 왜냐하면 내가 바로 그렇게 헌신할 것이고, 나는 우리가 평등하기를 원하기 때문이에요. 당신은 당신이 그런 사랑을 할 수 없다는 것을 정확히 알 겁니다!"(Sand 1832: 148). 그것은 19세기적 페미니즘이기도 하지만, 감상주의의 신조이기도 하다. 앵디아나가 주장한 것은 리처드슨의 파멜라가 미스터 B에게 요구하던 것, 그리고 라클로의 트루벨 부인이 발몽에게 기대하던 것과 별반 다른 것이 아니다.

18세기 소설들과 똑같이 『앵디아나』에서 사회는 자연의 덕성과 조화를 이루도록 개혁되기를 기다리는 부당한 권위와 부패의 배경이다. 차이는 『앵디아나』의 사회가 훨씬 더 모호하고 훨씬 더 불확실한 표적이라는 것뿐이다. 레몽 드 라미에르의 약점과 자기중심성은 이해 가능한 것이기 때문이다. 발자크의 젊은 주인공들처럼, 언제나 그는 자신을 개혁해야 할 필요성을 인식하는 순간과 사회가 부과한 타협의 늪에 함몰하는 순간의 경계선에 존재한다. 우리는 그가 실제로 어떤 곳으로 뛰어드는지를 위기의 열기 속에서만 알게 된다. 그때마다 그는 명예에 대한 집착으로 돌아오고, 자신의 배신을 여자의 본성에 대한 상투어들로 정당화한다(Sand 1832: 218).

자기 시대에 대한 상드의 날카로운 묘사는, 내가 적어도 예비적으로나마 그때의 프랑스가 18세기 말보다 안정될 수 있었던 이유를 작성하도록 도와줄 수 있다. 상드는 앵디아나와 랄프가 가진 감정의 순수성과 깊이를 레몽이 가진 감정의 불확실성과 유동성과 대조시켰다. 그러나 이모티브 이론은 후자가 우리의 진실에 더 가깝다고, 우리 모두는 우리의 대의에 몸을 덥히기 위하여 변호사들처럼 작업한다고 말해준다. 우리는 흔히 레몽처럼 우리 자신의 달변에 의하여 미지의 열정적 감정으로 끌려들어간다. 어떤 목표를 어느 정도만이라도 일관되게 추구할 수 있기 위해서 우리는 레몽과 비랑처럼 노력해야 하고, 심리 통제의 아이러니한 효과를 처리해야 한다.

이는 자기 시대의 사회질서에 대한 상드의 비판으로부터 멀어지는 것이 아니다. 그녀가 비판했듯이, 그 질서는 부정의하고 불공평한 혼인 제도를 갖고 있었다. 남자들은 여자들의 잘못보다 남자들의 잘못에 대하여 훨씬 너그러웠다. 그렇듯 성차의 문제가 있기는 하지만, 그 시기에 관용의 태도가 대두하기 시작했던 것만은 사실이다. 따라서 남자들이 여전히 명예에 집착하고, 때로는 불가능한 규칙을 적용하며, 결투에 자신의 사지와 목숨을 내걸기도 했지만, 적당히 숨기기만 하면 명예 코드는 남자들이 약해지는 것과 변덕 부리는 것을 허용했다. 감상주의는 그것을 허용하지 않았었다. 감상주의는 완벽하고 순정한 미덕을, 그리하여 그만큼 불가능한 미덕을 요구했었다. 그러나 감정의 항해는 어렵고 예측하기 힘든 작업이다. 1815년 이후의 사회질서는 18세기 말보다 감정의 항해에 더 좋은 날씨와 더 넓은 물길을 제공했다.

4. 결론

『앵디아나』는 출간되자마자 상드에게 명성을 안겨주었다. 그러나 그 소설이 남성 문인들의 마음을 돌려놓았던 것은 아니다. 발자크처럼 많은 남자들이 남몰래 상드의 용기를 존경했지만, 언론과 유명 문예비평가들은 상드의 성정치를 비난했다(Houbre 1997: 332). 저널리스트 네스토르 로크플랑은 상드에게 "간음의 사도"라는 이름을 붙였고, 그로써 문단의 공식적인 입장을 요약했다. 로크플랑은 남자와 놀아난 여자들에게 어찌된 일이냐고 힐난하면, 그녀들은 "조르주 상드를 읽었고, 깊이 사랑했다"라고 답할 것이라고 비꼬았다(Rocqueplan 1853: 21, 29). 그런 비판을 보면, 그리고 그 소설의 인기가 계속해서 높았던 것을 보면, 로크플랑과 같은 인물들과 다르게 상드를 읽은 여성 독자들이 상당히 많았다고 추측할 수 있다. 롱생은 그에 대한 흥미로운 증거를 제시한 바 있다(Ronsin 1992: 77).『폴과 비르지니』는 1815년부터 1850년까지 57판을 찍음으로써 모든 베스트셀러 기록을 갈아치웠다. 제르멘 드 스탈의『코린나, 이탈리아 이야기』역시 1830년대에 다시 인쇄되어 꽤 괜찮은 판매 실적을 기록했다(Lyons 1987: 89, 103). 그런 사실들을 보면, 당시 많은 교양층 여성들이 그들의 사랑과 판단이 남자들에 의해 저평가되고 있으며, 삶의 기회가 그런 지배적인 태도에 의하여 손상되고 있다고 믿었다고 추측할 수도 있다.

그렇다면 당시의 프랑스 사회는 평온한 겉 표면이 사회적 명성과 가족의 명예를 지켜주던 반면에 실제 결혼은 위기에 봉착한 사회였을까? 삽화적인 증거들만이 존재하기에 그 질문에 답하기는 어렵다. 1816년에 이혼이 불법화되었고 별거도 쉽게 허락되지 않았기 때문에, 대부분의 가정은 유지되고는 있었다. 그러나 사실상 별거인 관계가 많았다. 그리고 그런 관계가 관례적인 결혼생활의 일부로 받아들여졌다(Reddy 1993, 1997b).

베르톨레의 연구는 19세기 초에 결혼이 과도하게 높은 기대를 감당해야 했다는 것을 보여준다. 혼인에 걸던 기대가 높았던 데는 이유가 있었다. 초기 산업화에 해당하는 그 시점에 사람들은 자신의 사회적 정체성을 과거처럼 특권, 길드, 거주 환경 등에서 얻을 수 없었다. 그 공백은 이성과의 달콤하고 제약 없는 친밀성에 의하여 메워졌다(Bertholet 1991). 문학과 예술 속에 잔존하던 감상주의도 그 기대를 부추겼다. 그러나 토지는 여전히 부(富)의 가장 일반적인 형태였고, 결혼과 상속은 토지에 접근하는 가장 일반적인 방법이었다. 따라서 많은 사람은 결혼이 자신을 재산에 접근시키는 동시에 친밀성에 대한 욕망을 만족시켜주어야 한다고 믿었다. 우리는 제4장의 고그/피카르의 혼인과 별거 사건에서 신랑인 고그가 그런 포괄적인 기대를 품은 것을 보았다. 그는 어머니로부터 포도원을 상속받게 될 아내, 자신과 동급인 어느 정도 품격 있는 사회적 지위를 보유하고 있으면서 그의 삶을 "꽃으로 가득한 정원"으로 만들어줄 아내를 원했다. 베르톨레의 연구는 당시 많은 남편들이 그런 정원을 실제로 갖게 되거나, 그렇지 않으면 앵디아나의 남편처럼 기대를 충족시켜주지 못한 아내에게 영원한 증오심을 품었다는 것을 보여준다.

치안판사인 마리-앙드레-로랑 오도아르는 결혼한 지 1년이 지난 1812년에 아내에게 편지를 보냈다. 당시 두 사람은 판사 업무 때문에 잠깐 떨어져 지내야 했다. "나는 당신과 분리된 2주일이 그토록 오랜 시간일지는 정말 생각도 못했다오. 내가 당신을 품는 기쁨을 맞본 지 벌써 1년이나 흐른 듯이 느껴지니 말이오. 사랑하는 당신을 생각하지 않고는 단 1분도 지나가지 않아요! 그 모든 순간에 내가 당신을 내 가슴에 어떻게 끌어안는지!" 20년 뒤 비슷한 상황에서 그는 썼다. "당신이 세상을 떠나는 불행한 일이 내게 닥친다면, 나는 곧장 당신을 따를 거라오"(Bertholet 1991: 22). 1826년 브로세라는 남자는 자기가 한 중매결혼을 찬양했다. "만일 (혼인의) 행복이 사랑에서 오는 것이라면, 만일 사랑이 존중심에서 출발해야 하는 것이라면, 만일 존중심이 오로지 원하는 상대에 대한 정확한 인식에서 나올 수 있고 또 강해질 수 있는 것이라면, 그렇다면 나는 (신중하게) 맺어진 이 결합이 행복을 가져다주리라 기대할 권리가 우리에게 있다고 생각한다." 혼인한 뒤에 브로세의 아내인 엘리자는 "그 순간부터 자신의 존재를 영원히 포기하고 남편의 의지에 따라 자신을 주조하는 것을 그녀의 영원한 법으로 삼았다." 베르톨레는 설명한다. "상대방은 부인되지 않는다." 상대방은 "합병된다"(Bertholet 1991: 23, 27). 그 상대방은 물론 여성이다.

역사가 우브르는 파리의 엘리트 살롱에서 행해지던 성적 관행의 흥미진진한 세부 사항들을 부각시켰다. 그중 일부는 상드가 그려낸 라미에르의 면모를 확인해준다. 예를 들어서 샤를 레뮈사는 회고록에서 복고왕정 시기의 귀족 살롱들이, 적절하기만 하면 혼외관계에 얼마나 너그러웠는지 보여준다. 레뮈사는 자기도 그런 분위기를 이용했다고 인정한다. "나는 지위가 나보다 한 단계 낮은 곳에서 가끔씩 내 가슴을 풀고는 했다. 내가 '가슴'이라고 했지만, 가슴이 진정으로 투입된 경우는 거의 없었다"(Houbre 1997: 329). 우브르는 상드가 간과한 측면도 언급한다. 레뮈사, 장-자크 앙페르, 이폴리트 오제, 프레데리크 드 카르시와 같은 젊은 남자들은 연상의 멘토 여성들에게 이끌려 살롱의 성적 관행에 입문했다.

연상의 여성들에 대한 그들의 감정은 관능적인 욕망과 고결한 감정적 헌신의 자극적인 혼합이었다. 앙페르는 르카미에 부인과의 연애를 진지하게 여겼다. 거리를 조금 두려던 쪽은 정작 그녀였다. 1824년에 앙페르는 자신의 일기에 고백했다. "어젯밤" "나는 R부인의 촉촉한 손을 잡았다. 매우 늦었지만 드디어 나는 그녀를 안았다. 그녀의 손에 키스 세례를 퍼부었다. 나는 영혼의 충만함과 감각의 향락 간의 차이를 알게 되었다"(Houbre 1997: 327).[21] 그러다가 젊은 처녀들에게 끌리는 것을 느끼자 그는 어떻게 행동해야 할지 고투한다. "나는 진정한 열정일 경우에만 다가갈 것이다." "처녀들은 너를 타락시킨다. 작은 희롱조차 R부인에 대한 내 사랑의 아름다움을 망쳐놓을 것이다. 그러나 진정한 사랑에 대해서는 어쩔 수 없다"[22](자신의 변덕스러운 열정과 싸우던 레몽 드 라미에르도 똑같은 문장을 썼을 것이다). 레뮈사도 찬란한 바랑트 남작부인의 품속에서 첫사랑을 경험했다. "나는 무척 젊었다. 나는 언제나 품위 있고 애달프며, 심원하고 영원하며, 고결하고 사심 없는 헌신으로 물들어 있으며, 의무와 명예와 진실의 열정에 의해 뜨거워진 사랑을 꿈꾸고 있었다"(Houbre 1997: 328).[23]

그러나 그 청년들도 종종 두려워했다. 앙페르는 르카미에 부인에 대한 감정에 대하여 썼다. "물론 그것은 나를 바보처럼 보이게 한다."[24] 프레데리크 드 카르시는 연인을 이용하여 폐쇄적인 살롱에 출입하게 되었다고 자랑했지만, 그는 자신의 예민한 성격과 다른 남자들에 대한 두려움을 간접적으로 인정했다. 레뮈사는 그의 이상주의가 자신이 젊은 탓이라고 변명하는 동시에, 그 젊음이 빠르게 가버린다는 것을 의식했다. 물론 과거 구체제에서도 엘리트들은 살롱에서 비슷한 경험, 즉 이상주의적으로 출발하지만 싫증이 많아지고 기억할 만한 성숙한 경험은 적어지는 경험을 했다. 그러나 19세기 초의 젊은이들은 숭고한 것으로부터 수치스러운 것으로 더욱 빨리, 그리고 더욱 속절없이 추락했다. 이는 그들이 쿠쟁의 "심리학적인" 성찰을 통하여, 즉 임상 관찰적인 거리 속에서 자기 자신을 관찰하였기 때문이다.

그러한 자기관찰의 지배력, 이성의 차가운 빛의 말라 죽이는 힘, 어른이 되는 가운데 학습했고 수많은 일기와 회고록과 소설에 표현된 그 힘들은, 당대인들이 청소년기에 특별한 관심을 기울인 이유이기도 했다. 우브르는 일련의 증거들을 통하여, 10살에서 16살에 이르는 기간이 극단적으로 긴밀한 우정의 시기요, 형제자매에 대한 열정적이기까지 한 애착의 시기였으며, 미래에 대한 격렬한 상상의 시기였다는 점을 보여준다. 이는 부유한 집의 폐쇄적인 세계와 청소년들이 갇혀 있던 엄격한 기숙학교가 그 연령대를 환상과 희망의 독특한 시기로 만들었기 때문이었다. 우브르가 제시한 증거의 대부분은 회고적인 설명들이다. 청소년기를 그렇듯 특별한 열기를 갖고 회고하도록 한 것은 성인이 된 뒤의 실망과 무기력이기도 했던 것이다.

우리는 조르주 상드가 그처럼 쉽게 변하고 불안정하며 기회주의적인 자아를 비판한 것에 박수를 보낼 수 있다. 그러나 나의 주장은 바로 그러한 자아의 대두가 포스트혁명기 사회를 보다 안정적으로 만들었다는 것이다. 다음 장에서 자세히 살펴보게 될 터이지만, 우리가 해야 할 일은 상드가 가장 격렬하게 비난했던 유형들, 즉 변호사와 설교사와 배우들의 행동에 접근하는 적절한 방법을 찾아내는 것이다. 언제나 완벽하게 진실하고 되돌릴 수 없는 선서만을 강요하는 도덕적 극단주의는 우리를 오도하기 마련이다. 이는 우리가 불완전하고 퇴폐적이어서가 아니다. 정반대로 우리의 주의注意 주변에 흩어져 있는 생각 재료들이 너무나 풍부하기 때문이다. 우리는 해도海圖를 이용하여 감정생활을 항해하지만, 우리가 이용하는 그 해도는 어찌나 기괴한지 우리가 항로를 바꿀 때마다 등고선이 바뀐다. 때로는 매우 실체적으로 바뀐다.

제8장 민사소송 속의 감정

1826년 1월 26일 안나 드 파방쿠르는 그녀의 전 재산(약 5만 프랑)을 약혼자인 프레데리크 데쿠튀르 중위에게 상속한다는 유언장에 서명했다. 그녀는 중병에 걸린 상태였다. 같은 날 그녀는 약혼자에게 휴가를 내서 할 수 있는 한 빨리 파리에 있는 그녀를 방문해달라는 편지를 보냈다.

내가 갈망하는 모든 것을 당신께 보냅니다. 제게는 작별 인사를 건네줄 절친한 사람이 없고, 당신의 가련한 작은 누이는 당신의 이름을 말하겠지만 당신은 그 목소리를 더 이상 듣지 못할 겁니다. 〔……〕 나뭇잎들은 다시 태어나고 자연은 살아서 돌아오겠지만, 나는 삶을 떠납니다! 나는 더 이상 당신 팔에 기대어 걷지 못할 겁니다. 나는 더 이상 당신의 미소를 보지 못할 겁니다. 나의 행복은 꿈처럼 날아가버릴 겁니다. 나의 친구, 당신은 행복하겠지요. 그러나 자신을 너무 학대하지는 마세요. 내가 원하는 것은, 당신이 스스로를 위로하는 겁니다. 사랑하는 프레데리크, 내 목숨보다 소중한 당신, 내 영혼의 영혼, 나와 삶을 이어주는 유일한 끈, 당신은 내가 이 세상을 너무도 일찍 떠나면서 애달파하는 유일한 사람입니다. 당신의 가련한 작은 여자가 당신을 너무나 사랑했다는 것을 결코 잊지 말아요. 〔……〕 당신이 이곳 파리로 올 수 있다면 내가 얼마나 행복할는지요! 나는 그것을 원합니다! 내가 그것을 얼마나 간절히 원하는지 당신은 모를 겁니다. 나는 밤낮없이 그 생각만 합니다. 불가능한 일일까요! 내가 당신을 속이고 있다고(병이 얼마나 깊은지) 생각하지 말아요. 내가 무엇을 먹든 몸이 받지 않습니다. 당신께서 혹시 파리에 계신다면, 내게 자주 위로의 편지를 써주세요. 당신 하나만을 위해 살아온 당신의 작은 여자를 기억하세요. 그녀의 사랑만을 생각하세요. 천 번 만 번 당신을 끌어안습니다. 내가 당신을 사랑하기 때문에, 지상의 그 무엇보다도 당신을 사랑하기 때문입니다. 영원한 당신의 것, 당신의 작은 아내 안나.[1]

　그녀가 죽은 뒤에 민사소송이 벌어졌다. 안나 드 파방쿠르의 친척들은, 파방쿠르가 위 편지를 쓰고 유언장에 서명을 할 때 정신착란의 상태였다고 주장했다. 데쿠튀르의 변호사조차 파방쿠르의 박애 내지 격렬한 사랑을 도덕적인 선으로 변호하지 않았다. 그는 다만 강렬한 열정이 너무나 유감스럽고 혼란스러운 것일지언정 정신착란은 아니라고 주장했을 뿐이다. 그러하니 법원은 유언장의 집행에 간섭하지 말아야 한다고 그는 강조했다. 이 소송에 투입된 주장들은 혁명 이전의 상식과 1826년 사이의 거리를 나타내는 지표라고 할 만하다. 파방쿠르의 편지는 감상주의 언어가 완전히 사라지지 않았음을 보여주지만, 변호사들의 변론은 ― 마자가 검토했던 1770년대와 1780년대의 변론과 너무나 다르게 ― 감상주의가 미덕의 원천이기는커녕 일종의 고통이나 연약함으로 파악되고 있었음을 보여준다. 이 책에서 프랑스혁명의 전후를 다룬 부분은 파노라마 내지 항공사진이었고, 나는 그것을 통하여 이모티브 이론이 역사적 변화의 궤적을 이해하게 해주는 설명 틀을 제공할 수 있다는 것을 보여주고자 했다. 이제는 높은 공중이 아니라 땅 가까이에서 들여다볼 차례이다.

나는 감정을 형성하는 이모티브의 힘이 프랑스혁명의 발발과 결과에 결정적인 영향을 미쳤다고 주장했다. 18세기 말의 감상주의는 혁명 초기에 추동력을 공급했고, 그 후에는 혁명을 극단으로 몰고 갔다. 루이 16세가 혁명적 대의의 배신자로 보이자, 혁명가들은 유토피아적인 희망을 품었다. 그들은 타고난 도덕적 감수성이 과격한 민주주의의 토대로 작동할 수 있으리라고 기대했다. 혁명가들은 그 근거를 자기 자신에게서 보았다. 그들은 이타애와 동정심의 원천을 자신들의 내면에서 발견했다고 믿었던 것이다. 물론 실상은 달랐다. 그들은 소설과 그림과 연극과 정치 드라마가 공급해준 이모티브를 연행함으로써, 그러한 감정을 느끼도록 자기 자신을 훈련했던 것뿐이다. 어쨌든 그렇듯 감상주의가 지배적인 이데올로기가 되자, 그것은 자코뱅으로 하여금 만사를 순수한 공화국의 견지에서 생각하도록 만들었고, 의도와 달리 강력한 감정고통을 유도하도록 했다. 그리고 역설적이게도 그것은 감상주의의 핵심 교의에 대한 신뢰를 떨어뜨렸다(그것은 다음과 같이 작동했다. 진정한 공화국 시민이라면 죽음을 두려워하지 말아야 했다. 그러나 기요틴은 만인에게 공포를 일으켰다. 그러자 만인은 공화주의를 주장하는 자신을 진실하지 않은 사람으로 느꼈다).

그 결과, 로베스피에르의 몰락과 함께 감상주의적 주장들에 대한 깊은 혐오감이 팽배해졌다. 정치 개념도 명예를 강조하는 고전적인 공화주의로 빠르게 이동했다. 자유의 새로운 초석도 능력에 기초하는 남자들의 경쟁에서 발견되었다. 많은 사람들이 감상주의 시대에 학습했던 종류의 자아 성찰로부터 등을 돌렸다. 과거 한때 자기확신의 원천으로 작동했던 도덕적 감수성을 자신의 내면에서 더 이상 발견하지 못하자, 그들이 내면의 새로운 지대를 탐색하기 시작했던 것이다. 그 탐색 방법을 고안해내고 탐색 지대를 지시해준 사람이 바로 피넬, 멘드비랑, 쿠쟁과 같은 사람들이었다. 그들은 재단장한 데카르트적 이분법에 의거하여 그 탐색을 과학적인 것으로 만들고자 했다. 오늘날 우리가 갖고 있는 이분법이 바로 그 이분법이다. 그 실험실적인 접근에 거부감을 느낀 사람들은 미학의 영역으로 망명했다. 그곳에서는 예술의 힘에 대한 거의 제국주의적인 찬양이 데카르트적 이분법의 대안으로 떠올랐다.

그리하여 1815년 이후에 움튼 새로운 시대는 이성과 감정을 날카롭게 구분했다. 물론 이론에서의 그 구분이 고스란히 실천에 적용될 수는 없었다. 아주 단순하게, 감정은 인간 동기의 보편적이고 불가피한 요소이기 때문이다. 혹은, 감정과 생각이 본질적으로 서로 다른 현상이 아니기 때문이다. 그 이분법이 실천에 적용될 수 없다는 것이 드러나자, 사람들은 인간의 이성 능력에 대한 깊은 비관적 태도를 갖게 되었다. 이 역시 멘드비랑과 쿠쟁에게서 잘 나타난다. 두 사람은 자신(그리고 타인)을 환경과 신체의 영향에 휘둘리는 존재로, 망상에 가득 찬 존재로, 간헐적으로만 합리성을 따르는 존재로 바라보았고, 또한 그것이 감정과 희망에 미치는 영향을 두려워했다. 자신의 연약성에 대한 느낌은 명예에 대한 관심을 고조시켰지만, 연약한 사람들은 명예의 유연성에서, 즉 은폐를 통하여 치유하는 명예의 능력에서 피난처를 찾았다.

재정의된 명예 코드와 결합된 새로운 비관론은 보다 관대하고 그래서 보다 유연한 질서를 창출했다. 1792~1794년과 비교해서 기대치가 근본적으로 낮아졌다. 동시에 나폴레옹 법전은 아내와 자식에 대한 가부장의 권력을 실체적으로 뒷받침했다. 그 권력은 남자가 — 아무리 연약하다고 할지라도 — 여자와 아이들보다 비교할 수 없을 정도로 합리적이라는 근거에서만 정당화될 수 있었다. 조르주 상드처럼 비판적인 사람이 보기에는, 남자란 합리적이기는커녕 깨지기 쉬운 존재였고 따라서 그 자체로 위험이었으며, 그 위험은 남자에게 부여된 법적인 권력에 의하여 더욱 강화되었다. 그런 시각에서 보면, 1794년 이후의 역사는 체계적인 자기기만으로 미끄러져 들어가는 과정이다. 그러나 우리는 상드의 감상주의가 주장하는 것과 달리, 기대치의 저하가 성격상 비판적인 것이기는 하지만 실제의 감정 경험과 더욱 합치된다는 점에 유의해야 한다.

내가 보기에 문제는 레몽 드 라미에르가 자신의 마음을 몰랐다는 것이 아니라, 그가 부당한 특권과 영향력을 향유했다는 데 있었다. 특히 여자들에 대한 그의 권력, 여자들의 삶에 들어가기도 하고 빠져나오기도 하는 힘, 방해물도 설명의 책임도 없이 그들을 이용할 수 있는 능력이 그의 깨지기 쉬운 연약함을 더욱 지독하게 만들었던 것이다. 한마디로 말해서, 새로운 시대의 근본 문제는 비관론에 있었다. 그 비관론에 맞서서 여자와 노동자와 비유럽인 남성을 해방시키는 것만으로는 불충분하다. 해법은 인간의 유연성과 조형성을 긍정적인 전망에서 새로이 개념화하는 것에서만 찾을 수 있다. 그러나 그것은 현재까지 도달하지 못한 목표이다.

이상이 앞의 세 장에 제시한 1700년과 1848년 사이 프랑스 감정사의 대체적인 그림이다. 이제는 그 그림을 1차 사료를 이용한 바닥 연구로 보충할 차례이다. 목표는 두 가지다. 첫째, 이모티브 이론이 1차 사료 연구에 어떻게 이용될 수 있는지 보여주는 것. 둘째, 현실의 사람들이 낭만주의적인 감정체제의 비관적인 영역을 어떻게 항해했는지 보여주는 것.

1. 사료와 방법

이런 연구는 마땅히 법원 사료를 이용해야 한다. 재판 기록은 지난 20년 동안 신문화사에 공통적으로 이용된 사료이기도 하다. 카를로 긴즈부르크, 나탈리 Z. 데이비스, 크리스틴 스탠슬은 사법 기록을 선구적으로 이용했고, 이 책 제6장에서 논의된 사라 마자의 중요한 연구도 사법 사료에 의존했다(Maza 1993). 나는 마자처럼 형사 사건보다 민사 사건에 집중하기로 했다. 민사법원은 일상적인 갈등을 다루기에, 민사소송은 형사소송에 나타나기 쉬운 왜곡의 가능성이 훨씬 덜하다. 더욱이 당시 민사소송은 평등한 조건 아래서 명예와 성공을 위해 경쟁하던 남자들의 영역이었다. 그들 중 한 부류가 바로 변호사들이었다. 그리고 변호사는 조르주 상드가 감정을 이용한다고 그토록 불신했던 집단 중 하나였다.

민사소송 자료는 풍부한 감정표현도 담고 있고, 감정표현의 적절성에 대한 훈계와 열띤 토의도 포함되어 있다. 그리고 법원은 예술과 달리 기본적으로 규범을 강요하는 기관이다. 법정에서 법을 해석할 때, 판사와 변호사들은 불문不文의 전제들과 태도들을 고려하고 도덕적·시민적 규범들을 설명한다. 따라서 법정에서 감정이 표현되면, 당대 규범에 대한 정보를 얻을 가능성이 높다. 그러나 사법 기록에는 약점도 있다. 법정은 모호성이 해결되어야 하는 장소이다. 따라서 그곳에서 생산된 자료는 법원 밖 현실에서 통용되는 관용과 위반의 정도를 대표하지 않을 수도 있고, 비공식적인 대항적 규범 체제의 존재를 은폐할 수도 있다(Morrill 1998).

이러저러한 자료상의 편향성을 교정하기 위하여 나는 두 종류의 민사소송 자료를 이용했다. 하나는 역사가들에게 이미 알려져 있는 인쇄된 사료이고, 다른 하나는 역사가들이 거의 이용하지 않은 기록관 사료이다. 그 두 유형의 사료는 서로를 보충해주고 교정해준다. 인쇄된 사료인 『법원소식』은 법률가와 교육받은 독자들을 겨냥하여 1825년에 창간된 일간지이다. 프랑스에서 법정 심리에 대한 관심은 당시에 이미 어제오늘의 일이 아니었다(Davis 1983; Maza 1993). 그런 터에 혁명의회가 법정의 심리 내용을 공개하도록 법을 개정하자 관심이 더욱 고조되었다. 신문의 편집자들은 이를 이용하고자 했다. 그들은 전문가들에게는 실무적으로 유용하고 대중에게는 정치적으로 매력적일 만한 소송을 심층 보도했다. 대중의 흥미를 끌리라고 예상되는 사건의 경우에 신문은 변호사의 변론, 검사의 의견(민사소송의 경우 정부의 대표로서 검사가 항상 의견을 표명했다), 판사의 판결문을 전문 그대로 게재하기도 했다. 방청객의 반응까지 곁들여진 법정의 구두 변론이 녹취록 형태로 보도되는 경우도 적지 않았다.

그러나 문제점도 있다. 신문은 세간의 이목을 끌었거나 유명인이 연루된 사건, 심지어 말솜씨가 뛰어난 변호사가 변론한 사건을 선호했다.

어떤 사건을 보도할 것이냐, 그 사건을 얼마나 자세히 보도할 것이냐를 결정하는 데는 다양한 편견이 개입되기 마련이다. 문제는 그 편견을 없앨 방법이 역사가에게 없다는 것이다. 게다가 『법원소식』의 보도는 파리 법원에 편중되어 있었는데, 파리 법원의 기록은 대부분 파괴되고 없다. 따라서 보도 내용을 공식 기록을 통하여 검증할 도리도 없다. 그러나 신문의 편집 정책이 그 자체로 흥미로운 증거가 되기도 한다. 어쨌거나 『법원소식』은 성공적이었고, 모방되었다. 이는 『법원소식』이 사람들의 정보 허기에 대한 응답이었음을 보여준다.

1825~1829년의 경우 신문의 색인을 보면 1심 재판에 대한 기사 전체를 확인할 수 있다(항소심 심리는 그렇지 못하다). 1830년부터는 색인이 갈등 내지 범죄의 유형에 따라 작성되었다. 1심과 항소심에 대한 보도도 각각 달랐다. 1심에서 개진된 변론은 폭이 넓었고, 제시된 증거의 내용도 대단히 충실했다. 항소심의 변론은 법의 일부 측면에만 집중했고, 게다가 일부는 기술技術적인 문제에 국한되거나 모호했다. 그래서 나는 분석 샘플을 1825년 11월부터 1829년 10월 사이에 보도된 1심 재판에 대한 보도에서만 선택하기로 결정했다. 나는 신문에 3회 이상 보도된 사건만을 골라냈고, 그렇게 하여 총 46건의 샘플을 확보했다(3회 이상 보도된 경우, 신문에 구두 진술이 온전하게 인용되거나 녹취록의 형태로 게재되고 더불어 판결문까지 실렸을 가능성이 높았다).

이 책에 이용된 또 하나의 사료는 베르사유 민사법원 기록관의 보존 기록이다. 그 파일은 내가 과거 연구(1993, 1997)에서 이용한 것이기도 하다. 베르사유 기록관에는 19세기 전반기의 법원 판결문이 완전하게 보존되어 있다. 다만, 관련 문서와 증언록은 대부분 소실되었다(구두로 이루어진 법정 공방은 보존 기록으로 남겨지지 않았다). 역사가가 진술, 이의, 증언록을 배제하고 오직 판결문에서 법정 공방을 추론하는 것은 곤란한 일이다. 불행 중 다행으로, 1840년과 1841년의 경우 28개나 되는 민사소송의 증언록 전체가 보존되어 있다. 그 속에는 20명이나 되는 증인의 증언이 담겨 있다. 이는 증인의 태도와 재판부의 결론을 적절히 추론하기에 충분한 규모다.

훈련받은 법률가들과 달리 일반인 증인들은 자신의 증언을 기록용으로 진술하도록 훈련받은 사람들이 아니다. 그중 일부는 판사의 최종 판결과 개인적으로 무관한 사람들이었다. 따라서 그들의 진술은 변호사들이 견지하던 공식적이고 규범적인 입장의 저편, 즉 방청객들로 가득 찬 법정의 변론석이 아니라 길거리 사람들이 사물을 어떻게 보는지 엿볼 수 있게 해준다. 그 발언에는 『법원소식』의 편집 정책이 인간과 역사가 사이에 개입하지 않기에, 우리는 그것을 통하여 신문에서 취한 샘플의 신빙성을 점검할 수 있다. 제4장에서 간단하게 논의한 고그와 피카르 사이의 별거 사건은 바로 베르사유 사법 기록에서 취한 것으로, 그 기록의 이용 가능성을 예비적으로 보여준 것이기도 하다.

2. 네 개의 소송

나는 이 책의 제6장에서 총재정부 시기(1795~1799)와 나폴레옹 치세(1799~1814)가 감상주의를 삭제하였고, 감정과 감수성을 여성과 사적 영역에 배치하였으며, 진실성이 공적 영역에서 점하는 가치를 평가절하했다고 주장했다. 이런 역사적 사정에 근거하여, 나는 샘플에 등장하는 민사 사건들이 비교적 단순한 패턴을 보여주리라고 예상했다. 여자와 가족과 관련된 사건 — 유언장, 별거, 친자 인정, 지참금 등을 둘러싼 갈등 — 에는 감정과 감정표현에 대한 논의가 포함되어 있을 것이다. 공공 행위 및 상업과 관련된 사건 — 부채 상환, 소유권, 압류, 계약 이행을 둘러싼 갈등 — 에는 감정에 대한 언급이 별로 없고, 있어도 메마른 언급들일 것이다. 놀랍게도 나의 예상은 빗나갔다.

가족 사건에 감정이 보다 직접적으로 개입된 것은 사실이다. 소송에 이르게 된 유언장이 극단적인 감정 상태에 의하여 초래된 무기력 속에서 작성된 경우도 있었다. 별거 문제의 초점은 주로 남편의 "가혹행위"였는데, "가혹행위"라는 개념은 남편의 의도(감정)와 행동이 배우자의 감정에 미친 효과에 대한 해석을 담고 있었다. 물론 가족과 관련된 소송이 모두 그런 종류였던 것도 아니고, 가족과 관련되었지만 감정에 대한 언급이 거의 없는 소송도 많았다. 거꾸로 상업과 관련된 소송에서도 변호사들은 의뢰인들의 감정 상태를 변론 속에 포함시켰다. 이는 법원이 공적 행위와 상업 행위가 이성만이 아니라 도덕적으로 적절한 감정에서 연원한다고 전제하고 있었기 때문이다. 그들이 규범적인 감정표현이 일상적인 일에 반드시 필요하다고 여겼던 것은 아니다. 그러나 관계가 뒤틀리고 갈등이 불거지면, 당사자의 행동이 적절한 감정에서 추동되었는지 확립하는 것이 변론에서 매우 중요했다. 그 감정이 입증되면, 상대방이 말한 진술의 사실성에 의구심을 제기할 수 있었기 때문이다.

더욱이 세간의 주목을 받게 되면, 의뢰인들은 변호사들로부터 승소 이상을 기대했다. 그들은 변호사가 자신의 명성을 보호해주고, 상대방의 중상모략을 벗겨주며, 설혹 패소한다고 하더라도 자신의 행동과 감정을 그럴싸한 이야기로 포장함으로써 패소의 피해를 최소화하기를 원했다. 변호사들 역시 그들이 의뢰인들에게 부여한 감정(격분 혹은 후회,

평온 혹은 단호함)을 가능한 한 생생하게 표현하려 했다. 19세기 초 프랑스의 변호사들의 활동에는, 오늘날의 항공기 승무원이나 발리인들 혹은 인도 팍스툰의 나이 든 여성들과 마찬가지로 감정을 표현하는 기술이 포함되어 있었던 것이다.

민사소송에 대한 분석은 세 가지를 목표로 한다. 첫째, 우리는 그 텍스트에 기입되어 있는 감성, 이성, 공사公私, 도덕, 젠더, 명예, 이익과 같은 복잡한 개념들의 지형도를 그려내야 한다. 둘째, 그 개념들의 복잡한 의미 지형이 감정 "관리체제"의 일부로 파악되면 그 지형이 역사 속의 한 계기로 보다 잘 이해될 수 있는지 우리는 점검해야 한다. 여기서 감정 "관리체제"란 크든 작든 이모티브의 구성적인 힘을 이용하는 체제로서, 감정의 항해와 관련되는 문제들을 어느 정도나마 이해하게 해주는 것이다. 셋째, 우리는 그 체제에 특징적인 유도된 감정고통의 종류들과 감정 피난처의 형태들을 평가해야 한다. 그로써 우리는 복고 시기가 감상주의 시대보다 안정적이었던 이유를 설명할 수 있을 것이다.

나는 논의를 『법원소식』에서 가져온 샘플 네 개에 대한 상세한 보고로 시작하려 한다. 그중 두 개는 가족 내부의 갈등에서 비롯된 소송으로, 하나는 감정적인 사건이고 다른 하나는 덜 감정적인 사건이다. 나머지 두 개는 상업 소송으로, 하나는 감정적인 사건이고 다른 하나는 덜 감정적인 사건이다. 이어서 나는 그 네 가지 소송을 통하여 그려낸 당대인들의 감정 지형을 샘플 전체를 통하여 점검할 것이다.

(1) 랄르망 가족 대 데쿠튀르의 소송(1827년)

『법원소식』은 1827년 1월, 2월, 3월에 랄르망 대 데쿠튀르의 소송을 일곱 차례나 보도했다. 그 소송은 우리의 샘플 중에서 감정에 대한 논의와 감정표현이 가장 많고 가장 분명한 소송이다. 안나 파방쿠르는 1826년 3월에 22세의 나이로 사망했다. 그러자 그녀의 친척들이 유언장 무효 소송을 제기했다. 그녀의 유언장은 단 한 문장으로 구성되어 있었다. 그녀의 전 재산인 약 5만 프랑을 약혼자인 데쿠튀르에게 남긴다는 것이었다. 5만 프랑은 당시 막대한 액수는 아니었다. 그 돈을 이자율 5%로 은행에 예금한다고 치면, 이자 소득이 연간 2천5백 프랑이다. 그 돈은 당시 정육점 주인이나 석공 혹은 중하급 공무원의 연소득과 엇비슷한 액수이다. 그 돈으로는 품위 있는 삶이 불가능하지는 않았겠지만, 굉장히 절약해야 했을 것이다(Reddy 1997b). 물론 그 정도의 가외소득이 있다면, 안락한 삶이 보장되었다.

유언장이 무효화될 경우 상속인은 그녀의 친척들(삼촌, 고모, 고모부)이었고, 바로 그들이 이 소송의 원고였다. 그들은 당대의 유명 변호사 앙투안 에네캉에게 변호를 맡겼다. 에네캉은 유언장을 무효화하기 위하여 세 가지 주장을 펼쳤다. 첫째, 데쿠튀르와 안나 드 파방쿠르는 혼외의 성적 관계를 맺었기 때문에, 유언장은 공적 도덕에 대한 모독이다. 그것만으로도 유언장은 무효화되어야 한다. 에네캉이 그 측면을 세공하는 데 별로 공을 들이지 않은 것으로 보아서, 그는 그 논점이 약하다고 여겼던 것 같다. 둘째, 데쿠튀르 중위에 대한 안나 드 파방쿠르의 사랑은 극단적이었다. 그 사랑은 그녀로부터 이성을 빼앗았고, 그녀를 정신착란에 빠뜨렸다. 다시 말해서 그녀는 유언장에 서명할 정신적 능력이 부재한 상태였다. 셋째, 데쿠튀르는 안나 드 파방쿠르의 극단적인 열정을 냉소적으로 이용했다. 그는 거짓 결혼 약속을 반복했고, 와병 중인 그녀를 압박하여 유언장을 쓰도록 하였으며, 자신에게 상속을 천명한 유언장을 변경시키지 않도록 했다. 따라서 그는 "유언 사기," 즉 상속을 얻어내기 위한 기만행위를 한 것이다. 첫번째와 두번째 주장은 유언장에 서명한 1826년 1월 26일의 안나 파방쿠르의 감정 상태에 대한 해석이고, 세번째 주장은 데쿠튀르의 감정과 의도에 대한 해석이다. 에네캥은 사건의 중심에 감정이 있다고 해석한 것이다. 에네캥만큼이나 유명한 변호사로서 데쿠튀르의 변호를 맡은 프랑수아 모갱 역시 반론의 중심에 감정을 위치시켰다.

『법원소식』은 일곱 번의 보도에서 두 변호사의 모두冒頭 변론, 첫번째 반론, 두번째 반론을 거의 완전한 형태로 게재했다. 검사의 의견과 판사들의 판결문 역시 전문이 게재되었다. 증거로 제출된 문서는 소실되었지만, 변호사의 변론에는 데쿠튀르, 파방쿠르, 그녀의 부모, 그녀의 삼촌의 편지 16통이 인용되었다. 소송은 뜨거운 관심을 받았다. 변호사들은 법정에서 소송에 세간의 관심이 쏠리고 있다고 말했고, 『법원소식』은 1827년 1월 12일 두번째 심리가 시작되었을 때 방청객들이 구름처럼 몰려드는 모습을 보도했다. 그리고 신문은 웃음소리, 눈물, "브라보"가 수반된 열띤 박수, 주심판사의 경고 등 방청석의 반응을 21회나 묘사했다. 두번째 심리에는 파리의 변호사협회가 나타났고, 그들을 위하여 보호 철책으로 둘러싸인 특별 좌석이 설치되었다. 그들은 에네캥과 모갱이 변론을 마치면 따스한 축하의 말을 건네기도 했다. 『법원소식』은 두 사람의 날카로운 변론이 파리 법원에 오랫동안 기억될 것이라고 평했다.

두 변호인과 검사 베르나르는 변론과 의견서에서 사건에 대한 자신의 해석을 뒷받침하기 위하여 감정, 이성, 인간의 성격에 대한 일반적인 진술을 총 16번 했다. 사건의 특정 측면을 해석하는 가운데 감정에 대한 당대인들의 공유된 상식에 의거한 경우도 많았다. 이는 변호인들의 변론 자체가 고도로 감정적이었음을 가리킨다. 변론의 감정성은 또한 변호인들이 변론에 선택한 단어들, 『법원소식』이 변호인들의 목소리 톤을 전달하기 위하여 느낌표를 무려 90번 이상 삽입했다는 사실, 에네캥이 첫번째 반론에서 자신의 감정에 압도되어 변론을 두 번이나 멈춰야 했다는 사실에서도 분명하게 드러난다. 두 변호사의 명성, 그 소송의 높은 유명세, 변호인들의 변론에 쏟아진 광범한 동의를 고려할 때, 감정과 감정표현에 대한 그 수용적 태도는 지극히 흥미로운 지점이다.

에네캥은 사건을 다음과 같은 판본으로 제시했다. 1821년 데쿠튀르 중위는 그가 주둔하고 있던 낭시의 한 사교 모임에서 17세의 파방쿠르와 그녀의 어머니를 만났다. 두 사람은 서로에게 끌렸고, 파방쿠르의 어머니는 그것을 승인했다. 어머니는 그 후 두 사람이 자주 만나는 것도 허락했다. 중위가 스트네에 전보 배치된 후에도, 어머니는 두 사람의 편지 교환을 허용했다(에네캥이 침묵했지만 모두가 알고 있던 사실은, 당시 미혼의 청춘 남녀가 편지를 주고받는 것은 두 사람이 암묵적으로 미래를 약속했다는 것을 뜻하였고, 그렇지 않은 경우 그것은 매우 부적절한 행동이었다는 점이다). 에네캥은 데쿠튀르가 파방쿠르의 열정을 고의로 고조시키기 위하여 거짓 편지를 썼다고 주장했다. 그에 대한 증거로 제시된 편지에서 데쿠튀르는 묘령의 젊은 여자가 자신을 방문한 사실을 털어놓았다. 여자는 파방쿠르가 더 이상 그에게 관심이 없다고 주장하면서, 그 증거로 편지 몇 통을 내놓았다. 편지에서 데쿠튀르는 그 사실을 적시한 뒤에 자신은 파방쿠르를 믿기에 편지들을 쳐다보지도 않고 태워버렸다고 말했다. 스트네에서 보낸 또 다른 편지에서 데쿠튀르는 적군이 자신의 편지를 중간에 가로채서 많은 편지가 그녀에게 도달하지 못했다고 설명했다. 에네캥은 그 주장들을 조롱했다. 그것들은 파방쿠르의 불안을 부채질하고 그녀의 섬세한 상상력에 불을 붙이기 위하여 꾸며낸 거짓말이었다는 것이다.

그 후 데쿠튀르는 병에 걸렸다. 파방쿠르는 필사적이었고, 어머니를 닦달한 끝에 어머니와 함께 스트네로 갔다. 데쿠튀르가 메츠로 전보 배치되자, 모녀는 그곳도 찾아갔다. 한 번은 네 달 동안 그곳에 있었다. 그때 두 사람은 어머니의 허락 속에서 그들만의 시간을 자주 가졌고, 최소 한 번은 파방쿠르가 중위의 접근에 굴복했다. 모녀가 낭시로 돌아오자, 파방쿠르의 아버지가 아내의 행동을 비난했다. 낭시의 상류사회도 파방쿠르와 어머니를 외면했다. 메츠 방문에 대한 소문이 퍼졌던 것이다. 그러자 모녀는 아버지의 뜻을 어기고 낭시를 떠나 베튄으로, 그 다음에는 파리로 갔다. 아버지는 송금을 끊었고, 모녀는 파리에서 진짜 가난이 무엇인지 체험했다. 그때 데쿠튀르는 1823년의 프랑스 침략군과 함께 스페인에 있었다. 그는 자신이 전투에서 발휘한 용기를 과장하는 편지를 파방쿠르에게 보내기는 했지만, 돈은 한 푼도 보내지 않았다.

에네캥에 따르면, 데쿠튀르는 파방쿠르에게 결혼을 약속했지만 온갖 핑계를 대면서 결혼을 연기했다. 당시 장교가 결혼하기 위해서는 전쟁부 장관의 허가를 받아야 했고, 결혼식은 진급에 부정적인 영향을 끼칠 수 있었다. 데쿠튀르에게는 부유한 삼촌이 있었다(부모는 사망했다). 데쿠튀르는 파방쿠르에게, 그 삼촌이 그녀의 미덕에 문제가 있다는 소문을 듣고 결혼에 반대한다고 설명했다. 에네캥은 그것이 구차한 변명일 뿐임에도 불구하고 파방쿠르가 그 말을 믿은 것은, 그녀의 열정이 그녀를 얼마나 왜곡시켰는지 보여준다고 설명했다. 파방쿠르가 바친 희생을 생각했더라면, 데쿠튀르가 파방쿠르의 명예를 회복시키기 위하여 진급과 유산에 대한 생각을 기꺼이 제쳐두어야 했다는 것이다. 1825년에 파방쿠르와 어머니가 낭시로 돌아왔다. 그러나 아버지의 건강은 이미 크게 악화된 상태였다. 딸의 행동거지가 안겨준 끔찍한 고통으로 약해진 그는 모녀가 돌아온 직후에 사망했다. 어머니 역시 딸의 명성이 땅에 떨어진 데 대한 고통에 짓눌린 끝에 몇 달 뒤에 죽었다. 부모와 사별한 파방쿠르는 다시 파리로 갔다. 그러나 군복무 중인 데쿠튀르가 가끔씩 방문하기만 할 뿐 결혼할 생각은 없는 상황에서, 파방쿠르는 그에 대한 열정으로 시들어갔다. 그녀는 갈망과 실망으로 갈수록 약해진 끝에 1825년 12월과 1826년 2월 사이에 결국 정신을 놓아버렸다. 정신착란 증세가 갈수록 심해지자 친척들이 관심을 갖기 시작했다. 1826년 2월 치안판사가 그녀에게 금치산을 선고하고 샤랑통 병원에 수감시켰다. 그로부터 3주일 뒤에 파방쿠르는 사망했다.

에네캥의 설명은 계속된다. 친척들이 개입하기 전인 1826년 1월 26일, 데쿠튀르가 파방쿠르를 설득하여 자기 자신을 유일한 상속자로 지정한 유언장을 작성하도록 했다. 데쿠튀르의 대리인이 파방쿠르에게 유언장 견본을 가져다주었고, 데쿠튀르는 그녀가 유언장에 모사할 수 있도록 자신의 이름자를 적어주었다. 그때 파방쿠르가 공증인과 의논하기를 원했지만, 데쿠튀르가 막았다. 유언장을 손에 넣은 데쿠튀르는 파방쿠르의 광기가 심해지자 그녀를 떠났다. 에네캥은 결론을 내린다. 데쿠튀르는 냉소적인 유혹으로 세 명의 가족을 죽음으로 내몰았다. 그리고 이제 그가 약탈의 과실을 수확하려 한다. 파방쿠르의 친척들은 돈에 관심이 없다. 그들은 오로지 그 범죄자가 약탈물을 향유하는 것을 막고, 그들의 조카가 계산된 유혹과 함정의 희생자였다는 것을 보여줌으로써 그녀의 명예를 회복시켜주려 할 뿐이다.

데쿠튀르의 변호인 모갱이 제시한 판본은 물론 다르다. 파방쿠르가 데쿠튀르에게 끌렸듯이, 데쿠튀르는 처음부터 파방쿠르에게 열정적으로 끌렸다. 파방쿠르의 어머니는 편지를 보내서, 데쿠튀르를 방문했던 그 묘령의 젊은 여자가 그녀가 혐오하던 친척(그는 소송인의 한 명이었다)의 하녀라는 것을 확인해주었다. 그 친척은 파방쿠르의 평판을 떨어뜨리려 했다. 파방쿠르의 어머니, 파방쿠르, 파방쿠르의 아버지 모두가 유언장을 무효화하려고 나서게 될 그 친척들을 싫어했다. 이는 편지에 들어 있는 수많은 언급들로 증명된다. 파방쿠르가 유언장을 작성한 이유 중의 하나는 바로 그 친척들이 재산을 상속받지 못하도록 하는 것이었다. 메츠에서 파방쿠르와 데쿠튀르가 서로에 대한 약함에 굴복했던 것은 사실이다. 그러나 데쿠튀르는 파방쿠르와 진정 결혼하고자 했다. 다만 재산이 없었기에 그는 약소한 중위 월급에 매달려야 했다. 처지가 그토록 가련한 터여서, 데쿠튀르는 삼촌이 죽기를 기다려야 한다고 생각했다. 물론 그것은 잘못된 생각이다. 그러나 그것은 실수이지 범죄는 아니다.

그의 부대 사령관이 증언해주듯이, 스페인 전선에서 그가 보여준 용기는 사실이다. 프랑스로 돌아오면서 그는 전선에서의 공훈을 인정해주는 무공훈장을 기대했다. 그 때문에 그는 군대에 남아야 했고, 또한 그 때문에 조금 더 미혼으로 머물러야 했다. 그러던 차에 파방쿠르의 아버지가 사망했다. 그는 통풍으로 사망했고, 죽으면서 딸을 축복했다. 파방쿠르의 어머니는 천연두로 죽었다. 그다음에는 파방쿠르 자신이 폐병에 걸렸고, 이것이 그녀의 광증을 유발했다. 그때 북부 프랑스에서 복무하고 있던 데쿠튀르는 파리에 있는 병든 약혼녀를 만나기 위하여 자주 휴가를 신청했다. 더불어 그는 자신의 대리인으로 하여금 파방쿠르를 모든 면에서 돌보도록 했다. 파방쿠르가 유언장을 작성하던 때에 데쿠튀르는 파리에 있지도 않았다. 그녀가 그날 쓴 편지는 그 시점에 그녀의 정신이 아주 맑았다는 것을 보여준다. 데쿠튀르가 실수를 저지른 것은 맞다. 그러나 그는 사기를 치지도 않았고 덫을 놓지도 않았다. 파방쿠르가 데쿠튀르에게 강렬한 열정을 품었던 것은 맞다. 그러나 그러한 열정이 사람으로부터 계약서나 유언장에 서명할 능력을 앗아가지는 않는다.

1차 변론의 결론 지점에서 모갱은 데쿠튀르의 극적인 편지를 낭독했다. 데쿠튀르는 두 가지 조건을 수용하면 소송인들에게 돈을 넘기겠다고 제안했다. 첫째, 그가 적법한 상속자이며 소송인들이 안나 드 파방쿠르의 명예를 실추시켰다는 것을 인정할 것. 둘째, 파방쿠르가 편지에 요구한 대로 장례를 치러주고, 죽기 전에 표명했던 그녀의 "비밀" 소원을 들어주기에 충분한 돈을 제공할 것. 편지가 낭독되는 순간 법정에 소란이 일어났다. 예기치 못했던 제안이었기 때문이다. 1주일 뒤에 에네캉은 그 제안을, "짧은 놀라움과 망상의 순간에 사심 없음과 박애에서 비롯된 고귀한 제스처로 받아들여졌던" 그 "유명한" 제안이라고 표현했다. 에네캉은 그 제안의 실상은 전혀 다르다고 주장했다. 그것은 데쿠튀르가 지키지도 않을 제안을 하는 영리한 사람이라는 것을 한 번 더 입증할 뿐이다. 에네캉은 항의했다. 프랑스의 모든 명예로운 가족은 사실과 다른 중상中傷을 인정하지 않는다. 데쿠튀르도 그것을 잘 안다. 그는 파방쿠르의 친척들이 조카의 명예를 실추시켰다는 내용이 들어 있는 제안을 거부하리라는 것을 잘 알고 있었다. 그 제안은 공중을 현혹하기 위하여 유능한 변호사의 도움으로 꾸며낸 작전일 뿐이다.

재판에서 비록 극단적인 감정들이 표현되고 주장되었지만, 양측이 공유하고 있던 감정 상식은 18세기 감상주의의 상식과 뚜렷이 대비된다. 마자가 발견해낸 1770년대와 1780년대의 유명한 소송에서 식별해낸 감정 이데올로기와 이 재판에 나타난 복고 시기의 이데올로기를 비교해보면 무척 흥미로울 것이다. 18세기 말의 민사소송에 나타난 감상주의 이데올로기는 상호 관련된 여섯 개의 명제로 요약될 수 있다. (1) 국민 내지 여론은 궁정의 상위 혹은 피안에 위치한 더 높은 법정이다. (2) 변호사는 사법 심리의 비밀주의에도 불구하고 변론을 공개함으로써 그 높은 법정에 직접 호소할 수 있다(Maza 1993: 115~121). (3) 자신의 감정과 행위에 대한 진실한 고백은 무죄와 미덕의 증거이다. 감정을 속이는 것은 대단히 어렵다. 그래서 죄가 있는 사람은 절대로 자신의 감정에 대하여 공공연하게 말하지 않는다(Maza 1993: 274). (4) 명예는 외양에 관심을 두고 비밀을 선호한다. 따라서 명예는 부정의, 불평등, 귀족 특권, 전제정의 편이다(Maza 1998: 118). (5) 사회는 가족처럼 공감적이고 진실하며 이타적인 애정으로 결합되어야 한다(Maza 1997). (6) 그렇게 결합된 사회는 (국민과 여론의 형태로) 그 감정들에 입각하여 사건을 평가하고, 최후의 항소 법정으로 작동한다(Maza 1993: 161; Maza 1997).

이 여섯 가지 명제에 대하여 랄르망 대 데쿠튀르 소송을 맡은 변호사들은 다음과 같은 반명제를 제시했을 것이다.

(1)번과 (2)번에 대하여: 판결은 여론이 아니라 판사만이 할 수 있다. 왜냐하면 판사들은 인간의 열정을 넘어선 존재이기 때문이다. 그런 뜻에서 모갱은 판사들에게 자신이 인간의 열정에 관하여 세세하게 언급하는 것에 대하여 사과했다. "재판관들께 이런 식으로 말하는 것을 용서해주십시오. 재판관들께서는 인간의 열정에 낯선 분들입니다. 그럼에도 불구하고 재판관들께서는 그 열정이 낳는 효과를 판단해야 합니다.

따라서 그것을 이해해야 합니다." 마지막 반론에서 모갱은 여자들이 모조리 데쿠튀르를 지지한다는 말도 했다. 여자들이 사랑하는 사람에게 재산을 넘길 수 있는 권력을 잃어버릴까 두려워하기 때문이라는 것이다. 그렇게 여론에 호소하는 듯하더니 모갱은 중단했다. "제가 〔……〕 마치 제가 사랑의 법정에 서 있기라도 한 듯이 발언하고 있었군요. 현실에서 나는 재판관들 앞에 서 있습니다. 이제 법적 논의라는 본연의 역할로 되돌아가겠습니다." 그는 말했다. 여자의 감정은 진지한 것이 아니다. 여자의 감정을 논하는 것은, 거의 문학적인 일이요 유비적인 일이다. 그것은 "사랑의 법정"에 서는 것과 같은 것이다. 그러나 현실에 대한 이해와 정의正義는 감정을 넘어선 남자 판사들로부터만 흘러나올 수 있다. 에네캥 역시 여론이 사건에 미치는 영향에 불편해했다. 그는 상대 진영이 공중을 속이려 하지만, 다행스럽게도 판사들은 그 술책을 꿰뚫어볼 수 있을 것이라고 말했다.

(3)번에 대하여: 모갱과 에네캥은 감정표현이 얼마든지 거짓일 수 있고, 그것이 사람들, 특히 감성적인 젊은 여자를 속일 수 있으며, 감정은 현실에 대한 안내자가 될 수 없다고 믿었다. 감정이 강하면 강할수록, 사람은 그만큼 쉽게 속는다는 것이다. 그래서 두 변호사는 상대방을 공격할 때 자주 상대방이 행한 진술의 감정적 강도를 공격 지점으로 잡았다. 첫번째 반론에서 에네캥은 모갱이 "웅변술을 통한 오묘한 창작에 의하여" 데쿠튀르를 열정적으로 사랑에 빠진 인물로 제시하려고 했다고 공격했다. 그러자 모갱이 동일한 논리로 반격했다. "저의 상대는 웅변술의 모든 자원을 동원하여 일순간 여러분의 양심을 마비시키고, 무서운 이미지로 여러분을 감동시켰을지 모릅니다."

두 변호사는 "유혹"과 그것이 낳은 비탄을 강조했다. 에네캥이 보다 강렬했다. 그는 데쿠튀르가 "안나에 대한 절대적인 지배력을 갖기 위하여 그녀의 상상력을 자극할" 정교한 계획을 세웠다고 비난했다.[2] 모갱은 유혹이 상호적이었다고 주장했다. 물론 상호적이라고 해서 유혹이 온화해지는 것은 결코 아니다. 모갱은 정반대로, 자신의 의뢰인은 "사람을 중독시키고 너무나 많은 눈물을 가져다주는 열정에 감염되었다"는 면에서 파방쿠르보다 나을 것이 없다고 말했다.[3] 감상주의 처방전으로부터 이보다 더 멀리 떨어질 수는 없을 것이다. 감상주의에서는 강력한 감정일수록 진정한 감정이었고, 남녀를 묶어주는 열정적인 사랑은 혼인의 안에서건 밖에서건 인간관계의 최고 형태였다. 스탈 부인은 1800년에도 여전히 남녀관계를 열광적으로 찬양했다. 기독교의 전통과 근대 소설 덕분에 남자와 여자는 서로에 대한 새로운 감정을 배웠고, 부부 생활은 "사랑과 우정, 존중과 매력, 합당한 신뢰와 비의지적인 유혹의 신성동맹으로 각인"되었다(Staël 1800: 180).[4] 에네캥과 모갱의 변론은 1827년이면 "유혹"이라는 단어가 한때 잠깐이나마 갖고 있던 긍정적인 함축을 다시 잃어버렸다는 것을 보여준다.

(4)번에 대하여: 모갱과 에네캥은 개인과 가족의 명예를 보호하는 것이 최고의 가치라는 데 동의했다. 두 변호사는 각자의 의뢰인에게 명예의 보호 이외에 다른 동기가 없다고 거듭해서 주장했고, 베르나르 검사는 양측의 동기가 명예가 아니라 돈에 있다면서 양측 모두를 비판했다. 두 변호사는 명예의 손상에 대한 최선의 대응은 가능한 한 빨리 상처 난 명예를 수선하고 회복시키는 것이라고 믿었다. 에네캥이 파방쿠르와 데쿠튀르의 교제 사실이 알려진 뒤에도 데쿠튀르가 결혼하지 않은 것을 비난한 이유는, 결혼만이 그녀의 실추된 명성을 회복시켜줄 수 있었기 때문이었다. 모갱은 루앙 법원의 판결을 인용함으로써 강력하

게 반박했다. 루앙 법원은 사망한 남자의 난잡했던 사생활을 세세히 조사하지 (그로써 추문을 일으키지) 말라고 판결했다. 그로 인하여 일부 친척이 상속 재산을 잃게 된다고 하더라도 그것이 낫다. "잡음과 추문"은 "유언자가 모욕적이고 천박한 방식으로 처리했을 재산이 친척의 손에 들어가지 않는 것보다 훨씬 더 큰 해악을 사회에게 끼친다." 이 역시 18세기 말 감상주의 변호사들의 주장과 너무나 다른 태도이다. 그런 변호사들 중 하나였던 피에르 피르맹 들라크루아는 자주 인용되는 1775년의 전투 슬로건에서 다음과 같이 주장했다. "그대는 명예가 모든 것이고 미덕은 아무것도 아닌 민족의 부정의를 깨트리고자 하는가? 만일 그렇다면 명예의 맨 얼굴을 밝히겠다고, 그 모든 추악함을 백주에 드러내겠다고 위협하라"(Maza 1993: 118).

(5)번에 대하여: 두 변호인은 사회가 감성에 의해서가 아니라 계약에 의하여 결합되는 것이며, 계약은 감정에 의하여 추동되는 것이 아니라 이성을 보유하고 있는 경우에만 적절하게 맺어질 수 있다고 생각했다. 에네캥은 "사회는 계약 없이 존립할 수 없다"면서, 계약은 자유로운 의지의 표현이어야 한다고 주장했다. 죽기 직전의 의지와 유언은 특별한 종류의 행동이요, 법률과 마찬가지다. "그것을 행하는 데"는 계약보다도 더욱더 "자신의 도덕적 능력을 완전히 행사해야만 합니다." 에네캥은 심지어 혁명을 언급했다. 혁명 입법가들은 죽기 직전의 사람에게 자신의 재산을 처분할 권리를 부여함으로써 자유에 대한 프랑스의 오랜 존중을 반영했다. "그러나 한 인민의 자유와 열정의 독립 사이에 대체 어떤 공통점이 있겠습니까?" 그는 모갱이 파방쿠르의 유언장의 유효성을 강변하기 위하여 공적인 자유와 유혹의 "불가능한 동맹"을 지어냈다고 공격했다.

모갱은 사람은 누구나 열정으로부터 영향을 받는다고 반박했다. "만일 열정이 금치산의 기준이라면, 도대체 우리는 현재 어디에 있을까요! 나는 열정이 맹목성을 일으킨다는 것을 부인하지 않습니다. 예컨대 탐욕이라는 열정이 꺼리는 행동이란 없습니다. 탐욕은 아무리 사악한 행위라도 불사합니다(여기서 모갱은 고소인들을 응시했을 것이다). 그러나 그렇다고 해서 우리가 그 모든 죽은 이들의 유언장을 법정에 가져와야 할까요?" 여기에서도 18세기 말과의 차이가 두드러진다. 마자는 18세기 말의 태도를 다음과 같이 정리했다. 그때는 "명사로부터 미미한 글쟁이에 이르기까지 만인이 깊은 사회적 통일이라는 이념을 강박적으로 주장했다. 그들은 풍속의 이름으로 계급의 차이를 무력화하는 사회도덕의 체계를 제안했고, 조국이라는 이름의 도덕 공동체 속에 모든 프랑스인들을 하나로 모으고자 했다. 조국 자체가 확대된 감성 가족이었다"(Maza 1997: 225).

(6)번에 대하여: 두 변호인은 열정이 그토록 강력하고 이성은 그토록 취약하기 때문에, 법원은 여론과 사적인 개인들의 추론을 판사들의 추론으로 대신해야 한다고 생각했다. 에네캥은 "안나의 유언장을, 정신이 온전하여 자신이 누구를 이롭게 하는지 정확하게 알 수 있는 상태에서 안나가 작성했을 유언장으로 수정해야 하는 사람은 바로 판사"라고 주장했다. 모갱은 판사들에게 데쿠튀르의 연약함을 용서해달라고 촉구했다. "거대한 열정은 때로는 우리를 속이지만, 때로는 우리를 고양시킵니다." 그는 오레스테스와 사포와 타소를 인용했고, 방청석으로부터 여러 번 "브라보" 소리를 들었다. 그러나 모갱은 자신의 의뢰인은 여론에 호소하지 않으려 한다고 목소리를 높였다. 모갱은 판사들에게 말했다. "존경하는 판사님, 그가 간청하는 대상은 판사님 당신입니다. 그는

약합니다. 그러나 그는 죄를 짓지 않았습니다. 그에게 부족한 것이 당신의 관용이라면, 그가 갖고 있는 것은 당신의 정의에 대한 그의 권리입니다." 두 변호사는 용서하고 바로잡고 꾸짖을 사람은 열렬한 감정을 소유한 공중이 아니라 일상적인 열정을 초탈한 판사들이라는 데 의견을 함께했다. 베르나르 검사도 마찬가지였다. 그는 "이성과 법의 단순하고 엄격한 언어"를 사건에 적용할 사람은 자신과 판사들이라고 말했다.

법원은 최종 판결에서 "데쿠튀르가 안나 드 파방쿠르를 유혹하기 위하여 혐오스러운 수단을 사용했다"고 힐난했다. 그러나 그녀의 열정이 "극도의 흥분에 이르도록 자극되었다고 하더라도,"[5] 그것이 그녀의 판단 능력을 무력화시키지는 않았다고 결론지었다. 결국 파방쿠르의 재산은 데쿠튀르에게 돌아갔다. 판사들은 두 변호사가 사건을 재구성하는 데 사용한 용어들을 받아들였고, 베르나르 검사와 마찬가지로 내키지 않으면서도 데쿠튀르의 손을 들어주었다.

복고왕정은 보수적인 체제였다. 그래서 야심 있는 변호사들이 왕정의 정치적 신조에 해가 되는 주장을 펼칠 가능성은 적었다. 그러나 복고왕정기의 법정은 충분히 자유로운 공간이었다. 법정에서 검열, 종교적 실천, 공적인 도덕에 대한 정치적 토론이 벌어졌다. 더욱이 에네캥과 모갱은 의회 의원으로 활동하기도 했다. 에네캥은 정치적으로 온건파였고, 모갱은 1820년대 초에 음모적인 카르보나리Carbonari의 일원이었다. 모갱은 1830년 7월혁명기에 임시정부의 장관으로 활약했고, 1832년에 죽을 때까지 공화파 장군 라마르크를 지지했다(Cormenin 1842: 419~432; Caron 1991: 259, 307).

데쿠튀르 소송에서 모갱은 감정을 변호해야 했다. 만일 조르주 상드가 그 일을 맡았더라면 그녀는 파방쿠르의 헌신을 옹호했을 것이고, 결혼을 허락하지 않은 데쿠튀르 삼촌의 명예관을 그릇된 것으로 비난했을 것이며, 데쿠튀르가 전역을 주저한 것도 비판했을 것이다. 그러나 그런 발상은 모갱에게 전혀 나타나지 않는다. 모갱과 에네캥 두 사람은 모두 새로운 자유주의적 세계관 안에서 움직였다. 두 사람은 쿠쟁과 멘드비랑과 마찬가지로 인간을 비합리적인 망상과 감정에 빠지기 쉬운 연약한 존재로 간주했다. 모갱은 첫번째 변론을 다음과 같은 경고로 시작했다. "최고 존재가 우리를 지상에 던졌을 때, 그는 우리에게 힘과 지혜를 완전하고 온전한 형태로 주지 않았습니다. 최고 존재는 우리를 약하게 창조했고, 우리의 취약성에서 비롯되는 모든 결과에 우리를 맡겼습니다."[6]

다른 한편으로 모갱은 낭만주의 이론가인 샤를 노디에 및 빅토르 위고와 마찬가지로 진정한 열정의 숭고성을 믿었다. 그는 진실한 감정이 인간을 고양시켜준다고 생각했다. 그렇지만 모갱은 우리에게 데쿠튀르를 용납하라고 요구하지 않는다. 그는 오히려 데쿠튀르의 실수는 납득할 만한 것이라고 주장하면서, 그 실수 속에서 우리 자신을 발견하라고, 그럼으로써 데쿠튀르를 용서하라고 요구한다. 그는 묻는다. "우리들 가운데 열정이 없는 사람이 있습니까?" "강력한 열정은 운명과 마찬가지로 압도적이고 저항 불가능합니다. 그 때문에 우리는 극장에서 페드르와 자이르의 고통을 보며 눈물을 흘립니다. 살아가면서 우리가 그런 열정들과 마주치면, 그것들은 우리의 가슴을 어루만져줍니다. 우리는 그런 열정이 다른 사람들에게 미친 영향을, 그로 인한 악이 우리에게 닥치기라도 한 듯 애통해합니다."[7]

모갱은 장대한 감정들은 결코 경멸스러운 것이 아니라고 주장했다. 그는 위대한 사랑은 "공감"을 일으킨다고 말하기도 했다. 모갱은 사랑의 힘은 그 사랑에서 비롯된 행동을 용서해주고 수치심의 무게를 덜어준다고 말하는 선 가까이 가기도 했다. 그러나 그는 선을 넘지 않았다. 낭만주의자들은 바로 그 관점과 고투하고 있었고, 그들 중 일부는 그렇다고 긍정했다. 그러나 낭만주의자들조차도 감성이 사회적 결속의 토대요, 진정한 지식과 유덕한 행동의 안전한 안내자이며, 이성의 파트너요, 정부와 법을 정당화하는 원천이라고 주장하지는 않았다. 낭만주의자들에게 감정은 질병처럼 피할 수 없고, 폭풍처럼 장대하며, 때로는 바로 그 폭풍처럼 파괴적인 것이었다. 그들에게 감정은 자연적인 동시에 위험한 것이었다. 감정의 이름으로 행해진 일탈은 용서될 수 있지만, 그 결과는 너무나 자주 치명적인 것이었다.

더욱이 모갱은 사적인 애착의 뉘앙스가 법적 문서 위의 서명을 무효화할 수는 없다고 강조했다. 그의 논거는 견고했다. 사람이 자신의 재산을 자신의 소망에 따라 처분할 수 없다면, 재산의 추구 자체가 무의미해질 것이다. 에네캥은 파방쿠르가 정신착란 속에서 유언장을 작성했다고 주장했다. 인간 본성에 대한 새로운 비관론에 입각한 그 주장은 번번이 우리 모두는 연약한 존재라는 모갱의 지적에 부딪쳤다. 모갱은 파방쿠르가 유언장에 서명하는 순간 온전한 정신 상태였다는 가장 강력한 증거가, 이 장의 앞머리에 인용한 편지라고 주장했다. 아이러니하게도 그 편지는 감상주의적인 함축들로 가득 차 있었다.

에네캥은 정반대로 그 편지의 사랑 표현들이 너무나 극단적이고, 따라서 그 편지는 파방쿠르의 비정상적인 정신 상태를 증명한다고 주장했다. 그리고 며칠 뒤에 그는 파방쿠르가 쓴 또 다른 편지를 증거로 제출했다. 파방쿠르가 자신의 몸이 어떻게 매장되기를 원하는지 설명한 편지였다.

오 나의 프레데리크, 사랑했기 때문에 죽은 가련한 고아를 당신 고향 땅의 흙이 거부하는 일은 없겠지요. 나는 당신이 어린 시절을 보낸 곳을 너무나도 보고 싶답니다! 그러나 내 눈이 그것을 보지 못할 것이므로, 적어도 나의 재만큼은 당신이 거닐던 흙과 섞어주세요! 〔……〕 내가 당신을 얼마나 사랑하는지 당신이 안다면! 나는 내가 당신을 떠나야 한다는 생각에 수천 번이나 죽습니다. 오, 할 수 있다면 오셔서 나의 절망을 가라앉혀주세요!⁸⁾

에네캥은 파방쿠르의 그 병적인 자기희생이 정신착란의 증거라고 강조했다. 그것은 롤랑 부인과 스탈 부인과 베르나르댕 드 생피에르 등이 대표하던 종류의 감상주의가 일종의 광기였다고 주장하는 것과 진배없는 발언이다.

이 책의 제5장에서 언급한 것처럼, 역사가 도마는 18세기 말의 연애 편지에서 당대인들이 이상적인 사랑에 부여하던 항구적인 특징 다섯 가지를 식별해냈다(Daumas 1996). 첫째가 자기 자신에 대한 연인의 우위, 둘째가 지조, 셋째가 연인 간의 평등, 넷째가 상호성, 다섯째가 배타성이었다. 그 다섯 가지는 항구적이었고, 변한 것은 그 이상理想과 그것을 둘러싼 문화적 가치 사이의 관계였다. 18세기 말에 사랑은 과거와 달리 일탈적이고 위험한 것이 아니라, 자체의 도덕성을 스스로 만들어내는 자연적 감성으로 개념화되었다. 여성은 더 이상 내재적인 취약성을 극복해야만 사랑에 도달할 수 있는 존재로 간주되지 않았다. 여성은 사랑에 의하여 자신의 진정한 자연을 보여주는 존재가 되었다. 사랑은 또한 결혼을 위협하는 것이 아니었다. 사랑은 오히려 결혼의 진정한 토대였다. 그렇게 하여 연애결혼은 18세기에 새로이 발견된 감정 피난처의 하나가 되었다. 그 이전에 결혼은 가족 동맹이었고, 부부는 계약에 입각한 의무와 명예에 의해 결합되는 관계였었다.

파방쿠르의 편지 내용은 18세기 말의 감상주의 사랑론과 완벽하게 일치한다. 그녀의 준거점은 신이 아니라 자연이다. 그녀는 봄이 오면 나뭇잎이 돌아올 것이지만, 자신은 사랑하는 사람과 더 이상 산책할 수 없을 것이라고 한탄한다. 이는 그녀의 사랑이 나뭇잎과 같은 자연적인 아름다움이라는 주장을 함축한다. 그녀를 살게 하는 것도 사랑이다. 사랑은 목숨보다 소중하다. 사랑에 비교하면 예절과 명예는 아무것도 아니다. 그녀는 사랑하는 사람을 조금이라도 분노케 하느니 차라리 불행하게 죽고자 한다. 그녀는 그를 "친구"로, 자신을 그의 "누이"로 그의 "아내"로 칭한다. 그 모든 역할의 근본적인 유사성은 감상주의의 핵심이다(Daumas 1996: 178~186; Maza 1997: 225). 그녀는 결혼을 사랑의 자연적 결과로 파악한다. 다만 자신의 경우에는 죽음이 그 결과를 박탈할 것이다.

모갱과 판사들은 파방쿠르의 편지가 잘 알려져 있는 일관된 사랑관을 표현하고 있다는 것을 알아보았다. 모갱은 앞서 인용한 1월 26일과 31일의 편지에 대하여 황홀경에 빠지기나 한 듯이 말한다. "얼마나 진실합니까! 그 감정이 얼마나 깊습니까! 두번째 편지에는 오직 여자만이 느낄 수 있는 섬세함이 보이지 않습니까. 그녀는 프레데리크의 고통을 염려하고, 그를 위로합니다." 판사들은 "안나 드 파방쿠르가 (유언장을 쓸 때와) 동일한 시점에 쓴 편지들을 볼 때, 그녀가 완벽한 정신 능력을 소유하고 있었다는 것이 명백하다"는 데 동의했다.

데쿠튀르가 파방쿠르에게 보낸 편지들 중에서 법정에 인용된 것은 세 통이었다. 모갱은 나머지 편지들은 데쿠튀르의 사랑이 진실이었음을 입증해주는 것이어서 파방쿠르의 친척들이 없애버렸다고 주장했다. 인용된 세 통의 편지 중에서 연애편지로 간주될 수 있는 것은 데쿠튀르가 스페인 전선에서 쓴 편지뿐이다. 그 편지에서 데쿠튀르는 파방쿠르에 말한다. "적병 무리가 나를 덮쳐오면, 나는 당신의 이름 안나를 외칩니다. 그러면 나는 그 즉시 승리합니다." 유일하게 남아 있는 그 짧은 파편은, 데쿠튀르가 사랑에 부여되던 무한히 높은 지위에 파방쿠르를 맞춰주었음을 가리킨다. 데쿠튀르는 모갱에게 유산을 포기할 준비가 되어 있다고 말한 편지에서 파방쿠르에 대한 사랑을 지나가면서 딱 두 번 언급했다. "안나 양에 대해서 말하자면, 나는 그녀의 이름을 고통 없이는 쓸 수 없습니다" "현재 나는 내 생명을 단축해서라도 되찾고 싶은 사람의 유산을 탐했다는 비난을 받고 있습니다." 데쿠튀르의 이 절제된 문장들은, 18세기 말의 소송에서 남성 고소인들이 감정어들을 마구 쏟아내던 모습과 선명하게 대비된다.

이 소송에서 발화된 문장들은 한편으로, 감상주의 신조들이 이미 버려졌으며, 그것들은 인간 행동을 공적으로 정당화해주는 수단이나 판단 규범으로 인정되지 않게 되었다는 것을 보여준다. 그러나 동시에, 감상주의 신조들이 사적인 행위 코드로는 살아남아서 가족과 연인의 감정적 결속에 이용될 수 있었다는 점도 드러낸다. 감상주의는 여전히 감정 피난처의 안내서 역할을 수행하고 있었지만, 오로지 사적인 영역에서만 그러하였던 것이다. 그 감상주의는 여론에 대한 정치적 호소력이 삭제된 감상주의요, 감성이 시민사회와 정당성의 기초라는 자기주장 역시 삭제된 감상주의, 말하자면 제한적이고 길들여진 감상주의였던 것이다.

데쿠튀르는 앞서 인용한 공적인 편지에서 감정을 오직 암묵적으로만 드러냈다. 그 편지는 그러나 감정이 규율되고 있음에도 불구하고 그 저류는 강력했다는 것을 말해준다. 감상주의가 그렇듯 여전히 이용 가능했기 때문에 역설적으로, 18세기 이전의 자아 개념, 말하자면 인간 능력에 대한 그 모든 어휘와 이성 예찬을 부활시키려는 노력에 제동이 걸렸을 것이다. 그리고 모갱이 관찰자들에게 공감만을 일으킬 뿐인 "강력한 열정들"에 대하여 아주 신중한 존중심만을 표현했다는 사실은, 완벽히 삭제될 수 없었던 과거의 존재를 지시해준다고 할 것이다. 이제는 파방쿠르 사건으로 그려낸 그림을 다른 소송들을 통하여 확인하거나 보충할 차례이다.

(2) D남작 대 H부인의 소송(1827년)

『법원소식』은 1827년 6월과 7월에 D남작이 제기한 소송을 다섯 차례 보도했다. 남작은 미망인 H가 자신의 아내이며, 그녀가 집으로 오게 해달라고 법원에 제소했다(『법원소식』은 종종 혼인 분규나 가족 분규에 휘말린 사람의 이름을 이니셜로 표기했다). 프랑스 민법전은 남편에게 아내를 자신의 집에 살도록 강요할 권력을 부여했다. D남작은 그 권리를 행사하려 했던 것이다. 그러나 H부인은 두 사람이 1821년에 스코틀랜드에서 결혼식을 올린 것은 맞지만, 그것은 프랑스 법의 적용을 받지 않으니만큼 그들은 부부가 아니라고 주장했다. 그 사건은 스코틀랜드 혼인 예식을 프랑스 법이 인정하는가라는 단순히 기술적인 문제였지만, 변호인들의 변론으로 미루어 보건대, 강력한 감정이 개입된 가족 소송이기도 했다. 변호사들은 결혼식이 스코틀랜드에서 유효했는지, 혼례가 거행된 곳에서 혼인이 유효하면 프랑스에서도 유효한지를 놓고 싸웠다. 이는 스코틀랜드 법에 대한 해석의 문제와 프랑스 민법전의 몇 개 조항에 대한 해석의 문제였다. 따라서 표현되거나 암시될 수 있는 감정의 범위가 아주 좁았다.

이번 소송에도 에네캥이 나섰다. 그는 H부인의 변호를 맡았다. 에네캥에 따르면, H부인은 애초에 D남작의 프로포즈를 거절했었다. 그와 결혼하면 막대한 아들 재산에 대한 통제권을 상실하게 될까 우려했기 때문이었다. 그러자 D남작은 스코틀랜드에서 결혼을 하면 재산에 대한 통제권을 유지할 수 있다고 설득했다. 에네캥은 남작이 부인을 속였다고 주장했다. 그는 스코틀랜드에서 맺어진 혼인이 프랑스에서 무효일 경우에만 그녀의 재산 통제권이 유지된다는 사실을 알고 있었다는 것이다. 어쨌거나 두 사람은 스코틀랜드에서 결혼식을 올렸고, 프랑스로 돌아와서 5년 동안 함께 살았다. 그러다가 H부인은 1824년 초에 "혼인에 대한 D남작의 진실성에 두려움을 품기" 시작했다. 남작의 라이프 스타일이 낭비적이어서, 아들 재산이 위협받는 느낌을 갖기 시작한 것이다. 그러자 그녀는 스코틀랜드로 가서 조사를 진행했고, 혼인이 유효하지 않다는 확신을 갖고 귀국했다. 1826년, 그녀는 남작의 집을 나와 그와의 관계를 단절했다.

남작의 변호인 크루스는 남작의 재산이 연소득 4만 프랑에 달한다는 사실을 강조했다. 남작은 "섬세한 분이어서 부인이 어느 때건 자식의 재산을 마음대로 다룰 수 있도록 했습니다." 크루스는 H부인이 그녀의 완전한 동의 속에서 거행한 혼례의 의미를 어떻게 망각할 수 있는지, 남작과 함께 살았던 시간의 의미를 어떻게 망각할 수 있는지 놀랍다고 말했다. "어머니로서 그녀는 아들에게 완벽한 미덕의 모범을 보여주어야 하지 않을까요? 그런데도 그렇게 행동하다니, 그녀는 정신이 나간 게 틀림없습니다!" 남작의 낭비벽과 관련하여 크루스는 단 하나라도 좋으니 문서상의 증거를 내놓으라고 요구했다. D남작의 "유일한 바람은 아내가 돌아와 함께 사는 것뿐입니다."

두 변호사는 모두 자신의 의뢰인에게 유리한 상반된 내러티브를 구성했다. 그들은 자신의 의뢰인은 오직 사회적으로 승인된 감정에 따라서 행동한 것으로 묘사했고, 상대방의 진실성과 덕성에 흠집을 냈다. 두 변호사들 스스로가 변론 중에 극도의 분노에 사로잡히기도 했다. 에네캥은 두 사람의 혼인식을 주관했던 스코틀랜드 장교를 풍부한 아이러니로 비난했다. "혼인 행복의 고위 성직자인 로버트 엘리오"의 혼례식은 이미 여러 차례 영국 법원에 고소된 바 있다. 크루스는 H부인이 "첩자리를 얻으려" 하면서도 "자신의 의무에 대한 기억과 감성은 모두 잃어버린" 사람이라고 개탄했다. 그러나 이 소송이 랄르망 대 데쿠튀르의 소송과 명료하게 대비되는 점은, 두 변호사가 감정과 동기에 대한 해석을 극단까지 밀고가지 않았다는 것이다. 그들은 관건은 스코틀랜드에서 거행된 결혼식이 혼인의 유효성에 대한 프랑스 민법전의 정의를 충족시켰는가에 있다는 점을 알고 있었다. 법원은 결국 혼인이 프랑스에서 유효하지 않다고 판결했다. 프랑스 법은 혼인 사실이 프랑스에서 미리 알려져야 한다고 요구하고 있으며, 아들 재산의 규모를 고려할 때 미성년자의 이익을 보호하려면 그 필요성이 더욱 절대적이라고 판시했다. 그러나 법원은 양측의 감정과 동기에 대해서는 아무런 언급을 하지 않았다.

위 사건은 당시 프랑스에서 가족을 구성하기 위해서는 공적 이성의 영역과 사적 감정의 영역 간의 구분선이 가족 내부에서 그어져야 했다는 것을 보여준다. 당시 프랑스에서 혼인의 유효성은 혼인식을 올린 두 사람의 의도와 감정이 아니라, 혼례가 결혼에 관한 행위 규칙을 준수했는가의 여부에 의존했다. 그 규칙에는 물론 의도의 진술, 즉 서약이 포함되어 있었다. 유의할 점은, 서약의 의도가 진실했느냐는 그 규칙에서 중요치 않았다는 것이다. 서약의 진실성은 혼인의 공표에 의해서만 확보되는 것이기 때문이었다. 혼인의 문제점을 아는 사람은 누구든지 공표 시점에 그것을 말할 수 있었고, 일단 공포가 이루어지면, 서약이 진실이었든 거짓이었든 혼인은 유효했다. 파방쿠르의 정신적 판단 능력과 같이 복잡한 문제와 달리, 법원은 D남작과 H부인이 내심 무슨 생각을 품고 있었느냐를 특별히 조사하려 하지 않았다. 혼인법은 계약법과 마찬가지로 법원에게 그런 수고를 면제해주기 위하여 만들어진 법이었다. 혼인은 사적인 의도(따라서 감정)에 기반하는 관계였지만, 동시에 재산이 동반되고 남편이 권위를 부여받는 계약이기도 했다. 따라서 법은 혼인을 사적인 의도 및 감정과 무관하게 정의해야 했던 것이다.

행위와 감정 간의 그 인위적인 구분은 아주 오래된 개념 도구였다. 그것은 서명을 의도에 대한 구속력 있는 증표로 간주하는 것만큼이나 유구한 것이었다(서양 중세에 서명이 발달한 과정에 대해서는 Fraenkel 1992). 그런데 행위와 감정을 구분하는 것은 공포정치가 고수하던 사법적 발상과는 전혀 다른 것이다. 공포정치에서는 진실성이 애국자의 필수 요건으로 간주되었고, 혁명재판소 판사들은 진실성과 귀족적인 위선을 즉석에서 구분할 수 있다고 믿었다(Higonnet 1998: 79). 그때는 심지어 배우가 무대에서 말하는 내용조차 그 배우의 실제 의도를 표현하는 것으로 간주되었다. 역으로 배우가 자신이 의도하지 않는 것을 말하는 것은, 애국적이지 않은 것을 의도하는 것만큼이나 나쁜 것이었다

(Johnson 1995: 121). 생쥐스트는 친구가 없는 자는 배신자 재판을 받아야 한다고 주장하기까지 했다(Vincent-Buffault 1995: 110~111). 그러나 로베스피에르가 실각한 뒤에 공사公私가 분리되자, 사적인 영역은 이제 어느 정도까지는 변동할 수 있는 것, 심지어 일탈할 수 있는 것으로 간주되었다.

그러나 공사의 분리가 소송 변호사들이 감상주의적 규범을 사적인 감정에 적용하는 것을 봉쇄하지는 않았다. 크루스는 자신의 의뢰인인 D백작이 H부인의 재산에 접근하기 위하여 결혼했다는 것을 인정할 수 없었다. 그는 선량한 루소적인 방식으로, 어머니는 아들에게 덕성의 모범이 되어야 한다고 주장했을 뿐이다. 에네캥 역시 H부인의 여성적 감수성을 세심하게 배려했다. 그녀가 두려워했던 것은 옳다. 그러나 그녀는 "결혼이라는 그림자"에 쉽게 "속아 넘어갔다." "결혼은 한 여자의 근심을 가라앉혔는지는 몰라도 그 어떤 견고함도, 그 어떤 법적 확실성도 제공하지 않았다." 랄르망 대 데쿠튀르의 소송에서와 마찬가지로, 공적 영역으로부터 밀려난 감상주의는 더 이상 법과 계약에 영향을 미칠 수 없었다. 그러나 그것은 사적이고 연약한 여성적 감정에 대해서만큼은 여전히 규범적 역할을 수행하고 있었다.

(3) 저당은행 대 드 라귀즈 공작의 소송(1828~1829)

저당은행 대 드 라귀즈의 공작 소송에서 양측 변호인은 상대방에게 감정적 비난을 폭풍처럼 쏟아냈다. 소송은 1828년 12월에 계약 위반 여부를 놓고 개시되었고, 따라서 소송에 걸린 문제는 기술적인 것이었다. 그러나 계약에는 결함이 있었고 또한 모호했다. 그리하여 양측 변호인은 상대방의 신뢰성에 흠집을 내기 위하여 동기와 감정을 들춰냈다. 드라귀즈 공작은 국왕 샤를 10세의 친구였고, 왕의 보호를 받는 인물이었다. 그는 "프랑스 원수"였고, "전쟁위원회" 위원이었으며, 파리 주둔군 사령관이었다. 1830년 7월혁명에 그는 파리 방위를 맡게 된다. 그런 그가 1820년대 초에 가족 영지에서 야심적인 사업을 시작했다. 그러나 그 사업은 1820년대 중반에 어려움에 부딪쳤고, 1826~1827년의 경제 불황에 된서리를 맞았다. 그러자 그는 1827년 1월에 부채 상환을 중단했다.

저당은행은 공작의 채권자 중의 하나였다. 은행은 1824년 10월부터 공작에게 370만 프랑을 대출해주었다. 대출은 1824년부터 1834년까지 5회에 걸쳐서 제공될 것이었고, 공작이 매년 33만 3천 프랑씩 20회에 걸쳐서 대출금을 상환하기로 합의했다. 현 시점에서 당시의 실질 금리를 계산하기란 쉽지 않다. 은행이 대출금을 제공한 정확한 날짜도 알려져 있지 않다. 그러나 금리가 7%를 넘었던 것은 확실하다. 당시 국채의 통상적인 금리가 3% 내지 5%였기 때문이다. 전체 대출금 중 280만 프랑에 대해서는 드 라귀즈 공작의 재산에 대한 우선담보권이 설정되었다. 나머지 90만 프랑은, 공작이 그 금액 중 50만 프랑으로 담보은행의 주식 500주를 구입한다는 조건으로 제공되었다. 은행은 그 주식을 공작의 초기 상환에 대한 보증금으로 간주했다. 공작이 90만 프랑을 상환하고 나면, 공작은 담보은행 주식 500주를 완전히 소유하고 부채는 우선담보권이 설정된 액수로 감소하도록 되어 있었다.

그러나 합의에 도달하고 두 달이 채 지나지 않은 1824년 11월에 공작이 계약의 변경을 요구했다. 그는 주식에 대한 완전한 소유권을 즉시 확보하는 대신 은행에 여러 개의 수입을 양도하겠다고 제안했다. 그 수입은 첫째는 오스트리아 정부 채권에 대한 연간 5만 프랑의 이자소득이었고, 두번째는 연간 1만 프랑 가치의 레종 도뇌르 공훈연금이었으며, 세번째는 파리 시가 제1군단 사령관인 그에게 지급하는 연금 3만 프랑이었다. 공작은 연간 총 9만 프랑의 소득원을 은행에 넘겨주겠다고 약속한 것이다. 그러나 기술적인 문제가 있었다. 공훈연금과 파리 시의 연금은 성격상 제3자에게 양도될 수 없고 또 제3자가 획득할 수 있는 것도 아니었다. 그래서 담보은행은 공작에게 "자신의 명예를 걸고" 그 수입을 수령할 때마다 은행에 넘겨주겠다는 서면 약속을 요구했다.

그러나 공작은 1827년 1월에 상환을 중단한 뒤에 그 소득을 자신의 또 다른 무담보 채권자들에게 넘기기로 한 문서에 서명했다. 무담보 채권자들은 그에 대한 대가로 공작을 채무 불이행으로 고소하지 않겠다고 약속했다. 더욱이 1828년 12월에 소송이 벌어지기 전에, 공작과 담보은행은 이미 우선담보권이 설정된 영지의 분할 매각 문제를 놓고 소송을 벌인 터였다. 이 책에서 검토하려는 1828년 12월의 소송에서 문제는, 공작이 연간 9만 프랑의 소득원을 은행에게 넘겨주기로 한 약속을 깨뜨렸느냐는 것이었다. 은행은 공작이 합의를 위반했다고 주장했다. 공작의 변호인은 공작이 지불을 중단한 1827년 1월 현재 그가 은행으로부터 수령한 대출금이 370만 프랑이 아니라 총 290만 프랑이라는 사실에 주목했다. 이 점을 들어서 그는 공작이 은행 주식 500주에 대한 통제권을 이미 확보한 것이므로, 그 주식에 대한 대응 채무를 이행할 의무가 없다고 주장했다. 따라서 공작이 봉급과 연금과 이자소득을 무담보 채무를 이행하는 데 사용한 것은 합법이며, 이는 만일 그가 파산 법원에 가야 할 경우 채권을 잃어버리게 되는 여타의 채권자들을 배려한 행위라고 주장했다. 법원은 공작에게 승소 판결을 내렸다.

소송에서 양측 변호인들은 상대방을 가차 없이 공격했다. 담보은행의 변호인으로 나선 크루스는 공작을, 사회적 명망을 이용하여 상환할 의도도 없이 은행으로부터 돈을 갈취한 신뢰할 수 없고 변덕스러운 귀족으로 묘사했다. 공작은 뻔질나게 은행에 와서 추가적인 대출을 요구했고, 그때마다 은행 간부들에게 그가 개인적으로 사의를 표할 것이라고 약속했다는 것이다. 이 맥락에서 크루스는 공작이 "또 한 번의 호의"에 감사하며 "나는 그 호의를 잊지 않을 것"이라고 쓴 편지 몇 통을 인용하기도 했다. 크루스는 공작이 우선담보권이 설정되지 않은 대출금 9만 프랑을 "그의 명예"를 걸고 상환하겠다고 약속한 부분을 낭독하기도 했다. 크루스는 **"명예의 구속력**에 입각하여 계약된 약속이 엄존함에도 불구하고 프랑스의 원수라는 사람이 (담보은행의 권리를) 무시해버린 것에 놀랐다"고 비아냥거렸다.

공작의 변호인 파르캥도 그에 못지않은 포격을 가했다. 은행은 "최악의 반역적 투기를 꾸민" "고리대금업자" 무리 이외에 아무것도 아니다.

그들은 안전한 담보 대출조차 8% 이하의 금리로는 제공하지 않습니다. 때로는 16%가 넘는 이자를 부과하는 것도 모자라서 고객의 재산을 불황 가격으로 가로채려 합니다. 그러나 이번 고객은 그들의 계획을 좌절시켜버렸지요. 은행은 그의 저항을 법원에서 꺾으려 했지만, 그 시도는 결실을 맺지 못했습니다. 그러자 그들의 영혼에 가공할 만한 원한이 쌓였고, 그들은 증오와 분노의 재판을 약속했습니다. 지금 그들은 그 약속을 이행하고 있는 겁니다.

파르캥은 담보은행이 그 고객이 유명한 장군이라는 것을 알았고, 그런 그에게 명예가 특별히 소중하다는 점을 이용했다고 비난했다. 파르캥은 은행이 다음과 같이 약삭빠르게 계산했다고 목소리를 높였다. "좋았어! 그렇다면 우리는 그를 법정에서, 모든 프랑스 앞에서, 그가 명예의 인장으로 계약한 약속을 위반했다고, 그는 양심이 불량한 채무자라고 비난하기로 하지. 그리고 우리가 늘 그렇듯, 뻔뻔스럽게 거짓말을 하는 거야. 사실을 왜곡하고, 사실들을 최악의 배신의 색깔로 칠하는 거야."

앞서 검토한 재판과 마찬가지로 이번 재판에도 부분적으로 전통적인 요소들이 발견된다. 양측 모두 명예, 선한 믿음, 관용, 감사라는 공통의 가치를 전제했다. 소송의 한 측 변호인은 그것들을 약속의 경시, 무능한 자산 관리, 사회적 하위자에 대한 착취와 대비시켰고, 다른 측 변호인은 탐욕, 기만, 증오와 대비시켰다. 사악한 고리대금업자라는 은행에 대한 비난은 중세까지 거슬러 올라간다. 그러나 은행 측 변호사인 크루스의 변론에는 다소 암묵적이기는 하지만 감상주의적 요소들도 쉽게 식별된다. 그는 귀족적 경영의 실패를 공격하면서 18세기 말의 감상주의 법률가들이 아주 진지하게 여겼던 주제를 건드렸다. 크루스는 마자가 연구했던 18세기 말의 변호사들처럼 직접적이지는 않았지만, 라귀즈가 국왕과의 끈을 이용하여 채권자들을 서슴지 않고 기만했다고 비난했다. 판사들이 양측 변호인들에게 "존엄한 인물"을 더 이상 언급하지 말라고 단속할 정도였다.

크루스는 고리대금업이라는 비난에 대하여, 은행의 대출 방식은 정부에 의해 승인된 것이고, 은행의 주주 중에 왕국의 흠결 없는 명사들과 심지어 판사들도 포함되어 있다고 강조했다. 드 라귀즈 공작 역시 은행 주식 500주를 소유한 뒤에 주주 모임에 참석하여 회계를 검토했다는 것이다. 크루스는 공작이 심지어 국무대신에게 직접 부탁하여 담보 은행의 주식이 파리 증권거래소에 상장되도록 도왔다고 폭로했다. 크루스는 공작이 "주주들과 연관되는 불명예를 안게 되리라고 예상하지 않았던 것" 같다고 냉소했다.

그런 배경을 고려하여 생각해보면, 공작이 은행 간부들에게 보낸 편지에 또 다른 의미가 실린다. 은행과의 협상의 초기 국면인 1825년 9월 19일의 편지에서 공작은 은행을 기꺼이 칭찬한다. "우리가 함께한 모든 관계에서 귀사가 보여준 **충성스럽고 우호적인 매너**는, 귀사가 앞으로 나의 상황을 이해해주고 나의 요청을 호의적으로 처리해주리라고 기대하게 했습니다."[9] 그해 11월 500주에 대한 통제권을 요청한 편지에서도 그는 사의謝意를 과장되게 표현했다. "나는 나에 대한 은행 이사들의 호의를 시험할 기회를 이미 가진 바 있습니다. 나의 아주 곤란한 사정, 사실상 파멸적인 상황으로부터 나를 구해주는 호의에 대하여 감사를 표할 또 한 번의 이유를 갖게 된 것이 나에게 커다란 기쁨입니다."[10] 드 라 귀즈 공작은 은행이 이윤을 추구해야 한다는 것, 은행이 신중한 규칙에 따라 사업을 진행해야 한다는 것을 이해하고 있었다. 그러나 그는 자신을 도와줄 방법을 찾으라고 은행의 간부들의 친절함을 요구했다. "나는 귀사가 나의 바람과 은행의 이익을 모두 만족시킬 수단을 찾아내기를 희망합니다." 그는 은행이 자신의 바람을 충족시키리라고 확신하고 있었다.

공작은 은행 이사들에게 평등한 관계에 합당한 어투를 사용했다. 그의 매너에는 구체제 귀족의 오만함이 없었고, 그의 언어에는 은행 이사들의 충직성과 이해심과 관심에 감사하는 마음이 깔려 있었다. 공작의 그 말들과 그에 대한 크루스의 인정은 감정의 규범적 기층 구조가 상업을 뒷받침해주고 있었다는 점을 드러낸다. 사업 거래는 엄격한 공적인 원칙에 따라 진행되었지만, 그 거래는 사적인 감정적 결합을 포함하고 있었고 또 그것이 되었던 것이다(Hirsch 1991). 그 규범적 감정에는 감상주의의 흔적이 내포되어 있었다. 박애, 이타애, 감사, 친절, 충성심이 그것이다. 계약이 계획대로 이행되고 사업 실적이 좋을 때는, 그 감정적 규범들이 아예 언급되지 않거나 곁가지로만 언급되었다. 그러나 계약과 사업이 난관에 봉착하자 그 감정 규범들이 공공연하게 언급되어야 했다.

크루스가 넌지시 감상주의적 규범들을 환기시키는 장면은 도덕 감성의 본연의 역할에 대한 쿠쟁의 논의를 떠올리게 한다. 인간은 사업의 영역에서는 합리적인 이윤 추구에 의해 추동되지만, 그 계산은 시민들 간의 평등한 관계에 합당한 도덕 감성들로 포장되어야 하고, 그 감성들에 공명을 일으켜야 한다.

(4) 마르스 대 투자모임의 소송(1827)

마지막으로 검토할 소송은 감정이 주변적으로만 언급된 상업 분규이다. 이 소송에서 문제가 된 것은 동업 관계에 따르는 의무의 정확한 성격이었다. 그것은 기술적인 문제였지만, 모호하기도 했다. 소송의 원고 마르스가 20년 이상 파리 연극계의 여왕으로 군림해온 여배우가 아니었다면, 『법원소식』은 그 소송을 보도하지 않았을 것이다. 마르스는 1824년 4월에 생라자르 가街에 위치한 건물을 그녀의 친구 콩스탕탱이 주도하던 투자모임에 매각했다. 마르스는 30만 프랑에 구입했던 건물을 55만 프랑에 팔았던 것이다. 그녀는 투자모임으로부터 20만 프랑을 현금으로 받았고, 그중 6만 6프랑을 콩스탕탱에게 수수료 명목으로 주었다. 수수료는 부채의 형식으로 주어졌고, 거래가 완료되면 현금화될 예정이었다.

20만 프랑의 돈을 혼자 동원한 사람은 텔뤼송이었다. 그녀는 그 돈을 지불하자마자 건물에 대한 소유권을 확보했다. 문제는 투자모임이 나머지 금액을 지불하지 않았다는 데 있었다. 투자자들은 아마 이웃 건물도 구입하여 두 건물을 "통로"로 연결한 뒤에, 통로에 줄지어 선 가게들을 임대하려고 했던 것 같다. 1820년대 초의 파리에서 그런 건물들은 상업적 성공을 거두고 있었다. 그러나 투자모임은 이웃 건물을 구입하는 데 실패했고, 따라서 통로를 만들 수 없었다. 상태가 그러해서였는지, 회원들은 자기 몫의 건물 구입 대금을 지불하지 않았다. 사태를 더욱 복잡하게 만든 것은, 마르스가 회원 중의 한 명인 트로브리앙으로부터 건물에 대한 1/13의 지분을 구입한 것이었다. 트로브리앙은 투자모임에 필요한 돈을 마르스로부터 빌렸었는데, 그 부채를 상환하지 못하자 그 몫이 마르스에게 넘어갔던 것이다. 마르스는 여러 차례의 약속에도 불구하고 잔금 지급이 이루어지지 않자, 건물에 대한 법적 소유권과 매각권을 확보하기 위하여 법원으로 향했다.

소송에서 쟁점은 마르스가 트로브리앙의 건물 지분을 구입함으로써 투자모임의 회원이 된 것인지, 만일 회원이 된 것이라면 마르스는 투자모임이 해체되어야만 자신의 채권을 행사할 수 있는 것인지였다. 투자모임 측 변호인들은 건물이 압류되어 경매에 붙여지면 건물 수익이 크게 감소할 것이라고 주장하면서, 법원 바깥의 합의를 통하여 사적으로 건물을 매각하면 회원들의 이익을 보호하는 동시에 마르스도 만족시킬 수 있을 것이라고 주장했다. 그러나 마르스의 변호인은 마르스가 법원 바깥에서 회원들과 조정하는 것을 더 이상 원치 않는다고 답했다. 법원은 마르스가 투자모임의 회원이 아니라고 결정했고, 설혹 마르스가 회원이 되었다고 하더라도 그녀는 투자모임에 가입하기 이전 시기에 이루어진 매각의 주체로서 투자모임을 채무 불이행으로 고소할 수 있다고 판시했다.

『법원소식』은 그 소송에 대하여 세 차례 보도했지만, 감정에 대한 언급은 손에 꼽을 수 있을 정도로 적다. 투자모임의 회원들에 대한 마르스의 신뢰감이 한 번 언급되었고, 자금 부족에 시달리던 트로브리앙을 도와준 마르스의 선한 심성도 언급되었다. 마르스가 회원 한 사람의 높은 평판에서 느낄 수밖에 없었던 안도감도 언급되었고, 그녀가 초기 제안에 매혹된 것도 언급되었다. 그러나 경악이나 분노, 경멸이나 연민을 말한 변호인은 없었다.

당시의 여배우들 대부분이 그러했듯이, 마르스는 결혼하지 않았다. 여배우들이 결혼하지 않는 데는 통상적으로 세 가지 이유가 있었다. 첫째, 여배우들은 그들을 숭배하거나 사랑하는 사람들의 선물과 연금으로 높은 수입을 올렸다. 둘째, 연기는 명예롭지 못한 직업이었다. 연기는 남자든 여자든, 엘리트의 생활방식을 지배하던 규범과 금지의 외부에 배우들을 위치시켰다. 동시에 배우들의 연기는 하층민의 행위를 지배하는 규범과도 어긋났다. 셋째, 마르스는 성인 여성이되 미혼이었기 때문에, 남성들과 마찬가지로 재산을 소유하고 거래를 하고 계약을 체결할 수 있었다. 당시 유부녀들은 채무 불이행에 대한 대응 방식을 결정할 권리조차 갖고 있지 못했다.

여성들이 지위와 재산 문제에서 남편에게 전적으로 의존하던 사회에서, 마르스와 같은 무대의 스타들은 성공할 수 있었고, 독립적일 수 있었으며, 폭발적인 관심의 대상이었다. 여성들 대부분이 매력을 오직 사적인 영역에서 은밀하게 보여주리라 기대되던 시대에, 여배우들은 공적인 영역을 횡단하면서 매력을 과시할 수 있었다. 『법원소식』의 편집자들은 보도를 통하여 마르스가 사적인 사업에서 얼마나 박애적이고 용감한지 보여주었는데, 이는 여배우들에 대한 일반인들의 관심 때문이기도 했다. 독자들이 마르스에 대하여 이미 아는 것—그녀가 17세기의 고상한 비극에 특화된 배우이고, 그녀의 실제 애인들이 한결같이 유명인사라는 것—을 고려하면, 소송이 너무도 건조한 내용이었다는 바로 그 사실이 사회에 대한 이해에 새로운 차원을 부여한다. 소송은 세상을 아직 잘 모르는 독자들에게, 새로운 자유방임의 시장이란 것이 우정이 위험해질 수도 있고 값비쌀 수도 있는, 가차 없는 환경이라는 점, 그리고 적어도 여자들 일부는 그 환경의 비인격적인 힘들과 능숙하게 협상할 수 있다는 점을 보여주었을 것이다.

예비적 결론

위 소송에서 변호사들이 사용한 이모티브들은, 직업적인 연설가인 그들이 일종의 감정적인 조형성을 전개하고 있었으며, 그것이 바로 그들 직업의 비밀이었음을 보여준다. 그들이 능숙하게 다루었던 것은 법과 유서 깊은 연설 기술만이 아니었다. 그들은 발화를 통해서 감정을 느끼는 데서도 대단히 능숙한 사람들이었다. 우리는 모두 특정 발화에서 특정 감정을 느끼는 능력을 갖고 있는데, 그들은 그 능력의 마스터였던 것이다. 변호사들은 그렇듯 스스로를 다양하게 조형할 수 있었고, 그 조형성에 한계를 두기도 했다. 당시 사람들은 소송 변호사가 의뢰인의 입장을 "진정" 확신한다고 생각했고, 변호사 스스로가 실제로 그렇게 확신한다고 생각했다(Cornut-Gentille 1996: 144). 이는 공포정치가 진정성에 부여하던 엄격성과는 전혀 다른 모습이다. 이제는 변호사들이 훈련을 받지 못한 일반인들보다 훨씬 더 조형적이라는 것이 암묵적으로 받아들여졌다. 능란한 변호사라면 사회적 규범과 법문을 의뢰인의 소망과 화해시킬 수 있어야 함은 물론, 법률 위반 행위에 대하여 규범적인 감정을 과시할 수 있어야 했다.

에네캥은 필자가 기존의 연구에서 수집한 판례들 중 네 번의 별거 소송에서 여성들을 변호했다(Reddy 1993; 1997b). 그 소송에서 에네캥은 여성들이 혼인제도의 틀 내에서나마 보다 나은 대우를 받고, 보다 큰 자유를 누려야 한다고 화려한 달변으로 요구했다. H부인의 소송에서도 에네캥은, H부인이 자신의 혼인이 무효라는 것과 자신이 적법하게 혼인하지도 못한 상태에서 한 남자와 몇 년을 살았다는 것을 발견한 것이 그녀에게 결코 수치스러운 것이 아니라고 주장했다. 그러나 다른 소송에서 에네캥은 아내를 몇 번이나 버리고 공개적으로 모욕한 남편을 위하여 별거에 반대하는 주장을 펼쳤다(Chabannes de la Palisse, 1826). 랄르망 대 데쿠튀르의 소송에서도 그는 가부장의 권위를 완강하게 옹호했고, 여성적인 상상력의 본성적 연약함을 개탄했으며, 사적인 취향에 대한 탐닉이 위험하다고 비난했다. 그 재판에서 에네캥과 모갱은 모두 동료들과 『법원소식』으로부터 박수와 칭송을 받았다. 이는 감정의 공적인 조형성 내지 유연성이 널리 인정되고 있었다는 것을 보여준다. 『법원소식』은 앙리 4세(1595~1610)가 변호인 두 명의 탁월한 변론을 들은 뒤에, "신께 맹세코 두 사람 모두 옳다!"고 소리쳤다는 전설을 기억해냈다.

그렇다고 해서 당시 변호사들이 배우나 세일즈맨처럼 여겨졌다는 것은 아니다. 그들이 배우와 세일즈맨과 달리 불신의 대상이 아니었던 것은, 그들이 어떤 입장이든 모두 대변하지는 않았기 때문이었다.[11] 변호사들은 그들의 감정적 조형성을 법적 논증의 구조물과 결합시켜야 했다. 변호사들의 조형성은 그것이 진실에 대한 대립적인 추구에 도움이 되기 때문에 존중되었던 것이다. 우리가 유의할 것은, 그 기술을 공적으로 행사하는 것이 바로 정치적 자유의 결실이었고, 올바른 정치적 숙의熟議 행위의 본질적 계기였다는 점이다. 모갱과 에네캥을 비롯한 당대의 유명 변호사들(몇 명만 거론하자면 베리에, 오딜롱 바로, 셰 데스탕주)은 의원 및 의회 지도자로 활동했다. 그들은 다른 사람들의 관심에 공명하는 섬세하게 균형 잡힌 능력을 보유하고 있었고, 법적 규범과 암묵적인 사회적 규범 속에서 감정적인 일관성을 발견하는 능력도 보유하고 있었다. 그 능력은 그 시기의 정치질서에 근본적인 것이었고, 심지어 그 시기의 정치적 저항에도 형태와 의미를 부여했다. 그 능력은 궁극적으로 특수성들을 보편성들과 연결시켜주는 다양한 결합들에 대한 통찰력이었고, 청중들로 하여금 놀랍도록 새로운 방식으로 느끼고 생각하도록 해주는 다양한 활성화 경로들에 대한 통찰력이었다.

위 재판들은 또한 우리가 공적 영역과 사적 영역 사이에 그어졌던 구분선을 새롭게 이해하도록 이끈다. 남성들은 약하거나 강한 감정들 — 기쁨, 슬픔, 분노, 자부심, 감사, 충성, 사랑 — 을 복고왕정과 7월왕정 시대의 공적 영역에서 지속적으로 표현했다. 그런 행위는 공적으로 인정된 "합리적인" 목적에 봉사하는 것으로 여겨졌다. 그 표현은 직업, 위신, 이익의 추구에 포함되었고, 그 추구에 의해 규제되었다. 그렇듯 합리적인 감정표현은 신중하게 계발된 감정적 조형성에서 비롯된 것인 동시에, 그 조형성을 입증하는 것으로 간주되었다. 사적 영역에서 남성들은 다른 많은 감정을 갖고 있는 존재로 이해되었지만, 그런 감정은 공적으로는 결코 표현되지 않거나 소수의 선택된 친밀한 사람들 사이에서만 표현되는 감정이었다. 그것도 아니면 (데쿠튀르가 모갱에게 보낸 공적인 편지에서처럼) 지나가는 듯이 표현해야 하는 감정이었다.

사적인 영역에서 남성들은 감정의 조형성이 요구하는 감정적 노력을 이완해도 괜찮았다. 따라서 그곳에서 남성들의 감정 지향은 공적으로 생산된 감정보다 훨씬 더 일관될 수도, 훨씬 더 변덕스러울 수도 있었다. 더 일관될 수 있었던 이유는, 그곳에서 그들은 의뢰인 혹은 고용주나 상관에 따라 자신의 감정을 변화시키지 않아도 되었기 때문이었고, 더 변덕스러울 수 있었던 이유는, 그곳에서는 그들의 감정이 내면에 나타난 목표들과 활성화들에 따라 변할 수 있었기 때문이었다. 따라서 사적인 영역은 합리성이 덜한 곳이었다. 여성들은 감정의 공적인 조형 능력이 결여된 존재, 그리하여 합리성이 결여된 존재요, 따라서 보다 변덕스럽고 보다 진실한 존재로 여겨졌다. 사적인 영역은 따라서 여성들에게 적절한 활동 영역이었다. 사적인 영역이 감상주의적 실천을 위한 피난처가 되었던 것은 바로 그 때문이다.

그러한 규범은 널리 받아들여지고 인정되었다. 그러나 그 수용과 인정이 완전한 것은 아니었다. 많은 문필가들은 농담으로든 진담으로든, 사적인 느낌이 자주 공적인 맥락이나 상업적인 관계에서 표현된 감정들과 마찬가지로 "거짓"이거나 물질적이라고 주장했다(유머작가 퀴쟁의 작품이나 발자크의 1828년 풍자소설 『결혼 생리학』을 보라). 그러나 그러한 관점이 감정에 대한 상식을 재고하는 선까지 나아가는 경우는 거의 없었다. 그러한 관점은 제시되어도 인간 본성에 대한 새로운 과학적 비판주의의 이름으로 나타났다. 사회 풍자에서 박물학자 뷔퐁을 언급하는 것이 인기를 끌고(Roqueplan 1853), 사회적 유형을 독특한 종種이나 특수한 "생리"로 묘사하는 것이 유행한 것은 바로 그 때문이었다. 에네캥은 데쿠튀르가 파방쿠르에 대한 사랑의 표현에 상업적 동기를 끌어들였다고 비난했다. 그것은 데쿠튀르가 세일즈맨보다 나을 것이 없거나, 심지어 그보다 못하다는 뜻이었다. 데쿠튀르는 공적인 관계에서조차 불명예스러운 거짓말을 사적인 영역에서 한 인물이 되었기 때문이다.

우리는 이제 변호사들의 감정적 조형성에 대한 조르주 상드의 비난이 새로운 감정체제의 아킬레스건을 겨냥한 것이었음을 알 수 있다. 공공성은 "합리성"을 요구하지만, 감정은 모든 생각과 행동의 피할 수 없는 차원이었고, 그 두 측면은 감정의 조형성을 통해서 합치될 수 있었다. 감정적 조형성을 통하여 변호사들은, 사람이 어떻게 법, 명예, 이익이 요구하는 행동 안에 감정의 삶을 불어넣을 수 있는지 보여줄 수 있었다. 그것은 일반인들도 감정의 조형성에 의하여 일탈적이고 위반적인 감정을 규범적인 요구와 화해시킬 수 있다고 가르쳤다. 따라서 감정의 조형성은 존중받는 동시에 인간의 취약성의 신호로 간주되었다. 그것은 비관적이고 냉소적이기까지 한 시선이었다(그러한 관점은 변호사들에 대한 오노레 도미에의 풍자화에 잘 나타난다). 상드는 그러한 양가성을 공격한 것이다. 그로써 상드는 과거의 감상주의적 진실성과 자연주의적 규범을 본질적으로 우월한 규범으로 내세울 수 있었다. 그러나 상드는 자코뱅주의의 실패와 감상주의의 추락 및 삭제를 결코 되돌릴 수 없었다.

그러나 파방쿠르의 편지는 그런 사람이 상드 혼자만이 아니었음을 보여준다. 안나 드 파방쿠르의 편지를 읽는 방법은 다양하다. 우리는 그녀를 제5장에서 논의된 감상주의적인 나선형적 소용돌이에 사로잡힌 인물로 해석할 수 있다. 자기 감정의 강도에 대한 파방쿠르의 표현은 그 감정을 한층 강화했고, 이는 다시금 그 표현이 진실하고 사실이며 자연적이라는 것을 확인시켜주었을 것이다. 당시 파방쿠르와 같은 엘리트 여성들이 대면하던 삶의 기회를 생각해보면, 한 젊은 엘리트 여성이 그런 나선형 효과에 빠져든 사정을 납득할 수 있다. 엘리트 처녀들은 당시 대부분 가정 내에서 조심스럽게 양육되다가, 16세 내지 18세에 품위 있는 다른 가문의 저택에서 벌어지는 사교활동에 입문했다(Houbre 1997). 파방쿠르도 마찬가지였다. 다만 그녀에게 예외적이었던 것은, 그녀의 어머니가 확실한 전망과 명확한 약속 및 결혼계약에 대한 준비가 부재한 상황에서 그녀와 한 젊은 남자의 친밀한 관계를 허락했다는 점이다.

당시의 규범과 그 규범에 내포된 모호성들을 고려해보면, 파방쿠르의 자아는 두 가지 길 중에서 하나를 선택할 수밖에 없었다. (1) 그녀는 낭시에서 자신의 명성을 추락시킨 심각한 규범 위반 대하여 어머니와 자신을 비판할 수 있었다. (2) 그녀는 사랑은 자연적인 감정이고 덕성의 궁극적인 원천이며 기존의 사회적 규범들(특히 명예와 관련된 규범)을 위반하고 무효화한다는 감상주의 이념을 추종할 수 있었다. 당시 감상주의 신념은 여전히 강력했다. 단적으로, 제7장에 언급한 대로 18세기 소설들이 여전히 읽히고 있었다. 따라서 파방쿠르는 데쿠튀르를 추구하면서 규범을 어겨버린 순간 자신의 사랑을 찬미하고 강화할 이유를 얼마든지 생각해낼 수 있었다. 그것은 불명예스러운 지위에 대한 영웅적 대안이요 구원의 은총이었을 것이다.

이는 파방쿠르가 숨은 동기에 의하여 추동되었다는 뜻이 아니다. 당시는 중매결혼에 적합한 엄격한 예절 및 품위의 규범과 감상주의 규범

두 가지가 공존하던 때였고, 그래서 젊은 여성들은 쉽사리 강렬한 감정으로 기울어질 수 있었다. 다시 말해서 파방쿠르가 두 가지 규범 체제를 모두 받아들이다보니, 그녀는 자신의 삶의 행위를 정당화해주고 미화해주고 해방시켜주는 것은 자신의 열정뿐이라고 판단하게 되었다는 뜻이다. 감정에 대한 낭만적인 태도 역시 파방쿠르의 지향을 강화했을 것이다. 당시 당대의 저명한 여성들은 물론 유명한 재판에 연루되었던 여성들은 자신의 강렬한 감정을 명예의 휘장처럼 과시했다. 플로라 트리스탕, 조르주 상드, 마리 다굴, 에밀리 러브데이(Ford 1994), 마리 라파르그(Adler 1985), 마리 드 모렐(Cornut-Gentille 1996)이 그러했다. 원래 멀리 떨어져 있는 사람에 대한 열망과 그 사람을 추구하는 데서 비롯되는 수치심의 거리는 짧다. 열망과 수치심으로 칭할 수 있는 생각 활성화들이 자아에 대한 폄하를 동반할 수도 있다. 빅토르 위고의 유명한 희곡 『에르나니』(1830)와 조르주 상드의 『렐리아』(1832)는 동일한 강도의 열망과 수치심이 서로 갈등하는 내용으로 짜여 있다. 파방쿠르가 감상주의 양식의 사랑을 그토록 명료하게 발화한 것을 보면, 우리는 그런 어떤 것이 그녀에게 닥쳤다는 것을 알 수 있다.

이모티브 이론을 적용해서 내가 주장하고자 하는 것은, 파방쿠르가 변호사의 법정 발언과 모든 면에서 똑같은 감정적 유연성을 과시했으나, 그녀의 감정적 유연성은 인정받지 못했다는 것이다. 변호사들은 그녀에 대하여 극명하게 대립되는 주장을 개진했다. 한쪽에서는 그녀가 강력한 열정에 사로잡혔다고 주장했고, 다른 쪽에서는 그녀가 정신착란에 걸렸다고 주장했다. 그녀가 당시 문화적으로 인정되던 자기평가 전략과 일치되게 자신의 감정을 능동적으로 만들어갔다고 주장한 사람은 없었다. 변호사들은 그녀를 사적인 비극에 휘말린 수동적이고 약한 희생자로 간주했다. 당시 사적 영역은 감정에 취약하고 감정에 의하여 희생되는 영역으로 간주되고 있었고, 그 관점에 입각하여 감정을 관리하는 양상들은 그 관점에 대한 신뢰를 강화했다. 그러나 파방쿠르는 그것을 따르지 않았다. 그 대신 그녀는 연애결혼이 약속해주던 특수한 감정 피난처를 추구했고, 그 노력이 공적인 인정을 받지 못하면 못할수록 더욱 필사적으로 그 피난처에 매달렸다.

네 가지 재판을 함께 놓고 보면 다음과 같은 결론에 도달하게 된다. 공적 영역에서는 남성만이 사회의 암묵적인 인정을 받는 감정적 유연성을 발휘할 수 있었다. 사적 영역에서는 남녀 모두가 감정적 유연성을 발휘하되, 그 유연성은 감정관리의 결과로서가 아니라 개인의 진정한 내적 감정의 표현으로 간주되었다. 그 감정 앞에서 의지는 무기력하다. 그리하여 따라서 공사(그리고 이성과 감정)의 구분선은 남자와 여자를 구분하는 경계, 그리고 가족 관계와 계약 관계를 구분하는 경계를 따라 그어졌던 것이 아니다. 공사의 구분선은 (적절하게 배치될 때 존중받는) 공적인 유연성과 (감정이 결코 유연하지 않은, 오히려 진정한 자아의 발산으로 여겨지던) 사적인 유연성을 구분하는 경계를 따라 그어졌던 것이다.

상업 갈등과 가족 갈등의 문제가 법정으로 가면 감정이 평면화되었다. 이는 행위자의 의도(그리고 그래서 감정)보다는 계약 문서 속의 자구의 의미와 절차의 합법성이 결정되어야 했고, 그래서 법조문에 대한 해석이 전면에 부각되었기 때문이었다. 상업 갈등이든 가족 갈등이든, 격렬한 감정표현이 문제가 된 경우는 법적 판단에서 감정이 중요할 때였다. 변호사들의 감정적 유연성은 소송 당사자 어느 한편의 "진정한" 감정이 결정되어야 할 때 최대의 도전에 직면했다. 그때 변호사들은 자세한 행동 패턴을 도형화했고, 상대방을 손상시키는 추론을 전개했으며 (혹은 자기 의뢰인의 손상을 무효화했으며), 공적 규범과 합치되는 감정을 표현했다. 이때 변호사들은 법원과의 공모 속에서 의뢰인의 사적인 감정에 대한 가상의 진실을 추구했고, 그 진실을 상식적인 구체성으로 치장하였다.

그 측면만을 놓고 보면, 복고왕정의 법원과 1792~1793년 자코뱅 공화국의 법원은 같았다고 할 수도 있다. 차이점은 혁명재판소가 혐의자들이 비웃었다거나 매너리즘에 빠져 있다는 이유로, 특정한 옷이나 단어를 선택했다는 이유로, 무대에서 귀족을 연기한 범죄 혹은 과거에 성직자였던 범죄를 저질렀다는 이유로, 마치 진정한 감정을 알아보는 것이 쉬운 일이고 들여다볼 수 없는 사적인 모호성이란 존재하지 않는 듯이 그들을 기요틴으로 보냈다는 데 있다. 또한 포스트혁명기 법원은 진정한 감정이 자리 잡은 내면으로 뚫고 들어가는 것을 어려워했고, 그것을 시도하더라도 길고 힘든 숙의 끝에 간간히 성공하였을 뿐이다. 따라서 어떤 개별적인 문제에 대하여 각 개인이 느끼는 유일하게 진실된 사적인 것이 존재한다는 신념은 그 시기에, 공포정치에서 기승을 벌이던 감상주의적인 낙관보다 적은 해악을 끼쳤다.

3. 패턴

만일 위의 소송 네 개에서 식별된 패턴이 샘플 전체에서 고르게 나타난다면, 우리는 소송을 두 가지 유형으로 분류할 수 있을 것이다. 하나는 법과 계약을 어떻게 해석할 것이냐는 기술적인 유형이고, 다른 하나는 의도를 어떻게 해석할 것이냐는 감정적인 유형이다. 우리는 행위자의 인격과 감정에 대한 발화와 표현이 행위자의 동기에 집중하는 소송 유형에 빈번한 반면, 법규의 의미, 계약의 문구, 증서의 성격에 집중하는 소송 유형에서는 덜하리라고 추측할 수 있다. 이 추측은 『법원소식』의 46개 소송 샘플과 베르사유 기록보관소의 28개 소송 샘플에서 대체로 확인된다. 다만 베르사유 샘플에 담긴 진술의 내용은 신문에 보도된 변론과 상당히 다르다. 따라서 양자는 좀 다르게 분석되어야 한다.

1) 『법원소식』 샘플

도표 1은 신문 샘플을 세 개의 매개변수에 따라 범주화한 것이다. 첫째, 공적이거나 상업적이거나 계약적인 관계에 대한 소송인가, 아니면 가족적이거나 사적인 관계에 대한 소송인가? 둘째, 쟁점이 기술적인 것인가, 아니면 동기에 대한 해석을 포함하는가? 셋째, 법정 공방의 분위기는 감정적이었는가, 아니면 건조했는가? 필자는 두번째와 세번째 변수는 함께 움직이며, 첫번째 변수와 다르게 움직일 것이라는 가설을 세웠다. 연구가 진행되면서 세번째 변수에서 "감정적emotional"과 "건조dry" 항목 외에 "혼합mixed" 항목을 도입해야 할 필요성이 나타났다. 변호사들은 승소하기 위하여 몇 가지 주장을 한꺼번에 펼치기도 했기 때문이다. 실제로 위에서 소개한 소송 네 개 중 세 개에는 기술적인 주장과 동기에 관한 주장이 함께 들어 있었다. 그리고 동기에 대한 주장은 변호사들에게 감정에 대하여 토론할 풍부한 근거를 제공했다. 다른 많은 소송에서는 동기에 대한 해석이 반론에서만 등장하거나, 다른 문제에 대한 논의와 함께 혹은 그에 보조적인 형태로 등장했다. 이런 변론

[도표 1] 『법원소식』 재판 샘플 46개의 변론에 나타난 감정적 분위기, 1826~1829

	최초 보도 날짜	원고	피고	소송의 원인	갈등 영역	변론 성격	변론 분위기
1	1825/11/13	세르피네 상속자들	베라크 외	상속	F	T	건조
2	1825/12/17	샤반 드 라 팔리스 부인	샤반 드 라 팔리스 씨	별거	F	M	감정적
3	1825/12/18	샤르베의 자식들	기록 없음	유언장의 유효성	F	T	건조
4	1826/01/12	데자르댕 드 뤼제	드라마르	채권의 유효성	P	M&T	감정적
5	1826/01/12	상드리에 뱅쿠르의 파산 자산 관리인	파리 증권 중개인협회	파산의 책임	P	T	**혼합**
6	1826/01/15	밀롱	브리디외	지불 영수증의 유효성	P	T	**혼합**
7	1826/01/25	파커	라프의 상속자들	재산 매각의 유효성	P	T	건조
8	1826/02/10	슈브리에	부르봉 공작	채무증서의 분실	P	T	건조
9	1826/02/18	테지니의 상속자들	데마르의 자식들	친자 부인	F	M	감정적
10	1826/02/24	메를로(파리)의 상속자들	메를로(제노아)의 상속자들	상속	F	T	건조
11	1826/06/11	셀링 부인 (생모리스 출생)	몰리니 후작	혼인의 유효성	F	T	**혼합**
12	1826/06/13	르루아	비도	친부 문제 (상속)	F	T	**감정적**

13	1826/07/30	티에리의 상속자들	티에리의 상속자들	상속	F	T	건조
14	1826/08/15	콜랑주의 상속자들	라페르테-세네크테르	상속	F	T	건조
15	1826/08/08	데스프레즈 부인	데스프레즈 씨	별거	F	T	감정적
16	1826/11/16	게리노	르무안, 겔랭	저작권 침해	P	M	건조
17	1826/11/23	비아르	칼라 백작 부인	증여의 유효성(상속)	P	M	건조
18	1827/01/06	**랄르망 외**	**데쿠튀르**	유언장의 유효성	F	M	감정적
19	1827/04/19	불랑제	미망인 비알란	채권의 유효성	P	M	**혼합**
20	1827/04/21	맹비엘-포도르	소스텐 드 라 로슈푸코 와 이탈리아 극단	계약 조건	P	T	건조
21	1827/05/17	비아르	켈라 백작과 그의 자식들	채무상환의 책임	P	T	건조
22	1827/05/26	플라네스 부인(몽르쿼 출생)	라가르드, 드, 몽르쿼과 그녀의 고모들	배상 책임	F	T	건조
23	1827/05/30	라프레 와 발레트의 상속자들	라귀스 공작부인	부채에 따른 동산의 압류	P	T	건조
24	1827/06/27	**D남작**	**미망인 H**	혼인의 유효성	F	T	건조

25	1827/06/30	프랑세스세티	보나파르트 부인, 리파노 백작부인, 조제프 뮈라의 미망인	채권의 유효성	P	T&M	감정적
26	1827/07/06	를로	지롤레	동업관계의 실존	P	T	**혼합**
27	1827/08/04	자키노의 상속자들	그라비에, 샤보, 가리용	유언장의 유효성	P	T	**혼합**
28	1827/08/09	오베르탱	드아멜	유언장의 유효성	F	M	감정적
29	1827/08/18	뮐러	뒤르포르 백작	저작권 침해	P	T	건조
30	1827/12/06	모르퇴유 부인	모르퇴유 씨	별거	F	M	감정적
31	1827/12/07	**마르스**	**텔뤼송과 토브리앙 콩스탕탱 외**	채권 추심	P	T	건조
32	1827/12/08	샤뤼엘의 상속자들	랑셰르의 상속자들	유언장의 유효성	F	M	감정적
33	1827/12/26	오몽 공작 부인	콩트 부인	사업 대리인의 사기	P	M	감정적
34	1827/12/29	라귀즈 공작과 그의 채권자들	라귀즈 공작부인	이혼	P	M	감정적
35	1827/12/07	사바르 부인	사바르 씨	별거	F	M	감정적
36	1828/02/09	미망인 비데와 그녀의 아들	라부르도네 블로슨 백작	채권의 유효성	P	M	**혼합**
37	1828/03/01	비오트	비올레트	채권의 유효성	P	M	건조

38	1828/03/13	파리 제2극단	왕립음악 아카데미	대관비의 합법성	P	T	건조
39	1828/03/15	K부인(바이 출신)의 자식들	G씨	친부 문제	F	T&M	감정적
40	1828/04/18	L부인	L씨	별거	F	M	감정적
41	1828/05/27	뒤몽테유	에스네	성직자의 혼인	P	T	**혼합**
42	1829/01/03	**저당은행**	**라귀즈 공작**	계약조건	P	M	감정적
43	1829/01/03	잔-주앙	파리 시	재산 손실	P	T	건조
44	1829/04/23	슈아즐	페이도 극단	극장 좌석의 소유권	P	T	건조
45	1829/08/08	파리 도축업자들	센 도지사	대관료의 합법성	P	T	건조
46	1829/08/13	프레보 행정관 외	왕가王家 총지사	봉급 미지급	P	T	건조

*주의: 굵게 강조한 이름은 본문에서 자세히 논의한 4개 재판의 원고이고, "변론 분위기" 항목의 밑줄 친 굵은 부분은 본문과 부록 A에서 논의된 이질적인 재판들이다.

F: 가족적이거나 사적인 관계

P: 공적이거나 계약적이거나 상업적인 관계

T: 법, 계약, 유언장 등이 기술적으로 해석된 경우

M: 동기에 대한 해석이 필요한 변론

은 "혼합" 유형으로 분류했다.

『법원소식』 샘플의 46개 소송 중에서, 두번째 매개변수와 세번째 매개변수가 함께 움직인다는 가설과 맞지 않는 것은 모두 9개(19.6%)였다. 그중 하나(도표 1의 제12번)는 쟁점은 기술적인데 성격은 두드러지게 감정적이었다. 나머지 8개는 변론의 분위기가 혼합적이었다. 그 8개 소송은 쟁점이 명백히 기술적임에도 변론에 많은 감정이 투입되었거나, 쟁점은 동기인데도 감정이 거의 투입되지 않았다. 그 9개는 "이질적 anomalous"인 것으로 범주화할 수 있을 것이다.

그 이질적인 소송들(부록 A)을 보다 면밀히 살펴보니, 그것들은 기술적인 문제가 명성에 대한 공포를 일으켰거나, 재판이 개시되고 난 뒤에야 기술적인 문제에 대한 문서상의 증거가 발견된 경우들이었다. 기술적인 쟁점에 대한 변론에 일시적으로라도 동기가 개입된 것은 그 때문이었다. "이질적인" 두 건(제19번과 제36번)은 동기가 포함되면서도 변론의 분위기가 혼합적이었다. 그 소송들은 법원이 문서상의 증거를 받아들여주었다면 변론이 기술적인 문제에 대해서만 펼쳐졌을 소송이다. 변호사들은 법원이 어떤 입장을 취할지 모호했기 때문에 기술적인 주장과 감정적인 주장을 모두 개진했던 것이다. 따라서 그 9건의 소송 때문에 이 책에 제시된 해석을 수정할 필요는 없을 것이다. 부록 A의 소송들을 조심스럽게 검토해보면 오히려 그 결정이 이루어진 과정이 드러날 것이다.

2) 베르사유 샘플

기록보관소에 보관된 민사소송 기록의 내용은 『법원소식』의 보도 내용과 상당히 다르다. 신문은 변론을 보도했다. 변론은 공개적인 법정에서 이루어졌기 때문에, 법원에 출입하던 기자가 변론을 보도할 수 있었던 것이다. 그러나 변론을 뒷받침하는 문서들이 신문에 보도되는 경우는 아주 드물었다. 예컨대 법원에 제출된 소장과 증인들의 법정 증언이 포함된 심문록enquêtes이 그런 문서에 속한다. 거꾸로 기록보관소의 자료에는 변론문이 존재하지 않는다. 변호사들이 판사에게 영향을 미치기 위하여 쏟아낸 화려한 달변의 흔적이 없는 것이다. 심지어 증언은 물론 소장과 심문록이 소실된 경우도 많다. 베르사유 기록보관소에 보관되어 있는 파일 중에서 28개의 소송이 샘플로 채택된 이유는, 그 소송 파일에 증인 심문록이 남아 있기 때문이다. 그리고 그 소송들의 경우 대부분은 최종 판결 결과도 등록부에 기록되어 남아 있다(최종 판결이 내려지지 않은 경우는 대부분, 소송이 중간에 취하되거나 소송인들이 합의에 도달한 것들이다). 그러나 심문록 속의 증언들은 대부분 질문에 대한 답변이다. 법원은 증인들의 개인적인 의견에는 관심이 없었다. 증인들은 오직 그들이 보았다고 말한 행동과 사건에 대한 질문만을 받았다. 따라서 그들의 증언에는 감정 용어가 다소 적게 사용되었고, 감정에 대한 논의도 『법원소식』에 실린 변호사들의 변론보다 적다.

그러한 차이 때문에 기록보관소의 샘플은 신문 샘플을 교정해주는 중요한 수단이 되어준다. 증인들은 자신의 달변과 학식을 자랑하려 하지도 않았고, 당대의 규범적 시나리오에 합치되는 해석만을 말하려 하지도 않았다. 그리고 감정에 대한 발화가 비교적 적기는 했지만, 남아 있는 발화만 해도 당대인들이 감정과 동기에 대해 갖고 있던 전제들과 그 구조를 보여줄 정도는 된다. 증언에서 감정이 논의된 빈도는 신문 보도의 경우와 마찬가지로 소송이 기술적인 법적 문제에 관한 것인가, 아니면 동기 문제를 포함하는가와 밀접하게 관련되어 있었다. 이와 어긋나는 경우는 샘플로 채택된 28개 소송 중에서 6개(21%)뿐이다(도표 2). 이질적이지 않은 22개 소송 중에서 전형적인 소송은 바라 대 상테르의 소송(제52번. 가족사건, 동기 포함, 감정에 대한 언급이 빈번), 샤반 대 파튀리에의 소송(제69번. 가족사건, 기술적, 감정표현과 감정에 대한 논의가 부재), 르보디 대 쉬로의 소송(제51번. 공적, 동기 포함, 감정에 대한 언급 빈번), 앙뷔스 대 콩파니 라 도라드의 소송(제65번. 공적, 기술적, 감정 표현과 감정 논의 부재)의 네 개이다. 신문 샘플에서 발견된 것과 유사한 감정 구조가 증언에서도 나타나는지 점검하기 위해서는, 이 소송들을 간단하게나마 검토할 필요가 있을 것이다.

제52번: 바라 대 상테르의 소송 원고인 테레스 아가트 바라는 남편과 사별한 뒤에 카페 지배인 르네 오귀스트 상테르와 결혼했다. 그녀는 소송을 통하여 남편으로부터 배상금을 받고자 했다. 법원은 부부에게 각자의 증인을 법정에 출두시키라고 요구했으나, 남편만이 법원의 요구에 응했고, 결국 바라는 패소했다. 남편 측 증언 11개에 담겨 있는 혼인의 모습은 극히 이례적이고 인상적이지만, 동시에 모호하기도 하다. 증인들은 바라와 상테르가 결혼식 직후부터 별거했다고 증언했다. 상테르는 베르사유 중심가에 위치한 카페의 윗방에 살았고, 그의 아내는 몇 블록 떨어진 셋집에서 살았다. 증인들은 모두 아내가 가끔 남편을 방문하여 며칠 동안 머물렀으며, 그때 두 사람은 "좋은 조화" 속에 있었다고 말했다. 부부는 침대에 함께 있기도 했고, 상대를 "내 사랑" 또는 "내 좋은 사랑"이라고 불렀으며, 상대를 "너tu"로 칭하면서 "서로에 대한 배려로 가득 차 있었다." 증인 중에 바라의 오빠도 포함되어 있었는

[도표 2] 베르사유 민사법원 기록보관소의 28개 소송에서 감정적 진술의 여부, 1840~1841

	최초 심문 날짜	원고	피고	소송 원인	갈등 영역	변론 성격	감정적 진 술 여부
47	1840/09/11	르 펠티에 家의 자 산관리인	미망인 르 펠티에	동산의 소 유권	P	T	부재
48	1840/03/23	클루	부틸리에	신체 상해	P	T	부재
49	1840/01/20	루베	르루	승계권의 말소	F	T	부재
50	1840/05/20	보네르와 아그니에	그뤼테르	부동산 경 계선	P	T	부재
51	1840/02/11	**르보디**	**쉬로**	의료비 미 지불	P	M	빈번
52	1840/04/18	**바라**	**상테르**	별거	F	M	빈번
53	1840/01/02	펠르티에	가베	별거	F	M	빈번
54	1840/06/23	브지에	르브르통	부동산 경 계선	P	T	부재
55	1840/06/26	샤롱과 미 망인 수아 르	미망인 티 에르스	정신적 의 사결정 능 력	F	M	**<u>미미</u>**
56	1840/03/19	매랑	레진	별거	F	M	빈번
57	1840/06/26	피카르	고그	별거	F	M	빈번
58	1840/09/01	드루에	바르베데트	별거	F	M	**<u>미미</u>**
59	1841/12/17	말랭그르	드라뤼	별거	F	M	**<u>미미</u>**
60	1841/09/15	베뤼리에 부부	라포르트 와 폴미에 부부	개인적 합 의의 준수	P	T	**<u>미미</u>**
61	1841/11/16	레기엔	므니에	별거	F	M	빈번
62	1841/12/20	뱅상의 상 속자들		가족의 실 종	F	T	부재
63	1841/03/24	슈나이더	라포르	별거	F	M	빈번

64	1841/03/19	랄르망	에르베르	별거	F	M	**미미**
65	1841/02/24	**앙뷔스**	**콩파니 라 도라드**	선박 충돌 사고	P	T	부재
66	1841/01/08	다니엘	콜레트	별거	F	M	빈번
67	1841/01/08	부예	고드프루 아 외	지불	P	T	부재
68	1841/07/22	바라	상테르	별거 부양 비 지불	F	T	부재
69	1841/06/02	**샤반**	**파튀리에**	별거	F	T	부재
70	1841/07/26	파	마슬랭	별거	F	M	빈번
71	1841/09/10	마르에	블라바	채권 추심	P	T	부재
72	1841/11/03	블랭	오몽	별거	F	M	빈번
73	1841/06/29	뒤통	미망인 느 장 외	증여의 유 효성	F	M	**미미**
74	1841/08/18	보샹	자코브	타인의 소 유지를 가 로지를 권 리	P	T	부재

*주의: 굵게 강조한 이름은 본문에서 자세히 논의한 4개 재판의 원고이고, "감정적 진술 여부" 항목의 밑줄 친 굵은 부분은 본문과 부록 A에서 논의된 이질적인 재판들이다.

F: 가족적이거나 사적인 관계

P: 공적이거나 계약적이거나 상업적인 관계

T: 법, 계약, 유언장 등이 기술적으로 해석된 경우

M: 동기에 대한 해석이 필요한 변론

*출처: 47번부터 58번까지는 센에우아즈 기록보관소 기록물첩 3 U 0246[48], 59번부터 74번까지는 기록물첩 3 U 0246[53].

데, 그는 누이가 초혼에서도 별도의 집에 살았다고 말했다. 한 증인에 따르면, 그녀가 아팠을 때 남편이 자주 그녀의 집을 찾아와서 돌보아주었다.

당시 프랑스 법은 아내가 남편과 함께 살고, 남편은 아내에게 공간을 제공하도록 규정해놓았다. 따라서 상테르 부부의 거주 방식은 불법이 아니었다. 부부가 떨어져 살아도, 남편이 아내가 다른 집에서 살도록 허락하는 한, 그리고 아내가 남편을 방문할 때 남편이 그것을 금지하지 않은 한, 법적인 문제는 발생하지 않았다. 남편은 자신의 혼인생활을 법과 사회 관습과 다르게 꾸려갈 상당히 많은 재량을 갖고 있었던 것이다. 증언에는 엄밀한 의미에서의 감정어가 포함되어 있지 않다. 그러나 "좋은 조화" "내 사랑" "배려로 가득 찬"과 같은 단어들은 분명히 감정을 담고 있는 표현들이다. 그리고 여러 증인이 그 표현들을 반복하였기 때문에 (그들이 사전에 그런 표현을 사용해달라는 부탁을 받은 것은 틀림없지만), 그 표현들은 남편의 동기를 드러내는 적절한 감정적 증거로 간주할 수 있다.

제69번: 샤반 대 파튀리에의 소송 원고는 사무직 서기 피델 오귀스트 샤반이었고, 피고는 그의 아내인 양장공 아드리안 외라리 파튀리에였다. 남편은 아내가 자신을 방기하고 심각한 모욕을 가했다면서 별거를 신청했다. 증인들 — 파리에 사는 극단 회계원, 여배우, 베르사유의 화술 강사 — 에 따르면, 아내인 파튀리에는 6년 전에 베르사유로부터 메츠로 이사하여 그곳에서 오케스트라 지휘자와 함께 살고 있었다. 두 사람은 지휘자가 순회공연차 베르사유에 왔을 때 만났고, 그때부터 함께 살았다. 그녀는 심지어 그의 성姓을 사용하기도 했다. 그녀가 남편을 떠난 것은 불법이었고, 다른 남자와 공공연하게 함께 산 것은 불법인 동시에 심각한 공적 모욕이었다. 파튀리에의 동기와 감정에 대해서는 해석조차 불필요했다. 샤반은 별거를 허락받았다.

제51번: 르보디 대 쉬로의 소송 원고는 파리에 거주하는 의사 르보디였고, 피고는 에르블레의 지주 쉬로였다. 르보디는 병든 쉬로의 아내에 대한 치료비를 지불하지 않았다면서 쉬로를 고소했다. 돈이 쟁점이었던 사건에 감정표현이 담기게 된 것은, 에르블레의 교구 신부인 프랑수아 베르트랑과 그의 친구인 퐁투아즈의 대리 신부 드니 트루의 증언 때문이었다. 두 사람은 르보디가 쉬로의 아내를 치료한 것이 이타애의 발로였으며, 따라서 자신들은 르보디가 쉬로의 아내를 무료로 치료하는 것으로 알았다고 증언했다. 르보디는 1838년 여름에 가까운 친구인 베르트랑 신부를 방문했다. 그가 베르트랑 신부의 사택에 도착해보니 트루도 와 있었다. 르보디는 마차를 타고 왔는데, 베르트랑 집 정원이 마차가 들어가기에는 너무 좁았다. 이때 길 건너편에 살고 있던 쉬로가 자기 집 마당에 마차를 주차시키도록 해주었다. "이웃의 선행"을 보면서 두 성직자는 르보디에게, 쉬로의 아내가 중병에 걸렸는데도 치료를 받지 못하고 있다고 말했다. 쉬로가 파산 지경이기 때문이라는 것이었다. 그 말을 들은 르보디는 길 건너 시로에게 갔고, 증언에 따르면 그때 르보디가 시로의 아내를 치료해주기로 했다.

두 성직자는 르보디와 쉬로의 대화를 듣지 못했다. 그러나 두 사람은 그 의사가 "사심 없는 태도désintéressement"를 보여주었다고 말했다. "이타심" 혹은 "이기적이지 않음"으로 번역될 수 있는 그 단어는 분명히 그 시점의 르보디의 감정 상태를 가리켰다. 베르트랑은 르보디가 "연민"을 보여주었다고 말하기도 했다. 베르트랑은 르보디의 조심스러운 질문과 자신의 답변을 다음과 같이 증언했다.

"쉬로 씨가 관심을 받을 자격이 있는 사람인가?" 르보디가 물었다.
"대체로 그래." 내가 답했다.
"쉬로 부인은 관심을 받을 자격이 있는 사람인가?" 르보디가 물엇다.
"모든 면에서 그래." 내가 답했다.
"쉬로 씨의 종교심은 어때?"
"부족한 게 많아." 내가 답했다.
"쉬로 씨의 재정 상황은 어때?"

베르트랑은 쉬로의 재정이 투기와 관리 부족으로 인하여 아주 나쁜 상태라고 답했다. 이대로 가면 쉬로 집에 단돈 5프랑이 없는 날이 오게 될 것이다. 그때 르보디가 말했다. "결심했어. 내가 여기 온 것도 신의 뜻이야. 내가 다행스럽게도(bonheur; 행복) 쉬로 부인을 완치하게 된다면, 쉬로 씨는 나를 보낸 것이 신이라는 것을 알게 될 거야."

쉬로 부인은 절단 수술을 받았고, 완치되었다. 그녀의 남편은 베르트랑에게 르보디의 "이타애"에 "감격했다"고 말했다. 그 부부는 세속 결혼식만을 올렸었고, 자식도 세례를 받지 않도록 했다. 뒤늦은 시점이었지만, 그들은 길 건너 교회에서 새삼 결혼식을 올렸고, 자식도 베르트랑으로부터 세례를 받도록 했다. 법원은 르보디가 무료 혹은 최소한의 비용으로 쉬로 부인을 치료하겠다고 동의한 것이라고 판단했다. 법원은 쉬로에게 르보디의 치료비로 500프랑만을 지불하도록 했고, 소송 비용도 양측이 반분하도록 했다. 법원의 판결을 결정했던 것은 르보디의 감정 상태에 대한 성직자들의 증언이었다.

제65번: 앙뷔스 대 콩파니 라 도라드의 소송 1840년 10월 4일 센 강의 콩플랑 생오로린 지점에서 증기선 라 도라드 호가 말이 끄는 바지선과 충돌했다. 바지선 선주 앙뷔스는 라 도르다 호를 포함하여 증기선 선단을 운영하고 있는 회사를 고소했다. 앙뷔스는 바지선 선원들을 포함하여 16명의 증인을 내세웠다. 증인들 속에는 강변에서 빨래를 하고 있던 여자 한 명, 낚시를 하고 있던 남자 세 명, 카페 안에서 배가 충돌하는 소리를 들었던 남자 한 명이 포함되어 있었다. 피고 측은 증기선 선원들을 포함하여 다섯 명의 증인을 내세웠다. 원고의 증인들은 대부분 사고를 직접 목격했고, 많은 이들이 증기선이 바지선과 부딪치려 한다고 증기선에게 고함쳤었다. 그러나 그때 증기선 위에는 선장이 서 있지 않았고, 조타수는 엔진과 노 바퀴 소음 때문에 고함 소리를 듣지 못했다. 증기선은 바지선을 들이박은 뒤에 바지선을 떨쳐내기 위하여 몇 번이나 후진을 시도했고, 이 과정에서 바지선에 한 번 더 충격을 주었다. 그 직후에 바지선은 침몰했다.

목격자들이 사고에 대하여 감정을 가졌던 것은 틀림없다. 사고가 과정이었기 때문이다. 증기선의 아슬아슬한 접근, 충돌, 침몰하는 바지선에서 뛰어내린 선원들의 수영, 바지선을 떨쳐내려던 증기선의 움직임의 전체 과정이 약 15분 동안 진행되기 때문이다. 그러나 모두 21명의 증인들 중에서 자기 자신 혹은 다른 사람의 감정을 언급한 사람은 없었다. 소송에서 쟁점은 증기선 선원들이 충분히 조심스럽게 배를 운행했는가 였다. 물론 그들은 그렇지 않았고, 사람들의 경고 소리에 반응하지도 않았다. 법원은 증기선 회사에게 바지선이 입은 손해를 보상하라고 판결했다.

위 네 가지 소송은 『법원소식』의 패턴과 정확하게 일치한다. 베르사유 샘플에서 이질적인 소송은 여섯 개에 불과했다. 여섯 개 중 두 건이 별거 소송이었다. 두 건 모두 남편이 아내에게 폭력을 행사한 경우였는데, 폭행 사실이 지역 공동체에 널리 알려져 있어서인지 증인들은 남편의 행동을 건조하게 기술했다(제59번 말랭그르 대 들라뤼, 제64번 랄르망대 에르베르). 이는 건조한 묘사만으로도 법에 규정된 "난폭성"이 충분히 입증될 수 있었기 때문이었다. 한 남편은 습관적으로 만취했고, 아내에게 돌을 집어 던졌으며, 아내를 총으로 협박했고, 아내의 좌판에서 돈을 훔쳤고, 아내의 머리채를 잡고 끌고 다녔으며, 아내를 야밤에 집 밖으로 쫓아냈다. 이질적인 유형에 속하는 그 두 건 이외에도, 베르사유 기록보관소에 보관되어 있는 1840~1841년 소송 파일에서 증인들이 법원에 출두하여 증언을 한 가장 통상적인 소송은 별거 소송이었다. 파일로 보관되어 있는 28개 소송 중에서 별거 소송은 13건이나 된다. 그중 10건에 남편의 폭력 행위를 입증하는 증거들이 수집되어 있는데, 9건이 감정에 대한 논의를 포함하고 있다. 그 10건은 부부 간의 폭력에 대한 중요한 증거를 제공하는데, 그것과 관련된 감정 개념은 곧이어 보다 자세히 검토될 것이다. 이질적인 소송 6개 중에서 앞에서 소개한 두 건을 제외한 네 건은 부록 B에서 논의할 것이다.

그리하여 베르사유 샘플 속의 이질적인 소송들도 감정에 대한 이 책의 해석과 모순되지 않는다. 감정은 동기의 뿌리, 특히 내적인 숨은 동기나 동기의 충돌과 관련되었다. 감정은 소송 당사자의 행위 동기가 규범과 어긋났다는 것을 증명해야 하는 경우에 동기를 확정하는 데 이용되었던 것이다. 증인들은 통상적으로 동기나 마음 상태에 대한 발언을 꺼렸지만, 그런 소송에서는 감정을 공개적으로 혹은 다소 은폐된 방식으로 논했다. 판사가 그들에게 증언하라고 요청한 것이 정확하게 행위자들의 동기였다. 그 대표적인 경우가 별거 소송이었다. 별거를 허락하려면 판사가 동기를 확정해야 했고, 동기에 대한 진술이 엇갈릴 경우에 판사는 증인 심문을 지시했다.

4. 감상주의의 흔적들

민사소송에 묘사된 19세기 초 프랑스인들의 사생활은 흔히 감상주의 플롯 구조를 담고 있었다. 이는 사적 영역이 예술과 마찬가지로 감정과 감정 행위에 의해 지배하는 공간으로 인지되었다는 것을 가리킨다. 그러나 감상주의 플롯 구조가 담겨 있는 소송들을 보다 면밀히 검토해보면, 도덕적 감수성을 타고난 것으로 간주하는 경향은 완전히 사라졌다는 점이 드러난다. 이제 지배적인 경향은 취약한 존재로서의 개인이었다. 그리고 사생활은 격렬한 감정에 취약하다는 면에서 특별한 의미가 부여되었으나, 바로 그 때문에 일탈의 가능성을 함축했다. 또한 여성은 18세기에 도덕적으로 남성보다 우월한 존재로 간주되었지만, 19세기 초가 되면 열등한 존재로 간주되었다. 이제 여성들의 감정적 감수성은 남성들의 지도를 받아야 했고, 때로는 법원의 특별한 보호를 필요로 했다. 이런 상황에서 감상주의는 감정생활이라는 넓은 취약 지대를 조형하는 데 이용되는 개념들의 집합이 되었다. 데쿠튀르 사건은 감상주의가 어떻게 재활용될 수 있는지 생생하게 보여준다. 다른 많은 사건들도 마찬가지다.

나는 위에서 열거한 소송들 중에서 여덟 개를 골라내어, 변호인이나 증인들이 감상주의 플롯들 중에서 어떤 것을 어떻게 사용했는지 추론했다. 그 플롯은 1) 공적인 박애 행위 2) 곤경에 빠진 덕성 3) 진정한 사랑 대 중매결혼 4) 선한 아버지 대 사악한 친척이었다.[12]

1) 공적인 박애

베르사유 샘플에 있는 르보디 대 쉬로의 사건(제51번)에서 성직자들은, 의사 르보디가 쉬로 가족이 기독교 교회로 돌아오도록 하기 위하여 공적인 박애 행위를 수행했다고 증언했다. 역사가 아귈롱이 보여주었듯이 포스트혁명기에 교회의 처지는 간단치 않았다. 수백 년 동안 공식적인 숭배기관(비록 1536년과 1685년 사이의 기간에 개신교의 도전에 직면했지만)이었던 교회는 하나의 종파로 전락했다. 교회에 가느냐 마느냐는 사적인 선택의 문제였다. 그러나 많은 사람이 여전히 교회가 전통적인 공적 숭배기관의 역할을 수행하기를 원했다. 그리하여 교구 성직자가 사망한 불신자의 몸을 교회 묘지에 매장하지 않으려 하다가 분노한 군중의 항의에 부딪치기도 했다. 르보디의 박애 제스처는 쉬로의 개종을 겨냥한 것이었다. 르보디와 그의 성직자 친구는 감상주의 책의 한 페이지(기독교로부터 중대한 영향을 받기는 했다)를 끌어들였고, 실제로 이 타애가 종교 공동체를 재건했다. 이타애는 이제 자연적이거나 정치적인 목표보다는 종파적인 목표에 기여할 수 있는 감정이었다.

『법원소식』샘플 제25번의 프랑세스셰티 대 뮈라의 소송은, 나폴레옹의 사위로서 나폴리의 왕위를 차지하기도 했던 조세프 뮈라의 미망인이 은퇴한 한 장군에게 고발당한 사건이다. 프랑세스세티 장군은 1815년 나폴레옹의 백일천하 동안 코르시카의 영지에서 뮈라에게 거처를 제공하고, 뮈라가 소규모 함대를 꾸려서 이탈리아로 건너가 나폴리 왕위를 주장하는 것을 도왔다. 뮈라의 모험은 그의 죽음으로 끝났다. 프랑세스세티는 법원에 뮈라의 명령으로 8만 프랑을 지출했다고 주장하면서, 뮈라의 영지 수입으로 그에 대한 배상을 받게 해달라고 요청했다. 프랑세스세티의 주장은 견강부회하는 면이 강했고, 법적 근거도 희박했다. 정치적으로도 복고왕정 판사들이 좋아할 가능성도 적었다. 그러자 장군의 변호를 맡은 질베르부셰가 프랑세스세티의 가난을 이용했다. 감상주의적인 비틀기는 이 지점에서 이루어졌다. 질베르부셰는 변론에서 프랑세스세티의 충성심, 그의 무거운 부채, 미혼의 딸들에게 지참금을 줄 수도 없는 사정을 생생하게 그려냈다. 그는 남자라면 정파를 떠나서 충성스러운 장군의 곤경에 마음이 움직이지 않을 수 없을 것이라고 강조했다. 그는 판사들이 장군의 요청을 받아들임으로써 공적인 박애 행위를 해야 한다고 주장한 것이다.

베르사유 샘플 제66번 다니엘 대 콜레트 별거 소송은 이웃과 행인들의 수많은 박애 행위가 개입된 사건이다. 노플 르 샤토의 시장, 부시장, 경찰서장, 의사가 포함된 한 무리의 사람들이 어느 날 밤 10시경에 콜레트 부인과 그의 어린 딸이 울면서 거리를 헤매고 있는 것을 목격했다. 그들은 그녀에게 상황을 물었고, 그녀는 남편이 자신을 구타하고 집 밖으로 내쫓았다고 대답했다. 그들은 함께 그녀의 집으로 가서 술에 취한 남편에게 훈계를 했다. 시장은 그에게 아내를 집으로 다시 들여놓으라고 경고했다. 그다음 어느 날에는 경찰서장이 그녀를 자기 집으로 데려가서 하룻밤을 지내도록 했다. 서장의 아내는 그녀의 상처에 약을 발라주었다. 한번은 그녀가 남편으로부터 매를 맞은 뒤에 길바닥에 누워 있는 것을 마을 목수가 발견했다. 목수는 근처에 위치한 집에 도움을 청했다. 마차꾼 부부 역시 콜레트 부인을 수차례나 도와주었다. 그 부부가 매질하는 남편을 막은 적도 있었다. 하루는 그들이 부인을 베르사유에 있는 친정집으로 데려갔다. 그러자 남편은 마차꾼 부부를 총으로 위협했고, 화약에 불을 붙여서 마차꾼 아내의 얼굴에 던져서 머리와 피부에 화상을 입혔다. 폭력 행위로 발생한 별거 소송에는 자주 여자를 돕는 이웃과 친척들이 등장한다. 이 사건에서 특징적인 것은, 여자가 대로에서 헤매거나 길거리에 누워 있다가 도움을 받았다는 점이다. 증언은 감정적이지 않지만, 스토리 속의 열기는 증인들이 공적인 박애를 의식적으로 인지하고 있었음을 가리킨다.

2) 곤경에 빠진 덕성

우리는 방금 논의한 샘플 제25번과 제66번을 이 두번째 유형에 포함시킬 수도 있다. 감상주의 사고 속에서 박애 행위와 곤경에 처한 덕성 유형은 그만큼 긴밀하게 관련된다. 『법원소식』 샘플의 제30번 모르퇴유 부부의 별거 소송에서 에네캥은 아내 측 변호인으로 나섰다. 그는 별거를 요구한 아내를 변호하면서 별거 소송에 공통적인 전략을 사용했다(Reddy 1997b). 에네캥은 부인이 남편으로부터 명예가 손상되다 못해 자신을 남편으로부터 보호할 마지막 수단을 소송에서 찾은 것이라고 주장했다. 동시에 에네캥은 부인의 감수성을 강조했고, 그녀의 감정고통이 얼마나 극단적이었는지 부각시켰다. 에네캥은 부인이 모범적인 삶을 살았다고 말했다. 그녀는 초혼에서 남편과 사별을 했지만, 아들이 성년에 도달할 때까지 미망인으로 살았다. 1800년 여전히 젊었던 그녀는 모르퇴유와 재혼했고, 그 혼인에서 아이 넷을 낳았다.

에네캥은 그녀의 사생활을 더 깊이 파고들고 싶지 않다고 말했다. "여러분이 아는 것으로 충분합니다." "1817년까지 부인은 엄청난 고통을 겪었습니다. 그러나 그녀는 그 고통을 인내했습니다. 만약 계속해서 견뎌내는 것이 여전히 네 아이를 위한 길이라면, 그리고 참을 수 없는 굴욕이 그녀의 슬픔에 더해지지 않았더라면, 그녀는 남편에게 반대 한마디 하지 않고 여전히 견디고 있었을 것입니다." 감상주의 비전에서와 똑같이, 그녀가 의무에 헌신한 것은 그녀의 여성적인 감수성 때문이었다. 아들에 대한 사랑은 그녀를 미망인으로 살도록 했고, 그녀의 사랑 능력은 그녀를 재혼하도록 했다. 인내가 필요할 때 고통을 감내한 것도, 그리고 "참을 수 없는 굴욕"을 종식시킬 필요가 있을 때 용감하게 공적인 조사를 요청할 결심을 한 것도 그녀의 예민한 감수성에서 나온 것이다.

3) 진정한 사랑 대 중매결혼

이 테마는 랄르망 대 데쿠튀르 소송의 변론에서 중요한 역할을 했다. 제4장에서 논의된 피카르 대 고그의 소송에서 고그는 결혼을 "꽃으로 가득한 정원"으로 간주한 반면, 그의 아버지와 처갓집 식구들은 그 기대에 반대했고, 고그의 실망은 폭력을 낳았다. 샘플 제58번(부록 B)에서 드뤼에 부인은 여권을 위조해서 이탈리아로 도망친다. 그녀와 그녀의 애인이 세운 정교한 도주 계획은 진정한 사랑을 결혼보다 우위에 놓은 감상주의 처방과 일치한다. 그녀와 애인 드 라 자리에트가 감상주의의 신념과 실천으로부터 실제로 직접적인 영향을 받았는가와 무관하게, 그녀에 대한 증인들과 법원의 반대에는 감상주의에 대한 반발이 함축되어 있고, 그런 한에서 감상주의의 영향을 증언한다.

제11번의 셸링 대 몰리니의 소송은 질녀의 혼인이 유효한가를 놓고 벌어진 상속 갈등이다. 질녀인 셸링 부인의 변호인은 법적으로 온전치 않았던 부인의 결혼을 조금은 머뭇거리면서도 그녀의 강렬한 낭만적 사랑 탓으로 돌렸다. 1815년 봄의 전투 동안 프로이센 장교들이 드 생모리스 가족의 성에 주둔했다. 그 가족은 딸에게 점령군을 대표하는 장교들과 함께 지내면서 그들을 돌보도록 했다.

무장한 외국인들의 존재의 영향은 그녀의 고독이 얼마 지나지 않아 아주 다른 감성으로 바뀌도록 했습니다. 그녀는 최고의 존중과 예우를 받았지요. 그녀는 그에 둔감하지만은 않았습니다. 그녀는 프로이센 장교인 셸링과 결혼하고자 했던 것입니다. 그러나 아버지 생모리가 반대했고, 딸을 결국 이웃인 고드샤르와 결혼시켰지요. 그러나 얼마 지나지 않아서 남편이 사망했습니다. 같은 시점에 아버지 생모리도 결투에서 죽었습니다.

열다섯 달 뒤 미망인은 셸링으로부터 한 통의 편지를 받았다. 그는 편지에 자신이 "너무도 사랑하는 그녀를 위하여 마련한" 베젤 성채의 포로라고 썼다. 그리고 "그녀가 행복한지" 물었다. "그 편지는 아직 매우 젊은 여자의 머리가 돌아버리도록 만들기에 충분했지요." 변호인 스스로가 자신의 의뢰인을 은근히 비난한 것이다.

그동안 셸링은 부대 돈을 횡령한 혐의로 기소되어 유죄 판결을 받았다. 그러나 프로이센 국왕으로부터 사면을 받은 그는 그녀를 만나 함께 스코틀랜드로 갔다. 그들은 그곳에서 결혼식을 올렸다. 문제는 신랑이 가짜 이름으로 스코틀랜드로 갔다는 점이었다. 셸링의 변호사는 그가 프로이센에서 결투에 휘말린 상태였기 때문에 가짜 이름을 사용할 수밖에 없었다고 설명했다. 하기야 이름을 속인 것에 대한 유일하게 명예로운 설명은 그것밖에 없었을 것이다. 어쨌거나 그리하여 스코틀랜드 혼인 증서에 그는 본명인 "잉글레베르트 셸링"이 아니라 "테오도레 알베르트 셸링"으로 기록되었다. 신부 삼촌의 변호인은 셸링이 사실은 사생아이며, 이를 감추기 위하여 이름을 속인 것이라고 주장했다. 양측 변호인과 검사는 모두 소송에서 감정적 애착이 가족의 명예에 끼친 악영향을 성토했다. 이는 그녀와 셸링이 감상주의 신념에 의해 추동되었으며, 두 사람은 그 신념 때문에 약해지고 근시안적으로 되어버렸다는 비난을 함축했다. 이런 면에서 보면, 이 소송은 랄르망 대 데쿠튀르의 소송과 아주 닮았다.

『법원소식』 샘플의 제39번은 K부인(결혼 전 이름은 바이)의 자식들과 G 사이에서 벌어진 상속 분쟁이다. 피고인들의 삼촌은 구체제의 해군 고위 장교로서 혁명으로 인하여 정치적 난관에 부딪쳤고, 한동안 투옥되었다. 1794년에 그는 가족과 함께 프랑스를 빠져나와 함부르크에서 네덜란드 배를 타고 뉴욕으로 향했다. 그러나 그 배가 태풍을 만나 아일랜드 코크 앞바다에서 좌초했다. 승객들은 코크로 대피했다. 원고의 변호인 메릴루는 말한다.

이 가족은 아버지, 어머니, 딸, 조카로 구성되었습니다. 조카가 이번 소송에서 우리의 상대입니다. 아버지는 프랑스에 직책과 재산을 두고 떠나야 했던 사람으로, 만나는 모든 사람에게 특별한 이타애를 요구할 자격이 있는 사람입니다. 공포정치 치하에서 그는 감방을 빠져나왔고, 전투가 휩쓸고 있는 나라를 떠나 자유의 나라에서 피난처를 찾았습니다. 그는 깊은 관심 속에서 환대를 받았고, 그곳에서 1795년 중반까지 머물렀습니다. 그즈음에 K가 그 가족을 알게 되었고, 아델레이드 G에게 깊은 애정을 갖게 되었지요. 그녀는 아버지가 어디에서건 소중한 딸로 소개하는 사람이었고요.

K는 그 가족을 따라 뉴욕까지 가서 아델레이드에게 청혼했다. 가족은 그를 두 손을 벌려 환영했다. K는 결혼식 제단에서, 신부가 아버지의 혈육이 아니라 법적 절차를 거치지 않고 입양된 고아라는 사실을 알게 되었다. 지참금으로 5만 프랑이 약속되었지만 부채의 형태였고, 그 부채는 변제되지 않았다. 소송은 두 사람이 낳은 아이들이 G의 재산에 대한 몫을 주장하면서 벌어졌다. 그동안 재산이 조카(G)에게 넘어가 있었던 것이다. 법원은 원고에게 아버지의 재산에 대한 상속권이 없다고 판결했다. 원고의 변호인 메릴루는 변론에서 가족 이야기를 화려하게 치장했고, 아버지가 코크에서 환영받은 것을 공적인 박애 행위로 묘사했다. 혼인을 강행한 K의 결정 역시 고귀한 감정의 결과로 간주했다. "그럼에도 불구하고 K의 감성은 어떤 주저함도 용납하지 않았습니다. 주저했더라면 그것은 이미 사랑하는 사람에 대한 모욕이었을 겁니다."[13] 메릴루가 제공한 설명은 스크리브의 극본처럼 끝난다. K는 사랑만으로 결혼했다. 그 사랑은 이익은 무시하고 명예만을 존중하는 사랑이다.

4) 선한 아버지 대 악한 친척들

『법원소식』 샘플 제32번의 샤뤼엘 대 랑셰르의 소송은 상인 아버지
가 남긴 재산을 놓고 자식과 손주가 벌인 상속 분쟁이다. 양측 변호인
들은 자신의 의뢰인은 선한 아버지의 충성스럽고 헌신적인 자녀요 손
주들로 묘사하고, 상대방은 아버지의 신뢰를 배신한 사람으로 묘사
했다. 프랑수아 랑셰르는 군납업으로 재산을 모은 메츠의 상인으로,
1804년에 75세의 나이로 반신불수가 되었다. 자식들은 처음에 그를 금
치산자로 선언하려 했다가 계획을 바꿨다. 그때까지 사업 문제로 아버
지와 법적 갈등을 자주 벌이기도 했던 장남이 마지막 순간에 화해를 결
심했던 것이다.

그 후 25년이 흘렀다. 장남은 사망했고, 그가 아버지로부터 상속받은
재산의 적법성에 대하여 여동생(샤뤼엘 부인)의 자식들이 문제를 제기
했다. 샤뤼엘 부인의 자식들은 변호사 에네캥을 통하여 외숙부, 즉 랑
셰르의 장남이 1804년에 다른 형제들을 상속에서 배제시키기 위하여
아버지와 거짓으로 화해했다고 주장했다. 외숙부는 동생들을 병실에서
내보낸 뒤에 병상에 누운 아버지에게 자기가 금치산 선언을 하려 했던
것을 "뼈저리게 후회"하고 있으며, 금치산을 주장했던 것은 동생들이라
고 말했다. 그 말을 들은 아버지는 아들에게 44만 8981프랑의 부채증
서에 서명을 하고, 자신이 죽자마자 변제되도록 해놓았다. 더불어 아버
지는 유언장을 변경하여 자신의 여동생 뒤부아 부인에게 40만 프랑을
남겼다. 에네캥의 주장에 따르면, 장남과 그의 고모인 뒤부아 부인은
그 돈을 아버지가 죽은 뒤에 나누어 갖기로 사전에 합의했다. 그리고
장남은 아버지의 죽음이 임박했다는 소식을 듣자마자 병상으로 달려와

서, 죽어가는 아버지에게 애정을 퍼붓는 동시에 채 죽지 않은 아버지의 목에 둘려져 있던 지갑에서 총 12만 프랑 상당의 환어음을 훔쳐갔다.

피고의 변호인 몰로는 원고들의 비난을 고스란히 돌려주었다.

여러분은 가족의 일부이면서도 가족을 파괴하는 데서 쾌감을 느끼는 군요. 여러분의 증오는 엄청난 것 같습니다! 도대체 뭡니까? 숙부(랑셰르의 장남)가 외할아버지의 임종에서 자신의 정당한 몫을 공적으로 거론하지 않았던 것을 후회하면서 죽은 것으로 충분치 않으십니까? 여러분은 돈 속에 헤엄치며 살면서도, 숙부가 가족에게 가난과 슬픔만을 남기고 떠난 것으로 충분치 않으십니까? 그저 연금이나 조금 달라고 구걸하는 그의 자녀들의 요청을 거부한 것으로 충분치 않으십니까? 여러분 모두는 그것으로 충분치 않은지 고인의 차가운 재를 들쑤시고 있습니다.

피고의 변호인 몰로는 원고의 변호인 에네캥의 발언의 어느 것도 진실이 아니라고 주장했다. 아버지는 딸에게 극히 박애적이었다. 그래서 그는 딸이 결혼할 때 어머니의 엄청난 재산 대부분을 상속받도록 해주었다. 환어음 12만 프랑은 그가 죽기 직전에 장남에게 자발적으로 준 것이다. 이는 의사와 망자의 아내가 증언한 것이다. 유산을 물려받은 아들의 인생은 "법정에 그의 적으로 서 있는 사람들의 원한과 탐욕 때문에 불행의 연속"이었다. 그 때문에 그는 결국 아내와 자식들에게 빈곤만을 남긴 채 죽었다.

법원은 프랑수아 랑셰르의 1804년 유언장이 유효하다고 판결했지만, 소송은 사실 멜로드라마에 또 다른 멜로드라마를 대립시킨 것이었다. 1827년경이면 멜로드라마의 설득력은 잔재만을 남긴 채 거의 소진된 상태였다. 1770년대와 1780년대의 유명 소송들에서 진정성과 사실성의 상징이던 감상주의 플롯의 용법들이 이제 일상에 들어와 있었다. 그 플롯은 법률가들에게 선택적이고 관례적으로 이용되었다. 그 플롯과 용어는 성직자들에게 회심의 수단으로 투입될 수도 있었고, 여자들이 사적 공간을 치장하는 수단으로 이용될 수도 있었다. 그러나 그렇게 이용되더라도 그것들은 취약성의 신호였고, 합리성이 붕괴되었다는 신호였다. 처녀가 사랑에 사로잡힐 수는 있었고, 재혼한 여자가 남편의 속마음을 의심할 수도 있었다. 그러나 그런 감정들은 올바른 행동의 안내자가 아니라 문제였다. 도덕적 정언명령이 아니라 망상이었다.

5. 결론

위 소송들은 혁명 이후 프랑스에 수많은 새로운 규범들이 작동하고 있었다는 것을 드러낸다. 포스트혁명 체제는 명료한 동기들을 보유한 통일적인 자아가 공적 영역에서는 탁월함을 추구하고 사적 영역에서는 충족을 추구하는 체제였다. 이는 그 자체로 놀라울 것이 전혀 없다. 그러한 질서의 구축은 적어도 1794년부터 모든 개혁가들이 공공연하게 선언하던 목표였다. 그러나 위 소송들은 다음의 요점을 보여준다. (1) 감정은 그저 사적인 영역으로 넘겨지기만 했던 것이 아니다. 감정은 모든 동기에서 중심적인 역할을 수행했고, 동기에 뭔가 잘못되었다고 여겨질 때마다 감정이 면밀히 조사되었다. (2) 법원은 할 수만 있다면 소송인들의 동기를 평가하지 않으려 했다. 그들은 사적인 편지나 증언이 뒷받침해줄 때만 감정을 평가했다. (3) 공적인 숙의(법원, 신문, 의회에서의 숙의)에 감정적 조형성을 배치하는 것은 높이 평가받았다. 그러나 똑같은 작업이 다른 맥락에서는 그 수행자(세일즈맨, 배우)를 오염시키는 것으로 간주되었다. (4) 규범을 따르는 데는 개인마다 광범한 편차가 있을 수 있다고 인정되었다.

그에 따라 감정의 이해에서 감상주의는 여전히 중요한 역할을 수행했다. 다만 감정의 공적 효용성과 관련해서는 감상주의가 높이 평가되지 않았다. 미덕은 더 이상 자연적인 단순성에서 나올 수 없었고, 진실성은 쉽게 식별될 수 없는 것이었으며, 감성은 정치를 안내할 수 없는 것이었다. 그러나 이타애, 박애, 곤경에 빠진 미덕, 낭만적 사랑에 대한 이야기들은 여전히 각별한 설득력을 발휘하는 것으로, 도덕적으로 인간을 고귀하게 해주는 것으로 여겨졌다. 박애와 상호적인 존중심은 계약 관계를 고양시켜주고 신용을 뒷받침했다. 사랑은 많은 사람들에게서 좋은 결혼의 필수적 요소였다. 사랑이 관습, 예의범절, 가족의 명예와 충돌할 경우, 일부는 사랑에 더 높은 도덕적 지위를 부여했다.

차이의 인정과 (적어도 공적인 숙의에서) 감정적 조형성의 수용 및 존중은 새로운 체제에서의 감정의 항해를 용이하게 해주었다. 이는 적어도 감상주의가 "일상적"이었던 시대와 공포정치 시기와 비교해서 분명 그러했다. 차이의 인정에 특히 기여했던 것은 아이러니하게도 민주화된 새로운 명예 코드였다. 규범 이탈을 비밀에 붙이라는 명예 코드의 명령이 그 역할을 수행했던 것이다. 그리고 남성의 명예는 남성의 합리성과 긴밀하게 결합되었다. 남성은 이성적이니만큼 명예로운 존재라는 것이었다. 또한 남성의 합리성과 그에 따른 남성의 우월함은 인간의 연약함에 대한 새로운 과학적 이해와 결합되었다. 그 이해는 남성의 일탈을 찬양하지는 않았지만 눈감아줄 만한 것으로 만들었다.

그러나 사람들은 감정의 항해가 훨씬 용이해진 것에 대가를 치러야 했다. 새로운 "부르주아" 사회에 대한 심적인 불쾌감, 즉 그 사회질서에 대한 수치심의 만연이 그것이다. 그 느낌은 셀 수 없이 많은 방식으로 표출되었다. 그러나 새로운 질서에는 다양한 형태의 감정 피난처들이 존재했다. 예컨대 연애결혼과 우정은 수많은 사람에게 감정적인 노력이 면제되는 중요한 장이었다. 민사소송의 증거들은, 감상주의가 공적이고 정치적인 함축을 박탈당했지만 사생활에서만큼은 여전히 구성적 힘을 발휘하고 있었다는 뱅상-뷔포와 우브르의 연구를 확인해준다(Vincent-Buffault 1995; Houbre 1997).

아귈롱, 고티에, 가스노의 사회성 연구는 사생활에서도 혁신이 없지 않았다는 것을 보여준다(Agulhon 1970; Gauthier 1992; Gasnault 1986). 여가생활의 상품화도 감정의 피난처로 떠올랐다. 댄스홀, 왈츠와 같은 새로운 춤, 카니발 축제에 대한 새로운 열광 등은, 사람들이 외면에 대한 관심에서 비롯된 엄격한 규율로부터 벗어나고자 했다는 것을 보여준다. 과거의 것이건 새로운 것이건, 그런 피난처들 중 어느 것도 새로운 정치 이데올로기와 체계적으로 연결되지 않았다. 이는 18세기의 감상주의적인 감정 피난처들이 정치적 일관성을 가졌던 것과 크게 대비되는 모습이다. 도덕론자들과 정부 관리들이 그런 피난처들을 비난하기도 했지만, 그중 어떤 것도 정치적 현상 유지에 직접적인 위협을 주지 않았다.

계약에 기초한 새로운 사회질서는 변호사 등에게 그들의 직업이 주는 한계 내에서나마 특정한 감정적 유연성을 요구했다. 그리고 그 유연성은 포스트혁명 체제에 대한 불쾌감의 확산에 기여했다. 내가 과거의 연구에서 보여준 것처럼, 이 시기의 저널리스트들과 공직자들은 상사의 결정과 정파에 대한 복종의 의무를 명예감과 화해시키기 위해 노력했는데, 그 명예는 독립성과 진실의 발화를 요구하는 명예였다(Reddy 1997b). 그들의 복종은 말하자면 의뢰인에 대한 변호인의 헌신과 비슷했다. 그리하여 그들의 복종은 근대 초의 궁정 후견제 네트워크에서 작동하던 복종과 크게 달랐다. 궁정인의 충성은 주군 한 사람에게만 바치는 것이었고, 또 주군의 상호적인 지원을 조건으로 했다. 그 관계는 18세기의 감상주의가 개인의 자유 및 진실성과 합치될 수 없는 것으로 비판하던 관계였다. 1815년 이후 시민사회의 본질적 특징으로 나타난 계약적인 감정적 유연성은 감상주의가 알지 못하던 유연성이었다. 그 감정성의 필연성은 19세기 전반기 내내 비난과 냉소와 풍자의 물결을 낳았다. 그러나 그 비판은 인간의 연약성에 대한 새로운 감각 때문에 날카로움을 빼앗겼다. 사람이 그릇되기도 한 것은 놀랄 만한 일이 아니었던 것이다. 그렇듯 그 감정성은 비판받으면서 수용되었다. 그 태도는 물론 새로운 공포정치가 나타날 수도 있다는 생각에 의해 추동되는 면도 없지는 않았다. 어쨌거나 그것은 마지못해 수용되었고, 점차 뿌리를 내렸으며, 그렇게 계약에 기반한 질서의 생존을 도왔다.

더불어 사적인 영역에서 사람들은 명확한 감정과 취향을 보유할 것을 요구받았고, 그것을 질서 있게 추구할 것을 요구받았다. 그 개인주의적인 이상 상태에 미치지 못하는 사람들은 새로운 질서의 해안 모래톱을 항해할 때 문제에 봉착할 수 있었다. 우리는 민사소송에서 혼인에 대한 깊은 양가성의 흔적들을 발견했다. 데쿠튀르, 상테르 부부, 고그 부부, 스코틀랜드에 가서 결혼식을 올렸던 미망인 H는 모두 그 불확실성을 드러냈고, 어렵고 고통스럽게 각자의 해법을 생각해냈다. 몽트레유와 미망인 티에르스(부록 B 참고)는 자신의 방식으로 노년의 외로움과 싸워야 했다. 사적인 영역에서 충족을 발견하지 못하고 술과 폭력으로 경도된 남자도 많았다. 그러나 포스트혁명 체제는 전체적으로 보아 감상주의자들이 건설하려던 체제보다 더 유연하고 더 살아갈 만한 체제였다.

포스트혁명 체제의 가장 강력한 힘은 계약적 관계와 감정적 유연성이 결합된 데 있었다. 체제의 비판자들은 계약의 자유에 기초한 사회는 이윤을 경쟁적으로 추구하는 사회요, 그 사회는 이윤 동기를 그 정신적인 공허에도 불구하고, 그리고 많은 사람이 경쟁에 참여할 준비가 되어 있지 않음에도 불구하고 만인에게 부여한다고 지적했다. 그러나 만인에게 애국적 이타성을 요구하던 공포정치와 달리, 1815년 이후에 정립된 계약적 자유와 경쟁의 체제는 공적 영역과 시장에서 움직이는 사람에게 특정한 감정적 태도를 절대화하지 않았다. 그 체제는 사람들이 감정적 태도를 시험하고 선택할 넓은 여지를 허용했다. 그 체제는 또한 동기와 감정을 엄격히 검사하지 않아도 되는 사적 영역으로의 후퇴도 허용했다. 물론 감정 작전의 여지는 빈자보다 부자에게, 그리고 여성보다 남성에게 훨씬 컸다. 이윤 동기의 악을 없애고자 하는 사람들은 체제의 변화를 요구했지만, 그 변화는 감정에 대한 더 큰 규율을 수반하는 것이었고, 그 요구는 많은 사람에게 공포정치로의 회귀에 대한 공포를 일으켰다.

1820년대부터 현재까지 그리고 프랑스만이 아닌 다른 여러 나라에서도, 자본주의에 대한 논의는 자칫 그런 비판자들과 똑같은 혼란에 빠지곤 한다. 그동안 계약적 관계를 제약하거나 삭제함으로써 다른 형태의 사회성을 만들어낸다는 발상은, 자본주의에 의해 타락한 "자연적" 혹은 정의로운 감정적 헌신을 감정에 대한 다소간의 국가 통제로 보충하려는 시도를 수반했다. 이는 다름 아니라 20세기에 와서 "전체주의"라고 불린 것의 정수精髓이다. 전체주의는 몇 가지 측면에서는 부적절한 용어이지만, 자아에 대한 국가의 과다한 침투를 나타내는 데는 유용한 개념이다. 이모티브 이론이 그 그릇된 이분법을 재고하도록 하는 데 조금이라도 기여했다면, 그 목적을 달성했다고 할 것이다. 필요한 것은 덕성스러운 이타성, 시민적 조정, 완전한 공적 진실성에 더 의존하는 게 아니라 덜 의존하는, 그리하여 덜 엄격한 감정관리 체제를 기획하는 것이다.

제9장 결론

프랑스혁명과 그 감정적 영향에 대한 이 책의 서술이 보여주는 것처럼, 이모티브 이론은 새로운 종류의 역사적 설명을 가능하게 해준다. 이모티브의 차별적 효과는 왜 어떤 감정체제는 성공하고 다른 감정체제는 실패하는지, 왜 어떤 국가질서와 사회질서가 오고 가는지 설명해줄 수 있다. 나는 우리 삶과 자의식의 얼마나 많은 것이 감정체제에 걸려 있는지 보여주었다. 감정체제들 중에는 사람들에게 감정의 자유를 일정 정도 제공함으로서, 심지어 그 체제가 감정적 유연성을 취약성의 표지로 취급하고 불가피한 일탈들을 숨기도록 할 때조차 감내할 만한 것으로 여겨지는 체제가 있다. 그에 반하여 인간의 보편적 해방을 목표로 하면서도 감정에 경직된 규율을 요구하고, 그렇게 스스로의 몰락을 재촉하는 감정체제도 있다. 감정의 자유는 역사에 정치의 의미를 되돌려주는 개념이고, 감정체제의 실험이 연속되는 과정을 역사 속에서 식별하게 해주는 개념이다.

서양의 상식적 감정론

이모티브 이론을 받아들인다는 것은 감정에 대한 서양의 상식으로부터 멀리 벗어난다는 것을 의미한다. 그 상식으로부터 벗어나는 움직임은 오랜 세월 동안 봉쇄되었다가 최근에 와서야 많은 연구에 나타나고 있다. 왜 감정은 지금에 와서야 의제가 되었을까? 적절한 감정 이론을 구축하는 것에는 무엇이 걸려 있는 것일까? 감정은 자아에 대한 서양의 개념의 구성적 특징이다. 사유, 기억, 의도, 언어와 마찬가지로, 감정은 자아가 자아인 덕분에 갖는 어떤 것이고, 그것 없이는 자아가 자아가 아닌 것이 되는 어떤 것이다. 서양의 관점에서 감정은 비의지적이고, 그 자체로 유쾌하거나 불쾌하며, 따라서 감정은 자아로 하여금 어떤 행동을 수행하거나 어떤 성향을 유지하도록 해준다. 감정의 비의지적 성격과 감정에 내장되어 있는 "정서가"(유쾌 혹은 불쾌)는 감정으로 하여금 행동을 추동하도록 한다. 서양의 상식에서 강력한 감정은 인간의 우선순위 목표로 연결된다. 서양의 상식으로는, 어떤 것에 강력한 감정을 부여하지 않으면서도 그것을 우선순위 목표로 삼는 것은 상상하기 어렵다. 감정의 비의지적인 성격과 감정에 내장되어 있는 쾌감과 불쾌감은 목표가 무시되지 않도록 보장해준다(Frank 1988). 감정의 비의지적 성격은 감정의 다기능적 특징의 토대이자, 그 신비의 원인이다.

감정은 우리가 가장 심층적인 차원에서 우리 자신의 것으로 옹호하는 어떤 것이다. 그러나 감정은 때때로 우리로부터 성찰이나 행동 능력을 빼앗아가는 외적인 힘으로 나타난다. 어떤 이론은 의지를 이기는 감정의 힘을 감정의 생물학적인 뿌리에서 찾는다. 통증과 추위와 숨 쉬려는 욕구처럼 감정이 우리의 계획을 허물어뜨리는 것은, 진화가 유기체를 보존하기 위하여 강력한 감정을 입력해놓았기 때문이라는 것이다. 또 다른 이론은 정반대의 설명을 제시한다. 그 이론은 감정은 의식이 닿지 못하는 진정성이라는 중핵에서 발현된다고, 감정이 비의지적인 것은 진정성이라는 숭고한 그 기원 때문이라고 말한다. 그래서 사랑이나 성장에 대한 근대 서양의 무수한 이야기에서 감정—사랑, 공포, 단호함, 절망—은 남녀 주인공을, 때로는 그 주인공의 현실적인 판단을 거스르면서 영적으로 유의미한 선택, 혹은 인간을 완성시키는 선택으로 이끈다.

자아에 대한 서양의 상식에서 감정이 갖는 중요성에 유의하면, 사회과학과 인문학 학자들이 최근에 와서야 감정에 관심을 기울이는 것은 놀라운 일이다. 이유가 있었다. 아주 오랫동안 서양의 상식은 분과학문들에게 일종의 분업을 부과했고, 그 분업 체제에서 감정은 심리학에 할당되었다. 그러나 그 설명은 감정을 무시해온 것에 대한 온전한 설명이 되지 못한다. 심리학 내부에서도 감정은 별로 주목받지 못했기 때문이다. 행동주의 심리학자들과 실험실에서 연구하는 인지 심리학자들은 1970년대에 와서야 감정에 다가갔다.

프로이트를 추종하는 임상 심리학자들 역시 감정을 그 자체로 별반 중요시하지 않았다. 프로이트 자신은 감정의 역할을 간단치 않게 생각했지만, 대부분의 프로이트주의자들은 프로이트를 감정에 표면적인 의미만을 부여한 사람으로 읽었다. 그들에 따르면 예컨대 승강기에 대한 공포는 옷장에 갇혔던 어린 시절의 경험에서 나온 것이다. 그 경험으로부터 승강기는 함정이라는 믿음이 나타났고, 그 믿음은 의식에 의하여 부인되고 억압되어도 승강기를 볼 때마다 의식 안으로 들어오고 공포

반응을 일으킨다. 그런 관점에서 보면, 공포 그 자체는 무의식적인 것이 아니다. 무의식적인 것은 승강기 대한 믿음과 어린 시절의 경험이라는 "비합리적 원천"이다(Ortony, Clore, & Collins 1988: 176; Erdely 1990, 1992; Clore 1994; Zajonc 1994: 294; Chodorow 1999). 심리학자들이 관심을 쏟았던 것은 무의식적인 믿음, 그 믿음이 은폐되거나 표출되는 과정, 그 믿음이 인격의 역동적인 전개에 미치는 영향이었다. 그 맥락에서 감정은 믿음의 작동이 직선적으로 표현된 것이거나, 믿음이나 그 믿음과 결부된 심리적 과정에 사람이 생물학적으로 반응한 것이었다. 감정은 그 자체로 연구할 것이 아니었던 것이다. 그 결과 감정이 할당된 분과학문 역시 감정에 대해 할 말이 없었다(Gergen 1995).

감정에 대한 심리학자들의 무관심은 문화 인류학자들이 1970년대 말까지 감정을 무시한 것도 설명해준다. 문화 인류학은 그 학문의 초기 국면에서 정신분석학에 의존했다. 그래서 말리노프스키, 미드, 베이트슨, 레비-스트로스가 상징체계의 관념표상ideational 구조에 집중한 것이다. 또한 그 때문에 문화 인류학에서도 감정이 그 자체로 연구해야 할 주제로 부각되지 않았다(Levy 1984: 214~215). 민족지 연구 역시 1975년 이전에는 감정에 접근할 경우, 감정이 문화적 규범에 의하여 고조되는가, 아니면 거꾸로 억압되는가에만 집착했다. 그리하여 예컨대 브릭스는 이누이트족의 가정생활에서 분노가 아무런 역할을 하지 않는다고 주장했다(Briggs 1970). 레비-스트로스 역시 소사이어티 제도에 대한 선구적인 연구에서 특정 감정을 부각시키거나(과잉인지) 억압하는(과소인지) 것은 문화라고 주장했다(Levy 1973, 1984).

그리하여 민족지학자들은 감정이 민족지학의 연구 영역 외부에 위치한 것이라는 인상을 갖게 되었다. 기어츠는 발리인들에 대한 연구에서,

사람들에게 이름을 부여하고 그들을 시간과 공간에 위치시키는 발리인들의 상징체계가 개인들에게 무언가를 느낄 이유를 제공하지 않는다고, 발리인들의 간주관적 행위 규칙 역시 감정을 표현할 용인된 방법을 제공하지 않는다고 주장했다. 그가 발리인들에게서 증거를 발견한 유일한 감정은, 그가 "무대 공포"라고 칭했던, 수행 실패에 대한 두려움이었다(Geertz 1973: 360~411). 그럼에도 불구하고 기어츠의 연구가 감정 이론에서 중요했던 것은, 그의 연구에 감정 경험이 전적으로 조형적이며 그 자체로 문화에 의해 구성될 수 있다는 주장이 함축되어 있기 때문이었다. 로살도는 기어츠의 함축을 좇아서 감정에 대한 전적으로 구성주의적인 최초의 견해 하나를 제시했다(Rosaldo 1980, 1984).

서양에서 포스트구조주의 이론의 영향력은 1970년대 말에 시작되어 1990년경에 절정에 달했다. 수많은 학문 분야에 광범한 영향을 미친 그 이론 역시 감정을 무시하는 전반적인 경향을 전혀 변화시키지 않았다. 되돌아보면 그것이 오히려 놀라운 일이다. 포스트구조주의는 주체와 주체성에 대한 서양의 관점을 근본적으로 비판하면서 주체의 의도, 경험, 선택, 지각, 욕망을 부인했다. 포스트구조주의는 그것들을 담론 구조의 부산물 이상으로 간주하지 않았다. 데리다의 생각으로는, 타인의 존재조차 형이상학적 망상에 불과한 것이었다. 푸코에게 "자아"란 자유롭거나 투옥될 수 있는 것이 아니라, 특정한 담론 질서와 규율 질서의 산물이었다. 자아는 탈출해야 하는 감방이었던 것이다. 서양의 상식을 그처럼 과격하게 공격하면서 감정에 대해서는 아무 말도 안 하다니, 이 얼마나 기이한 일인가.

1980년대 말에 이르러 하레, 아부루고드, 러츠 등의 인류학자들이 그 공백을 메우고자 했다(Harré 1986; Abu-Lughold 1986; Lutz 1988;

Lynch 1990; Grima 1992). 그들은 명시적으로 푸코에 의존하여 감정에 대한 구성주의적 관점을 정당화했다. 그들은 감정이 자아의 다른 모든 면모와 마찬가지로 담론에서 기원할 뿐이고, 감정은 권력이 은밀하게 행사되는 또 하나의 장을 구성할 뿐이라고 주장했다. 감정을 연구한 새로운 인류학자들 중에서 구성주의적 입장을 가장 강력하게 옹호한 학자들은 페미니스트들이었다. 미셸 로살도, 아부루고드, 러츠, 그리마 등의 페미니스트 인류학자들이 감정에 초점을 맞춘 이유는 두 가지였다. 첫째, 여성 인류학자들은 그들이 원주민 촌락에서 직면하게 된 특이한 제약과 이점 때문에 감정이라는 주제에 특권적으로 접근할 수 있었다. 둘째, 감정의 문화적 기원을 입증함으로써 그들은 여성이 본질적으로 남성보다 감정적이라는 서양의 강력한 상식을 비판할 수 있었다. 그 상식은 서양에서 여성을 공적 영역으로부터 배제하고, 남성이 사적 영역에서 보유하고 있는 가부장적인 지배를 정당화하는 가장 중요한 근거의 하나였다.

역사학과 문예비평이 비교적 독립적으로 감정을 발견하게 된 뿌리에도 페미니즘적인 관심이 놓여 있었다. 인류학과 마찬가지로 그 학문들에서도 젠더의 역사와 젠더의 문화적 구성이 새로이 연구되지 않았더라면, 감정은 여전히 어둠 속에 묻혀 있었을 것이다. 이 책의 제5장에서 18세기 감상주의 연구사를 검토하면서 보았듯이, 역사가들은 1990년대 중반에 와서야 감정을 최첨단 의제에 올려놓았다(Stearns & Lewis 1998).

그러는 가운데 이론 일반에 대한 반발이 나타났다. 이론 논의를 여전히 중요시하는 학자들 중에도 여러 학자들이, 새로운 용어와 정식화를 지속적으로 고안해내고 전개하는 작업, 즉 포스트구조주의가 타락한 서양의 상식을 깨뜨리고 교체하기 위하여 투쟁하는 가운데 수행하던 작업으로부터 한 걸음 물러났다.

새로운 경향에는 적지 않은 아이러니가 포함되어 있다. 감정은 자아에 대한 서양 상식의 한 요소이고, 감정은 그 자체로 특별한 이론 논의를 요구한다. 그러나 감정은 그동안 가장 무시되어온 주제였다. 감정은 20세기만도 아니고 포스트구조주의만도 아니라, 19세기 초 감상주의가 삭제된 이래 줄곧 무시되어온 것이다. 그러나 감정이 드디어 연구 의제에 오르자마자 새롭고 혁신적인 모든 것에 의심의 눈초리가 쏟아졌다. 이론에 대한 의구심이 감정에 쏟아진 것이다. 그래서 빈센트 크라판자노는 1992년의 짧은 논문에서 감정을 언어나 행동과 같은 자아의 다른 특징들과 다르게 다루어야 할 필요성을 인정하면서도, 그 필요성을 충족시켜줄 이론적 정식화는 즉각 기각했다. 그러나 그는 강조했다.

나는 '너를 사랑해' 혹은 '네게 화가 나' 같은 발화들을 명시적인 수행문이라고 주장하지 않는다. 〔……〕 그러나 그 발화들은 상당한 발화수반적인 힘을 갖고 있다. 그 발화들은 발화됨 그 자체를 통하여 발화의 맥락에 변화를 일으킨다. 〔……〕 그 발화들 자체가 그 발화들이 기술하고 있다고 말해지는 조건 — 감정 — 의 표명이고 징후로 간주된다. 단, 3인칭 진술에는 적용될 수 없는 방식으로 그렇다. 그 발화는 지시성의 고리를 발화 자신에게 건다. 그 때문에 일순간 발화 자체가 발화의 대상이 된다. 그러나 동시에 일종의 위상정렬적인 뒤얽힘topological contortion에 의하여 그 발화는 그 자신 이외의 것이 된다. 언어학적 범주를 하나 더 만들어내는 것에 경악하지 않는다면, 우리는 그러한 발화를 '징후화 발화symptomatizers'로 칭할 수 있을 것이다. 〔……〕 그 발화의 지시성, 퍼스의 용어로는 그 발화의 상징성, 그 발화의 의미성은 일종의 징후사 symptomatology가 된다. 한 번 더 퍼스의 용어를 이용하자면, 그것은 직접적인 지표성indexicality이 된다(Crapanzano 1992: 234~235).

크라판자노의 말은 이 책의 전체 프로젝트를 정확하게 요약한 것이다. 나는 "언어학적 범주를 하나 더 만들어내는 것에 경악"하기보다 감정이야말로 이론 연구가 가장 필요한 것이라고, 자아에 대한 우리 서양의 그 오랜 성찰에서 이론적으로 가장 무시되어온 것이 감정이라고 주장한다(Meyer 1991). 감정표현은 지시성의 "고리"를 갖고 있다. 그러나 그 고리는 수행문처럼 직접적이지 않다. 그것은 "위상정렬적인 뒤얽힘"을 통과해야 한다. 감정표현이 통과하는 그것(이것이 제3장에서 논의된 활성화된 생각 재료와 주의이다)이 바로 포스트구조주의가 도달한 막다른 골목으로부터 빠져나갈 출구이다. 그 출구는 우리가 자아를 "주체성"의 형태로도 아니고, 정신과 물질의 데카르트적 이분법을 수단으로 해서도 아니고, "이중 닻"(Wikan 1990)이라는 비상하게 풍부한 장場의 형태로 재건하고 재개념화하도록 해주는 비상구이다. 그 장은 주체성이 자신의 장소를 발견하는 장이고, 그에 준거하여 자유(그리고 역사적 변화)가 다시 유의미해지는 장이다.

이모티브 이론

심리 통제는 생각의 불가피한 측면이다. 주의의 용량이 제한되어 있기 때문이다. 최근의 인지 심리학 연구에 따르면, 개인은 당면한 인지 과제에 합당한 정보처리 전략을 개발하고 실천한다. 그 전략의 핵심은 당면 과제와 경쟁 중인 과제와 생각들을 배제함으로써 인지 "부하"에 따른 수행 능력의 저하를 막는 것이다. 그러나 특정한 생각을 주의로부터 격리시키는 작업은 아이러니한 과정이다. 주의 밖에는 주의를 새로운 방향으로 이끌 수도 있는 생각 재료들이 "활성화" 상태, 즉 주의에 입장할 준비 상태에서 대기하고 있기 때문이다. 심리 통제를 포함하여 주의를 인도하는 전략들은 활성화된 막대한 양의 생각들 중에서 어떤 생각이 주의의 집중적인 수행활동에 접근할 것이냐를 결정한다.

나는 포스트구조주의를 포함하여 지난 세기에 데카르트적 이분법에 가해진 비판이 지극히 유의미하다고 생각한다. 그리고 동시에 나는 심리 연구의 발견들이 매우 유익하다고 믿는다. 나는 콰인, 데이비슨, 앨코프 등이 제시한 "번역" 개념을 이용하면 데카르트적 이분법에 의존하지 않고도 심리 연구의 발견들을 재정의할 수 있다고 생각한다. 다시 말해서 활성화, 주의, 심리 통제와 같은 인지 심리학의 개념들을 동시복합적인 번역 작업의 수행 방식으로 개념화할 수 있다는 것이다. 번역 작업은 모든 인간의 삶에서 매순간 발생한다. 다만 그 번역은 언제나 미결정적이다. 그리고 번역이 개인들 사이에서보다 오히려 더 개인 내부에서 발생하기 때문에, 그 미결정성은 개인에게 풍부함과 창조성을 부여한다. 그리하여 활성화된 생각 재료의 바다를 항해하는 것은, 생각 재료에 결부되어 있는 세계와 목표들에 대한 특정한 해석을 받아들이게 해주기도 하고, 그와 다른 해석과 목표들로 바꾸는 것, 즉 전향도 가능하게 해준다. 항해는 그렇듯 행위 주체성을 보장한다.

포스트구조주의 이론에서 랑그와 파롤의 관계는 변증법적이다. 발화는 연기延期에 의해서만 구조를 드러낼 수 있다. 발화에 통일성을 부여하는 것은 처음부터 끝까지 연기이고, 그 통일성으로부터 발화의 부분들과 그 부분들 간의 관계를 부각시키는 것도 연기이다. 발화는 그 방식으로만 의미를 전달한다. 즉, 발화는 그 방식으로만 의도에 의하여 추동된다. 그리고 그 통일성과 구조는 자의적인 것이다. 그 자의성이 바로 "주체"에 대한 포스트구조주의 비판의 토대이다. 그리하여 포스트구조주의가 보기에 주체성, 즉 주관적인 지각과 경험을 갖춘 개인이라는 서양의 관점은 올바른 것도 그릇된 것도 아니다. 그것은 그저 발화 뒤의 통일성을 결정하는 자의적인 방식의 하나일 뿐이다.

나는 포스트구조주의의 기호 개념이 번역 개념(이는 포스트구조주의자들이 봉착한 것과 똑같은 어려움을 해결하기 위해 개발된 것이다)보다 훨씬 못하다고 생각한다. 포스트구조주의자들의 기호는 한 시점에 한 개의 코드에 의거하여 작동한다. 그러나 발화는 단일한 배후 코드의 맥락에서만 작동하는 것이 아니다. 발화는 그 외의 다른 많은 코드로 동원할 수 있는 재료들이 존재하는 가운데 발생한다. 코드에는 감각 코드(시각, 청각 등의 "입력")만이 아니라 절차 코드도 있다. 언어는 중요한 유형의 절차 코드로 정의될 수 있다. 절차 코드에는 언어 외에 예의, 신분, 복식, 헤어스타일, 명령과 같은 사회적 혹은 관계적 코드도 있다. 번역은 재료를 하나의 코드로부터 다른 코드로 바꾸는 작업이다. 그런데 번역은 언제나 미결정적이다. 재료를 코드에서 코드로 전환시킬 때 무엇인가를 감축시키기 때문이다. 유의할 점은, 주의가 결단코 그 감축의 포로가 아니라는 점이다. 그래서 주의는 번역이 부적절한지 결정할 수 있다. 예를 들어서 색단어가 두 개밖에 없는 언어 코드로 어떤 시각 재료를 번역할 때, 주의는 그 번역이 온전치 않다고 판단할 수 있다. 그럴 경우 주의는 그 번역을 수정할 수도 있고, 새로운 코드를 고안해낼 수도 있다.

인지 심리학은 감정이 인지 그 자체와 구분될 수 없다는 것을 보여주었고, 인지가 연속하는 "자동적" 절차들의 단 하나의 경로로 이루어지는 것도 아니라는 점을 보여주었다. 바넷과 래트너는 그 혼란스럽기도 하고 풍부하기도 한 감정 개념을 풀이하기 위하여 "코그모션cogmotion"이라는 단어를 만들어내기도 했다(Barnett and Ratner 1997). 나는 감정이야말로 주의 앞에 나타난 활성화들의 풍경을 말하고 "기술"하는 방법을 제공한다고 주장했다. 인지, 번역, 이를 통한 활성화들의 배열, 심리 통제, 이 모든 것은 다름 아니라 누군가가 우리에게 "어떻게 느끼세요?"라고 물었을 때 발생하는 것들이다. 그리고 그 질문에 대한 우리의 답은, 그 답이 "기술"하는 것에 직접적인 리바운드 효과를 준다. 우리의 답변을 우리가 듣거나, 우리가 언어중추에서 답변을 연행하면(가능한 발화들을 적절한 코드로 입안하면), 그 답변은 활성화를 새로이 발생시킨다.

웨그너와 그 동료들의 연구가 보여주듯이, 우리가 어떻게 느끼는지에 대한 진술이 생각 재료들을 그 진술에 일치하도록(그리고 따라서 그 진술을 확인해주도록) 활성화시킬 가능성은 대단히 높다. 그러나 그 진술이 특정한 활성화를 생산하기 위하여 의도적으로 사용되었음에도 불구하고 활성화의 정도가 약하면, 심리 통제가 실패할 가능성이 높아진다. 웨그너와 스마트의 연구가 보여주듯이, 그런 경우에는 의도와 반대되는 생각 재료의 "깊은 활성화"가 주의 앞에 나타난다. 그것이 바로 심리 통제의 아이러니한 효과다(Wegner 1994, 1997; Wegner & Smart 1997; Wegner & Gold 1995).

나는 우리가 어떻게 느끼는가를 둘러싼 위 내용이 특별한 용어를 가질 만하다고 생각한다. 나는 이에 "이모티브"라는 조어를 제안했다. 이모티브는 화행론의 "수행문"과 마찬가지로 세계에 작용하는 행동이다. 그러나 이모티브가 작동하는 세계는 오스틴의 세계보다 풍부하다. 오스틴은 수행 발화가 적절한지 부적절한지 결정하기 위하여 수행문 이론에 사회적인 맥락을 도입했다. "네I do"라는 말을 적절하게 말하기 위해서는, 발화자가 적절한 혼인식에 있어야 하고, 또한 그곳에는 "나는 여러분을 남편과 아내로 선언합니다"라고 적절하게 말할 자격이 있는 누군가가 있어야 한다. 이모티브가 작동하는 세계에는 더 많은 것들이 포함된다. 주의, 활성화된 생각 재료, 주의의 근본 업무인 번역이 포함되기 때문이다. 이 점에서 "이모티브"는 화행론보다 한 걸음 더 나아간 이론이다.

사람은 이모티브를 사용하여 자신의 마음 상태를 일시적으로나마 관리할 수 있다. 이모티브는 주의에게 거는 크라판자노의 고리가 될 수 있는 것이다. 이모티브는 활성화된 생각 재료에 영향을 미침으로써 내적인 심리 통제 전략의 효율성을 높일 수 있다. 사람은 다른 사람에게 감정문을 발화할 때 스스로도 그 문장을 듣고, 상대방이 그 문장을 받아들이는 것을 보며, 자기 얼굴 근육이 움직이는 것을 느낀다. 그 사회적인 동시에 자기수용적인proprioceptive "입력"은 "기술"된 상태를 확인하거나 높이는 방식으로 활성화들을 유발하거나 변경시킨다. 따라서 이모티브는 원하는 상태에 도달하기 위한 도구로 사용될 수 있다. 그러나 그 효과는 예측 불가능하다. 이모티브는 번역에 영향을 미치기 마련인데, 번역의 결과는 언제나 미결정적이기 때문이다. 따라서 이모티브가 기술된 상태를 확인해주는 것이 아니라, 정반대의 효과를 생산하거나 아무런 효과도 발휘하지 않을 수도 있다. 이모티브가 목표 달성을 촉진시키기보다 목표의 수정 혹은 거부를 결과하는 활성화를 낳을 수도 있는 것이다(우리는 다음과 같은 시나리오를 얼마든지 상상할 수 있다. 한 사람이 묻는다. "너는 배우자를 떠나는 것에 대하여 죄책감을 느끼니?" 친구가 대답한다. "아니. 죄책감을 전혀 느끼지 않아." 그러나 그 말이 즉시 역효과를 낸다. 그는 뼈아픈 후회를 느낀다. 그리고 그는 혼인을 유지하기로 결심한다). 이모티브의 예측할 수 없는 효과를 감안하면, 이모티브를 항해 개념으로 생각하는 편이 나아 보인다. 다만, 그 항해는 항로 변경이 해도를 바꿔놓을 수 있는 특별한 종류의 항해이고, 해도가 변경됨에 따라 도착하고자 하는 항구의 위치가 바뀌기도 하는 그런 항해이다.

인류학자들은 감정어 어휘 목록, 감정문, 감정을 실연實演하기 위한 시나리오가 사회생활의 보편적 특징이라는 것을 보여주었다. 인류학자들 중에는 구성주의를 수용한 사람(포스트구조주의 감정 이론을 전면적으로 수용하든 그렇지 않든)이 많다. 그들은 구성주의적인 방법에 의하여 인간이 만들어내는 비상하게 다양한 감정들을 식별해냈다. 그러나 극히 구성주의적인 민족지조차 공동체들이 감정을 체계적으로 훈련시켜야 한다는 것을 보여주는 증거들을 담고 있다. 공동체는 일부의 감정은 이상화하고 다른 일부는 비난한다. 감정은 공동체의 규범적 판단에 종속되고, 그에 따라 감정적 이상에 도달한 사람은 존경을 받고 권위를 부여받는다. 따라서 민족지 연구는 오히려 이모티브 이론의 강력한 증거이다. 그리고 이모티브의 구성적 힘이 그처럼 막강하기에, 그것을 무시할 수 있는 공동체는 없다. 이모티브는 그래서 정치적으로 지극히 중요하다. 나는 공동체가 구성원들의 감정관리를 구성하는 방식을 포착하기 위하여 일련의 개념들을 제안했다. 감정의 자유, 감정고통, 감정노력, 유도된 목표 갈등, 감정체제, 감정 피난처가 그것이다.

높은 우선순위 목표들과 감정은 서로 긴밀하게 연결된다. 목표가 깊이 수용되었다는 것은, 그 목표가 다른 많은 것들과 연결된다는 것을 뜻한다. 그 목표는 다른 중요한 목표와 결합될 수도 있고, 다양한 유형의 보조적이고 단기적인 목표들과 결합될 수도 있다. 감정문은 종종 그런 목표들 사이에서 갈등이 발생하는 맥락에서 작성된다. 어떤 사람이 캠핑을 가려는데, 숲에 곰이 나타났다는 소문을 들었다고 치자. 그 사람은 "나는 곰이 무섭지 않아"라는 감정문을 연행할 수 있다. 그 발화가 효과를 발휘하면, 그는 캠핑 계획을 더욱 확고하게 밀어붙일 것이다. 효과적이지 않으면, 목표 갈등이 유지된다. 이때 나타나는 것이 감정고통이다. 감정고통 속에서도 꿋꿋하게 목표를 추구하기 위해서는 감정노력이 필요하다. 감정의 자유란 이모티브의 효과에 반응하는 능력이다. 사람은 기존 목표를 버리거나 새로운 목표를 설정함으로써 감정고통을 최소화할 수 있는 것이다.

규범적 감정은 빈번히 목표 갈등을 유도함으로써 관철된다. 누쿨라엘라에 섬 주민들의 경우, 분노를 표현하고자 할 때 가십에 대한 공포가 목표 갈등을 유도했다. 발리 섬 주민들은 슬픔을 표현하려 할 때마다 흑마술에 대한 공포가 목표 갈등을 유도했다. 공포정치 시기의 파리에서는 기요틴에 대한 공포가 구의회에서 오만함을 과시하려는 모든 사람에게 목표 갈등을 유도했을 것이다. 나는 일련의 감정 규범을 수립하고 위반자들을 처벌하는 실천들의 복합체를 "감정체제"라고 칭했다. 대부분의 감정체제는 감정 규범이 이완되어도 좋은 통로, 심리 통제의 아이러니한 효과가 발동되도록 허용되는 통로, 즉 감정 피난처를 제공하는 것 같다. 감정 피난처가 기존 체제에 대한 역사적 도전의 무대를 공급할 수도 있고, 그렇지 않을 수도 있다. 이상적인 감정체제는 감정의 자유를 최대한 허용하는 체제일 것이다.

근대의 탄생과 감정: 1680~1848년의 프랑스

근자에 근대 초 유럽인들의 예절에 대하여 많은 논의가 진행되었다(Ellias 1978; Greenblatt 1980; Gordon 1994; Martin 1997; Muchembled 1998). 그와 관련하여 일부 주제는 여전히 논쟁 중이지만, 시간적 흐름 만큼은 분명하게 확립되었다. "매너"의 새로운 표준은 르네상스 시대 이탈리아 제후들의 궁정에서 대두했다. 예절은 도시 시민(혹은 봉건적 봉신)의 자유와 르네상스 전제군주의 새로운 명령권력 사이의 감정적 타협 지대였다. 군주는 궁전의 측신들에게 복종과 더불어 아주 많은 행동 규칙을 부여하였고, 측신들은 그것들을 외면적으로 초연disinvoltura하고 편안하며 우아하게 실행했다. 예절의 외면적 실천은, 그것이 없었으면 오직 예종적이기만 했을 궁정인이 자유롭고 자결적인 존재라는 것을 상징했다. 외면은 외면 그 이상이었던 것이다. 당대에 영향력이 컸던 발다사레 카스틸리오네를 포함하여 많은 궁정인들은 초연함을 인간을 고양시키는 표준으로 간주했다. 그리하여 초연함이 스며든 정교한 궁정 예식, 에티켓, 업무, 외교 사절이 해방적인 라이프 스타일이 되고 도덕적 이상이 되었다. 궁정인의 행동 규칙과 복종이 자유롭게 선택된 "자아-만들기"가 되었던 것이다. 그 자아-만들기는 토머스 모어의 경우처럼 자칫 순교로 이어질 수도 있었다. 어쨌거나 그리하여 초연함은 군주가 부과하는 의례의 종류와 복종에 보이지는 않지만 실제적인 한계를 부여했다.

복종과 그 한계의 종합인 예절을 가능한 최대한으로—심지어 그이상으로—밀고나간 곳이 17세기 후반의 베르사유 궁전과 베르사유를 모방한 절대군주들의 궁전이었다. 그러나 영국의 절대군주가 실패하고, 1660년 이후 프랑스에 새로운 유형의 감정 피난처들이 등장함으로써 새로운 감정양식의 무대가 놓여졌다. 감상주의 감정양식이 등장한 것이다. 감상주의는 1780년대에 일종의 정치적이고 사적인 상식의 지위를 획득했다. 그로써 감정에 대한 새로운 이념과 실천 들이 출현했다. "문필공화국"의 평등한 살롱, 프리메이슨, 밀도 높은 우정, 편지 교환이 궁정과 공적 의례의 명예를 중심으로 하는 위계적인 행동 규칙으로부터 벗어나는 직접적이고 실천적인 해방을 제공했다. 섀프츠베리는 로크에 대한 비판에서 인간에게는 생득적인 도덕 감각이 구비되어 있다고 주장하면서, 그 감각은 감성의 덕성스러운 충동으로 느껴진다고 강조했다. 섀프츠베리의 주장은 영국과 프랑스에서 허치슨, 마리보, 디드로 등 다양한 사상가들에 의해 즉시 수용되었다. 18세기 중반에 리처드슨과 루소의 소설이 나타났고, "시민극"이 정교하게 다듬어졌으며, 그뢰즈의 새로운 회화와 글루크의 새로운 오페라가 등장했다. 이 모든 것을 통하여 감상주의 이념과 실천은 전례 없는 지배력과 인기를 누렸다.

『파멜라』에서 『신엘로이즈』와 『폴과 비르지니』 및 『분별과 감수성』에 이르는 소설 수백 개에 묘사된 것처럼, 귀족과 젠트리의 집에서 감상주의는 해방적인 정치적, 감정적 이데올로기로 작동했다. 중매로 결혼한 부부, 주인에게 가차 없이 강간당한 하녀, 교육을 받았으나 돈이 없는 젊은 남녀, 재산과 신분의 차이로 이별한 연인, 부모에 의하여 수녀원에 보내진 젊은 처녀, 고아, 미망인, 늙은 독신녀 등등의 감정고통, 이 모든 정치적인 악들이 열렬히 글을 읽는 팽창하는 공중 앞에서 탐구되었고, 비난의 대상이 되었다. 그림과 노래와 오페라를 통해서도 비슷한 메시지가 전달되었다. 감상주의는 잔-마리 플리퐁이나 장-마리 롤랑 같은 좁은 엘리트층의 사적인 관계를 변화시키기 시작했고, 보다 넓은 공중에게도 영향(이를 측정할 수는 없다)을 미쳤다.

감상주의는 절대주의 국가와 관련해서도 분명한 해방적인 정치적 메시지를 던졌다. 소설, 희곡, 중상비방 팸플릿, 변호사의 변론이 봉인장으로 상징되던 왕의 초법적 권력, 과도한 사치, 방탕 — 이 모든 것은 귀족적 예절이라는 외면과 합치되는 것이었다 — 을 묘사했다. 단순한 진실성과 평등적 공감이라는 감상주의적 이상은 혁명 전야에 군주정을 평가하고 그것을 결핍된 체제로 낙인찍는 가장 중요한 표준이었다. 루소는 감성적 감정주의와 시민적 덕성을 어떻게 결합해야 하는지 보여주었다. 심지어 루이 16세와 그의 각료들까지도 스스로를 공적으로 책임질 수 있는 이타애적인 인물로 내세웠다.

감상주의의 치명적인 약점은 감정적 감수성이 생득적인 도덕 감각을 구성한다는 자연주의적 교의에 있었다. 그 신념을 받아들인 사람들은 이모티브를 이용하여 자신을 훈련함으로써 강렬한 "자연적"이고 선한 감성을 느끼고자 했다. 그들은 그때 거둔 성공이 감상주의 교의의 타당성을 입증한다고 여겼다. 공감의 눈물, 우정과 사랑의 도취, 복식과 매너의 학습된 단순성이 도덕적 가치의 표지가 되었다. 소설, 연극, 오페라, 편지는 자연적인 감수성을 눈물로 표현하는 장이 되었다. 신봉자들의 일부는 새로운 규범을 추종하는 데서 남보다 유능했고, 그에 서툰 사람들은 경멸과 의심의 시선을 받았다. 물론 새로운 감정관리 양식을 수용하기는커녕 그것을 역겹게 여긴 사람들도 있었다. 그러나 1770년경 이후에는 진실성과 위선이 중요해지기는 그들도 마찬가지였다.

선한 감정의 자연적 기원에 대한 믿음은 정치 개혁의 추동력으로 작용했다. 다만 그 믿음은 개혁에 대한 희망을 과도하게 단순화시키는 동시에 지나치게 낙관적으로 만들었다. 소박한 농부는 시민적 미덕을 위한 자연적인 역량을 가진 존재로 보였다. 정치 개혁은 자연적인 감정을 보호하기 위한 규범을 수립하는 것이라기보다, 자연적인 감정의 장애물들을 쓸어버리는 작업으로 보였다. 동시에 위선적인 인간들에 대한 의심이 정치적 사유를 마니교적으로 만들었다. 선은 단순히 악과 겨루는 듯이 보였다. 혁명이 발발하고 자연적 감성의 지배를 수립해야 할 시점이 닥치자, 혁명 지도자들은 한편으로 합리적인 이의異議와 다른 한편으로 숨어 있는 반대 세력 및 악을 구분하는 데서 막대한 어려움을 겪었다. 그리고 혁명 전에 여기저기서 모습을 드러내던 마니교적인 경향은 혁명과 더불어 수백 배 증폭되었다. 어쨌거나 시민들 사이에 완벽한 합의를 이끌어내야 하는 것은 자연적 감성이었다(쿠통이 1793년 8월에 퓌드돔에서 이루어졌다고 보고한 것이 그것이다). 정부체제와 입법체제를 전면적으로 변혁하는 시기에 이의가 나타나는 것은 불가피한 일이었건만, 부분적으로는 바로 그 감상주의적인 망상 때문에 이의는 내전의 형태로만 표현될 수 있었다.

혁명 지도자들 일부는 시민들의 자연적이고 애국적인 이타애를 자극하는 수단으로 의식적으로 전쟁을 추구했다. 그러나 전쟁이라는 엄중한 맥락에서는 근본에 충실한 지도자들, 정치적 영웅으로 찬양받아 마땅한 지도자들조차 사소한 차이 때문에 서로를 처형하지 않을 수 없었다. 이렇게 보면 글루크의 애절한 오페라나 쥘리 드 레스피나스와 잔-마리 플리퐁의 눈물로 얼룩진 편지가 그런 것처럼, 공포정치도 감상주의의 표현이다. 1792년이 되자 단두대와 사회적 갈등의 파고가 감정고통을 유도했고, 이는 감상주의자들의 자신감을 고갈시키기 시작했다. 공포정치가 결국 종말을 고한 것은 감상주의가 실패하였기 때문, 즉 위선과 양가성과 모호성에 대한 인식이 빠르게 확산되었기 때문이었다. 1794~1795년경에 번역의 실패가 광범하게 인식되었던 것이다. 이제 감상주의 "담론"은 나쁜 것 내지 그릇된 것으로 보였다. 그에 따라 감상주의 담론을 정치적 맥락에서 사용하는 일 역시 종말을 맞았다. 그 담론은 세상을 구성할 수 없는 담론이었다. 그로써 그 담론에 따른 "자아 만들기"가 장대하게 끝났다.

공포정치의 종말과 나폴레옹 독재는 아무도 예견하지 못했던 새로운 감정체제를 가져왔다. 의당 감성주의 교의는 거부되었다. 스탈 부인과 베르나르댕 드 생피에르를 비롯한 몇몇 인사들이 감상주의를 옹호했지만, 다른 사람들은 그들을 거의 드러내놓고 비웃었다. 민주화된 명예 코드가 신속히 세공되었고, 그 코드는 애덤 스미스의 보이지 않는 손과 자기이익에 상응하는 형태로 제시되었다. 이를 통하여 공적인 치적과 사적인 치부致富가 공존하는 새로운 남성 영역의 비전이 나타났다. 감상주의가 빠르게 삭제된 것은, 기억하기에 너무나 고통스러운 지나간 믿음과 감정들을 주의로부터 제거하려는 심리 통제 때문이었던 것으로 해석할 수도 있다. 만일 그렇다면, 심리 통제의 성공이 그 (부정적인) 흔적을 오늘날까지도 역사의 기록에 남긴 것일 터이다.

1804년의 나폴레옹 법전은 새로이 등장한 남성 행동 영역에 대한 법적 틀이었다. 그러나 법전의 잉크가 마르기도 전에, 멘드비랑 등이 법전에 담긴 협소한 자기이익 개념에 도전하기 시작했다. 그들은 법전에 담긴 자기이익 대신 영적인 동시에 세속적인 인간 이성을 옹호하고 나섰다. 만일 이성이 인간을 고양시키는 인간 본성의 한 요소라면, 인간 역사에 대한 이성의 영향력이 제한적인 이유는, 이성이 생리, 환경, 취미, 상상력, 열정으로부터 받는 역逆영향이 크기 때문이다. 이성은 취약하고, 인간의 만듦새도 허약하다. 인간의 "심리"를 차분하게 들여다보면 충동, 기분, 신체적인 영향, 공포, 망상의 무질서한 지대가 펼쳐져 있다. 그 지대를 예술가들이 탐험할 수는 있다. 행복의 망상이 사생활에서 (분별 있게) 추구될 수도 있다. 그러나 재산, 상업, 정치, 명예와 연관된 실천적인 문제들은, 이성이 그에 "공명하는" 도덕 감성의 도움(도덕 감성으로 대체되는 게 아니라)을 받아서 처리하는 것이 더 낫다.

1820년대가 되자 그러한 사고가 대학에서 교육되었고, 『르 글로브』와 같은 신문을 통하여 유포되었으며, 변호사들의 법정 변론에서 발화되었고, 회고록과 일기 속의 사적인 성찰에 적용되었다. 그런 가운데 이루어진 (의도치 않은) 이모티브 훈련은 그들로 하여금 스스로를 취약하고 변덕스러운 존재로 바라보도록 몰고 갔다. 이때 취약성이 확인되면 곧바로 슬픔, 멜랑콜리, 모욕에 대한 공포를 낳았다. 이제 계몽주의와 프랑스혁명의 역사는 감상주의가 삭제된 채 재개념화되었다. 공적 영역에서 활동하던 특정 부류의 남자들 ─ 예를 들어서 변호사들과 정치가들 ─ 의 감정적 유연성은 그들에게 위신과 권위를 부여해주었지만, 인간의 가능성을 비관적으로 바라보게 된 사람들은 그것을 냉소적으로 바라보았다.

사적인 영역에는 감상주의가 살아 있었다. 특히 문자를 아는 여성들은 여전히 이전 시대의 대작들을 탐독하고 있었다. 따라서 비록 감상주의 이모티브의 지적 토대가 이미 무너지기는 했지만, 그 이모티브는 여전히 많은 사람들을 구성하고 있었다. 조르주 상드가 인간의 취약성론에 대한 최후의 감상주의적 도전에 나섰을 때, 그 시도는 존경심을 불러일으켰지만 사람들을 지적으로 설득할 수 없었다. 남성들의 특별한 권위 주장에 기반이 허약하다는 깨달음은 많은 남자들에게 개인적 취약성에 대한 감각과 굴욕에 대한 끈질긴 공포를 심화시켰다. 그 비관론에는 장점이 있었다. 비관론은 기대를 낮추었고, 규범 이탈을 관대하게 바라보도록 했다. 민주화된 새로운 명예 코드의 장점도 규범 이탈에 대한 관용적인 태도를 지원해준다는 데 있었다. 일탈하더라도 적절히 은폐되기만 하면 용납해줄 수 있다는 면죄부가 새로운 명예 코드에 들어 있었던 것이다. 그렇게 탄생한 새로운 질서는 우리가 받은 실제 유산, 우리의 위대하고 자연적인 유산, 즉 우리의 조형성 ─ 약점이 아니라 지성 그 자체의 인증 표식 ─ 과 적어도 보다 더 합치되는 질서이다. 이모티브 이론은 그 시기에 발생한 사건들의 굴곡에 논리 내지 일관성을 부여하는 동시에, 사건들이 왜 그렇게 진행되었는가에 대한 부분적인 답을 제공한다.

우리는 이모티브 이론을 통하여 새로운 체제의 강점과 약점을 식별할 수 있다. 민사소송 기록은 낭만적인 감정관리 양식이 체계적으로 부과했던 감정고통의 일부를 드러낸다. 그 시대의 경제는 여전히 토지 재산에 의존하고 있었다. 젊은 세대가 부와 지위를 획득하는 가장 중요한 통로는 여전히 혼인과 상속이었고, 괜찮은 직업에 접근하는 통로도 그것이었다. 가족 간의 상호 애정과 사랑이라는 규범을 짓밟는 혼인 계약과 유언장이 많았던 것은 그 때문이었다. 민주화된 새로운 명예 코드는 가부장들에게 은밀한 비밀이 유지되는 한 공적 규범을 위반하고 개인적인 해결책을 추구할 수 있는 상당한 자유를 제공했다. 결혼한 부부는 종종 떨어져 살았다. 부부는 떨어져 살면서 타인과의 안정적인 혼외관계를 스캔들 없이 조용히 향유했다.

그러기 위해서는 물론 남편이 최소한 묵인해주어야 했다. 법은 남편에게 자기 아내를 규율할 권력을 주었다. 남편은 아내의 거주 장소를 지정할 수 있었고, 아내는 남편의 혼외관계가 집 바깥에서 벌어지는 한 아무런 발언권이 없었다. 기혼 여성이 남편의 반대에도 불구하고 새로운 남자와의 삶을 결심할 경우 세 가지 중 하나를 선택해야 했다. 별거할 법적 근거(남편이 잔인한 폭력이나 공공연한 모욕을 가했다는 증거)를 찾아내거나, 절대적인 비밀 속에서 새로운 사랑을 추구하거나, 도망쳐야 했다. 민사소송 기록들은 여성들이 그 불유쾌한 세 가지 선택을 모두 시도했다는 것을 보여준다. 물론 성공과 실패는 경우에 따라 달랐다. 그리고 소송 기록 속의 상속 갈등은 재산의 가족 간 분할에 의해 유발된 격렬한 혐오, 공포, 질투를 드러낸다. 그에 따른 대가는 아주 크기도 했고, 그로부터 격렬한 실망과 증오심이 터져 나오기도 했다.

재판 기록에는 상업과 공적 공간에서 나타난 감정고통의 흔적들도 담겨 있다. 계약과 고용 관계를 둘러싸고 벌어진 갈등은, 한쪽이 다른 한쪽에게 이례적인 권력을 행사했다는 것을 보여준다. 영지 관리인은 심지어 혁명의 와중에도 수년간의 충직한 노동에 대한 대가를 받지 못한 채 과거의 주인으로부터 욕만 얻어먹을 수도 있었다. 상호 간의 신뢰가 필수불가결한 재산 문제나 부채 문제에서도 한쪽이 돌연히 일방적으로 신뢰를 철회하기도 했다. 이는 소재산가, 상인, 증권 중개인, 은행가 모두 마찬가지였다. 더욱이 민사소송 기록에 담겨 있는 고통 목록은 당대인들의 고통을 온전히 반영하지 못한다. 소송을 피하는 사람이 굉장히 많았기 때문이다. 비용 때문만이 아니라 명성에 흠집이 날까 두려워해서였다. 부유한 고객을 상대하는 재단사가 고객 한 명을 고소하면 나머지 고객 모두를 잃을 수 있었다. 소작농은 누군가가 자신을 고용해주리라는 보장이 없는 한 지주를 고소할 수 없었다. 노동자의 불만을 처리하기 위하여 설립된 특수 법원이 남긴 기록은, 문제를 법원으로 가져간 노동자가 승소하든 패소하든 상관없이 소송 이후에 과거의 작업장에 머무는 경우가 거의 없었다는 점을 보여준다(Reddy 1984). 마지막으로 엘리트 기숙학교나 콜레주에 다니던 젊은 청소년들의 고통 같은 것은 소송 기록이 아니라 편지나 회고록에 남아 있다(Houbre 1997; Reddy 1997b: 31~32; Caron 1999).

그럼에도 불구하고 의심의 여지가 없는 것은, 19세기의 새로운 자유방임 사회가 구체제와 혁명정부보다 더 큰 감정의 자유를 제공했다는 점이다. 19세기 체제가 보다 관대하고 보다 유연했기 때문이었다. 그러나 다른 한편으로 그 새로운 질서는 많은 시민에게 냉혹하고 비정한 체제였다. 그 사회질서를 정당화해주는 개인의 자유는 수많은 사람에게 그저 고상한 추상이었고 고통스러운 치욕이었으며, 사회적 실천을 통하여 접근하기보다 모방할 수만 있는 이상이었다. 새로운 질서의 안정성은 상대적인 안정성이었을 뿐이었다. 정치적 표현에 대한 억압 역시 혁명적 갈등과 급속한 변화의 에피소드에 의해 가끔 중단되었을 뿐 상시적이었다. 세기가 흘러가면서 그 엄격한 표준이 어쩔 수 없이 조금씩 완화되었을 뿐, 억압은 상존했다.

넓어지는 지평

이모티브 이론과 감정의 자유 개념은 한 사회가 근대로 넘어가는 이행의 역사를 조명해줄 수 있다. 그 이론은 더 나아가서 현재의 중요한 문제에 대해서도 새로운 전망을 열어줄 수 있다. 이모티브 이론은 무엇보다도 인간이 왜 자신에 대한 항구적인 불확실성 속에서 사는지 해명한다. 감정문은 진실일 수도 없고 거짓일 수도 없다. 감정문은 안정시키거나 변경시키려는 시도의 성공이거나 실패일 뿐이고, 탐색하거나 맹세하려는 시도의 성공이나 실패일 뿐이다. 주의가 힘을 발휘하는 거리가 짧기 때문이다. 주의에 수반되는 번역은 제한적이고 미결정적인 반면에, 주의 주변에 포진하고 있는 생각 재료들 — 이것들은 함께 "느낌"으로 활성화될 수도 있다 — 의 범위는 훨씬 넓을 수 있다. 더욱이 생각 재료를 수용하거나 저장하는 코드들의 종류와 범위는 현기증을 유발할 정도로 많고도 넓으며, 당면한 목표로 작동하는 생각들은 원래 주의의 바깥에 위치한다. 따라서 "이중 닻을 지닌 자아"는 삶이 열려 있다는 감각과 문제가 해결되지 않았다는 감각을 동시에 갖는다.

공동체의 첫번째 특징이 다양성인 것도 동일한 논리로 설명된다. 공동체 내부의 닮음, 유사성, 서로 이해할 수 있는 능력, 이런 것들은 이미 그 자체로 성취이지만, 그 성취는 지속적으로 수정되고 갱신되어야 한다. 그리고 그것들을 성취했다고 하더라도, 이는 상존하는 예측 불가능성과 특수성을 배경으로 해서만 이루어진다. 그 예측 불가능성과 특수성은 자아들이 공동체의 감정관리 양식에 대한 예측 불가능하고 제멋대로인 저항을 서로로부터 분리된 채 전개하기 때문에 나타날 수밖에 없다. 그 제멋대로 구는 것은 취약성이 아니다. 그것은 번역의 미결정성에서 비롯된 것이다. 따라서 공동체는 한편으로 자아들이 지속적인 타협과 합의를 추구하는 과정이다(이는 이해관계의 갈등 때문이 아니라 자아의 미결정적 개방성 때문이다). 공동체는 다른 한편으로 감정관리 모델을 제정하거나 아니면 최소한 수립하려는 집단적인 노력이기도 하다. 그리하여 공동체가 제시한 이모티브가 효과를 발휘한 사람들은 그 감정관리 양식을 공유함으로써 서로를 이해하는 핵심적인 행위자 집단을 구성하고, 보다 높은 협동과 조정 능력을 발휘할 수 있게 된다.

감정관리 양식이 그 양식을 공유하는 사람들과 그 양식이 효과를 발휘한 사람들에게 권력을 준다는 것은 역사를 통하여 의문의 여지없이 입증된다. 그 문제에 걸린 판돈은 매우 크다. 공동체의 생존이 그 문제에 걸려 있는 경우도 빈번하다. 그 대표적인 경우가 1792년 봄에 브리소가 혁명의회에서 애국적인 자원병 부대로 군대를 재편하자고 외쳤을 때였다. 그때 자원병들은 군사훈련 경험이 사실상 전무하고 서로에 대해서 거의 모르는 민간인들이었다. 그러나 그들은 감정양식의 도움을 받아서 그들의 행동을 서로 조정할 수 있었다. 이는 의문의 여지없이, 자원병들이 이런저런 통로를 통하여 감상주의 처방전을 공유하고 있었기 때문이다. 감상주의적인 감정관리 양식을 전달해준 통로는 감각기관을 가득 채우는 참여적 수행들이었다. 그 수행에는 담론, 의례, 연극, 문학, 미술, 음악, 성상, 건축, 의복이 포함되어 있었다. 우리는 그 모든 실천과 생산물 들을 이모티브로 간주할 수 있다. 인문학과 사회과학에 속하는 거의 모든 분과학문의 주제를 이런 시각에서 분석하면 상당한 결실을 얻을 수 있을 것이다.

집단적인 감정관리 양식에 걸려 있는 판돈을 생각하면, 대부분의 감정관리 양식에 순응성을 증가시키는 감정고통 장치가 포함되어 있다는 것이 놀라운 일은 아니다. 감정고통은 목표 충돌에서 비롯된다. 감정고통은 강압, 투옥, 추방, 고문, 죽음의 대상으로 전락한 사람들에게만 영향을 주는 것이 아니다. 공동체의 구성원 전원이 그로부터 영향을 받는다. 모두가 잠재적인 처벌 대상이기 때문이다. 감정고통은 많은 사람에게 공식적인 이모티브를 확인하도록 만든다. 따라서 이모티브는 구성원들이 이데올로기, 법, 국가 의례, 강압, 폭력의 정치적 의미를 이해하도록 하는 데 필수적이다. 거꾸로 한 체제의 정당성은 자아의 본성에 대한 개방성, 즉 자아의 예측 불가능성과 항구적인 미결정성에 대한 개방성의 정도로 측정될 수 있다. 많은 사람은 자아에 개방적인 체제에서 편안함을 느낀다. 물론 압제와 개방 사이에는 수많은 안정된 중간 지점들이 존재한다. 역사는 강압과 자유를 혼합해놓은 관리 양식의 수많은 사례들을 보여준다. 그 관리 양식은 지지자들에게 세대를 이어가면서 적절한 안정성 속에서 감정을 항해하도록 해주는 한편, 체제의 주변에 일탈적인 피난처들이 나타나도록 해준다. 따라서 그 양식은 그 체제가 역사 속에서 갖는 표지가 된다.

프랑스혁명과 그 후 나타난 체제들은 감정의 자유가 목적과 수단의 분리에 의해서는 성취될 수 없다는 것을 보여준다. 감정의 자유는 감정의 자유일 뿐이고, 감정의 자유만이 감정의 자유를 번식시킨다. 이는 공적인 행동, 갈등, 저항이 감정의 자유를 추구하는 데서 아무런 역할을 하지 못한다는 뜻이 아니다. 그러나 다음을 인식하는 것이 중요하다. 1789~1793년의 프랑스가 그 파멸적 결과와 함께 보여주었듯이, 충성과 폭력이 함께 작동할 경우, 즉 유도된 감정고통이 운동 그 자체를 조직하는 수단이 될 때, 해방을 목표로 하는 운동의 내부에서 감정고통이 빠르게 증식된다.

어찌 보면 이 책은 닫히지 않는 원을 추적해왔다고도 할 수 있다. 우리는 감정을 생리적인 것으로 파악하는 관점이 근자에 붕괴되었다는 서술로 출발해서, 시계를 거꾸로 돌려 그 관점의 근대적 형태가 근대 초 200년간 어떤 과정을 거쳐서 형성되고 굳어졌는지 검토하는 것으로 종점에 도착했다. 빅토르 쿠쟁이 1828년의 강의에서 묘사한 감정에 대한 "생리적" 성찰과 오늘날 인지 심리학이 갖고 있는 입장의 차이는 어느 면에서는 크고 어느 면에서는 사소하다. 나는 우리가 근대의 데카르트적인 이분법의 문제점과 그 주된 비판자인 포스트구조주의자들의 문제점 모두를 정면으로 바라보면, 감정에 대한 전적으로 새로운 관점이 구축될 수 있는 공간이 열린다는 것을 보여주고자 했다. 그 공간은 번역의 미결정성과 번역이 개인 내부에서 벌어지는 "인지"의 주된 활동이라는 인식에 의해 구성된다. 그 공간은 한편으로는 주의의 제한된 역량과 다른 한편으로는 모든 시점에 다양한 코드와 다양한 활성화 상태로 주의에게 제공되는 방대한 생각 묶음들 사이에서 열린다. 그 공간은 우리가 심리 통제라는 불완전한 전략을 수단으로 하여 항해해야 하는 공간이다.

그 공간에서 "감정"은 우리의 삶에 다가와서, 우리를 짜증나게 하고 계몽하고 안내하고 방해하며, 우리가 간과했던 목표 충돌을 드러내주는 한편 다른 충동들은 간과하도록 한다. 우리가 내면의 그런 문제들에 대하여 말을 하는 순간, 우리는 필연적으로 우리가 말한 그것들의 구도를 변경시킨다. 우리가 항해하도록 되어 있는 그 공간을 우리가 "기술" 하는 순간, 우리는 그 지도를 변경시킨다. 그 바다는 그 양태가 우리에게 너무나 중요하건만 그 변화무쌍함이 우리를 절망시키는 역설적인 바다이다. 그것은 개인 정체성의 핵심이요, 따라서 공동체와 정치의 핵심이다. 나는 공동체와 국가가 그 구성원들에게 부과하고자 하는 감정양식들의 평가에서 감정의 자유가 결정적인 관점일 수 있다는 것을 보여주고자 했다. 공동체와 국가가 부여하는 그 감정"체제"는 항해를 쉽게도 하고 어렵게도 한다. 우리는 항해에 소요되는 고통을 최소화하기 위하여 불가피하게 항해 — 감정의 바다를 항해하는 것은 간단한 문제가 아니다 — 를 가장 용이하게 할 수 있는 길을 찾는다. 우리는 바로 그런 시각에서 어떤 체제의 정치적 강점과 약점을 평가할 수 있다.

프랑스혁명을 횡단하면서 감정체제의 정치사를 검토해보니, 18세기에 많은 프랑스인들이 감상주의가 그들을 전례 없는 새로운 종류의 감정의 자유로 안내해주리라고 믿었다는 점이 드러났다. 그 믿음은 1794년 7월 28일에 로베스피에르, 쿠통, 생쥐스트와 함께 단두대에서 사라졌다. 이 현기증 나는 실패에 대한 반응 속에서 근대의 이분법적 감정론이 작성되었다. 그 관점은 기대를 낮추었고 보다 큰 유연성을 허용했다. 다만 대가가 따랐다. 우리에게 우리의 자결 능력에 대한 체계적이고 비관적인 폄하라는 고통스러운 짐이 지워진 것이다. 포스트구조주의는 그 비관적 이분법이 단순한 구성물이라는 점을 드러냈다. 그러나 포스트구조주의는 아기와 목욕물을 한꺼번에 내다버렸다. 주체성subjectivity과 함께 자아selfhood도 버려진 것이다. 이모티브 이론은 우리가 돛에 바람을 가득 안고 항해할 수도 있는 광대한(제한되어 있기는 하지만) 노력의 영역을 회복시켜준다.

부록

A. 『법원소식』 샘플 속의 이질적인 소송들
B. 베르사유 민사법원 샘플 속의 이질적인 소송들

A. 『법원소식』샘플 속의 이질적인 소송들

제5번: 상드리에 뱅쿠르의 채권자들 대 파리 증권중개인협회 이사회의 소송 파리의 증권 중개인 상드리에 뱅쿠르는 여러 명의 대부인貸付人에게 큰 이익을 약속하고 그들의 돈을 받은 뒤에, 불법적으로 자신의 계좌로 거래를 했다. 그는 그 부채에 대한 지불을 1823년에 중단했다. 그러자 증권중개인협회 이사회가 개입하여 채권자들이 법적 절차에 돌입하는 것을 막았다. 이사회가 뱅쿠르의 자산을 압수한 뒤에 가능한 대로 채무를 변제하기 시작한 것이다. 그 후 뱅쿠르가 프랑스를 빠져나가고 얼마 지나지 않아서 이사회가 발을 뺐다. 이사회는 채권자들이 뱅쿠르를 상대로 하는, 돈을 되돌려 받을 가능성이 없는 소송을 시작하도록 몰고 갔던 것이다. 그러자 채권자들은 이사회가 초기에 부채를 변제한 것은, 파산한 중개인의 부채에 대한 책임을 이사회가 암묵적으로 받아들인 것을 의미한다고 주장하면서, 이사회와 뱅쿠르를 함께 제소했다. 법원은 국가로부터 특허장을 받은 이사회가 중개인협회의 한 회원을 대표할 수 없고, 회원을 대신하여 책임을 질 수도 없으며, 부채를 발생시킬 수 있는 법적 주체가 되지도 못한다고 판결했다.

이 사건의 법정 변론은 주로 기술적인 문제에 집중했지만, 때로는 이 사회가 사건에서 철수했을 때 채권자들이 갖게 된 배신감에 집중하기도 했고 때로는 투기의 도덕성에 집중하기도 했다. 이사회의 변호인 뒤팽은 채권자들이 이사회에게 양심불량이라고 비난한 것을 중상 모략으로 폄하했다. 그리고 그는 채권자들이 고리대금업자에 지나지 않는다고 비난했다. "여러분의 미친 비난을 중단하세요. 여러분은 채무자들을 파멸시키는 탐욕스러운 도박꾼일 뿐입니다(Renoncez-donc à votre folle accusation, créanciers ou plutôt joueurs effrénés qui avez été la cause de la ruine de votre débiteur)." 채권자들의 변호인으로 나선 에네캥은 이사회가 도박을 비난하는 그 도덕적인 입장이 "예술의 천재성이 인간의 천재성으로 고양된 이 새로운 궁전에서 자기 배만 불리는(s'enrichissant dans ce nouveau palais que le génie des arts vient d'élever au génie de l'homme)" 회원들의 실제 모습과 "우울한 대조(affligeant contraste)"를 보인다고 힐난했다. 만일 이사회가 중개인들의 계약 대리인으로 활동하고 있었다면 에네캥의 비난에 얼마간의 무게가 실렸을 것이다. 그 경우에 법원은 이사회가 회원에 대한 의무감 때문에 개입했는지, 그리고 이사회가 채권자들의 고소를 막기 위하여 그들에게 신뢰감을 심어주었는지 판단해야 했을 것이다.

제6번: 밀롱 드 메스마 백작 대 브리디외 후작의 소송 프랑스혁명 때 혁명을 피하여 외국으로 망명한 사람들은 자코뱅 공화국(1792~1794)에 의해 프랑스에 있는 재산을 몰수당했다. 그렇게 몰수된 영지 수천 개가 자코뱅 시기에 경매에 붙여졌다. 1825년 4월 27일 복고왕정 의회는 망명자의 재산을 부분적으로 보상해주는 법을 통과시켰다. 그 법은 수많은 소송을 낳았고, 그 과정에서 1790년대에 벌어진 사건에 대한 사후적인 갈등도 나타났다. 이 소송은 고위 공직자(도지사)인 밀롱 백작이, 브리디외 후작이 1790년에 자신의 영지를 11만 5천 프랑에 구입했으면서도 그 대금의 일부를 지불하지 않았다고 고소한 사건이다. 그 땅을 구입한 사람은 원래 브리디외 후작의 어머니였고, 그녀는 대금을 세 차례에 걸쳐서 지불하겠다고 약속했었다. 그러나 마지막 대금이 지불되기 전에 밀롱과 브리디외 모두가 망명길에 올랐다. 브리디외 후작의 어머니는 국내에 머물렀으나, 1793년에 정부가 그녀의 땅과 서류를 몰수했다(이는 추후 망실된다). 망명자 재산 몰수법의 대상에 망명자 부모의 재산도 포함되었기 때문이었다.

1825년 복고왕정의 입법으로 밀롱 백작이 몰수된 영지에 대한 보상을 받게 되자, 밀롱 백작이 브리디외 후작을 토지 매입 대금 미납을 이유로 고소했다. 밀롱 백작은 정부가 브리디외 후작에게 줄 배상금을 자신이 받으려 한 것이다. 그러나 브리디외 후작은 자신의 어머니가 매입 대금을 전액 지불했으며, 영수증도 받았다고 주장했다. 재판이 진행되는 동안 후작은 그의 어머니가 남긴 공증 서류를 꼼꼼하게 뒤졌고 마침내 지불 영수증을 찾아냈다. 이제 재판은 그 영수증의 유효성에 집중되었다. 그러나 그때는 변호사들의 언어가 이미 수사적으로 극단적으로 고조된 상황이었다. 영수증이 발견되기 전에는 지불의 증거라고는 브리디외 부인의 메모밖에 없었기 때문이었다. 브리디외의 변호인 퐁텐은 밀롱 백작의 "죄스러운 기대"에 대한 법정의 "분노"와 "경멸"을 말했다. 밀롱의 변호인 크루스는 백작의 순수한 동기를 강조하면서, 브리디외가 진실을 말하지 않는 것에 경악한다고 말했다. 영수증이 발견되자, 크루스는 그 영수증은 밀롱의 재산을 관리하고 있던 대리인이 위조한 것이라고 주장했다. 30여 년 전에 이루어진 거래의 기록이 잘못되자, 그 서류를 찾고 그것의 의미를 가리는 데 그토록 뜨거운 감정적 공격과 역공이 가해졌던 것이다.

제11번: 셸링 부인 대 몰리니 후작의 소송 이 소송 역시 배상법과 관련된 소송이다. 다만 법정 공방은 1790년대에 벌어진 사건이 아니라 셸링 부인이 맺은 혼인의 유효성을 놓고 벌어졌다. 셸링 부인은 어머니의 반대를 우회하여 스코틀랜드에서 그곳의 예식으로 프로이센 장교와 결혼했다(앞서 논의한 H부인처럼). 그녀가 프랑스로 돌아오자, 그녀의 어머니와 외삼촌이 혼인의 유효성을 부인하는 소송을 제기했다. 그러나 그녀의 어머니는 (어머니의 변호인 베리에의 파일에 따르면) 딸의 혼인이 스캔들로 비화할까 우려하여 고소를 취하했다.

1825년의 배상법은 외국인과 결혼한 프랑스 여성에게 배상 자격을 부여하지 않았다. 그 법이 통과되자, 셸링 부인의 삼촌 몰리니 후작이 셸링 부인에게 배상금이 지급되지 않도록 하기 위하여 법원을 찾았다. 다시 말해서 후작과 셸링 부인의 어머니가 한때 부인했던 셸링 부인의 혼인의 유효성을 주장하고 나선 것이다. 셸링 부인도 애초에는 법원에 혼인 무효를 선언해달라고 요청했었다. 재판이 시작되자 부인의 입장이 미묘하게 변했다. 그녀의 변호인 라보가 그녀의 불명예를 공공연하게 주장하지 않은 것이다. 그는 법원에 그녀가 기혼인지 아닌지만 결정해달라고 요청했다. "이번 기회에 법원이 그녀의 민법상의 신분을 둘러싼 의문에 영원히 종지부를 찍는다면," "그녀는 행복하게 배상금을 희생할 겁니다(Elle fera de bon coeur le sacrifice de l'indemnité qu'elle a droit d'obtenir, pourvu que le judgement du Tribunal fasse cesser à jamais les incertitudes de son état)."

혼인의 유효성은 전적으로 기술적인 문제였다. 그러나 양측 변호인은 상대방의 입장에 대하여 당혹감을 표현했고, 상대방을 자기이익만 생각하고 탐욕스러우며 타인에 대한 험담을 일삼는 사람으로 깎아내리느라 열을 올렸다. 검사인 밀러는 기술적으로 셸링 부인의 혼인의 유효성을 결정할 수 없다는 의견을 제시했다. 법원 역시 어느 쪽도 혼인 무효를 선언해달라고 요구하지 않았기에 무효를 선언할 수도 없다고 판시했다(『법원소식』은 이 소송의 판결에 대하여 보도하지 않았다. 법원은 검사의 의견을 따랐을 가능성이 매우 높다). 이 소송에서 변론의 감정을 고조시킨 것은 법적인 문제가 아니었다. 그것은 양측이 원래의 입장을 번복하고 가족의 명예와 합치될 수 없는 입장을 채택한 것에 대한 당혹감이었다. 법원에 대한 설득이 아니라 명예 문제가 감정을 자극했던 것이다.

제12번: 르루아 대 비도의 소송 "베치 르루아"로 알려진 한 젊은 여성이 자신의 진짜 이름은 베치 비도이며, 8만 프랑의 재산을 남기고 죽은 비도가 자신의 아버지라고 주장했다. 베치 르루아가 나타나자 죽은 비도의 남동생이 그녀의 주장을 부인하고 나섰다. 그는 비도의 재산을 상속받고 싶어 했다. 엄밀히 보아서 소송의 쟁점은 순전히 기술적인 문제였다. 그러나 양측의 주장은 공적인 평판과 관련된 것이었기에, 변호사들이 감정적인 비난을 가하기 시작했다. 베치 르루아의 어머니는 죽은 비도와 1793년에 결혼했다. 그러나 혼인한 지 얼마 지나지 않아서 비도가 아내를 떠났다. 그는 군납업자였다. 군납업은 이익은 많지만 늘 이동해야 하는 사업이었다. 딸은 혁명력 10년(1802~1803)에 태어났고, 호적에 르루아 씨와 르루아 부인의 딸로 등록되었다. 베치 르루아와 어머니는 르루아의 집에서 살았고, 어머니는 1825년에 죽었다. 베치 르루아는 어머니와 르루아 사이에서 태어난 사생아였을 것이다.

어머니가 죽기 훨씬 전에, 르루아가 다른 여자와 이미 1793년에 결혼했다는 사실이 밝혀졌다. 그러나 르루아와 어머니는 각자의 배우자들과 이혼하지 않았다. 따라서 비도가 일정 기간 내에 베치 르루아가 자신의 딸이라는 것을 부인하지 않는 한, 그리고 비도가 베치 르루아의 존재를 전혀 몰랐다는 점이 입증되지 않는 한, 베치 르루아는 법적으로 비도의 딸이었다. 그러나 비도의 동생은 죽은 비도가 딸의 존재를 전혀 몰랐다는 점을 증명하려 하지 않았다. 비도는 생전에 자기가 버린 아내의 처신과 행방에 대하여 알았던 것 같다. 베치 르루아의 변호인 셰 데스탕주는 비도의 동생이 비도와 비도의 아내를 별거 상태에 두도록 하기 위하여 모략을 일삼았다고 비난했다. "이 남자는 화해를 두려워했습니다. 그는 형의 자식을 소외시키고 재산을 상속받을 계획을 세운 뒤에 형을 살랭에 정착하도록 했습니다(Celui-ci, qui craignait un raccommodement, et avait apparemment fait le projet d'hériter de son frère et d'éloigner son enfant, l'entraîna avec lui à se fixer)."

비도 남동생의 변호를 맡은 모갱은 베치 르루아가 상속을 받기 위하여 대리인을 고용했고, 그녀의 출생기록부를 고치기 위하여 거짓 증인을 내세웠다고 주장했다. 그러자 셰 데스탕주는 동생 비도에게 보낸 베치 르루아의 편지를 인용했다. 그는 그녀가 "극적이고 감동적인 말로" 얼마나 "어머니와의 사별을 슬퍼하고 비도의 연민을 갈구하였는지" 보여주었다(L'avocat rappelle ici, dans des termes dramatiques et touchans, la lettre de la demoiselle Leroy, qui déplore la perte de sa mère et invoque la pitié du sieur Bidault)."

법원은 결정되어야 할 유일한 문제가 1793년에 비도가 결혼한 사람이 베치 르루아의 어머니가 맞는지의 여부라고 선언하면서, 베치 르루아에게 그녀가 누구인지 입증하는 증거를 제출하라고 요구했다. 그로써 출생이라는 기술적인 문제만 확인되면 베치 르루아가 적법한 상속자로 지정될 수 있게 되었다. 변론 과정에서 생산된 감정들은 법과 추정 사이의 긴장에서 비롯되었다. 이 사례는 우리에게 프랑스 민법전이 가족의 명예라는 이름으로 기혼 여성의 자식을 강력하게 보호했다는 것을 알려준다. 기혼 여성의 자식들에게 적법한 후손의 지위를 부여하지 않기란 매우 어려웠다(이는 가부장의 지위가 가족의 명예와 긴밀히 결합되어 있었기 때문이다. 미혼 여성들이 남자들에게 가부장적 지위를 인정하라고 고소하는 것은 불가능했다).

제19번: 불랑제 대 과부 비알란의 소송 이 소송에서 불랑제는 연간 1만 8천 프랑에 달하는 국채 이자소득에 대한 소유권을 주장한 반면, 비알란 부인은 그 재산이 사별한 남편의 영지에 속한다고 주장했다. 1826년 6월 7일 불랑제와 전역 장군 비알란이 매년 9천 프랑의 국채 이자소득을 갹출하여 하나로 묶고, 그 연간 이자소득이 비알란이 죽을 때까지는 비알란에게 돌아가고, 비알란이 사망하면 불랑제에게 돌아가도록 한 계약서에 서명했다. 그로부터 단 두 달이 지난 1826년 8월 3일에 비알란이 사망했다. 그런데 비알란과 비알란 부인이 작성한 혼인계약에는 상대방을 유일한 상속자로 지명한다는 것과, 그것은 두 사람이 법적으로 분리되어도 유효하다는 내용이 포함되어 있었다. 비알란의 변호인으로 나선 에네캥은, 비알란이 불랑제와 상기의 계약을 체결한 것은 자기 아내로부터 합법적인 상속권을 박탈하려는 악의적인 보복 행위라고 주장했다. 비알란은 신장 때문에 이미 다섯 차례나 수술을 받아서 자신이 죽는다는 사실을 알고 있었고, 그래서 그가 수령하기로 되어 있는 종신 소득이 자신에게 사실상 아무런 가치가 없다는 것도 알고 있었다는 것이다. 물론 불랑제도 알고 있었다는 것이다.

그러자 변론은 불랑제와 계약을 체결했을 때 비알라가 품고 있던 의도에 초점을 맞추게 되었다. 에네캥은 아내에 대한 비알란의 "증오심"에 집중했다. 에네캥은 비알란이 혼인생활 동안 "분노들"을 분출하고 "폭력들"을 가한 것이 그의 증오심을 증명한다고 주장했다. 그는 또한 비알란이 아내와의 별거 소송이 벌어지고 있는 기간에 재산을 의도적으로 허술하게 관리한 것 역시 증오심 때문이었다고 주장했다. 그에 반하여 불랑제의 변호인 페르시는 감정을 전혀 언급하지 않았다. 그는 비알란의 재정을 꼼꼼하게 조사함으로써 비알란 부인의 낭비벽이 초래한 손실을 보여주었고, 아내와의 별거 후에 비알란이 연소득을 안정적으로 관리할 필요성이 있었다는 점을 부각시켰다. 페르시는 공증인과 중개인의 진술을 토대로 하여 비알란이 일종의 종신연금을 확보하려 했다는 것을 입증하려 했다.

승자는 불랑제였다. 법원은 종신 연금소득은 서명자가 서명 20일 이내에 사망하지 않는 한 무효화될 수 없으며, 비알란 부인은 남편의 배임 혐의를 입증할 만한 충분한 증거를 제출하지 않았다고 판시했다. 이 소송이 "혼합" 유형에 속하게 된 것은, 페르시가 "감정적"으로 나아가는 대신 비알란의 재무적 결정을 합리적이고 분별 있는 행동으로 제시하였기 때문이다. 페르시는 복수심을 앞세운 주장에 건조한 사실로 응수한 것이다.

제26번: 를로 대 지롤레의 소송 이 소송에서 를로의 변호인 샹포니에는 놀랍고 특이한 이야기를 내놓았다. 를로는 1801년 당시 3만 프랑의 가치를 지닌 토지를 소유한 소박한 농민이었다. 그해에 그는 파리 북부 생드니 근처의 가난한 교구 성직자인 지롤레의 여동생과 혼인 약속을 주고받았다. 를로와 지롤레는 1803년부터 수입을 공동으로 관리하기 시작했다. 를로는 새 집을 장만했고, 토지를 임대하고 임차했으며, 토지를 구입하고 세금을 납부했다. 그는 이 모든 일을 지롤레와 공동으로 진행했다. 그러나 결혼은 성사되지 않았다. 그러던 1824년 어느 날 지롤레가 치안판사에게 를로가 자기 재산의 공동 소유자로서 행동하는 것을 막아달라고 요청했다. 그 직후에 법적인 접근금지 봉인 표지가 를로의 방문에 붙었다. 지를로는 또한 를로의 집 외부에 보관 중이던 서류들을 훔쳐서 파괴해버렸다. 결국 를로는 집에서 쫓겨나 끔찍한 가난 속에 살게 되었다. 샹포니에는 를로가 1790년대 말에 상속받았거나 매각했던 금융 기록들을 법원에 제출했고, 그 외에도 를로가 서명한 임대 계약 문서들과 지롤레가 자기 소유라고 주장하는 토지의 세금 납부 기록도 거명했다.

지롤레의 변호인 콜메다주에 따르면, 를로는 지롤레가 1801년에 고용한 가내 하인이며, 지롤레는 자기 여동생을 그와 결혼시킨다는 생각을 해본 적도 없었다. 지롤레는 그저 를로에게 수년 동안 대리인 역할을 맡겼던 것뿐이다. 를로는 충직하게 임무를 수행했다. 수많은 계약 서류와 영수증에 를로의 이름이 등장하는 것은 그 때문이다. 그런데 를로가 1824년에 갑자기 지롤레의 토지 일부를 자신의 이름으로 판매하려

했다. 그러자 지롤레가 그를 해고했다. 그러나 를로가 지롤레 재산의 공동 소유자처럼 행동하는 일은 오히려 더 많아졌다. 할 수 없이 지롤레는 치안판사를 개입시켜 를로를 공동으로 거주하던 집으로부터 쫓아냈다. 법원은 를로가 제출한 서류만으로는 그가 1801년에 땅을 소유하고 있었다는 것, 그가 그 땅을 지롤레에게 주었다는 것, 많은 계약서와 영수증에서 그가 대리인이 아니라 파트너로서 행동했다는 점이 입증되지 않는다고 판결했다. 법원은 지롤레가 서류를 훔쳤다는 주장도 받아들이지 않았다. 소송은 기각되었다.

샹포니에는 오랫동안 지롤레의 선한 마음을 믿었던 소박하고 신뢰할 만한 를로와 그 믿음을 갑자기 배신한 지롤레를 대비시켰다. 소송의 감정적 차원은 그 변론 구조에서 비롯되었다. 그러나 불랑제 대 비알란의 소송에서처럼, 지롤레의 변호인 콜메다주는 변호인으로서의 역할을 사실을 제시하는 것에 국한시켰다. 콜메다주의 감정표현은 "나의 분노를 다스리고(maîtriser mon indignation)" 싶다는 바람, "혐오스러운 강탈에 배은망덕까지 겹쳤다(L'ingratitude vient ici se joindre à tout l'odieux d'un reproche de spoliation)"는 언급이 전부이다. 법원이 서류 너머의 것을 보고자 했더라면, 샹포니에의 멜로드라마적인 서사가 힘을 발휘했을 수도 있었다. 그러나 법원은 서류에서 멈추었다.

제27번: 자키노 에리티에 대 그라비에, 샤보, 가리용의 소송 이 소송은 기술적인 성격으로 밝혀졌다. 그러나 법원이 판결을 내리기 전에는 그 점이 분명치 않았다. 사무 변호사인 자키노는 1823년에 죽으면서 재산의 상당 부분을 자신을 돌봐주었던 제프루아 양에게, 소액을 자신의 형제와 자매들에게, 나머지를 자신의 뜻에 따라 자선적인 목적에 돈을 사용할 것이 틀림없는 세 명의 남자에게 상속해주었다. 그 세 사람은 유언장에 적힌 대로 돈이 자신들에게 돌아오도록 하기 위하여 몇 달 동안 협상을 벌였다. 그들은 그 때문에 소액을 지출하기도 했다.

그러나 자키노의 조카 한 명이 반대했고, 끝내 법원에 제소했다. 그는 세 사람이 비밀스럽고 불법적인 장세니즘 종교 단체의 일원으로, 죽은 삼촌은 그들을 알지도 못한다고 주장했다. 당시 법은 상속 재산이 비밀스럽거나 이름이 밝혀지지 않은 사람이나 단체, 혹은 알려지지 않은 제3자의 대리인으로 비밀리에 활동하는 사람에게 넘어가는 것을 금지하고 있었다. 그러나 현실은 달랐다. 인가받지 않은 승단과 단체들이 재산을 통제하고 신탁인의 중개를 통하여 기부를 받는 일이 빈번했다. 그런 단체를 대리하는 신탁인들이 자신들이야말로 상속 재산의 유일한 진정한 소유자이며, 따라서 자신이 그 재산을 임의적으로 사용할 수 있다고 주장하는 일이 때때로 벌어지기도 했다. 그런 경우 변론은 흔히 유언자와 지정된 상속자(혹은 단체)의 의도에 대한 주장을 포함했다.

조카의 변호인 뤼빌에게 그 소송은 그가 맡은 최초의 소송이었다. 그래서 그는 더욱더 열심히 상속 재산이 신뢰할 만한 사람에게 넘어가야 한다는 것을 입증하는 증거들을 모았다. 뤼빌은 자키노 역시 피고인들과 마찬가지로 가족 이외의 사람들로부터 많은 상속을 받았는데, 문제는 피고인들이 "과잉일 경우 이성의 비판을 부르는 수치스러운 열정보다도 결과가 더 해로운 그릇된 열광(un faux zèle plus funeste dans ses conséquences que les passions honteuses dont la raison condamne les excès)"에 이끌리는 것이라고 맹렬하게 비난했다. 뤼빌은 종교의 정신은 그들의 음모를 용납하지 않을 것이라고 덧붙였다. "종교의 주위에는 믿음, 경건, 거짓과 위선에 대한 공포, 자비의 뜨거운 가슴, 정의에 대한 사랑, 타인의 재산에 대한 존중심이 행진합니다(Autour d'elle marchent la foi, la piété, l'horreur du mensonge et de la dissimulation, la charité au coeur ardent, l'amour de la justice, le respect pour la propriété d'autrui)."

피고 세 사람의 변호를 맡은 바르트는 경험이 많고 노련한 변호사였다. 그는 뤼빌의 과다한 수사를 비웃었다. "동료들에게 선을 행하고자 하는 것은 인간의 본성입니다. 불행한 사람들을 돕는 것은 섭리가 만인의 가슴에 심어놓은 욕구이지요. [⋯⋯] 이해관계가 그 마음을 메마르게 할 수는 있습니다. 그러나 마음속의 촛불을 끊임없이 다시 켜는 특별한 사람들이 있습니다. 그들은 그것에 의해 고양되고, 그것은 그의 가장 따스한 습관이 됩니다(Il est dans la nature de l'homme de vouloir faire du bien à ses semblables. Secourir les malheureux est un besoin que la Providence a mis dans le coeur de tous... (L)'intérêt peut le dessécher; mais il est des natures privilegées qui le réchauffent sans cesse, chez lesquelles il s'exalte et devient la plus douce habitude)."

바르트에 따르면 세 사람은 서로 모르는 사이였다. 바르트는 그들이 비슷한 종교적 믿음을 갖고 있을 수도 있지만, 그러나 그것은 법원이 신경 쓸 사안이 아니라고 주장했다. 법원은 피고인들의 손을 들어주었다. 불법 단체의 존재를 증명하는 문서상의 증거가 제출되지 않았고, 유언자가 불법 단체에게 재산을 상속해주려 했다는 의도의 서면 증거도 없다는 것이 그 이유였다. 법원은 원고가 그러한 증거를 찾으려는 시도조차 하지 않았으며, 상속법 조항을 토대로 한 추정만으로는 증거로 부족하다고 판시했다. 소송에서 양측 변호인은 기술적인 측면에 집중하면서도 동기의 문제를 꺼냈고, 이때 격분과 분노의 폭발을 나타내는 감정문들과 감정표현들을 사용했다.

제36번: 미망인 비데와 그녀의 아들 대 라부르도네-불로슨 백작의 소송 이 소송 역시 망명 귀족 재산 보상법과 관련된 것으로, 망명 귀족의 영지 관리인의 미망인과 아들이 영지 관리인의 과거 고용주에 대하여 제기한 소송이다. 라부르도네-불로슨 백작은 1791년에 비데라는 인물에게 영지 관리를 맡기고 프랑스를 떠났다. 백작은 비데에게 자식들도 돌보도록 했다. 비데의 미망인과 아들은, 자코뱅 치하에서 비데가 라부르도네의 재산이 몰수되는 것을 막기 위하여 위험을 감수했고 또한 과도한 지출도 했다고 주장했다. 비데는 정부가 경매에 붙인 동산을 재구입하고 보존하는 데만 3,500프랑을 지출했다는 것이다. 공포정치가 끝난 뒤에 비데는 법원에 제소했다. 영지 관리 때문에 1만 7,123프랑의 부채를 떠안았다는 것을 인정해달라는 것이었다. 그는 실제로 인정을 받았다. 다만 그는 한 푼도 받지 못한 상태에서 1809년에 사망했다. 그리고 그 해에 라부르도네가 귀국했고, 복고왕정이 수립되자 상원의원에 임명되었다. 막강한 그는 이자까지 더해 5만 프랑에 달하는 부채를 인정하지 않았다.

소송은 사실 기술적인 문제에 관한 것이었다. 법원은 문서 기록의 유효성을 판단하기만 하면 됐다. 게다가 비데와 라부르도네 모두 회계 장부와 문서를 보관하고 있었다. 그러나 비데의 변호인 보네는 영지 관리인의 "헌신"과 귀족 고용인의 경멸감과 무관심을 감동적인 언어로 그려냈다. 그러자 라부르도네의 변호인 라보는 비데가 헌신적인 영웅이기는커녕, "명예로운 남자un homme d'honneur"인 백작에게 강도짓을 했으며,

백작은 다만 관련 문서를 찾는 데 어려움을 겪고 있는 것뿐이라고 응수했다. 예컨대 비데가 1793년에 가구를 판매한 것은 그 자체로 약탈이었다는 것이다. 보네는 라보의 말이 비데의 헌신에 답해야 하는 의무를 피하려는 경멸스런 시도일 뿐이라며 분노를 터뜨렸다. 법원은 회계 문서를 검토한 뒤에 원고 승소 판결을 내렸다. 이 소송에서도 공포정치 이후 흘러간 시간 동안의 변화가 기술적인 문제에 감정의 차원을 더했다는 점, 그리하여 명료한 기록조차 의심의 대상이 되었다는 것을 보여준다. 동기에 대한 감정적 주장은 그 때문에 제기된 것이다.

제41번: 뒤몽테유 대 에스네의 소송 뒤몽테유는 성직자였다. 그는 어느 날 교회로부터 성사 관리를 포함하여 모든 목회 업무를 금지당했다. 그러자 그는 가톨릭교회를 떠났고, 이어서 결혼하려 했다. 그러나 공증인이 혼인에 필요한 서류의 등록을 거부했다. 그러자 뒤몽테유가 그 공증인을 고소했다. 소송은 그가 과거에 했던 성직 선서가 교회를 떠난 뒤의 세속적 지위에 영향을 주느냐는 미묘한 질문을 포함했다. 그것은 사실 전적으로 기술적인 문제였다. 그러나 양측의 동기는 그 기술적인 차원과 무관했다. 그리고 민법전은 종교가 시민권에 아무런 영향을 주지 못한다고 규정했기 때문에, 법적으로는 뒤몽테유의 혼인을 막을 아무런 근거가 없었다. 그러나 다른 한편으로 1814년의 헌장 헌법은 가톨릭을 국가의 종교로 규정했다. 검사인 다마르탱은 그 헌법 조항에 입각하여 모든 교회법적 조치가 법적 지위를 보유하게 되었고, 따라서 성직자에게 순결을 요구하는 조항도 유효하다고 주장했다. 성직자를 위해 무료 변론에 나선 변호사들은 검사의 주장에 맹렬하게 반대했다. 그리고 그들은 볼테르적인 반성직주의를 열렬하게 개진했다. 뒤베른 변호사의 첫번째 변론의 일부는 다음과 같았다.

평생 동안 팔을 허공에 뻗고 얼굴을 하늘로 향한 채 움직이지 않고 살겠다고 선서한 미친 수도승이나 남편의 장례식 장작 위에서 몸을 태우겠다고 선서한 인디언 부족의 여자나 모두 열렬한 믿음에 복종하는 사람들입니다. 그들의 믿음은 그들을 지탱해주고, 그들은 오직 선서를 위반한다는 생각에만 공포를 느낄 겁니다. 그러나 그보다 순수한 빛이 그들의 얼굴을 비춘다면, 그리고 어떤 선한 종교가 그들의 환각을 깨뜨린다면, 그들은 그 미친 선서를 거부할 겁니다. 여러분은 그 때문에 선서를 거부한 사람을 위증이라고 비난할 겁니까? 도덕의 이름으로 그들을 비난할 겁니까?(Le faquir insensé qui fait voeu de passer sa vie immobile, les bras en l'air et la face tournée vers le ciel, la suttie indienne qui fait voeu de se brûler sur le bûcher de son époux, obéissent à des convictions ardentes; la foi les soutient, ils auraient horreur de se rétracter. Mais qu' une lumière plus pure vienne les éclairer, qu'une religion bienfaisante vienne dissiper leur délire, ils repousseront leurs sermens insensés. Les appellerez-vous parjures? les réprouverez-vous au nom de la morale?)

뒤몽테유의 변호인들은 동료 변호사들의 지원을 받았다. 파리의 변호사들이 공개적인 지지를 선언한 것이다. 뒤몽테유의 소송은 파리의 좌파 변호사들을 효과적으로 동원했다. 따라서 그 소송에 부하된 감정은 전적으로 정치적인 것이었다. 그러나 헌장 헌법의 관련 조항이 구체적으로 해설된 적은 없었다. 그리고 교회의 지위와 힘을 높이려는 복고왕정의 노력은 깊고 넓은 반감을 유발했다. 법원은 법의 자구보다 정치적 분별력을 앞세웠다. 법원은 정부 입장을 받아들여 뒤몽테유가 결혼할 수 없다고 판결했다.

B. 베르사유 민사법원 샘플 속의 이질적인 소송들

제55번: 샤롱과 뵈브 수아르 대 뵈브 티에르스의 소송. 이 소송은 한 늙은 과부의 정신 능력과 관련된다. 증인들은 그녀의 행동을 "미쳤다"고 표현했지만, 그녀의 행동으로 보아 그녀가 공포나 분노에 대한 정상적인 표현을 넘어선 상황이었음이 분명함에도 불구하고 증인들은 감정어를 사용하지 않았다. 모가르라는 남자가 빚을 갚았을 때, 그녀는 자기 몫을 다 받지 못했다고 주장하면서 영수증을 주지 않았다. 고소를 당하자, 그녀는 이틀 밤낮 동안 법원 복도에 앉아 있었다. 판사의 요청으로 변호사가 그녀에게 법원에서 나가자고 말했지만 소용없었다. 그러던 어느 날 그녀는 자기 물건을 모두 복도에 놓아둔 채 법원을 떠났다.

또 다른 소송에서 그녀는 법원 건물 바깥에서 오랫동안 비를 맞고 서 있었다. 사람들이 도와주려 했지만 그녀는 거절했다. 집달리가 찾아오자 그녀는 그의 머리에 냄비를 던졌고, 이어서 쇠붙이로 위협했다. 집달리가 경찰관을 대동하고 다시 나타나자, 그녀는 현관문을 걸어 잠그고

아예 답을 하지 않았다. 경찰관이 열쇠공을 불러서 문을 열고 집 안으로 들어가보니, 그녀는 손에 칼을 든 채 두 팔을 교차시키고 의자에 앉아 있었다. 이웃들은 그녀가 집 안에서 자기 자신에게 연설하는 소리를 들었다고 증언했다. 어느 날 밤에 그녀는 천정을 몽둥이로 두들겨서 구멍을 냈다. 이 소송의 변론은 남편의 폭력이 개입된 사건과 비슷한 모습을 보였다. 증인들은 자신들이 묘사하는 행동이 그 자체로 비정상적인 감정과 의도를 말해준다고 생각했기 때문에 굳이 감정어를 사용할 필요를 느끼지 않았다.

제58번: 드루에 대 바르베데트의 소송 이 소송은 은퇴한 은행가인 드루에가 자신을 버리고 공공연하게 모욕했다는 이유로 아내와 별거하려고 해서 벌어졌다. 드루에의 아내는 약 6개월 전에 사라졌지만 그녀가 어디로 갔는지, 누구와 함께 있는지를 보여주는 직접적인 증거는 없었다. 그러나 그녀가 애인과 함께 이탈리아로 갔다는 것을 보여주는 정황증거는 많았다. 그 증거들은 한때 남편의 부하 직원이었던 드 라 자리에트와 그녀의 관계에 대한 해석을 포함했다. 증인들은 두 사람의 부정한 애착을 감정어를 사용하지 않고 건조하게 기술했다. 드루에가 파리에 있는 은행을 폐쇄하기 전에 드루에 부부는 은행과 이웃한 아파트에 살았다. 한 증인에 따르면, 특히 남편이 사무실을 비우면 부인이 은행 직원인 드 라 자리에트와 "자주 대화를 했습니다" "그녀는 그가 새 아파트로 이사하는 것, 그가 힘들어 하고 있던 문제들, 그의 일상적인 일에 관심을 쏟았습니다." 그 증인은 드 라 자리에트가 자주 드루에 부인의 침실로 갔다는 증언도 했다. "남편은 일을 할 때 다른 일에는 신경을 쓰지 않는 사람이었어요. 그를 찾아가면, "통신문을 작성하고 있으니 방해하지 마세요"라고 말하기도 했으니까요. 드 라 자리에트 씨가 드루에 부인과 적어도 데이트를 한다는 것은 사무실에 잘 알려져 있었습니다."

드루에는 은행업에서 물러난 뒤에 파리 북동부 센 강 가의 뮐랑 마을로 이사했다. 얼마 지나지 않아서 드 라 자리에트도 그곳으로 이사했고, 그는 드루에 부부의 집에서 멀지 않은 곳에 거처를 구했다. 한 증인은 그와 드루에 부인이 거의 매일 만났다고 말했다. 그 증인은 또한 드루에 부인이 말하는 방식에서 두 사람 사이가 "친밀한 관계"라는 것을 알 수 있었다. 그들은 서로를 "내 사랑, 나의 좋은 사랑"이라고 불렀다 (그 단어들은 이 소송에서 발화된 모든 진술 중에서 실제로 이루어진 감정 표현에 가장 근접한 표현이다). 4월 16일 드루에 부인은 이빨을 뽑으려 한다면서 저녁때까지 돌아오겠다고 말한 뒤에 파리로 떠났다. 같은 날 드 라 자리에트도 떠났다. 그는 가구를 팔고 그 돈을 라피트 은행에 예금했다. 그날 이후 두 사람은 다시는 뮐랑에 오지 않았다. 그러나 공증인으로 일하던 드루에의 동생은 드 라 자리에트가 한 여자와 함께 아비뇽까지 갔다는 보고서를 보았다고 말했다. 또 다른 증인은 드 라 자리에트는 유부남이며, 뮐랑으로 이사하면서 그가 아내를 파리의 잡화점에서 일하도록 했다고 말했다.

두 사람이 사라지고 세 달이 지난 1840년 7월, 자리에트의 형이 자리에트의 아내에게 알려지지 않은 액수의 돈을 건네면서 이탈리아로 가는 여권을 만들도록(그리고 그것을 자신에게 넘겨주도록) 했다. 그 여권을 사용하여 애인과 함께 국경을 넘은 사람은 아마도 드루에 부인이었을 것이다. 증인들은 그 뜻이 무엇인지 의문의 여지가 없는 행동들을 해석을 최소화한 채 거의 그대로 묘사함으로써, 자신들의 본래적인 역할에 충실했다. 그러나 어떤 증인도 두 사람이 함께 살거나 여행하는 것을 보지는 못했으므로, 중요한 것은 관계의 뉘앙스에 대한 증언이었다. "드 라 자리에트 씨는 드루에 부인과 데이트를 하고 있었습니다(M. de la Jariette faisait la cour à Mme Druet)"라는 표현이 두 번 사용되었고, 두 사람이 "친밀한 관계(relation intimes)"였다는 표현도 두 번 사용되었다. 그녀가 그의 일에 "관심을 쏟았습니다(s'occupa)"는 표현이 사용된 것도 중요했다. 그러한 증언들이 법원을 움직였다. 법원은 별거를 허용했다.

제60번: 베뤼리에 부부 대 라포르트 및 포미에 부부의 소송 이 소송의 원고 베뤼리에는 공증인인 라포르트가 자신들을 협박하고 위협함으로써 압류 매각 문서에 서명하도록 강요했다고 주장했다. 베뤼리에와 포미에는 베르사유 인근의 에르블레에 사는 농민이었다. 포미에와 그의 아내는 부채를 지고 있었고, 채권자들에게 빚을 갚기 위해 땅을 경매에 내놓아야 했다. 포미에는 베뤼리에가 경매장에서 부채를 충당하기에 충분한 액수(약 800프랑)를 불렀다고 진술했다. 그러나 경매가 끝난 뒤 베뤼리에와 그의 아내는 공증인 사무실에서 그들이 지불해야 하는 수수료를 알고는 충격을 받았다. 라포르트는 공공 경매에서 입찰한 것을 취소하면 엄청난 소송비용을 지불해야 하고 사기죄로 감옥에 간다고 압박했다. 베뤼리에는 결국 동의하고 토지 매매문서에 서명했다. 그러나 증인 하나가 연서를 거부했다. 추후 재판에서 그 증인은 당시 그는 라포르트의 행위를 부적절하다고 판단했다고 말했다. 그 후 베뤼리에 부부는 라포르트와 포미에를 고소했다.

한 측면에서 이 소송은 순전히 기술적인 소동이다. 베뤼리에가 경매 입찰을 취소할 듯이 행동한 것은 소송비용을 지불하고 감옥형을 받을 정도의 행동인가? 에르블레의 이장은 라포르트의 주장을 지지했지만, 소송에 대하여 자기가 아는 것은 라포르트에게서 들은 것이 전부라는 점도 인정했다. 또 다른 측면에서 이 소송은 기술적이지 않은 소송이다. 라포르트는 공공 업무를 수행하는 공직자로서 적절한 행동의 한계를 넘지 않았는가? 이 물음은 감정을 개입시킨다. 공증인 사무실에서 합의문에 연서하기를 거부했던 증인은, 라포르트가 화해시키려는 바람보다 위협하려는 바람에 의해 움직였다고 말했다. 또 다른 증인은 베뤼리에가 지불해야 하는 액수를 처음 들었을 때 "놀라서 울었다(s'est récrié)"고 말했다. 그러나 몇 달 뒤에 그는 공증인에게 가서, 그의 아내와 공증인이 대화를 하도록 했다. 증인 몇 사람은 당사자들 모두가 서명을 한 뒤에 모두 "만족"했으며, 포미에 부부와 베뤼리에 부부가 축하의 저녁 식사를 했다고 말했다. 라포르트는 한 증인에게 자신은 베뤼리에가 자기에게 가한 모욕을 용서했다고 말했다. 판사의 판결문은 발견되지 않는다. 아마도 증인 심문이 끝난 뒤에 베뤼리에 부부가 소송을 취하한 것 같다.

제73번: 뒤통 대 느장의 소송 르네 느장은 죽기 직전에 자신의 전 재산을 아내에게 "기증"한다는 유언을 했다. 느장이 사망한 뒤에 뒤통 부인과 그녀의 남편이 유언의 정당성을 인정하지 못한다면서 법원을 찾았다. 당시 프랑스 민법은 사람이 죽을 때 자유롭게 처분할 수 있는 재산의 비율을 제한하고 있었다. 이는 자유롭게 처분할 수 있는 부분이 오로지 미망인에게 돌아가도록 하기 위해서였다. 뒤통 부인은 르네 느장의 딸이었다. 그녀는 아마 느장의 전 부인의 소생이었던 것 같다. 뒤통 부부는 느장이 유언하는 시각에 병 때문에 정신이 온전치 않았다고 주장했다. 두 차례의 증인 심문이 실시되었고, 13명의 증인이 죽기 직전 느장의 상태를 진술했다. 증언들 속에는 감정어가 포함되지 않았다. 의사 두 명은 느장이 비록 매우 약하고 죽어가고 있었지만, 건강한 정신 능력을 유지하고 있었다고 말했다("ses facultés mentales ne m'ont pas paru dérangées").

유언을 기록한 공증인과 유언장에 연서한 두 명의 증인은 유언 당시의 긴장 상태를 묘사했다. 공증인이 문서를 작성하기 시작하자마자 누군가 병실 문을 "마구violent" 두들기는 소리가 들렸다. 공증인 르네 자크 부셰는 어떤 소리인지 알기 위하여 문을 열었다. 문을 두들기던 사람은 느장의 딸이었다. 그녀를 알아본 공증인이 그녀를 병실 안으로 들어오게 했다.

그리고 그녀가 보는 앞에서 느장은 내 질문에 거듭해서 자신은 아내에게 기증하려 한다고 말했습니다. 나는 뒤통 부인에게 물러가라고 요청한 뒤에 느장의 말을 기록했습니다. 내가 보기에는 느장 씨는 온전한 정신 능력을 갖고 있었습니다. 내가 유언을 기록하는 동안 그는 며칠 전에 오를레앙에서 그의 편지 두 통을 처리해준 우체부(유언장에 연서한 두 명의 증인 중 하나)가 고마웠다고 말했습니다. 나는 그 말을 기억합니다.

그러나 다른 증인 몇 명은 죽기 며칠 전에 느장을 만났을 때 느장이 자신들을 알아보지 못했다고 말했다. 소송에서 감정에 대하여 말한 사람은 없었지만, 딸이 느장의 병실에 나타났을 때 방에 흘렀을 분위기를 암시해주는 정황 두 가지가 있다. 첫째, 뒤통 부인과 그녀의 남편은 기증에 반대하여 강력하게 싸웠다. 그들은 독자적인 조사를 실시했고, 법원이 증인을 불러서 심문을 했을 때에도 그들의 변호사들은 증언을 중단시키면서 느장의 상태에 대하여 반복하여 질문했다. 둘째, 증인 한 사람은 느장이 기증 유언장에 서명한 직후에 우체부를 보았다고 말했다. 그들은 우체부가 다음과 같이 말했다고 기억했다. "나는 방금 정화淨化 행위를 목격했어요. 느장이 아내에게 기증을 했어요." 우리는 그것이 어떤 종류의 "정화épuration"였는지 알지 못한다.

미주

제1장 인지 심리학의 답변

1) 감정과 색깔의 비교에 대해서는 예컨대 D'Andrade & Egan 1974; Lutz & White 1986: 415; Church, Katigbak, & Jensen 1998: 64.

2) 그린월드 등의 연구팀은 카의 발견이 자신들의 연구와 일치한다는 점을 주목했다(Greenwald et al. 1995: 39).

3) 이러한 용어에 대해서는 Isen & Diamond(1989: 147); Uleman(1989)을 참조하시오.

4) 오트너 등은 유사한 스키마 개념을 개발하여, 민족학적 분석에 실천 이론을 적용할 때 사용했다(Ortner 1989). 더 많은 논의에 대해서는 Strauss & Quinn(1997).

제2장 인류학의 답변

1) 이는 필자가 1976년과 1977년에 미셸 로살도와 가졌던 많은 심층 인터뷰에 기초한 것이다.

2) 스파이로(M. E. Spiro: 1992)와 초도로프(N. J. Chodorow: 1999)는 로살도가 주체의 여분餘分이 문화보다는 심리에 속한다는 것을 인정함으로써 자신의 입장을 조심스럽게 한정시켰다는 점에 주목했다. 그러나 그들도 로살도의 그 구분이 미온적이고 일관되지 못했다고 주장한다.

3) 푸코 이론의 이 측면은 여러 번 지적되었다. 본서의 제3장과 필자의 논문(1992: 1997a)을 참조하라. 기어츠 역시 문화가 통일되어 있지 않고 시간이 가면서 변화한다는 것을 인정한다. 그러나 그의 이론적 원칙과 민족지학적 실천은 무시간적이고 극히 일관된 문화 구조에 집중되어 있다.

제3장 이모티브

1) 자기보고가 특별한 지위를 갖는다는 해석은 현재 도전을 받고 있다(Kagan 1984: 55; Erdelyi 1992: 785; Ste-Marie & Jacoby 1993; Schooler & Fiore 1997).
2) 이 문제에 대한 다른 견해는 Ortony and Turner 1990; Frijda et al. 1992; Greenwald et al. 1995: 23~24; Gergen 1995.
3) 데카르트 자신도 기본감정 이론을 만들었다. 그는 신체와 성찰적인 의식 간의 관계로 감정을 설명했다. 데카르트의 그 이론은 지난 30년간 서양에서 제시된 이론들과 아주 많은 측면에서 놀라운 유사성을 보인다(Meyer 1991: 216~223). 데카르트의 감정 목록에는 감탄(에크만의 "놀람" 개념과 유사한 감정), 기쁨, 슬픔, 사랑, 증오, 욕망이 포함되어 있다. 현대 심리학자들과 마찬가지로 데카르트 역시 감정의 인지적 구성 요소를 설명하는 것이 어렵다고 판단했다. 마이어는 서양사 전체를 통하여 감정에 대한 철학적 이해를 계속해서 어렵게 만든 것이 바로 그 문제였다고 주장한다.
4) 데리다는 이 명제에 곧바로 조건을 붙였다. "우리가 이 단어('담론')의 의미에 동의한다는 조건 하에서—즉, 원래적이고 초월적인 기의가 차이의 체계 밖에 결코 절대적으로 현존하지 않는 체계"에서 그렇다.
5) 나는 여기서 퍼트넘에 대한 앨코프의 논의를 따르고 있다(Alcoff 1996: 161~200).
6) 나는 앨코프의 맥락적 실재론이 푸코에 기반하면서도 푸코를 한 걸음 넘어선 것이라고 생각한다.
7) 여기서 "종종"이란 데이트에 대한 홀랜드(Holland 1992)의 흥미로운 연구를 고려해서 사용한 단어이다. 나는 여기서 서양의 "사랑"이 보편적인 것인지 아니면 서양 문화에 독특한 것인지에 대한 논쟁적인 물음을 건드리고 싶지 않다(Shaver 1996).
8) 나의 접근은 데카르트주의, 정신역동 이론, 포스트구조주의를 넘어서려는 인류학의 최근 노력과 함께하는 것이다(Ewing 1990, 1997; Battaglia 1995, Strauss & Quinn 1997, Dennett 1991).
9) 2인칭 감정 진술("너는 당황해 한다")는 아래에서 다룰 것이다.
10) Averill 1994; De Sousa 1987: 45; Lakoff 1987: 397~399; Lazarus 1994: 307; Lutz 1988: 211; Quinn 1992; M. Rosaldo 1984: 43; Sarbin 1986; Schieffelin 1985: 169; Wierzbicka 1994: 437.
11) Averill 1994; Ortony & Turner 1990; Solomon 1984; Greenspan 1988; Frijda 1994; Bornstein 1992.
12) 이런 차이가 발행한 이유는, 드 수사가 기술적 발화에 대한 기존의 개념을 가지고 문제를 풀어보려 한 반면에, 나는 그것이 감정의 이해에 부적절하다고 여기기 때문이다.

제4장 감정의 자유

1) 정보를 캐내려는 고문은 고문 중에서 특수한 종류이다(Asad 1997; Caron 1999).
2) 고그 사건에 대한 자료는 센에우아즈 기록물보관소의 베르사유 민사사건 기록에 두 가지 항

목으로 보관되어 있다. 3U Reistre d'audiences et de jugements civilis, 1 chambre, 1839, 1840, judgments of 15 November 1939, 31 March 1840, 19 May, 25 November 1840; 3U 0246, Enquête of 26 June 1840, Contre' enquête of 1 July 1840.

3) 공적 규범과 신문과 소설과 연극의 유통과 영향에 대한 논의는 이 책의 제7장; Lyons 1987; Reddy 1993; Nye 1993; Cornut-Gentille 1996; Houbre 1997.

제5장 감상주의의 만개 1700~1789

1) "Un enthousiasme sincère et désintéressé animoit alors tous les François; il y avoit de l'esprit public; et, dans les hautes classes, les meilleurs étoient ceux qui désiroient le plus vivement que la volonté de la nation fût de quelque chose dans la direction de ses propres intérêts."

2) "(E)lle avait le bon esprit de ne parler jamais que de ce qu'elle savait très bien, et de céder sur tout le reste la parole à des gens instruits, toujours poliment attentive, sans même paraître ennuyée de ce qu'elle n'entendait pas; mais plus adroite encore à présider, à tenir sous sa main ces deux sociétés naturellement libres"(장 프랑수아 마르몽텔의 회고록. Craveri 1982: 416).

3) "Nous fonderons le règne d'une douce harmonie et d'une parfaite égalité sur les désirs de l'envie et les autres passions humaines; et l'intérêt qui corrompt tout ne souillera pas no coeurs aimables ... Alors nous verrons revivre cette force primitive de la nature qui unit tous les hommes au lieu de créer des distinctions injurieuses qui n'ont jamais enfanté que l'orgueil d'un côté et la haine de l'autre."

4) 유명한 예외는 고대 그리스 때부터 수사학이 열정에 대한 호소를 **다른 사람들**을 설득하는 중요한 수단으로 간주한 것이다. 그러나 그때에도 열정은 결코 **자기 자신**을 이끄는 유용한 도구로 간주되지는 않았다.

5) 블룸은 자코뱅의 폭력이 루소 사상 속의 특정 경향에 내장되어 있었다고 주장한다. 공감적 합일 속에서 다른 사람들과 하나가 되려는 열망과 덕에 저항하는 사람들에 대한 역겨움과 격노는 동전의 뒷면과 앞면이라는 것이다(Blum 1986). Revel의 1986년 연구도 참조하시오.

6) 감수성을 보다 차분하게 논한 경우에 대해서는 Baasner 1988: 89~94, 169; Denby 1994: 22~30.

7) "la santé des pères, union de frères, tendresse des mères, l'amour, l' obéissance des enfants."

8) 더 많은 논의는 Schaub 1995.

9) 루소에 대한 여러 논쟁에 대해서는 Gordon 1994: 149~190.

10) 로젠블라트는 루소가 고대의 시민적 덕 개념과 근대의 자연적 덕 개념을 연결하려고 시도할 때 제네바의 사상가들과 신학자들에게 의존했다는 점을 보여주었다(Rosenblatt 1997; Blum 1986; Fermon 1997; Baasner 1988: 303~311).

11) "le règne des beaux sentiments débités avec une chaleur factice."

12) "(D)ire qu'il ne faut les émouvoir que jusqu'à un certain point, c'est prétendre qu'il ne faut pas qu'ils sortent d'un spectacle, trop épris de la vertu, trop éloignés du vice" (Diderot, *Entretiens sur le fils naturel*, 1757)

13) "Je ne connais que deux remèdes aux chagrins: l'amitié et de violentes secousses: j'aie un peu recours à vous pour l'autre; vous y répandez d'ailleurs tant de ces sortes d'agréments qui aiguisent et soutiennent le sentiment, en même temps qu'ils délectent et corroborent l'esprit, que, si j'ai bien jugé de la recette, je ne juge pas moins biens de l'adresse"(Joint–Lambert 1896: 2).

14) "(M)es amis, mes seuls amis ont pu mettre quelque obstacle au consentement d'un sentiment destructeur"(Join–Lambert 1896: 3).

15) "Vous avez été malade, vous avez per여 de vos amis, vous avez eu du noir: voilà bien des conformités. Tout cela me rassure un peu sur le ton mélancolique dont je crains que ma lettre n'ait quelque empreinte"(Join–Lambert 1896: 3).

16) "Je suis pénétrée, ravie, désolée: je vous plains, je vous gronde, je vous … je voudrais posséder plusieurs langues et pouvoir me servir de toutes à la fois. Est-il possible que vous mettiez quelque prix à mon souvenir que vous soyez resté si longtemps pour chercher à vous y rappeler! Est-ce oubli ou confance? Le premier serait désespérant et d'ailleurs, vous m'empêchez d'y croire: j'aimerais mieux vous pardonner la présomption de la seconde, si je pouvais dire avec vérité que cette confiance fût présomptueuse. Vous êtes heureux d'être à plaindre! Si je vous estimais moins, je vous craindrais beaucoup; mais je ne vous le dirais pas. Votre lettre m'a fait pleurer, et cependant je suis plus heureuse depuis que je l'ai reçue"(Join–Lambert 1896: 5).

17) 스탈 부인의 대표적인 발언은 다음과 같다. (1) 1798년의 자필 원고: "Tous les sentiments naturels sont des idées justes."(Staël 1800: 23). (2) "(L)e talent exprime avec d'autant plus de force et de chaleur les affectations sensibles, que la réflexion et la philosophie ont élevé plus haut la pensée."(Staël 1800: 152). (3) "Mais la parure de la vérité, dans un pays libre, est d'accord avec la vérité même. L'expression et le sentiment doivent dériver de la même source."(Staël 1800: 310). (4) The "foyer naturel" of eloquence is "la puissance des sentiments sur notre âme."(Staël 1800: 403). Baasner 1988, 155~156, 190 도 참조할 것.

6장 프랑스혁명과 감상주의 1789~1815

1) "J'étais effectivement dans cette disposition d'âme qui rend éloquent; pénétrée d'indignation, au-dessus de toute crainte, enflammé pour mon pays dont je voyais la ruine, tou ce que j'aime au monde exposé aux derniers dangers, sentant fortement, m'exprimant avec facilité, trop fière pour ne pas le faire avec noblesse, j'avais les

plus grands intérêts à traiter, quelques moyens pour les défendre, et j'étais dans une situation unique pour le faire avec avantage."

2) "la froideur de l'esprit, le feu d'un coeur ardent et pur."

3) "Soyons terribles pour éviter au peuple de l'être."

4) "Les signes de transport et l'effusion de sentiments généreux dont l'Assemblée présentait le tableau, plus vif et plus animé d'heure en heure, n'ont pu qu'à peine laisser le temps de stipuler les mesures de prudence, avec lesquelles il convenait de réaliser ces projets salutaires."

5) "Après cette observation, qui semblait épuiser le sujet si étendu des réformes, l'attention et la sensibilité de l'Assemblée ont été encore réveillées et attachées et attachées par des offres d'un ordre tout nouveau. Le députés des provinces appelées pays d'Etats, se livrant à l'impulsion de leur générosité, ou se prévalant de celle de leurs commettants, exprimée par leur cahiers, ou enfin la présumant, et se rendant en quelque sorte garants du leur ratification, ont offert la renonciation aux privilèges de leurs provinces, pour s'associer au régime nouveau, que la justice du Roi et celle de l'Assemblée préparaient à la France entière."

6) 공식 의사록은 3주일 넘게 몇 개의 초안을 거쳐서 완성되었다(Hirsch 1978).

7) "Croyez vous que, si les génies brûlants de ces grands hommes n'eussent embrasé petit à petit les âmes, et ne leurs eussent découvrir le secret de leur gradeur et de leur force, croyez-vous qu'aujourd'hui la tribune retentirait de vos discours sur la liberté"

8) "Il fault la guerre pour la consolider; il la fault pour la purger des vices du despotisme; il la faut pour faire disparaître de son sein les hommes qui pourraient la corrompre."

9) "Quant à l'ami du peuple, ... Pour sauver la patrie, il irait à leur tête arracher le coeur de l'infernal Motier au milieu de nos nombreux bataillons d'esclaves, il irait brûler dans son palais le monarque et ses suppôts ... Juste ciel! que ne peut-il faire passer dans l'âme de ses concitoyens les feux qui dévorent la sienne! ... O ma patrie! reçois les accents de ma douleur et de mon désespoir!"

10) 박애는 군인, 혹은 적어도 장교의 특징이었다는 것은 인정된 테마이다. 17세기 귀족의 품성 론이라는 맥락에서 박애와 용기의 관계를 검토한 연구는 Jay Smith 1996.

11) "Citoyens mes collègues, L'ordre et la liberté, la philosophie et la fraternité, la raison et la nature triomphent dans les murs de Clamcy. Quelques paroles portées en votre nom ont produit tout l'effet que j'en devais attendre. L'infernal génie qui déchire une partie de la République était venu à bout de diviser les citoyens, les amis, les fréres, les époux et leurs infortunés enfants. Des exhalaisons sulfureuses enveloppaient la cité de Clamcy. Dans un instant, elles ont été consumées au feu de la liberté. Tous les citoyens se sont rapprochés, se sont embrassés. Les chants d'allégresse, les danses, les sons patriotiques d'une musique guerrière, les salves d'artillerie, les cris prolongés de Vive la Montagne! Vive la Constitution! ont annoncé à toutes les communes voisines l'heureuse fête d'une réunion générale et fraternelle autour de l'arbre de la liberté.

Tous les monuments qui pouvaient rappeler la haine, rallumer les passions viles, les actes de divorce, les hideuses procédures, ont été déchirés, foulés aux pieds, mis en cendres, et chacun a bu dans la coupe de l'égalité l'eau de la régénération. De bien douches larmes ont coulé de tous les yeux, parce que l'amour de la patrie est dans tous les coeurs. Donnez des armes aux citoyens de Clamcy: ils sont prêts à verser le sang pour sa défense. Fouché."

12) "Citoyens collègues, J'ai mis effectivement beaucoup d'aigreur dans ma demière lettre. Je trouve, en la relisant de sang-froid, qu'elle a dù blesser vos âmes généreuses, et cette pensée m'afflige. Mai mettez-vous à ma place. Dans ce moment, j'étais à toutes les épreuves qui peuvent exaspérer un républican ardent."

13) "Qu'eussiez-vous fait, avec un caractère aussi brûlant que le mien, si, au moment de faire triompher la République, on vous eût apporté une lettre aussi désespérante que celle de Rosin? Au surpulus, tous les nuages sont dissipés, la machine a reprisde ce matin le mouvement qu'on avait mal à-propos suspendu, et ceux qui m'ont le plus vexé, en voulant vous surprendre, seront mes frères bien aimés, s'ils veulent désormais avoir une marche aussi franche que la mienne. Quant à vous, citoyens collègues, rendez-moi la justice de croire que, jusque dans mes emportements civiques, je sais rendre hommage à la pureté de vos coeurs et à vos vertus généreuses. Philippeaux."

14) "Il serait impossible, citoyens collègues, de vous exprimer avec quel zèle, quelle enthousiasme et quelle énergie tous ces braves républicains se sont montrés. Leur exemple eût animé le coeur le plus stupide et électrisé l'esprit le plus froid. Que les amis de la liberté soient bien tranquilles. Le peuple l'adore; il la veut, il l'aura, et toux ceux qui oseront opposer des obstacles à sa toute puissance seront anéantis."

15) 연민에 대한 새로운 태도를 비롯하여 혁명적 사유에 들어 있던 감상주의의 보다 많은 예들은 Denby 1994: 51~57, 140~164, 177, 200.

16) 메네트라는 이미 1792년에 왕을 처형하라는 진정서에 서명했다(Ménétra 1982: 265).

17) 공포정치에 대한 문화적 접근은 Sewell 1980; Hunt 1984.

18) 정치 논의에서 벌어진 갑작스런 변화에 대한 더 자세한 논의는 Aulard 1901: 543~579; Gauchet 1995: 125~186.

19) "La même puissance créatrice qui fait couler le sang vers le coeur, inspire le courage et la sensibilité, deux jouissances, deux sensations morales dont nous détruisez l'empire en les analysant par l'intérêt personnel, comme vous flétririez le charme de la beauté, en la décrivant comme un anatomiste."

20) "Tout ce qui frappait mes sens portaient à mon coeur je ne sais quoi de doux et de triste; les larmes étaient au bord de mes paupières … (sic) combien dessentiments se sont succédé. Et maintenant que je voudrais m'en rendre compte, comme je me sens froid! … Si je pouvais rendre cet état permanent, que manquerait-il à mon bonheur? J'aurais trouvé sur cette terre les jiies du ciel. Mais une heure de ce doux calme va être

suivie de l'agitation ordinaire de ma vie ... ainsi cette malheureuse existence n'est qu'
une suite de moments hétérogènes qui n'ont aucune stabilité; ils vont flottants, fuyants
rapidement, sans qu'il soit jamais en notre pouvoir des les fixer. Tout influe sur nous,
et nous changeons snas cesse avec ce qui nous environne. Je m'amuse souvent à voir
couler les diverses situations de mon âme; elles sont comme les flots d'une rivière,
tantôt agités, mais toujours se succédant sans aucune permanence."

제7장 자유로운 이성과 낭만적인 열정 1815~1848

1) "Cette parole m'a bouleversé, et j'ai éprouvé à l'instant une agitation d'esprit et un
   regret aussi vif que si j'avais commis la plus mauvaise et la plus déshonorante de toutes
   les actions."
2) "On n'examine pas ces questions de sang-froid, et chacun prend son parti suivant son
   caractère donné ou ses affectios particulières. Nous n'avons pas d'état, qui embrasse
   un ensemble. Ces petits esprits songent à ce qui convient à leur localité et soutiennent
   l'opinion qui leur fera le plus de partisans dans le département d'où ils sortent. Les
   passions se choquent et sont en présence, et les passions ne sont jamais en rapport
   qu'avec des idées particulières, jamais avec des principes ou des idées générales et
   régulatrices."
3) "Je me sens dans un état particulier au physique comme au moral. Je ne passe ni un
   seul jour ni guère une heure dans la même sans souffrir: mes nerfs mobiles et malades
   se font sentir péniblement dans la région de l'estomac; c'est là qu'est la source de mon
   malaise et de ma concentration habituelle; un peu de gastricité contribue encore à
   me rendre plus sombre, plus craintif, plus mécontent de mio-même; mon instict m'
   entraînerait maintenant vers la solitude, et je trouve cruel d'être obligé de vivre au
   milieu d'hommes en qui je ne trouve presque plus de sentiment de bienveillance."
4) "J'ai toujours le besion de rattacher mes idées à quelque point fixe et de les enchaîner
   assez fortement; sans cela, si je ne tiens pas le fil, je me trouve comme perdu dans
   un chaos et je ne prends aucune confiance dans mes propres idées; il y a à cela des
   inconvénients et des avantages. Les inconvénients sont pour moi qui ne puis faire
   la moindre composition sans de grands efforts et sans souffrir. J'ai fait de nouvelles
   expériences sur moi dans ce dernier travail d'assez longue haleine. La vérité est
   intérieure et sort des nuages où notre organisation l'enveloppe, lorsqu'il y a équilibre
   dans nos facultés."
5) 프랑스 정신의학에 대한 비랑의 직접적인 공헌에 대해서는 Goldstein 1987: 258~260.
6) 비랑의 복잡한 저술 목록은 Funke 1947: 336~338.
7) 여기서 나는 쿠쟁의 『진선미』을 따르고 있다. 1836년에 처음 출간된 그 책은 쿠쟁이 1818년
   에 에콜 노르말에서 행한 강의에 대한 정리로 제시되었다. 나는 1879년에 발간된 21번째 판

본을 이용했다.

8) "En tout, je perds beaucoup d'avantages en avançant, et snas compensation du côté de la sagesse ou de la force de raison. Je suis désenchanté de beaucoup de prestiges, mais je n'éprouve plus ces impressions douces et heureuses qui embellissaient mon existence en jugeant les choses plus froidement. Je mets aussi moins d'intérêt à les examiner sous les véritables rapports et devenant indifférent sur le fonds de presque tous les objets qui m'attiraient auparavant, je me sens aussi moins stimulé pour étudier et penser. Je ne fais plus de fort emploi de mes facultés actives et intellectuelles et je laisse gaspiller ma vie morale par une foule de petits sions, de petites occupations, qui employent chaque moment séparé, sans lier la suite de ces moments, sans laisser de trace continue."

9) Reddy 1997b.

10) 쿠쟁의 강의(1828)는 각각 따로 묶여 있다. 이 인용문은 제2강 p. 5에서 취했다.

11) "La conscience qui s'y applique est un instrument d'une délecatesse extrême: c'est un microscope appliqué à des infiniment petits."

12) "A l'abri derrière l'épais rempart de la morale mondaine, des idées reçues et des fictions sociales, les hommes se défendent contre la vérité; combien dans le secret de leur pensée sont capables de la considérer en face? Moins encore, ont le courage de la dire, et nul n'oserait l'écrire autrement que défigurée sous la pompe des ornements et des artifices du style. Il est d'ailleurs difficile d'être sincère sur soi, snas l'être aussi sur les autres, et, hors de la vie politique, c'est un droit que je ne me reconnais pas ⋯⋯"

13) "Je sentais en moi dès l'enfance une abondance de tendresse incroyable et l'expansion de ses témoignages trop ardents et de ses émotions trop vives s'échappait malgré moi en toute occasion. Il me fallut prendre à seize ans le masque froid du monde. Il me fut enseigné par une femme qui m'aimait (Madame de M.)."

14) "Etre soi-même ... traduire, en embellissant, un mouvement vrai, une affection réelle."

15) "que le vrai poète soit un enfant sans raison, mais ublime par instinct, j'y consens: mais je dis que letemps est passé où il en était ainsi, supposé que ce temps ait jamais existé."

16) "Il n'en reste pas moins dans ce coeur humain un fond inépuisable de passions et de sentiments, aliment éternel d'enthousiasme et de rêverie. Aussi la poésie moderne a-t-élle pour caractère dominant d'être intérieure, réfléchie, méditative."

17) 월터 스콧의 인기에 대해서는 Pontmartin 1885~1886: II, 2~3; Lyons 1987: 129~144.

18) 바스너(Baasner 1988: 145)는 볼테르의 편지 한 통에서 다음 구절을 인용한다. "Je ne sais pourtant lequel est le plus utile à un état, ou un seigneur bien poudré qui sait précisément à quelle heure le roi se lève ... ou un négociant qui enrichit son pays, donne de son cabinet des orderes à Surate et au Caire, et contribue au bonheur du monde."

19) "M. de Ramière n'était pourtant ni un fat ni un libertin … C'était un homme à principes quand il raisonnait avec lui-même; mais de fougueuses passions l' entraînaient souvent hors de ses systèmes. Alors il n'était plus capable de réfléchir, ou bien il évitait de se trauire au tribunal de sa conscience: il commettait des fautes comme à l'insu de lui-même, et l'homme de la veille s'efforçait de tromper celui du lendemain."

20) "le secret de cette éloquence qui se révèle tout à un esprit ignorant et vierge dans la crise d'une passion vraie et d'une douleur profonde."

21) "J'ai tenu la main humide de Mme R. Enfin, dans la nuit, je l'ai tenue embrassée. J'ai dévoré ses mains de baisers. J'ai compris la différence qu'il y aurait entre la jouissance de l'âme et celle des sens."

22) "C'est seulement quand j'aurai une passion que j'admets de m'y livrer. Les filles dégradent. … Une amourette souillerait la beauté d'aimer Madame R. ⋯⋯ Mais contre un amour il n'y rien à dire."

23) "J'étais fort jeue; j'avais toujours rêvé un amour respectueux et plaintif, profond et contenu, uni aux pensées les plus hautes, au dévouement le plus désintéressée, échauffé par la passion du devoir, de l'hommeur et de la vérité."

24) "Cela … me fait paraître comme un niais."

제8장 민사소송 속의 감정

1) "Je t'envoie tout ce que je désire; aucune main amie ne fermera mes yeux; ta pauvre petite soeur prononcera ton nom; tu ne l'entendra plus. … Les feuilles vont renaître, la nature se ranimer, et moi je vais quitter la vie! Je ne me promènerai plus appuyée sur ton bras. Je ne te verrai plus me sourire. Mon bonheur se sera évanoui comme un songe. Mon ami, tu seras encore heureux. Ne t'afflige pas trop, je désire que tu te consoles. Frédéric adoré, toi que je chéris plus que la vie, âme, seul anneau qui m' attache encore à l'existence, toi seul que je regrette de la vie que je vais quitter si jeune, n' oublie jamais que ta pauvre petite femme t'aimait bien. … Que je serais heureuse si tu pouvais venir! je le désire! tu ne peux t'en faire une idée. Cette pensée m'occupe nuit et jour. Serait-ce donc impossible! Ne crois pas que je t'abuse; rien de ce que je prends ne passe. … Si tu étais ici je serais si contente de te voir. … Viens si tu peux. Si cela ne t'est pas possible, écris-mois souvent pour me consler. Souviens-toi de ta petite qui vit pour toi seul, ne pense qu'à son ami. Je t'embrasse mille et mille fois comme je t'aime, c'est-à-dire plus que tout sur la terre. A toi seul pour la vie. Ta petite femme Anna."

2) "exalter l'imagination d'Anna pour prendre sur elle un empire absolu."

3) "atteint d'une de ces passions qui ont leur moment d'ivresse, mais qui font verser tant

de larmes."

4) "l'empreinte de cette divine alliance de l'amour et de l'amitié, de l'estime et de l'attrait, de la confiance méritée et de séduction involontaire."

5) "même poussée au dernier degré d'exaltation."

6) "En nous jetant sur la terre, la suprême puissance ne nous a donné ni la force ni la sagesse en partage; elle nous a créés faibles, et nous a soumis à toutes les conséquences de notre faiblesse."

7) "Ce passions fortes, impérieuses, irrésistibles comme la destinée, qui nous font pleurer au théâtre sur la douleur de Phèdre et de Zaïre, nous attendrissent aussi dans le monde; nous les déplorons chez les autres, comme un malheur qui aurait pu arriver jusqu'à nous."

8) "[Q]ue la terre de ton pays, ô mon Frédéric, ne repousse pas après sa mort la pauvre orpheline, qui meurt pour avoir aimé. J'aurais tant aimé à voir ces lieux où tu as passé ton enfance! Puisque mes yeux ne les auront pas vus, qu'au moins mes cendres se mêlent à la terre que tu fouleras! ... Si tu savait combien je t'aime! Je meurs mille fois de la pensée que je vais te quitter. O viens, si tu le peux, calmer mon désespoir!"

9) "La manière obligeante et loyale avec laquelle vous vous êtes conduits dans toutes les relations que nous avons eues ensemble, me fait espèrer, qu'entrant dans ma situation, vous serez assez bons pour accueillir favorablement la demande que je vous adresse."

10) "Il me serait bien agréable, à moi qui ai déjà fait l'épreuve de l'obligeance de tous (les) membres (du conseil d'administration) à mon égard, d'avoir à leur exprimer ma reconnaissance pour un nouveau service qui me délivrera de la nécessité de faire une opération extrêmement onéreuse, et pour ainsi dire ruineuse."

11) 세일즈맨에 대해서는 Beecher 1986: 93~94. 당대의 소설도 참고할 만하다. Balzac, *L'illustre Gaudissart*(1831); Louis Reybaud, *Le dernier des commis voyageurs*(1845). 배우들에 대해서는 Brownstein 1993.

12) 이러한 플롯 유형의 18세기 사례에 대한 논의는 유형 1에 대해서는 Denby 1994, 유형 2에 대해서는 Barker-Benfield 1992와 Brissendon 1974, 유형 3에 대해서는 DeJean 1991과 Daumas 1996, 유형 4에 대해서는 Hunt 1992.

13) "Mais les sentiments de K lui défendaient une hésitation qui aurait pu passer pour un outrage à celle qu'il aimait."

참고문헌

Abu-Lughod, Lila. 1986. *Veiled Sentiments: Honor and Poetry in a Bedouin Society*. Berkeley: University of California Press.

Abu-Lughod, Lila. 1990. "Shifting Politics in Bedouin Love Poetry." In *Language and the Politics of Emotion*. Edited by Catherine A. Lutz and Lila Abu-Lughod, pp. 24~45. Cambridge: Cambridge University Press.

Abu-Lughod, Lila. 1991. "Writing Against Culture." in *Recapturing Anthropology: Working in the Present*. Edited by Richard G. Fox, pp. 137~162. Santa Fe, N. Mex.: School of American Research.

Adler, Laure. 1985. *L'amour à l'arsenic: Histoire de Marie Lafarge*. Paris: Denoël.

Agulhon, Maurice. 1968. *Pénitents et francs-maçons de l'ancienne*

Provence. Paris: Fayard.

Agulhon, Maurice. 1970. *La république au village.* Paris: Plon.

Alcoff, Linda Martín. 1996. *Real Knowing: New Versions of the Coherence Theory.* Ithaca, N. Y.: Cornell University Press.

Alton-Shée, Edmond de Lignères, comte de. 1986. *Mes mèmoires.* 2 vols. Paris: A. Lacroix.

Appadurai, Arjun. 1990. "Topographies of the Self: Praise and Emotion in Hindu India." in *Language and the Politics of Emotion.* Edited by Catherine A. Lutz and Lila Abu-Lughod, pp. 92~112. Cambridge: Cambridge University Press.

Argyle, Michael. 1991. "A Critique of Cognitive Approaches to Social Judgments." in *Emotion and Social Judgments.* Edited by Joseph P. Forgas, pp. 161~178. Oxford: Pergamon Press.

Asad, Talal. 1997. "On Torture, or Cruel, Inhuman, and Degrading Treatment." In *Social Suffering.* Edited by Arthur Kleinman, Veena Das, and Margaret Lock, pp. 285~308. Berkeley: University of California Press.

Aulard, Alphonse, ed. 1889~1923. *Recueil des actes du Comité de Salut Public.* 28 vols. plus supplements. Paris: Imprimerie Nationale.

Aulard, Alphonse. 1901. *Histoire politique de la Révolution française: Origines et développement de la démocratie et de la République (1789~1804).* Paris: Armand Colin.

Aulard, Alphonse. 1906. *Les orateurs de la Révolution: La Législative et la Convention*, 2 vols. Paris: Edouard Cornély et Cie.

Austin, J. L. (1962) 1975. *How to Do Things with Words*, 2nd ed. Cambridge, Mass: Harvard University Press.

Averill, James R. 1985. "The Social Construction of Emotions: With Special Reference to Love." In *The Social Construction of the Person*. Edited by Kenneth J. Gergen and Keith E. Davis, pp. 89~109. New York: Springer Verlag.

Averill, James R. 1994. "Emotions Unbecoming and Becoming." In *The Nature of Emotion: Fundamental Questions*. Edited by Paul Ekman and Richard J. Davidson, pp. 265~269. Oxford: Oxford University Press.

Baars, Bernard J., Michael R. Fehling, Mark LaPolla, and Katharine McGovern. 1997. "Consciousness Creates Access: Conscious Goal Images Recruit Unconscious Action Routines, but Goal Competition Serves to 'Liberate' Such Routines, Causing Predictable Slips." In *Scientific Approaches to Consciousness*. Edited by Jonathan D. Cohen and Jonathan W. Schooler, pp. 423~444. Mahwah, N. J.: Erlbaum.

Baasner, Frank. 1988. *Der Begriff 'sensibilité' im 18. Jahrhundert: Aufstieg und Niedergang eines Ideals*. Heidelberg: C. Winter.

Baker, Jane E., and Shelley Channon. 1995. "Reasoning in Depression: Impairment on a Concept Discrimination Learning Task." *Cognition and Emotion* 9: pp. 579~597.

Balayé, Simone. 1979. *Madame de Staël: Lumières et liberté*. Paris:

Klincksieck.

Balota, David A., and Stephen T. Paul. 1996. "Summation of Activation: Evidence from Multiple Primes That Converge and Diverge Within Semantic Memory." *Journal of Experimental Psychology: Learning, Memory, and Cognition* 22: pp. 827~845.

Barker-Benfield, G. J. 1992. *The Culture of Sensibility: Sex and Society in Eighteenth-Century Britain*. Chicago, Ill.: University of Chicago Press.

Barnett, Douglas, and Hilary Horn Ratner. 1997. "Introduction: The Organization and Integration of Cognition and Emotion in Development." *Journal of Experimental Child Psychology* 67: pp. 303~316.

Barret, Karen Caplovitz. 1993. "The Development of Nonverbal Communication of Emotion: A Functionalist Perspective." *Journal of Nonverbal Behavior* 17: pp. 145~169.

Battaglia, Debbora, ed. 1995. *Rhetorics of Self-Making*. Berkeley: University of California Press.

Beecher, Jonathan. 1986. *Charles Fourier: The Visionary and His World*. Berkeley: University of California Press.

Beecher, Jonathan. 2000. *Victor Considerant and the Rise and Fall of French Romantic Socialism*. Berkeley: University of California Press.

Behar, Ruth, and Deborah A. Gordon, eds. 1995. *Women Writing*

Culture. Berkeley: University of California Press.

Beik, William. 1985. *Absolutism and Society in Seventeenth-Century France: State Power and Provincial Aristocracy in Languedoc*. Cambridge: Cambridge University Press.

Bénichou, Paul. 1992. *L'école du désenchantement: Sainte-Beuve, Nodier, Musset, Nerval, Gautier*. Paris: Gallimard.

Berlin, Brent, and Paul Kay. 1969. *Basic Color Terms: Their Universality and Evolution*. Berkeley: University of California Press.

Bertholet, Denis. 1991. *Les français par eux-mêmes, 1815~1885*. Paris: Olvier Orban.

Besner, Derek, Jennifer A. Stoltz, and Clay Boutilier. 1997. "The Stroop Effect and the Myth of Automaticity." *Psychonomic Bulletin and Review* 4: pp. 221~225.

Besnier, Niko. 1990a. "Conflict Management, Gossip, and Affective Meaning on Nukulaelae." In *Disentangling: Conflict Discourse in Pacific Societies*. Edited by Karen Ann Watson–Gegeo and Geoffrey M. White, pp. 290~334. Stanford, Calif.: Stanford University Press.

Besnier, Niko. 1990b. "Language and Affect." *American Review of Anthropology* 19: pp. 419~451.

Besnier, Niko. 1993. "Reported Speech and Affect on Nukulaelae Atoll." In *Responsibility and Evidence in Oral Discourse*. Edited by Jane H. Hill and Judith T. Irvine, pp. 161~181. Cambridge:

Cambridge University Press.

Besnier, Niko. 1995a. "The Politics of Emotion in Nukulaelae Gossip." in *Everyday Conceptions of Emotions*. Edited by J. A. Russell, J. M. Fernández-Dols, A. S. R. Manstead, and J. C. Wellenkamp, pp. 221~240. Dordrecht: Kluwer Academic Publishers.

Besnier, Niko. 1995b. *Literacy, Emotion, and Authority: Reading and Writing on a Polynesian Atoll*. Cambridge: Cambridge University Press.

Billacois, François. 1986. *Le duel dans la société française des XVIe-XVIIe siècles: Essai de psychosociologie historique*. Paris: Editions de l'Ecole des hautes études en sciences sociales.

Billard, Jacques. 1998. *De l'école à la république: guizot et Victor Cousin*. Paris: Presses universitaires de France.

Bless, Herbert, Gerald L. Clore, Nobert Schwarz, Verena Golisano, Christina Rabe, and Marcus Wolk. 1996. "Mood and the Use of Scripts: Does a Happy Mood Really Lead to Mindlessness?" *Journal of Personality and Social Psychology* 71: pp. 665~679.

Blum, Carol. 1986. *Rousseau and the Republic of Virtue: The Language of Politics in the French Revolution*. Ithaca, N.Y.: Cornell University Press.

Bornstein, Robert F. 1992. "The Inhibitory Effects of Awareness on Affective Responding: Implications for the Affect-Cognition Relationship." *Review of Personality and Social Psychology 13 Emotion*. Edited by Margaret S. Clark, pp. 235~255. Newbury

Park, Calif.,: Sage.

Bougerol, Christiane. 1997. *Une ethnographie des conflits aux Antilles: Jalousie, commérages, sorcellerie*. Paris: Presses universitaires de France.

Bourdieu, Pierre. 1977. *Outline of a Theory of Practice*. Translated by Richard Nice. Cambridge: Cambridge University Press.

Bower, Gordon H. 1992. "How Emotions Affect Learning." In *The Handbook of Emotion and Memory: Research and Theory*. Edited by Sven-Åke Christianson, pp. 3~31. Hillsdale, N.J.: Erlbaum.

Brenneis, Donald. 1990a. "Dramatic Gestures: The Fiji Indian Pancayat as Therapeutic Event." in *Disentangling: Conflict Discourse in Pacific Societies*. Edited by Karen Ann Watson-Gegeo and Geoffrey M. White, pp. 214~238. Stanford, Calif.: Stanford University Press.

Brenneis, Donald. 1995. "Caught in the Web of Words': Performing Theory in a Fiji Indian Community." in *Everyday Conceptions of Emotion*. Edited by J. A. Russell, J. M. Fernándey-Dols, A. S. R. Manstead, and J. C. Wellenkamp, pp. 241~250. Dordrecht: Kluwer Academic Publishers.

Briggs, Jean L. 1970. *Never in Anger: Portrait of an Eskimo Family*. Cambridge, Mass.: Harvard University Press.

Brissenden, R. F. 1974. *Virtue in Distress: Studies in the Novel of Sentiment from Richardson to de Sade*. New York: Harper and

Row.

Brooks, John I. III. 1998. *The Eclectic Legacy: Academic Philosophy and the Human Sciences in Nineteenth-Century France*. Newark, Del.: University of Delaware Press.

Brooks, Rodney A., and Lynn Andrea Stein. 1994. "Building Brains for Bodies." *Autonomous Robots*, 1: pp. 7~25.

Brownstein, Rachel. 1993. *The Tragic Muse: Rachel of Comédie Française*. New York: Knopf.

Burack, Cynthia. 1994. *The Problem of the Passions: Feminism, Psychoanalysis, and Social Theory*. New York: New York University Press.

Butler, Judith. 1990. *Gender Trouble: Feminism and the Subversion of Identity*. New York: Routledge.

Butler, Judith. 1992. "Contingent Foundations: Feminism and the Question of 'Postmodernism.' In *Feminists Theorize the Political*. Edited by Judith Butler and Joan W. Scott, pp. 3~21. New York: Routledge.

Butler, Judith. 1997. "Sovereign Performatives in the Contemporary Scene of Utterance." *Critical Inquiry* 23: pp. 350~377.

Butler, Judith, and Joan W. Scott, eds. 1992. *Feminists Theorize the Political*. New York: Routledge.

Cabanis, Pierre-Jean-George. (1802) 1815. *Rapports du physique et du moral de l'homme*. Paris: Caille et Ravier.

Carlisle, Robert B. 1987. *The Proffered Crown: Saint-Simonianism and the Doctrine of Hope.* Baltimore, Md.: Johns Hopkins University Press.

Caron, Jean-Claude. 1991. *Générations romantiques: Les étudiants de Paris et le Quartier latin (1814~1851).* Paris: Aubier.

Carr, T. H., and D. Dagenbach. 1990. "Semantic Priming and Repetition Priming from Masked Words: Evidence for a Center-Surround. Attentional Mechanism in Perceptual Recognition." *Journal of Experimental Psychology: Learning, Memory, and Cognition* 16: pp. 341~350.

Cassagne, Albert. 1906. *La théorie de l'art pour l'art en France.* Paris: Hachette.

Chartier, Roger. 1999. "Diderot, Richardson, et la lectrice impatiente." *MLN,* 114: pp. 647~666.

Chodorow, Nancy J. 1999. *The Power of Feelings: Personal Meaning in Psychoanalysis, Gender, and Culture.* New Heaven, Ct.: Yale University Press.

Church, Timothy, Marcia S. Katigbak, and Stacia M. Jensen. 1998. "The Language and Organization of Filipino Emotion Concepts: Comparing Emotion Concepts and Dimensions Across Cultures." *Cognition and Emotion* 12: pp. 63~92.

Clark, Margaret S. 1989. "Historical Emotionology: From a Social Psychologist's Perspective." In *Social History and Issues in Human Consciousness: Some Interdisciplinary Connections.* Edited by Andrew E. Barnes and Peter N. Stearns, pp. 262~

269. New York: New York University Press.

Clark, Ronald W. 1975. *The Life of Bertrand Russell*. New York: Knopf.

Clifford, James. 1988. *The Predicament of Culture: Twentieth-Century Ethnography, Literature, and Art*. Cambridge, Mass.: Havard University Press.

Clifford, James, and George E. Marcus, eds. 1986. *Writing Culture: The Poetics and Politics of Ethnography*. Berkeley, Calif.: University of California Press.

Clore, Gerald L. 1994. "Why Emotions Vary in Intensity." In *The Nature of Emotion: Fundamental Questions*. Edited by Paul Ekman and Richard J. Davidson, pp. 386~393. Oxford: Oxford University Press.

Clore, Gerald L., and W. Gerrod Parrott. 1991. "Moods and Their Vicissitudes: Thoughts and Feelings as Information." In *Emotion and Social Judgments*. Edited by Joseph P. Forgas, pp. 107~123. Oxford: Pergamon Press.

Cobb, Richard. 1970. *The Police and the People: French Popular Protest, 1789~1820*. Oxford: Clarendon Press.

Cohen, J. D., and J. W. Schooler, eds. 1997. *Scientific Approaches to Consciousness*. Mahwah, N.J.: Erlbaum.

Collier, Jane Fishburne. 1997. *From Duty to Desire: Remaking Families in a Spanish Village*. Princeton, N.J.: Princeton University Press.

Conley, Thomas M. 1990. *Rhetoric in the European Tradition*.

Chicago, Ill.: University of Chicago Press.

Cormenin, Louis. M. de L. 1842. *Livre des orateurs*, 12th ed. Paris: Pagnerre.

Cornut-Gentille, Pierre. 1996. *L'honneur perdu de Marie de Morell*. Paris: Perrin.

Cousin, Victor. 1828. *Course de philosophie: Introduction à l'histoire de la philosophie*. Paris: Pichon et Didier.

Cousin, Victor. (1836) 1879. *Du vrai, du beau, et du bien*. 21st edition. Paris: Didier et Cie.

Crapanzano, Vincent. 1992. "Preliminary Notes on the Glossing of Emotions." in *Hermes' Dilemma and Hamlet's Desire*, pp. 229~238. Cambridge, Mass.: Harvard University Press.

Craveri, Benedetta. 1982. *Madame du Deffand et son monde*. Paris: Seuil.

D'Andrade, Roy G. 1992. "Schemas and Motivation." in *Human Motives and Cultural Models*. Edited by Roy D'Andrade and Claudia Strauss, pp. 23~44. Cambridge: Cambridge University Press.

D'Andrade, Roy, and M. Egan. 1974. "The Colors of Emotion." *American Ethnologist* 1: pp. 49~63.

D'Andrade, Roy, and Claudia Strauss, eds. 1992. *Human Motives and Cultural Models*. Cambridge: Cambridge University Press.

Darnton, Robert. 1985. *The Great Cat Massacre and Other Episodes in French Cultural History*. New York: Vintage.

Das, Veena. 1997. "Language and Body: Transactions in the Construction of Pain." In *Social Suffering*. Edited by Arthur Kleinman, Veena Das, and Margaret Lock, pp. 67~91. Berkeley: University of California Press.

Das, Veena. 1998. "Wittgenstein and Anthropology." *Annual Review of Anthropology* 27: pp. 171~195.

Daumas, Maurice. 1988. *L'affaire d'Esclans: Les confits familiaux au XVIIIe siècle*. Paris: Seuil.

Daumas, Maurice. 1996. *La tendresse amoureuse, XVIe-XVIIIe siècles*. Paris: Perrin.

Davidson, Donald. 1984. *Inquiries into Truth and Interpretation*. Oxford: Oxford University Press.

Davis, Natalie Zemon. 1983. *The Return of Martin Guerre*. Cambrdge, Mass.: Harvard University Press.

Dean, Carolyn J. 1994. "The Productive Hypothesis: Foucault, Gender, and the History of Sexuality." *History and Theory* 33: pp. 271~296.

DeJean, Joan. 1991. *Tender Geographies: Women and the Origins of the Novel in France*. New York: Columbia University Press.

DeJean Joan. 1997. *Ancients Against Moderns: Culture Wars and the Making of a Fin de Siècle*. Chicago: University of Chicago Press.

Denby, David. 1994. *Sentimental Narrative and the Social Order in France, 1760~1820*. Cambridge: Cambridge University Press.

Dennet, D. C. 1991. *Consciousness Explained*. Boston: Little, Brown.

Derrida, Jacques. 1967a. *De la grammatologie*. Paris: Editions de minuit.

Derrida, Jacques. 1967b. *L'écriture et la différence*. Paris: Seuil.

Derrida, Jacques. 1973. "Differance." In *Speech and Phenomena and Other Essays on Husserl's Theory of Signs*. Translated by David P. Allison, pp. 129~160. Evanston, Ill.: Northwestern University Press.

De Sousa, Ronald. 1987. *The Rationality of Emotion*. Cambridge, Mass.: MIT Press.

Diesbach, Ghislain de. 1983. *Madame de Staël*. Paris: Perrin.

Dimock, Jr., Edward C., Edwin Gerow, C. M. Naim, A. K. Ramanujan, Gordon Roadarmel, J. A. B. van Buitenen. 1974. *The Literatures of India: An Introduction*. Chicago: University of Chicago Press.

Drevets, Wayne C., and Marcus E. Raichle. 1998. "Reciprocal Suppression of Regional Cerebral Blood Flow During Emotional Versus Higher Cognitive Processes: Implications for Interactions Between Emotion and Cognition." *Cognition and Emotion* 12: pp. 353~385.

Dreyfus, Hubert L., and Paul Rabinow. 1983. *Michel Foucault: Beyond Structuralism and Hermeneutics*. Chicago: University of Chicago Press.

Ehrard, Jean. 1970. *L'idée de nature à l'aube des lumières*. Paris:

Flammarion.

Ekman, Paul. 1972. *Emotion in the Human Face: Guide-Lines for Research and an Integration of Findings.* Oxford: Pergamon Press.

Ekman, Paul. 1980. *The Face of Man: Expressions of Universal Emotions in a New Guinea Village.* New York: Garland STPM Press.

Elias, Nobert. 1978. *The Civilizing Process, Vol. 1, The History of Manners.* Translated by Edmund Jephcott. New York: Unizen.

Ellsworth, Phoebe C. 1994. "Levels of Thought and Levels of Emotion." In *The Nature of Emotion: Fundamental Questions.* Edited by Paul Ekman and Richard J. Davidson, pp. 192~196. Oxford: Oxford University Press.

Erdelyi, Matthew Hugh. 1990. "Repression, Reconstruction, and Defense: History and Integration of the Psychoanalytic and Experimental Frameworks." in *Repression and Dissociation: Implications for Personality Theory, Psychopathology, and Health.* Edited by Jerome L. Singer, pp. 1~31. Chicago, Ill.: University of Chicago Press.

Erdelyi, Matthew Hugh. 1992. "Psychodynamics and the Unconscious." *The American Psychologist,* 46: pp. 784~787.

Erdelyi, Matthew Hugh. 1994. "Hypnotic Hypermnesia: The Empty Set of Hypermnesia." *International Journal of Clinical and Experimental Psychology* 42: pp. 379~390.

Ewing, Katherine Pratt. 1990. "The Illusion of Wholeness." *Ethos* 18: pp. 251~278.

Ewing, Katherine Pratt. 1997. *Arguing Sainthood: Modernity, Psychoanalysis, and Islam*. Durham, N.C.: Duke University Press.

Fajans, Jane. 1997. *They Make Themselves: Work and Play Among the Baining of Papua New Guinea*. Chicago, Ill.: University of Chicago Press.

Farge, Arlette. 1986. *La vie fragile: Violence, pouvoirs et solidarités à Paris au XVIIIe siècle*. Paris: Hachette.

Farge, Arlette, and Michel Foucault. 1982. *Le désordre des familles: Lettres de cachet des Archives de Bastille au XVIIIe siècle*. Paris: Gallimard.

Febvre, Lucien. 1944. *Amour sacrè, amour profane*. Paris: Gallimard.

Feld, Steven. 1982. *Sound and Sentiment: Birds, Weeping, Poetics, and Song in Kaluli Expression*. Philadelphia: University of Pennsylvania Press.

Feld, Steven. 1995. "Wept Thoughts: The Voicing of Kaluli Memories." in *South Pacific Oral Traditions*. Edited by Ruth Finnegan and Margaret Orbell, pp. 85~108. Bloomington, Ind.: Indiana University Press.

Feldman Barret, Lisa. 1998. "Discrete Emotions or Dimensions? The Role of Valence Focus and Arousal Focus." *Cognition and Emotion* 12: pp. 579~599.

Fermon, Nicole. 1997. *Domesticating Passions: Rousseau, Women, and Nation*. Hanover, N.H.: University Press of New England.

Ferry, Luc, and Alain Renault. 1985. *La pensée '68: Essai sur l'anti-humanisme contemporain*. Paris: Gallimard.

Fischer, Kurt W., and June Price Tangney. 1995. "Introduction: Self-Conscious Emotions and the Affect Revolution: Framework and Overview." in *Self-Conscious Emotions: The Psychology of Shame, Guilt, Embarrasment, and Pride*. Edited by June Price Tangney and Kurt W. Fischer, pp. 3~24. New York: The Guilford Press.

Ford, Carolyn. 1994. "Private Lives and Public Order in Restoration France: The Seduction of Emily Loveday." *American Historical Review* 99: pp. 21~43.

Foucault, Michel. 1966. *Les mots et les choses*. Paris: Gallimard.

Foucault, Michel. 1969. *L'archéology du savoir*. Paris: Gallimard.

Foucault, Michel. 1980. "Two Lectures." in *Power/Knowledge: Selected Interviews and Other Writings 1972~1977*. Edited by Colin Gordon. New York: Pantheon Books.

Foucault, Michel. 1985. *The Use of Pleasure: Volume 2 of the History of Sexuality*. Translated by Robert Hurley. New York: Pantheon.

Fraenkel, Béatrice. 1992. *La Signature: Genèsis d'un signe*. Paris: Gallimard.

Frank, Robert H. 1988. *Passions Within Reason: The Strategic Role of the Emotions*. New York: W. W. Norton & Co.

Fraser, Nancy. 1992. "The Uses and Abuses of French Discourse
Theories for Feminist Politics." *Theory, Culture, and Society* 9:
51~71.

Fridlund, Alan J. 1992. "The Behavioral Ecology and Sociality of
Faces." In *Review of Personality and Social Psychology, 13
Emotion*. Edited by Margaret S. Clark, pp. 90~121. Newbury
Park, Calif.: Sage.

Fried, Michael. 1980. *Absorption and Theatricality: Painting and
Beholder in the Age of Diderot*. Chicago, Ill.: University of
Chicago Press.

Frijda, Nico H. 1994. "Emotions Require Cognitions, Even if Simple
Ones." In *The Nature of Emotion: Fundamental Questions*.
Edited by Paul Ekman and Richard J. Davidson, pp. 197~202.
Oxford: Oxford University Press.

Frijda, Nico H., Andrew Ortony, Joep Sonnemans, Gerald L. Clore.
1992. "The Complexity of Intensity: Issues Concerning the
Structure of Emotional Intensity." In *Review of Personality and
Social Psychology, 13 Emotion*. Edited by Margaret S. Clark,
pp. 60~89. Newbury Park, Calif.: Sage.

Funke, Gerhard. 1947. *Maine de Biran: Philosophisches und politisches
Denken zwischen Ancien Régime und Bürgerkönigtum in
Frankreich*. Bonn: H. Bouvier u. Co.

Furet, François. 1981. *Interpreting the French Revolution*. Translated
by Elborg Forster. Cambridge: Cambridge University Press.

Gasnault, François. 1986. *Guinguettes et lorettes: Bals publics à Paris au XIXe siècle*. Paris: Aubier.

Gauchet, Marcel. 1995. *La révolution des pouvoirs: La souveraineté, le peuple et la représentation, 1789~1799*. Paris: Gallimard.

Gauthier, Marie-Véronique. 1992. *Chanson, sociabilité, et grivoiserie au XIXe siècle*. Pairs: Aubier.

Geertz, Clifford. 1973. *The Interpretation of Culture*. New York: Basic Books.

Gergen, Kenneth J. 1995. "Metaphor and Monophony in the 20th-Century Psychology of Emotions." *History of the Human Sciences* 8: pp. 1~22.

Goblot, Jean-Jacques. 1995. *La jeune France libérale: Le Globe et son groupe littéraire, 1824~1830*. Paris: Plon.

Goldstein, Jan. 1987. *Console and Classify: The French Psychiatric Profession in the Nineteenth Century*. Cambridge: Cambridge University Press.

Good, Mary-Jo DelVecchio, and Byron Good. 1988. "Ritual, the State, and the Transformation of Emotional Discourse in Iranian Society." *Culture, Medicine, and Psychiatry* 12: pp. 43~63.

Goodman, Dena. 1994. *The Republic of Letters: A Cultural History of the French Enlightment*. Ithaca, N.Y.: Cornell University Press.

Gordon, Daniel. 1994. *Citizens Without Sovereignty: Equality and Sociability in French Thought, 1670~1789*. Princeton, N.J.:

Princeton University Press.

Goswami, Roshmi. 1995. *Meaning in Music*. Shimla: Indian Institute
   of Advanced Study.

Gottman, John M., and Robert W. Levenson. 1988. "The Social
   Psychophysiology of Marriage." In *Perspectives on Martial
   Interaction*. Edited by Patricia Noller and Mary Anne
   Fitzpatrick, pp. 182~202. Clevedon, England: Multilingual
   Matters.

Greenblatt, Steven J. 1980. *Renaissance Self-Fashioning: From More
   to Shakespeare*. Chicago, Ill.: University of Chicago Press.

Greenspan, Patricia S. 1988. *Emotions and Reasons: An Inquiry into
   Emotional Justification*. New York: Routledge.

Greenswald, Anthony G., and Sean C. Draine. 1997. "Do Subliminal
   Stimuli Enter the Mind Unnoticed? Tests with a New Method."
   In *Scientific Approaches to Consciousness*. Edited by Jonathan D.
   Cohen and Jonathan W. Schooler, pp. 83~109. Mahwah, N.J.:
   Erlbaum.

Greenswald, Anthony G., Mark R. Klinger, and Eric S. Schuh. 1995.
   "Activation by Marginally Perceptible ('Subliminal') Stimuli:
   Dissociation of Unconscious from Conscious Cognition."
   Journal of Experimental Psychology: General 124: pp. 22~42.

Griffiths, Paul E. 1997. *What Emotions Really Are: The Problem of
   Psychological Categories*. Chicago, Ill.: University of Chicago
   Press.

Grima, Benedicte. 1992. *The Performance of Emotion Among Paxtun Women*. Austin, Tex.: University of Texas Press.

Grima, Pierre. 1988. *L'amour à Rome*. Paris: Les Belles Lettres.

Grogan, Susan. 1992. *French Socialism and Sexual Difference: Women and the New Society, 1803~1844*. New York: St. Martin's Press.

Gross, J. J., and R. W. Levenson. 1993. "Emotional Suppression: Physiology, Self Report, and Expressive Behavior." *Journal of Personality and Social Psychology* 64: pp. 970~986.

Gueniffey, Patrice. 2000. *La politique de la Terreur*. Paris: Fayard.

Gwynn, G. E. 1969. *Madame de Staël et la Révolution française*. Paris: A. G. Nizet.

Habermas, Jürgen. 1987. *The Philosophical Discourse of Modernity: Twelve Lectures*. Translated by Frederick G. Lawrence. Cambridge, Mass.: MIT Press.

Halévi, Ran. 1984. *Les loges maçonniques dans la France d'Ancien Régime: Aux origines de la sociablilité démocratique*. Paris: Armand Colin.

Hardin, C. L., and Luisa Maffi, eds. 1997. *Color Categories in Thought and Language*. Cambridge: Cambridge University Press.

Harré, Rom, ed. 1986. *The Social Construction of Emotions*. Oxford: Blackwell.

Hatfield, E., J. Cacioppo, and R. Rapson. 1994. *Emotional Contagion*. Cambridge: Cambridge University Press.

Hatfield, E., and R. Rapson. 1993. *Love, Sex, and Intimacy: Their Psychology, Biology, and History*. New York: Harper Collins.

Heider, Karl G. 1991. *Landscapes of Emotions: Mapping Three Cultures of Emotion in Indonesia*. Cambridge: Cambridge University Press.

Hemmings, F. W. J. 1987. *Culture and Society in France, 1789~1848*. Leicester: Leicester University Press.

Hess. Ursula, Perre Philippot, and Sylvie Blairy. 1998. "Facial Reactions to Emotional Facial Expressions: Affect or Cognition?" *Cognition and Emotion* 12: pp. 509~531.

Hibbert, Christopher. 1981. *The Days of the French Revolution*. New York: Morrow Quill.

Higonnet, Patrice. 1998. *Goodness Beyond Virtue: Jacobins During the French Revolution*. Cambridge, Mass.: Havard University Press.

Hirsch, Jean-Pierre. 1978. *La nuit du 4 août*. Paris: Editions Gallimard/Julliard.

Hirsch, Jean-Pierre. 1991. *Les deux rêves du commerce: Enterprise et institution dans la région lilloise (1780~1860)*. Paris: Éditions de l'École des Hautes Études en Sciences Sociales.

Hochschild, Arlie R. 1983. *The Managed Heart: Commercialization of Human Feeling*. Berkeley: University of California Press.

Hollan, Douglas W. 1992. "Emotion Work and The Value of Emotional Equanimity Among the Toraja." *Ethnology* 31: pp. 45~56.

Hollan, Douglas W., and Jane C. Wellenkamp. 1994. *Contentment and Suffering: Culture and Experience in Toraja*. New York: Columbia University Press.

Holland, Dorothy C. 1992. "How Cultural Systems Become Desire: A Case Study of American Romance." In *Human Motives and Cultural Models*. Edited by Roy D'Andrade and Claudia Strauss, pp. 61~89. Cambridge: Cambridge University Press.

Houbre, Gabrielle. 1997. *La discipline de l'amour: L'éducation sentimentale des filles et des garçons à l'âge du romantisme*. Paris: Plon.

Howell, Signe. 1981. "Rules Not Words." In *Indigenous Psychologies: The Anthropology of the Self. Edited by paul Heelas and Andrew Lock*, pp. 133~144. London: Academic Press.

Hughes, Cheryl F., Carmen Uhlmann, and James W. Pennebaker. 1994. "The Body's Response to Processing Emotional Trauma: Linking Verbal Text with Autonomic Activity." *Journal of Personality* 62: pp. 565~585.

Hunt, Lynn. 1984. *Politics, Culture, and Class in the French Revolution*. Berkeley: University of California Press.

Hunt, Lynn. 1992. *The Family Romance of the French Revolution*. Berkeley: University of California Press.

Irvine, Judith T. 1990. "Registering Affect: Heteroglossia in the Linguistic Expression of Emotion." In *Language and the Politics of Emotion*. Edited by Catherine A. Lutz and Lila Abu-Lughold, pp. 126~161. Cambridge: Cambridge University Press.

Irvine, Judith T. 1995. "A Sociolingual Approach to Emotion Concepts in a Senegalese Community." In *Everyday Conceptions of Emotion*. Edited by J. A. Russel, J. M. Fernández-Dos, A. S. R. Manstead, and J. C. Wellenkamp, pp. 251~265. Dordrecht: Kluwer Academic Publishers.

Isbell, John Claiborne. 1994. *The Birth of European Romanticism: Truth and Propaganda in Staël's De l'Allemagne, 1810~1813*. Cambridge: Cambridge University Press.

Isen, Alice M., and Gregory Andrade Diamond. 1989. "Affect and Automaticity." In *Unintended Thought: Limits of Awareness, Intention and Control*. Edited by J. S. Uleman and John A. Bargh, pp. 124~152. New York: Guilford Press.

Izard, Carroll E., Jerome Kagan, and Robert B. Zajonc. 1984. "Introduction." In *Emotions, Cognition, and Behavior*. Edited by Carroll E. Izard, Jerome Kagan, and Robert B. Zajonc, pp. 1~17. Cambridge: Cambridge University Press.

Jacob, Margaret C. 1991a. *Living the Enlightenment: Freemasonry and Politics in Eighteenth-Century Europe*. New York: Oxford University Press.

Jacob, Margaret C. 1991b. "The Enlightenment Redefined: The Formation of Modern Civil Society." *Social Research* 58: pp. 475~495.

Jacoby, Larry L., Andrew P. Yonelinas, and Janine M. Jennings.

1997. "The Relations Between Conscious and Unconscious (Automatic) Influences: A Declaration of Independence." In *Scientific Approaches to Consciousness*. Edited by Jonathan D. Cohen and Jonathan W. Schooler, pp. 13~48. Mahwah, N.J.: Erlbaum.

Jaggar, Alison M. 1989. "Love and Knowledge: Emotion in Feminist Epistemology." In *Women, Knowledge, and Reality: Explorations in Feminist Philosophy*. Edited by Ann Garry and Marilyn Pearsal, pp. 129~156. Boston: Unwin Hyman.

Jameson, Kimberly A., Roy D'Andrade. 1997. "It's Not Really Red, Green, Yellow, Blue: An Inquiry in Perceptual Color Space." In *Color Categories in Thought and Language*. Edited by C. L. Hardin and Luisa Maffi, pp. 295~319. Cambridge: Cambridge University Press.

Jenkins, Janis Hunter. 1991. "The State Construction of Affect: Political Ethos and Mental Health Among Salvadoran Refugees." *Culture, Medicine, and Psychiatry* 15: pp. 139~165.

Johnson, James H. 1995. *Listening in Paris: A Cultural History*. Berkeley: University of California Press.

Join-Lambert, A., ed. 1896. *Le mariage de Madame Roland: Trois année de correspondence amoureuse (1777~1780)*. Paris: E. Plon, Nourrit et Cie.

Joseph, Stephen, Tim Dalgleish, Sian Thrasher, William Yule, Ruth Williams, and Peter Hodgkinson. 1996. "Chronic Emotional

Processing in Survivors of the *Herald of Free Enterprise* Disaster: The Relationship of Intrusion and Avoidance at 3 Years to Distress, at 5 Years." *Behaviour Research and Therapy* 34: pp. 357~361.

Jouffroy, Théodore. (1825) 1924. "Comment les dogmes finissent." In Théodore Joufrrey, *Le cahier vert: Comment les dogmes finissent*. Edited by Pierre Poux, pp. 59~72. Cambridge: Cambridge University Press.

Kagan, J. 1984. "The Idea of Emotion in Human Development." In *Emotions, Cognition, and Behavior*. Edited by E. Izard, J. Kagan, and R. B. Zajonc, pp. 38~72. Cambridge: Cambridge University Press.

Kapferer, Bruce. 1979. "Emotion and Feeling in Sinhalese Healing Rites." *Social Analysis* 1: pp. 153~176.

Kay, Paul, and Chad McDaniel. 1978. "The Linguistic Significance of the Meanings of Basic Color Terms." *Language* 54: pp. 610~646.

Kitayama, Shinobu, Hazel Rose Markus, and Hisaya Matsumoto. 1995. "Culture, Self, and Emotion: A Cultural Perspective on 'Self-Conscious' Emotions." In *Self-Conscious Emotions: The Psychology of Shame, Guilt, Embarrassment, and Pride*. Edited by June Price Tangney and Kurt W. Fisher, pp. 439~464. New York: Guilford Press.

Kleinman, Arthur. 1995. "Pitch, Picture, Power: The Globalization of

Local Suffering and the Transformation of Social Experience." *Ethnos* 60: pp. 181~191.

Kleinman, Arthur. 1996. "Bourdieu's Impact on the Anthropology of Suffering." *International Journal of Contemporary Sociology* 33: pp. 203~210.

Kleinman, Arthur, Veena Das, and Margaret Lock, eds. 1997. *Social Suffering*. Berkeley: University of California Press.

Kleinman, Arthur, and Joan Kleinman. 1991. "Suffering and Its Professional Transformation: Toward an Ethnography of Experience." *Culture, Medicine and Psychiatry* 15: pp. 275~302.

Kleinman, Arthur, and Joan Kleinman. 1997. "The Appeal of Experience: The Dismay of Images: Cultural Appropriations of Suffering in Our Times." In *Social Suffering*. Edited by Arthur Kleinman, Veena Das, and Margaret Lock, pp. 1~23. Berkeley: University of California Press.

Kosslyn, S. 1994. *Image and Brain: The Resolution of the Imagery Debate*. Cambridge, Mass.: MIT Press.

Laird, James D. 1987. "Mood Affects Memory Because Feelings Are Cognitions." *Journal of Social Behavior and Personality* 4: pp. 33~38.

Lakoff, George. 1987. *Women, Fire, and Dangerous Things: What Categories Reveal About the Mind*. Chicago: University of Chicago Press.

Lang, Peter J. 1995. "The Emotion Probe: Studies of Motivation and Attention." *American Psychologist* 50: pp. 372~385.

Langford, Paul. 1989. *A Polite and Commercial People: England, 1727~1783*. Oxford: Clarendon Press.

Lazarus, Richard S. 1982. "Thoughts on the Relations Between Emotion and Cognition." *American Psychologist* 37: pp. 1019~1024.

Lazarus, Richard S. 1994. "The Past and the Present in Emotion." In *The Nature of Emotion: Fundamental Questions*. Edited by Paul Ekman and Richard J. Davidson, pp. 273~279. Oxford: Oxford University Press.

Leavitt, John. 1996. "Meaning and Feeling in the Anthropology of Emotion." *American Ethnologist*: pp. 514~535.

Lefebvre, Georges. 1932. *La Grand Peur de 1789*. Paris: A. Collin.

Levy, Robert I. 1973. *Tahitians: Mind and Experience in the Society Islands*. Chicago, Ill.: University of Chicago Press.

Levy, Robert I. 1984. "Emotion, Knowing and Culture." In *Culture Theory: Essays on Mind, Self and Emotion*. Edited by R. Shweder and R. LeVine, pp. 214~237. New York: Cambridge University Press.

Lofland, Lynn. 1985. "The Social Shaping of Emotion: The Case of Grief." *Symbolic Interaction* 8: pp. 171~190.

Logan, Gordon D., Stanley E. Taylor, Joseph L. Etherton. 1996. "Attention in the Acquisition and Expression of Automaticity."

Journal of Experimental Psychology: Learning, Memory, and Cognition 22: pp. 620~638.

Lutz, Catherine A. 1986. "The Domain of Emotion Words on Ifaluk." In *The Social Construction of Emotions*. Edited by Rome Harré, pp. 267~288. Oxford: Blackwell.

Lutz, Catherine A. 1988. *Unnatural Emotion: Everyday Sentiments on a Micronesian Atoll and Their Challenge to Western Theory*. Chicago: University of Chicago Press.

Lutz, Catherine A., and Lila Abu-Lughod, eds. 1990a. *Language and the Politics of Emotion*. Cambridge: Cambridge University Press.

Lutz, Catherine A., and Lila Abu-Lughod. 1990b. "Introduction." In *Language and the Politics of Emotion*, pp. 1~23. Cambridge: Cambridge University Press.

Lutz, Catherine A., and Geoffrey M. White. 1986. "The Anthropology of Emotions." *Annual Review of Anthropology* 15: pp. 405~436.

Lynch, Owen, ed. 1990. *Divine Passions: The Social Construction of Emotions in India*. Berkeley: University of California Press.

Lyon, Margot L. 1995. "Missing Emotion: The Limitations of Cultural Constructionism in the Study of Emotion." *Cultural Anthropology* 10: pp. 244~263.

Lyons, Martyn. 1987. *Le triomphe du livre: Une histoire sociologique de la lecture dans la France du XIXe siècle*. Paris: Promodis.

Maine de Biran, Pierre. 1954~1957. *Journal*. 3 vols. Edited by Henri Gouhier. Neuchâtel: Editions de la Baconnière.

Mandler, G. 1984. *Mind and Body: The Psychology of Emotion and Stress*. New York: Norton.

Marcus, George E. 1992. "Introduction." In *Rereading Cultural Anthropology*. Edited by George E. Marcus, pp. vii~xiv. Durham, N.C.: Duke University Press.

Marglin, Frédérique Apffel. 1990. "Refining the Body: Transformative Emotion in Ritual Dance." In *Divine Passions: The Social Construction of Emotions in India*. Edited by Owen Lynch, pp. 212~236. Berkeley, University of California Press.

Martin, John. 1997. "Inventing Sincerity, Refashioning Prudence: The Discovery of the Individual in Renaissance Europe." *American Historical Review* 102: pp. 1309~1342.

Matthews, Gerald, and Trevor A. Harley. 1996. "Connectionist Models of Emotional Distress and Attentional Bias." *Cognition and Emotion* 10: pp. 561~600.

Matusik, Martin J. 1989. "Habermas on Communicative Reason and Performative Contradiction." *New German Critique* 47: pp. 143~172.

May, Gita. 1970. *Madame Roland and the Age of Revolution*. New York: Columbia University Press.

Maza, Sarah C. 1993. *Private Lives and Public Affairs: The Causes Célèbres of Prerevolutionary France*. Berkeley: University of

California Press.

Maza, Sarah C. 1996. "Stories in History: Cultural Narratives in Recent Works in European History." *American Historical Review* 101: pp. 1493~1515.

Maza, Sarah C. 1997. "Luxury, Morality, and Social Change: Why There Was No Middle-Class Consciousness in Prerevolutionary France." *Journal of Modern History* 69: pp. 199~229.

McNally, Richard J. 1995. "Automaticity and the Anxiety Disorders." *Behaviour Research and Therapy* 33: pp. 747~754.

McNeill, David. 1992. *Hand and Mind: What Gestures Reveal About Thought.* Chicago Ill.: University of Chicago Press.

Ménétra, Jacques Louis. 1982. *Journal de ma vie.* Edited by Daniel Roche. Paris: Montalba.

Meyer, Michel. 1991. *Le philosophe et les passions: Esquisse d'une histoire de la nature humaine.* Paris: Le Livre de Poche.

Mogg, Karin, Brendan P. Bradely, and Rachel Williams. 1993. "Subliminal Processing of Emotional Information in Anxiety and Depression." *Journal of Abnormal Psychology* 102: pp. 304~311.

Montesquieu. (1721) 1963. *Lettres persanes.* Paris: Flammarion.

Moretti, Marlene M., and Biran F. Shaw. 1989. "Automatic and Dysfunctional Cognitive Processes in Depression." In *Unintended Thought: Limits of Awareness, Intention, and Control.* Edited by J. S. Uleman and John A. Bargh, pp.

383~421. New York: Guilford Press.

Morrill, Kirsten Elisa. 1998. "Politics, Prosperity, and Pleasure: Fashioning Identity in Second Empire Paris, 1852~1870." Ph.D. thesis, Duke University.

Muchembled, Robert. 1998. *La société policée: Politique et politesse en France, du XVIe au XXe siècles.* Paris: Seuil.

Musset, Alfred de. (1836) 1993. *La confession d'un enfant du siècle.* Paris: Flammarion.

Myers, Fred R. 1986. *Pintupi Country, Pintupi Self: Sentiment, Place, and Politics Among Western Desert Aborigines.* Berkeley: University of California Press.

Neuschel, Kristen. 1989. *Word of Honor: Interpreting Noble Culture in Sixteenth-Century France.* Ithaca, N.Y.: Cornell University Press.

Niedenthal, Paula M., and Caroline Showers. 1991. "The Perception and Processing of Affective Information and Its Influences on Social Judgement." In *Emotion and Social Judgements.* Edited by Joseph P. Forgas, pp. 125~143. Oxford: Pergamon Press.

Nye, Robert A. 1993. *Masculinity and Male Codes of Honor in Modern France.* Oxford: Oxford University Press.

Oatley, Keith. 1992. *Best Laid Schemes: The Psychology of Emotions.* Cambridge: Cambridge University Press.

Obeyesekere, Gananath. 1985. "Depression, Buddhism, and the Work of Culture in Sri Lanka." In *Culture and Depression:*

Studies in the Anthropology and Cross-Cultural Psychiatry of Affect and Disorder. Edited by Arthur Kleinman and Byron Good, pp. 134~152. Berkeley: University of California Press.

Obeyesskere, Gananath. 1990. *The Work of Culture: Symbolic Transformation in Psychoanalysis and Anthropology.* Chicago: University of Chicago Press.

Oliver, A. Richard. 1964. *Charles Nodier, Pilot of Romanticism.* Syracuse: Syracuse University Press.

O'Rorke, Paul, and Andrew Ortony. 1994. "Explaining Emotions." *Cognitive Science* 18: pp. 283~323.

Ortner, Sherry. 1989. *High Religion: A Social History of Sherpa Buddhism.* Princeton, N.J.: Princeton University Press.

Ortony, A., G. L. Clore, and A. Collins. 1988. *The Cognitive Structure of Emotions.* Cambridge: Cambridge University Press.

Ortony, A., and Terence J. Turner. 1990. "What's Basic About Basic Emotions?" *Psychological Review* 97: pp. 315~331.

Pachet, Pierre. 1990. *Les baromètres de l'âme: Naissance du journal intime.* Paris: Hatier.

Palmer, R. R. (1941) 1989. *Twelve Who Ruled: The Year of the Terror in the French Revolution.* Princeton, N.J.: Princeton University Press.

Pandolfi, Mariella. 1991. *Itinerari delle emozioni: Corpo e identità femminile nel Sannio Campano.* Milan: FrancoAngeli.

Panksepp, Jaak. 1992. "A Critical Role for 'Affective Neuroscience' in

Resolving What Is Basic About Basic Emotions." *Psychological Review* 99: pp. 554~560.

Parkinson, Brian, and A. S. R. Manstead. 1992. "Appraisal as a Cause of Emotion." In *Review of Personality and Social Psychology, 13 Emotion*. Edited by Margaret S. Clark, pp. 122~149. Newbury Park, Calif.: Sage.

Pennebaker, James W. 1989. "Stream of Consciousness and Stress: Levels of Thinking." In *Unintended Thought: Limits of Awareness, Intention, and Control*. Edited by J. S. Uleman and John A. Bargh, pp. 372–350. New York: Guiford Press.

Petrey, Sandy. 1988. *Realism and Revolution: Balzac, Stendhal, Zola, and the Performances of History*. Ithaca, N.Y.: Cornell University Press.

Pinch, Adela. 1995. "Emotion and History: A Review Article." *Comparative Studies in Society and History* 37: pp. 100~109.

Pinch, Adela. 1996. *Strange Fits of Passion: Epistemologies of Emotion, Hume to Austen*. Stanford, Calif.: Stanford University Press.

Plutchik, Robert. 1994. *The Psychology and Biology of Emotion*. New York: Harper Collins.

Pocock, J. G. A. 1975. *The Machiavellian Moment: Florentine Political Thought and the Atlantic Republican Tradition*. Princeton, N.J.: Princeton University Press.

Pontmartin, Armand de. 1885~1886. *Mes mémores*. 2 vols. Paris: Calmann Lévy.

Prochasson, Christophe. 1997. *Les intellectuels et le socialisme*. Paris: Plon.

Quine, W. V. O. 1969. *Ontological Relativity and Other Essays*. New York: Columbia University Press.

Quinn, Naomi. 1992. "The Motivational Force of Self-Understanding: Evidence from Wives' Inner Conflicts." In *Human Motives and Cultural Models*. Edited by Roy D'andrade and Claudia Strauss, pp. 90~126. Cambridge: Cambridge University Press.

Reddy, William M. 1984. *The Rise of Market Culture: The Textile Trade and French Society, 1750~1900*. Cambridge University Press.

Reddy, Willam M. 1987. *Money and Liberty in Modern Europe: A Critique of Historical Understanding*. Cambridge: Cambridge University Press.

Reddy, William M. 1992. "Postmodernism and the Public Sphere: Implications for an Historical Ethnography." *Cultural Anthropology* 7: pp. 135~168.

Reddy, William M. 1993. "Marriage, Honor, and the Public Sphere in Postrevolutionary France: Séperations de Corps 1815~1848." *Journal of Modern History*, 65: pp. 437~472.

Reddy, William M. 1997a. "Against Constructionism: The Historical Ethnography of Emotions." *Current Anthropology* 38: 327~351.

Reddy, William M. 1997b. *The Invisible Code: Honor and Sentiment in Postrevolutionary France, 1815~1848*. Berkeley: University of California Press.

Reddy, William M. 1999. "Emotional Liberty: History and Politics in the Anthropology of Emotions." *Cultural Anthropology* 14: pp. 256~288.

Revel, Jacques. 1986. "Les usages de la civilité." In *Histoire de la vie privée, vol. III, De la Renaissance aux Lumières.* Edited by Roger Chartier, pp. 169~209. Paris: Seuil.

Roche, Daniel. 1981. *Peuple de Paris.* Paris: Aubier-Montaigne.

Roland, Jeanne-Marie. 1905. *Mèmoires de Madame Roland.* 2 vols. Edited by C. Perroud. Paris: Plon.

Roper, Lyndal. 1994. *Oedipus and the Devil: Witchcraft, Sexuality, and Religion in Early Modern Europe.* London: Routledge.

Roqueplan, Nestor. 1853. *Regain: La vie parisienne.* Paris: Librairie nouvelle.

Rosaldo, Michelle Z. 1980. *Knowledge and Passion: Illongot Notions of Self and Social Life.* Cambridge: Cambridge University Press.

Rosaldo, Michelle Z. 1984. "Toward an Anthropology of Self and Feeling." In *Culture Theory: Essays on Mind, Self, and Emotion.* Edited by Richard A. Shweder and Robert A. LeVine, pp. 137~157. Cambridge: Cambridge University Press.

Rosaldo, Renato. 1980. *Illongot Headhunting: A Social History, 1883~1974.* Stanford: Stanford University Press.

Rosaldo, Renato. 1989. *Culture and Truth: The Remaking of Social Analysis.* Boston: Beacon Press.

Rosanvallon, Pierre. 1985. *Le moment Guizot*. Paris: Gallimard.

Rosenblatt, Helena. 1997. *Rousseau and Geneva: From the "First Discourse" to the "Social Contract," 1749~1762*. Cambridge: Cambridge University Press.

Rudman, Laurie A., and Eugene Borgida. 1995. "The Afterglow of Construct Accessibility: The Behavorial Consequences of Priming Men to View Women as Sexual Objects." *Journal of Experimental Social Psychology* 31: pp. 493~518.

Rumelhart, D. E., & J. L. McClelland, et al., eds. 1986. *Parallel Distributed Processing*, 2 vols. Cambridge, Cambridge University Press.

Russell, James A. 1983. "Pancultural Aspects of the Human Conceptual Organization of Emotions." *Journal of Personality and Social Psychology* 45: pp. 1281~1288.

Russell, James A. 1994. "Is There Universal Recognition of Emotion from Facial Expression? A Review of the Cross-Cultural Studies." *Psychological Bulletin* 115: pp. 102~141.

Sahlins, Marshall. 1985. *Islands of History*. Chivago, Ill.; University of Chicago Press.

Saint-Just, Antoine-Louis. 1976. *Théorie politique*. Edited by Alain Liénhard. Paris: Seuil.

Saint-Simon, Louis de Roubroy, dec de. 1947-1961. *Mémoires*, 7 vols. Paris: Gallimard.

Sand, George. (1832) 1984. *Indiana*. Paris: Gallimard.

Sarbin, Theodore R. 1986. "Emotion and Act: Roles and Rhetoric." In *The Social Construction of Emotions*, edited by Rom Harré, pp. 83~97. Oxford: Blackwell.

Schachter, S., and J. Singer. 1962. "Cognitive, Social, and Physiological Determinants of Emotional States." *Psychological Review* 69: pp. 379~399.

Schaub, Diana J. 1995. *Erotic Liberalism: Women and Revolution in Montesquieu's Persian Letters*. Lanham, Md.: Rowman and Littlefield.

Schein, Louisa. 1999. "Performing Modernity." *Cultural Anthropology* 14: pp. 295~322.

Schieffelin, Edward L. 1985. "Anger, Grief, and Shame: Toward a Kaluli Ethnopsychology." In *Person, Self, and Experience: Exploring Pacific Ethnopsychologies*. Edited by G. White and J. Kirkpatrick, pp. 168~182. Berkeley, University of California Press.

Schiesari, Juliana. 1992. *The Gendering of Melancholia: Feminism, Psychoanalysis, and the Symbolics of Loss in Renaissance Literature*. Ithaca, N.Y.: Cornell University Press.

Schneider, W., S. T. Dumais, and R. M. Shiffrin. 1984. "Automatic and Control Processing and Attention." In *Varieties of Attention*. Edited by R. Parasuraman and D. R. Davies, pp. 1~27. New York: Academic Press.

Schneider, Walter, and Mark Pimm-Smith. 1997. "Consciousness as a Message Aware Control Mechanism to Modulate Cognitive Processing." In *Scientific Approaches to Consciousness*. Edited by Jonathan D. Cohen and Jonathan W. Schooler, pp. 65~80. Mahwah, N.J.: Erlbaum.

Schooler, Jonathan W., and Stephen M. Fiore. 1997. "Consciousness and the Limits of Language: You Can't Always Say What You Think or Think What You Say." In *Scientific Approaches to Consciousness*. Edited by Jonathan D. Cohen and Jonathan W. Schooler, pp. 241~257. Mahwah, N.J.: Erlbaum.

Schwarz, Nobert, and Herbert Bless. 1991. "Happy and Mindless, but Sad and Smart? The Impact of Affective States on Analytic Reasoning." In *Emotion and Social Judgments*. Edited by Joseph P. Forgas, pp. 55~71. Oxford: Pergamon Press.

Schwarz, N., and G. C. Clore. 1983. "Mood, Misattribution, and Judgments of Well-being: Informative and Directive Functions of Affective States." *Journal of Personality and Social Psychology* 45: pp. 513~523.

Scott, Walter. (1823) 1946. *Quentin Durward*. New York: Dodd, Mead and Co.

Scribe, Eugène. (1827) 1878-1899. "Le Mariage d'argent: Comédie en cinq actes, Théâtre français, 3 décembre 1827." In *Oeuvres complètes*, 11 vols. I, pp. 297~411. Paris: E. Dentu.

Searle, John R. 1989. "How Performatives Work." *Linguistics and Philosophy* 12: pp. 535~558.

Seigel, Jerrod E. 1986. *Bohemian Paris: Culture, Politics, and the Boundaries of Bourgeois Life, 1830~1930*. New York: Viking.

Sewel, William H., Jr. 1980. *Work and Revolution: The Language of Labor from the Old Regime to 1848*. Cambridge: Cambridge University Press.

Shaftesbury, Anthony Ashley Cooper, Third Earl of. (1711) 1999. *Characteristics of Men, Manners, Opinions, Times*. Edited by Lawrence E. Klein. Cambridge: Cambridge University Press.

Shaver, Phillip R., J. Schwartz, D. Kirson, and C. O'Connor. 1987. "Is Love a 'Basic' Emotion?" *Personal Relationships* 3: pp. 81~96.

Shiffrin, R. M., and S. T. Dumais. 1981. The Development of Automatism. In *Cognitive Skills and Their Acquisition*. Edited by J. R. Anderson, pp. 111–140. Hilsdale, N.J.: Erlbaum.

Simond, Charles, ed. n.d. *Marat: Biographie, bibliographie, choix de textes*. Paris: Louis Michaud.

Sinclair, Robert C., Curt Hofman, and Melvin M. Mark. 1994. "Construct Accessibility and the Misattribution of Arousal: Schachter and Singer Revisited." *Psychological Science: A Journal of the American Psychological Society* 5: pp. 15~19.

Samllman, H. S., and R. M. Boynton. 1990. "Segregation of Basic Colors in an Information Display." *Journal of the Optical Society of America* 7: 1985~1994.

Smith, Jay. 1996. *The Culture of Merit: Nobility, Royal Service and the Making of Absolute Monarchy in France, 1600~1789*. Ann

Arbor: University of Michigan Press.

Solomon, Robert C. 1984. "Getting Angry: The Jamesian Theory of Emotion in Anthropology." In *Culture Theory: Essays on Mind, Self, and Emotion*. Edited by R. Shweder and R. LeVine, pp. 238~254. New York: Cambridge University Press.

Solomon, Robert C. 1992. "Existentialism, Emotions, and the Cultural Limits of Rationality." *Philosophy East and West* 42: pp. 597~621.

Sonenscher, Michael. 1989. *Work and Wages: Natural Law, Politics, and Eighteenth-Century French Trades*. Cambridge: Cambridge University Press.

Spiro, Melford E. 1992. "Cultural Relativism and the Future of Anthropology." In *Researching Cultural Anthropology*. Edited by George E. Marcus, pp. 124~151.

Spitzer, Alan B. 1987. *The French Generation of 1820*. Princeton, N.J.: Princeton University Press.

Spurlock, John C., and Cynthia A. Magistro. 1994. "Dreams Never to Be Realized': Emotional Culture and the Phenomenology of Emotion." *Journal of Social History* 28: 295–310.

Staël, Germaine de. (1800) 1991. *De la littérature considerée dans ses rapports avec les institutions sociales*. Paris: Flammarion.

Staël, Germaine de. (1807) 1853. *Corinne, ou l'talie*. New York: Leavitt et Allen.

Staël, Germaine de. (1813) 1894. *De l'Allemagne*. Paris: Garnier

Frères.

Staël, Germaine de. (1818) 1983. *Considérations sur la Révolution français*. Paris: Editons Tallandier.

Stearns, Peter. 1994. *American Cool: Constructing a Twentieth-Century Emotional Style*. New York: New York University Press.

Stearns, Peter N., and Jan Lewis, eds. 1998. *An Emotional History of the United States*. New York: New York University Press.

Ste-Marie. Diane M., and Larry L. Jacoby. 1993. "Spontaneous Versus Directed Recognition: The Relativity of Automaticity." *Journal of Experimental Psychology: Learning, Memory, and Cognition* 19: pp. 777~788.

Strauss, Anne S. 1977. "Nothern Cheyenne Ethnopsychology." *Ethos* 5: pp. 326~357.

Strauss, Claudia, and Naomi Quinn. 1997. *A Cognitive Theory of Cultural Meaning*. Cambridge: Cambridge University Press.

Strayer, David L., and Arthur F. Kramer. 1994. "Strategies and Automaticity: I. Basic Findings and Conceptual Framework." *Journal of Experimental Psychology: Learning, Memory, and Cognition* 20: pp. 318~341.

Stroop, J. R. 1935. "Studies of Interference in Serial Verbal Reactions." *Journal of Experimental Psychology* 18: pp. 643~662.

Tackett, Timothy. 2000. "Conspiracy Obsession in a Time of Revolution: French Elites and the Origins of the Terror, 1789~

1792." *American Historical Review* 105: pp. 691~713.

Tait, Rosemary, and Roxane Cohen Silver. 1989. "Coming to Terms with Major Negative Life Events." In *Unintended Thought: Limits of Awareness, Intention, and Control*. Edited by J. S. Uleman and John A. Bargh, pp. 351~382. New York: Guilford Press.

Teichgraeber, Richard F., III. 1986. *"Free Trade" and Moral Philosophy: Rethinking the Sources of Adam Smith's Wealth of Nations*. Durham, N.C.: Duke University Press.

Toomey, Paul M. 1990. "Krishna's Consuming Passions: Food as Metaphor and Metonym for Emotion at Mount Govardhan." In *Divine Passions: The Social Construction of Emotions in India*. Edited by Owen Lynch, pp. 157~181. Berkeley: University of California Press.

Trawick, Margaret. 1990. "The Ideology of Love in a Tamil Family." In *Divine Passions: The Social Construction of Emotions in India*. Edited by Owen Lynch, pp. 37~63. Berkeley: University of California Press.

Uleman, James S. 1989. "A Framework for Thinking Intentionally About Unintended Thought." In *Unintended Thought: Limits of Awareness, Intention and Control*, edited by J. S. Uleman and John A. Bargh, pp. 425~449. New York: Guilford Press.

Uleman, J. S., and John A. Bargh, *Unintended Thought: Limits of Awareness, Intention and Control*. New York: Guilford Press.

Urban, G. 1988. "Ritual Wailing in Amerindian Brazil." *American Anthropologist* 90: pp. 385~400.

Vincent-Buffault, Anne. 1986. *Histoire des larmes: XVIIIe-XIXe siècles.* Paris: Rivages.

Vincent-Buffault, Anne. 1995. *L'exercice de l'mamitié: Pour une histoire des pratiques amicales aux XVIIIe et XIXe siècles.* Paris: Seuil.

Watson-Gegeo, Karen Ann, and David W. Gegeo. 1990. "Shaping the Mind and Straightening Out Conflicts: The Discourse of Kwara' ae Family Counseling." In *Disentangling: Conflict Discourse in Pacific Societies.* Edited by Karen Ann Watson-Gegeo and Geoffrey M. White, pp. 161~213. Stanford: Calif.: Stanford University Press.

Watson-Gegeo, Karen Ann, and Geoffrey M. White, eds. 1990. *Disentangling: Conflict Discourse in Pacific Societies.* Stanford: Calif.: Stanford University Press.

Wegner, Daniel M. 1994. "Ironic Processes of Mental Control." *Psychological Review* 101: pp. 34~52.

Wegner, Daniel M. 1997. "Why the Mind Wanders." In *Scientific Approaches to Consciousness,* edited by Jonathan D. Cohen and Jonathan W. Schooler, pp. 295~315. Mahwah, N.J.: Erlbaum.

Wegner, Daniel M., and R. Erber. 1992. "The Hyperaccessibility of Suppressed Thoughts." *Journal of Personality and Social*

Psychology 63: pp. 903~912.

Wegner, Daniel M., and Daniel B. Gold. 1995. "Fanning Old Flames: Emotional and Cognitive Effects of Suppressing Thoughts of a Past Relationship." *Journal of Personality and Social Psychology* 68: pp. 782~792.

Wegner, Daniel M., and Laura Smart. 1997. "Deep Cognitive Activation: A New Approach to the Unconscious." *Journal of Consulting and Clinical Psychology* 65: pp. 984~995.

Wells, Rulon S. 1947. "De Saussure's System of Linguistics." *Word* 3: pp. 1~31.

Wenzlaff, Richard M., and Danielle E. Bates. 1998. "Unmasking a Cognitive Vulnerability to Depression: How Lapses in Mental Control Reveal Depressive Thinking." *Journal of Personality and Social Psychology* 75: pp. 1559~1571.

Whisner, William. 1989. "Self-Deception, Human Emotion, and Moral Responsibility: Toward a Pluralistic Conceptual Scheme." *Journal for the Theory of Social Behavior* 19: pp. 389~410.

White, Geoffrey M. 1990a. "Emotion Talk and Social Inference: Disentangling in Santa Isabel, Solomon Islands." In *Disentangling: Conflict Discourse in Pacific Societies*. Edited by Karen Ann Watson-Gegeo and Geoffrey M. White, pp. 53~121. Stanford, Calif.: Stanford University Press.

White, Geoffrey M. 1990b. "Moral Discourse and the Rhetoric of Emotions." In *Language and the Politics of Emotions*. Edited by Catherine A. Lutz and Lila Abu-Lughod, pp. 46~68. Cambridge: Cambridge University Press.

White, Geoffrey M. 1991. *Identity Through History: Living Stories in a Solomon Islands Society*. Cambridge: Cambridge University Press.

White, Hayden. 1978. "Foucault Decoded: Notes from Underground." In *Tropics of Discourse*, pp. 230~260. Baltimore, Md.: Johns Hopkins University Press.

Widdess, Richard. 1995. *The Ragas of Early Indian Music: Modes, Melodies, and Musical Notations from the Gupta Period to c. 1250*. Oxford: The Clarendon Press.

Wierzbicka, Anna. 1994. "Cognitive Domains and the Structure of the Lexicon: The Case of Emotions." In *Mapping the Mind: Domain Specificity in Cognition and Culture*. Edited by Lawrence A. Hirschfeld and Susan A. Gelman, pp. 431~452. Cambridge: Cambridge University Press.

Wikan, Unni. 1989. "Managing the Heart to Brighten Face and Soul: Emotions in Balinese Morality and Health Care." *American Ethnologist* 16: pp. 294~312.

Wikan, Unni. 1990. *Managing Turbulent Hearts: A Balinese Formula for Living*. Chicago, Ill.: University of Chicago Press.

Wikan, Unni. 1992. "Beyond the Words: The Power of Resonance." *American Ethnologist* 19: pp. 460~482.

Zajonc, Robert B. 1980. "Feeling and Thinking: Preferences Need No

Inferences." *American Psychologist* 35: pp. 151~175.

Zajonc, Robert B. 1994. "Evidence for Nonconscious Emotions." In *The Nature of Emotion: Fundamental Questions*. Edited by Paul Ekman and Richard Davidson, pp. 293~297. Oxford: Oxford University Press.

감정의 역사화를 위한 이론적 성찰과 실천적 수행

　감정이란 무엇일까? 철학자 강신주는 최근의 저서 『강신주의 감정
수업』의 「프롤로그」 첫머리에서 소설 『롤리타』의 주인공을 놓고 감정
을 논한다. 소설에서 50대의 중년 남자 험프리는 열두 살 소녀를 사랑
한다. 그러나 "사회"는 "근친상간이라도 되는 것처럼" 그 사랑을 "단죄"
했고 험프리를 "저주"했다. 험프리가 그 위험성을 몰랐을 리는 없다. 강
신주 역시 험프리가 처음에는 "자신의 감정을 이성의 힘으로 억누르려
고 했을 것"이라고 추측한다. 다만 "감정은 용수철"과 같아서 "누르면
누를수록 더 큰 반발력을 갖기 마련"이고, 따라서 험프리의 노력이 실
패했을 것이라는 이야기다. 강신주는 단언한다. 인간에 대한 "억압이란
본질적으로 감정의 억압"이다. 흥미로운 사실은, 한국에서 거의 최초로
감정을 본격적으로 논한 그 저서에서 감정이 이성, 그리고 이성적 판단
에서 도출된 의지와 대립적인 것으로 상정되고 있다는 점이다.
　사실 우리는 강신주가 전제한 감정과 이성 및 의지의 대립 관계를 일

상에서 무수히 경험한다. 우리들 중에는 "사랑하면 안 될 사람을 사랑하는 죄인"이 무척 많다. 그러나 과연 감정이 이성 및 의지와 대립되는 것일까? 최근에 일본 총리 아베는 일본군 위안부 문제로 한국인들의 감정에 상처를 주었다. 많은 한국인들은 그런 아베를 미워한다. 그런데 그 미움은 한국인들의 의지 및 이성과 어긋나는 것일까? 결단코 그렇지 않을 것이다. 한국인들은 그런 아베를 기꺼이 증오하기로 의지했을 것이다. 그리고 그 의지는 2차 대전 동안 태평양전쟁에 동원된 위안부들의 고통과 일본이 20세기 전반기에 한국과 한국인들에게 자행한 각종의 억압에 대한 기억과 판단에서 도출된, 고유한 합리성을 지닌다. 감정은 이성 및 의지와 대립되기는커녕 전적으로 합치되는 것이다. 게다가 아베에 대한 한국인들의 미움은 집단적이다.

험프리의 사랑이든 아베를 대하는 한국인의 마음이든 감정은 힘이 세다. 그 감정의 힘 때문에 비극적인 삶을 살아야 했던 인물이 이 책에도 등장한다. 1821년에 17세의 귀족 처(소)녀 파방쿠르는 낭시의 한 사교 모임에서 데쿠튀르 중위를 만났다. 그녀는 현장에 함께 있던 어머니의 허락을 받아서 그 뒤에도 중위를 만났고, 그가 다른 지역으로 배치된 뒤에는 어머니의 허락하에 중위와 편지를 교환하고 어머니와 함께 그곳을 찾아갔으며, 중위가 또 다른 지역에 배치되자 그곳도 방문했다. 그 와중에 파방쿠르는 데쿠튀르의 구애에 "최소 한 번은" "굴복"했다. 그러자 낭시의 상류사회에 그녀의 "불명예"에 대한 소문이 퍼졌고, 아버지가 모녀를 혹독하게 비난하자 모녀는 아예 낭시를 떠나 중위가 근무하던 파리로 갔다.

그러나 데쿠튀르는 결혼을 차일피일 미루고 있었다. 아버지가 송금을 끊은 터여서 빈곤 속에 헤매던 모녀가 몇 달 만에 낭시로 돌아왔지만,

아버지는 곧 세상을 떠났고 얼마 지나지 않아서 어머니 역시 죽었다. 파방쿠르는 다시 파리로 갔다. 그러나 데쿠튀르와 결혼은커녕 만남조차 힘들었다. 데쿠튀르가 고의로 멀리했던 것 같다. 파방쿠르는 병에 걸렸고, 정신병원에 수감되었으며, 1826년 3월에 사망했다. 죽기 두 달 전 파방쿠르가 정신병원에서 데쿠튀르에게 보낸 편지가 눈물겹다. "나뭇잎들은 다시 태어나고 자연은 살아서 돌아오겠지만, 나는 삶을 떠납니다! 〔……〕 내 목숨보다 소중한 당신, 내 영혼의 영혼, 나와 삶을 이어주는 유일한 끈, 〔……〕 당신이 이곳 파리로 올 수 있다면 내가 얼마나 행복할는지요! 〔……〕 나는 밤낮없이 그 생각만 합니다. 불가능한 일일까요! 〔……〕 내게 자주 위로의 편지를 써주세요. 당신 하나만을 위해 살아온 당신의 작은 여자를 기억하세요. 〔……〕 영원한 당신의 것, 당신의 작은 아내 안나." 또 다른 편지에서 파방쿠르는 자신의 시신을 데쿠튀르의 고향 땅에 묻어달라고 부탁한다. "오 나의 프레데리크, 사랑했기 때문에 죽은 가련한 고아를 당신의 고향 땅의 흙이 거부하는 일은 없겠지요. 〔……〕 오, 할 수 있다면 오셔서 나의 절망을 가라앉혀주세요."

데쿠튀르는 오지 않았고, 파방쿠르는 22세의 나이로 사망했다. 파방쿠르는 사망 직전에 유언장을 작성하여 자신의 전 재산을 데쿠튀르에게 남겼다. 파방쿠르의 친척들이 유언장 무효 소송을 제기함에 따라 그 사건은 기록으로 남았는데, 파방쿠르의 친척들은 패소했고 데쿠튀르는 무사히 상속을 받았다. 옮긴이가 이 사건을 언급하는 이유는 그 사건에 대한 윌리엄 레디의 해석 때문이다. 레디는 파방쿠르가 프랑스혁명을 지배했던 감정문화의 연속성 속에 있다고 판단한다. 파방쿠르를 사로잡은 감정이 바로 프랑스혁명의 감정이었다는 것이다. 어찌된 일일까? 레디의 해석을 납득하기 위해서는 그가 이 책에 제시한 감정 이론을 살펴보아야 한다. 사실 이 책의 가장 빛나는 부분은 프랑스혁명에 대한 해석보다는 서양 학계의 감정 이론을 정리하고 자기 자신의 이론을 전개한 제1부이다.

레디는 우선 생리학이건, 호르몬 이론이건, 신경학 일반 혹은 뇌과학 아니면 신경 심리학이건, 진화론적 유전론과 결합된 것이건, 생물학에 입각한 감정론을 간결하고 단호하게 거부한다. 인간의 신체적 작동이 감정을 일으킨다고 주장하는 생물학적 감정론은 통상 특정한 감정에 따르는 심장 박동률, 피부 전도율, 호르몬의 종류와 양을 수치로 나타내지만, 예를 들어서 공포와 분노는 전혀 상이한 감정임에도 불구하고 똑같은 지표를 나타낸다. 감정은 같은데 지표는 다른 경우도 있다. 예컨대 곰에 대한 공포는 아드레날린을 혈관에 내보내지만, 암에 대한 공포는 그렇지 않다. 다시 말해서 아무리 정교한 신체적 변화라고 하더라도 그것이 감정의 표식일지언정 감정 그 자체는 아닌 것이다.

신체의 변화가 감정의 표식에 불과하다는 주장은, 그 변화가 특정 자극에 대한 인간 주체의 해석이 낳은 것이라는 점을 함축한다. 이는 색깔과 감정의 시공간적 보편성에 관한 비교 연구에서 확인된다. 학자들은 특정 종족의 특정 언어에 색色단어가 두 개뿐인 경우에는 반드시 하양과 검정만이 있고, 세 개인 경우에는 반드시 빨강이 추가되며, 네 개인 경우에는 녹색과 노랑 중 하나가 추가되고, 다섯 개인 경우에는 노랑과 녹색 모두 있다는 사실을 보여주었다. 그렇게 하여 생물학적인 "기본 색"의 존재가 입증되었다. 그러나 감정은 그렇지 않았다. "기본감정"의 보편적 실재가 명백하게 입증되지 않았던 것이다. 게다가 개별 감정들 간의 관계는 문화에 따라 지극히 다양했다. 인도네시아의 한 부족의 경우 '행복'을 나타내는 두 개의 단어 중에서 하나는 '자부심' 및 '고집'과 결합되어 있었고 다른 하나는 '행운'과 '만족'과 '안전'과 결합되어 있었는데, 자부심과 고집은 행운 및 안전과 대단히 소원했다. 다시 말해서 그 부족의 감정 의미론은 오늘날 한국인이나 미국인의 감정 의미론과 너무도 달랐던 것이다.

기실 인류학은 1970년대 후반 이후의 연구를 통하여 감정 의미론의 문화적 다양성을 확고부동하게 펼쳐 보였다. 예컨대 태평양의 이팔루크 섬 원주민들이 가장 소중하게 간주한 감정은 '의분義憤'이었고, 그 감정을 보유한 사람은 정치적 권위를 행사할 수 있었다. 그러나 서양의 전통적인 감정론은 물론 현재 한국의 감정론과 너무도 달리, 의분은 남자만이 아니라 여자도 보유할 수 있는 감정이었고, 정치적 권위에 기꺼이 복종하는 감정인 '공포'는 의분만큼이나 귀중한 감정이었다. 그런 예는 무수히 많은데, 만일 감정 의미론이 문화별로 상이하다면 감정 자체가 문화별로 상이한 것은 아닐까? 인류학은 그렇다는 점을 보여주었다. 남태평양의 타이티 부족에게는 '슬픔'에 해당하는 단어가 없었다. 그들은 가족의 사망과 같이 슬픔을 느낄 수도 있는 상황을 '혼란'과 '피곤'이라는 단어로 표시했다. "단순한 생리적인 교란"으로 느끼는 듯이 보였던 것이다. 우리는 그 교란이 바로 '슬픔'을 의미하는 것이라고 해석할 수도 있지만, 설령 그렇다고 하더라도 그 '교란'은 필시 부모의 사망에서 우리가 갖는 감정과 동일한 정도의 강도와 불쾌감을 유발하지는 않았을 것이다.

타이티족에게 슬픔이라는 단어가 없고, 그에 따라 우리가 슬퍼하는 상황에서 그들이 우리와 전혀 다른 감정을 느꼈다는 사실은, 한 인간의 내밀한 감정이 그가 속하는 공동체의 문화에 의해 구성된다는 점을 말해준다. 인류학의 현장 연구는 그러한 사례를 무수히 발견했다. 타이티족과 이팔루크 원주민들만이 아니라 태평양의 누쿨라엘라에족, 이집트의 아울라드 알리족, 필리핀의 일롱고트족, 인도 타밀어 지역의 여러 크리슈나 종파들 등도 마찬가지였다. 그들은 시, 연극, 편지 쓰기, 인간사냥의 축제, 종교 예배 등등의 공동체적인 정치·사회·문화적 일상을 통하여 공동체의 감정 규범을 내면화하고 실천하고 있었다. 인류학은 감정이 조형적造型的인 것이라는 점을 입증해낸 것이다. 인류학자들의 구성주의적 감정론은 1980~90년대에 와서 푸코와 데리다의 포스트구조주의를 만났다. 그 결과 인류학의 구성주의는 철학적 토대를 확보했을뿐만 아니라 감정에서 공동체적인 '권력'을 몸과 마음에 흡착시키는 기제를 발견했다. 그리고 그 권력은 소위 원시적인 부족들만이 아니라 현재의 미국(과 한국)의 방송 인터뷰와 토크쇼와 심리 상담소와 책에서 "(그 순간 당신은) 어떻게 느끼셨나요?" "(그가 그 말을 했을 때) 어떻게 느끼셨나요?" "(그가 그렇게 행동했을 때) 무엇을 느끼셨나요?"라는 질문과 그에 대한 답변을 통하여, 감정이 마치 '사회'와 '권력'의 맥락과 무관하기라도 한 듯이 끝도 없이 정의되고 확인되고 있으며, 그렇게 하여 권력이 승리하고 있다는 것이다.

역사학자일 뿐만 아니라 스스로를 인류학자로 간주하는 이 책의 저자 윌리엄 레디는 묻는다. 그것이 전부인가? 만일 그렇다면, 만일 감정이 사회와 문화와 담론에 의하여 구성되는 것이고 권력의 기제이기만 하다면 변화는, 그리하여 역사는 어떻게 되는가? 인간의 동기와 꿈과 의지와 생각과 감정이 문화에 의하여 온전히 만들어진다면, "문화를 비판할 수 있는 정치적 토대는 존재할 수 없다." "문화가 감정을 지배한다면, 개인에게는 아무것도 남지 않을 것이다. 남는 것이 아무것도 없다면, 무엇을 근거로 하여 감정에 대한 (예컨대) 서양의 특수한 관점을 비판할 수 있다는 말인가?" 윌리엄 레디는 인류학의 감정 구성론을 "인류학적 현재"로 칭하면서 그들에게 역사성이, 그리하여 정치성이 부재한다고 비판한다. 그뿐만이 아니다. 그는 포스트구조주의가 1990년대 말에 막다른 골목에 도달했다고 비판하면서 그 출구를 모색한다. 포스트구조주의를 수용했든 침묵했든, 우리 모두가 의심하거나 고민했거나 고투했던 물음을 거칠게 제기한 것이다.

행동주의 심리학 연구소의 펠로이기도 한 윌리엄 레디는 그 출구를 인지 심리학, 특히 실험 심리학에서 발견했다고 믿는다. 그가 이 책의 제1장을 인지 심리학의 감정 연구에 할당한 것은 그 때문이다. 심리학자들은 감정과 인지의 관계를 해명하기 위하여 갖가지 실험을 시행했다. 피험자들에게 행복한 감정과 슬픈 감정을 유도한 뒤 인지력을 테스트하기도 했고, 0.2초 동안 '왼쪽'이라 단어를 오른쪽에 비춰주고 '오른쪽'이라는 단어를 왼쪽에 비춰주면서 단어의 위치를 말하도록 하고 그렇게 무의식 혹은 하의식이 인지를 교란하는 정도를 테스트하기도 했으며, 특정 단어를 말하지 말라고 금지어를 준 뒤 다른 단어를 말하도록 함으로써 금지어의 삽입이라는 심리 통제가 인지에 미치는 효과를 테스트했으며, 심리 통제를 가하는 동시에 다른 과제를 부여함으로써 인지 부하가 심리 통제에 미치는 아이러니한 반발rebound 효과를 테스트했다.

인지 심리학은 그런 실험을 통하여 감정에 대하여 여러 가지 사항을 확립했다. 감정은 상황에 대한 인지이다. 다만 그것은 하의식적인, 즉 무의식적인, 혹은 의식에 입장하지 못한 인지이다. 감정이 상황 및 의식과 무관한 듯이 발동하는 것은 바로 그 때문이다. 그리고 감정은 종종 인지 부하로 인하여 실패한 심리 통제의 결과물이다. 감정이 의지와 반하는 듯이 나타나는 것은 바로 그 때문이다. 그러나 해명되지 못한 점도 있다. 왜 어떤 감정은 강렬하고 어떤 감정은 약한가? 인지 심리학은 답한다. 감정에게는 한편으로 '강도intensity'가 다른 한편으로 쾌감/불쾌감, 즉 '정서가valence; 情緒價'가 갖춰져 있기 때문이다. 그러나 감정을 인지로 간주한다고 하더라도, 그 인지가 우리에게 왜 중요한가? 왜 인간은 하필이면 죽음을 싫어하는가? 죽음은 왜 문제인가? 일부 인지 심리학자들은 답한다. 인간의 인지가 목표와 관련되어 있기 때문이다. 게다가 감정을 유발하는 목표는 하의식에 깊고도 깊게 뿌리내리고 있다. 그 목표는 자주 그보다 높은 목표를 식별할 수 없을 정도로 당연시되는 목표이다. 어머니의 존재나 건강이 그 예다. 게다가 그런 목표에는 수많은 하위의 다른 목표들이 걸려 있다. 그래서 어머니의 죽음에 대한 슬픔은 즉각적이고 그 어떤 것과도 비교할 수 없을 정도로 강하며 오래 지속된다.

레디는 이 모든 사항을 정보처리 이론에 입각하여 정리한다. 인간은 정보처리 메커니즘이다. 인간에게 정보는 무수히 입력되어 저장되고, 새로운 정보가 들어오면 추가적으로 저장되기도 하고 기존 정보의 짜임새에 변화가 발생하기도 하며, 신구新舊의 정보들이 조정되기도 한다. 정보, 특히 정보의 조정은 근본적으로 '목표'와 관련된다. 유의할 것은 그 정보가 반드시 의식에 입장하는 것은 아니라는 점이다. 정보라는 개념이 의식과 갖고 있는 긴밀한 관련성 때문에 레디는 정보 대신 '생각 재료'라는 단어를 선택했다. 인간이 특정한 상황에 놓이면 목표가 정해지고 그에 따라 생각 재료가 활성화된다. 이때 생각 재료가 특정한 방향으로 활성화되도록 하는 것이 '주의attention'이다. 다만 생각 재료는 어차피 너무나 많다. 활성화된 생각 재료만 해도 너무나 많다. 따라서 활성화된 생각 재료 중에서 일부만이 의식에 입장한다. 의식에 채 입장하지 못한 활성화된 생각 재료, 바로 그것이 감정이다.

그러한 감정은 공동체 및 그 구성원과 어떻게 관련되는 것일까? 게다가 감정의 역사성을 어떻게 추구할 수 있을까? 이 물음에서 레디는 오스틴J. L. Austin의 화행론을 꺼내 든다. 화행이란 현실을 기술記述하는 진위문이 아니라 현실을 만들어내는 발화이다. 결혼식에서 주례의 질문에 "네I do"라고 답하는 것은 신부新婦를 유부녀로 만든다. 언제나 그런 것은 아니지만, 많은 경우에 감정문은 화행이다. 레디는 예를 하나 든다. 버트런드 러셀은 오토라인이라는 젊은 여성과 새벽 4시까지 단둘이 대화를 나누다가 갑자기 사랑한다는 말을 한다. 며칠 뒤 러셀은 그녀에게 편지를 보냈다. "내가 당신에게 사랑한다고 말하는 것을 들을 때까지 나는 내가 당신을 사랑하는지 몰랐어요. 그 말을 하는 순간 나는 생각했지요. 헉, 내가 무슨 말을 한 거지? 그때 나는 그것이 진실이라는 것을 알았습니다." 이는 요즘 젊은이들이 사귀기로 결정한 뒤 "오늘이 1일이야. 알았지?!"라고 말하는 것과 똑같다. 그 순간 내면에 있던 모든 생각 재료들이 재배열되고, 활성화되었지만 의식하지 못하는 생각 재료들이 그를 희열과 절망과 안심과 불안 속에 몰아넣는다.

물론 정반대의 결과가 빚어지기도 한다. 사랑한다고 말하였지만 그 순간 그 말이 거짓임을 알게 되거나, 진실인 듯했지만 며칠 뒤에 거짓으로 밝혀지기도 한다. 이는 사랑한다고 말하는 순간 생각 재료들이 활성화되어 상대방의 장점을 가리키는 생각 재료들이 의식에 입장하였으나, 의식에 입장하지 못한 정반대 내용의 활성화된 생각 재료들이 그보다 압도적으로 많았기 때문이다. 그렇듯 결과는 다를 수 있지만, 그 작동

방식은 동일하다. 언어와 제스처와 실천은 주의를 촉발시키고, 주의는 생각 재료를 변화시킨다. 사랑한다고 말했지만 거짓으로 밝혀진 경우 사랑한다는 말을 되뇌면서 자기 자신에게 심리 통제를 가하는 사람도 있을 것이다. 그러나 바쁘다보니 인지 부하가 걸리고, 그에 따라 심리 통제의 노력이 이완되는 순간 그가 실제로 사랑하는 사람은 얼마 전에 헤어진 남자라는 활성화된 생각 재료들이 하의식에서 그를 장악한다. 그렇듯 생각 재료를 활성화시키고 감정을 발동시키는 것을 레디는 "이모티브emotive"라고 칭한다. 레디 스스로가 개념을 만든 것이다.

인간은 이모티브를 어디서 얻는가? 공동체, 즉 해당 사회의 문화와 의례와 종교적 실천과 담론에서 얻는다. 따라서 감정은 사회와 강력하게 묶여 있다. 정의상 감정은 개개인의 내밀한 세계이다. 그러나 그것은 지극히 사회적이다. 따라서 감정을 장악하는 공동체는 안정을 구가한다. 그러므로 모든 체제는 각종의 이모티브를 공급한다. 레디는 그러한 체제를 "감정체제regime of emotions"라고 칭한다. 개개인은 체제가 공급한 이모티브를 말하고 실천함으로써 사회의 준칙에 따르려 한다. 레디는 이를 "감정적 노력"으로 칭한다. 물론 앞서 사랑의 예가 보여주듯이, 이모티브를 말하거나 실천하여도 감정이 만들어지기는커녕 그것이 부인될 수도 있다. 레디는 그런 상태를 "감정고통"이라 칭한다. 체제는 이모티브를 공급하고 일탈자에게는 감정고통을 가함으로써 체제의 통합을 만들고 유지한다.

의미심장한 것은 감정체제가 특정한 감정에 부여한 의미가 변하면 감정 자체도 변한다는 점이다. 예를 들어서 낭만주의는 "사랑한다"는 발화에 '사랑이란 단 한 사람에 대한 존재론적인 헌신이며 삶의 의미는 오직 사랑에서만 발견할 수 있다'는 의미를 부여하였다. 유의할 점은 그

'의미' 자체가 생각 재료라는 것이다. 따라서 낭만적 사랑관을 갖고 있는 사람이 타인에게 사랑한다고 말하는 순간, 감정에 부여된 낭만적인 의미가 생각 재료로서 함께 활성화되고, 그 사람의 사랑 감정이 존재론적인 배타성으로 채워진다. 감정에 역사가 구축되는 것이다. 그러나 역사성이란 그것이 전부가 아니다. 역사성의 핵심은 삶과 인간은 변화한다는 것이다. 삶이 변화한다는 명제의 첫번째 측면은 삶이 변하기에 과거의 삶과 현재의 삶이 다르다는 것이다. 역사성의 두번째 측면은 그 변화가 어떻게 촉발되어 어떻게 진행되느냐는 것이다. 이 과정 혹은 논리가 이론화되지 않으면, 감정론은 레디가 비판한 대로 "인류학적 현재"에 갇혀 있게 되고, 정치성 역시 불구가 된다.

변화와 정치성 문제에 직면하여 레디는 콰인을 비롯한 논리 실증주의자들의 '번역' 개념을 꺼내든다. 생각 재료는 그저 존재하는 것이 아니다. 대개는 특정한 코드에 따라 배열되어 존재한다. 인간의 내면에는 감각적 판단에서 시작하여 정치 이데올로기에 이르는 다수의 코드로 배열된 무수한 생각 재료들이 존재한다. 외부의 자극이나 이모티브에 의하여 생각 재료들이 재배열된다는 것은, 하나의 코드로 배열되어 있는 생각 재료가 다른 코드로 조직되어 있는 생각 재료로 번역된다는 뜻이다. 유의할 것은 번역은 번역일 뿐이라는 점이다. 번역된다고 해서 같아지는 것이 아니다. 따라서 번역은 본성상 '미결정적'이다. 인간 주체란 번역 중인 존재, 다시 말해서 무수한 미결정성과 모순 속에 쌓여 있는 주체이다. 따라서 인간 주체는 정의상 "분산된 자아disaggregated self"이다. 레디는 일부 인류학자들이 "이중 닻을 지닌 자아"라고 칭하기도 한 그러한 주체가 변화의 열쇠라고 파악한다. 그런 주체는 체제의 이모티브를 수행하여도 체제가 원하는 감정이 발동하지 않을 경우, 체제의 요구와는 다른 선택을 하기도 하는 능동적인 주체요, 따라서 저항적인 주체이다.

이론적 입지만 다를 뿐, 레디는 실상 담론 이론의 폐쇄성을 돌파하고자 하던 일부 포스트구조주의자들의 해법과 크게 다르지 않은 발상을 내놓은 것이다. 그러나 레디는 과감하게 한 걸음 더 내디뎠다. 그는 감정의 역사화에 제대로 성공하기 위해서는 우리가 특정한 감정체제에 대하여 도덕적, 정치적인 판단을 내릴 수 있어야 한다고 믿는다. 그리고 그 판단의 기준은 의외로 단순하다. 인간의 자아실현을 열어놓기 위해서는, 번역의 미결정성과 맞닥뜨린 자아가 갖가지 선택을 통하여 자신의 감정을 마음껏 조형하도록 허락해야 한다는 것, 다시 말해서 "감정의 항해"를 용이하게 해주어야 한다는 것이다. 감정의 항해를 감행할 그 가능성을 레디는 "감정의 자유"라고 칭한다. 유의할 점은, 번역의 필연성과 미결정성은 인간이 어느 때 어느 곳에서 살고 있든, 잠에서 깨어 물 한 모금 마실 때부터 내일 일을 가늠하며 잠을 청할 때까지 단 한 순간도 멈추지 않는 '보편적' 행동의 본질이라는 것이다. 따라서 감정의 항해 가능성, 즉 감정의 자유는 어느 시대 어느 문화이건 모조리 적용해야 하는 보편적인 기준이다.

이상이 레디가 이 책에 펼쳐놓은 독자적인 감정 이론이다. 그러나 그는 본업이 프랑스 근대사인 역사가이다. 이제 그가 어떻게 자신의 이론을 프랑스 근대사에 적용시켰는지 살펴보자. 레디는 자신의 연구 대상을 17~18세기의 절대주의 시대, 1794년에 절정에 이른 프랑스혁명, 테르미도르의 반동에서 1830년대에 이르는 19세기 초로 구분하고, 각 시기의 감정체제와 사람들의 순응 및 반발을 검토했다. 절대주의에 대한 설명은 평범하고 간단하다. 애초에 귀족 궁정인의 자유와 자율 및 도덕적 이상을 함축하던 '매너'가 절대주의 군주의 통치 수단으로 변질되고 극단으로 치달았다. 매너는 궁정인을 규율하는 장치인 동시에 사회적 위계질서의 표증이었다. 그 매너를 지배하는 코드는 명예였고, 사회적 삶에서 가장 중요한 일은 모욕을 피하는 것이었다. 그렇듯 위계와 명예가 강고히 결합되고 그에 따라 사회적 자산이 배분되자, 나라 전체가 "경멸감의 폭포수"로 관통되었다. 굴욕은 무슨 일이 있어도 피해야 하는 것이었기에 카페나 길거리에서 지적인 토론을 벌이는 것은 목숨을 거는 행동이었다. 그 결과는 첨예한 감정고통이었다. 감정고통은 절대주의의 본질적인 장치였던 것이다.

감정고통에 직면한 사람들은 "감정 피난처"를 찾았다. 살롱, 프리메이슨, 우정, 편지 교환이 그것이었고, 그곳에서 이상적인 삶으로 모델화된 연애결혼, 자애로운 아버지, 자연 공동체 등이 소설, 연극, 회화, 오페라를 통하여 확산되었다. 루소의 감수성 예찬이 널리 회자되었고, 일부 영국 계몽주의자들의 주장이 열렬한 호응을 얻었다. 디드로가 대표적인 예이다. 그는 새프츠베리의 도덕론의 불어 번역으로 저술활동을 개시했고, 「리처드슨 찬사」라는 에세이도 썼다. 새프츠베리는 로크를 공격하면서 인간은 "내적인 눈"을 통하여 도덕적인 선을 지각할 수 있는바, 자애와 연민과 사랑과 감사와 같은 생득적인 감정이 바로 선을 지각하는 통로라고 주장했다. 외적인 매너의 대극인 내적인 감정이 찬양된 것이다. 그 이념이 프랑스의 온갖 감정 피난처들을 지배했으니, 살롱이 가장 중요시한 것은 감정의 솔직함과 평등이었고, 프리메이슨은 사랑과 기쁨과 이타애와 평등을 조직 이념으로 삼았으며, 잔-마리 플리퐁은 미래의 남편인 장-마리 롤랑에게 보낸 편지에 "나는 그대에게 연민을 느껴요. 나는 그대를 꾸짖어요. 〔……〕 그대의 편지는 나를 울게 만들었어요"라고 적었고, 연극과 오페라의 관객들은 "미친 듯한 환희"를 보이거나 눈물을 줄줄 흘렸으며, 변호사들은 변론을 멜로드라마로 구성했고, 그 시기의 문서에는 "눈물 속에 쓰러졌다"는 표현이 수시로 등장했다.

레디에 따르면 그 모두가 이모티브이다. 사람들은 "연민을 느낀다"거나 "사랑한다"고 말하면서 자신의 감정을 확인했고, 이를 통하여 자기 자신의 도덕성을 확신했으며, 자신의 개인적인 감정이 모든 프랑스인의 보편적 감정이라고 믿었다. 감정은 "공적 자원"이었던 것이다. 그처럼 사적인 감정이 공적인 도덕으로 여겨지던 터에, 이모티브의 연행練行이 감정을 확인하거나 강화하자 사람들은 자신의 감정이 격렬하면 격렬할수록 스스로를 도덕적으로 간주하게 되었다. 따라서 감정은 경쟁적인 동시에 이분법적이었다. 감정을 느끼지 않는 자들은 악으로 표상되었던 것이다. 게다가 문인과 예술가 들은 자신의 글과 작품이 일으키는 효과를 명료히 의식했다. 대표적으로 디드로는 연극은 관객이 무대에 뛰어올라가 배우들과 함께할 마음이 솟아나도록 몰입시켜야 한다고, 미술 역시 관찰자들을 매혹시키고 장악하고 격동시켜야 한다고 주장했다. 그리고 사람들은 문학과 예술의 이모티브를 통하여 느끼게 된 자신의 감정이 자연적인 것이라고 믿었다. 그러자 "예술과 삶의 경계가 흐려졌다."

레디는 그 모든 흐름을 "감상주의sentimentalism"로 통칭한다. 프랑스 공중이 감상주의에 사로잡힌 그때 혁명이 발생했다. 따라서 혁명은 감정 피난처를 지배하고 있던 감상주의로 관통되었다. 아니 혁명과 함께 감상주의가 "수백 배 증폭되었다." 봉건제의 폐지를 선언한 1789년 8월 4일 밤은 프랑스 "국민 자체를 감정의 피난처로 전환시키려던 시도"였다. 각종의 특권을 폐지하던 "국민의회를 휩쓴 황홀감의 표시들과 이타애의 솟구침이 시간이 갈수록 강렬해지다보니 그 유익한 〔개혁〕 조치들의 실천에 필요한 신중한 규정들을 적시할 시간이 거의 남지 않았다." 그 개혁의 밤에 이성은 감정으로 보충된 것이 아니라 '이타애 benevolence'와 '박애generosity' 등의 감정으로 완전히 대체되었다. 의원들은 연극과 오페라의 관객과 비슷하게 행동했고, 감정을 추동시킨 이모티브가 그들을 선한 입법가로 만들었다. 혁명 직후 곳곳에서 불거진 귀족의 음모 역시 마찬가지였다. 감상주의 이모티브가 그 자체로 감정의 순수성에 대한 의심을 함축하고 있었기에, 콩도르세처럼 열정이 아니라 이성에 입각하여 행동하라고 촉구한 사람들은 도덕성을 의심받았고 귀족은 음모를 꾸밀 수밖에 없는 존재로 표상되었다.

루이 16세의 도주가 실패로 돌아가고 정국이 모호해지자, 그 안개를 걷어줄 것은 멜로드라마였고, 그 드라마는 전쟁에 의하여 만들어질 것이었다. 전쟁을 향하여 내달린 지롱드파와 머뭇거리다 동참한 자코뱅파 공히 이타애와 박애와 연민이 민족을 하나로 만들어줄 것이라고 믿었다. 마라는 외쳤다. "오 나의 조국이여! 내 고통과 내 절망의 신호를 받으라!" 이모티브가 그처럼 협애화되고 마니교적으로 되어가면서 혁명의 과제는 더 이상 민족을 감정 피난처로 전환하는 것이 아니라, 민족을 이타애적인 박애로 위장한 위선자들과 난봉꾼들과 유혹자들의 계략으로부터 방어하는 것이 되었다. 그 귀결이 자코뱅의 공포정치임은 말할 것도 없다. 레디는 이 지점에서 혁명기에 지방으로 파견된 특임위원들의 보고서를 인용한다. 클람 시에 파견된 푸셰는 1793년 8월에 공안위원회에게 썼다. "모든 시민이 함께 모여 서로를 끌어안았습니다. 환희의 노래, 춤, 애국 행진곡, 축포 〔……〕 모두가 증오를 돌이키고 사악한 열정과 분열과 음흉한 모략의 불을 다시 지필 수도 있는 기념물들을 모조리 파괴"했으며, 어느덧 "모두의 눈에서 달콤한 눈물이 흘러내렸습니다." 혁명과 전쟁으로 나라 전체가 무질서에 빠지고 중앙에 의한 자원의 배분이 거의 작동하지 않던 그때, 특임위원들은 애국적 감정이 행정과 물류와 군사 전술의 문제까지 해결해줄 수 있다고 믿었고, 그들은 실제로 기적을 달성했다.

그 기적의 이면인 자코뱅의 가혹한 법과 조치들은 만인을 복종시키기 위한 것이 아니었다. 그 조치들은 진실한 감정적 헌신을 요구하기 위해서였다. 혁명 광장의 기요틴은 예방 효과를 위한 것이 아니었다. 그것은 위기에 빠진 감정과 미덕을 구해내기 위한 것이었다. 당통은 혁명 재판소에서 무죄를 열정적으로 주장했다. 이는 표현의 강도가 그 자체로 무죄의 증거이기 때문이었다. 1794년 6월 10일의 법은 혐의자들로부터 변호, 증언, 증거 제출의 권리를 박탈해버렸다. 중요한 것은 무엇을 행했느냐는 '사실'이 아니라 감정이었던 것이다. 자코뱅 지도부가 최고 존재에 대한 예배를 고안해낸 것도 단순히 대체 종교를 공급하기 위해서가 아니라 이타애적인 애국주의를 자극하기 위해서였다. 그러나 그런 과격화된 감상주의적 감정체제는 감정고통을 유발하기 마련이었다. 이는 혁명의 적에만 해당되는 것이 아니었다. 혁명가들 역시 자신의 감정이 순수한지 지속적으로 의심해야 했다. "나는 진실한가?"라는 물음에 자신 있게 답하기는 언제나 어려운 노릇이다. 그리하여 혁명은 감정의 피난처이기는커녕 감정의 전쟁터로 변모했다. 모든 사람이 의심을 받았고, 생존하기 위해서는 의심을 타인에게 돌려야 했다. 그러나 그 행동은 그 자체로 가식의 증거였다. 만인에게 확산된 감정고통은 결국 로베스피에르의 처형으로 귀결되었고, 감상주의 이모티브에 대한 염증이 빠르게 확산되었다. 여자들은 기요틴에서 처형된 사람을 기억하기 위하여 목에 빨간 리본을 매고 극장과 무도회장에 나타났다.

자코뱅의 몰락부터 1830년대까지의 시기는 복고왕정에서 의회 의원과 국왕 자문위원을 지낸 멘드비랑과 에콜 노르말 교수를 지낸 빅토르 쿠쟁으로 대표된다. 레디는 멘드비랑이 1794년과 1824년 사이에 작성한 일기를 분석했다. 자신의 내면을 기록하는 것이자 성찰하는 수단으로 작성된 그 일기는 날씨, 건강, 말, 기분 등으로 가득 찬, "환경이 감정에 미치는 영향을 추적한 자연주의자의 공책"과도 같았다. "내 감각기관에 와 닿는 모든 곳이 나의 가슴에 달콤함과 슬픔을 주었다. 〔……〕 내 영혼은 강물처럼 때로는 고요히 있기도 하고 때로는 흔들리기도 하지만, 항상 물결에 물결이 이어지면서 그 어떤 항구성도 없이 흘러간다." 그렇듯 세심하게 내면을 관찰하던 비랑은 자신의 감정이 물리적 환경과 생리적 상태와 긴밀하게 결합되어 있다고 여기고, 따라서 감정은 "맹목적이고 비의지적"이라고 선언한다. 그렇다고 해서 멘드비랑이 감정을 육체의 영역에 가둬놓았던 것도 아니다. 그는 감정이 육체와 영혼의 어느 지점에 모호하게 위치한다고 생각했다. 그렇듯 모호하기에 감정이 미덕과 무관한 것은 당연한 노릇이고, 따라서 감정이 정치에 영향력을 행사하는 일은 없어야 했다.

멘드비랑이 감정을 불신하였지만, 그렇다고 해서 그가 곧장 이성을 옹호했던 것도 아니다. 이성적 성찰은 오히려 "의심, 동요, 가진 것에 대한 혐오, 알지 못하는 것에 대한 혼란스런 추구, 마음과 영혼의 고통"을 유발한다. 그는 "영혼"에서 "형언할 수 없"는 모호함과 불확실성을 발견했던 것이다. 묘한 것은 멘드비랑이 일기라는 이모티브를 순전히 관찰로서, 즉 자신의 내면을 기술하기 위하여 작성했다는 점이다. 물론 이 모티브인 한, 그것은 감정을 발동시킨다. 그렇듯 묘사하기 위해 작성된 이모티브가 감정을 일으킬 경우 인간은 어떤 태도를 취할까? 그 사람은 자신의 감정이 자기 자신으로부터 분리되어 있는 듯이 느낀다는 것이 레디의 판단이다. 그것은 자기 자신의 취약성에 대한 뼈저린 깨달음이요 무기력이다. 연약함이라는 자의식은 또한 일상에서 범하게 마련인 사소한 실수에 극히 예민해진다. 타인의 반응에 온 정신을 쏟게 되는 것이다. 이것이 바로 19세기 초 프랑스에서 명예 코드가 부활한 이유이다. 또 다른 결과물도 있었다. 감정을 변덕스럽다고 여기자, 감정에 대한 기대치가 낮아졌다. 그러다보니 심리 통제에 요구되는 경계의 수위도 낮아졌고, 이는 감정의 움직임에 자유를 부여하도록 했다. 레디는 비랑은 "새로운 방식으로 감정적 삶을 항해한" 최초의 인물로 여긴다.

감정에 자유를 부여하기는 빅토르 쿠쟁도 마찬가지였다. 정치적인 이유로 7년간 독일에서 망명살이를 해야 했던 쿠쟁은 그가 불어로 번역한 데카르트의 철학과 독일의 관념론 철학을 뒤섞었다. 쿠쟁은 인간이 오로지 이성을 통해서만 정신적인 영역에 도달할 수 있다고 믿었다. 그렇다고 해서 그가 감정을 신체에 국한시켰던 것은 아니다. 그는 감정이 신체적인 동시에 정신적인 것이라고 생각했다. 따라서 감정은 인지적이고, 그런 한에서 합리적인 행동을 유발할 수 있다. 게다가 쿠쟁은 감정이 "선에 대한 신호이며, 선을 보다 용이하게 행하게 만든다"는 점도 인정했다. 도덕의 중핵에는 "자연적이고 본능적인 판단"이 자리하고 있다는 것이다. 그러나 그는 감정을 믿지 않는다. 감정이 변화무쌍하기 때문이다. "시인의 영감, 연인의 열정, 순교자의 열광, 그 모든 것은 느슨해질 때도 있고 실패할 때도 있는데, 그것은 종종 너무나 사소한 것에서 비롯된다." 따라서 감정은 입법의 토대가 될 수 없다. 감정을 그처럼 주변화시키자 감정에 자유를 부여할 길이 열렸다. 이것이 자유주의다.

번역한 책의 내용을 번역자가 요약하는 것은 우스꽝스러운 일이다. 그럼에도 불구하고 나는 요약을 했다. 책의 내용이 너무나 방대하기에 행여 나의 요약이 독자들의 독서를 도와줄 수 있지나 않을까 기대했기 때문이다. 요약을 하면서 더욱 명확해졌지만, 내가 레디의 모든 견해에 동의하는 것은 아니다. 간단하게나마 레디를 비판해보자. 레디는 프랑스 근대사, 특히 프랑스혁명을 자신의 감정론에 입각하여 재구성했다. 그 주된 내용은 혁명 전후의 감정체제이다. 그러나 프랑스혁명을 감정사 차원에서 재해석하려면 감정문화만이 아니라 개별적인 감정을 연구했어야 하지 않을까? 물론 레디는 이타애와 박애가 혁명의 핵심 감정이었다고 밝혔다. 그러나 그 주장은 진부하다. 진부하지 않기 위해서는 이타애와 박애에 당대인들이 어떤 의미를 부여했는지 밝혀야 했다. 레디 스스로가 이모티브는 그에 부여된 의미를 생각 재료로서 활성화시킨다고 말하지 않았던가.

실상 특정 이모티브에 내장된 의미를 밝히는 것은, 레디 스스로가 이 책의 목표로 설정한 감정의 역사화를 위한 가장 중요한 작업이기도 하다. 역사성은 무엇보다도 현재와는 다른 과거를 드러냄으로써 확보되기 때문이다. 실상 benevolence를 '이타애'로 번역한 것도, 애덤 스미스의 『도덕 감정론』이 보여주듯이 18세기 유럽에서 그 개념은 '타인이 잘 되도록 바라는 감정'으로 이해되고 있었기 때문이다. generosity를 '박애'로 번역한 것 역시, 라틴어에서 '귀족적 혈통'을 뜻하던 그 개념이 17세기 이후에 '고귀한 정신'으로 변화하였고, 18세기에는 '타인에게 후하게 베푸는 것'이라는 의미가 추가되었기 때문이다. 물론 그 정도의 이해만으로는 그 개념이 혁명 전후에 어떤 역할을 수행했는지 해명되지 않는다. 그 개념들이 어떤 영역에서 어떻게 발화되었는지, 그 개념의 사회적 범위는 어떠하였고 정치성은 어떠하였는지, 어떤 개념들과 주로 결합되어 발화되었고, 그 결합 관계는 어떻게 변화하였는지, 특히 민족, 연대連帶, 평등 개념과 결합될 때 그 개념들이 어떻게 의미화되었는지 밝혀야 한다. 그리고 그 양상들이 혁명의 와중에 급진화되는 면모를 드러내야만 혁명이 그 이전 및 이후와 어떻게 달랐는지 알 수 있고, 그래야만 우리는 혁명의 역사화에 도달하게 된다.

게다가 프랑스혁명에서 중요했던 것은 이타애와 박애만이 아니었다. 공포, 분노, 증오 등도 중요했다. 그 모든 개념에 위에서 제기한 질문을 던져야 한다. 공포의 일종인 '테러' 감정, 즉 고양이와 갑자기 맞닥뜨린 순간 쥐가 사로잡히는 그런 종류의 공포 감정은 이미 연구되었다. 테러 감정은 20세기 어느 시점에선가 지극히 악한 것으로 평가되기에 이르지만, 마키아벨리의 『군주론』에서도 나타나듯이 근대 초에서 프랑스혁명에 이르는 시기에는 그 의미가 사뭇 달랐다. 공포는 무릇 위험성에 대한 인지이다. 그러나 공포를 가하고 느끼는 것이 함의하는 것은 그처럼 단순하지 않다. 18세기 계몽주의자들은 공포를 두 가지 차원에서 이해했다. 그들은 공포에서 우선 교회가 구원을 내걸고 세속인을 협박하는 양상을 보았다. 그러나 동시에 그들은 공포를 지도자들이 정치력을 발휘하는 긍정적 덕목으로 간주했다. 이는 자코뱅 독재가 왜 그토록 기꺼이 공포를 유발하려 했는지 이해하게 해준다. 그리고 그럴 때 비로소 우리는 혁명 광장의 기요틴이 위기에 빠진 감정과 미덕을 구해내는 수단이었다는 레디의 평가를 납득할 수 있다.

감상주의가 프랑스혁명의 감정문화였다는 레디의 주장도 전적으로 받아들일 수는 없다. 레디의 주장은 혁명의 역사성을 드러내주기는 하지만 다소 일면적이다. 18세기 유럽의 지식인들 일부가 자연적 감정이 도덕성을 구비하고 있다고 믿었던 것은 분명하다. 그러나 그들은 동시에 감정이 이성과 결합되어 있다고 믿었다. 사실 서양에서 감정은 중세 이래 언제나 영혼의 일부로 간주되었다. 따라서 영혼의 또 다른 일부인 이성과의 관계가 긴밀했다. 사정이 그러하였기 때문에 예컨대 도덕을 논한 애덤 스미스의 『도덕 감정론』과 분업의 합리성을 논한 『국부론』이 모순되지 않았던 것이다. 프랑스혁명에서 혁명가들이 감정이 도덕적인 것이라고 믿었던 이유 역시 감정이 이성과 결합되어 있기 때문이었다. 레디는 이 점을 명확히 하지 않았기 때문에 혁명을 광기로 치달은 감정이기라도 한 것인 양 해석하고 말았다.

게다가 감정과 이성의 결합 관계는 혁명 이후에도 유지되었다. 그 두 가지는 19세기 중반에 와서야 비로소 갈라서기 시작하여 1890년대의 윌리엄 제임스와 칼 랑게에 와서 철저히 결별했다. 그러나 그때조차 그 결별이 완전하지는 않다. 당시 서양에서 최초로 실험 심리학을 실시한 독일의 빌헬름 분트는 감정을 쾌/불쾌, 흥분/진정, 긴장/이완의 3차원 형식으로 분류하고, 그것을 "감정의 기본 형식"이라고 명명했다. 그러나 그는 감정이 개개인에게 고유한 것은 인간 주체가 감정을 고유하게 느끼기 때문이며, 이는 인간이 뇌와 신경체제의 움직임 중 일부에 선택적으로 "주의"하고 그 정보를 선택적으로 "종합"하기 때문이라고 주장했다. 레디는 감정을 육체적이고 맹목적인 것으로 간주하는 것이 서양의 전통적인 감정론이라고 입버릇처럼 말하지만, 그것은 부분적으로만 타당하다.[1]

레디는 19세기 초의 멘드비랑과 쿠쟁에 와서 비로소 감정에 자유를 부여했고, 그로써 "감정의 항해"가 시작되었다고 말한다. 그러나 그 감정론은 다름 아니라 자유주의적 감정론이다. 그리고 그 감정론이야말로 오늘날 서양인들이 감정을 대하는 태도이다. 레디는 현재 서양의 감정론을 18~19세기 프랑스에 대입하여 그 역사를 해설한 것이다. 물론 현재 서양의 감정론이 19세기 초에 정립되기 시작했다는 레디의 발견은 그 자체로 소중하다. 문제는 그로써 레디 스스로가 그토록 강조했던 감정의 역사성이 훼손되고 말았다는 점이다. 19세기 초라는 과거가 현재 서양과 동일시되기 때문이다. 그러면서도 레디는 19세기 초의 역사에 던져야 할 결정적인 질문을 건너뛰었다. 자본주의와 감정은 어떻게 관련되는 것일까? 이 물음과 본격적으로 대결하지 않는 한 그 역사는 절름발이 신세를 면치 못한다.

더욱이 레디는 감정의 항해 가능성 여부야말로 시대와 장소를 불문하고 던져야 할 보편적 질문이라고 주장한다. 이는 현재 서양의 자유주의적 감정론에 따라 문화사를 재단하겠다는 지극히 근대 서양 중심적인 발상이 아닌가. 이는 레디가 의도하는 것처럼 포스트구조주의의 상대성을 극복하기는커녕 세계사를 서양 중심의 진화론적 역사로 구성하도록 할 것이다. 게다가 레디의 감정 이론 자체에도 근대 서양 중심주의적 발상이 도사리고 있는 듯이 보인다. 레디는 감정을 '목표 관련성'에 입각하여 정의한다. 감정은 목표에 따라 활성화되는 생각 재료들이라는 것이다. 그는 수많은 실험 심리학 결과물을 통하여 그 주장에 도달했다. 그러나 모든 인간사를 목표와 관련하여 정의하는 것은 바로 서양 근대에 정립된 발상이다. 막스 베버는 16~17세기 청교도들에 와서 구원을 목표로 하여 개개인의 삶 전체를 이끌게 되었다고 주장했다. 청교

---

1) 김학이, 「19~20세기 독일인들의 감정」, 『독일연구』 제30호, 2015. 11, pp. 97~133; 김학이, 「감정사 연구의 지평: 우테 프레베르트를 안내자로 하여」, 『독일연구』 제28호, 2014. 12, pp. 219~252.

도들만이 그랬는지는 의심스럽지만, 개인의 삶을 목표와 관련하여 정의하는 태도가 종교개혁에서 추동력을 얻은 것은 분명해 보인다. 중세인들 역시 구원이 삶의 목표였지만, 그 구원은 교회의 의례를 통하여 얻어지는 것이었다. 에밀 뒤르켐이 주장한 것처럼 전근대의 모든 인간은 불순한 세속적 삶과 종교 의례의 정화 작업 사이를 오가며 살았다. 구원은 목표라기보다 존재 방식이었던 것이다.

베버와 뒤르켐의 주장을 받아들이지 않더라도, 목표가 근대 서양에 와서 비로소 삶의 중핵이 되었다는 또 다른 증거가 있다. 독일의 역사가 코젤렉은 예컨대 전근대의 서양에서 "자유들"은 구체적인 권리들을 뜻하였다가 18~19세기의 소위 "말 안장 시기"에 와서 집합 단수로 추상화되고, 그렇게 목표가 되었다고 주장했다. 자유만이 아니라 정의와 역사도 마찬가지다. 코젤렉은 그 목표들은 추상화되었기에 도달 불가능한 것으로 여겨졌으며, 다가가면 갈수록 멀어지는 것이라고 주장했다. 이는 목표를 생각과 감정의 중핵으로 간주한 모든 심리학 실험들이 실상 서양 근대성에 입각하여 기획되고 실천된 것임을 말해준다. 그 실험들에 의존한 레디의 감정론도 마찬가지다. 레디의 "감정의 자유"와 "감정의 항해" 개념에서의 자유도 마찬가지다. 레디는 자유를 욕망의 실현 가능성으로 간주하고, 이에 입각하여 모든 감정론을 평가한다. 그러나 그 자유 개념은 19세기 공리주의에서 시작되어 현재의 서양을 지배하는 개념이다. 역사가가 특정 개념을 절대적인 것으로 전제하는 것은 바람직하지 못하다. 역사가는 특정한 개념을 전제할 것이 아니라 성찰하여 그 내용을 새로이 채우고, 이를 바탕으로 다시금 역사를 바라보아야 한다.

나는 레디의 감정론이 그릇된 것이라고 주장하는 것이 아니다. 레디의 감정론 자체가 역사화의 대상이라는 것이다. 다수의 서양 학자들이 개진하는 감정론이 레디와 동일한 문제점을 안고 있는 것으로 보인다. 레디 못지않게 탁월한 감정 이론을 펼쳐 보인 마사 누스바움의 『감정의 격동』을 살펴보자.[2] 누스바움은 감정을 현상학적 지향성에 입각하여 정의했다. 지향성이란 인간에게 객관적으로 다가온 경험적 소여가 인간 주체가 의식하지 못하는 사이에 이미 관심에 의하여 구성된 것이라고 강조한다. 객관적인 것은 관계적인 것이라는 이야기다. 지향성 개념에 입각한 덕분에 누스바움의 감정은 세계 및 타인과 이미 관계적이다. 감정을 목표 관련성으로 정의한 레디보다 넓고 유연하며 형식적이다.

　그러나 누스바움에게도 약점은 있다. 그녀는 감정의 지향성을 대상 관계 정신분석학 이론에 의존하여 발전시켰다. 정신분석학자들은 흔히 피험자 내지 환자의 자기보고self-report를 증거로 삼는다. 그러나 자기보고는 개개인의 내밀한 내면을 드러내는 듯이 보이지만 십중팔구는 시대적 담론의 반복에 불과하다. 게다가 자기보고에 의존하는 정신분석학은 경험을 이론적 정합성에 맞추어 재조직한다. 따라서 레디가 의존한 실험 심리학보다 객관성이 떨어진다. 게다가 누스바움의 "행복주의적" 감정론은 비록 아리스토텔레스에게 의존하기는 하지만, 결국은 서양 근대의 공리주의를 함축한다. 이는 누스바움의 또 다른 저서인 『혐오와 수치심』에서 분명하게 드러난다.[3] 그 책에서 누스바움은 존 스튜어트 밀의 자유론에 의존했다. 게다가 수치심과 죄책감을 대별한 뒤 죄책감은 개인의 내면을 성찰하도록 하는 감정이지만 수치심은 타인의 눈만을 의식하는 위험스런 감정이라고 생각하는 것은 명예에 입각한 모든

---

2) 마사 누스바움, 『감정의 격동』, 조형준 옮김, 새물결, 2015.
3) 마사 너스바움, 『혐오와 수치심』, 조계원 옮김, 민음사, 2015.

감정문화, 즉 전근대의 서양과 유교와 이슬람과 힌두교의 감정문화를 위험한 감정문화로 격하시킨다. 누스바움도 레디와 똑같은 문제점을 안고 있는 것이다.

　내가 레디를 비판한 것은 나의 감정론과 감정사가 레디의 것과 다르다는 것을 강조하기 위해서가 아니다. 레디는 나와 같은 비판자들이 등장할 것이라는 점을 명료히 의식하고 있었다. 그는 본문에서 자신의 보편성 주장을 서양 근대성의 포로로 간주하는 사람들이 있을 것이라고 여러 차례 강조했다. 그리고 그 비판에 대하여 자신을 방어했다. 내가 레디를 비판한 것은 독자들로 하여금 레디가 스스로를 제대로 방어했는지 검토하도록 하기 위해서다. 그리고 레디가 방어에 성공했는지의 여부를 떠나서 이 책에는 감정과 관련하여 얻을 것이 정말로 많다. 레디는 감정이 인지이면서도 어떻게 합리적인 인지 및 의지와 대립될 수 있느냐는 핵심적인 문제에 제대로 답했다. 그리고 그는 이모티브, 감정체제, 감정고통, 감정적 노력 등의 개념을 개발하여 감정 이론과 감정사에 다가갈 지름길을 열어놓았다. 내가 이 책을 번역한 이유는 이 책을 통하여 한국의 감정 연구가 돌연히 본격적인 학문적 궤도에 올라설 수 있다고 판단했기 때문이다. 학문적인 관심을 떠나서라도 이 책은 독자들에게 자신의 감정을 재미있게 성찰하도록 해줄 것이다.

김학이

찾아보기